Notruf 112 – Die Entrückung

Was zu tun ist, wenn du zurückgelassen wurdest

Notruf 112 – Die Entrückung
Was zu tun ist, wenn du zurückgelassen wurdest

Veröffentlicht von Drezhn Publishing LLC
PO BOX 67458
Albuquerque, New Mexico 87193-7458

Umschlaggestaltung von CoverMint und Drezhn Publishing LLC

April 17, 2026

eBook-ISBN 978-1-947328-93-8
Taschenbuch-ISBN 979-8-90010-017-3

Der gesamte Inhalt dieses Buches wurde mithilfe von Software für Künstliche Intelligenz aus der englischen Originalversion (Rapture 911: What To Do If You're Left Behind) übersetzt. Er wurde manuell bearbeitet, um Konsistenz zu gewährleisten. Er wurde nicht von einem Muttersprachler Korrektur gelesen. Bitte ziehe beim Lesen dieses Buches eine Bibel in deiner Sprache zu Rate. Du kannst die Bibel in deiner Sprache unter www.bible.com lesen.

Sofern nicht anders angegeben, stammen alle Schriftzitate aus der Weltenglischen Bibel, einer gemeinfreien Übersetzung der Heiligen Schrift – WorldEnglishBible.org.

Schriftzitate, die als Neue Lebende Übersetzung gekennzeichnet sind, stammen aus der Heiligen Schrift, Neue Lebende Übersetzung, Copyright © 1996, 2004, 2015 der Tyndale House Foundation. Verwendung mit freundlicher Genehmigung von Tyndale House Publishers, Inc., Carol Stream, Illinois 60188. Alle Rechte vorbehalten.

Schriftzitate, die als Neue Internationale Version gekennzeichnet sind, stammen aus der Heiligen Schrift, Neue Internationale Version, Copyright © 1973, 1978, 1984, 2011 von Biblica, Inc. Verwendung mit freundlicher Genehmigung. Alle Rechte weltweit vorbehalten. Neue Internationale Version ist eine eingetragene Marke von Biblica, Inc.

Schriftzitate, die als Neue König Jakobus Version gekennzeichnet sind, stammen aus der Neuen König Jakobus Version. Copyright © 1982 von Thomas Nelson. Verwendung mit freundlicher Genehmigung. Alle Rechte vorbehalten.

Schriftzitate, die als Hebräische Namensversion gekennzeichnet sind, stammen aus der Hebräischen Namensversion, einer gemeinfreien Übersetzung der Heiligen Schrift, die auf der Weltenglischen Bibel basiert.

Inhaltsverzeichnis

NOTRUF 112
DIE ENTRÜCKUNG

MARSHA KUHNLEY

Einleitung

Wir haben einen Entrückungs-Notfall

Der englische Titel dieses Buches und meine Website-URL, Rapture 911, beziehen sich auf die Notrufnummer 911. In den Vereinigten Staaten ist 911 die landesweite Notrufnummer, unter der man sofortige Hilfe von Polizei, Feuerwehr oder Rettungsdiensten anfordern kann. In den USA ist sie als universelles Symbol für einen Notfall bekannt. In deutschsprachigen Ländern wie Deutschland, Österreich und der Schweiz ist die entsprechende Notrufnummer die 112. Auch wenn die Ziffern unterschiedlich sind, bleibt die Botschaft dieselbe: Wir befinden uns in einem Zustand des geistlichen Notfalls. Die „Entrückung" ist ein unmittelbar bevorstehendes Ereignis, das sofortige Vorbereitung erfordert. Dieses Buch soll dir als persönlicher Leitfaden für diesen Notfall dienen und dir die entscheidenden Informationen liefern, wenn die Zeit drängt und jede Sekunde zählt.

Wir haben einen Entrückungs-Notfall. Der Tag nähert sich schnell, an dem Jesus jene zu sich nehmen oder entrücken wird, die an ihn glauben. Ich bezeichne diese Menschen, die bald entrückt werden, in diesem Buch durchgehend als Gläubige. Die Entrückung ist ein unmittelbar bevorstehendes Ereignis, was bedeutet, dass keine anderen Ereignisse vorher eintreten müssen. Wir befinden uns in einem Ausnahmezustand, weil die Entrückung ein weltveränderndes Ereignis sein wird und die überwiegende Mehrheit der Menschen nicht darauf vorbereitet ist.

Es gibt heute viele Arten von Menschen, die nicht vorbereitet sind: Menschen, die Jesus oder die Ereignisse, die am Horizont stehen, nicht kennen; Gläubige, die nicht über die Entrückung unterrichtet wurden; Gläubige, die nicht wachsam sind oder diesem Ereignis keine Aufmerksamkeit schenken; Gläubige, die wissen, dass es kommt, aber eine gleichgültige Einstellung dazu haben; und dann haben wir die Spötter, die die Entrückung lächerlich machen. Die Spötter könnten Gläubige oder Ungläubige sein. Wir dürfen auch die Gläubigen nicht vergessen, die wissen, dass die Entrückung bevorsteht und die wollen, dass Menschen, die ihnen am Herzen liegen, davon erfahren, gerettet werden und nicht zurückbleiben.

Menschen, die in Gebieten leben, die anfällig für Naturkatastrophen wie Erdbeben, Tornados, Hurrikane und Tsunamis sind, sind normalerweise auf diese Ereignisse vorbereitet. Sie haben Notfallvorräte zur Hand, einen Ort zum Schutz, einen Evakuierungsplan usw. Wenn sich ein Hurrikan bildet, geben uns Wetterberichterstatter eine Vorwarnung, wo der Sturm auf Land treffen wird und wie schlimm er sein wird. Die Menschen in diesem Gebiet bereiten sich dann vor. Sie vernageln ihre Häuser, besorgen Vorräte, suchen Schutzräume auf oder evakuieren, falls nötig. Wenn du in so einer Gegend leben würdest und man dir vorher gesagt hätte, dass eine Katastrophe bevorsteht, würdest du dich darauf vorbereiten.

Doch es steht ein weltveränderndes Ereignis am Horizont bevor, von dem wir wissen, dass es jede Minute passieren könnte, und wir sind nicht darauf vorbereitet. Wir können und sollten vorbereitet sein. Gott hat uns angewiesen, aufmerksam zu sein und auf dieses Ereignis zu achten. Die Menschen, die nach der Entrückung zurückgelassen werden, müssen mit einem Ausmaß an Grauen fertig werden, das sich keiner von uns vorstellen kann. Lass das einen Moment lang auf dich wirken. Keine Naturkatastrophe, die jemals passiert ist, wird mit dem vergleichbar sein, was kommt. Keine einzige.

Wenn du ein Gläubiger bist, hast du wahrscheinlich jemanden in deinem Leben, der dir am Herzen liegt und der keine Beziehung zu Jesus hat. Wenn die Entrückung in dieser nächsten Sekunde stattfinden würde, würde diese Person zurückgelassen werden. In diesem Moment hat Gott die Gläubigen weggenommen, die das einzige Licht in einer sehr dunklen Welt waren. Wie dunkel es an diesem Tag sein wird. Was werden diese Menschen, die dir am Herzen liegen, nun tun? Sie werden dich nicht haben, um ihnen zu sagen, was passiert ist und wohin alle verschwunden sind, weil du entrückt wurdest. Tatsächlich werden sie keinen Gläubigen um sich haben, der eine echte Beziehung zu Jesus hatte und an den sie sich um Hilfe wenden können. Sie werden alle weg sein. Sicherlich wird es einige Leute geben, die zurückgelassen werden und behaupten, Christen zu sein, aber sie haben Jesus nie in ihr Herz aufgenommen. Andernfalls wären sie auch entrückt worden. Während einige dieser Menschen sofort verstehen werden, was passiert ist und warum sie zurückgelassen wurden, wird die überwiegende Mehrheit dies nicht tun. Die einzigen Menschen, die zurückbleiben und den Menschen, die dir am Herzen liegen, Antworten geben werden, sind also Leute, die die Wahrheit nicht kennen, die nicht glauben und von denen die meisten ehrlich gesagt auch niemals glauben wollen. Die Führer der Welt werden alle möglichen Lügen verbreiten.

Das ist der Notfall. Die Menschen, die zurückgelassen werden, werden nicht vorbereitet sein. Nach der Entrückung werden sie eine Ressource benötigen, an die sie sich für schnelle Antworten darüber wenden können, was passiert ist und warum, und was sie tun müssen, um gerettet zu werden. Ja, sie werden die Antworten in der Bibel finden, aber sie werden das nicht wissen. Wer wird ihnen das sagen? Wenn sie klug genug sind, Antworten in der Bibel zu suchen, werden sie nicht wissen, wie man die Bibel liest oder wo sie überhaupt nach Antworten suchen sollen. Genau dafür ist dieses Buch gedacht: um jenen zu helfen, die zurückgelassen werden. Hoffentlich wird jeder Einzelne von ihnen, der dieses Buch liest, zum Glauben an Jesus finden und gerettet werden.

Der Leser, der zurückgelassen wurde

Lieber Leser,

es tut mir so leid, dass du zurückgelassen wurdest. Du musst wissen, dass Gott dich liebt. Ich weiß, dass es im Moment nicht danach aussieht, aber Er tut es. Tatsächlich liebt Er dich bedingungslos. Es spielt keine Rolle, was du in deiner Vergangenheit getan hast oder was du in deiner Zukunft tun wirst. Er liebt dich ungeachtet dessen. Er liebt dich, obwohl Er dich zurückgelassen hat. Du musst auch wissen, dass du deine Chance nicht verpasst hast, gerettet zu werden, die Ewigkeit mit Gott im Himmel zu verbringen und wieder mit den Menschen vereint zu sein, die dir am Herzen liegen und die entrückt wurden.

Gott hat mir die Last aufs Herz gelegt, dieses Buch nur für dich zu schreiben. Er wollte sicherstellen, dass du eine Ressource hast, in der du schnell wahrheitsgemäße Antworten findest. Das liegt daran, dass du von deinen Anführern, den Medien, Wissenschaftlern, Gelehrten, deinen Freunden, ja von jedem, mit jeder erdenklichen Lüge und Täuschung bombardiert wirst. Gott möchte, dass du die Wahrheit darüber erfährst, was passiert ist und warum. Er möchte, dass du Ihn kennenlernst und dein Vertrauen auf Ihn setzt. Es ist noch nicht zu spät, aber es wird sehr bald zu spät sein.

Ich freue mich so sehr, dass du deine Reise des Glaubens beginnst. Du wirst viel lernen und mit einigen schwierigen Wahrheiten konfrontiert werden. Wenn du jedoch dabei bleibst, diese Ressource zu lesen, wirst du auf der anderen Seite mit der Fähigkeit herauskommen, das Geschehene zu bewältigen und gut auf das vorbereitet zu sein, was noch kommt. Und ich hoffe, dass du dich entscheidest, dein Vertrauen auf Jesus zu setzen. Wenn du das tust, dann suche mich auf, wenn du in den Himmel kommst oder wenn du in das Tausendjährige Reich eintrittst. Ich würde sehr gerne deine Geschichte hören und erfahren, wie du überwunden hast.

Gott ist mit dir auf deiner Reise.

Der Leser, der ein Gläubiger ist

Lieber Leser,

als Gläubiger hast du die Macht, in diesem Notfall etwas zu bewirken. Du kannst jenen helfen, die zurückgelassen werden. Du kannst dieses Buch und eine Bibel an einem Ort deponieren, an dem jemand, der dir am Herzen liegt, sie finden würde, wenn er nach der Entrückung nach dir sucht.

Aber weißt du was: Wenn du das hier liest, bedeutet das, dass die Entrückung noch nicht stattgefunden hat. Umso besser: Du kannst dieses Buch lesen und dich über die Entrückung und zukünftige Ereignisse informieren, damit du mit den Menschen, die dir am Herzen liegen, ein Gespräch führen kannst. Hoffentlich werden sie noch vor der Entrückung zum Glauben an Jesus finden und nicht zurückgelassen werden. Außerdem kannst du dieses Buch und eine Bibel den Menschen, die dir wichtig sind, als Nachschlagewerk geben. Ich weiß, was du denkst: „Die halten mich für verrückt, wenn ich ihnen ein Überlebenshandbuch für die Entrückung gebe!" Vielleicht, aber wäre es das nicht wert, damit sie die Wahrheit erfahren? Sei nicht verlegen und schäme dich nicht, Gottes Wahrheit mit jemandem zu teilen. Diese Gefühle sind nur Einschüchterungstaktiken von Satan. Denk daran, dass wir uns in einem Krieg befinden und er nicht möchte, dass du jemanden rettest. Wo wärst du heute, wenn niemand den Mut gehabt hätte, die Wahrheit mit dir zu teilen?

Ich möchte sicherstellen, dass es Informationen für Menschen gibt, die zurückgelassen werden, die ihnen helfen, die Wahrheit zu erfahren und eine Beziehung zu Jesus zu haben, genau wie du und ich sie haben. Schließ dich mir in diesem Krieg an und lass uns Seelen retten!

Der Leser, der neugierig ist oder dem dieses Buch geschenkt wurde

Lieber Leser,

du bist also neugierig auf die Entrückung und darauf, was es mit diesem Notfall auf sich hat? Oder vielleicht bist du hier, weil ein Christ, dem du am Herzen liegst, dir dieses Buch gegeben hat und du dachtest, du schlägst es mal auf und siehst nach, was drin steht? Ich freue mich, dass du hier bist.

Ich möchte, dass du weißt, dass du nicht zurückgelassen werden musst, wenn die Entrückung stattfindet. Du hast immer noch die Wahl. Die Entrückung könnte jedoch jeden Augenblick geschehen, also schiebe diese Entscheidung nicht auf. Keine Entscheidung für den Glauben an Jesus zu treffen, ist eigentlich die Entscheidung, nicht zu glauben. Du bist entweder für Ihn oder gegen Ihn; es gibt keine neutrale Zone. Wenn du dich nicht entscheidest, Jesus nachzufolgen, und die Entrückung geschieht, wirst du zurückgelassen werden. In diesem Buch wirst du alles über die Entrückung erfahren, warum sie stattfinden wird und wie du davor gerettet werden kannst.

Gott liebt dich und ist bei dir auf deiner Suche, Ihn kennenzulernen. Ich bete dafür, dass du dein Vertrauen auf den Einen setzt, den Er gesandt hat, um deine Seele zu retten – Jesus.

Tipps zum Lesen dieses Buches

Du kannst dieses Buch von vorne bis hinten lesen wie ein traditionelles Buch, oder du kannst es wie ein Nachschlagewerk verwenden und direkt zu einem Kapitel springen, das dich interessiert. Wenn du jedoch hin- und herspringst und auf einen Begriff oder ein Konzept stößt, das ich nicht erkläre, ist es wahrscheinlich, dass ich es in einem vorherigen Kapitel erklärt habe. Stöbere im Inhalt von Teil 5 – Grundlagen Der Bibel Und Glossar. Es besteht eine gute Chance, dass ich es dort ebenfalls ausführlich erklärt habe.

Ich habe das Buch aus einer einzigartigen Perspektive geschrieben. Es wurde unter der Annahme verfasst, dass die Person, die es liest, eine der Zurückgelassenen ist und dass die Entrückung bereits stattgefunden hat. Falls du dieses Buch vor der Entrückung liest, behalte dies bitte im Hinterkopf.

Ich habe viel aus der Heiligen Schrift in dieses Buch aufgenommen, weil ich vor allem möchte, dass du die Wahrheit kennst. Wenn du dies liest, nachdem die Entrückung stattgefunden hat, wird es schwierig für dich sein, eine Bibel zu finden. Das liegt daran, dass dein Feind, Satan, möchte, dass du gegenüber der Wahrheit blind bleibst und getäuscht wirst. Bibeln werden schnell zu einem knappen Gut werden, daher habe ich die tatsächlichen Schriftstellen, die ich erklären werde, in dieses Buch eingefügt.

Die Schriftverweise in diesem Buch stammen aus der Weltenglischen Bibel, sofern nicht anders angegeben. Diese Übersetzung der Bibel ist gemeinfrei und kostenlos zu lesen. Sie verwendet modernes Englisch und ist leicht zu lesen. Sie basiert auf der American Standard Version der Bibel, die 1901 veröffentlicht wurde, dem Alten Testament der Biblia Hebraica Stuttgartensia und dem Neuen Testament des griechischen Mehrheitstextes. Du kannst meine Website oder die Website der World English Bible besuchen, um eine kostenlose Kopie dieser Bibel zu lesen oder herunterzuladen.

Rapture911.com

WorldEnglish.bible

Während du dieses Buch liest, wirst du, wie ich weiß, ein besseres Verständnis von Gottes Wort erlangen, und die Wahrheit wird dir offenbart werden. Auf deiner Suche nach der Wahrheit ermutige ich dich, Gottes Wort selbst zu entdecken und zu lesen und alles zu prüfen, was ich dir gesagt habe. In der unten aufgeführten Schriftstelle wirst du sehen, dass genau das die Beröer taten, als sie vom Apostel Paulus besucht wurden. Sie untersuchten Gottes

Wort selbst, um sicherzustellen, dass das, was sie gelehrt bekamen, der Wahrheit entsprach.

> Die Brüder schickten Paulus und Silas sogleich bei Nacht weg nach Beröa. Als sie ankamen, gingen sie in die jüdische Synagoge. Diese aber waren edler gesinnt als die in Thessalonich; sie nahmen das Wort mit aller Bereitwilligkeit auf und untersuchten täglich die Schriften, ob sich dies so verhielte. (Apostelgeschichte 17,10-11)

Nach jeder angeführten Schriftstelle siehst du in Klammern einen Hinweis auf ihre Herkunft, etwa so: (Apostelgeschichte 17,10-11). Das bedeutet, dass die Verse aus der Bibel stammen, dem Buch der Apostelgeschichte, Kapitel 17, Verse 10 und 11. Alle Bibeln haben die Bücher klar gekennzeichnet und die Kapitel sowie Verse deutlich nummeriert. Manchmal wirst du in dieses Buch Schriftverweise mit einer zusätzlichen Beschreibung sehen, wie zum Beispiel (Apostelgeschichte 17,10-11 Neue Internationale Version). Die zusätzliche Angabe Neue Internationale Version bezieht sich auf die Bibelversion, aus der die Schriftstelle stammt. Anstelle der Weltenglischen Bibel habe ich die Neue Internationale Version verwendet. Ich habe dies meist getan, weil ich die Wortwahl und Grammatik dieser speziellen Übersetzung bevorzugt habe. Ich wusste, dass sie für dich einfacher zu verstehen sein würde.

Wenn du die Bibel noch nie gelesen hast, schau dir Kapitel 27 – Wie Man Die Bibel Liest an.

Bevor du weiterliest, empfehle ich dir, ein einfaches Gebet zu Gott zu sprechen. Ich habe am Ende dieses Abschnitts ein Gebet eingefügt, das du verwenden kannst. Du musst zuerst beten, weil Satan, der derzeit der „Gott dieser Welt", der Erde, ist, nicht möchte, dass du dieses Buch liest oder irgendetwas darin verstehst. Er hat dich verblendet, und du brauchst Gottes Hilfe, um dies zu überwinden.

> Den Ungläubigen, denen der Gott dieser Welt den Sinn verblendet hat, dass ihnen nicht aufleuchte das Licht der Frohen Botschaft von der Herrlichkeit Christi, welcher das Ebenbild Gottes ist. (2. Korinther 4,4)

Das untenstehende Gebet wird Gott zeigen, dass es dir ernst damit ist, die Wahrheit zu erfahren, und dass du Seine Hilfe brauchst, um erfolgreich zu sein. Ein Gebet ist einfach ein Gespräch mit Gott. Du kannst laut oder leise beten, ganz wie du möchtest. Das Gebet ist sehr kraftvoll, wenn du Gott mit einem aufrichtigen Herzen begegnest. Er wird zuhören und dir antworten.

„Gott, ich bete dafür, dass Du mir hilfst, das zu lesen und zu verstehen, was in diesem Buch geschrieben steht, insbesondere die Bibelverse. Ich komme zu Dir mit einem Herzen, das offen dafür ist, die Wahrheit zu erfahren. Ich bitte auch um Deine Liebe und Deinen Trost, während ich mit Wahrheiten konfrontiert werde, die für mich schwer zu hören sein werden.“

Teil 1
Schnelle Wahrheiten

Öffne meine Augen, damit ich sehe

Von Clara H. Scott. Veröffentlicht im Jahr 1895.[1]

Öffne meine Augen, damit ich sehe
Lichtblicke der Wahrheit, die Du für mich hast;
lege den wunderbaren Schlüssel in meine Hände,
der aufschließen und mich befreien wird.
Still nun, auf gebeugten Knien,
warte ich bereit, Deinen Willen zu sehen;
öffne meine Augen, erleuchte mich,
göttlicher Geist!

Öffne meine Ohren, damit ich höre
Stimmen der Wahrheit, die Du so klar sendest;
und während die Botschaft in meinem Ohr klingt,
wird alles Falsche verschwinden.
Still nun, auf gebeugten Knien,
warte ich bereit, Deinen Willen zu sehen;
öffne meine Ohren, erleuchte mich,
göttlicher Geist!

Öffne meinen Mund und lass mich tragen
freudig die herzliche Wahrheit überallhin;
öffne mein Herz und lass mich bereiten,
Liebe mit Deinen Kindern auf diese Weise zu teilen.
Still nun, auf gebeugten Knien,
warte ich bereit, Deinen Willen zu sehen;
öffne mein Herz, erleuchte mich,
göttlicher Geist!

Kapitel 1 – Was geschah

Millionen von Menschen auf dem ganzen Planeten sind verschwunden. Es ist ein Ereignis, das wir als Entrückung bezeichnen. Das Wort Entrückung bedeutet, ergriffen, weggeführt, weggerissen oder an einen anderen Ort der Existenz gebracht zu werden. Du wirst das Wort Entrückung in den meisten Bibelübersetzungen nicht finden. Stattdessen wirst du wahrscheinlich den Ausdruck „entrückt" finden. Im Lateinischen lautet das Wort für „entrückt" *rapio*, und daher leitet sich das englische Wort *rapture* ab.

Hier ist eine der Passagen über die Entrückung aus der Bibel, die erklärt, was passiert ist. Es gibt noch viele andere, auf die ich später in diesem Buch im Detail eingehen werde.

> Wir wollen euch aber nicht im Unklaren lassen, Brüder, über diejenigen, die entschlafen sind, damit ihr nicht trauert wie die Übrigen, die keine Hoffnung haben. Denn wenn wir glauben, dass Jesus gestorben und wieder auferstanden ist, so wird Gott auch die, die in Jesus entschlafen sind, mit Ihm bringen. Denn dies sagen wir euch durch das Wort des Herrn, dass wir, die wir leben und bis zur Wiederkunft des Herrn übrig bleiben, denen, die entschlafen sind, keineswegs zuvorkommen werden. Denn der Herr selbst wird mit einem Ruf, mit der Stimme des Erzengels und mit der Posaune Gottes vom Himmel herabkommen. Die Toten in Christus werden zuerst auferstehen, dann werden wir, die wir leben und übrig bleiben, zugleich mit ihnen in den Wolken entrückt werden, dem Herrn entgegen in die Luft. So werden wir für immer beim Herrn sein. Deshalb tröstet einander mit diesen Worten. (1. Thessalonicher 4,13-18)

Diese Passage sagt uns, dass Jesus, „der Herr", alle Menschen versammelt hat, die glaubten, dass Er gestorben und wieder auferstanden ist. Diese Menschen waren die Gläubigen. Er versammelte zwei Gruppen von Gläubigen. Erstens jene, die glaubten und bereits tot waren, was du als „Tote in Christus" und „in Jesus entschlafen" gelesen hast. Zweitens jene, die glaubten und noch am Leben waren. Er begegnete ihnen allen in den Wolken. Nun werden all diese Menschen für immer bei Jesus sein.

Bei der Entrückung nahm Gott die Menschen, die ihr Vertrauen auf Seinen Sohn Jesus gesetzt hatten, mit in den Himmel. Dies ist Gottes größte Verheißung. Wenn du an Jesus glaubst, erhältst du ewiges Leben.

> Denn Gott hat die Welt so sehr geliebt, dass Er Seinen einzigen Sohn gab, damit jeder, der an Ihn glaubt, nicht verloren gehe, sondern ewiges Leben habe. (Johannes 3,16)

Was genau haben die entrückten Menschen also über Jesus geglaubt? Sie glaubten, dass Gott Seinen Sohn Jesus sandte, um für ihre Sünden zu sterben. Sie glaubten auch, dass Jesus nicht tot blieb, sondern dass Er aus dem Grab auferstand und bewies, dass Er Gott im Fleisch war.

> Denn ich habe euch vor allem das überliefert, was ich auch empfangen habe: dass Christus für unsere Sünden gestorben ist, gemäß der Heiligen Schrift, dass Er begraben wurde und dass Er am dritten Tag auferweckt wurde, gemäß der Heiligen Schrift. (1. Korinther 15,3-4)

Siehst du, wir alle haben gesündigt, und wir alle verdienen deshalb den Tod und ein ewiges Leben getrennt von Gott. Diese Schriftstelle erläutert die großartige Nachricht weiter. Gott hat uns durch das Blut Jesu erlöst. Die Menschen, die entrückt wurden, verstanden, dass Gott dich als gerecht ansieht, wenn du dein Vertrauen in das setzt, was Jesus getan hat.

> Jetzt aber ist ohne Zutun des Gesetzes eine Gerechtigkeit Gottes offenbart worden, die durch das Gesetz und die Propheten bezeugt wird; nämlich die Gerechtigkeit Gottes durch den Glauben an Jesus Christus für alle und auf alle, die glauben. Denn es gibt keinen Unterschied, denn alle haben gesündigt und erreichen nicht die Herrlichkeit Gottes; sie werden ohne Verdienst gerechtfertigt durch Seine Gnade, durch die Erlösung, die in Christus Jesus ist, den Gott dazu bestimmt hat, ein Sühnopfer zu sein durch den Glauben an Sein Blut, zum Erweis Seiner Gerechtigkeit wegen des Übergehens der früher begangenen Sünden in der Geduld Gottes; um Seine Gerechtigkeit in der jetzigen Zeit zu erweisen, damit Er selbst gerecht sei und den rechtfertige, der aus dem Glauben an Jesus ist. (Römer 3,21-26)

Kapitel 2 – Warum es geschah

Die Entrückung geschah aus einer Reihe von Gründen. Hier sind einige, um dir einen schnellen Überblick zu geben. Ich werde dies später in diesem Buch noch ausführlich erklären.

Gott hat die Gläubigen von der Erde weggenommen, weil der Zorn Gottes gekommen ist. Ich denke, viele von euch kennen die Geschichte von Noah und der Sintflut. Gott sagte Noah, er solle eine Arche bauen, weil eine Flut kommen würde. Die Flut war der Zorn Gottes, weil die Welt so böse und voller Gewalt geworden war. Noah wurde in der Arche vor diesem Zorn geschützt. Die Entrückung ist ein ähnliches Ereignis.

> Gott sprach zu Noah: „Ich will allem Fleisch ein Ende machen, denn die Erde ist durch sie mit Gewalt erfüllt. Siehe, Ich werde sie und die Erde vernichten. Mache dir ein Schiff aus Gopherholz. … Ich, ja Ich, werde die Wasserflut über diese Erde bringen, um alles Fleisch unter dem Himmel zu vernichten, das den Odem des Lebens in sich hat. Alles, was auf der Erde ist, wird sterben. Aber mit dir will Ich Meinen Bund aufrichten. Du sollst in das Schiff gehen, du, deine Söhne, deine Frau und die Frauen deiner Söhne mit dir." (1. Mose 6,13-14.17-18)

Gottes Zorn ist nicht für Gläubige bestimmt. Noah wurde davor geschützt, und die Menschen, die entrückt wurden, werden jetzt davor geschützt. In diesen zwei Versen bezieht sich „uns" auf die Gläubigen; Menschen, die ihren Glauben an Jesus gesetzt haben.

> Jesus, der uns von dem zukünftigen Zorn errettet. (1. Thessalonicher 1,10)

> Denn Gott hat uns nicht zum Zorn bestimmt, sondern dazu, dass wir die Errettung erlangen durch unseren Herrn Jesus Christus. (1. Thessalonicher 5,9)

Ein weiterer Grund, warum die Entrückung geschah, ist, dass Gott möchte, dass alle Menschen gerettet werden.

> Gott, unser Retter, welcher will, dass alle Menschen gerettet werden und zur vollen Erkenntnis der Wahrheit kommen. (1. Timotheus 2,3-4)

Gott hat jeden von euch erschaffen, der das hier liest. Er liebt dich. Er möchte, dass du in Ewigkeit mit Ihm im Himmel lebst. Wenn du dies nach der Entrückung liest und einer der Zurückgelassenen bist, weiß ich, dass es sich im Moment wahrscheinlich nicht so anfühlt, als ob Gott dich liebt. Wisse, dass Er es ganz gewiss tut. Diese Schriftstellen sagen uns, dass Gott uns so sehr liebt, dass Er Seinen Sohn Jesus sandte, um für uns zu sterben. Tatsächlich sandte Er Jesus vor Tausenden von Jahren, um für dich zu sterben, obwohl Er wusste, dass du ein Sünder sein würdest. Gott hat diesen Akt der Liebe nicht erst gezeigt, nachdem du dein Leben in Ordnung gebracht hast, weniger gesündigt hast, angefangen hast, in die Kirche zu gehen, usw. Nein. Das liegt daran, dass Gottes Liebe bedingungslos ist.

> Darin ist die Liebe Gottes unter uns offenbart worden, dass Gott Seinen eingeborenen Sohn in die Welt gesandt hat, damit wir durch Ihn leben sollen. Darin besteht die Liebe: nicht dass wir Gott geliebt haben, sondern dass Er uns geliebt und Seinen Sohn als Sühnopfer für unsere Sünden gesandt hat. … Wir lieben Ihn, weil Er uns zuerst geliebt hat. (1. Johannes 4,9-10.19)

> Gott aber beweist Seine Liebe zu uns dadurch, dass Christus für uns gestorben ist, als wir noch Sünder waren. (Römer 5,8)

Gott benutzt oft Dinge, die wir als schlecht wahrnehmen, wie Schmerz, Trauer, Krankheit, Tod und Verlust, um uns Ihm näherzubringen. Dies ist eine Prüfungszeit für dich. Die Entrückung wird vielen Menschen helfen zu erkennen, dass Gott existiert. Die Bibel sagt uns, dass sehr, sehr viele Menschen durch die kommenden Ereignisse gläubig werden. Vergeude diese Gelegenheit nicht. Dies ist deine letzte Chance, deinen Glauben an Jesus zu setzen und gerettet zu werden.

> Jahwe, euer Gott, prüft euch, um zu erfahren, ob ihr Jahwe, euren Gott, von ganzem Herzen und von ganzer Seele liebt. (5. Mose 13,3)

Jahwe ist ein Begriff, der in den Büchern des Alten Testaments der Bibel verwendet wird und sich auf Gottes Eigennamen bezieht. Er wird oft mit HERR oder Gott übersetzt. Diese Schriftstelle sagt uns, warum Gott uns prüft. Er tut es, damit Er sehen kann, ob du Ihn von ganzem Herzen liebst. Als einer der Zurückgelassenen wird die Art und Weise, wie du mit dem Kommenden umgehst, deine Einstellung gegenüber Gott offenbaren. Diese Prüfungszeit wird schwierig für dich sein; gib nicht auf. Wenn du dich entscheidest, deinen Glauben an Jesus zu setzen, wird sich alles zu deinem Guten wenden.

Mein Sohn, achte die Züchtigung des Herrn nicht gering und verzage nicht, wenn du von Ihm zurechtgewiesen wirst; denn wen der Herr liebt, den züchtigt Er, und Er straft jeden Sohn, den Er annimmt. (Hebräer 12,5-6)

Wir wissen aber, dass denen, die Gott lieben, alle Dinge zum Besten dienen, denen, die nach Seinem Vorsatz berufen sind. (Römer 8,28)

Ein weiterer Zweck der Entrückung ist es, Gottes Zeit des Zorns gegen die Gottlosen einzuläuten, so wie die Flut zu Noahs Zeiten die Gottlosen bestrafte. Die Entrückung und die Ereignisse, die während der Drangsalszeit geschehen, werden dasselbe tun. Nun, wenn du Gott gegenüber eine schlechte Einstellung wegen der Situation hast, in der du dich als einer der Zurückgelassenen befindest, und wenn du verbittert und wütend wirst und in Trotz deine Faust gegen Gott erhebst, nun, dann wirst du Seinen Zorn erfahren.

Aber nach deiner Störrigkeit und deinem unbußfertigen Herzen häufst du dir selbst Zorn auf für den Tag des Zorns … Gottes; welcher „jedem vergelten wird nach seinen Werken": … denen aber, die selbstsüchtig sind und der Wahrheit nicht gehorchen, sondern der Ungerechtigkeit gehorchen, Zorn und Grimm, Bedrängnis und Angst über jede Seele eines Menschen, der das Böse tut. (Römer 2,5-6.8-9)

Kapitel 3 – Warnung vor Täuschung

Eines der ersten Dinge, die nach der Entrückung geschehen werden, ist eine starke Verführung. Verführung bedeutet ein falscher Glaube oder in die Irre zu führen. Verführung ist ein Angriff auf die Wahrheit. Wir können dies bereits heute in der Welt sehen. Bei so vielen Fake News und so viel Täuschung ist es oft ziemlich schwierig festzustellen, was die Wahrheit ist. Nach der Entrückung wird es noch viel schlimmer werden.

Es wird schlimmer werden, weil Gott zulassen wird, dass jeder, der zurückgelassen wurde, Satans Lügen glaubt. Satan ist „der Gesetzlose". Diese Täuschung und die „Wirksamkeit des Irrtums" sollen das Herz eines jeden prüfen. Sie werden die Herzen jener verhärten und die Menschen weiter verblenden, die nichts mit Gott zu tun haben wollen.

> Dann wird der Gesetzlose offenbart werden … und mit aller Täuschung der Ungerechtigkeit für jene, die verloren gehen, weil sie die Liebe zur Wahrheit nicht angenommen haben, damit sie gerettet würden. Aus diesem Grund sendet Gott ihnen eine Wirksamkeit des Irrtums, dass sie der Lüge glauben; damit alle gerichtet werden, die der Wahrheit nicht geglaubt haben, sondern Wohlgefallen an der Ungerechtigkeit hatten. (2. Thessalonicher 2,8.10-12)

Was ist also Wahrheit? Gott und Sein Wort sind Wahrheit. Gott ist vollkommen und heilig und kann nicht lügen. Die Bibel ist Sein Wort; Gottes Geist war mit jedem der Autoren, als sie Seine Worte niederschrieben; Gottes Geist war mit den Gelehrten, als sie entschieden, welche Bücher in die Bibel aufgenommen werden sollten, die wir heute kennen.

> Alle Deine Worte sind Wahrheit. Jede Deiner gerechten Verordnungen währt ewiglich. (Psalm 119,160)

> Gott, der nicht lügen kann. (Titus 1,2)

> Alle Schrift ist von Gott eingegeben und nützlich zur Lehre, zur Überführung, zur Zurechtweisung und zur Unterweisung in der Gerechtigkeit, damit jeder Mensch, der Gott gehört, vollkommen sei, gründlich ausgerüstet zu jedem guten Werk. (2. Timotheus 3,16-17)

Während du dieses Buch liest, wirst du erfahren, dass Satan hinter jeder Lüge und Täuschung steckt. Satan ist ein Geschöpf Gottes; ein gefallener Engel.

Die Bibel nennt ihn den Vater der Lüge und einen Mörder.

> Ihr seid von eurem Vater, dem Teufel, und ihr wollt die Begierden eures Vaters tun. Er war ein Mörder von Anfang an und steht nicht in der Wahrheit, denn es ist keine Wahrheit in ihm. Wenn er die Lüge redet, so redet er aus seinem Eigenen; denn er ist ein Lügner und der Vater der Lüge. (Johannes 8,44)

Dein Kampf auf dieser Erde richtet sich nicht gegen die Menschheit; er richtet sich gegen Satan und sein Heer gefallener Engel. Die Begriffe „Mächte, Gewalten, Herrscher der Finsternis" und „geistliche Mächte der Bosheit" beschreiben die dämonischen Engel und ihre Hierarchie.

> Denn unser Kampf richtet sich nicht gegen Fleisch und Blut, sondern gegen die Mächte, gegen die Gewalten, gegen die Weltbeherrscher der Finsternis dieser Ära und gegen die geistlichen Mächte der Bosheit in den himmlischen Regionen. (Epheser 6,12)

Um die Täuschungen zu verstehen, die Satan anwenden wird, musst du verstehen, was seine Ziele sind. Satan, der „Glänzende", möchte Gott sein.

> Wie bist du vom Himmel gefallen, du Glänzender, Sohn der Morgenröte! Wie bist du zu Boden gestreckt, der du die Nationen niederwarfst! Du sagtest in deinem Herzen: „Ich will in den Himmel aufsteigen! Ich will meinen Thron über die Sterne Gottes erhöhen! Ich will mich niederlassen auf dem Versammlungsberg im fernsten Norden! Ich will über die Höhen der Wolken aufsteigen! Ich will mich dem Höchsten gleichmachen!" (Jesaja 14,12-14)

Er möchte angebetet werden genau wie Gott, und er möchte erschaffen genau wie Gott erschafft. Satan hasst Gott und alles, was Gott geschaffen hat. Daher hasst Satan dich. Satan wird über Gott, die Bibel, Jesus, Christen, die Entrückung lügen – über alles und jedes, was mit Gott zu tun hat. Da Satan Gott sein will, wird er versuchen, dich davon zu überzeugen, dass es ist. Die Bibel sagt uns, dass er in der Lage sein wird, alle Arten von Zeichen und Wundern zu vollbringen.

Kapitel 4 – Du kannst immer noch gerettet werden

Wenn du zurückgelassen wurdest, denkst du vielleicht, dass du es vermasselt und deine Chance verpasst hast, für die Ewigkeit mit Gott im Himmel zu leben. Das ist nicht der Fall. Es gibt immer noch Hoffnung für dich. Auch du kannst gerettet werden. Du kannst deine Lieben, die bei der Entrückung verschwunden sind, wiedersehen. Die Entscheidung liegt ganz bei dir. Du musst nur die richtige Wahl treffen.

Gott liebt dich und möchte die Ewigkeit mit dir verbringen. Aber es gibt ein Problem, und das heißt Sünde. Sünde ist alles, was man tut oder auch nur denkt, was nicht vollkommen und heilig ist. Jeder Einzelne von uns begeht Sünde. Wir können nicht anders; es liegt in unserer Natur. Es spielt keine Rolle, was deine Sünde ist oder wie groß oder klein du deine Sünde wahrnimmst. Es kann Lügen, Lust, Stolz oder Mord sein. Jede Sünde ist in Gottes Augen Sünde.

> Da ist keiner, der Gutes tut, auch nicht einer. (Römer 3,12)

Gott ist vollkommen und sündlos und in jeder Hinsicht gerecht. Das gilt auch für den Ort, an dem Er lebt: den Himmel. Sünde ist das Gegenteil von Gott. Sünde kann im Himmel nicht existieren. Da der Mensch von Natur aus sündhaft ist, kann niemand mit Gott zusammenleben, wenn das Sündenproblem nicht zuerst gelöst wird.

Ein typisches Beispiel: Adam und Eva. Sie lebten mit Gott im Garten Eden. Sie sahen Gott jeden Tag. Der Himmel ist überall dort, wo Gott ist, also lebten sie im Grunde im Himmel. Nachdem sie gesündigt und vom verbotenen Baum gegessen hatten, wurden sie aus dem Garten geworfen. Sie konnten nicht mehr mit Gott zusammenleben. Diese Schriftstelle hält dieses Ereignis fest. Gott schickte „ihn", das ist Adam, aus dem Garten hinaus.

> Da schickte ihn Gott, der HERR, aus dem Garten Eden hinaus, damit er den Erdboden bebaue, von dem er genommen war. Und Er trieb den Menschen aus und ließ östlich vom Garten Eden die Cherubim sich niederlassen und die Flamme des blitzenden Schwertes, um den Weg zum Baum des Lebens zu bewahren. (1. Mose 3,23-24)

Hier ist die gute Nachricht: Gott hat eine Lösung für das Sündenproblem. Er verlangt ein vollkommenes und makelloses Opfer, um die Sünde zu sühnen.

Als Adam und Eva zum ersten Mal sündigten, tötete Gott ein Tier, um sie zu bekleiden und ihre Sünde zu sühnen.

> Und Jahwe Gott machte Adam und seiner Frau Kleider aus Tierfellen und bekleidete sie. (1. Mose 3,21)

In den Zeiten des Alten Testaments, bevor Jesus kam, opferte Gottes Volk Tiere, um ihre Sünde zu sühnen.

> Wenn aber jemand von dem einfachen Volk unabsichtlich sündigt, indem er gegen eines der Gebote Jahwes etwas tut, das nicht getan werden soll, und sich so schuldig macht, und seine Sünde, die er begangen hat, ihm bekannt wird, so soll er als seine Gabe eine Ziege bringen, ein weibliches Tier ohne Fehler, für seine Sünde, die er begangen hat. Und er soll seine Hand auf den Kopf des Sündopfers legen und das Sündopfer an dem Ort des Brandopfers schächten. (3. Mose 4,27-29)

> Nach der alten Ordnung brachte der Hohepriester das Blut von Tieren als Opfer für die Sünde in das Heiligtum, und die Körper der Tiere wurden außerhalb des Lagers verbrannt. (Hebräer 13,11 Neue Lebende Übersetzung)

Lauf jetzt nicht los, um ein Tier zu suchen, das du opfern kannst, um deine Sünde zu sühnen. Gott hat sich bereits dauerhaft um das Opfer für dich gekümmert. Er liebt dich so sehr, dass Er Jesus, Seinen vollkommenen, sündlosen und gerechten Sohn, auf die Erde sandte, um als Mensch zu leben. Jesus wurde dann für dich geopfert. Er wurde gekreuzigt, um deine Sünde zu sühnen. Wir wissen, dass dies funktioniert hat, denn Jesus ist nicht tot. Gott hat Ihn von den Toten auferweckt. Dann erschien Jesus Hunderten von Menschen in Seinem auferstandenen Zustand. Alles, was du jetzt tun musst, ist glauben.

> Denn Gott hat die Welt so sehr geliebt, dass Er Seinen einzigen Sohn gab, damit jeder, der an Ihn glaubt, nicht verloren gehe, sondern ewiges Leben habe. (Johannes 3,16)

Glaube. Es scheint zu einfach zu sein, oder? Aber das ist die Ironie: Es ist überhaupt nicht einfach. Tatsächlich ist Glaube wirklich schwer. Die Bibel sagt, der Weg zu Gott ist schmal und die meisten finden ihn nicht. Das liegt daran, dass wir es gewohnt sind, nach dem zu streben, was wir hier unten auf der Erde wollen. Je härter wir arbeiten, desto mehr bekommen wir. Wir lieben es, mit unseren Errungenschaften zu prahlen. Wir lieben es, die Kontrolle zu haben. Das ist nicht Gottes Weg. Gott hat die Kontrolle, und es geht darum, was Gott getan hat, nicht darum, was du getan hast. Seine Lösung ist ein Geschenk. Er hat dir Seinen Sohn als Geschenk gegeben. Du musst es nur annehmen.

> Gott aber, der reich ist an Erbarmen, hat um Seiner großen Liebe willen, mit der Er uns geliebt hat, auch uns, die wir tot waren durch die Übertretungen, mit Christus lebendig gemacht – aus Gnade seid ihr gerettet – ... denn aus Gnade seid ihr gerettet durch den Glauben, und das nicht aus euch: Gottes Gabe ist es. (Epheser 2,4-5.8)

> Denn aus Gnade seid ihr gerettet durch den Glauben, und das nicht aus euch: Gottes Gabe ist es; nicht aus Werken, damit sich niemand rühme. (Epheser 2,8-9)

Siehst du, es ist Gottes Gnade, die dich gerettet hat. Als Sünder sind wir zu einem ewigen Leben verurteilt, das weit von Gott entfernt ist. Das ist Gottes Regel. Gnade ist, dass Gott uns Seine Liebe zeigt, indem Er uns begnadigt, basierend darauf, dass wir glauben, dass Jesus für unsere Sünden gestorben ist. Gott hat Jesus so behandelt, wie wir es verdienen, behandelt zu werden. Jesus wurde gekreuzigt. Gott tat dies, damit Er uns so behandeln konnte, wie Jesus es verdient, behandelt zu werden. Jesus ist jetzt bei Gott im Himmel.

Eine Person, die glaubt, was sie noch nicht sehen kann, hat Glauben. Sie glaubt Gott und dass Jesus für ihre Sünden gestorben ist. Habe Glauben.

> Der Glaube aber ist eine feste Zuversicht auf das, was man hofft, und ein Nichtzweifeln an dem, was man nicht sieht. (Hebräer 11,1)

Hier ist das, was du glauben musst.

Du erkennst an, dass du ein Sünder bist.
Du möchtest kein Sünder mehr sein. Du bittest Gott, dir zu vergeben.
Du möchtest für alle Ewigkeit mit Gott im Himmel leben.
Du weißt, dass du dich nicht selbst retten kannst.
Du glaubst, dass Gott Seinen Sohn Jesus gesandt hat, um durch Seinen Tod am Kreuz für deine Sünde zu sühnen.
Du glaubst, dass Gott Jesus von den Toten auferweckt hat und dass Jesus mit Gott im Himmel regiert.
Du übergibst deine Errettung Jesus und bittest Ihn, in dein Leben zu kommen.

Nun kannst du nicht einfach nur so tun, als ob, und diese Dinge nur dahinsagen. Du musst es wirklich ernst meinen, tief in deinem Herzen. Darum geht es beim Glauben.

Das ist die gute Nachricht der Bibel. Dass Jesus, der Sohn Gottes, für deine Sünden gestorben ist, aus dem Grab auferstanden ist und vom Himmel aus mit Gott regiert.

> Ich erinnere euch aber, Brüder, an das Evangelium, das ich euch verkündigt habe, das ihr auch angenommen habt, in dem ihr auch feststeht, durch das ihr auch gerettet werdet, wenn ihr an dem Wort festhaltet, das ich euch verkündigt habe – es sei denn, dass ihr vergeblich geglaubt hättet. Denn ich habe euch vor allem das überliefert, was ich auch empfangen habe: dass Christus für unsere Sünden gestorben ist, gemäß der Heiligen Schrift, und dass Er begraben wurde und dass Er am dritten Tag auferweckt wurde, gemäß der Heiligen Schrift. (1. Korinther 15,1-4)

Wenn du all diese Dinge wirklich glaubst, dann sag es Gott. Beten ist genau das: einfach mit Gott reden. Sag Ihm, dass du jede dieser Wahrheiten glaubst, und bitte Ihn, in dein Leben zu kommen. Und Er wird es tatsächlich tun!

> Und es soll geschehen: Jeder, der den Namen des Herrn anrufen wird, wird gerettet werden. (Apostelgeschichte 2,21)

> „Denn Ich weiß, was für Gedanken Ich über euch habe", spricht Jahwe, „Gedanken des Friedens und nicht des Unheils, um euch eine Zukunft und Hoffnung zu geben. Und ihr werdet Mich anrufen und hingehen und zu Mir beten, und Ich will euch erhören. Ihr werdet Mich suchen und finden, wenn ihr von ganzem Herzen nach Mir fragen werdet." (Jeremia 29,11-13)

Hier ist ein Beispielgebet, das du zu Gott sprechen kannst:

„Herr Jesus, ich weiß, dass ich ein Sünder bin und dass ich Deine Vergebung brauche, damit ich für die Ewigkeit mit Dir im Himmel leben kann. Bitte vergib mir. Ich glaube, dass Du der Sohn Gottes bist und dass Du am Kreuz für meine Sünden gestorben bist. Ich glaube, dass Du aus dem Grab auferstanden bist! Ich möchte mich von meinen Sünden abwenden und Dir als Herrn und Retter vertrauen und nachfolgen. Bitte komm in mein Herz und in mein Leben. In Jesu Namen, Amen."

Kapitel 5 – Starter-Checkliste für die Zurückgelassenen

Hier ist eine kurze Checkliste, die dir helfen soll, das Geschehene zu bewältigen und dich auf das Kommende vorzubereiten. Eine detailliertere Checkliste ist in Kapitel 43 enthalten.

1. Entscheide Dich Zu Glauben, Dass Jesus Für Dich Gestorben Ist

Dies ist der wichtigste Punkt auf dieser Checkliste. Tatsächlich ist es das Einzige auf dieser Liste, das überhaupt zählt. Wenn du dich entscheidest, nicht an Jesus zu glauben, dann wird alles andere absolut keinen Unterschied machen. Ich weiß, dass das für einige von euch schwer zu hören ist, aber es ist die Wahrheit. Du musst dich entscheiden zu glauben, wenn du gerettet werden und für die Ewigkeit mit Gott im Himmel leben willst.

Wenn du noch nicht bereit bist, diese Entscheidung zu treffen, lies dieses Buch weiter und beginne mit dem zweiten Punkt in dieser Checkliste. Du wirst weiterhin mehr über Gott lernen und wie sehr Er dich liebt, und du wirst besser gerüstet sein, um diese Entscheidung zu treffen.

Wenn die Entrückung stattgefunden hat, lebst du jetzt in sehr gefährlichen Zeiten. Erkenne, dass du in jeder Sekunde sterben könntest, egal ob du glaubst oder nicht. Dein Überleben in dieser Zeit ist nicht garantiert. Es ist zwingend erforderlich, dass du schnell die richtige Wahl triffst.

2. Besorge Dir Eine Bibel

Du musst die Wahrheit kennen, und die Wahrheit ist Gottes Wort. Also besorge dir eine Bibel. Die Wahrheit wird schwer zu finden sein; denk daran, dass eine starke Verführung bevorsteht. Ich empfehle dir, mehr als eine Bibel zu besorgen, weil ich glaube, dass du sie brauchen wirst. Besorge dir Bibeln auch in verschiedenen Formaten wie als Buch, als EPUB- oder PDF-Datei und als Audiodatei. Sobald du eine Bibel hast, musst du sie tatsächlich lesen, wenn du die Wahrheit erkennen willst. Ich empfehle dir, zuerst die Bücher Johannes und Lukas zu lesen.

3. Besorge Dir Hilfsmittel Zum Bibelstudium

Ich kann gar nicht genug betonen, wie wichtig es sein wird, die Wahrheit, Gottes Wort, zu kennen. Du wirst die Bibel studieren müssen, verstehen müssen, was sie sagt, und wissen müssen, wie du das auf dein Leben anwendest. Ich empfehle dir, eine Studienbibel zu besorgen. Diese enthalten zusätzliche Informationen und Kommentare, die dir helfen, Schlüsselverse zu verstehen. Du solltest auch online nach Lehren und Predigten von guten Predigern suchen und diese herunterladen. Diese könnten für dich schwer zu finden sein, daher hier eine Idee: Wenn Nachbarn, Freunde oder Familienmitglieder von dir verschwunden sind, hatten sie wahrscheinlich eine Bibel und möglicherweise auch andere Hilfsmittel.

4. Bete

Sprich mit Gott. Erzähle Ihm, was du durchmachst, wie du dich fühlst und was du brauchst. Er weiß das alles bereits, aber Er möchte eine Beziehung zu dir haben. Wenn du Gott deine Lasten übergibst, wird Er dir im Gegenerzug Frieden schenken.

> Der Friede Gottes, der alles Verstehen übersteigt, wird eure Herzen und eure Gedanken in Christus Jesus bewahren. (Philipper 4,7)

5. Besorge Dir Überlebensausrüstung

Du lebst jetzt in gefährlichen Zeiten. Überlebensfertigkeiten sind unerlässlich. Du solltest dir einige Bücher über Krisenvorsorge und Überleben besorgen und dich mit den Vorräten eindecken, die sie empfehlen. Oder suche online nach alten Folgen von Survival-Fernsehsendungen und sieh sie dir an. Konzentriere dich auf das Wesentliche: Nahrung und Wasser, Unterkunft und Kleidung.

6. Haltet Zusammen

Es ist sehr schwierig, allein zu sein und unter gefährlichen Bedingungen zu überleben. Zwei Menschen werden mehr Ideen haben und in der Lage sein, mehr Probleme anzugehen als eine einzelne Person. Suche dir einen Freund oder eine Gruppe von Menschen, mit denen du diese schwierige Zeit durchstehen kannst. Dann haltet zusammen und unterstützt euch gegenseitig.

Besuche meine Website, rapture911.com, für Links zu Hilfsmitteln.

Teil 2
Die Entrückung und
warum sie geschah

Heilsgewissheit

Von Fanny Crosby. Veröffentlicht im Jahr 1873.[2]

Seliges Wissen, Jesus ist mein!
O welch ein Vorgeschmack göttlicher Herrlichkeit!
Erbe des Heils, von Gott erkauft,
Geboren aus Seinem Geist, gewaschen in Seinem Blut.

(Refrain:) Dies ist meine Geschichte, dies ist mein Lied,
ich preise meinen Heiland den ganzen Tag;
dies ist meine Geschichte, dies ist mein Lied,
ich preise meinen Heiland den ganzen Tag.

Vollkommene Hingabe, vollkommene Freude!
Visionen der Entrückung erscheinen nun vor meinen Augen;
Herabsteigende Engel bringen von oben
Echos der Barmherzigkeit, Flüstern der Liebe. (Refrain)

Vollkommene Hingabe, alles ruht!
Ich bin in meinem Heiland glücklich und gesegnet,
Wachend und wartend, nach oben blickend,
Erfüllt von Seiner Güte, verloren in Seiner Liebe. (Refrain)

Kapitel 6 – Die Entrückung

Die Entrückung ist ein Ereignis, von dem uns die Bibel erzählt, dass es in den letzten Tagen vor der Wiederkunft Jesu stattfindet. Das Wort Entrückung bedeutet, entrückt, weggerissen, ergriffen oder an einen anderen Ort des Daseins weggeführt zu werden. Genau das ist mit den Millionen von Menschen passiert, die verschwunden sind. Jesus hat sie in den Himmel aufgenommen. Ich stelle mir das gerne wie die Teleportationstechnologie bei Star Trek vor. Jesus hat all die Menschen, die verschwunden sind, „hochgebeamt".

Die Millionen von Menschen, die verschwunden sind, scheinen vielleicht nichts gemeinsam zu haben. Sie stammen von überall auf dem Planeten und gehören verschiedenen Rassen, Geschlechtern, Altersgruppen, Einkommensklassen und Kulturen an. Sie hatten jedoch eine sehr wichtige Überzeugung gemeinsam. Jede Person, die verschwunden ist, hatte ihr Vertrauen in Jesus Christus gesetzt. In diesem Buch werde ich diese Menschen als Gläubige bezeichnen.

Einige von euch fragen sich vielleicht, wer dieser Jesus ist, warum jemand sein Vertrauen in ihn setzen sollte und was genau es bedeutet, das zu tun. Das sind großartige Fragen und genau das, was du fragen solltest. Ich beantworte jede dieser Fragen ausführlich in Teil 3 dieses Buches.

In diesem Kapitel erkläre ich, warum Jesus sie zu sich genommen hat, warum du zurückgelassen wurdest und was das nun für dich bedeutet.

Die Bibel ist Gottes Wort und enthält die Wahrheit, weil Gott sie geschrieben hat. Gott ist die Wahrheit. Gott benutzte zwar Menschen für das eigentliche Schreiben, aber Gott gab ihnen die exakten Worte vor. Schau in Teil 5 und Teil 6 dieses Buches nach, um alles über die Bibel zu erfahren und warum du ihr vertrauen kannst. Sie ist ein wunderbarer Liebesbrief von Gott.

> Alle Schrift ist von Gott eingegeben und nützlich zur Belehrung, zur Überführung, zur Zurechtweisung und zur Erziehung in der Gerechtigkeit, damit der Mensch Gottes vollkommen sei, zu jedem guten Werk völlig zugerüstet. (2. Timotheus 3,16-17)

Wenn wir wissen wollen, warum Gott die Menschen zu sich genommen hat, die verschwunden sind, dann müssen wir in der Bibel nach Antworten suchen. Beginnen wir damit, zu verstehen, was die Bibel über die Entrückung sagt.

> Wir wollen euch aber, Brüder, nicht in Unkenntnis lassen über die Entschlafenen, damit ihr nicht trauert wie die Übrigen, die keine Hoffnung haben. Denn wenn

wir glauben, dass Jesus gestorben und auferstanden ist, so wird Gott auch die Entschlafenen durch Jesus mit ihm führen. Denn das sagen wir euch in einem Wort des Herrn, dass wir, die wir leben und bis zur Wiederkunft des Herrn übrig bleiben, den Entschlafenen keineswegs zuvorkommen werden. Denn der Herr selbst wird beim Befehlsruf, bei der Stimme des Erzengels und beim Schall der Posaune Gottes vom Himmel herabkommen, und die Toten in Christus werden zuerst auferstehen; danach wir, die wir leben und übrig bleiben, werden zugleich mit ihnen entrückt werden in Wolken dem Herrn entgegen in die Luft; und so werden wir allezeit beim Herrn sein. So tröstet nun einander mit diesen Worten! (1. Thessalonicher 4,13-18)

Achte auf das Wort „entrückt". Im Lateinischen wird es mit *rapio* übersetzt. Daher leitet sich das englische Wort *rapture* ab. Diese Schriftstelle sagt uns, was mit den Menschen passiert ist, die verschwunden sind. Jesus kam vom Himmel herab und versammelte sie bei sich in den Wolken. Sie verrät uns auch, warum Jesus sie zu sich genommen hat: weil sie glaubten, dass Jesus gestorben und auferstanden ist. Die Menschen, die verschwunden sind, werden als „lebend" und „die bis zur Wiederkunft des Herrn übrig bleiben" beschrieben. Sie sind nicht die einzigen, die Jesus zu sich genommen hat. Wir erfahren auch, dass „die Toten in Christus" ebenfalls versammelt wurden. Das sind Menschen, die ihr Vertrauen in Jesus gesetzt hatten, aber bereits gestorben waren. Der Tod wird in der Schriftstelle auch als „entschlafen" bezeichnet. Sie starben in der Zeit zwischen der Auferstehung Jesu und der Entrückung. Diese Schriftstelle gibt uns zudem einen Einblick in das, was diese versammelten Menschen jetzt tun. Es heißt, sie „werden allezeit beim Herrn sein". Das bedeutet, dass sie jetzt für alle Ewigkeit bei Jesus, dem Herrn, sind. Wenn du um jemanden trauerst, der verschwunden ist, darfst du Trost darin finden, zu wissen, was mit ihm geschehen ist.

Diese Schriftstelle wurde vom Apostel Paulus im Jahr 51 n. Chr. geschrieben. Woher wusste er, dass dies geschehen würde, und konnte es so detailliert beschreiben? Er war kein Hellseher, wie einige von euch vielleicht denken. Hellseher erhalten ihre Informationen von Satan und Dämonen, nicht von Gott. Deshalb verbietet Gott diese Art von Aktivität in der Bibel. Paulus war einer von Gottes Propheten. Er begegnete Jesus nach dessen Auferstehung und glaubte daraufhin. Gott sprach zu Paulus und zeigte ihm Ereignisse, die kommen würden. Gott tat dies zu unserem Nutzen, damit wir vorbereitet sein konnten.

Diese Schriftstelle wurde ebenfalls vom Apostel Paulus einige Jahre später, im Jahr 55 n. Chr., geschrieben. Es gibt einige Hinweise, die uns verraten, dass es auch in diesem Abschnitt um die Entrückung geht. Der erste Hinweis ist: „Wir werden nicht alle entschlafen".

> Das aber sage ich, Brüder, dass Fleisch und Blut das Reich Gottes nicht erben können; auch erbt das Verwesliche nicht die Unverweslichkeit. Siehe, ich sage euch ein Geheimnis: Wir werden zwar nicht alle entschlafen, wir werden aber alle verwandelt werden, plötzlich, in einem Augenblick, zur Zeit der letzten Posaune; denn die Posaune wird erschallen, und die Toten werden auferstehen unverweslich, und wir werden verwandelt werden. Denn dieses Verwesliche muss Unverweslichkeit anziehen, und dieses Sterbliche muss Unsterblichkeit anziehen. Wenn aber dieses Verwesliche Unverweslichkeit anziehen wird und dieses Sterbliche Unsterblichkeit anziehen wird, dann wird das Wort erfüllt werden, das geschrieben steht: „Der Tod ist verschlungen in Sieg". (1. Korinther 15,50-54)

„Fleisch und Blut" ist ein Hinweis auf unsere derzeitigen Körper. Sie sind vorübergehend und nicht ewig. Deshalb können sie nicht in Gottes Reich leben, welches der Himmel ist. Paulus sagt uns, dass nicht jeder „entschlafen" wird, was bedeutet, dass einige Menschen nicht sterben werden. Stattdessen wurden jene Menschen, die nicht starben, in einem Augenblick verwandelt. Dies geschah beim Schall einer Posaune. Diese Posaune wurde auch in der vorherigen Schriftstelle erwähnt, die wir uns angesehen haben. Jene Posaune signalisierte die Entrückung. Wir erfahren einige zusätzliche Details darüber, was mit den Menschen geschah, die Jesus versammelte. Sie erhielten neue, unsterbliche Körper, die geeignet sind, für die Ewigkeit im Himmel zu leben. In jenem Augenblick wurde ihr vergänglicher Körper, der sterben konnte, in einen unvergänglichen und unsterblichen Körper verwandelt.

Hier ist eine weitere Schriftstelle, die vom Apostel Paulus ebenfalls im Jahr 51 n. Chr. geschrieben wurde und sich auf die Entrückung bezieht.

> Wir bitten euch aber, Brüder, wegen der Wiederkunft unseres Herrn Jeschua des Messias und unseres Versammeltwerdens zu ihm hin: Lasst euch nicht so schnell in eurem Verständnis erschüttern oder gar in Schrecken jagen, weder durch einen Geist noch durch ein Wort oder einen angeblichen Brief von uns, als wäre der Tag des Messias schon da. Lasst euch von niemandem in irgendeiner Weise täuschen. Denn es wird nicht geschehen, es sei denn, dass zuerst der Aufbruch kommt und der Mensch der Sünde geoffenbart wird, der Sohn des Verderbens. (2. Thessalonicher 2,1-3 Hebräische Namensversion)

Es heißt, dass der „Herr Jeschua der Messias" kommt und die Gläubigen zu ihm versammelt werden. Messias bedeutet Christus oder von Gott Gesalbter. Das ist Jesus. Hier geht es um Jesu Wiederkunft, wenn er physisch auf die Erde zurückkehrt. Wir erfahren, dass seine Wiederkunft nicht stattfinden wird, bevor nicht zuerst „der Aufbruch" stattgefunden hat. Das ist ein Hinweis auf die Entrückung. Sobald die Entrückung geschieht, wird „der Mensch der Sünde" offenbart. Er ist der Antichrist. Wie du siehst, spielt der Antichrist eine große Rolle in den kommenden Ereignissen. Wenn die Gläubigen noch auf dem Planeten wären, würden sie den Antichristen daran hindern, seine Rolle zu spielen. Du wirst später mehr über den Antichristen erfahren.

Diese Schriftstelle über die Entrückung wurde vom Apostel Johannes im Jahr 90 n. Chr. geschrieben. Johannes war einer von Jesu Jüngern und folgte Jesus während seines Dienstes. Hier zitiert Johannes etwas, das Jesus vor seiner Kreuzigung zu seinen Jüngern sagte. Seine Jünger waren Gläubige, die ihr Vertrauen in ihn gesetzt hatten.

> Euer Herz erschrecke nicht! Glaubt an Gott und glaubt an mich! In meines Vaters Haus sind viele Wohnungen; wenn nicht, so hätte ich es euch gesagt. Ich gehe hin, um euch eine Stätte zu bereiten. Und wenn ich hingehe und euch eine Stätte bereite, so komme ich wieder und werde euch zu mir nehmen, damit auch ihr seid, wo ich bin. (Johannes 14,1-3)

Jesus sagt ihnen, sie sollen an Gott und an „mich" glauben, also an ihn selbst. Dann sagt er, dass es „viele Wohnungen" in seinem „Vaterhaus" gibt. Das ist Gottes Haus. Er ging fort, um dort „eine Stätte zu bereiten". Wir wissen, dass Gottes Haus im Himmel ist. Jesus ging also in den Himmel, und er würde zu einem späteren Zeitpunkt kommen, um sie zu holen. Das war das Nächste, was Jesus von ihnen erwartete: seine zukünftige Rückkehr, um sie zu holen. Die Formulierung „euch zu mir nehmen" bedeutet, jemanden zu sich selbst zu nehmen. Das ist buchstäblich das, was in der Entrückung geschah. Jesus nahm die Gläubigen zu sich. Er tat dies, damit die Gläubigen dort sein können, wo er ist. Jesus ist zurzeit im Himmel. Bei der Entrückung begegnete Jesus den Gläubigen in den Wolken und nahm sie zu sich in den Himmel auf. Diese Schriftstelle gilt für jeden, der sein Vertrauen in Jesus setzt. Die Menschen, die verschwunden sind, befinden sich genau jetzt in Gottes Haus, im Himmel. Wenn du dein Vertrauen in Jesus setzt, erhältst auch du dieses Versprechen. Jesus hat auch für dich einen Platz vorbereitet.

Einige Leute haben diese Schriftstelle so interpretiert, dass es um Jesu

Wiederkunft geht, wenn er wieder physisch auf dem Planeten erscheint. Aber das ergibt keinen Sinn. Bei Jesu Wiederkunft sind die Gläubigen bereits mit ihm im Himmel und kommen tatsächlich mit ihm auf die Erde. Jesus wird bei seiner Wiederkunft niemanden zu sich nehmen oder aufnehmen. Nein, diese Schriftstelle spricht von der Entrückung.

Die auf die Entrückung bezogenen Schriftstellen, die ich bisher geteilt habe, stammen aus den Büchern des Neuen Testaments der Bibel. Du denkst jetzt vielleicht, die Entrückung sei ein relativ neues Konzept und etwas, das erst nach Jesu Tod und Auferstehung gehert wurde. Das ist nicht der Fall. Die Entrückung wird auch im Alten Testament erwähnt. Schauen wir uns ein paar Schriftstellen an, die das Ereignis beschreiben.

Hier ist eine, die vom Propheten Zephanja im 7. Jahrhundert v. Chr. geschrieben wurde. Er fordert die Menschen auf, Gott zu suchen, der „Jahwe" genannt wird. Dies dient dazu, dass sie am Tag von Gottes Zorn geschützt oder „verborgen" sein können. Genau das hat die Entrückung von Jesu Nachfolgern bewirkt: Sie schützt sie vor Gottes Zorn.

> Sucht Jahwe, alle ihr Demütigen im Land, die ihr sein Recht ausgeführt habt! Sucht Gerechtigkeit, sucht Demut; vielleicht werdet ihr geborgen sein am Tag des Zorns Jahwes! (Zephanja 2,3)

Dies wurde von König David bereits im 10. Jahrhundert v. Chr. geschrieben. In dieser Schriftstelle sagt er uns, dass er sich danach sehnt, im Haus Gottes zu leben. Er weiß, dass er dort am Tag der Not im Geheimen verborgen sein wird. Das war einer der Gründe für die Entrückung. Gott hat die Gläubigen zu sich genommen und hält sie sicher im Himmel verborgen. Sie sind vor Gottes Zorn und Satans Zerstörung und Lügen während dieser schwierigsten und gefährlichsten Zeit geschützt.

> Eines habe ich von Jahwe erbeten, danach will ich trachten: dass ich bleiben darf im Haus Jahwes mein Leben lang, um die Lieblichkeit Jahwes zu schauen und in seinem Tempel nachzufragen. Denn er birgt mich in seiner Hütte am Tag des Unheils, er verbirgt mich im Schutz seines Zeltes; er erhöht mich auf einen Felsen. (Psalm 27,4-5)

Hier ist die meiner Meinung nach beste Darstellung der Entrückung im Alten Testament. Diese Schriftstelle wurde vom Propheten Jesaja im 8. Jahrhundert v. Chr. geschrieben. Wir erfahren aus dieser Schriftstelle ähnliche Details wie im Neuen Testament.

> Wie eine Schwangere, wenn sie der Geburt nahe ist, sich windet und schreit in ihren Geburtswehen, so waren auch wir vor dir, Jahwe. Wir waren schwanger, wir wanden uns; es war aber, als hätten wir nur Wind geboren. Wir haben dem Land keine Rettung gebracht, und die Bewohner des Erdkreises sind nicht gefallen. Deine Toten werden leben. Meine Leichname werden auferstehen. Wacht auf und jubelt, ihr Bewohner des Staubes! Denn dein Tau ist wie der Tau der Kräuter, und die Erde wird die abgeschiedenen Geister hervorbringen. Komm, mein Volk, geh in deine Kammern und schließe deine Türen hinter dir zu! Verbirg dich einen kleinen Augenblick, bis der Zorn vorübergegangen ist! Denn siehe, Jahwe geht von seinem Ort aus, um die Bewohner der Erde für ihre Missetat zu bestrafen. (Jesaja 26,17-21)

Er sagt uns, dass die Toten leben werden, die Toten auferstehen werden und dass die „Erde die abgeschiedenen Geister hervorbringen" wird. Wir wissen, dass sich dies auf tote Gläubige an Jesus bezieht, weil sie glücklich sind und jubeln. In der Hölle gibt es kein Glück und keinen Jubel. Das war das erste Ereignis, das während der Entrückung geschah: Die Körper der verstorbenen Gläubigen an Jesus wurden auferweckt. Der nächste Satz in Jesajas Prophezeiung bezieht sich auf die Gläubigen, die am Leben waren und entrückt wurden. Es heißt: „Komm, mein Volk, geh in deine Kammern und schließe deine Türen". Das ähnelt der Art und Weise, wie Jesus die Entrückung beschrieben hat, nicht wahr? Jesus sagte, er bereite eine Wohnung für seine Nachfolger vor und er werde wiederkommen, um sie zu holen. Die geschlossene Tür ist ein Akt des Schutzes. Gott schloss die Tür der Arche, um Noah und seine Familie während der Sintflut zu schützen. Die Gläubigen wurden in ihre Kammern gebracht, die von Jesus vorbereitet worden waren. Die letzten Sätze sagen uns, dass die verstorbenen Gläubigen, die auferstanden sind, und die Gläubigen, die entrückt wurden, sich für eine kleine Weile verbergen, weil Gott die Bewohner der Erde für ihre Sünde bestraft. „Missetat" bedeutet hier Sünde. Das ist exakt das, was wir in den Entrückungs-Schriftstellen des Neuen Testaments gelernt haben.

Ich hoffe, du siehst nun, dass Gott die Menschen seit Jahrtausenden vor der Entrückung und seinem kommenden Gericht gewarnt hat. Die Menschen, die verschwunden sind, sind Jesus in den Wolken begegnet und leben derzeit im Himmel unter dem Schutz des allmächtigen Gottes.

Kapitel 7 – Präzedenzfälle der Entrückung

Wir können besser verstehen, was Gott tut und warum Er es in Bezug auf die Entrückung tut, indem wir darauf schauen, was Gott in der Vergangenheit getan hat. Wir werden uns sechs Dinge ansehen, die wir aus der Sintflut und der Zerstörung der Städte Sodom und Gomorra als Präzedenzfälle für die Entrückung lernen können. Diese Ereignisse werden uns einige wichtige Einblicke in das geben, was jetzt geschieht.

7.1. Das Böse erregte Gottes Zorn

Vor Tausenden von Jahren war die Welt erfüllt von Bosheit, Gottlosigkeit und Gewalt. Aus diesem Grund sandte Gott Seinen Zorn in Form einer weltweiten Sintflut über die ganze Erde.

> „Die Nephilim waren in jenen Tagen auf der Erde, und auch danach, als Gottes Söhne zu den Töchtern der Menschen kamen und mit ihnen Kinder zeugten. Das waren die mächtigen Männer, die von alters her waren, Männer von Ruf. Jahwe sah, dass die Bosheit der Menschen groß war auf der Erde und dass jedes Sinnen der Gedanken ihres Herzens ständig nur böse war. … Jahwe sprach: ‚Ich will den Menschen, den ich geschaffen habe, von der Oberfläche des Bodens vertilgen – den Menschen zusammen mit dem Vieh, dem Kriechenden und den Vögeln des Himmels –, denn es reut mich, dass ich sie gemacht habe.‘ Aber Noah fand Gnade in den Augen Jahwes. … Die Erde aber war verdorben vor Gott, und die Erde war erfüllt mit Gewalt. Gott sah die Erde an, und siehe, sie war verdorben; denn alles Fleisch hatte seinen Weg auf der Erde verdorben. Da sprach Gott zu Noah: ‚Ich will allem Fleisch ein Ende machen, denn die Erde ist durch sie erfüllt mit Gewalt. Siehe, ich will sie vernichten zusammen mit der Erde.‘" (1. Mose 6,4-5.7-8.11-13)

„Gottes Söhne" in der obigen Schriftstelle beziehen sich auf Engel, nicht auf Menschen. Als sie mit Frauen schliefen, war das Ergebnis eine Rasse von Riesen. Die Nephilim sind ein Hinweis auf diese Nachkommen. Ich weiß, das klingt wirklich absurd. Engel verlassen den Himmel, um mit Frauen zu schlafen! Ja, es ist passiert. Jene gefallenen Engel begingen eine schreckliche Sünde und rebellierten gegen Gott, indem sie den Himmel verließen und Sex mit Frauen auf der Erde hatten. Jetzt, wo du dir dieses Ereignisses bewusst bist, bin ich sicher, dass die Geschichte von David und Goliat viel mehr Sinn ergibt. Du siehst, Goliat war einer jener Riesen, ein Nachkomme der Nephilim.

Hier erfahren wir auch, dass die gesamte Schöpfung Gottes korrumpiert war, nicht nur die Menschen. Gott sagte, es reue Ihn, dass Er die „Tiere, das Kriechende und die Vögel" geschaffen habe. Er sagte, „die Erde war verdorben" und „alles Fleisch" war korrumpiert. Das bedeutet, alles war verschmutzt und verrottet. Ich denke, die Engel, die Experten im Mischen von Arten geworden waren, müssen die Menschen gelehrt haben, wie man verschiedene Tierarten miteinander kreuzt und Abscheulichkeiten hervorbringt. Sie alle spielten Gott. Die gefallenen Engel und gottlosen Menschen hatten die gesamte Erde und den menschlichen Genpool korrumpiert. Gott musste die Sintflut senden, um das Chaos zu beseitigen, das die gefallenen Engel und unsere Vorfahren angerichtet hatten, um die menschliche Rasse und den Rest Seiner Schöpfung zu bewahren.

Nun, jene gefallenen Engel bekamen großen Ärger. Die Bibel sagt uns, dass Gott sie in der Finsternis gefangen hält und sie auf den Tag des Gerichts warten.

> „Engel, die ihren ursprünglichen Herrschaftsbereich nicht bewahrten, sondern ihre eigene Behausung verließen, hat er mit ewigen Fesseln unter der Finsternis verwahrt für das Gericht des großen Tages." (Judas 1,6)

Es gibt einen außerbiblischen Text, der in der Bibel erwähnt wird und zusätzliche Einblicke in das gibt, was in jener Zeit geschah. Obwohl er nicht als das Wort Gottes gilt, weil er nicht in der Bibel enthalten ist, schätzte der Bibelautor, der diesen Text erwähnte, sicherlich das darin enthaltene Wissen. Betrachten wir ihn also als eine hilfreiche Ressource.

Ich möchte mir das Buch Henoch ansehen. Henoch war der Urgroßvater von Noah. Er lebte vor der Sintflut auf der Erde, während dieser Zeit der großen Bosheit. Dieses nach ihm benannte Buch enthält einige interessante Details, die uns helfen, die gefallenen Engel und ihre Nachkommen, die Nephilim, zu verstehen. Das Buch Henoch ist heute nicht in der Bibel enthalten und gilt daher nicht als Heilige Schrift. Im ersten und zweiten Jahrhundert n. Chr. betrachteten die Bibelautoren es jedoch als legitime Ressource. Judas, der Halbruder Jesu, zitierte sogar aus dem Buch Henoch in Judas 1,14-15. Als die Schriftrollen vom Toten Meer entdeckt wurden, fand man unter ihnen Kopien der frühen Abschnitte des Buchs Henoch.[3] Es ist offensichtlich, dass unsere Vorfahren schätzten, was das Buch sagte. Erst im 3. Jahrhundert n. Chr. begannen Teile des Buches diskreditiert zu werden.[4] Betrachten wir es als eine interessante Ressource.

Dies bestätigt den biblischen Bericht über die Engel, die den Himmel verließen, weil sie menschliche Frauen begehrten.

> „Und es geschah, als die Menschenkinder sich vermehrt hatten, dass ihnen in jenen Tagen schöne und liebliche Töchter geboren wurden. Und die Engel, die Kinder des Himmels, sahen sie und begehrten sie und sprachen zueinander: ‚Kommt, lasst uns uns Frauen aus den Menschenkindern wählen und uns Kinder zeugen.' … Und sie waren insgesamt zweihundert, die herabstiegen." (Das Buch Henoch 6,1-2.6)

Hier erfahren wir, dass die Engel und Frauen Nachkommen hatten, die Riesen waren, genau wie die Bibel es sagte. Es ist auch interessant zu erfahren, dass die Engel die Menschen Zauberei lehrten. Siehst du, warum Gott nicht möchte, dass Menschen mit Medien sprechen oder Hexerei praktizieren? Es ist, weil es dämonisch ist. Es kommt direkt von gefallenen Engeln.

> „Und alle anderen zusammen mit ihnen nahmen sich Frauen, und jeder wählte für sich eine aus, und sie begannen, zu ihnen hineinzugehen und sich mit ihnen zu beflecken, und sie lehrten sie Zauberformeln und Beschwörungen und das Schneiden von Wurzeln und machten sie mit Pflanzen vertraut. Und sie wurden schwanger und gebaren große Riesen, deren Höhe dreitausend Ellen betrug: Diese verzehrten den gesamten Erwerb der Menschen. Und als die Menschen sie nicht mehr ernähren konnten, wandten sich die Riesen gegen sie und verschlangen die Menschheit. Und sie begannen, gegen Vögel und Tiere und Kriechtiere und Fische zu sündigen und einer des anderen Fleisch zu verzehren und das Blut zu trinken. Da erhob die Erde Anklage gegen die Gesetzlosen." (Das Buch Henoch 7,1-6)

Henoch führt ein Gespräch mit den Engeln im Himmel über die gefallenen Engel, die gesündigt haben. Die Engel werden als „Wächter" bezeichnet. Ihm wird gesagt, dass sie den Tod ihrer Nachkommen sehen und in Ewigkeit bestraft werden. Dann wird er gebeten, es den gefallenen Engeln zu verkünden.

> „Und ich, Henoch, pries den Herrn der Majestät und den König der Zeitalter, und siehe, die Wächter riefen mich – Henoch, den Schreiber – und sprachen zu mir: ‚Henoch, du Schreiber der Gerechtigkeit, geh, verkündige den Wächtern des Himmels, die den hohen Himmel, die heilige ewige Stätte verlassen und sich mit Frauen befleckt haben und getan haben, wie es die Erdenkinder tun, und sich Frauen genommen haben: „Ihr habt großes Verderben auf der Erde angerichtet: Und ihr werdet keinen Frieden noch Vergebung der Sünde haben: Und insofern sie sich an ihren Kindern erfreuen, werden sie die Ermordung ihrer Geliebten

sehen, und über die Vernichtung ihrer Kinder werden sie klagen und werden in Ewigkeit flehen, aber Barmherzigkeit und Frieden werdet ihr nicht erlangen.""" (Das Buch Henoch 12,3-6)

Henoch spricht zu den gefallenen Engeln, und sie geraten in Panik wegen der Strafe, die Gott über sie verhängt hat. Sie bitten Henoch, Gott in ihrem Namen um Vergebung anzuflehen. Hier nehmen wir die Geschichte wieder auf, in der Gott mit Henoch spricht.

„Und er antwortete und sprach zu mir, und ich hörte seine Stimme: ‚Fürchte dich nicht, Henoch, du gerechter Mann und Schreiber der Gerechtigkeit: Tritt herzu und höre meine Stimme. Und geh, sag zu den Wächtern des Himmels, die dich gesandt haben, um für sie Fürsprache einzulegen: „Ihr solltet für die Menschen Fürsprache einlegen und nicht die Menschen für euch: Warum habt ihr den hohen, heiligen und ewigen Himmel verlassen und bei Frauen gelegen und euch mit den Töchtern der Menschen befleckt und euch Frauen genommen und getan wie die Erdenkinder und Riesen als eure Söhne gezeugt. Und obwohl ihr heilig, geistlich wart und das ewige Leben lebtet, habt ihr euch mit dem Blut der Frauen befleckt und habt (Kinder) mit dem Blut des Fleisches gezeugt und habt, wie die Menschenkinder, nach Fleisch und Blut begehrt, wie auch jene tun, die sterben und vergehen. … Aber ihr wart früher geistlich, lebtet das ewige Leben und wart unsterblich für alle Generationen der Welt. Und deshalb habe ich für euch keine Frauen bestimmt; denn für die Geistigen des Himmels ist im Himmel ihre Wohnung. Und nun sollen die Riesen, die aus Geist und Fleisch hervorgegangen sind, böse Geister auf der Erde genannt werden, und auf der Erde soll ihre Wohnung sein. Böse Geister sind aus ihren Körpern hervorgegangen; weil sie von Menschen geboren sind und von den heiligen Wächtern ihr Anfang und ursprünglicher Ursprung ist; sie sollen böse Geister auf Erden sein, und böse Geister sollen sie genannt werden. … Und die Geister der Riesen bedrängen, unterdrücken, zerstören, greifen an, führen Krieg und richten Verderben auf der Erde an und verursachen Not: Sie nehmen keine Nahrung zu sich, hungern und dürsten aber dennoch und verursachen Ärgernis. Und diese Geister werden sich gegen die Menschenkinder und gegen die Frauen erheben, weil sie von ihnen hervorgegangen sind.“ … Und nun zu den Wächtern, die dich gesandt haben, um für sie Fürsprache einzulegen, die zuvor im Himmel waren, (sag zu ihnen): „Ihr seid im Himmel gewesen, aber noch waren euch nicht alle Geheimnisse offenbart worden, und ihr kanntet wertlose Dinge, und diese habt ihr in der Härte eurer Herzen den Frauen bekannt gemacht, und durch diese Geheimnisse wirken Frauen und Männer viel Böses auf Erden." Sag ihnen deshalb: „Ihr habt keinen Frieden.""" (Das Buch Henoch 15,1-4.6-9.11-12;16,2-4)

Wir erfahren noch mehr Interessantes über die engelhaften Nachkommen. Die Riesen würden böse Geister auf der Erde genannt werden und die Erde würde ihre Wohnung sein. Als die Sintflut kam, starb alles Fleisch und Blut auf dem Planeten außer Noah und seiner Familie, weil sie in der Arche geschützt waren. So starben alle Fleisch-und-Blut-Nachkommen der Engel. Aber hier erfahren wir, dass die bösen Geister jener Riesen auf der Erde bleiben und die Menschheit bedrängen. Die Engel wurden bereits in ewige Fesseln gelegt, aber nicht diese bösen Geister. Ich wollte dies für dich hervorheben, weil die Bibel oft über böse Geister und Dämonen spricht. Ich möchte, dass du weißt, dass böse Mächte sehr wohl real sind.

Ich habe dargelegt, dass die Erde voller Bosheit jeder Art war und Gott deshalb die Sintflut, Seinen Zorn, sandte. Er musste das Chaos bereinigen. Nun, ich weiß, dass einige von euch über die Sintflut spotten. Du glaubst nicht, dass sie wirklich passiert ist. Oder vielleicht denkst du, es war eine lokale Flut, begrenzt auf den Ort, an dem Noah lebte. Schauen wir uns also die Beweise an.

Die Sintflut ereignete sich etwa um 2300 v. Chr.[5] Es war eine globale katastrophale Flut. Der Beweis dafür ist überall um dich herum. Du musst nur bereit sein, ihn zu sehen. Ein großartiges Beispiel sind Fossilien. Man würde erwarten, Beweise für Milliarden von toten Pflanzen, Tieren und Meerestieren auf dem gesamten Globus zu finden. Genau das wurde gefunden. Fossilien von Meereslebewesen finden sich auf der ganzen Welt und sogar auf den höchsten Berggipfeln, dem Himalaya. Der Himalaya musste unter Wasser gestanden haben, um Fossilien von Meereslebewesen zu enthalten. Zudem liegt das Himalaya-Gebirge nicht in der Nähe des Nahen Ostens, was auf eine globale Flut hindeutet. Das Volumen der Fossilienfriedhöfe und die hohe Qualität der Fossilien in diesen Friedhöfen deuten auf einen schnellen Tod, eine Konservierung und eine Bestattung dieser Kreaturen hin. An vielen dieser Orte findet man sowohl Meeres- als auch Landtiere zusammen konserviert. Nur eine Flut hätte sie zusammen begraben können.[6]

Ein weiteres Beispiel siehst du, wenn du untersuchst, wie Gesteinsschichten über die Erde abgelagert wurden. Der Grand Canyon bietet eine großartige Fallstudie. Die Wände des Canyons bestehen aus Coconino-Sandstein, der durch Wasser in Wellen von bis zu ca. 18 Meter Höhe abgelagert wurde. Gewöhnliche Stürme und Überschwemmungen erzeugen keine solchen Wellen. Die gesamte Schicht von ca. 41.700 Kubikkilometern Sand entstand in nur wenigen Tagen. Darüber hinaus finden sich Sedimentschichten im Grand Canyon über die gesamten Vereinigten Staaten verteilt, mit denselben Fossilien und in derselben Position in der Schichtenfolge. Nur eine gewaltige

Flut konnte so etwas bewirken.[7] Die Vereinigten Staaten sind nirgendwo in der Nähe des Nahen Ostens, wo Noah lebte. Dies ist ein weiterer Beweis für eine globale Sintflut.

Weil Gott heilig und gerecht ist, muss Er das Böse bestrafen. Genau das hat Er mit der Sintflut vollbracht. Wir lernen aus der Bibel, dass Er dies tut, wenn das Maß an Bosheit einen kritischen Punkt erreicht. Nach der Sintflut praktizierte eine Gruppe von Städten in der Nähe des Toten Meeres Bosheit auf einem Niveau, das Gottes Eingreifen erforderte. Diese Städte waren Sodom und Gomorra. Ein Bericht über ihre Zerstörung findet sich in 1. Mose 18-19. Dies geschah nach der Geburt von Abrahams Sohn Ismael, aber vor der Geburt seines Sohnes Isaak. Das bedeutet, jene Städte wurden um 2070 v. Chr. zerstört.[8]

Wir sehen dieselbe Art der Beschreibung gegen Sodom und Gomorra, die wir gegen die ganze Welt zu Noahs Zeit sahen. Die Menschen waren überaus gottlos.

> „Lot wohnte in den Städten der Ebene und schlug sein Zelt bis nach Sodom auf. Aber die Männer von Sodom waren überaus gottlos und Sünder gegen Jahwe." (1. Mose 13,12-13)

> „Jahwe sprach: ‚Weil das Geschrei über Sodom und Gomorra groß ist und weil ihre Sünde sehr schwer wiegt.'" (1. Mose 18,20)

Hier erfahren wir, dass die Sünden, welche die Menschen begingen, sexuelle Unmoral, Stolz, Maßlosigkeit, Faulheit und eine Missachtung der Armen und Bedürftigen waren.

> „Wie Sodom und Gomorra und die umliegenden Städte, die in gleicher Weise wie diese der sexuellen Unmoral nachgaben und fremdem Fleisch nachgingen, als Beispiel dastehen, indem sie die Strafe des ewigen Feuers erleiden." (Judas 1,7)

> „Siehe, dies war die Missetat deiner Schwester Sodom: Stolz, Fülle an Brot und sorglose Ruhe herrschte in ihr und ihren Töchtern. Auch stärkte sie nicht die Hand des Armen und Bedürftigen. Sie waren hochmütig und begingen Gräuel vor mir. Darum habe ich sie weggetan, als ich es sah." (Hesekiel 16,49-50)

Als Gott auf die Bosheit reagierte, sandte Er zwei Engel, um Lot aus der Stadt zu führen. Er wollte ihn beschützen, wie Er Noah während der Sintflut beschützt hatte.

> „Die zwei Engel kamen am Abend nach Sodom. Lot saß im Tor von Sodom. Lot
> sah sie und stand auf, um ihnen entgegenzugehen. … Er drängte sie sehr, und sie
> kehrten bei ihm ein und traten in sein Haus. Er bereitete ihnen ein Mahl und backte
> ungesäuertes Brot, und sie aßen. Aber bevor sie sich niederlegten, umzingelten
> die Männer der Stadt, die Männer von Sodom, das Haus, jung und alt, das ganze
> Volk aus allen Enden. Sie riefen Lot und sagten zu ihm: ‚Wo sind die Männer, die
> heute Nacht zu dir gekommen sind? Bring sie heraus zu uns, damit wir Sex mit
> ihnen haben.‘" (1. Mose 19,1.3-5)

Als die Engel in Lots Haus waren, sehen wir, dass alle Männer der Stadt,
ausnahmslos alle, jung und alt, zu Lots Haus kamen und verlangten, Sex mit
den Engeln zu haben. Die Männer waren begierig darauf, dieselben sexuellen
Sünden zu begehen, die ihre Vorfahren mit den gefallenen Engeln begangen
hatten. Diesmal waren es jedoch die Männer, die begierig waren, anstatt der
Frauen. Dieselben sexuellen Sünden führten zur Sintflut.

Sodoms Sünden führten zu einer lokalen Zerstörung ihres Volkes und
ihrer Stadt. Gott ließ Schwefel und Feuer vom Himmel regnen und verbrannte
das gesamte Gebiet. Gottes Zorn wurde erneut wegen des Bösen erregt.

> „Da ließ Jahwe auf Sodom und auf Gomorra Schwefel und Feuer regnen von Jahwe
> aus dem Himmel. Er kehrte jene Städte um und die ganze Ebene und alle Bewohner
> der Städte und was auf dem Erdboden gewachsen war." (1. Mose 19,24-25)

Nun, genau wie bei der Sintflut, bin ich sicher, dass einige von euch auch
über dieses Ereignis spotten. Schauen wir uns also einige Beweise für dieses
Ereignis an. Ein Archäologe aus meiner Heimatstadt Albuquerque, New
Mexico, glaubt, er habe die antike Stadt Sodom entdeckt. Steven Collins hat
die Ausgrabungsstätte Tall el-Hammam in Jordanien, nahe dem Toten Meer,
untersucht. Er fand Beweise für intensives Feuer, einschließlich verbrannter
Fundamente, Böden, die unter fast einem Meter Asche begraben sind, und
Tonscherben mit einer geschmolzenen Oberfläche, was auf Hitzeeinwirkung
nahe der Temperatur von Magma hindeutet.[9] Das klingt sicherlich nach einer
Stadt, die mit Feuer vom Himmel bombardiert wurde.

Genauso wie das Böse in der Vergangenheit Gottes Zorn erregte, erregt
es auch heute noch Seinen Zorn. Jesus warnte davor, dass eine weitere Zeit
des Zorns Gottes kommen würde. Seine Jünger fragten Ihn nach einem
Zeichen Seiner Wiederkunft.

> „Als er auf dem Ölberg saß, traten die Jünger privat zu ihm und sprachen: ‚Sag

uns, wann wird dies sein? Und what ist das Zeichen deiner Wiederkunft und des Endes des Zeitalters?' … ‚Weil die Gesetzlosigkeit überhandnehmen wird, wird die Liebe vieler erkalten. … Denn dann wird eine große Drangsal sein, wie sie von Anfang der Welt bis jetzt nicht gewesen ist und auch nicht wieder sein wird. Und wenn jene Tage nicht verkürzt würden, so würde kein Fleisch gerettet werden.'" (Matthäus 24,3.12.21-22)

„Wie es in den Tagen Noahs war, so wird es auch in den Tagen des Menschensohnes sein. Sie aßen, sie tranken, sie heirateten, sie wurden verheiratet bis zu dem Tag, an dem Noah in das Schiff ging und die Sintflut kam und sie alle vernichtete. Ebenso, wie es in den Tagen Lots war: Sie aßen, sie tranken, sie kauften, sie verkauften, sie pflanzten, sie bauten; an dem Tag aber, als Lot aus Sodom hinausging, regnete es Feuer und Schwefel vom Himmel und vernichtete sie alle." (Lukas 17,26-29)

Jesus sagte, Sein Kommen würde zu einer Zeit sein, wie sie in den Tagen von Noah und Lot war. Jesus sagte, Er würde in einer Zeit kommen, in der die Gesetzlosigkeit überhandnimmt, was eine Zeit großer Sünde bedeutet. Er sagt jedoch, dass wegen dieser Gesetzlosigkeit auch großes Leid geschehen würde, bevor Er kommt. Das ist der Zorn Gottes. Nun, wir wissen, was die Sünden in Noahs und Lots Zeiten waren: Gottlosigkeit, Gewalt, sexuelle Unmoral, Stolz, Maßlosigkeit, Faulheit und eine Missachtung der Armen.

In anderen Schriftstellen der Bibel erfahren wir von weiteren Sünden, die zur Zeit von Gottes nächstem Eingreifen stattfinden, und dazu gehören: Stolz, Überheblichkeit, das Anbeten von Dämonen, die Anbetung des Geldes, Mord, das Praktizieren von Magie, sexuelle Unmoral und Diebstahl.

„Denn es kommt ein Tag von Jahwe der Heerscharen über alles Stolze und Übermütige und über alles Erhabene, und es soll erniedrigt werden: … Der Hochmut des Menschen soll gebeugt und der Übermut der Männer erniedrigt werden; und Jahwe allein soll an jenem Tag erhaben sein." (Jesaja 2,12.17)

„Und die übrigen Menschen, die durch diese Plagen nicht getötet wurden, taten nicht Buße über die Werke ihrer Hände, so dass sie nicht mehr die Dämonen anbeteten und die Götzen aus Gold und Silber und Bronze und Stein und Holz, die weder sehen noch hören noch gehen können. Und sie taten nicht Buße über ihre Morde noch über ihre Zaubereien noch über ihre sexuelle Unmoral noch über ihre Diebstähle." (Offenbarung 9,20-21)

Ich hoffe, du beginnst ein Thema in Bezug auf das Maß an Bosheit zu erkennen, das den Zorn Gottes herbeiführt. Sexuelle Sünden, Stolz und Gewalt waren vor der Sintflut und in Sodom und Gomorra weit verbreitet. Du weißt sehr wohl, dass sie auch heute alltäglich sind. Diese Sünden werden heute sogar zur Schau gestellt, wobei die sündige Natur der Taten fälschlicherweise in etwas Gerechtes umgedeutet wird. Wir sind ein Volk, das Gutes gegen Böses eingetauscht hat. Vielleicht siehst du das selbst nicht oder glaubst mir nicht. Nun, dann schauen wir uns einige Fakten an.

Ich beginne mit sexuellen Sünden, da diese Sünden vor der Sintflut und in Sodom und Gomorra grassierten und alltäglich waren. Pornografie ist eine sexuelle Sünde. Jesus sagte, es ist eine Sünde, jemanden lüstern anzusehen. Siehe Matthäus 5,28. Es ist auch ein Tor, das zu anderen sexuellen Sünden und auf einen dunklen Weg der Gewalt führt. Es gibt sechs Porno-Websites in den Top 100 der beliebtesten Internetseiten. Die populärste Porno-Seite rangiert vor eBay.[10] Diese Seite berichtet, dass sie im Jahr 2018 33,5 Milliarden Besuche mit durchschnittlich 92 Millionen täglichen Besuchern hatte.[11] Das ist fast ein Drittel der Bevölkerung der Vereinigten Staaten, die jeden Tag Pornos schaut![12] Diese Pornografie-Konsumenten unterstützen und befeuern die wachsende Sexhandelsindustrie. So sieht Sklaverei heute aus. Sie ist in massivem Maßstab kommerzialisiert worden. Pornos mit Vergewaltigungs- und Missbrauchsthemen sind heute Mainstream. Wie viele jener Darsteller glaubst du wirklich, sind dort freiwillig ohne irgendeine Form von Drohung oder Zwang?[13] Es wird geschätzt, dass weltweit fast 5 Millionen Menschen in Zwangsprostitution leben.[14] Ich denke, es sind viel mehr als das. Ich weiß, dass Gott es weiß. Gott weiß auch, was Forscher uns nun über Pornografie sagen, die zu Gewalt führt. Studien haben gezeigt, dass sie aggressives Verhalten, gewalttätige Fantasien und das Begehen von gewalttätigen Übergriffen verstärkt. Das liegt daran, dass Pornos das Gehirn eines Menschen beeinflussen. Wenn eine Person erregt wird, indem sie sieht, wie jemand beschimpft oder geschlagen wird, assoziiert das Gehirn diese Aggressionen mit Erregung. Wenn Pornos darstellen, dass das Opfer die Schläge genießt, lernt das Gehirn des Zuschauers, dass es okay ist, aggressiv zu handeln.[15]

Ein Nebenprodukt sexueller Sünde sind ungewollte Schwangerschaften und die gewaltsame Sünde der Abtreibung. Es ist der Mord an einem Kind, das Gott im Mutterleib einzigartig geschaffen hat und das noch nicht geboren wurde. Die Bibel sagt uns eindeutig, dass das Leben im Mutterleib beginnt. In diesen Schriftstellen sehen wir, dass Gott uns im Mutterleib bildet und alle Tage unseres Lebens aufzeichnet.

„Denn du hast mein Innerstes gebildet. Du hast mich zusammengefügt im Leib meiner Mutter. ... Mein Gebein war dir nicht verborgen, als ich im Verborgenen gemacht wurde, kunstvoll gewirkt in den Tiefen der Erde. Deine Augen sahen meinen Körper. In dein Buch waren sie alle geschrieben, die Tage, die für mich bestimmt waren, als noch keiner von ihnen war." (Psalm 139,13.15-16)

„Und das Wort Jahwes geschah zu mir: ‚Bevor ich dich im Mutterleib bildete, kannte ich dich. Bevor du geboren wurdest, habe ich dich geheiligt. Ich habe dich zum Propheten für die Nationen eingesetzt.'" (Jeremia 1,4-5)

In dieser untenstehenden Schriftstelle besucht Maria, die mit Jesus schwanger ist, Elisabeth, die mit Johannes dem Täufer schwanger ist. Das ungeborene Baby Johannes war sich der Gegenwart von Maria und Jesus bewusst und konnte im Mutterleib Emotionen ausdrücken. Er hüpfte vor Freude, als er Maria hörte.

„Als Elisabeth den Gruß Marias hörte, hüpfte das Kind in ihrem Leib; und Elisabeth wurde mit dem Heiligen Geist erfüllt. Sie rief mit lauter Stimme und sprach: ‚Gesegnet bist du unter den Frauen, und gesegnet ist die Frucht deines Leibes! ... Denn siehe, als die Stimme deines Grußes an mein Ohr drang, hüpfte das Kind vor Freude in meinem Leib!'" (Lukas 1,41-42.44)

Zwischen 2010 und 2014 wurden weltweit 56 Millionen Babys durch Abtreibung ermordet. Während dieses Zeitraums endeten 25 % der Schwangerschaften in einer Abtreibung.[16] Dies ist vergleichbar mit der Zahl der zivilen Todesopfer während des Zweiten Weltkriegs! Jener Krieg war der tödlichste Konflikt in der Menschheitsgeschichte.[17] Als globale Gesellschaft haben wir Krieg gegen die Ungeborenen geführt. Glaubst du, dass Gott damit einverstanden ist und dass Er keine Gerechtigkeit für diese Sünde suchen wird, die wir begehen? Wenn du denkst, Er wird ein Auge zudrücken, dann kennst du Gott nicht. Fang an, eine Bibel zu lesen, und lerne Ihn heute kennen. Er wird dein Leben verändern. Er wird dein steinhartes Herz durch ein Herz wie Seines ersetzen.

Die nächste sexuelle Sünde, die wir betrachten müssen, ist Homosexualität. Die Bibel sagt uns, dass die Menschen in Sodom und Gomorra „fremdem Fleisch" nachgingen (siehe Judas 1,7 oben). Das bedeutet Fleisch, das anders war als das, was Gott für sie bestimmt hatte. Es war unnatürlich. Es ist ein Hinweis auf Homosexualität. Wir wissen, dass alle Männer der Stadt mit den Engeln schlafen wollten, die kamen, um Lot zu retten, weil sie dachten, die

Engel seien Männer. Es war nicht, weil sie Engel waren. Wir wissen auch, dass die Stadt dieser Sünde schuldig war, bevor die Engel auftauchten. Erinnere dich, Gott richtete die Stadt wegen ihrer Sünden, bevor die Engel gesandt wurden, um Lot zu retten. In den Vereinigten Staaten wird geschätzt, dass 4,5 % der Bevölkerung sich als lesbisch, schwul, bisexuell oder transgender identifizieren. Im Jahr 2012 waren es 3,5 %.[18] Es ist also in den letzten sieben Jahren etwas gestiegen. Ein Großteil der Welt fördert diesen Lebensstil schon seit geraumer Zeit als normal und nicht sündhaft. Zum Unglück für uns als Gesellschaft funktioniert es und ändert die Meinungen der Menschen darüber. Im Jahr 1996 unterstützten nur 27 % der US-Bevölkerung die gleichgeschlechtliche Ehe. Heute sind es 63 %, die sie unterstützen. Derselbe Prozentsatz hält schwule Beziehungen für moralisch akzeptabel.[19] Während sich die Einstellungen und Meinungen der Bevölkerung geändert haben, hat Gott sich nicht geändert. Gottes Wort ändert sich nie. Die Bibel ist in dieser Frage vollkommen klar und zeigt, wo Gott steht. Es ist eine Sünde. Sie wird sowohl im Alten Testament im Buch Levitikus als auch im Neuen Testament im Römerbrief als Sünde aufgeführt.

> „Du sollst bei einem Mann nicht liegen, wie man bei einer Frau liegt. Das ist ein Greuel." (3. Mose 18,22)

> „Denn obwohl sie Gott kannten, haben sie ihn nicht als Gott verherrlicht und ihm nicht gedankt, sondern sind in ihrem Denken eitel geworden, und ihr unverständiges Herz wurde verfinstert. Indem sie sich für weise hielten, sind sie zu Narren geworden und haben die Herrlichkeit des unvergänglichen Gottes vertauscht mit dem Bild eines vergänglichen Menschen, von Vögeln, vierfüßigen Tieren und kriechendem Getier. ... Darum hat Gott sie dahingegeben in schändliche Leidenschaften. Denn ihre Frauen haben den natürlichen Verkehr vertauscht mit dem widernatürlichen. Ebenso haben auch die Männer den natürlichen Verkehr mit der Frau verlassen und sind in ihrer Begierde zueinander entbrannt, indem Männer mit Männern das Schändliche trieben und die verdiente Strafe für ihre Verirrung an sich selbst empfingen." (Römer 1,21-23.26-27)

Gott schuf Mann und Frau und die heterosexuelle Ehe. Gott ist vollkommen und heilig und macht niemals einen Fehler. Gott hat jede Person einzigartig, mit Absicht und aus einem Grund geschaffen. Wenn du dich als lesbisch, schwul, bi oder transgender identifizierst, musst du wissen, dass Gott dich liebt und Er keinen Fehler gemacht und dich mit dem falschen Geschlecht erschaffen hat. Gott macht auch niemanden zu einem Sünder. Wenn du also denkst, Gott sei derjenige, der dir Gefühle für das gleiche Geschlecht gibt, dann irrst du dich. Wir sündigen ganz allein, wenn wir der Versuchung des Begehrens nachgeben.

> „Sondern ein jeder wird versucht, wenn er von seiner eigenen Lust fortgezogen und entlockt wird. Danach, wenn die Lust empfangen hat, gebiert sie die Sünde. Die Sünde aber, wenn sie vollendet ist, gebiert den Tod." (Jakobus 1,14-15)

Betrachten wir nun eine andere Art von Sünde. Bewerten wir die globale Adipositas-Epidemie. Ich weiß, viele von euch halten Maßlosigkeit, was übermäßiges Essen oder übermäßiger Genuss ist, nicht für gleichbedeutend mit den meisten Sünden, aber sie ist in der Tat eine Sünde und wird in der Bibel als eine der spezifischen Sünden Sodoms aufgeführt. Vielleicht ist sie aufgeführt, weil Maßlosigkeit oft mit sündigen Partnern wie Gier und Faulheit einhergeht. Im Jahr 2016 litten 40 % der Erwachsenen und 19 % der Kinder in den Vereinigten Staaten an Fettleibigkeit. Im Jahr 2000 lagen die Raten bei 31 % für Erwachsene und 14 % für Kinder.[20] In jenem Zeitraum von sechs Jahren stieg sie um 9 Prozentpunkte bei Erwachsenen und um 5 bei Kindern. Ein Indikator für die globale Fettleibigkeit ist das, was die Organisation für wirtschaftliche Zusammenarbeit und Entwicklung berichtet. Sie sammeln Daten aus 36 Ländern. Im Jahr 2015 berichteten sie, dass 20 % der Erwachsenen fettleibig waren. Erstaunlich ist, dass sie berichteten, fast 70 % der Erwachsenen in den Vereinigten Staaten seien übergewichtig! Im Jahr 1970 waren nicht einmal 15 % der Erwachsenen in den Vereinigten Staaten fettleibig. Du siehst, es gab über die Jahre einen signifikanten Anstieg der Fettleibigkeit.[21] Wenn wir Fettleibigkeit als globale Epidemie betrachten und wir uns umsehen und leicht sehen können, dass sie ein Problem für die Gesellschaft ist, glaubst du nicht, dass Gott das bemerkt hat?

Terrorismus ist eine extreme Form von Bosheit, Gottlosigkeit und Gewalt. Die Täter denken, ihre Gewalt werde die Menschen einschüchtern und zwingen, sich so zu verhalten, wie sie es wollen. Die Terroranschläge gegen die Vereinigten Staaten am 11. September 2001 waren ein globaler Wendepunkt für diesen gewalttätigen Extremismus. Im Jahr 2017 gab es weltweit 10.900 Terroranschläge, bei denen 26.445 Menschen ermordet wurden. Schockierend ist, dass dies tatsächlich weniger ist als beim Höchststand im Jahr 2014, als es weltweit fast 17.000 Anschläge gab! Über 44.000 Menschen starben in jenem Jahr bei diesen gewalttätigen Angriffen. Im Jahr 1998 gab es weltweit nur 934 Terroranschläge.[22] Es ist offensichtlich, dass es einen exponentiellen Anstieg dieser Art von Gewalt gegeben hat. Wir sehen es jeden Tag in den Nachrichten. Als Gesellschaft scheint es, als hätten wir unsere Fähigkeit verloren, unsere Probleme und Differenzen auf diplomatische und gewaltfreie Weise zu lösen.

Schauen wir uns die Mordraten der letzten Jahrzehnte an. Man könnte argumentieren, dass diese Art von Gewalt weniger extrem ist als ein Terroranschlag, aber sie ist sicherlich persönlicher. Ist sie also wirklich weniger böse? Die Mordrate in den Vereinigten Staaten war seit 1990 rückläufig, änderte aber 2013 den Kurs und ist seitdem jedes Jahr gestiegen. Im Jahr 2017 wurden 6,12 Menschen pro 100.000 Einwohner in den Vereinigten Staaten ermordet. Das ist höher als die globale Rate von 5,31! Scheint es dir, dass die Vereinigten Staaten gewalttätiger sind als der globale Durchschnitt? Nun, das sind sie. Die Vereinigten Staaten rangieren im oberen Drittel der mörderischsten Länder.[23]

Das letzte Thema, das ich dich bitten möchte zu bedenken, wenn du über das Maß an Bosheit unserer Gesellschaft im Vergleich zu Noahs Zeit nachdenkst, ist die Gentechnik. Es ist ein Thema, das ziemlich harmlos scheint, also müssen wir ein wenig tiefer graben. Wir alle wissen über gentechnisch veränderte Lebensmittel Bescheid. Wir sehen jetzt die Etiketten für nicht gentechnisch veränderte Organismen auf Produkten im Lebensmittelgeschäft. Es gibt sicherlich einige ethische und gesundheitliche Erwägungen dabei, aber ich frage mich, ob du von der CRISPR-Cas9-Technologie gehört hast? Du hast das Ergebnis davon wahrscheinlich in den Nachrichten gesehen. Es ist eine Technologie zur Genombearbeitung, die 2012 entwickelt wurde.[24] Im Jahr 2017 kündigten Wissenschaftler an, dass sie diese Technologie genutzt haben, um die erste Mensch-Tier-Hybride, eine Chimäre, zu erschaffen, indem sie erfolgreich menschliche Zellen in Schweineembryonen injizierten und die Embryonen überlebten.[25] Wissenschaftler arbeiten schon seit Jahren in diesem Bereich. Im Jahr 2011 wurde berichtet, dass Wissenschaftler im Vereinigten Königreich seit 2008 mehr als 150 Mensch-Tier-Hybrid-Embryonen erschaffen hatten.[26] Im Dezember 2018 erfuhren wir, dass ein chinesischer Wissenschaftler die weltweit ersten gentechnisch veränderten Babys mit CRISPR erschaffen hat. Zwillingsmädchen wurden nach einer Embryonenbearbeitung geboren, die verhinderte, dass das HIV-Virus ihre Zellen infizierte.[27] Stand 2019 ist es in den Vereinigten Staaten immer noch legal, eine Chimäre zu erschaffen. Im Kongress wurden Gesetzentwürfe eingebracht, um diese Praxis einzuschränken, aber sie wurden nicht verabschiedet. Im April 2019 berichtete NPR, dass die ersten US-Patienten mit CRISPR in der Krebstherapie behandelt wurden.[28] Im Jahr 2019 machte Japan es legal, Hybridembryonen in Leihmutter-Tiere zu transplantieren und sie auszutragen.[29]

Wissenschaftler sagen, diese Technologie werde zu medizinischen Durchbrüchen führen, wie der Erschaffung von Organen für Menschen, die ein Transplantat benötigen, und der Heilung von Krankheiten. Das mag sein, aber wir müssen bedenken, dass wir ein Haufen Sünder sind und dies alle Grenzen des „Gott-Spielens" überschreitet. Wissenschaftler sind von Natur aus neugierig und werden schnell Dinge erschaffen, die nicht erschaffen werden sollten. Denk an die Filme Jurassic Park und Jurassic World. Sie erschufen Dinosaurier, indem sie deren DNA aus in Bernstein konservierten Mücken extrahierten und dann moderne Reptilien nutzten, um die Genlücken zu füllen. Du magst über jene Filme und ihre Handlungen als Science-Fiction spotten, aber sie sind nicht weit von der Realität entfernt. George Church, der Genetiker, der an der Entwicklung von CRISPR beteiligt war, arbeitet im Harvard-Wollmammut-Wiederbelebungsteam mit dem Ziel, Wollmammut-Gene zu asiatischen Elefantengenen hinzuzufügen. Hier ist eine Schlagzeile von Fox News vom März 2019: „Wollmammut-Zellen in schockierender wissenschaftlicher Leistung zum Leben erweckt."[30] Wie bald werden wir Wissenschaftler sehen, die Supermenschen wie Captain America oder die X-Men erschaffen? Willst du eine Super-Sehkraft haben? Ich bin sicher, sie werden bald in der Lage sein, Adleraugen-Gene zu menschlichen Genen hinzuzufügen und das für dich zu erledigen.[31] Was kommt danach und wie weit ist zu weit? Archäologen haben kürzlich kolossale Strukturen in der antiken Stadt Gath entdeckt.[32] Dies war eine philisterische Stadt, die die Heimat des Riesen Goliat war. Erinnere dich, dass er der Riese ist, den ich vorhin erwähnte, den David erschlug. Er war ein Hybrid aus Mensch und gefallenen Engeln. Wie bald, glaubst du, werden Wissenschaftler DNA von Riesen der Vergangenheit ausgraben und sie mit unserer DNA mischen?

Ich frage mich, ob einige jener Fragen, die ich gestellt habe, tatsächlich bereits Realität geworden sind. Ich könnte ewig so weitermachen. Ich habe nicht einmal die Biowaffen erwähnt, die mit CRISPR erschaffen werden könnten. Diese Genbearbeitungstechnologie wird uns auf denselben Weg führen wie

Noahs Generation. Erinnere dich, wir haben vorhin besprochen, dass sie die gesamte Schöpfung korrumpiert haben. Nur weil wir bestimmte Dinge tun können, bedeutet das nicht immer, dass wir es auch sollten. Wie viel mehr Provokation von uns wird Gott noch tolerieren?

Nur Gott weiß, wie viel Sünde, Bosheit und Gewalt Er tolerieren wird, bevor wir Ihn eingreifen sehen. Sein nächstes Eingreifen wird die Entrückung sein. Wenn du dies liest, bevor das passiert ist, bin ich überzeugt, dass es nicht mehr weit ist. Wir praktizieren zweifellos dieselben sündigen Verhaltensweisen wie Noahs Generation und die Menschen von Sodom und Gomorra. Wenn du dies liest, nachdem die Entrückung stattgefunden hat, hoffe ich, dass dies dir geholfen hat zu verstehen, dass es das Böse war, das Gottes Eingreifen herbeigeführt hat.

7.2. Gott warnte jeden vor Seinem Zorn

In der Vergangenheit, als Gott Seinen Zorn sandte, warnte Er die Menschen im Voraus, dass er kommen würde. Er sagte sogar jedem, wie man vor dem Zorn gerettet werden kann. Betrachten wir zuerst Noah und die Sintflut und dann Sodom und Gomorra.

Gott sagte Noah, dass Er eine Sintflut senden werde und dass er eine Arche bauen müsse. Die Bibel sagt uns nicht ausdrücklich, wie lange Noah brauchte, um die Arche zu bauen. Was wir wissen, ist, dass Gott Noah sagte, dass er, seine Frau, seine Söhne und die Frauen seiner Söhne in die Arche gehen würden.

> „Gott sprach zu Noah: ‚Ich will allem Fleisch ein Ende machen, denn die Erde ist durch sie erfüllt mit Gewalt. Siehe, ich will sie vernichten zusammen mit der Erde. Mach dir ein Schiff aus Gopherholz. Du sollst Kammern im Schiff machen und es innen und außen mit Pech versiegeln. … Aber mit dir will ich meinen Bund aufrichten. Du sollst in das Schiff gehen, du, deine Söhne, deine Frau und die Frauen deiner Söhne mit dir. Und von allem Lebendigen, von allem Fleisch, sollst du zwei von jeder Art in das Schiff bringen, um sie mit dir am Leben zu erhalten. Sie sollen männlich und weiblich sein. Von den Vögeln nach ihrer Art, vom Vieh nach seiner Art, von allem Kriechenden des Erdbodens nach seiner Art, von jeder Art sollen zwei zu dir kommen, um sie am Leben zu erhalten. Nimm dir von jeder Speise, die gegessen wird, und sammle sie bei dir; sie soll für dich und für sie zur Nahrung dienen.‘ So tat es Noah. Er tat alles, was Gott ihm geboten hatte.“ (1. Mose 6,13-14.18-22)

Wir wissen, dass Noah 500 Jahre alt war, als er begann, Kinder zu bekommen. Wir wissen auch, dass Noah 600 Jahre alt war, als die Sintflut kam. Noahs Kinder wären also zur Zeit der Sintflut etwa 100 Jahre alt gewesen.

> „Noah war fünfhundert Jahre alt, da zeugte Noah Sem, Ham und Japhet." (1. Mose 5,32)

> „Noah war sechshundert Jahre alt, als die Wasser der Sintflut auf die Erde kamen." (1. Mose 7,6)

Die Bibel bestätigt das und sagt uns, dass Noahs zweiter Sohn, Sem, zum Zeitpunkt der Sintflut 98 Jahre alt war, da er mit 100 Jahren Vater wurde und das zwei Jahre nach der Sintflut war. Wenn Gott mit Noah über den Bau der Arche sprach, nachdem er Kinder hatte, dann können wir logisch schlussfolgern, dass Noah etwa 100 Jahre Zeit hatte, die Arche zu bauen.

> „Dies ist die Geschichte der Geschlechter Sems: Sem war hundert Jahre alt, als er Arpachschad zeugte, zwei Jahre nach der Sintflut." (1. Mose 11,10)

Vor der Sintflut sagte Gott jedoch, dass Sein Geist nicht ewig mit dem Menschen rechten werde, und erklärte, dass die Tage des Menschen 120 Jahre betragen würden.

> „Jahwe sprach: ‚Mein Geist soll nicht ewig im Menschen walten, denn er ist ja Fleisch; so sollen seine Tage einhundertzwanzig Jahre sein.'" (1. Mose 6,3)

Einige Gelehrte denken, dass diese 120 Jahre die Zeitspanne war, welche die Menschen hatten, bevor die Sintflut kam, und somit die Zeit, die Noah hatte, um die Arche zu bauen. Wenn das der Fall ist, bedeutet das, dass Noah mit der Arche begann, bevor er überhaupt Kinder hatte. Das ist durchaus möglich und spricht dafür, wie viel Glaube Noah in Gott gehabt haben muss. Die andere Erklärung ist, dass sich die 120 Jahre auf die Änderung der Lebensspanne des Menschen durch Gott nach der Sintflut beziehen. Das geschah zwar, dauerte aber sehr lange; zehn Generationen nach Noah wurde Abraham geboren, und er lebte immer noch 175 Jahre. Daher denke ich, es ist logischer, dass Gott Noah 120 Jahre Zeit gab, um die Arche zu bauen. Unabhängig davon, wie lange Noah brauchte, wissen wir, dass Gott geduldig darauf wartete, dass er sie fertigstellte.

> „Denn auch Christus hat einmal für Sünden gelitten, der Gerechte für die Ungerechten, damit er euch zu Gott führe; er wurde getötet nach dem Fleisch, aber lebendig gemacht nach dem Geist, in dem er auch hinging und den Geistern im Gefängnis predigte, die einst ungehorsam waren, als Gott in den Tagen Noahs geduldig wartete, während die Arche gebaut wurde. In ihr wurden wenige, das heißt acht Seelen, durch das Wasser gerettet." (1. Petrus 3,18-20)

In den untenstehenden Schriftstellen erfahren wir, dass Noah gerecht und untadelig war und mit Gott wandelte.

> „Aber Noah fand Gnade in den Augen Jahwes. Dies ist die Geschichte der Geschlechter Noahs: Noah war ein gerechter Mann, untadelig unter den Menschen seiner Zeit. Noah wandelte mit Gott." (1. Mose 6,8-9)

Wir sehen auch, dass er, während er die Arche baute, den Menschen predigte und sie vor Gottes kommendem Gericht warnte. Es heißt, Noah warnte die Welt. Das bedeutet, jeder, der zu jener Zeit lebte, hörte die Warnung von Noah. Jede einzelne Person wusste, dass der Zorn Gottes kommen würde. Noah nutzte jene 120 Jahre, um die Arche zu bauen und jeden zu warnen.

> „Und Gott verschonte die alte Welt nicht – außer Noah und sieben anderen in seiner Familie. Noah warnte die Welt vor Gottes gerechtem Gericht. So schützte Gott Noah, als er die Welt der gottlosen Menschen mit einer gewaltigen Flut vernichtete." (2. Petrus 2,5 Neue Lebende Übersetzung)

Du weißt, Gott kann alles tun, also hätte Er ein Team von Engeln schicken können, um die Arche für Noah in wenigen Tagen zu bauen. Besser noch, Er hätte eine bereits fertiggestellte Arche aus dem Nichts hervorzaubern können, bereit zum Einsatz. Aber das hat Gott nicht getan. Gott wartete geduldig darauf, dass Noah die Arche baute. Warum hat Gott das getan? Weil Gott möchte, dass jeder gerettet wird. Er gab Noah Zeit, es jedem zu sagen, damit mehr Menschen den Fehler ihres Weges erkennen, zu Gott umkehren und ebenfalls gerettet werden könnten.

Siehst du, Noah wusste, wie man gerettet wird. Sein Vater, Lamech, hätte Adam gekannt, der im Garten mit Gott wandelte, bevor er sündigte. Ich bin sicher, Lamech lernte viele Dinge von Adam, wie die Wichtigkeit, auf Gott zu hören, Seinem Wort zu gehorchen, Gutes zu tun und über seine Begierden zu herrschen, damit man nicht sündigt. Lamech hätte gewusst, was im Garten Eden geschah, und er hätte gewusst, was mit Adams Söhnen, Kain und Abel, geschah. Er hätte all dies Noah erzählt.

> „Jahwe sah Abel und sein Opfer an, aber Kain und sein Opfer sah er nicht an. Da wurde Kain sehr zornig, und sein Gesicht senkte sich. Jahwe sprach zu Kain: ‚Warum bist du zornig? Warum hat sich dein Gesicht gesenkt? Wenn du recht tust, wird es nicht erhoben sein? Wenn du aber nicht recht tust, so lauert die Sünde vor der Tür. Ihr Verlangen ist auf dich gerichtet, du aber sollst über sie herrschen.‘" (1. Mose 4,4-7)

Zusätzlich dazu war Noahs Urgroßvater Henoch ebenfalls ein Prediger der Gerechtigkeit. Henoch war nicht auf der Erde, als Noah geboren wurde, weil Gott ihn zu sich nahm. Henochs Sohn Methusalah und sein Enkel Lamech waren jedoch da. Beide hätten Gerechtigkeit von Henoch gelernt und hätten dies an Noah weitergegeben.

> „Über diese hat aber auch Henoch, der siebte von Adam an, prophezeit und gesagt: ‚Siehe, der Herr ist gekommen mit seinen heiligen Zehntausenden, um Gericht zu halten über alle und alle Gottlosen zu überführen von allen ihren Werken der Gottlosigkeit, die sie gottlos verübt haben, und von all den harten Worten, die gottlose Sünder gegen ihn geredet haben.‘" (Judas 1,14-15)

Noah hatte Glauben an Gott, also benutzte Gott ihn, um die Menschen vor dem Kommenden zu warnen und wie man gerettet werden kann. Leider beachtete niemand die Warnung. Ich bin sicher, die Menschen erfanden jede Art von Ausrede, um Noah nicht zu glauben. Noahs Handeln verurteilte am Ende die Welt.

> „Glaube ist die Gewissheit dessen, was wir hoffen; er gibt uns Gewissheit über Dinge, die wir nicht sehen. Durch ihren Glauben erwarben sich die Menschen in alten Tagen einen guten Ruf. … Und es ist unmöglich, Gott ohne Glauben zu gefallen. Wer zu ihm kommen will, muss glauben, dass Gott existiert und dass er diejenigen belohnt, die ihn aufrichtig suchen. Durch den Glauben baute Noah ein großes Boot, um seine Familie vor der Sintflut zu retten. Er gehorchte Gott, der ihn vor Dingen warnte, die noch nie zuvor geschehen waren. Durch seinen Glauben verurteilte Noah den Rest der Welt, und er empfing die Gerechtigkeit, die durch den Glauben kommt." (Hebräer 11,1-2.6-7 Neue Lebende Übersetzung)

Lass die Entrückung nicht dasselbe mit dir tun. Lass nicht zu, dass sie dein Herz verhärtet und dich verurteilt. Beachte stattdessen die Warnung. Die Zeit läuft ab. Jesus kommt wieder, um auf der Erde zu regieren und zu herrschen.

Er wird sie von allen ungerechten Menschen reinigen, bevor Seine Herrschaft beginnt.

Gott warnte auch die Menschen in Sodom und Gomorra, bevor Er jene Städte zerstörte. Siehst du, Lot lebte in Sodom und Gomorra. Lot war Abrahams Neffe und reiste und lebte tatsächlich eine Zeit lang mit Abraham. In der untenstehenden Schriftstelle ist Abrahams Name Abram. Gott änderte ihn wenig später in Abraham.

> „Jahwe sprach zu Abram: ‚Geh aus deinem Land und aus deiner Verwandtschaft und aus deines Vaters Haus in das Land, das ich dir zeigen werde. Ich will dich zu einer großen Nation machen. Ich will dich segnen und deinen Namen groß machen. Du sollst ein Segen sein.‘ ... So ging Abram, wie Jahwe zu ihm gesagt hatte. ... Abram nahm Sarai, seine Frau, und Lot, den Sohn seines Bruders, und all ihren Besitz, den sie erworben hatten, und die Menschen, die sie in Haran gewonnen hatten, und sie zogen aus, um in das Land Kanaan zu gehen. Sie kamen in das Land Kanaan.“ (1. Mose 12,1-2.4-5)

Es ist wichtig, dass Lot bei Abraham war, denn Abraham galt als der Freund Gottes und der Vater aller, die glauben. Das liegt daran, dass er ungeheuren Glauben an Gott hatte. Sein Name wird im Neuen Testament viele Male als das Beispiel des Glaubens erwähnt, nach dem wir streben sollten. Er ist das Vorbild, das Lot hatte. Abraham hätte Lot viele Dinge über den Glauben an Gott gelehrt.

> „So wurde die Schrift erfüllt, welche sagt: ‚Abraham glaubte Gott, und es wurde ihm als Gerechtigkeit angerechnet‘, und er wurde ein Freund Gottes genannt.“ (Jakobus 2,23)

> „Ganz offensichtlich basierte Gottes Versprechen, Abraham und seinen Nachkommen die ganze Erde zu geben, nicht auf seinem Gehorsam gegenüber Gottes Gesetz, sondern auf einer richtigen Beziehung zu Gott, die durch den Glauben kommt. ... So wird das Versprechen durch Glauben empfangen. Es wird als freies Geschenk gegeben. Und wir sind alle sicher, es zu empfangen, ob wir nun nach dem Gesetz des Mose leben oder nicht, wenn wir Glauben wie den Abrahams haben. Denn Abraham ist der Vater aller, die glauben.“ (Römer 4,13.16 Neue Lebende Übersetzung)

Die Bibel sagt uns, dass Lot tatsächlich Gerechtigkeit lernte. In den sündigen Städten Sodom und Gomorra zu leben, quälte ihn jeden Tag in seiner Seele. Siehst du, Abraham und Lot gingen schließlich getrennte Wege, als Lot eine

Familie und großen Reichtum hatte. Lot entschied sich, in diesen Städten zu siedeln, weil das Land sehr fruchtbar war. Ich frage mich manchmal, warum Lot die Stadt nicht verließ, da er so bedrückt war.

> „[Gott] verschonte die alte Welt nicht, sondern bewahrte Noah mit sieben anderen, einen Prediger der Gerechtigkeit, als er eine Sintflut über die Welt der Gottlosen brachte; und indem er die Städte Sodom und Gomorra in Asche legte, verurteilte er sie zur Zerstörung und machte sie zu einem Beispiel für jene, die in gottloser Weise leben würden; und er rettete den gerechten Lot, der durch den ausschweifenden Lebenswandel der Gesetzlosen sehr geplagt war (denn jener gerechte Mann, der unter ihnen wohnte, quälte Tag für Tag seine gerechte Seele, indem er die gesetzlosen Taten sah und hörte).“ (2. Petrus 2,5-8)

Im vorigen Unterkapitel hast du erfahren, dass Gott zwei Engel nach Sodom und Gomorra sandte. Als die zwei Engel zur Stadt kamen, fanden sie Lot im Stadttor. Dies ist der Ort, an dem die Männer, die Anführer der Stadt waren, zusammenkamen, Streitigkeiten schlichteten und Rat anboten. Lot war einer jener Stadtoberhäupter.

> „Die zwei Engel kamen am Abend nach Sodom. Lot saß im Tor von Sodom. Lot sah sie und stand auf, um ihnen entgegenzugehen. Er verneigte sich mit seinem Gesicht zur Erde.“ (1. Mose 19,1)

Erinnere dich, danach führte Lot die Engel zurück in sein haus. Als die Männer der Stadt sich Lots Haus näherten und verlangten, mit den Engeln zu schlafen, sagte Lot ihnen, sie sollten nicht so gottlos handeln. Beachte, dass die Männer verärgert waren, weil Lot sich selbst zum Richter ernannt hatte. Dies war nicht das erste Mal, dass Lot sie mit ihrer Sünde konfrontierte. Er galt als Richter in jener Stadt. Als ein gerechter Mann, der durch ihre gottlosen Taten gequält wurde, hätte er jeden einzelnen Tag in jener Stadt Gottes Wort gelehrt und gepredigt.

> „Aber bevor sie sich niederlegten, umzingelten die Männer der Stadt, die Männer von Sodom, das Haus, jung und alt, das ganze Volk aus allen Enden. Sie riefen Lot und sagten zu ihm: ‚Wo sind die Männer, die heute Nacht zu dir gekommen sind? Bring sie heraus zu uns, damit wir Sex mit ihnen haben.‘ Lot ging zu ihnen hinaus vor die Tür und schloss die Tür hinter sich zu. Er sprach: ‚Ich bitte euch, meine Brüder, handelt nicht so gottlos.‘ … Sie sprachen: ‚Tritt zurück!‘ Dann sagten sie: ‚Dieser eine kam hierher, um als Fremder zu leben, und er spielt sich als Richter auf. Nun wollen wir mit dir noch schlimmer verfahren als mit ihnen!‘

> Sie drangen hart auf den Mann Lot ein und kamen näher, um die Tür aufzubrechen." (1. Mose 19,4-7.9)

Lot wurde von den Engeln eine letzte Gelegenheit gegeben, die Menschen in der Stadt zu warnen, bevor die Zerstörung kam. Beachte, dass die Engel ihm sagten, er könne retten, wen auch immer er in der Stadt habe. Das bedeutet, jeder in der Stadt hatte noch eine Chance, auf Lots Warnung zu hören.

> „Die Männer sprachen zu Lot: ‚Hast du hier noch sonst jemanden? Schwiegersöhne, deine Söhne, deine Töchter und wen du sonst in der Stadt hast, führe sie hinaus aus diesem Ort: Denn wir werden diesen Ort vernichten, weil das Geschrei über sie vor Jahwe groß geworden ist, so dass Jahwe uns gesandt hat, ihn zu vernichten.' Da ging Lot hinaus und redete mit seinen Schwiegersöhnen, die seine Töchter heiraten wollten, und sprach: ‚Steht auf! Geht hinaus aus diesem Ort, denn Jahwe wird die Stadt vernichten!' Aber es schien seinen Schwiegersöhnen, als mache er Witze." (1. Mose 19,12-14)

Lot flehte seine Schwiegersöhne an, mit ihm zu kommen und die Stadt zu verlassen. Ich denke, dies könnte ein Grund sein, warum Lot die Stadt, die ihn quälte, nicht verließ. Er war das einzige Licht an einem sehr dunklen Ort. Er hatte Mitleid mit den Menschen und wollte sehen, dass sie gerettet werden. Er gab sie nicht auf. Er warnte die Menschen bis zu dem Moment, als die Engel ihn aus der Stadt führten. Gott benutzte Lot, um die Menschen in Sodom und Gomorra zu warnen, dass das Gericht bevorstand, genau wie Er Noah benutzte, um die Menschen vor der Sintflut zu warnen. Leider weigerten sich die Menschen, Lot zu glauben, genau wie sie sich weigerten, Noah zu glauben. Sie dachten, Lot mache Witze. Er wurde in der sündigen Stadt, in der er lebte, nicht ernst genommen.

Warst du wie Lots Schwiegersöhne und hast über die Entrückung und Gottes kommendes Gericht gelacht? Ich hoffe, du beginnst zu erkennen, dass der Zorn Gottes kein Grund zum Lachen ist. Er sendet Boten, um dich aus einem Grund zu warnen. Er möchte, dass du glaubst und gerettet wirst. Beachte die Warnung und lass dich retten.

Genau wie Gott die Menschen in der Vergangenheit vor Seinem kommenden Zorn und der Art und Weise der Rettung warnte, tut Er dies auch heute noch. Jesus kam genau zu diesem Zweck vom Himmel. Jesus wurde gesandt, um dich von deinen Sünden zu erretten. Jesus ist Gottes „einziggeborener Sohn".

„Denn so sehr hat Gott die Welt geliebt, dass er seinen einziggeborenen Sohn gab, damit jeder, der an ihn glaubt, nicht verloren gehe, sondern ewiges Leben habe. Denn Gott hat seinen Sohn nicht in die Welt gesandt, um die Welt zu richten, sondern damit die Welt durch ihn gerettet werde. Wer an ihn glaubt, wird nicht gerichtet. Wer aber nicht glaubt, ist schon gerichtet, weil er nicht geglaubt hat an den Namen des einziggeborenen Sohnes Gottes." (Johannes 3,16-18)

„Von jener Zeit an begann Jesus zu predigen und zu sagen: ‚Tut Buße! Denn das Himmelreich steht vor der tür.'" (Matthäus 4,17)

„Jesus spricht zu ihm: ‚Ich bin der Weg und die Wahrheit und das Leben. Niemand kommt zum Vater als nur durch mich.'" (Johannes 14,6)

Jesus warnte auch davor, dass am Ende des Zeitalters großes Leid kommen würde. Das ist jetzt. Du lebst in der Endzeit. Das nächste Zeitalter wird sein, wenn Jesus während Seines tausendjährigen Reiches auf Erden regiert. Wenn die Entrückung stattgefunden hat, bleibt nur noch eine sehr kurze Zeit, bevor Jesus zur Erde zurückkehrt. Jesus ist derjenige, der hier spricht.

„Als er auf dem Ölberg saß, traten die Jünger privat zu ihm und sprachen: ‚Sag uns, wann wird dies sein? Und what ist das Zeichen deiner Wiederkunft und des Endes des Zeitalters?' … ‚Weil die Gesetzlosigkeit überhandnehmen wird, wird die Liebe vieler erkalten. Wer aber ausharrt bis ans Ende, der wird gerettet werden. … Denn dann wird eine große Drangsal sein, wie sie von Anfang der Welt bis jetzt nicht gewesen ist und auch nicht wieder sein wird.'" (Matthäus 24,3.12-13.21)

Es ist deine Entscheidung, ob du gerettet wirst oder nicht. Wenn du gerettet werden willst, dann musst du glauben, dass Jesus dein Retter ist. Jesus starb vor fast 2.000 Jahren. Gott warnt die Welt schon seit sehr langer Zeit vor dem, was kommen wird. Das Evangelium wurde über den ganzen Globus gepredigt. Es ist kein Geheimnis, dass Gottes Gericht bevorsteht, und es ist kein Geheimnis, wie man davor gerettet wird. Gott gab uns Sein Wort, damit wir diese Weisheit haben. Wenn die Entrückung bereits stattgefunden hat, ist das deine letzte Warnung. Der Zorn hat bereits begonnen, und Jesus kommt bald. Gott war sehr geduldig mit uns. Er möchte, dass jeder gerettet wird. Antworte heute auf Gottes ruf und wisse, dass du vor Seinem endgültigen Gericht gerettet wirst, genau wie Noah und Lot es wurden.

7.3. Gott behandelte Gläubige und Ungläubige während Seines Zorns unterschiedlich

In der Vergangenheit, als Gott Seinen Zorn sandte, behandelte Er die Gläubigen anders als die Ungläubigen. Als Gott die Sintflut sandte, behandelte Er Noah und seine Familie anders als den Rest der Welt. Das liegt daran, dass Noah von Gott als gerecht angesehen wurde. Er tat, was richtig war, folgte Gottes Gesetz und war gerecht.

> „Aber Noah fand Gnade in den Augen Jahwes. Dies ist die Geschichte der Geschlechter Noahs: Noah war ein gerechter Mann, untadelig unter den Menschen seiner Zeit. Noah wandelte mit Gott." (1. Mose 6,8-9)

Noah hatte Vertrauen in Gott. Er hörte auf Gott und glaubte Ihm. Denk darüber nach. Gott sagte Noah, er solle eine Arche bauen, weil eine Sintflut kommen würde, die alles außer ihm und seiner Familie vernichten würde. Gott sagte Noah auch, dass es regnen würde. Bis dahin hatte es nie eine Flut gegeben oder überhaupt jemals geregnet. Gott bewässerte den Boden damals mit einem Dunst.

> „Noch war kein Strauch des Feldes auf der Erde und noch kein Kraut des Feldes gewachsen; denn Jahwe Gott hatte es noch nicht regnen lassen auf der Erde. Es war auch kein Mensch da, um den Erdboden zu bebauen; aber ein Dunst stieg von der Erde auf und bewässerte die ganze Oberfläche des Erdbodens." (1. Mose 2,5-6)

> „Denn in sieben Tagen will ich es regnen lassen auf der Erde vierzig Tage und vierzig Nächte lang. Ich will alles Lebendige, das ich gemacht habe, von der Oberfläche des Bodens vertilgen." (1. Mose 7,4)

Dennoch glaubte Noah Gott. Darüber hinaus ist es, wie wir in einem vorherigen Unterkapitel gelernt haben, wahrscheinlich, dass Noah mit dem Bau der Arche begann, bevor er überhaupt Söhne hatte. Er glaubte, dass Gott ihm eine Familie schenken und seine Familie vor der kommenden Zerstörung bewahren würde.

> „Durch den Glauben baute Noah ein großes Boot, um seine Familie vor der Sintflut zu retten. Er gehorchte Gott, der ihn vor Dingen warnte, die noch nie zuvor geschehen waren. Durch seinen Glauben verurteilte Noah den Rest der Welt, und er empfing die Gerechtigkeit, die durch den Glauben kommt." (Hebräer

11,7 Neue Lebende Übersetzung)

Zu Noahs Zeiten wurden die Gläubigen, die noch am Leben waren, vor Gottes Zorn gerettet, während die Ungläubigen von ihm verzehrt wurden. Noah und seine Familie waren die Gläubigen, die noch lebten und gerettet wurden.

> „Und Gott verschonte die alte Welt nicht – außer Noah und sieben anderen in seiner Familie. Noah warnte die Welt vor Gottes gerechtem Gericht. So schützte Gott Noah, als er die Welt der gottlosen Menschen mit einer gewaltigen Flut vernichtete." (2. Petrus 2,5 Neue Lebende Übersetzung)

Dasselbe Verhalten Gottes zeigte sich auch in Sodom und Gomorra. Gott behandelte Lot und seine Familie anders als alle anderen in den gottlosen Städten. Gott betrachtete Lot als einen gerechten Mann.

> „[Gott] rettete den gerechten Lot, der durch den ausschweifenden Lebenswandel der Gesetzlosen sehr geplagt war (denn jener gerechte Mann, der unter ihnen wohnte, quälte Tag für Tag seine gerechte Seele, indem er die gesetzlosen Taten sah und hörte)." (2. Petrus 2,7-8)

Auch Lot hatte Glauben an Gott. Er glaubte den Engeln, die Gott gesandt hatte, als sie ihm sagten, dass sie die Stadt zerstören würden. Lots Glaube veranlasste ihn, sein haus mitten in der Nacht zu verlassen und die Menschen zu warnen, die ihm am herzen lagen. Erinnere dich an die wütenden Männer in der Stadt, die verlangten, mit den Engeln zu schlafen, die er beherbergte? Sie hätten fast seine tür aufgebrochen. Er muss auch den Glauben gehabt haben, dass die Engel ihn weiterhin vor ihren Drohungen schützen würden.

> „Die Männer sprachen zu Lot: ‚Hast du hier noch sonst jemanden? Schwiegersöhne, deine Söhne, deine Töchter und wen du sonst in der Stadt hast, führe sie hinaus aus diesem Ort: Denn wir werden diesen Ort vernichten, weil das Geschrei über sie vor Jahwe groß geworden ist, so dass Jahwe uns gesandt hat, ihn zu vernichten.‘ Da ging Lot hinaus und redete mit seinen Schwiegersöhnen, die seine Töchter heiraten wollten, und sprach: ‚Steht auf! Geht hinaus aus diesem Ort, denn Jahwe wird die Stadt vernichten!‘ Aber es schien seinen Schwiegersöhnen, als mache er Witze." (1. Mose 19,12-14)

Leider hatte Lots frau nicht den Glauben und das Vertrauen wie Lot und seine Töchter. Als sie mit den Engeln die Stadt verließen, wurde sie zur

Salzsäule, weil sie umkehrte und zurückblickte. Siehst du, sie wollte eigentlich nicht gehen. Sie sehnte sich nach dem Leben, das sie in Sodom hatte. Sie wurde wie der Rest der Ungläubigen behandelt. Sie alle kamen im Zorn Gottes um.

> „Und es geschah, als sie sie hinausgeführt hatten, da sprach er: ‚Rette deine Seele! Sieh nicht hinter dich und bleib nicht stehen in der ganzen Ebene. Rette dich auf das Gebirge, damit du nicht weggerafft wirst!‘ … Da ließ Jahwe auf Sodom und auf Gomorra Schwefel und Feuer regnen von Jahwe aus dem Himmel. Er kehrte jene Städte um und die ganze Ebene und alle Bewohner der Städte und was auf dem Erdboden gewachsen war. Aber Lots Frau sah hinter sich zurück, und sie wurde zu einer Salzsäule.“ (1. Mose 19,17.24-26)

Genauso wie Gott die Gläubigen und Ungläubigen in früheren Zeiten des Zorns unterschiedlich behandelte, tut Er dies auch heute noch. Die Menschen, die entrückt wurden, waren Gläubige und wurden von Gott als gerecht angesehen, weil sie ihren Glauben auf Jesus gesetzt hatten. Gott nahm sie von der Erde, um sie vor Seinem Zorn zu bewahren.

> „Denn wenn wir glauben, dass Jesus gestorben und auferstanden ist, so wird Gott auch die, die in Jesus entschlafen sind, mit ihm bringen. Denn dies sagen wir euch durch das Wort des Herrn, dass wir, die wir leben und übrig bleiben bis zur Wiederkunft des Herrn, den Entschlafenen keineswegs zuvorkommen werden. Denn der Herr selbst wird mit einem Ruf, mit der Stimme des Erzengels und mit der Posaune Gottes vom Himmel herabkommen. Und die Toten in Christus werden zuerst auferstehen, danach werden wir, die wir leben und übrig bleiben, zugleich mit ihnen entrückt werden in Wolken, dem Herrn entgegen in die Luft. Und so werden wir allezeit beim Herrn sein.“ (1. Thessalonicher 4,14-17)

Was ist nun mit den Ungläubigen, die nach der Entrückung auf der Erde zurückgelassen wurden? Nun, wenn du einer der Zurückgelassenen bist, ist dir schmerzlich bewusst, dass Gottes Zorn begonnen hat. Du wirst ihn weiterhin miterleben und erfahren. Nun liegt es an dir, was du aus dieser Erfahrung mitnimmst. Wirst du zulassen, dass sie dein Herz gegenüber Gott verhärtet, oder wirst du dich entscheiden, Gottes Herrlichkeit zu sehen, Seinem Wort zu glauben und Glauben zu haben, wie Noah und Lot ihn hatten? Sei kein Ungläubiger mehr. Entscheide dich zu glauben und gerettet zu werden.

7.4. Gott entfernte die Gläubigen, bevor Sein Zorn begann

Vor der Sintflut und der Zerstörung von Sodom und Gomorra entfernte

Gott alle Gläubigen aus dem Gebiet, das Gottes Zorn erfahren würde. Betrachten wir zuerst, was während der Sintflut geschah. Wir wissen, dass Noah und seine Familie als gerechte Gläubige galten. Zur Zeit der Sintflut war die gesamte Erde das Gebiet des Zorns Gottes. Noah und seine Familie wurden genau in dem Moment vom Land entfernt, als es zu regnen begann, sogar am selben Tag, an dem der Regen einsetzte.

> „Jahwe sprach zu Noah: ‚Geh in das Schiff, du und dein ganzes Haus; denn dich habe ich als gerecht vor mir gesehen in dieser Generation. … Denn in sieben Tagen will ich es regnen lassen auf der Erde vierzig Tage und vierzig Nächte lang. Ich will alles Lebendige, das ich gemacht habe, von der Oberfläche des Bodens vertilgen.‘ … Im sechshundertsten Lebensjahr Noahs, im zweiten Monat, am siebzehnten Tag des Monats, an diesem Tag brachen alle Quellen der großen Tiefe auf, und die Fenster des Himmels öffneten sich. Es regnete auf der Erde vierzig Tage und vierzig Nächte lang. An ebendiesem Tag gingen Noah und Sem, Ham und Japhet – die Söhne Noahs – und Noahs Frau und die drei Frauen seiner Söhne mit ihnen in das Schiff – sie und jedes Tier nach seiner Art, alles Vieh nach seiner Art, jedes Kriechtier, das auf der Erde kriecht, nach seiner Art, und jeder Vogel nach seiner Art, jeder Vogel jeder Gattung. Paare von allem Fleisch, in dem ein Lebensgeist war, gingen zu Noah in das Schiff. Und die hineingingen, kamen als Männchen und Weibchen von allem Fleisch, wie Gott es ihm geboten hatte; und Jahwe schloss hinter ihm zu. Die Sintflut war vierzig Tage auf der Erde. Die Wasser nahmen zu und hoben das Schiff empor, und es wurde über die Erde erhoben. Die Wasser stiegen und nahmen gewaltig zu auf der Erde; und das Schiff trieb auf der Oberfläche der Wasser. Die Wasser stiegen sehr hoch auf der Erde. Alle hohen Berge unter dem ganzen Himmel wurden bedeckt.“ (1. Mose 7,1.4.11-19)

Sehen wir uns an, was in Sodom und Gomorra geschah. Lot und seine Familie wurden ebenfalls aus dem Gebiet entfernt, das Gottes Zorn erfahren würde. Lot und seine Töchter galten als gerechte Gläubige. Die Engel führten sie aus der Stadt hinaus, damit sie in die berge fliehen konnten. Sobald sie in sicherer Entfernung waren, kam die Zerstörung über die Städte.

> „Als der Morgen anbrach, drängten die Engel Lot und sprachen: ‚Steh auf! Nimm deine Frau und deine zwei Töchter, die hier sind, damit du nicht weggerafft wirst in der Missetat der Stadt.‘ Da er aber zögerte, ergriffen die Männer seine Hand und die Hand seiner Frau und die Hände seiner zwei Töchter, weil Jahwe ihn verschonen wollte; und sie führten ihn hinaus und setzten ihn außerhalb der Stadt ab. Und es geschah, als sie sie hinausgeführt hatten, da sprach er: ‚Rette deine Seele! Sieh nicht hinter dich und bleib nicht stehen in der ganzen Ebene. Rette dich auf das Gebirge, damit du nicht weggerafft wirst!‘ … ‚Siehe doch, diese Stadt ist nahe, um dorthin zu fliehen, und sie ist klein. Oh, lass mich dorthin fliehen (ist

> sie nicht klein?), damit meine Seele am Leben bleibe.' Er sprach zu ihm: ‚Siehe,
> ich habe dich auch in dieser Sache erhört, dass ich die Stadt, von der du geredet
> hast, nicht umkehren will. Eile, rette dich dorthin, denn ich kann nichts tun, bis
> du dorthin gekommen bist.' Daher nannte man den Namen der Stadt Zoar. Die
> Sonne war auf der Erde aufgegangen, als Lot nach Zoar kam. Da ließ Jahwe auf
> Sodom und auf Gomorra Schwefel und Feuer regnen von Jahwe aus dem
> Himmel." (1. Mose 19,15-17.20-24)

Genauso wie Gott es damals vor der Sintflut und der Zerstörung von
Sodom und Gomorra tat, entfernte Er während der Entrückung alle Gläubigen
von der Erde, bevor Sein Zorn begann. Bei der Entrückung wurden die
Menschen, die Gott entfernte, in den Wolken versammelt. Noah konnte in
einer Arche auf der Erde treiben, weil Gott das ganze Land überflutete.
Diesmal beinhaltet Gottes Zorn Dinge wie Feuer, Hungersnot und Krieg.
Daher mussten die Gläubigen von der Erde entfernt und in den Himmeln in
Sicherheit gebracht werden.

> „Denn der Herr selbst wird mit einem Ruf, mit der Stimme des Erzengels und mit
> der Posaune Gottes vom Himmel herabkommen. Und die Toten in Christus
> werden zuerst auferstehen, danach werden wir, die wir leben und übrig bleiben,
> zugleich mit ihnen entrückt werden in Wolken, dem Herrn entgegen in die Luft.
> Und so werden wir allezeit beim Herrn sein." (1. Thessalonicher 4,16-17)

7.5. Gott schützte die Gläubigen vor Seinem Zorn

In früheren Zeiten von Gottes Zorn, während der Sintflut und der Zerstörung
von Sodom und Gomorra, schützte Gott die Gläubigen während der gesamten
zeit Seines Zorns. Schauen wir uns an, wie Noah während der Sintflut geschützt
wurde. Als Gott die Erde überflutete, Noah und seine Familie wurden vor dem
regen, den flutwassern und der zerstörung, welche die flut anrichtete, geschützt.
Die Arche trieb sicher auf dem wasser. Gott war sogar derjenige, der die tür
zur Arche schloss, als es zu regnen begann. Gott hielt die gerechten menschen
sicher und trocken.

> „An ebendiesem Tag gingen Noah und Sem, Ham und Japhet – die Söhne Noahs
> – und Noahs frau und die drei Frauen seiner Söhne mit ihnen in das Schiff – sie
> und jedes tier nach seiner Art, alles vieh nach seiner Art, jedes kriechtier, das auf
> der Erde kriecht, nach seiner Art, und jeder vogel nach seiner Art, jeder vogel
> jeder gattung. … Und Jahwe schloss hinter ihm zu." (1. Mose 7,13-14.16)

„Die Sintflut war vierzig Tage auf der Erde. Die Wasser nahmen zu und hoben das Schiff empor, und es wurde über die Erde erhoben. Die Wasser stiegen und nahmen gewaltig zu auf der Erde; und das Schiff trieb auf der Oberfläche der Wasser." (1. Mose 7,17-18)

Noah wurde vor dem gesamten Zorn Gottes geschützt. Er und seine Familie erfuhren nichts davon. Sie waren immer noch auf der Arche, nachdem der regen aufgehört hatte, aber der boden war immer noch überflutet. Es regnete zwar nur 40 tage lang, aber der boden war ein Jahr lang überflutet. Sie waren sogar noch auf der Arche, nachdem sie schließlich auf trockenem grund aufgesetzt hatten. Erst als Gott Noah sagte, dass es sicher sei herauszukommen, tat er genau das.

„Im sechshunderteinsten Jahr, im ersten monat, am ersten tag des monats, waren die wasser auf der Erde vertrocknet. Noah nahm das dach des Schiffes ab und sah hinaus; und siehe, die oberfläche des erdbodens war trocken. Im zweiten monat, am siebenundzwanzigsten tag des monats, war die Erde ganz trocken. Da redete Gott mit Noah und sprach: ‚Geh aus dem Schiff, du und deine frau, deine söhne und die frauen deiner söhne mit dir. Alles lebendige, das bei dir ist, von allem Fleisch, sowohl vögel als auch vieh und alles kriechtier, das auf der Erde kriecht, führe mit dir hinaus, damit sie sich regen auf der Erde und fruchtbar seien und sich vermehren auf der Erde.'" (1. Mose 8,13-17)

Genau wie Noah geschützt wurde, wurden auch Lot und seine Familie während der zerstörung von Sodom und Gomorra vor Gottes zorn bewahrt. Die Engel stellten sicher, dass Lot und seine Familie aus den zur zerstörung bestimmten Städten heraus waren. Erst als Lot den ort erreichte, zu dem er floh, ließ Gott feuer regnen und zerstörte Sodom und Gomorra.

„Und es geschah, als sie sie hinausgeführt hatten, da sprach er: ‚Rette deine Seele! Sieh nicht hinter dich und bleib nicht stehen in der ganzen Ebene. Rette dich auf das Gebirge, damit du nicht weggerafft wirst!' … Die Sonne war auf der Erde aufgegangen, als Lot nach Zoar kam. Da ließ Jahwe auf Sodom und auf Gomorra Schwefel und Feuer regnen von Jahwe aus dem Himmel." (1. Mose 19,17.23-24)

Gott folgt heute demselben Muster. Die Gläubigen, die bei der Entrückung von der Erde entfernt wurden, werden vor Gottes zorn geschützt. Ihnen ist nichts schlimmes passiert und es passiert ihnen auch nichts. Die Gläubigen sind bei Jesus im himmel.

> „Denn der Herr selbst wird mit einem Ruf, mit der Stimme des Erzengels und mit der Posaune Gottes vom Himmel herabkommen. Und die Toten in Christus werden zuerst auferstehen, danach werden wir, die wir leben und übrig bleiben, zugleich mit ihnen entrückt werden in Wolken, dem Herrn entgegen in die Luft. Und so werden wir allezeit beim Herrn sein." (1. Thessalonicher 4,16-17)

Genauso wie Noah nach der Sintflut sicher auf das trockene land zurückkehrte, werden die Menschen, die entrückt wurden, wieder auf die Erde zurückkehren. Sie werden bei Seiner Wiederkunft mit Jesus sein, nachdem Gottes Zeit des Zorns vorüber ist.

> „,Seine Frau hat sich bereitet.' Und es wurde ihr gegeben, dass sie sich in glänzende, reine, feine Leinwand kleide; denn die feine Leinwand ist die Gerechtigkeit der Heiligen. … Und ich sah den Himmel geöffnet, und siehe, ein weißes Pferd, und der darauf saß, heißt Treu und Wahrhaftig. … Sein Name heißt ,Das Wort Gottes'. Und die Heere im Himmel folgten ihm auf weißen Pferden, bekleidet mit weißer, reiner, feiner Leinwand. … Und ich sah das Tier und die Könige der Erde und ihre Heere versammelt, um Krieg zu führen mit dem, der auf dem Pferd saß, und mit seinem Heer." (Offenbarung 19,7-8.11.13-14.19)

In jener Schriftstelle sind die heiligen die gerechten menschen, die entrückt wurden. Sie wurden als gerecht angesehen, als sie sich entschieden zu glauben, dass Jesus für ihre sünden gestorben ist. Deshalb dürfen sie reine, weiße leinenkleidung tragen. Beachte auch, dass dieselben menschen, die heere, auf weißen pferden demjenigen folgen, der „Das Wort Gottes" genannt wird, wenn der himmel sich öffnet. Das Wort Gottes und die person, die Treu und Wahrhaftig genannt wird, ist Jesus.

> „Im Anfang war das Wort, und das Wort war bei Gott, und das Wort war Gott. … Und das Wort wurde Fleisch und wohnte unter uns, und wir sahen seine Herrlichkeit, eine Herrlichkeit als des einziggeborenen Sohnes vom Vater, voller Gnade und Wahrheit. Johannes zeugte von ihm und rief: ,Dieser war es, von dem ich sagte: Der nach mir kommt, ist vor mir gewesen; denn er war eher als ich.' … Am nächsten Tag sieht Johannes Jesus zu sich kommen und spricht: ,Siehe, das Lamm Gottes, das die Sünde der Welt wegnimmt! Dieser ist es, von dem ich sagte: Nach mir kommt ein Mann, der vor mir gewesen ist; denn er war eher als ich.'" (Johannes 1,1.14-15.29-30)

7.6. Gottes Zorn begann, nachdem die Gläubigen entfernt worden waren

Als Gott in vergangenen zeiten Seinen zorn mit der Sintflut und durch feuerregen auf Sodom und Gomorra sandte, begann Sein zorn unmittelbar nachdem die Gläubigen entfernt und geschützt worden waren. Sobald Noah und seine familie auf der Arche waren und Gott die tür geschlossen hatte, begann es zu regnen. Gottes zorn begann direkt nachdem Er die gerechten menschen in der Arche entfernt und geschützt hatte.

> „Im sechshundertsten Lebensjahr Noahs, im zweiten Monat, am siebzehnten Tag des monats, an diesem Tag brachen alle Quellen der großen Tiefe auf, und die Fenster des Himmels öffneten sich. Es regnete auf der Erde vierzig Tage und vierzig Nächte lang. An ebendiesem Tag gingen Noah und Sem, Ham und Japhet – die Söhne Noahs – und Noahs Frau und die drei Frauen seiner Söhne mit ihnen in das Schiff." (1. Mose 7,11-13)

Dasselbe geschah mit Lot und seiner familie. Sobald sie aus der Stadt heraus und am sicheren ort waren, begann es feuer zu regnen. Wiederum begann Gottes zorn direkt nachdem Er Lot und seine familie entfernt und geschützt hatte.

> „Und es geschah, als sie sie hinausgeführt hatten, da sprach er: ‚Rette deine Seele! Sieh nicht hinter dich und bleib nicht stehen in der ganzen Ebene. Rette dich auf das Gebirge, damit du nicht weggerafft wirst!' … Die Sonne war auf der Erde aufgegangen, als Lot nach Zoar kam. Da ließ Jahwe auf Sodom und auf Gomorra Schwefel und Feuer regnen von Jahwe aus dem Himmel." (1. Mose 19,17.23-24)

Wenn du dies nach der Entrückung liest, dann weißt du, dass Gottes zorn direkt nach dem Verschwinden aller Menschen begann. Das ereignis der Entrückung selbst verursachte unbeschreibliche zerstörung, chaos und angst. Aber das ist erst der auftakt. Gottes zeit des zorns hat technisch gesehen noch nicht begonnen. Sie beginnt, wenn ein buch, das Gott besitzt, jemandem gegeben wird, der würdig ist, seine siegel zu brechen. Die siegel entfesseln Gottes zorn auf Erden. Dieses ereignis findet kurz nach der Entrückung im himmel statt. Jesu jünger Johannes beschreibt es hier für uns.

> „Und ich sah in der rechten Hand dessen, der auf dem Thron saß, ein Buch, beschrieben innen und außen, versiegelt mit sieben Siegeln. Und ich sah einen starken Engel, der mit lauter Stimme ausrief: ‚Wer ist würdig, das Buch zu öffnen und seine Siegel zu brechen?' … Und einer der ältesten spricht zu mir: ‚Weine nicht! Siehe, der Löwe aus dem Stamm Juda, die Wurzel Davids, hat überwunden, um das Buch zu öffnen und seine sieben siegel zu brechen.' Und ich sah in der

> mitte des throns und der vier lebendigen Wesen und in der mitte der Ältesten ein
> Lamm stehen, wie geschlachtet, das sieben Hörner und sieben Augen hatte,
> welches die sieben Geister Gottes sind, ausgesandt über die ganze Erde. Und es
> kam und nahm das Buch aus der rechten Hand dessen, der auf dem Thron saß. …
> Und sie sangen ein neues lied und sprachen: ‚Du bist würdig, das Buch zu nehmen
> und seine Siegel zu öffnen; denn du bist geschlachtet worden und hast uns für
> Gott erkauft mit deinem Blut aus jedem Stamm und jeder Sprache und jedem Volk
> und jeder Nation.'" (Offenbarung 5,1-2.5-7.9)

Wer also nahm das buch? Er wird als das „Lamm" beschrieben, das
geschlachtet wurde. Es heißt auch, Er habe die menschen, die dieses ereignis
im himmel beobachten, „erkauft". Er hat sie mit Seinem blut erkauft. Wer
könnte das wohl sein? Du weißt sehr wohl, dass es Jesus ist! Er wurde für
unsere sünden gekreuzigt, damit Er Satan und den tod besiegen und die Erde
und alle, die an Ihn glauben, zurückgewinnen konnte. Wir wissen, dass Jesus
das buch direkt nach der Entrückung öffnet, weil Jesus uns sagte, dass die
Gläubigen Seine herrlichkeit sehen würden. Dies ist Sein moment der
herrlichkeit! Alle Gläubigen werden dort sein, um dies zu bezeugen. Sie sind
diejenigen, die das neue lied singen und ausrufen, dass Jesus sie mit Seinem
blut erkauft hat. Die Gläubigen wären nicht dort, um dies zu sehen, wenn sie
nicht zuerst entrückt worden wären. In diesem Vers unten spricht Jesus selbst.

> „Vater, ich will, dass die, welche du mir gegeben hast, auch bei mir seien, wo ich
> bin, damit sie meine herrlichkeit sehen, die du mir gegeben hast; denn du hast
> mich geliebt vor grundlegung der welt." (Johannes 17,24)

Betrachte das buch als die Eigentumsurkunde der Erde und ihrer bewohner.
Diese urkunde wird Jesus gegeben, weil Er würdig ist. Satan, unser feind, hat
auf der Erde unter der menschheit unheil angerichtet, seit Adam und Eva zum
ersten mal sündigten. Seine zeit geht nun zu ende. Jesus wird am ende dieser
zeit des zorns auf die Erde zurückkehren.

Direkt nachdem Jesus das buch erhält, öffnet Er das erste siegel. Das ist
der moment, in dem der zorn offiziell beginnt. Um es zusammenzufassen: Die
Gläubigen werden entrückt, Jesus erhält das buch, Jesus bricht das erste siegel
des buches und der zorn beginnt.

> „Und ich sah, als das Lamm eines der sieben Siegel öffnete, und ich hörte eines
> der vier lebendigen Wesen wie mit einer donnerstimme sagen: ‚Komm und sieh!'
> Und ich sah, und siehe, ein weißes Pferd, und der darauf saß, hatte einen Bogen;

und ihm wurde eine Krone gegeben, und er zog aus als Sieger und um zu siegen."
(Offenbarung 6,1-2)

Der Reiter auf jenem „weißen pferd" repräsentiert den falschen herrscher, den Antichristen. Er wird kurz nach der Entrückung schnell an die macht kommen.

Gott benutzte zwei historische ereignisse, die Sintflut und die zerstörung von Sodom und Gomorra, um uns zu zeigen, wie Er mit Gläubigen und Ungläubigen umgeht, bevor Er Seinen zorn sendet. Es geschah, damit wir das ereignis der Entrückung verstehen und wissen, was uns erwartet. Wenn du weißt, was passieren wird, kannst du danach ausschau halten, dich vorbereiten und andere warnen.

Es gibt einen entscheidenden unterschied zwischen der Entrückung und jenen anderen ähnlichen ereignissen. Nach jenen anderen ereignissen wurde jeder und alles im gebiet des zorns vernichtet. Das ist bei der Entrückung nicht der fall. Nach der Entrückung gibt es immer noch reichlich hoffnung für jeden, der auf der Erde zurückgeblieben ist. Du kannst immer noch gerettet werden. Dein vorübergehender irdischer körper mag den zorn vielleicht nicht überleben, aber deine Seele kann immer noch einen unsterblichen, verherrlichten körper erben. Alles, was du tun musst, ist, als gerecht angesehen zu werden, genau wie Noah, Lot und die millionen von menschen, die verschwunden sind. Das tust du, indem du glaubst, dass Jesus der Sohn Gottes ist, dass Er deine sünden auf Sich genommen hat und für dich an jenem kreuz gestorben ist, dass Gott Ihn aus dem grab auferweckt hat und dass Jesus heute im himmel herrscht.

Kapitel 8 – Menschen wurden schon früher entrückt

Die Millionen von Menschen, die bei der Entrückung verschwunden sind, sind nicht die einzigen Personen, die im Laufe der Zeit verschwunden sind. Die Bibel berichtet uns von zwei Männern, die sozusagen das Vorrecht hatten, entrückt zu werden. Werfen wir einen Blick auf ihre Geschichten und lernen wir, warum Gott sie zu sich nahm, damit wir die Entrückung noch besser verstehen können.

Die erste Person, die Gott von der Erde entfernte, war Henoch. Du wurdest bereits im vorherigen Kapitel mit Henoch bekannt gemacht. Erinnere dich, dass er der Urgroßvater von Noah war, der Gerechtigkeit predigte und die Engel zurechtwies, die den Himmel verließen, um mit Frauen zu schlafen und so die Riesen und bösen Geister zu erschaffen. Henoch lebte in einer Zeit, die der heutigen sehr ähnlich ist. Er lebte unmittelbar vor der Sintflut. Wir wissen, dass dies eine Zeit beispielloser Bosheit auf der Erde war; jedes Sinnen des Menschen war „ständig nur böse".

> „Jahwe sah, dass die Bosheit der Menschen groß war auf der Erde und dass jedes Sinnen der Gedanken ihres Herzens ständig nur böse war. Da reute es Jahwe, dass er den Menschen auf der Erde gemacht hatte, und es bekümmerte ihn in seinem Herzen. Jahwe sprach: ‚Ich will den Menschen, den ich geschaffen habe, von der Oberfläche des Bodens vertilgen – den Menschen zusammen mit dem Vieh, dem Kriechenden und den Vögeln des Himmels –, denn es reut mich, dass ich sie gemacht habe.' Aber Noah fand Gnade in den Augen Jahwes. ... Die Erde aber war verdorben vor Gott, und die Erde war erfüllt mit Gewalt. Gott sah die Erde an, und siehe, sie war verdorben; denn alles Fleisch hatte seinen Weg auf der Erde verdorben. Da sprach Gott zu Noah: ‚Ich will allem Fleisch ein Ende machen, denn die Erde ist durch sie erfüllt mit Gewalt. Siehe, ich will sie vernichten zusammen mit der Erde.'" (1. Mose 6,5-8.11-13)

Henoch war anders als fast alle anderen, die in dieser Zeit lebten. Er wandelte mit Gott. _Wandeln_ spiegelt in diesem Fall wider, wie Henoch sich verhielt. Er suchte die Nähe Gottes. Er hatte eine enge Beziehung zu Gott. Aufgrund seiner besonderen Beziehung zu Gott sagen uns die Schriften, dass Gott ihn zu sich nahm.

> „Nach der Geburt Methusalahs wandelte Henoch dreihundert Jahre lang mit Gott und zeugte weitere Söhne und Töchter. Alle Tage Henochs betrugen dreihundertfünfundsechzig Jahre. Henoch wandelte mit Gott, und er wurde nicht mehr gefunden, denn Gott nahm ihn hinweg." (1. Mose 5,22-24)

Er wurde in den Himmel entrissen oder entrückt. Das ist richtig, Henoch starb nicht. Niemand konnte ihn finden, weil Gott ihn zu sich nahm. Genauso wie die Millionen von Menschen, die verschwanden, nicht gestorben sind.

Die zweite Person, die Gott von der Erde entfernte, war Elia. Wie Henoch war auch Elia für Gott etwas ganz Besonderes. Er war ein Mann Gottes. _Ein Mann von_ etwas zu sein bedeutet, dass man dieses Etwas widerspiegelt oder repräsentiert. Elia spiegelte und repräsentierte Gott. Er hatte eine so enge Beziehung zu Gott, dass er sogar um Feuer vom Himmel beten konnte und Gott antwortete und es tat.

> „Die Frau sagte zu Elia: ‚Jetzt erkenne ich, dass du ein Mann Gottes bist und dass Jahwes Wort in deinem Mund Wahrheit ist.‘" (1. Könige 17,24)

> „Elia antwortete dem Hauptmann über fünfzig: ‚Wenn ich ein Mann Gottes bin, so falle Feuer vom Himmel und verzehre dich und deine fünfzig!‘ Da fiel Feuer vom Himmel und verzehrte ihn und seine fünfzig." (2. Könige 1,10)

Er war einer der Propheten Gottes und lebte in einer Zeit schrecklicher Verfolgung gegen Gottes Volk. Tatsächlich war Elia der einzige Prophet Gottes, der zu jener Zeit noch am Leben war, da Isebel, eine böse Herrscherin, alle anderen getötet hatte.

> „Er kam dort zu einer Höhle und übernachtete darin; und siehe, das Wort Jahwes geschah zu ihm, und er sprach zu ihm: ‚Was tust du hier, Elia?‘ Er sprach: ‚Ich habe für Jahwe, den Gott der Heerscharen, mit großem Eifer geeifert; denn die Kinder Israels haben deinen Bund verlassen, deine Altäre niedergerissen und deine Propheten mit dem Schwert getötet. Ich allein bin übrig geblieben, und sie trachten mir nach dem Leben, um es mir zu nehmen.‘" (1. Könige 19,9-10)

Sobald Elia das Werk vollendet hatte, das Gott für ihn vorgesehen hatte, nahm Gott ihn auf spektakuläre Weise in den Himmel auf.

> „Als nun Jahwe Elia durch einen Wirbelsturm in den Himmel aufnehmen wollte, ging Elia mit Elischa von Gilgal weg. … Und während sie so dahingingen und sich unterhielten, siehe, da trennte ein feuriger Wagen und feurige Rosse die beiden voneinander, und Elia fuhr im Wirbelsturm in den Himmel auf." (2. Könige 2,1.11)

Kannst du dir vorstellen, wie cool es war, diesen Wagen mit den prächtigen, kraftvollen Pferden und all dem Feuer zu sehen, das nur für dich gekommen war?

Da hast du es also. Gott hat dies schon früher getan. Er hat in der Vergangenheit zwei Menschen entrückt. Du fragst dich wahrscheinlich, warum Gott Henoch und Elia in den Himmel aufgenommen hat, bevor ihre irdischen Körper starben. Nun, die Bibel sagt uns, dass Elia vor dem schrecklichen Tag Gottes zurückkehren wird.

> „Siehe, ich sende euch den Propheten Elia, bevor der große und schreckliche Tag Jahwes kommt. Er wird das Herz der Väter den Kindern und das Herz der Kinder ihren Vätern wieder zuwenden, damit ich nicht komme und das Land mit einem Fluch schlage." (Maleachi 4,5-6)

Dieser schreckliche Tag wird in der Bibel auch der Tag des Herrn genannt. Es ist die Zeit des Zorns Gottes, die nach der Entrückung stattfindet, und genauer gesagt die Zeit des Zorns Gottes, die beginnt, nachdem der Antichrist sich im Tempel Gottes selbst zum Gott erklärt. Elia wird also nach der Entrückung zurückkehren.

Die Bibel macht für Henoch nicht dieselbe Aussage, aber ich bin bereit, eine fundierte Vermutung anzustellen, dass er ebenfalls zurückkehrt, basierend auf einigen Ereignissen in der Zukunft und darauf, wer dort anwesend ist. Während der Drangsalszeit sagt uns die Bibel, dass Gott zwei Zeugen sendet, um Tag und Nacht das Evangelium zu predigen. Sie tun dies dreieinhalb Jahre lang.

> „‚Ich werde meinen zwei Zeugen Macht geben, und sie werden eintausendzweihundertsechzig Tage lang prophezeien, bekleidet mit Sacktuch.‘ … Und wenn jemand ihnen Schaden zufügen will, geht Feuer aus ihrem Mund hervor und verzehrt ihre Feinde. Wenn jemand ihnen Schaden zufügen will, muss er so getötet werden. Diese haben die Macht, den Himmel zu verschließen, damit es in den Tagen ihrer Weissagung nicht regne. Und sie haben Macht über die Wasser, sie in Blut zu verwandeln und die Erde mit jeder Plage zu schlagen, sooft sie wollen." (Offenbarung 11,3.5-6)

Wer also sind diese zwei Zeugen? Sie besitzen unglaubliche Macht. Sie sind in der Lage, den Regen zu stoppen, Feuer aus ihrem Mund hervorgehen zu lassen und, wie Mose, Wasser in Blut zu verwandeln und Plagen herbeizuführen. Die Bibel sagt es nicht direkt, aber ich denke, es ist ziemlich klar, dass es Henoch und Elia sind. Schauen wir uns weitere Hinweise an.

Ein weiterer Hinweis, der uns über diese zwei Zeugen gegeben wird, ist, dass sie sterben und auferweckt werden. In diesen Versen ist das „Tier" der Antichrist.

> „Wenn sie ihr Zeugnis vollendet haben, wird das Tier, das aus dem Abgrund heraufsteigt, Krieg mit ihnen führen und sie besiegen und sie töten. Und ihre Leichen werden auf der Straße der großen Stadt liegen, die geistlich Sodom und Ägypten genannt wird, wo auch ihr Herr gekreuzigt wurde. Und Menschen aus den Völkern, Stämmen, Sprachen und Nationen werden ihre Leichen dreieinhalb Tage lang sehen und nicht zulassen, dass ihre Leichen in ein Grab gelegt werden. Und die auf der Erde wohnen, werden sich über sie freuen und fröhlich sein. Sie werden einander Geschenke schicken, weil diese zwei Propheten diejenigen quälten, die auf der Erde wohnen. Nach den dreieinhalb Tagen aber kam der Geist des Lebens von Gott in sie, und sie stellten sich auf ihre Füße. Und große Furcht überfiel die, welche sie sahen. Und ich hörte eine laute Stimme vom Himmel zu ihnen sagen: ‚Kommt hierher herauf!' Und sie stiegen in der Wolke in den Himmel hinauf, und ihre Feinde sahen sie." (Offenbarung 11,7-12)

Die Bibel sagt uns, dass es uns allen bestimmt ist, nur einmal zu sterben. Das muss also bedeuten, dass diese zwei Personen zuvor noch nicht gestorben waren. Da Henoch und Elia beide entrückt wurden, sind sie zuvor nicht gestorben.

> „Es ist dem Menschen gesetzt, einmal zu sterben, danach aber das Gericht." (Hebräer 9,27)

Da keiner von ihnen gestorben ist, könnten sie sehr wohl die zwei Zeugen sein, die kommen. Aber es gibt noch mehr, was wir in Betracht ziehen sollten. Elia, der besondere Prophet, den Gott in den Himmel aufnahm, war bekannt für seine Fähigkeit, den Regen zu stoppen. Sein inständiges Gebet zu Gott bewirkte, dass es drei Jahre lang nicht regnete. Es regnete erst wieder, als er Gott bat, es regnen zu lassen. Elia hatte auch die unglaubliche Macht, Feuer vom Himmel herabzurufen, wenn er zu Gott betete. Da die Zeugen die Fähigkeit haben, den Regen zu stoppen und Feuer hervorzubringen, scheint er doch sehr gut zu passen, nicht wahr?

> „Elia, der Tischbiter, einer der Siedler in Gilead, sprach zu Ahab: ‚So wahr Jahwe, der Gott Israels, lebt, vor dem ich stehe, es soll diese Jahre weder Tau noch Regen fallen, es sei denn auf mein Wort hin.'" (1. Könige 17,1)

> „Elia war ein Mensch von gleicher Art wie wir, und er betete inständig, dass es

> nicht regnen möge, und es regnete drei Jahre und sechs Monate lang nicht auf der Erde. Und er betete wieder, und der Himmel gab Regen, und die Erde brachte ihre Frucht hervor." (Jakobus 5,17-18)

> „Elia antwortete ihnen: ‚Wenn ich ein Mann Gottes bin, so falle Feuer vom Himmel und verzehre dich und deine fünfzig!' Da fiel Gottes Feuer vom Himmel und verzehrte ihn und seine fünfzig." (2. Könige 1,12)

Was ist also das Besondere an Henoch, das ihn zum anderen Zeugen machen könnte? Da er unmittelbar vor der Sintflut lebte, ist er damit vertraut, in einer sehr gottlosen Zeit zu leben. Henoch kennt jene gefallenen Engel und ihre dämonischen Nachkommen; die bösen Geister der Nephilim und Riesen.

> „Als sich die Menschen auf der Oberfläche des Erdbodens zu vermehren begannen und ihnen Töchter geboren wurden, sahen Gottes Söhne, dass die Töchter der Menschen schön waren, und sie nahmen sich von allen zu Frauen, welche sie wollten. … Die Nephilim waren in jenen Tagen auf der Erde, und auch danach, als Gottes Söhne zu den Töchtern der Menschen kamen und mit ihnen Kinder zeugten. Das waren die mächtigen Männer, die von alters her waren, Männer von Ruf. … Jahwe sah, dass die Bosheit der Menschen groß war auf der Erde und dass jedes Sinnen der Gedanken ihres Herzens ständig nur böse war. Da reute es Jahwe, dass er den Menschen auf der Erde gemacht hatte, und es bekümmerte ihn in seinem Herzen. Jahwe sprach: ‚Ich will den Menschen, den ich geschaffen habe, von der Oberfläche des Bodens vertilgen – den Menschen zusammen mit dem Vieh, dem Kriechenden und den Vögeln des Himmels –, denn es reut mich, dass ich sie gemacht habe.'" (1. Mose 6,1-2.4-7)

Wir haben aus dem Buch Henoch gelernt, dass er jene bösen Engel zurechtwies.

> „Wie Er den Menschen erschaffen und ihm die Kraft gegeben hat, das Wort der Weisheit zu verstehen, so hat Er auch mich erschaffen und mir die Kraft gegeben, die Wächter, die Kinder des Himmels, zurechtzuweisen." (Das Buch Henoch 14,3)

Die Zeit nach der Entrückung, die Drangsalszeit genannt wird, wird in Bezug auf die Dunkelheit Henochs Zeit sehr nahekommen.

> „Wie es in den Tagen Noahs war, so wird es auch in den Tagen des Menschensohnes sein. Sie aßen, sie tranken, sie heirateten, sie wurden verheiratet bis zu dem Tag, an dem Noah in das Schiff ging und die Sintflut kam und sie alle vernichtete. Ebenso, wie es in den Tagen Lots war: Sie aßen, sie tranken, sie kauften, sie verkauften, sie pflanzten, sie bauten; an dem Tag aber, als Lot aus

Sodom hinausging, regnete es Feuer und Schwefel vom Himmel und vernichtete sie alle." (Lukas 17,26-29)

Wir wissen, dass Henoch während jener schreckliche Zeit mit Gott wandelte und die Menschen vor Gottes kommendem Gericht warnte. Er wäre ein helles Licht in einer solchen Dunkelheit gewesen.

„Über diese hat aber auch Henoch, der siebte von Adam an, prophezeit und gesagt: ‚Siehe, der Herr ist gekommen mit seinen heiligen Zehntausenden, um Gericht zu halten über alle und alle Gottlosen zu überführen von allen ihren Werken der Gottlosigkeit, die sie gottlos verübt haben, und von all den harten Worten, die gottlose Sünder gegen ihn geredet haben.'" (Judas 1,14-15)

Du erinnerst dich vielleicht aus dem vorherigen Kapitel, dass Gott jene gefallenen Engel, die mit Frauen schliefen, wegnahm und sie in der Finsternis band.

„Engel, die ihren ursprünglichen Herrschaftsbereich nicht bewahrten, sondern ihre eigene Behausung verließen, hat er mit ewigen Fesseln unter der Finsternis verwahrt für das Gericht des großen Tages." (Judas 1,6)

Nun, während der Drangsalszeit wird Satan offiziell aus dem Himmel geworfen und erhält die Schlüssel zum Abgrund. Satan ist der Stern, „der gefallen war". Obwohl er aus dem Himmel fiel, hatte er immer noch Zugang zu Gott. Hier sehen wir, wie er diesen Zugang verliert. Jetzt ist er auf die Erde beschränkt und lässt seine Kumpane frei, die vor Tausenden von Jahren von Gott eingesperrt wurden.

„Der fünfte Engel stieß in die Posaune, und ich sah einen Stern vom Himmel auf die Erde gefallen. Und der Schlüssel zum Schacht des Abgrunds wurde ihm gegeben. Und er öffnete den Schacht des Abgrunds, und Rauch stieg aus dem Schacht auf wie der Rauch eines großen Schmelzofens. Die Sonne und die Luft wurden verfinstert durch den Rauch aus dem Schacht. Und aus dem Rauch kamen Heuschrecken hervor auf die Erde, und ihnen wurde Macht gegeben, wie die Skorpione der Erde Macht haben. … Und die Gestalten der Heuschrecken waren gleich Rossen, die zum Krieg gerüstet sind. Auf ihren Köpfen war etwas wie goldene Kronen, und ihre Gesichter waren wie Menschengesichter. Und sie hatten Haare wie Frauenhaare, und ihre Zähne waren wie die von Löwen. Und sie hatten Panzer wie eiserne Panzer. Und das Geräusch ihrer Flügel war wie das Geräusch von Wagen mit vielen Rossen, die zum Krieg eilen. Und sie haben Schwänze wie Skorpione und Stacheln. In ihren Schwänzen liegt ihre Macht, den Menschen fünf

> Monate lang Schaden zuzufügen. Sie haben als König über sich den Engel des Abgrunds. Sein Name auf Hebräisch ist ‚Abaddon‘, im Griechischen aber hat er den Namen ‚Apollyon‘.“ (Offenbarung 9,1-3.7-11)

Zusätzlich dazu lässt Gott während der Drangsalszeit vier Engel frei, die am Fluss Euphrat gebunden sind. Die Bibel sagt nicht, warum sie dort gebunden waren. Es könnte sein, dass sie zu den gefallenen Engeln gehörten, die mit Frauen schliefen. Es könnte auch sein, dass sie auf andere Weise gegen Gott rebellierten. In jedem Fall ist Satan der König aller gefallenen Engel und wird seine gesamte Armee einsetzen, um die Menschheit zu quälen.

> „Der sechste Engel stieß in die Posaune. Und ich hörte eine Stimme aus den Hörnern des goldenen Altars, der vor Gott steht, zum sechsten Engel sagen, der die Posaune hatte: ‚Löse die vier Engel, die an dem großen Strom Euphrat gebunden sind!‘ Und die vier Engel wurden gelöst, die bereitgehalten waren für jene Stunde und jenen Tag und jenen Monat und jenes Jahr, um ein Drittel der Menschheit zu töten. Und die Zahl des Reiterheeres war zweihundert Millionen. Ich hörte ihre Zahl. Und so sah ich die Rosse in der Vision und die darauf saßen: Sie hatten Panzer von feurigem Rot, hyazinthblauer Farbe und schwefelgelbem Gelb; und die Köpfe der Rosse glichen Löwenköpfen. Aus ihren Mäulern ging Feuer, Rauch und Schwefel hervor.“ (Offenbarung 9,13-17)

Da Henoch auf der Erde lebte, als böse Engel Unheil anrichteten, besitzt er ein besonderes Wissen über sie und Erfahrung mit ihnen, die niemand sonst auf dem Planeten haben wird, wenn sie wieder losgelassen werden. Er predigte über Gottes Gericht vor der Sintflut. Wenn er einer der Zeugen ist, die während der Drangsal zurückkehren, stelle ich mir vor, dass er die Menschen vor der Bosheit dieser Engel warnen, den Menschen helfen wird, sie zu identifizieren, den Menschen helfen wird, sich nicht von ihnen täuschen zu lassen, und den Menschen helfen wird, sie zu überwinden. Henoch war in der Lage, während jener Zeit schrecklicher Gottlosigkeit mit Gott zu wandeln. Er ist ein großartiger Kandidat, um während der Drangsal das Evangelium zu verkünden.

Sehen wir uns an, was Matthew Henry in einem Kommentar, den er im 18. Jahrhundert n. Chr. verfasste, über diese Schriftstellen zu sagen hatte. Beachte, dass sein Hinweis auf Elias tatsächlich ein Hinweis auf Elia ist. Elias ist die griechische Entsprechung des hebräischen Namens Elia.

„Manche denken, dass diese zwei Zeugen Henoch und Elias sind, die für eine Zeit auf die Erde zurückkehren sollen.“ Was das Feuerspeien betrifft:

„Manche denken, dies spielt darauf an, dass Elias Feuer vom Himmel herabrief, um die Hauptleute und ihre Truppen zu verzehren, die gekommen waren, um ihn festzunehmen. ... Sie werden diesen freien Zugang zu Gott und dieses Interesse an ihm haben, dass Gott auf ihre Gebete hin Plagen und Gerichte über ihre Feinde verhängen wird, wie er es bei Pharao tat, indem er ihre Flüsse in Blut verwandelte, und indem er den Tau des Himmels zurückhielt und den Himmel verschloss, so dass viele Tage lang kein Regen fallen wird, wie er es auf die Gebete von Elias hin tat." [33]

Chuck Smith ist in seiner Kommentarreihe C2000 über die Offenbarung ebenfalls der Meinung, dass diese zwei Zeugen Henoch und Elia sein könnten.

„Wir kennen die Identität eines der Zeugen mit Sicherheit: Es ist Elia. Die Identität des anderen Zeugen ist nicht so gewiss. ... Andere glauben, es wird Henoch sein, der nicht starb, sondern direkt in den Himmel entrückt wurde. ‚Denn es ist dem Menschen gesetzt, einmal zu sterben', und im Alten Testament haben zwei Männer ihren Termin verpasst: Henoch und Elia. Und so kommen sie, damit sie ihren Termin mit dem Tod wahrnehmen können, denn uns wird hier gesagt, dass, nachdem sie dreieinhalb Jahre lang prophezeit haben, das Tier, der Antichrist, die Macht hat, sie zu töten." [34]

In diesem Kapitel haben wir gelernt, dass Gott schon früher Menschen entrückt hat, als Er zwei Männer zu sich nahm, die in dunklen Zeiten mit Gott wandelte: Henoch und Elia. Als Prediger der Gerechtigkeit während jener bösen Zeiten wären sie bestens geeignet, Gottes Wort während der Drangsalszeit zu verkünden. Obwohl Gott Henoch und Elia durchaus als die zwei Zeugen während der Drangsalszeit zurückbringen kann, tut Er es vielleicht nicht. Gott könnte zwei völlig andere Personen erwecken, um Seine frohe Botschaft zu verkünden. Wenn du nach der Entrückung zurückgelassen wurdest, beachte die Warnung dieser zwei Zeugen und wende dich Gott zu, bevor es zu spät ist.

Kapitel 9 – Gründe für die Entrückung

Die Bibel gibt uns Einblick in mehrere Gründe, warum die Entrückung stattgefunden hat. In diesem Kapitel werden wir uns acht dieser Gründe ansehen.

9.1. Gott schützt die Gläubigen vor Seinem Zorn

In Kapitel 7 dieses Buches hast du gelernt, dass Gott Gläubige schon früher vor Seinem Zorn geschützt hat. Während der Sintflut schützte Er Noah, seine Familie und die Tiere auf der Arche.

> In dem sechshundertsten Lebensjahr Noahs, im zweiten Monat, am siebzehnten Tag des Monats, an diesem Tag brachen alle Quellen der großen Tiefe auf, und die Fenster des Himmels öffneten sich. … An eben diesem Tag gingen Noah und Sem, Ham und Japhet – die Söhne Noahs – und Noahs Frau und die drei Frauen seiner Söhne mit ihnen in das Schiff – … dann schloss Jahwe hinter ihm zu. … Die Wasser stiegen und nahmen sehr zu auf der Erde; und das Schiff trieb auf der Oberfläche der Wasser. (1. Mose 7,11.13.16.18)

Als Er Sodom und Gomorra zerstörte, schützte Er Lot und seine gläubige Familie.

> Als der Morgen anbrach, drängten die Engel Lot und sagten: „Steh auf! Nimm deine Frau und deine zwei Töchter, die hier sind, damit du nicht in der Missetat der Stadt umkommst." Er aber zögerte; da ergriffen die Männer seine Hand, die Hand seiner Frau und die Hände seiner zwei Töchter, weil Jahwe mit ihm barmherzig war; und sie führten ihn hinaus und setzten ihn außerhalb der Stadt ab. … Da ließ Jahwe auf Sodom und auf Gomorra Schwefel und Feuer regnen von Jahwe aus dem Himmel. (1. Mose 19,15-16.24)

Die Entrückung ist ein ähnliches Ereignis. Während der Entrückung entfernte Gott die Menschen, die ihr Vertrauen in Jesus gesetzt hatten, um sie vor Seinem Zorn zu schützen. Die Bibel sagt uns, dass Gläubige nicht für Gottes Zorn bestimmt sind. Gott behandelt Gläubige und Ungläubige während einer Zeit des Zorns unterschiedlich.

> Wartet auf Seinen Sohn vom Himmel, den Er von den Toten auferweckt hat: Jesus, der uns von dem kommenden Zorn rettet. (1. Thessalonicher 1,10)

> Denn Gott hat uns nicht dazu bestimmt, Seinen Zorn zu erleiden, sondern Er will
> uns durch unseren Herrn Jesus Christus retten. Christus ist für uns gestorben,
> damit wir – ob wir bei Seiner Rückkehr nun tot oder lebendig sind – für immer
> mit Ihm leben. (1. Thessalonicher 5,9-10 Neue Lebende Übersetzung)

In diesen Schriftstellen heißt es, dass Jesus die Menschen vor dem Zorn rettet. Wer war es, der die entrückten Menschen in den Wolken traf? Es war Jesus. Warum wurden sie überhaupt entrückt? Weil sie ihr Vertrauen in Jesus gesetzt hatten.

Woher wissen wir also, dass Gott die entrückten Gläubigen vor Seinem Zorn schützt? In der Bibel werden Gläubige oft die „Braut Christi" genannt. Die Beziehung, die Gläubige zu Jesus haben, ähnelt der Beziehung, die Ehepaare haben. Sie ist intim, persönlich und voller Liebe. Während die entrückten Menschen im Himmel sind, ist ein Ereignis, an dem sie teilnehmen, die Hochzeit des Lammes.

> Denn ich habe euch einem einzigen Mann verlobt, um euch Christus als eine reine
> Jungfrau zuzuführen. (2. Korinther 11,2)

> „Lasst uns fröhlich sein und frohlocken und Ihm die Ehre geben. Denn die Hochzeit
> des Lammes ist gekommen, und Seine Frau hat sich bereitgemacht." Und es wurde
> ihr gegeben, sich in glänzende, reine, feine Leinwand zu kleiden: denn die feine
> Leinwand sind die gerechten Taten der Heiligen. (Offenbarung 19,7-8)

Das „Lamm" ist ein Hinweis auf Jesus und Seine Tat, Sich Selbst für unsere Sünden zu opfern. Bevor Jesus kam, opferten die Israeliten Lämmer, um für ihre Sünden zu sühnen. Jesus ist das ultimative, perfekte Lamm. Nun kann man keine Hochzeit ohne Braut haben. Sie feiern, dass Jesus mit den Gläubigen verheiratet wird, die bei der Entrückung auferweckt und zu Ihm genommen wurden – Seiner Braut.

Wenn wir nach Synonymen für Ehemann suchen, erhalten wir Wörter wie schützen, verwalten, bewahren und festhalten. Jesus schützt in der Tat jeden, den Er bei der Entrückung zu Sich gesammelt hat.

9.2. Gott beweist, dass Er existiert

Ein weiterer Weg, wie Gott die Entrückung und die kommenden Ereignisse nutzt, besteht darin, dir zu helfen, Seine Herrlichkeit und Macht zu erkennen und so zum Glauben an all das zu finden, was Er für dich getan hat.

Diese Zeichen und Wunder, wie die Bibel sie nennt, halfen vielen Menschen während Seines Wirkens, an Jesus zu glauben. Wunderbare Zeichen und Wunder sind die Art und Weise, wie wir wissen, dass etwas von Gott und nicht vom Menschen kommt. Sie weisen direkt auf Gott hin, weil Er der Einzige ist, der dazu fähig ist. In der letzten untenstehenden Schriftstelle sind die Hinweise auf „ihn" und „diesen Mann" Hinweise auf Jesus.

> Ihr Männer von Israel, hört diese Worte! Jesus, den Nazarener, einen Mann, der von Gott euch gegenüber durch mächtige Wunder, Wunderzeichen und Zeichen beglaubigt wurde, die Gott durch ihn in eurer Mitte tat, wie ihr selbst wisst. (Apostelgeschichte 2,22 Neue Lebende Übersetzung)

> Aber aus der Menge glaubten viele an ihn. Sie sagten: „Wenn der Christus kommt, wird er doch nicht mehr Zeichen tun als die, die dieser Mann getan hat, oder?" (Johannes 7,31)

Sogar Gottes Jünger waren aufgrund der Zeichen Jesu überzeugt.

> Diesen Anfang Seiner Zeichen tat Jesus in Kana in Galiläa und offenbarte Seine Herrlichkeit; und Seine Jünger glaubten an Ihn. (Johannes 2,11)

Hier sehen wir sogar, dass der Apostel Paulus in der Lage war, wunderbare Zeichen und Wunder zu vollbringen, um Gottes Geist zu offenbaren und die Menschen zu Gott zu führen.

> Doch ich wage nicht, von etwas anderem zu rühmen als von dem, was Christus durch mich getan hat, um die Heiden durch meine Botschaft und durch die Art und Weise, wie ich unter ihnen wirkte, zu Gott zu führen. Sie wurden durch die Kraft wunderbarer Zeichen und Wunder und durch die Kraft des Geistes Gottes überzeugt. Auf diese Weise habe ich die Gute Botschaft von Christus von Jerusalem bis nach Illyrien vollständig verkündet. (Römer 15,18-19 Neue Lebende Übersetzung)

Während der Zeit des Alten Testaments, als Israel in ägyptischer Gefangenschaft war, benutzte Gott Zeichen und Wunder, um dem ägyptischen Pharao zu zeigen, dass Er tatsächlich Gott ist. Weißt du, Mose forderte den Pharao auf, die Israeliten auf die Autorität Gottes hin freizulassen. Der Pharao kannte Gott nicht. Zeichen und Wunder sind die Art und Weise, wie Gott Sich dem Pharao offenbarte. Die Israeliten kannten Gott allerdings auch nicht wirklich. Die zehn Plagen, die Gott gegen den Pharao sandte, halfen den

Israeliten zu sehen, wie mächtig Gott war. Es half ihnen, ihr Vertrauen in Ihn zu setzen. Vertrauen darauf, dass Er sie aus der Gefangenschaft herausführen würde.

> Hat je ein Volk die Stimme Gottes aus der Mitte des Feuers sprechen hören, wie du sie gehört hast, und ist am Leben geblieben? Oder hat Gott versucht, hinzugehen und sich ein Volk aus der Mitte eines anderen Volkes zu nehmen, durch Prüfungen, durch Zeichen, durch Wunder, durch Krieg, durch eine mächtige Hand, durch einen ausgestreckten Arm und durch große Schrecken, gemäß all dem, was Jahwe, euer Gott, für euch in Ägypten vor euren Augen getan hat? Es wurde dir gezeigt, damit du erkennst, dass Jahwe Gott ist. Es gibt keinen anderen außer Ihm. (5. Mose 4,33-35)

Nachdem Gott die Israeliten aus der Gefangenschaft geführt hatte, zeigte Er ihnen weiterhin Zeichen und Wunder, um ihren Glauben zu stärken. Ein herrliches Beispiel dafür war Gottes tägliche Versorgung für Sein Volk. Jeden Tag erschien Nahrung vom Himmel, genannt Manna, auf dem Boden, damit sie sie sammeln konnten. Gott offenbarte Sich ihnen jeden einzelnen Tag.

> Da sprach Jahwe zu Mose: „Siehe, Ich will euch Brot vom Himmel regnen lassen; und das Volk soll hinausgehen und jeden Tag sammeln, was es für den Tag braucht, damit Ich es prüfe, ob es in Meinem Gesetz wandelt oder nicht." ... Das Haus Israel nannte seinen Namen „Manna"; und es war wie Koriandersamen, weiß; und sein Geschmack war wie Fladen mit Honig. ... Die Kinder Israel aßen das Manna vierzig Jahre lang, bis sie in ein bewohntes Land kamen. (2. Mose 16,4.31.35)

Die Zeichen und Wunder, die Gott für die Israeliten vollbrachte, halfen auch anderen Volksgruppen, an Gott zu glauben. Diese Schriftstelle offenbart ein Gespräch, das Rahab, eine Prostituierte in der Stadt Jericho, mit zwei Israeliten führte, die ausgesandt worden waren, um die Stadt vor einem Angriff auszuspionieren. Sie erzählt ihnen, dass Furcht über alle Bewohner der Stadt gekommen war, weil sie alles wussten, was Gott für die Israeliten getan hatte. Sie sprach von Gottes Wunder, das Rote Meer auszutrocknen. Sie wussten, dass Gott mit den Israeliten war. Sie wussten, dass der Gott Israels der Gott des Himmels und der Erde war. Gott benutzt Zeichen und Wunder, um Sich allen Menschen zu offenbaren.

> Bevor sie sich schlafen gelegt hatten, kam sie zu ihnen auf das Dach hinauf. Sie sagte zu den Männern: „Ich weiß, dass Jahwe euch das Land gegeben hat und dass die Furcht vor euch auf uns gefallen ist und dass alle Bewohner des Landes vor

> euch verzagen. Denn wir haben gehört, wie Jahwe das Wasser des Roten Meeres
> vor euch ausgetrocknet hat, als ihr aus Ägypten zogt; und was ihr den zwei
> Königen der Amoriter getan habt, die jenseits des Jordans waren, Sihon und Og,
> die ihr völlig vernichtet habt. Sobald wir es gehört hatten, schmolz unser Herz,
> und es blieb kein Mut mehr in irgendeinem Mann wegen euch: denn Jahwe, euer
> Gott, Er ist Gott im Himmel oben und auf der Erde unten." (Josua 2,8-11)

Die Entrückung sollte dir helfen zu erkennen, dass es einen allmächtigen Gott im Himmel gibt. Einen Gott, der die Geschicke der Menschheit lenkt und dem wir alle gegenüber rechenschaftspflichtig sind.

> Denn es steht geschrieben: „,So wahr Ich lebe', spricht der Herr, ,vor Mir wird
> sich jedes Knie beugen. Jede Zunge wird Gott bekennen.'" So wird nun jeder von
> uns für sich selbst Gott Rechenschaft geben. (Römer 14,11-12)

Die wunderbaren Dinge, die du geschehen siehst, sind wie das Ende eines spektakulären Feuerwerks. Gott stellt Seine Macht zur Schau, damit alle sie sehen und Ihn erkennen können. Dies ist deine letzte Chance, gerettet zu werden. Triff die Entscheidung noch heute. Warte nicht auf morgen, denn morgen ist dir nicht garantiert.

> Als Mitarbeiter bitten wir euch auch, dass ihr die Gnade Gottes nicht vergeblich
> empfangt, denn Er sagt: „Zur angenehmen Zeit habe Ich dich erhört. Am Tag der
> Errettung habe Ich dir geholfen." Siehe, jetzt ist die angenehme Zeit. Siehe, jetzt
> ist der Tag der Errettung. (2. Korinther 6,2)

Ich weiß, dass die Entrückung der Gläubigen Jesu als das größte evangelistische Ereignis der Geschichte bekannt sein wird. Die Bibel sagt uns, dass Millionen von Menschen Jesus kennenlernen und gerettet werden, nachdem die Entrückung stattgefunden hat. Das liegt daran, dass die Entrückung direkt auf ein Wunder von Gott hinweist. Nur Gott ist in der Lage, Millionen von Menschen in einem Augenblick vom Planeten zu entfernen. In dieser untenstehenden Schriftstelle sehen wir eine große Menge vor dem Thron Gottes und vor Jesus, dem „Lamm". Es sind Menschen, die aus dieser Zeit der Drangsal gerettet wurden; Menschen, die zurückgelassen wurden und dazu kamen, ihr Vertrauen in Jesus zu setzen.

> Nach diesem sah ich, und siehe, eine große Schar, die niemand zählen konnte, aus
> jeder Nation und aus allen Stämmen, Völkern und Sprachen, die vor dem Thron
> und vor dem Lamm standen, bekleidet mit weißen Gewändern, mit Palmzweigen

in ihren Händen. ... Einer der Ältesten antwortete und sagte zu mir: „Diese, die mit den weißen Gewändern bekleidet sind, wer sind sie, und woher sind sie gekommen?" Ich sagte zu ihm: „Mein Herr, du weißt es." Er sagte zu mir: „Dies sind die, die aus der großen Drangsal gekommen sind. Sie haben ihre Gewänder gewaschen und sie weiß gemacht im Blut des Lammes." (Offenbarung 7,9.13-14)

Lass das weltweite Zeichen und Wunder der Entrückung ein Feuer und das Verlangen in dir entfachen, Jesus zu kennen und zu glauben, dass Er gestorben ist, um dich zu retten. Rufe heute den Namen Jesu an und werde gerettet.

Die Sonne wird sich in Finsternis verwandeln und der Mond in Blut, bevor der große und schreckliche Tag Jahwes kommt. Es wird geschehen, dass jeder, der den Namen Jahwes anrufen wird, gerettet werden soll; denn auf dem Berg Zion und in Jerusalem wird Entrinnen sein, wie Jahwe gesagt hat, und unter den Übriggebliebenen die, die Jahwe ruft. (Joel 2,31-32)

9.3. Gott gibt dir eine letzte Warnung

Gott möchte, dass jeder gerettet wird, und die Entrückung signalisiert, dass dies deine letzte Chance ist. Ich denke, das ist einer der Hauptgründe, warum die Entrückung stattgefunden hat.

Der Herr zögert nicht mit Seiner Verheißung, wie es einige für Zögern halten; sondern Er ist geduldig mit uns, da Er nicht will, dass jemand zugrunde geht, sondern dass alle zur Buße kommen. (2. Petrus 3,9)

Gott möchte, dass jeder Buße tut oder sich von seinen sündigen Wegen abkehrt. Er wartet darauf, dir zu vergeben. Du musst Ihn nur darum bitten. Wenn Gott dir dann vergibt, wird Er Sich nicht mehr an deine Sünden gegen Ihn erinnern.

Sag ihnen: „So wahr Ich lebe", spricht der Herr, Jahwe, „Ich habe kein Gefallen am Tod des Gottlosen; sondern dass der Gottlose von seinem Weg umkehrt und lebt. Kehrt um, kehrt um von euren bösen Wegen! Denn warum wollt ihr sterben, Haus Israel? ... Wenn Ich zum Gottlosen sage: ‚Du sollst gewiss sterben'; wenn er sich von seiner Sünde abkehrt und tut, was recht und billig ist; wenn der Gottlose das Pfand zurückgibt, das Geraubte erstattet, in den Satzungen des Lebens wandelt und keine Ungerechtigkeit begeht; so soll er gewiss leben. Er wird nicht sterben. Keine seiner Sünden, die er begangen hat, wird ihm angerechnet werden. Er hat getan, was recht und billig ist. Er soll gewiss leben. Dennoch sagen

> die Kinder deines Volkes: ‚Der Weg des Herrn ist nicht recht‘; aber ihr eigener
> Weg ist nicht recht.“ (Hesekiel 33,11.14-17)

Gott liebt jeden Menschen, den Er erschaffen hat. Er hat jeden von uns erschaffen. Er liebt jeden von uns. Das bedeutet, Er liebt dich. Dies ist nicht die Art von Liebe, die wir besonders gut verstehen. Gott liebt mit einer bedingungslosen Liebe. Er bewies dies, indem Er Jesus sandte, um für dich zu sterben, während du noch ein Sünder warst. Gott stellt keine Erwartungen an dich, perfekt zu sein, bevor du eine Beziehung mit Ihm haben kannst. Tatsächlich weiß Er, dass das unmöglich ist.

> Denn als wir noch schwach waren, starb Christus zur rechten Zeit für die
> Gottlosen. Denn kaum wird jemand für einen Gerechten sterben. Doch für einen
> guten Menschen würde vielleicht jemand sogar zu sterben wagen. Aber Gott
> erweist Seine eigene Liebe zu uns darin, dass Christus für uns starb, als wir noch
> Sünder waren. (Römer 5,6-8)

Du fragst wahrscheinlich: „Wenn Gott bedingungslos liebt, warum scheint es dann so, als würde Er mich bestrafen?“ Das liegt daran, dass Liebe nur ein Aspekt Gottes ist. Gott ist in jeder Hinsicht perfekt. Das bedeutet, Er ist auch gerecht, heilig und rechtschaffen.

> Denn ich will den Namen Jahwes verkünden. Gebt unserem Gott die Ehre! Der
> Fels: Sein Werk ist perfekt, denn alle Seine Wege sind recht. Ein Gott der Treue,
> der kein Unrecht tut, gerecht und aufrichtig ist Er. (5. Mose 32,3-4)

Weil Gott perfekt ist, muss Er diejenigen züchtigen und korrigieren, die Er liebt. Und was für ein himmlischer Vater wäre Er wirklich, wenn Er das Verhalten Seiner Kinder nicht korrigieren würde? Ein wirklich schrecklicher. Das ist nicht Gott. Gott will das Beste für jedes Seiner Kinder. Er will das Beste für dich. Das bedeutet, dass du Seine korrigierende Züchtigung erfahren wirst.

> Ihr habt die Mahnung vergessen, die zu euch wie zu Kindern spricht: „Mein Sohn,
> achte die Züchtigung des Herrn nicht gering und verzage nicht, wenn du von Ihm
> zurechtgewiesen wirst; denn wen der Herr liebt, den züchtigt Er, und Er schlägt
> jeden Sohn, den Er annimmt.“ (Hebräer 12,5-6)

Die Züchtigung soll dich zu Gott führen. Denke daran, dass nichts Unvollkommenes in Gottes Gegenwart, den Himmel, eintreten kann. Das bedeutet, du wirst den Himmel nicht betreten, bis du perfekt bist. Eilmeldung: Du wirst niemals perfekt sein. Du warst in dem Moment unvollkommen, als du geboren wurdest.

> Denn alle haben gesündigt und erreichen nicht die Herrlichkeit Gottes. (Römer 3,23)

Gott hat jedoch den perfekten Stellvertreter für dich gesandt. Er sandte Jesus. Wenn du im Himmel leben willst, muss Gott, wenn Er dich ansieht, stattdessen Jesus sehen, weil Jesus perfekt ist. Gott kann das nur tun, wenn du angenommen hast und glaubst, dass Jesus für dich gestorben ist.

> Denn Gott hat Jesus als das Sühnopfer für die Sünde dargestellt. Menschen werden vor Gott gerecht gesprochen, wenn sie glauben, dass Jesus Sein Leben geopfert und Sein Blut vergossen hat. Dieses Opfer zeigt, dass Gott gerecht war, als Er Sich zurückhielt und diejenigen nicht bestrafte, die in vergangenen Zeiten sündigten, denn Er blickte voraus und bezog sie in das ein, was Er in dieser gegenwärtigen Zeit tun würde. Gott tat dies, um Seine Gerechtigkeit zu demonstrieren, denn Er Selbst ist fair und gerecht, und Er erklärt Sünder in Seinen Augen für gerecht, wenn sie an Jesus glauben. (Römer 3,25-26 Neue Lebende Übersetzung)

All die Dinge, die dir widerfahren und die schlecht und schrecklich erscheinen, geschehen in Wirklichkeit zu deinem Besten. Denk an ein Kleinkind, das nach dem Steakmesser seiner Mutter vom Esstisch greift und es aufhebt. Die Mutter wird sofort reagieren und ihrem Kind das Messer wegnehmen. Du weißt, dass das Kleinkind schreien und weinen wird. Das tun sie nun einmal, wenn man ihnen Dinge wegnimmt. Sie verstehen nicht, dass das Messer ihnen oder jemand anderem hätte wehtun können. Die Mutter nahm das Messer weg, weil sie ihr Kind liebt; sie hatte sein Bestes im Sinn. Du weißt, dass das Kleinkind es nicht so sah. Dies ist vergleichbar mit dem, was dir gerade passiert. Gott möchte, dass du das Steakmesser fallen lässt. Das Messer repräsentiert all die Sünde in deinem Leben. Lass es fallen, damit du aufhörst, dir selbst und anderen wehzutun.

> Glaubst du, dass Ich gerne sehe, wie gottlose Menschen sterben?, fragt der souveräne HERR. Natürlich nicht! Ich möchte, dass sie von ihren bösen Wegen umkehren und leben. (Hesekiel 18,23 Neue Lebende Übersetzung)

Betrachte die Entrückung als deine letzte Chance, dich mit Gott zu versöhnen. Es ist eine Prüfungszeit für dich. Wen liebst du mehr, dich selbst oder Gott? Wenn du weiterhin deine eigenen vorübergehenden lüsternen Begierden erfüllen willst, wirst du die Ewigkeit getrennt von Gott verbringen. Wähle Gott, und du wirst die Ewigkeit in Seinen Segnungen verbringen.

> Jahwe, dein Gott, prüft dich, um zu erfahren, ob du Jahwe, deinen Gott, von ganzem Herzen und von ganzer Seele liebst. (5. Mose 13,3)

Gott setzte Seine Züchtigung in der Bibel viele Male ein, um den Menschen zu helfen, ihre Sünde zu erkennen und zu Ihm umzukehren. Er möchte, dass du erkennst, dass du Ihn brauchst und dass du dich nicht selbst retten kannst. Dass es eine ewige Konsequenz hat, ein Sünder zu sein, der nicht gerettet ist.

In dieser Schriftstelle verehrten die Israeliten Baal, einen falschen Gott. Sie hatten Gott völlig verlassen, der sie aus der ägyptischen Gefangenschaft befreit und sie 40 Jahre lang jeden Tag mit Manna vom Himmel gespeist hatte. Gott ließ zu, dass Plünderer Sein Volk überfielen und sie wieder in die Sklaverei führten. Aber dann beachte, was Gott tat. Er sandte Richter, um sie zu retten, weil sie während ihrer Unterdrückung zu Gott schrien.

> Die Kinder Israel taten, was böse war in den Augen Jahwes, und dienten den Baals. Sie verließen Jahwe, den Gott ihrer Väter, der sie aus dem Land Ägypten herausgeführt hatte, und folgten anderen Göttern von den Göttern der Völker, die um sie her waren, und beugten sich vor ihnen nieder; und sie erregten den Zorn Jahwes. … Der Zorn Jahwes entbrannte gegen Israel, und Er gab sie in die Hände von Plünderern, die sie beraubten. Er verkaufte sie in die Hände ihrer Feinde ringsum, sodass sie vor ihren Feinden nicht mehr standhalten konnten. … Jahwe erweckte Richter, die sie aus der Hand derer retteten, die sie plünderten. … Wenn Jahwe ihnen Richter erweckte, dann war Jahwe mit dem Richter und rettete sie aus der Hand ihrer Feinde alle Tage des Richters; denn es reute Jahwe wegen ihres Ächzens aufgrund derer, die sie unterdrückten und sie quälten. Wenn aber der Richter gestorben war, kehrten sie um und trieben es noch schlimmer als ihre Väter, indem sie anderen Göttern folgten, um ihnen zu dienen und sich vor ihnen niederzubeugen. Sie ließen nicht von ihrem Tun und von ihrem halsstarrigen Weg ab. (Richter 2,11-12.14.16.18-19)

Gott möchte, dass auch du in deiner Not zu Ihm um Hilfe schreist. In diesem Bericht sehen wir den Propheten Jona, wie er in der Stadt Ninive predigt. Wusstest du, dass Jona diesen Auftrag gar nicht annehmen wollte? Er versuchte, von Ninive wegzusegeln, aber rate mal, was passiert ist? Er wurde schließlich von einem riesigen Fisch verschluckt und in der Nähe von Ninive an Land gespuckt. Er wollte nicht dorthin gehen, weil er genau wusste, dass die Menschen Buße tun würden, wenn er ihnen sagte, dass Gottes Gericht bevorstand. Jona wollte nicht, dass Gott ihnen vergab. Er wollte, dass Gott sie wegen ihrer Bosheit bestrafte. Wir sind oft genau wie Jona. Wir wollen schnell sehen, dass andere das bekommen, was auf sie zukommt. So ist Gott jedoch nicht. Er möchte, dass jeder Buße tut. Genau das tat Ninive, als Jona ihnen predigte.

> Jona fing an, in die Stadt hineinzugehen, eine Tagereise weit, und er rief und sagte: „In vierzig Tagen wird Ninive zerstört werden!" Die Menschen von Ninive glaubten Gott; und sie riefen ein Fasten aus und legten Sacktuch an, von ihrem Größten bis zu ihrem Kleinsten. … Gott sah ihre Werke, dass sie von ihrem bösen Weg umkehrten. Gott reute das Unheil, das Er ihnen angedroht hatte, und Er tat es nicht. (Jona 3,4-5.10)

Die Stadt Ninive kehrte von ihrem bösen Weg um, also brachte Gott das Unheil doch nicht über sie. Das ist Gottes Versprechen. Wenn es dir aufrichtig leidtut, wie du dich verhalten hast, und du nicht mehr so handeln willst, wird Gott dir tatsächlich vergeben, wenn du Ihn um Vergebung bittest.

> Ich freue mich nun, nicht dass ihr betrübt worden seid, sondern dass ihr zur Buße betrübt worden seid. Denn ihr seid in einer gottgemäßen Weise betrübt worden, damit ihr durch uns in nichts Schaden erleidet. Denn die gottgemäße Betrübnis bewirkt eine Buße zur Errettung, die keine Reue nach sich zieht. Die Betrübnis der Welt aber bewirkt den Tod. (2. Korinther 7,9-10)

Die Entrückung ist ein entscheidendes Meilenstein-Ereignis, das signalisiert, dass die Wiederkunft Jesu schnell näher rückt. Nach der Entrückung folgt eine Drangsalszeit, die sieben Jahre dauert. In dieser untenstehenden Schriftstelle ist alles bis auf „er wird einen festen Bund schließen" bereits geschehen. Eine Woche ist ein Zeitraum von sieben Jahren. 70 Wochen sind also 490 Jahre. Diese Uhr blieb bei der 69. Woche stehen, als der Gesalbte ausgerottet wurde. Sie blieb stehen, als Jesus getötet wurde. Diese Uhr beginnt wieder zu laufen, wenn der Bund oder Vertrag mit Israel für eine Woche geschlossen wird, was sieben Jahre entspricht.

> Siebzig Wochen sind über dein Volk und über deine heilige Stadt beschlossen, um dem Ungehorsam ein Ende zu machen und die Sünden zu versiegeln und die Ungerechtigkeit zu sühnen und die ewige Gerechtigkeit einzuführen und Gesicht und Prophezeiung zu versiegeln und das Allerheiligste zu salben. So wisse nun und erkenne: Von dem Zeitpunkt an, als das Wort erging, Jerusalem wiederherzustellen

> und zu bauen, bis zu dem Gesalbten, dem Fürsten, sind es sieben Wochen und
> zweiundsechzig Wochen. Es wird wieder gebaut werden mit Plätzen und Gräben,
> und zwar in trübseliger Zeit. Nach den zweiundsechzig Wochen wird der Gesalbte
> ausgerottet werden und wird nichts haben. Das Volk eines Fürsten, der kommen
> wird, wird die Stadt und das Heiligtum zerstören. Ihr Ende wird mit einer Flut
> sein, und bis zum Ende wird Krieg sein. Verwüstungen sind beschlossen. Er wird
> mit vielen einen festen Bund schließen für eine Woche. In der Mitte der Woche
> wird er Schlachtopfer und Speisopfer aufhören lassen. Auf dem Flügel der Gräuel
> wird einer kommen, der Verwüstung anrichtet; und zwar bis zum vollständigen
> Ende, und das Beschlossene wird über den Verwüstenden ausgegossen werden.
> (Daniel 9,24-27)

Wir wissen, dass die Person, die den Bund vermittelt, der Antichrist ist,
und zwar aus mehreren Gründen. Erstens heißt es in der Schriftstelle, die du
gerade gelesen hast, dass er in der Mitte der Woche die Opfer und Gaben für
Gott beendet und dann ein Gräuelbild im Tempel aufstellt, das Verwüstung
bringt, weil er ihn entweiht hat. Eine Woche sind sieben Jahre, also ist die
Mitte der Woche dreieinhalb Jahre. Dann erhalten wir in den folgenden
Schriftstellen noch mehr Details.

„Weil ihr gesagt habt" ist ein Hinweis auf das, was Israel gesagt hat.
Zweitens stellt sich heraus, dass dieser Bund mit dem Tod und dem Scheol
unter Lügen und falschen Vorwänden geschlossen wird. „Scheol" bedeutet Hölle.

> Weil ihr gesagt habt: „Wir haben einen Bund mit dem Tod geschlossen und sind
> mit dem Scheol einig. Wenn die überschwemmende Geißel hindurchfährt, wird
> sie nicht zu uns kommen; denn wir haben Lüge zu unserer Zuflucht gemacht und
> uns unter Falschheit geborgen. … Euer Bund mit dem Tod soll aufgehoben
> werden, und euer Vertrag mit dem Scheol soll nicht bestehen bleiben. Wenn die
> überschwemmende Geißel hindurchfährt, dann werdet ihr von ihr zertreten
> werden." (Jesaja 28,15.18)

Drittens erfahren wir nun, dass dieser Herrscher, der das Gräuelbild aufstellt,
sich selbst erhöht und „sich gegen jeden Gott großmacht". Das bedeutet, er
erklärt sich selbst zum Gott.

> Streitkräfte werden von ihm aufgestellt werden, und sie werden das Heiligtum, die
> Festung, entweihen und das tägliche Opfer abschaffen. Dann werden sie das
> Gräuelbild der Verwüstung aufstellen. … Der König wird nach seinem Belieben
> handeln. Er wird sich erhöhen und sich gegen jeden Gott großmachen und gegen
> den Gott der Götter unerhörte Worte ausstoßen. Er wird Erfolg haben, bis der Zorn
> vollendet ist; denn was beschlossen ist, wird ausgeführt werden. (Daniel 11,31.36)

Wen hast du als den Vater der Lüge kennengelernt, der sagte, er wolle wie Gott sein? Die Hölle wurde für ihn und seine Armee erschaffen. Es ist Satan. Satan wird vom Antichristen Besitz ergreifen. Betrachte ihn als Satan in Fleisch und Blut. Das ist derjenige, mit dem Israel ein Abkommen schließt, und sie wissen es.

Die Bibel sagt nicht, wie viel Zeit zwischen der Entrückung und dem Beginn der Drangsalszeit vergeht. Es könnte am selben Tag passieren oder ein Jahr später sein. Basierend auf dem, was wir über die Sintflut sowie Sodom und Gomorra gelernt haben, ist damit zu rechnen, dass dieser Bund sehr schnell nach der Entrückung unterzeichnet wird. Nachdem Gott die Gerechten entfernt hat, wartet Er nicht damit, Seinen Zorn zu senden.

Dies sollte dir ein Gefühl der Dringlichkeit vermitteln. Es ist dringend erforderlich, dass du zum Glauben an Jesus findest, bevor du stirbst, was jederzeit passieren kann. Wenn du einer der wenigen bist, die die Drangsalszeit überleben, musst du glauben, bevor Jesus am Ende dieser siebenjährigen Periode zurückkehrt. Jeder, der nicht glaubt, wird in den Feuersee geworfen. Nur Menschen, die als gerecht gelten, weil sie glauben, dass Jesus für ihre Sünden gestorben ist, werden in das Reich Jesu auf Erden eintreten können.

Dies ist deine letzte Warnung. Beachte die Warnung, so wie es die Menschen von Ninive taten. Glaube daran, dass Jesus für dich gestorben ist, und bitte Ihn, dir deine Sünden zu vergeben.

9.4. Gott erfüllt Seine Versprechen

In einigen der wichtigsten Entrückungs-Schriftstellen der Bibel erfahren wir, dass Gott Versprechen erfüllte, als Er die Gläubigen entrückte. Eines davon war das Versprechen Jesu, zurückzukehren und Seine Nachfolger zu versammeln.

> Euer Herz erschrecke nicht. Glaubt an Gott. Glaubt auch an Mich. In Meines Vaters Haus sind viele Wohnungen. Wenn es nicht so wäre, würde Ich es euch gesagt haben. Ich gehe hin, um euch eine Stätte zu bereiten. Wenn Ich hingehe und euch eine Stätte bereite, werde Ich wiederkommen und euch zu Mir nehmen; damit, wo Ich bin, auch ihr seid. (Johannes 14,1-3)

Während Seines Wirkens auf der Erde sprach Jesus oft über den Himmel. Er ist derjenige, der in den obigen Versen spricht. Er sagte Seinen Jüngern, dass Er weggehen würde, aber dass Er zurückkommen würde, um sie zu holen. Während sie warteten, sollten sie Trost in dem Wissen finden, dass Er einen Ort für sie vorbereitete, an dem sie in Ewigkeit mit Ihm leben würden.

Ein weiteres ist Gottes Versprechen, die Gläubigen aufzuerwecken, die bereits gestorben waren. In der frühen Gemeinde der Gläubigen herrschte Besorgnis darüber, was mit ihren Angehörigen geschah, die an Jesus geglaubt hatten, aber bereits vor der Wiederkunft Jesu gestorben waren. Sie fragten sich, ob sie auferweckt würden und ob sie sie wiedersehen würden. Der Apostel Paulus sagt ihnen, sie sollen Trost in dem Wissen finden, dass ihre Körper bei der Entrückung auferweckt und in herrliche, neue, ewige, unsterbliche Körper verwandelt würden. In diesen Versen bedeutet „entschlafen" gestorben.

> Wir wollen euch aber, Brüder, nicht im Unklaren lassen über die, die entschlafen sind, damit ihr nicht trauert wie die Übrigen, die keine Hoffnung haben. Denn wenn wir glauben, dass Jesus gestorben und auferstanden ist, so wird Gott auch die, die in Jesus entschlafen sind, mit Ihm bringen. … Die Toten in Christus werden zuerst auferstehen, danach werden wir, die wir leben und übrig bleiben, zusammen mit ihnen in Wolken entrückt werden, dem Herrn entgegen in die Luft. (1. Thessalonicher 4,13-14.16-17)

Diese Auferstehung der verstorbenen Gläubigen ist das erste Ereignis, das bei der Entrückung geschah. Dann wurden die Gläubigen, die auf der Erde lebten, weggenommen und trafen die auferstandenen Gläubigen sowie Jesus in den Wolken.

Gott erfüllt immer Seine Versprechen. Die Entrückung ist ein großartiges Beispiel dafür. Wisse, dass du Gott vertrauen kannst, weil Er treu ist und tut, was Er sagt.

> So erkenne nun, dass Jahwe, dein Gott, Er ist Gott, der treue Gott, der den Bund und die Güte bis auf tausend Generationen bewahrt denen, die Ihn lieben und Seine Gebote halten. (5. Mose 7,9)

> Denn Jesus Christus, der Sohn Gottes, schwankt nicht zwischen „Ja" und „Nein". Er ist derjenige, den Silas, Timotheus und ich euch verkündet haben, und als Gottes ultimatives „Ja" tut Er immer, was Er sagt. Denn alle Verheißungen Gottes sind in Christus mit einem klangvollen „Ja" erfüllt worden! Und durch Christus steigt unser „Amen" (was „Ja" bedeutet) zu Gott auf, zu Seiner Ehre. (2. Korinther 1,19-20 Neue Lebende Übersetzung)

Falls die Entrückung noch nicht stattgefunden hat, kannst du immer noch in diese Versprechen Gottes eingeschlossen werden. Wenn die Entrückung bereits stattgefunden hat und du zurückgelassen wurdest, kannst du in ein anderes Versprechen Gottes eingeschlossen werden. Das ist Sein Versprechen des ewigen Lebens für diejenigen, die glauben. Entscheide dich einfach dafür, an das zu glauben, was Jesus getan hat, um deine Seele zu retten; dass Er für deine Sünden gestorben, aus dem Grab auferstanden ist und im Himmel regiert.

9.5. Gott lässt Satan auf der Erde regieren

Ein weiterer Grund für die Entrückung ist, dass Gott Satan auf der Erde regieren lässt, bis Jesus zurückkehrt. Er musste die Gläubigen entfernen, damit das geschehen konnte. Gott erschuf einen herrlichen Engel, Luzifer, der hoch geachtet und weise war und über andere Engel herrschte. Eines Tages wurde Luzifer stolz und beschloss, dass er genau wie Gott sein könne. Er dachte es nicht nur, er glaubte, er könne es wirklich tun. Das war der Moment, in dem Luzifer sündigte und eine Rebellion gegen Gott startete. Luzifer ist der „gesalbte Cherub".

> Du warst der gesalbte Cherub, der schirmt. Dann habe Ich dich auf den heiligen Berg Gottes gesetzt. Du bist mitten unter den feurigen Steinen gewandelt. Du warst perfekt in deinen Wegen von dem Tag an, an dem du erschaffen wurdest, bis Unrichtigkeit an dir gefunden wurde. Durch die Fülle deines Handels wurde dein Inneres mit Gewalt erfüllt, und du hast gesündigt. Darum habe Ich dich als unheilig vom Berg Gottes verstoßen. (Hesekiel 28,14-16)

Hier sehen wir etwas von dieser Rebellion. Michael und die anderen guten Engel führten Krieg gegen Satan und seine gefallenen Engel. Satan, der Widersacher, verlor. Gott warf ihn und die anderen rebellischen Engel auf die Erde. Seitdem steht die Erde unter der Herrschaft Satans, des „Teufels", des „Verführers".

> Es entstand ein Krieg im Himmel. Michael und seine Engel kämpften gegen den Drachen. Der Drache und seine Engel kämpften. Sie siegten nicht. Es wurde kein Platz mehr für sie im Himmel gefunden. Der große Drache wurde hinabgeworfen, die alte Schlange, die der Teufel und Satan genannt wird, der Verführer der ganzen Welt. Er wurde auf die Erde geworfen, und seine Engel wurden mit ihm hinabgeworfen. (Offenbarung 12,7-9)

Sogar Jesus sprach davon, dass Satan vom Himmel fiel. Seine Jünger waren erstaunt, dass sie in Jesu Namen Dämonen austreiben konnten. Siehst du, Satan ist immer noch der Autorität Jesu unterstellt. Es spielt keine Rolle, wo er sich aufhält, im Himmel oder auf der Erde, Gott hat die Kontrolle.

> Die Siebzig kehrten mit Freude zurück und sagten: „Herr, sogar die Dämonen sind uns untertan in Deinem Namen!" Er sagte zu ihnen: „Ich sah Satan wie einen Blitz vom Himmel fallen." (Lukas 10,17-18)

Bis zur Entrückung hatte Satan immer noch Zugang zum Himmel, um mit Gott zu sprechen. Tatsächlich wirst du etwas später in diesem Kapitel sehen, dass er Gott um Erlaubnis bitten musste, um Gottes Volk zu plagen. Das änderte sich alles, als Gott Seine Gläubigen während der Entrückung entfernte. Das war der Zeitpunkt, an dem Satan jeglichen Zugang zum Himmel verlor. In der untenstehenden Schriftstelle sagte Jesus uns voraus, dass dies geschehen würde. Jesus sagte, Satan sei der Herrscher dieser Welt, was die Erde ist. Wenn die Zeit für das Gericht über die Erde kommt, wird Satan aus dem Himmel hinausgeworfen werden.

> Die Zeit für das Gericht über diese Welt ist gekommen, wenn Satan, der Herrscher dieser Welt, hinausgeworfen wird. (Johannes 12,31 Neue Lebende Übersetzung)

Du hast bereits gelernt, dass die Entrückung es Gott ermöglichte, die Welt zu richten. Da die Gläubigen entfernt sind, kann Er Seinen Zorn über die Gottlosen senden, in der Hoffnung, dass sie Buße tun.

Warum also sollte Gott zulassen, dass Satan auf der Erde sein Unwesen treibt? Satan ist Teil von Gottes Plan. Satan wird nach der Entrückung alle möglichen Arten von Zorn austeilen. Denk daran, dass er dich hasst, weil Gott dich liebt. Und er weiß, dass ihm nur noch sehr wenig Zeit auf der Erde bleibt, bevor er in die Hölle geworfen wird. Er ist also voller Wut. Gott benutzt oft den Feind, um Menschen zu helfen, Ihn, Seine Wahrheit und Seine Güte zu erkennen.

Du weißt, dass Satan nicht Gottes einzige Schöpfung war, die aus dem Himmel geworfen wurde. Als Adam und Eva sündigten, wurden sie aus dem Garten Eden geworfen, der im Grunde der Himmel war, und auf die Erde verbannt. Gott stellte sogar einen Engel auf, um den Weg zurück in den Garten zu bewachen und zu versperren. Gott sagte Adam, Eva und Satan auch, dass es ständige Feindseligkeit oder Hass zwischen ihnen geben würde, dass aber ein Tag kommen würde, an dem der Mensch Satan den Kopf zertreten würde. Zu diesem Zeitpunkt würde Satan für seine Sünde und seine Verbrechen zur Rechenschaft gezogen werden und die Ewigkeit im Feuersee spenden. In diesen untenstehenden Schriftstellen ist „der Mensch" Adam, „die Frau" Eva und „die Schlange" Satan.

> Gott sagte, … „Hast du von dem Baum gegessen, von dem Ich dir geboten habe, nicht zu essen?" Der Mensch sagte: „Die Frau, die Du mir gegeben hast, um bei mir zu sein, sie gab mir von dem Baum, und ich aß." Jahwe Gott sagte zu der Frau: „Was hast du getan?" Die Frau sagte: „Die Schlange hat mich verführt, und ich aß." Jahwe Gott sagte zu der Schlange: „Weil du dies getan hast, bist du verflucht vor allem Vieh und vor jedem Tier des Feldes. Auf deinem Bauch sollst du kriechen und Staub sollst du fressen alle Tage deines Lebens. Ich will Feindschaft setzen zwischen dir und der Frau und zwischen deinem Nachkommen und ihrem Nachkommen. Er wird dir den Kopf zertreten, und du wirst ihm in die Ferse stechen." (1. Mose 3,11-15)

> Jahwe Gott sprach: „Siehe, der Mensch ist geworden wie einer von uns und weiß, was gut und böse ist. Nun aber, dass er nicht etwa seine Hand ausstrecke und auch von dem Baum des Lebens nehme und esse und ewig lebe –" Darum schickte Jahwe Gott ihn aus dem Garten Eden hinaus, um den Ackerboden zu bebauen, von dem er genommen war. So trieb Er den Menschen hinaus; und Er stellte östlich vom Garten Eden die Cherubim auf und das flammende Schwert, das sich in alle Richtungen drehte, um den Weg zum Baum des Lebens zu bewachen. (1. Mose 3,22-24)

Dies ist es, was Satan bevorsteht. Er weiß es. Er kennt Gottes Wort besser als jeder von uns. Auf diese Weise ist er in der Lage, Gottes Wort zu verdrehen und Menschen zu täuschen. So hat er Eva getäuscht. Ich denke, für uns ist es sogar noch schlimmer, weil Satan Tausende von Jahren Zeit hatte, das gesamte Wort Gottes in der Bibel zu lesen und zu studieren. In diesem Vers ist der „Teufel" Satan und das „Tier" der Antichrist.

> Der Teufel, der sie verführte, wurde in den See von Feuer und Schwefel geworfen, wo auch das Tier und der falsche Prophet sind. Sie werden Tag und Nacht gequält werden von Ewigkeit zu Ewigkeit. (Offenbarung 20,10)

Satan hat die letzten Jahrtausende damit verbracht, zu versuchen, Gott zu besiegen und seine eigene ewige Bestrafung zu verhindern. Siehst du, Satan glaubt immer noch, dass er gewinnen kann. Nach der Entrückung und während der Drangsalszeit lässt Gott Satan seinen Willen mit der Menschheit. Satan konnte die Erde jedoch nicht beherrschen, solange nicht alle Gläubigen entfernt worden waren. Jeder, der sein Vertrauen in Jesus gesetzt hat, würde den Teufel und seine Eskapaden schnell durchschauen und all seine Pläne behindern. Dies ist ein weiterer Grund, warum Gott die Gläubigen entfernt hat: damit Satan regieren konnte.

In der untenstehenden Schriftstelle spricht der Apostel Paulus über die Wiederkunft Jesu. Er sagt, dass zuerst der Abfall geschieht und dann der „Mensch der Sünde", der „Sohn des Verderbens", derjenige, der sich gegen alles erhebt, was Gott genannt wird, derjenige, der sich selbst Gott nennt, und der „Gesetzlose" offenbart wird. Nun, du solltest inzwischen wissen, dass dies alles Beschreibungen des Antichristen sind, Satans Handpuppe, der globale Anführer nach der Entrückung. Die Schrift sagt uns dies sogar. Sein Kommen geschieht nach der „Wirkung des Satans mit aller Macht und mit Zeichen und lügnerischen Wundern".

> Nun, Brüder, was das Kommen unseres Herrn Jesus Christus und unsere Vereinigung mit Ihm betrifft.... ... Lasst euch von niemandem auf irgendeine Weise täuschen. Denn es wird nicht geschehen, es sei denn, der Abfall kommt zuerst und der Mensch der Sünde wird geoffenbart, der Sohn des Verderbens, der sich widersetzt und sich erhöht über alles, was Gott genannt oder was angebetet wird, sodass er sich als Gott in den Tempel Gottes setzt und sich selbst als Gott darstellt. ... Nun wisst ihr, was ihn zurückhält, damit er zu seiner Zeit geoffenbart werde. Denn das Geheimnis der Gesetzlosigkeit ist schon am Werk. Nur ist da einer, der jetzt zurückhält, bis er aus dem Weg geräumt wird. Dann wird der Gesetzlose geoffenbart werden, den der Herr mit dem Hauch Seines Mundes töten und durch die Erscheinung Seiner Wiederkunft vernichten wird; ihn, dessen Kommen der Wirkung des Satans entspricht, mit aller Macht und mit Zeichen und lügnerischen Wundern. (2. Thessalonicher 2,1.3-4.6-9)

Bevor der Antichrist offenbart werden konnte, musste zuerst etwas anderes geschehen. Da war „einer, der zurückhält", der „aus dem Weg geräumt" wurde. Dann wird der Gesetzlose, der Antichrist, offenbart. Das bedeutet, dass der Zurückhaltende die Macht Satans aufhielt. Nur etwas Allmächtiges kann das Böse zurückhalten. Der Zurückhaltende ist Gottes Heiliger Geist, und Er lebte in all den Gläubigen, die entrückt wurden.

Gott entfernte also die Gläubigen auch, damit Satan regieren konnte. Warum sollte Gott Satan regieren lassen? Weil Gott dich liebt, deshalb! Es soll dir helfen, dich Gott und Jesus für deine Errettung zuzuwenden.

Ein großartiges Beispiel dafür aus der Bibel ist Hiob. Hiob war ein Mann Gottes. Gott sagte, es gäbe niemanden wie ihn auf der Erde. Eines Tages fragte Gott Satan, was er auf der Erde so treibe und ob ihm Sein Diener Hiob aufgefallen sei. Satan bejahte dies und sagte, Hiob glaube nur an Gott, weil Gott ihn segne. Wenn Gott ihm diese Segnungen wegnehmen würde, dann würde Hiob Gott mit Sicherheit verlassen. Was denkst du, was Gott tat? In den untenstehenden Schriftstellen sind „Gottes Söhne" Engel.

> Es geschah aber eines Tages, als die Gottessöhne kamen, um sich vor Jahwe zu stellen, dass auch Satan unter ihnen kam. Jahwe sprach zu Satan: „Woher kommst du?" Da antwortete Satan Jahwe und sprach: „Vom Durchstreifen der Erde und vom Umherwandeln auf ihr." Jahwe sprach zu Satan: „Hast du Meinen Diener Hiob beachtet? Denn es ist niemand wie er auf Erden, ein untadeliger und rechtschaffener Mann, der Gott fürchtet und das Böse meidet." Da antwortete Satan Jahwe und sprach: „Fürchtet Hiob Gott umsonst? Hast Du nicht ihn und sein Haus und alles, was er hat, ringsumher beschützt? Du hast das Werk seiner Hände gesegnet, und sein Besitz hat sich im Land ausgebreitet. Aber strecke doch einmal Deine Hand aus und taste alles an, was er hat; er wird Dir gewiss ins Angesicht fluchen." (Hiob 1,6-11)

> Gut, du darfst ihn prüfen, sagte der HERR zu Satan. „Tu mit allem, was er besitzt, was du willst, aber ihm selbst darfst du kein Leid zufügen." Da verließ Satan die Gegenwart des HERRN. (Hiob 1,12 Neue Lebende Übersetzung)

Gott ließ Satan seinen Willen mit Hiob gewähren! Ich weiß, es ist ein wenig schockierend, aber Er tat dies, um Hiob und seinen Glauben zu prüfen. Um zu sehen, ob Hiob Gott wirklich liebte. Wir werden uns in Kapitel 36 im Detail ansehen, was mit Hiob geschah und wie er reagierte. Um es zusammenzufassen: Hiob verlor alles. Alle seine Söhne und Töchter starben, sein ganzes Vieh starb, und Gott ließ sogar zu, dass Satan Hiobs Gesundheit angriff. Trotz all der schrecklichen Dinge, die Hiob widerfuhren, weigerte er sich, Gott zu verfluchen.

> Bei alledem sündigte Hiob nicht und warf Gott nichts Unrechtes vor. (Hiob 1,22)

> Da sagte seine Frau zu ihm: „Hältst du noch an deiner Unversehrtheit fest? Fluche Gott und stirb!" Er aber sagte zu ihr: „Du redest, wie eine der törichten Frauen redet. Was? Sollen wir das Gute von Gott annehmen und das Böse nicht auch annehmen?" Bei alledem sündigte Hiob nicht mit seinen Lippen. (Hiob 2,9-10)

Sein Glaube wurde geprüft, und er bestand. Danach segnete Gott Hiob noch mehr, als er zuvor gesegnet war. Gott stellte seine Gesundheit wieder her, seinen Reichtum und sein Vieh sowie seine Familie. Gott prüft uns, damit Er uns belohnen kann, wenn wir bestehen.

> Jahwe wandte das Geschick Hiobs, als er für seine Freunde betete. Jahwe gab
> Hiob doppelt so viel, wie er vorher gehabt hatte. … So segnete Jahwe das spätere
> Ende Hiobs mehr als seinen Anfang. Er hatte vierzehntausend Schafe, sechstausend
> Kamele, tausend Joch Ochsen und tausend Eselinnen. Er hatte auch sieben Söhne
> und drei Töchter. (Hiob 42,10.12-13)

Etwas ganz Ähnliches passiert dir gerade jetzt. Gott lässt Satan seinen Willen auf der Erde, um dich und deinen Glauben zu prüfen. Wenn du zurückgelassen wurdest und dein Vertrauen in Jesus gesetzt hast, wird diese Prüfungszeit deine Beziehung zu Gott stärken, genau wie es bei Hiob der Fall war. Du wirst unerschütterlich werden, genau wie Hiob. Die untenstehende Schriftstelle wurde von Petrus geschrieben, einem der Jünger Jesu. Er sagt uns, dass die Bewährung unseres Glaubens kostbarer ist als Gold. Wenn du die Prüfung deines Glaubens bestehst, führt dies zu Lob, Herrlichkeit, Ehre und vor allem zur Errettung deiner Seele.

> Darüber werdet ihr euch sehr freuen, wenn ihr jetzt auch für eine kleine Weile,
> wenn es sein muss, in mancherlei Prüfungen betrübt worden seid, damit die
> Bewährung eures Glaubens, die viel kostbarer ist als das vergängliche Gold, das
> doch durchs Feuer geprüft wird, Lob, Herrlichkeit und Ehre zur Folge habe bei
> der Offenbarung Jesu Christi. … Indem ihr das Ziel eures Glaubens davonbringt,
> die Errettung eurer Seelen. In Bezug auf diese Errettung haben die Propheten
> eifrig gesucht und geforscht. Sie prophezeiten von der Gnade, die für euch
> bestimmt war, und forschten danach, auf welche oder was für eine Zeit der Geist
> Christi, der in ihnen war, hindeutete, als Er die Leiden Christi und die darauf
> folgende Herrlichkeit vorhersagte. Ihnen wurde offenbart, dass sie damit nicht
> sich selbst, sondern euch dienten in diesen Dingen, die euch nun verkündet
> worden sind durch die, welche euch das Evangelium durch den vom Himmel
> gesandten Heiligen Geist gepredigt haben; Dinge, in die auch Engel
> hineinzublicken begehren. (1. Petrus 1,6-7.9-12)

Wenn du zurückgelassen wurdest und dich entscheidest, dein Vertrauen nicht in Jesus zu setzen, dann benutzt Gott Satans Herrschaft auf der Erde, um dir genau das zu geben, worum du gebeten hast. Du willst nicht an Gott oder Jesus glauben. Du willst nicht glauben, dass es einen Himmel und eine Hölle und ewige Konsequenzen für deine Entscheidungen auf der Erde gibt. Du willst ein Leben in Sünde führen. Du willst dein Vertrauen in Geld und Besitz setzen. Du willst dein eigener Gott sein. Dein Vater ist nicht Gott, es ist Satan. Also gibt Gott dir, was du willst: Satan als deinen Herrscher und Gott.

Sehen wir uns an, wie sich dieselbe Entscheidung – sich nicht für Gott zu entscheiden – für einen ägyptischen Pharao auswirkte. Dies war während der Zeit der Gefangenschaft Israels in Ägypten. Mose forderte den Pharao auf, das Volk unter der Autorität Gottes ziehen zu lassen. Da der Pharao Gott nicht kannte, benutzte Mose Zeichen und Wunder, um es ihm zu zeigen und zu beweisen, dass Gott tatsächlich der einzige Gott ist.

> Mose streckte seinen Stab zum Himmel aus, und Jahwe sandte Donner und Hagel; und Blitze zuckten auf die Erde hinab. Jahwe ließ Hagel auf das Land Ägypten regnen. So gab es sehr schweren Hagel und Blitze, die mit dem Hagel vermischt waren, wie sie im ganzen Land Ägypten noch nie gewesen waren, seit es eine Nation geworden war. Der Hagel schlug im ganzen Land Ägypten alles nieder, was auf dem Feld war, sowohl Menschen als auch Tiere; und der Hagel schlug jedes Kraut des Feldes nieder und zerbrach jeden Baum des Feldes. … Da sandte der Pharao hin und ließ Mose und Aaron rufen und sagte zu ihnen: „Ich habe dieses Mal gesündigt. Jahwe ist gerecht, und ich und mein Volk sind gottlos. Betet zu Jahwe; denn es ist genug der gewaltigen Donner und des Hagels. Ich will euch ziehen lassen, und ihr sollt nicht länger bleiben." Mose sagte zu ihm: „Sobald ich zur Stadt hinausgegangen bin, will ich meine Hände zu Jahwe ausbreiten. Der Donner wird aufhören, und es wird kein Hagel mehr sein; damit du erkennst, dass die Erde Jahwe gehört." … Als der Pharao sah, dass der Regen, der Hagel und der Donner aufgehört hatten, sündigte er noch weiter und verhärtete sein Herz, er und seine Diener. Das Herz des Pharaos war verhärtet, und er ließ die Kinder Israel nicht ziehen, so wie Jahwe durch Mose gesprochen hatte. (2. Mose 9,23-25.27-29.34-35)

Während der Plage des schweren Hagels erkannte der Pharao, dass er gesündigt hatte und gottlos war und dass Gott gerecht war. Sobald jedoch Gottes Zorn in Form der Plage vorüber war, sündigte er noch mehr und verhärtete sein Herz. Er kannte die Wahrheit, aber er weigerte sich, sie zu glauben. Er war stur wie ein Stein. Jesus sprach über solche Menschen, Menschen, die nicht glauben wollen. Sieh dir an, was Er sagte.

> Darum sagte Jesus zu ihnen: „Wenn Gott euer Vater wäre, würdet ihr Mich lieben, denn Ich bin von Gott ausgegangen und gekommen. Denn Ich bin nicht von Mir Selbst gekommen, sondern Er hat Mich gesandt. Warum versteht ihr Meine Rede nicht? Weil ihr Mein Wort nicht hören könnt. Ihr seid von eurem Vater, dem Teufel, und ihr wollt die Begierden eures Vaters tun. Er war ein Mörder von Anfang an und steht nicht in der Wahrheit, denn keine Wahrheit ist in ihm. Wenn er die Lüge spricht, so spricht er aus dem Seinen; denn er ist ein Lügner und der Vater der Lüge. Weil Ich aber die Wahrheit sage, glaubt ihr Mir nicht." (Johannes 8,42-45)

Wenn du nichts mit Gott zu tun haben willst, wird Er dich nicht dazu zwingen. Weißt du, Gott ist so gut zu jedem einzelnen von uns, weil Er uns genau das gibt, worum wir bitten. Wenn du zurückgelassen wurdest, dann deshalb, weil du dich entschieden hast, nicht an Jesus zu glauben. Stattdessen hast du ein Leben in Sünde geführt und bist den Fußstapfen deiner Autorität, Satan, gefolgt. Während dieser Drangsalszeit regiert Satan physisch durch den Antichristen auf der Erde. Gott hat dir genau das gegeben, was du wolltest. Die Bibel sagt uns, dass diese Menschen Gott weiterhin die Faust entgegenstrecken, genau wie der Pharao es tat, und zwar während all der Plagen, die Gott während der Drangsalszeit über die Erde bringt.

> Die übrigen Menschen, die durch diese Plagen nicht getötet wurden, taten nicht Buße über die Werke ihrer Hände, sodass sie nicht von der Anbetung der Dämonen und der Götzen aus Gold, Silber, Erz, Stein und Holz abließen, die weder sehen noch hören noch gehen können. Sie taten auch nicht Buße über ihre Morde, ihre Zaubereien, ihre sexuelle Unmoral oder ihre Diebstähle. (Offenbarung 9,20-21)

> Sie zerbissen ihre Zungen vor Schmerz und lästerten den Gott des Himmels wegen ihrer Schmerzen und ihrer Geschwüre. Sie taten dennoch nicht Buße über ihre Werke. (Offenbarung 16,10-11)

Du kannst jedoch heute eine andere Wahl treffen. Du musst nicht wie der Pharao sein. Du musst nicht wie jene Menschen sein, die sich weigern, ihre Sünde zu bereuen. Du musst nicht zulassen, dass diese Prüfungszeit dein Herz verhärtet. Lass dir durch diese Zeit der Herrschaft Satans zeigen, wie wahrhaft böse er ist und wie gut Gott ist. Beobachte die gewaltige Macht Gottes während dieser Zeit und entscheide dich zu glauben. Habe Glauben, wie Hiob ihn hatte, und du wirst überwinden und gesegnet werden.

9.6. Gott bestraft Gottlosigkeit

Da Gott gerecht ist, muss Er Gottlosigkeit bestrafen. Denk daran, wie wütend du wirst, wenn dir jemand Unrecht tut. Du willst Gerechtigkeit für das Unrecht, das dir angetan wurde. Gott will auch Gerechtigkeit für das Unrecht, das wir sündigen Menschen Ihm gegenüber begehen.

> Gott ist ein gerechter Richter. Er ist jeden Tag zornig auf die Gottlosen. (Psalm 7,11 Neue Lebende Übersetzung)

Gott ist in der Lage zu richten und zu bestrafen, weil Er der eine wahre

Richter der Gerechtigkeit ist. Das liegt daran, dass Er perfekt, heilig und gerecht ist. Er hat alles erschaffen und die Regeln und das Gesetz aufgestellt, nach denen wir leben sollen.

> Nur Gott allein, der das Gesetz gab, ist der Richter. Er allein hat die Macht zu retten oder zu vernichten. (Jakobus 4,12 Neue Lebende Übersetzung)

> Er ist der Fels; Seine Taten sind perfekt. Alles, was Er tut, ist gerecht und fair. Er ist ein treuer Gott, der kein Unrecht tut; wie gerecht und aufrichtig Er ist! (5. Mose 32,4 Neue Lebende Übersetzung)

> Sie sangen das Lied des Mose, des Dieners Gottes, und das Lied des Lammes und sprachen: „Groß und wunderbar sind Deine Werke, Herr, Gott, Du Allmächtiger! Gerecht und wahrhaftig sind Deine Wege, Du König der Nationen." (Offenbarung 15,3)

Unsere Entscheidungen haben eine Konsequenz, weil Gott der Richter ist, dem wir gegenüber rechenschaftspflichtig sind.

> Denn es steht geschrieben: „,So wahr Ich lebe', spricht der Herr, ,vor Mir wird sich jedes Knie beugen. Jede Zunge wird Gott bekennen.'" So wird nun jeder von uns für sich selbst Gott Rechenschaft geben. (Römer 14,11-12)

Da Gott rechtschaffen und gerecht ist, kann Er Gottlosigkeit nicht ignorieren. Er muss etwas dagegen unternehmen. Gottlosigkeit wächst ständig an und wird schließlich zu einer großen Menge von Menschen, die sich von Gott abgewandt haben. Menschen ignorieren Gottes Wort. Menschen weigern sich zu glauben, dass Gott existiert und dass Gott unsere Anbetung fordert und verdient. Dies erfordert Gottes Eingreifen, weil Gott der ultimative Richter ist. Dir gefällt es nicht, wenn Menschen ein Verbrechen gegen dich begehen und dann ungeschoren davonkommen und ungestraft bleiben. Was denkst du, wie Gott sich fühlt? Gott sieht alles. Gott weiß alles. Gott lässt Gottlosigkeit nicht ungestraft.

In dieser Schriftstelle sprach Gott zu König Salomo und warnte ihn, was passieren würde, wenn das Volk sich von Gott abwenden und falsche Götter anbeten würde. Gott würde sie aus dem Land entwurzeln, das Er ihnen gegeben hatte, und sie zum Gespött machen.

> Wenn ihr euch aber abwendet und Meine Satzungen und Gebote verlasst, die Ich euch vorgelegt habe, und hingeht und anderen Göttern dient und sie anbetet, dann werde Ich Israel aus Meinem Land ausreißen, das Ich ihnen gegeben habe, und

> dieses Haus, das Ich Meinem Namen geweiht habe, werde Ich von Meinem Angesicht verwerfen. Ich werde es zum Sprichwort und zum Spott unter allen Völkern machen. Dieses Haus wird zu einem Trümmerhaufen werden. Jeder, der daran vorbeigeht, wird sich entsetzen und sagen: „Warum hat der HERR diesem Land und diesem Haus so etwas angetan?" Man wird antworten: „Weil sie den HERRN, den Gott ihrer Väter, verlassen haben, der sie aus Ägypten herausgeführt hat, und sich an andere Götter gehängt haben, sie angebetet und ihnen gedient haben – darum hat Er all dieses Unheil über sie gebracht." (2. Chronik 7,19-22 Neue Internationale Version)

Genau das passiert jetzt mit denen von euch, die zurückgelassen wurden. Ihr habt euch von Gott abgewandt. Ihr betet Götzen an, euch selbst, Dämonen, Pflanzen, Tiere – was auch immer. Der Apostel Paulus nimmt kein Blatt vor den Mund, wenn er uns sagt, warum der Zorn Gottes während der Drangsalszeit auf der Menschheit lastet. Ich habe in diesen Versen 35 Anklagen gegen die böse Menschheit gezählt.

> Denn der Zorn Gottes wird vom Himmel her offenbart über alle Gottlosigkeit und Ungerechtigkeit der Menschen, welche die Wahrheit in Ungerechtigkeit niederhalten, weil das, was man von Gott wissen kann, unter ihnen offenbar ist; denn Gott hat es ihnen offenbart. Denn Sein unsichtbares Wesen, sowohl Seine ewige Macht als auch Seine Göttlichkeit, wird seit Erschaffung der Welt an Seinen Werken durch Nachdenken wahrgenommen, sodass sie keine Entschuldigung haben. Denn obwohl sie Gott kannten, haben sie Ihn nicht als Gott gepriesen und Ihm nicht gedankt, sondern sind in ihrem Denken in eitlen Wahn verfallen, und ihr unverständiges Herz wurde verfinstert. … Welche die Wahrheit Gottes mit der Lüge vertauschten und dem Geschöpf Verehrung und Dienst dargebracht haben statt dem Schöpfer, der gepriesen ist in Ewigkeit. … Erfüllt mit aller Ungerechtigkeit, sexueller Unmoral, Bosheit, Habsucht, Schlechtigkeit; voll von Neid, Mord, Streit, List, Tücke; Ohrenbläser, Verleumder, Gotteshasser, Freche, Hochmütige, Prahler, Erfinder böser Dinge, den Eltern Ungehorsame, Unverständige, Treulose, ohne natürliche Liebe, Unversöhnliche, Unbarmherzige; die, obwohl sie das gerechte Urteil Gottes kennen, dass die, welche so etwas tun, des Todes würdig sind, es nicht nur selbst tun, sondern auch Gefallen an denen haben, die es verüben. (Römer 1,18-21.25.29-32)

Gott sieht und weiß alles. Er hört die Schreie der Menschen, die unterdrückt und verfolgt werden. Als Kain seinen Bruder Abel ermordete, sagte Gott, dass die Stimme von Abels Blut vom Erdboden zu Ihm schreie.

> Kain sprach zu seinem Bruder Abel: „Lass uns aufs Feld gehen." Und es geschah, als sie auf dem Feld waren, da erhob sich Kain gegen seinen Bruder Abel und schlug

ihn tot. Jahwe sprach zu Kain: „Wo ist dein Bruder Abel?" Er antwortete: „Ich weiß es nicht. Bin ich meines Bruders Hüter?" Er aber sprach: „Was hast du getan? Die Stimme des Blutes deines Bruders schreit zu Mir vom Erdboden." (1. Mose 4,8-10)

Als Richter lässt Gott Gottlosigkeit nicht ungestraft. Sobald die Schreie laut genug sind, antwortet Er. Als die Ägypter die Israeliten versklavten, schrien sie zu Gott um Befreiung. Gott hörte sie und rettete sie. Du hast in einem vorherigen Unterkapitel gesehen, dass Gott Plagen über Ägypten und gegen den Pharao senden musste, bevor dieser das Volk ziehen ließ. Gott bestrafte die Bosheit des Pharaos gegenüber den Israeliten.

Die Ägypter misshandelten uns, bedrückten uns und legten uns harte Arbeit auf. Da schrien wir zu Jahwe, dem Gott unserer Väter. Jahwe hörte unsere Stimme und sah unser Elend, unsere Mühsal und unsere Bedrängnis. Jahwe führte uns aus Ägypten heraus mit mächtiger Hand, mit ausgestrecktem Arm, mit großem Schrecken, mit Zeichen und mit Wundern. (5. Mose 26,6-8)

Gott hat diese Drangsalszeit wegen der Gottlosigkeit auf der Erde verordnet. Er hat die Schreie der Menschen und der Erde selbst gehört und hat geantwortet. Hier sehen wir Menschen, die während der Drangsalszeit starben, weil sie an Jesus glaubten. Sie fragen Gott, wann Er ihren Tod rächen wird. In diesen Versen bezieht sich das „Lamm" auf Jesus.

Als Er das fünfte Siegel öffnete, sah ich unter dem Altar die Seelen derer, die hingeschlachtet worden waren um des Wortes Gottes willen und um des Zeugnisses des Lammes willen, das sie hatten. Sie schrien mit lauter Stimme und sprachen: „Wie lange noch, Herr, Du Heiliger und Wahrhaftiger, richtest und rächst Du unser Blut nicht an denen, die auf der Erde wohnen?" (Offenbarung 6,9-10)

Die Bibel sagt, dass die Rache Gott gehört.

„Die Rache ist Mein. Ich will vergelten", spricht der Herr. Und wiederum: „Der Herr wird Sein Volk richten." Es ist schrecklich, in die Hände des lebendigen Gottes zu fallen. (Hebräer 10,30-31)

In der Schriftstelle hier ist es Jesus, der antwortete, als Er nach dem Ende des Zeitalters gefragt wurde. Beachte, dass Er sagt, es seien Tage der Rache. Gottes göttliche Rache.

Sie fragten Ihn: „Lehrer, wann wird das denn sein? Und was ist das Zeichen, wann

> dies geschehen soll?" ... „Denn dies sind Tage der Rache, damit alles erfüllt
> werde, was geschrieben steht." (Lukas 21,7.22)

Dies ist einer der Gründe, warum die Entrückung stattgefunden hat: damit Gott die Gottlosen bestrafen und Sich Selbst und Seine Gläubigen rächen konnte. Wie wirst du in dieser schwierigen Zeit reagieren? Geh zurück zu den Versen aus dem Römerbrief oben und tu das, was diejenigen, die sich weigern, Buße zu tun, nicht tun werden. Erkenne Gottes Autorität an, preise Gott, danke Gott, nimm Gottes Wahrheit an, bete nur Gott an und diene Ihm, und lass dich mit Gerechtigkeit erfüllen, indem du dein Vertrauen in Jesus setzt.

9.7. Gott bereitet das Tausendjährige Reich Jesu vor

Gott nutzt die Entrückung und die Ereignisse, die in der Drangsalszeit stattfinden, auch zur Vorbereitung auf die Wiederkunft Jesu. Jesus kommt am Ende der siebenjährigen Drangsalszeit physisch auf die Erde zurück. Jesus sprach darüber während Seines Wirkens auf der Erde. Er sagt, dass unmittelbar nach dem Leiden – das ist die Drangsalszeit – Sein Zeichen am Himmel erscheinen wird. Dann werden alle, die an Ihn glauben, versammelt werden. „Als Er saß" bezieht sich auf Jesus, und Er ist derjenige, der die Frage der Jünger nach dem Ende des Zeitalters beantwortet.

> Als Er auf dem Ölberg saß, traten die Jünger allein zu Ihm und sagten: „Sag uns,
> wann wird dies sein? Und was ist das Zeichen Deiner Wiederkunft und des Endes
> des Zeitalters?" ... „Sofort aber nach der Bedrängnis jener Tage ... wird das
> Zeichen des Menschensohnes am Himmel erscheinen. Und dann werden alle
> Stämme der Erde wehklagen, und sie werden den Menschensohn kommen sehen
> auf den Wolken des Himmels mit Macht und großer Herrlichkeit. Und Er wird
> Seine Engel aussenden mit starkem Posaunenschall, und sie werden Seine
> Auserwählten versammeln von den vier Winden her, von dem einen Ende des
> Himmels bis zum anderen." (Matthäus 24,3.29-31)

Jesus kehrt zurück, um Sein Reich auf der Erde zu errichten. Er wird 1.000 Jahre oder ein Millennium lang auf der Erde regieren. Vor diesem Ereignis muss Gott diejenigen, die an Jesus glauben, von denen trennen, die es nicht tun. Siehst du, nur wer an Jesus glaubt, wird in das Reich Jesu aufgenommen. Es spielt keine Rolle, wann die Person gelebt hat. Solange sie ihr Vertrauen in Jesus gesetzt hat, ist sie dabei. Das schließt alle Gläubigen ein, die entrückt wurden, Gläubige, die nach der Entrückung sterben, und

Gläubige, die zum Zeitpunkt der Wiederkunft Jesu noch am Leben sind. Es schließt auch alle ein, die vor Jesu Tod für unsere Sünden als gerecht galten, die Gläubigen des Alten Testaments.

Diese Schriftstelle beschreibt, was bei der Wiederkunft Jesu geschieht. Die Heere „folgten Ihm", also Jesus. Aus Jesu Mund kommt ein scharfes, zweischneidiges Schwert, das ist Sein Wort. Jesus wird regieren. Wir erfahren, dass alle Gläubigen leben und einige sogar während Seines 1.000-jährigen Reiches mit Jesus regieren dürfen. Wenn du zurückgelassen wurdest, könnte dies deine Zukunft sein, wenn du dich entscheidest, an Jesus zu glauben.

> Die Heere im Himmel folgten Ihm auf weißen Pferden, bekleidet mit weißer, reiner, feiner Leinwand. Aus Seinem Mund geht ein scharfes, zweischneidiges Schwert hervor, damit Er damit die Nationen schlage. Er wird sie mit eisernem Stab weiden. … Und ich sah Throne, und sie setzten sich darauf, und das Gericht wurde ihnen übergeben. Und ich sah die Seelen derer, die enthauptet worden waren um des Zeugnisses Jesu und um des Wortes Gottes willen, und die das Tier nicht angebetet hatten, auch nicht sein Bild, und das Malzeichen nicht an ihre Stirn und an ihre Hand angenommen hatten. Und sie wurden lebendig und regierten mit Christus tausend Jahre lang. Die Übrigen der Toten wurden nicht lebendig, bis die tausend Jahre vollendet waren. Dies ist die erste Auferstehung. Glückselig und heilig ist, wer teilhat an der ersten Auferstehung. Über diese hat der zweite Tod keine Macht, sondern sie werden Priester Gottes und Christi sein und mit Ihm tausend Jahre regieren. (Offenbarung 19,14-15;20,4-6)

Wenn du zurückgelassen wurdest und dein Vertrauen nicht in Jesus setzt, dann willst du nicht in Ewigkeit mit Jesus leben. Gott lässt dich diese Wahl treffen und respektiert sie dann. Wenn du zum Zeitpunkt der Wiederkunft Jesu noch am Leben bist und immer noch nicht an Ihn glaubst und deine Errettung immer noch nicht in die nagelgezeichneten Hände Jesu gelegt hast, dann wirst du in den Feuersee geworfen werden. In dieser Schriftstelle sind der „Menschensohn" und der „König" Hinweise auf Jesus. Es ist eine Schriftstelle, die die Wiederkunft Jesu näher beschreibt. Die „Schafe" sind diejenigen, die an Jesus glauben, die „Böcke" sind diejenigen, die es nicht tun.

> Wenn aber der Menschensohn kommen wird in Seiner Herrlichkeit und alle heiligen Engel mit Ihm, dann wird Er auf dem Thron Seiner Herrlichkeit sitzen. Und alle Nationen werden vor Ihm versammelt werden, und Er wird sie voneinander scheiden, wie ein Hirte die Schafe von den Böcken scheidet. Und Er wird die Schafe zu Seiner Rechten stellen, die Böcke aber zur Linken. Dann wird

> der König zu denen zu Seiner Rechten sagen: „Kommt her, ihr Gesegneten
> Meines Vaters, ererbt das Reich, das euch bereitet ist seit Grundlegung der Welt.“
> … Dann wird Er auch zu denen zur Linken sagen: „Geht weg von Mir, ihr
> Verfluchten, in das ewige Feuer, das bereitet ist dem Teufel und seinen Engeln.“
> (Matthäus 25,31-34.41)

Ewiges Feuer – was für ein bedauerliches Ende, nachdem man eine so harte Zeit nach der Entrückung durchgestanden hat. Du kannst immer noch Teil des Tausendjährigen Reiches Jesu auf Erden sein. Entscheide dich dafür, dein Vertrauen in Jesus zu setzen, so wie es die Entrückten getan haben.

9.8. Gott bereitet die Gläubigen auf die tausendjährige Herrschaft mit Jesus vor

Ein weiterer Grund für die Entrückung war, dass Gott all Seine Gläubigen versammeln musste, um sie darauf vorzubereiten, mit Jesus zu regieren. Du weißt bereits, dass diese versammelten Gläubigen bei Gott und Jesus im Himmel sind. Jetzt werden sie darauf vorbereitet, während Seiner 1.000-jährigen Herrschaft auf der Erde mit Jesus zu regieren. Ja, du hast richtig gelesen. Die versammelten Menschen werden mit Jesus Herrscher auf der Erde sein.

> Glückselig und heilig ist, wer teilhat an der ersten Auferstehung. Über diese hat
> der zweite Tod keine Macht, sondern sie werden Priester Gottes und Christi sein
> und mit Ihm tausend Jahre regieren. (Offenbarung 20,6)

Erinnere dich daran, dass die Entrückung zwei Gruppen von Menschen versammelt hat: Gläubige, die zum Zeitpunkt der Entrückung am Leben waren, und Gläubige, die bereits gestorben waren.

> Denn der Herr Selbst wird mit einem Ruf, mit der Stimme des Erzengels und mit
> der Posaune Gottes vom Himmel herabkommen. Die Toten in Christus werden
> zuerst auferstehen, danach werden wir, die wir leben und übrig bleiben,
> zusammen mit ihnen in Wolken entrückt werden, dem Herrn entgegen in die Luft.
> So werden wir für immer beim Herrn sein. (1. Thessalonicher 4,16-17)

Als die versammelten Gläubigen in den Himmel aufgenommen wurden, wurden sie heilig. Sie wurden mitgenommen, weil sie als gerecht galten, nicht weil sie sich immer richtig verhalten hatten. Jesus ist der Einzige, der perfekt ist. Wenn ein Mensch sein Vertrauen in Jesus setzt, wird er sofort als gerecht erklärt. Mit der Zeit wird Gottes Heiliger Geist diesem Menschen dann helfen, immer reiner zu werden. Es ist ein Prozess, der Heiligung genannt wird. Vollkommenheit erreichen Gläubige jedoch erst, wenn sie in den Himmel kommen.

> Strebt nach Frieden mit jedermann und nach einem heiligen Leben, denn wer nicht heilig ist, wird den Herrn nicht sehen. (Hebräer 12,14 Neue Lebende Übersetzung)

> Der HERR wird das vollenden, was mich betrifft. (Psalm 138,8 Neue König Jakobus Version)

> Er Selbst aber, der Gott des Friedens, heilige euch völlig. Möge euer ganzer Geist, eure Seele und euer Leib unversehrt bewahrt werden bei der Wiederkunft unseres Herrn Jesus Christus. Treu ist Er, der euch ruft; Er wird es auch tun. (1. Thessalonicher 5,23-24)

Nun, da diese Gläubigen dieses vollkommene Verhalten erlangt haben und nicht mehr sündigen, sind sie darauf vorbereitet, gerecht mit Jesus zu regieren. Dies ist einer der Gründe, warum Jesus Sein Reich nicht schon bei Seinem ersten Kommen auf die Erde errichten konnte. Er musste zuerst für unsere Sünden sterben. Dann musste Er geduldig im Himmel darauf warten, dass die Menschen ihr Vertrauen in Ihn setzen. Erinnere dich daran, dass Gott möchte, dass jeder gerettet wird. Dann, zum richtigen Zeitpunkt, versammelte Er all jene Gläubigen zu Sich, gab ihnen verherrlichte unsterbliche Körper und nahm ihnen die Fähigkeit zu sündigen. Das Tausendjährige Reich wird von Jesus und vollkommen gerechten Menschen regiert werden. Wie anders und wunderbar wird es sein, ganz anders als alles, was wir je gekannt haben.

Die Bibel sagt uns auch, dass die Menschen, die entrückt wurden, im Himmel Kronen für ihren Dienst auf der Erde erhalten. Es werden nur einige Arten von Kronen erwähnt, aber es könnte beliebig viele davon geben. Sehen wir uns an, was für Kronen die entrückten Menschen bekommen.

Es gibt eine Krone für Gläubige, die Selbstbeherrschung gezeigt haben, die unvergängliche Krone genannt wird.

> Jeder aber, der an einem Wettlauf teilnimmt, ist enthaltsam in allen Dingen. Jene nun tun es, um eine vergängliche Krone zu empfangen, wir aber eine unvergängliche. (1. Korinther 9,25)

Es gibt eine Krone des Ruhms für Gläubige, die Seelen für Jesus gewonnen haben.

> Denn was ist unsere Hoffnung oder Freude oder Krone des Ruhms? Seid nicht auch ihr es vor unserem Herrn Jesus bei Seiner Wiederkunft? (1. Thessalonicher 2,19)

Für Gläubige, die andere Gläubige leiten, wie Älteste und Pastoren, und ihre Aufgabe gut erfüllt haben, gibt es die Krone der Herrlichkeit.

> Die Ältesten unter euch nun ermahne ich, der ich Mitältester und Zeuge der Leiden Christi bin, der ich auch teilhabe an der Herrlichkeit, die geoffenbart werden soll: Hütet die Herde Gottes, die bei euch ist, indem ihr die Aufsicht führt, nicht aus Zwang, sondern freiwillig; nicht um schändlichen Gewinns willen, sondern bereitwillig; nicht als solche, die über die ihnen anvertrauten Anteile herrschen, sondern indem ihr Vorbilder der Herde werdet. Und wenn der Oberhirte geoffenbart wird, so werdet ihr die Krone der Herrlichkeit empfangen, die nicht verwelkt. (1. Petrus 5,1-4)

Einige der Gläubigen, die entrückt wurden, hatten sich auf diesen Tag gefreut. Sie erhalten die Krone der Gerechtigkeit.

> Fortan liegt für mich die Krone der Gerechtigkeit bereit, die mir der Herr, der gerechte Richter, an jenem Tag geben wird; nicht aber mir allein, sondern auch allen, die Seine Erscheinung lieb gewonnen haben. (2. Timotheus 4,8)

Wenn du zurückgelassen wurdest und dazu kommst, deine Errettung in die Hände Jesu zu legen, könntest auch du eine Krone erhalten und mit Jesus während des Millenniums regieren. Dies ist sicherlich eine besondere Krone und eine, die sehr schwer zu erlangen ist. Siehst du, du wirst für deinen unerschütterlichen Glauben an Jesus während der Drangsalszeit als Märtyrer sterben müssen. Du darfst den Antichristen, das „Tier", nicht anbeten und du darfst sein Malzeichen nicht annehmen. Wenn du Jesus bis zum Tod treu bist, wirst du die Krone des Lebens erhalten. Und auch du wirst mit Jesus während Seines Tausendjährigen Reiches auf der Erde regieren.

> Und ich sah Throne, und sie setzten sich darauf, und das Gericht wurde ihnen übergeben. Und ich sah die Seelen derer, die enthauptet worden waren um des Zeugnisses Jesu und um des Wortes Gottes willen, und die das Tier nicht angebetet hatten, auch nicht sein Bild, und das Malzeichen nicht an ihre Stirn und an ihre Hand angenommen hatten. Und sie wurden lebendig und regierten mit

Christus tausend Jahre lang. (Offenbarung 20,4)

Fürchte dich nicht vor dem, was du leiden wirst. Siehe, der Teufel wird einige von euch ins Gefängnis werfen, damit ihr geprüft werdet; und ihr werdet Drangsal haben zehn Tage lang. Sei treu bis in den Tod, so werde Ich dir die Krone des Lebens geben. (Offenbarung 2,10)

Nach diesem sah ich, und siehe, eine große Schar, die niemand zählen konnte, aus jeder Nation und aus allen Stämmen, Völkern und Sprachen, die vor dem Thron und vor dem Lamm standen, bekleidet mit weißen Gewändern, mit Palmzweigen in ihren Händen. … Einer der Ältesten antwortete und sagte zu mir: „Diese, die mit den weißen Gewändern bekleidet sind, wer sind sie, und woher sind sie gekommen?" Ich sagte zu ihm: „Mein Herr, du weißt es." Er sagte zu mir: „Dies sind die, die aus der großen Drangsal gekommen sind. Sie haben ihre Gewänder gewaschen und sie weiß gemacht im Blut des Lammes." (Offenbarung 7,9.13-14)

Du wirst dich in ehrenwerter Gesellschaft befinden. Viele von Jesu Jüngern starben für ihren Glauben. In den folgenden Versen kannst du sehen, dass Jakobus durch das „Schwert" getötet wurde. Jesus sagte Petrus voraus, dass er durch Kreuzigung sterben würde, was durch „deine Hände ausstrecken" beschrieben wird. Stephanus wurde zu Tode „gesteinigt". Sie alle waren Jünger Jesu, die für ihren Glauben starben.

Um jene Zeit aber legte der König Herodes die Hände an einige von der Gemeinde, um sie zu misshandeln. Er tötete aber Jakobus, den Bruder des Johannes, mit dem Schwert. (Apostelgeschichte 12,1-2)

Wahrlich, wahrlich, Ich sage dir: Als du jünger warst, gürtetest du dich selbst und wandeltest, wohin du wolltest; wenn du aber alt geworden bist, wirst du deine Hände ausstrecken, und ein anderer wird dich gürten und dich führen, wohin du nicht willst. (Johannes 21,18)

„Ihr Halsstarrigen und Unbeschnittenen an Herz und Ohren! Ihr widerstrebt allezeit dem Heiligen Geist; wie eure Väter, so auch ihr. Welchen der Propheten haben eure Väter nicht verfolgt? Und sie haben die getötet, welche die Ankunft des Gerechten zuvor verkündeten, dessen Verräter und Mörder ihr nun geworden seid; ihr, die ihr das Gesetz durch Anordnung von Engeln empfangen und es nicht gehalten habt!" Als sie aber dies hörten, wurden sie in ihren Herzen tief getroffen und knirschten mit den Zähnen gegen ihn. … Und sie steinigten Stephanus. (Apostelgeschichte 7,51-54.59)

Am wichtigsten von allem: Jesus starb wegen Seines unerschütterlichen

Glaubens an Gottes Fähigkeit, dich durch Seinen Tod zu retten. Jesus wurde zum Märtyrer, um deine Seele zu retten. Es war nicht leicht für Ihn. Er wusste, dass Er gekreuzigt werden würde; es war der Grund, warum Er auf die Erde gekommen war. Er wusste, was Er würde ertragen müssen. Jesus ist derjenige, der in diesen Versen spricht.

> Jetzt ist Meine Seele erschüttert. Und was soll Ich sagen? „Vater, rette Mich aus dieser Stunde?" Aber darum bin Ich in diese Stunde gekommen. (Johannes 12,27)

> Dann kam Jesus mit ihnen an einen Ort, der Gethsemane heißt.... ... Dann sprach Er zu ihnen: „Meine Seele ist sehr betrübt, bis zum Tod. Bleibt hier und wacht mit Mir." Und Er ging ein wenig weiter, fiel auf Sein Angesicht und betete und sprach: „Mein Vater, wenn es möglich ist, so gehe dieser Kelch an Mir vorüber; doch nicht, wie Ich will, sondern wie Du willst." (Matthäus 26,36.38-39)

Jesus hatte einen vollkommen menschlichen Körper. Er empfand Schmerz genau wie wir.

> Denn es ist besser, wenn es der Wille Gottes ist, für Gutestun zu leiden als für Bösetun. Denn auch Christus hat einmal für Sünden gelitten, der Gerechte für die Ungerechten, damit Er euch zu Gott führe; Er wurde zwar getötet nach dem Fleisch, aber lebendig gemacht nach dem Geist. (1. Petrus 3,17-18)

Jesus hat überwunden, und Seine als Märtyrer gestorbenen Jünger haben überwunden, weil sie den Heiligen Geist in sich trugen. Wenn du dein Vertrauen in Jesus setzt, kannst auch du überwinden.

Nun, da du Gottes Absichten für die Entrückung verstehst, hoffe ich, dass du Ihn dadurch kennenlernst und Ihm vertraust. Entscheide dich zu glauben, dass Jesus dich liebt und für dich gestorben ist. Nimm Sein Geschenk der Errettung an.

Kapitel 10 – Fragen und Antworten zur Entrückung

Ich weiß, dass du sicher noch viele Fragen dazu hast, was passiert ist und warum. Hier sind Antworten auf einige Fragen, von denen ich dachte, dass du sie mir stellen würdest, wenn du könntest.

10.1. Warum wurde ich zurückgelassen?

10.1.1. Ich bin ein guter Mensch?

Nein, du bist kein guter Mensch. Die Menschen, die entrückt wurden, wurden auch nicht mitgenommen, weil sie gute Menschen waren. Erinnere dich daran, dass die Bibel uns sagt, dass niemand ein guter Mensch ist.

> Da ist keiner, der Gutes tut, nein, auch nicht einer. (Römer 3,12)

> Denn alle haben gesündigt und erreichen nicht die Herrlichkeit Gottes. (Römer 3,23)

Du musst erkennen, dass Gott, nicht der Mensch, der Richter darüber ist, was gut ist. Wenn Menschen dies bestimmen würden, hätte jeder von uns einen anderen Standard. Wo stünden wir dann? Wessen Standard würde verwendet werden? Das funktioniert einfach nicht. Wir sind keine kleinen Götter. Stattdessen ist Gott der Maßstab. Gott sagt, dass du perfekt sein musst, um in Seiner Gegenwart zu sein und im Himmel zu leben. Wir sind nicht perfekt, und Gott weiß das. Deshalb hat Er Jesus, Seinen Sohn, gesandt. Die Strafe für die Sünde ist der Tod. Gott legte die Sünden aller auf Jesus und kreuzigte Ihn für unsere Sünden. Jesus starb, um alle zu retten. Gott hat Jesus auferweckt, um zu zeigen, dass der Tod besiegt wurde. Gott tat dies, um dir zu zeigen, wie sehr Er dich liebt. Du musst nur mit Gott versöhnt werden, indem du dich entscheidest zu glauben.

> Darum, wenn jemand in Christus ist, so ist er eine neue Schöpfung. Das Alte ist vergangen. Siehe, alles ist neu geworden. Alles aber ist von Gott, der uns durch Jesus Christus mit Sich Selbst versöhnt hat und uns den Dienst der Versöhnung gegeben hat; nämlich dass Gott in Christus war und die Welt mit Sich Selbst versöhnte, indem Er ihnen ihre Übertretungen nicht anrechnete und in uns das Wort der Versöhnung niedergelegt hat. Wir sind nun Botschafter an Christi statt, als ob Gott durch uns ermahnte: Wir bitten an Christi statt: Lasst euch versöhnen mit Gott. Denn Er hat den, der von keiner Sünde wusste, für uns zur Sünde gemacht, damit wir in

Ihm zur Gerechtigkeit Gottes würden. (2. Korinther 5,17-21)

Gott hat die Menschen nicht wegen irgendetwas entrückt, das sie getan hatten; es ging darum, was sie glaubten, dass Gott für sie getan hat.

10.1.2. Ich glaube an Gott?

An Gott zu glauben ist nur ein Teil dessen, was erforderlich ist. Siehst du, sogar die Dämonen glauben das.

> Du sagst, du hast Glauben, denn du glaubst, dass es nur einen Gott gibt. Gut für dich! Sogar die Dämonen glauben dies und sie zittern vor Angst. (Jakobus 2,19 Neue Lebende Übersetzung)

Du musst auch erkennen, dass du ein Sünder bist und daher nicht in der Lage bist, mit Gott im Himmel zu leben, bis du dein Sündenproblem gelöst hast.

> Sondern eure Ungerechtigkeiten haben eine Scheidung gemacht zwischen euch und eurem Gott, und eure Sünden haben Sein Angesicht vor euch verborgen. (Jesaja 59,2)

Du musst glauben, dass Gott Seinen Sohn Jesus gesandt hat, um für deine Sünden zu sterben. Das ist der einzige Weg zum Himmel; durch Jesus.

> „Euer Herz erschrecke nicht. Glaubt an Gott. Glaubt auch an Mich." … Jesus sagte zu ihm: „Ich bin der Weg, die Wahrheit und das Leben. Niemand kommt zum Vater als nur durch Mich." (Johannes 14,1.6)

10.1.3. Ich bin in einem christlichen Elternhaus aufgewachsen?

Ein Gläubiger zu sein erfordert, dass du eine persönliche Entscheidung über Jesus triffst. Eine andere Person kann diese Entscheidung nicht für dich treffen. Das Beste, was eine andere Person tun kann, um dir zu helfen, ein Gläubiger zu werden, ist, für dich zu beten. Indem sie für dich beten, bitten sie Gott, dir zu helfen, Ihn und das, was Jesus für dich getan hat, kennenzulernen. Du bist Gott gegenüber für deine eigene Sünde rechenschaftspflichtig. Niemand sonst ist es.

> Jahwe gebot und sprach: „Die Väter sollen nicht um der Kinder willen getötet werden, und die Kinder sollen nicht um der Väter willen getötet werden; sondern jeder soll für seine eigene Sünde sterben." (2. Könige 14,6)

> Denn es steht geschrieben: „‚So wahr Ich lebe', spricht der Herr, ‚vor Mir wird sich jedes Knie beugen. Jede Zunge wird Gott bekennen.'" So wird nun jeder von uns für sich selbst Gott Rechenschaft geben. (Römer 14,11-12)

In dieser Schriftstelle lernen wir, dass unser Herz vor Gott recht sein muss und dass diese Veränderung durch Gottes Geist bewirkt wird. Das ist der Heilige Geist, den Gläubige empfangen, wenn sie ihren Glauben in Jesus setzen.

> Denn du bist kein wahrer Jude, nur weil du von jüdischen Eltern geboren wurdest oder weil du die Zeremonie der Beschneidung durchlaufen hast. Nein, ein wahrer Jude ist einer, dessen Herz vor Gott recht ist. Und die wahre Beschneidung ist nicht bloß das Befolgen des Buchstabens des Gesetzes; vielmehr ist sie eine Veränderung des Herzens, die durch Gottes Geist bewirkt wird. Und ein Mensch mit einem veränderten Herzen sucht Lob von Gott, nicht von Menschen. (Römer 2,28-29 Neue Lebende Übersetzung)

Jesus nähert Sich jedem Menschen und klopft an die Tür seines Herzens. Jeder Mensch muss sich entscheiden, die Tür zu öffnen und Ihn einzuladen.

> Siehe, Ich stehe an der Tür und klopfe an. Wenn jemand Meine Stimme hört und die Tür öffnet, so Ich werde zu ihm hineingehen und das Mahl mit ihm essen und er mit Mir. Wer überwindet, dem werde Ich geben, mit Mir auf Meinem Thron zu sitzen, wie auch Ich überwunden habe und Mich mit Meinem Vater auf Seinen Thron gesetzt habe. (Offenbarung 3,20-21)

Betrachten wir Judas. Er war einer der ursprünglichen zwölf Jünger Jesu. Er lebte und reiste mit Jesus, hörte all Seine Lehren und sah all die Wunder. Er saß in der ersten Reihe. Judas war nicht gerettet, weil er nicht glaubte. Er war von Jesus umgeben, setzte aber nie seinen Glauben in Ihn. Er hatte nicht jene persönliche Beziehung zu Jesus, die für die Errettung notwendig ist. Weil Judas nicht glaubte, konnte Satan von ihm Besitz ergreifen und ihn dazu bringen, Jesus zu verraten. In der zweiten untenstehenden Schriftstelle ist Jesus derjenige, der mit Seinen Jüngern zu Tisch liegt.

> Satan aber fuhr in Judas, genannt Iskariot, der aus der Zahl der Zwölf war. Und er ging hin und besprach sich mit den Hohenpriestern und Hauptleuten, wie er Ihn an sie ausliefern könnte. (Lukas 22,3-4)

> Als es aber Abend geworden war, lag Er mit den zwölf Jüngern zu Tisch. Und während sie aßen, sprach Er: „Wahrlich, Ich sage euch: Einer von euch wird Mich verraten. … Der Menschensohn geht zwar dahin, wie von Ihm geschrieben steht; wehe aber jenem Menschen, durch den der Menschensohn verraten wird! Es wäre für jenen Menschen besser, wenn er nicht geboren wäre." Judas aber, der Ihn verriet, antwortete und sprach: „Ich bin es doch nicht, Rabbi?" Er sagte zu ihm: „Du hast es gesagt." (Matthäus 26,20-21.24-25)

Jesus sagte Seinen Jüngern, dass es für Seinen Verräter besser wäre, wenn er nie geboren worden wäre. Das liegt daran, dass Judas zwar mit Jesus „aufgewachsen" ist, aber nicht an Jesus glaubte. Sein ewiger Aufenthaltsort ist also der Feuersee.

10.1.4. Ich wurde getauft?

Getauft zu sein wird dich nicht retten. Das würde bedeuten, dass du etwas getan hast, um in den Himmel zu kommen. Du kannst dir deinen Weg in den Himmel nicht verdienen. Durch den Glauben kommst du hinein, nicht durch deine Werke. Es geht darum, was Gott für dich getan hat. Wie die zweite Schriftstelle hier sagt, sind wir durch den Glauben gerechtfertigt.

> Denn aus Gnade seid ihr gerettet durch Glauben, und das nicht aus euch: Gottes Gabe ist es, nicht aus Werken, damit niemand sich rühme. (Epheser 2,8-9)

> Was wollen wir denn sagen, dass Abraham, unser Vorvater, nach dem Fleisch gefunden hat? Denn wenn Abraham aus Werken gerechtfertigt worden ist, so hat er Grund zum Rühmen, aber nicht vor Gott. Denn was sagt die Schrift? „Abraham glaubte Gott, und es wurde ihm zur Gerechtigkeit gerechnet." … Nun wurde es nicht allein um seinetwillen geschrieben, dass es ihm zugerechnet wurde, sondern auch um unsertwillen, denen es zugerechnet werden soll, die wir an Den glauben, der Jesus, unseren Herrn, aus den Toten auferweckt hat. … Da wir nun aus Glauben gerechtfertigt sind, haben wir Frieden mit Gott durch unseren Herrn Jesus Christus. (Römer 4,1-3.23-24;5,1)

Wenn du dich auf etwas anderes als den Glauben verlässt, um dich zu retten, wie zum Beispiel deine Taufe oder deine Beschneidung, dann bist du nicht gerettet.

> Hört zu! Ich, Paulus, sage euch dies: Wenn ihr auf die Beschneidung zählt, um euch vor Gott recht zu machen, dann wird Christus euch nichts nützen. … Denn wenn ihr versucht, euch selbst vor Gott recht zu machen, indem ihr das Gesetz

haltet, seid ihr von Christus getrennt! Ihr seid aus Gottes Gnade gefallen. Wir aber, die wir durch den Geist leben, warten sehnsüchtig darauf, durch den Glauben die Gerechtigkeit zu empfangen, die Gott uns versprochen hat. Denn wenn wir unseren Glauben in Christus Jesus setzen, hat es keinen Nutzen, beschnitten oder unbeschnitten zu sein. Was wichtig ist, ist der Glaube, der sich in Liebe ausdrückt. (Galater 5,2.4-6 Neue Lebende Übersetzung)

Die Bibel sagt zwar, dass du dich taufen lassen solltest, aber nicht, um deine Seele zu retten. Gläubige sollen sich taufen lassen, um ihren Glauben zu demonstrieren und die Entscheidung zu zeigen, die sie getroffen haben, an Jesus zu glauben. Genauso wie du eine Hochzeitszeremonie hast, um die Beziehung zu deinem Ehepartner zu feiern und zu demonstrieren, feiert und zeigt die Taufe die Beziehung, die du zu Jesus hast. Petrus, einer der Jünger Jesu, sagt uns, dass die Taufe eine Antwort an Gott aus einem reinen Gewissen ist. Ein reines Gewissen bekommst du erst, wenn du deinen Glauben in Jesus setzt.

Und jenes Wasser ist ein Bild der Taufe, die euch jetzt rettet, nicht indem sie den Schmutz von eurem Körper entfernt, sondern als eine Antwort an Gott aus einem reinen Gewissen. Sie ist wirksam durch die Auferstehung Jesu Christi. (1. Petrus 3,21 Neue Lebende Übersetzung)

Ein gutes Beispiel aus der Bibel ist der Dieb, der am Kreuz neben Jesus war. Jesus sagte ihm, dass er noch am selben Tag mit Ihm im Paradies sein würde, obwohl er nie getauft wurde und starb, nachdem Jesus gestorben war. Er wurde aufgrund seines Glaubens gerettet. Diese Schriftstelle ist ein Bericht über die Kreuzigung Jesu mit zwei Verbrechern.

Es wurden aber auch zwei andere, Übeltäter, weggeführt, um mit Ihm hingerichtet zu werden. Und als sie an den Ort kamen, der „Schädelstätte" genannt wird, kreuzigten sie dort Ihn und die Übeltäter, den einen zur Rechten, den anderen zur Linken. … Einer der gehenkten Übeltäter aber lästerte Ihn und sprach: „Wenn Du der Christus bist, so rette Dich Selbst und uns!" Aber der andere antwortete, wies ihn zurecht und sprach: „Fürchtest du nicht einmal Gott, da du doch in demselben Gericht bist? Und wir zwar gerechterweise, denn wir empfangen, was unsere Taten wert sind; dieser aber hat nichts Unrechtes getan." Und er sprach zu Jesus: „Herr, gedenke meiner, wenn Du in Dein Reich kommst." Und Jesus sprach zu ihm: „Wahrlich, Ich sage dir: Heute wirst du mit Mir im Paradies sein." (Lukas 23,32-33.39-43)

Ein weiterer Punkt aus der Bibel ist, dass Jesus niemanden getauft hat. Wenn das etwas wäre, das erforderlich ist, um in den Himmel zu kommen, glaubst du nicht, dass Jesus überall hingegangen wäre und jeden getauft hätte? Der Apostel Paulus erklärt uns das, weil auch er nicht umherging, um Menschen zu taufen. Es liegt daran, dass beide gesandt wurden, um das Evangelium zu predigen, weil das es ist, was Menschen rettet.

> Denn Christus hat mich nicht gesandt zu taufen, sondern das Evangelium zu verkündigen – nicht in Redeweisheit, damit nicht das Kreuz Christi zunichtegemacht werde. (1. Korinther 1,17)

In den Himmel zu kommen, als Gläubiger zu gelten, in Ewigkeit mit Gott zu leben und gerettet zu sein, geht nur um eine einzige Sache: deinen Glauben, dass Jesus für deine Sünden gestorben ist.

10.1.5. Ich bin zur Kirche gegangen?

Gerettet zu sein hängt nicht davon ab, was du getan hast oder wie die Bibel es nennt, von deinen Werken. Du kannst dir deinen Weg in den Himmel nicht verdienen.

> Denn aus Gnade seid ihr gerettet durch Glauben, und das nicht aus euch: Gottes Gabe ist es, nicht aus Werken, damit niemand sich rühme. (Epheser 2,8-9)

Der Weg in den Himmel ist der Glaube, dass Jesus der Weg ist.

> Jesus sagte zu ihm: „Ich bin der Weg, die Wahrheit und das Leben. Niemand kommt zum Vater als nur durch Mich." (Johannes 14,6)

Wenn du die Kirche besucht und etwas über Gott, Jesus und vielleicht sogar die Entrückung gelernt hast, bedeutet das nicht, dass du deinen Glauben in Jesus gesetzt hast. Um gerettet zu sein, musst du eine Beziehung zu Jesus haben. Diese Schriftstelle spricht von Jesus, wenn sie sagt „in Ihm".

> In Ihm seid auch ihr, als ihr das Wort der Wahrheit, das Evangelium eurer Errettung, gehört habt – in Ihm habt ihr auch, als ihr glaubtet, das Siegel des verheißenen Heiligen Geistes empfangen. (Epheser 1,13)

Sobald du an Jesus glaubst, wirst du mit Seinem Heiligen Geist versiegelt, und du und Jesus werdet eins. Genau wie diese Schriftstelle es beschreibt. In dieser Schriftstelle ist Jesus derjenige, der betet.

[Ich bete,] dass sie alle eins seien, wie Du, Vater, in Mir bist und Ich in Dir, dass auch sie in uns eins seien, damit die Welt glaube, dass Du Mich gesandt hast. Und die Herrlichkeit, die Du Mir gegeben hast, habe Ich ihnen gegeben, damit sie eins seien, wie wir eins sind; Ich in ihnen und Du in Mir, damit sie zur Einheit vollendet seien, damit die Welt erkenne, dass Du Mich gesandt hast und sie geliebt hast, wie Du Mich geliebt hast. (Johannes 17,21-23)

Der Akt des Kirchenbesuchs wird dich nicht retten. Es ist das, was du in der Kirche hörst und liest und was du über Jesus zu glauben beginnst, das dich retten wird. Du musst deinen Glauben in Jesus setzen, um gerettet zu werden.

10.1.6. Ich habe die Bibel gelesen?

Sich gut mit der Bibel, Gott, Jesus usw. auszukennen, wird dich nicht retten. Du musst von neuem geboren werden. Dafür gibt es ein großartiges Beispiel in der Bibel. Sein Name war Nikodemus. Er war ein Pharisäer, ein Mann, der hochgebildet und in den jüdischen Schriften bewandert war. Wahrscheinlich war er selbst ein Lehrer der Schriften. Er fragte Jesus, was nötig sei, um gerettet zu werden. Hier ist, was Jesus zu ihm sagte.

Jesus antwortete ihm: „Wahrlich, wahrlich, Ich sage dir: Wenn jemand nicht von neuem geboren wird, so kann er das Reich Gottes nicht sehen.“ Nikodemus sagte zu Ihm: „Wie kann ein Mensch geboren werden, wenn er alt ist? Kann er etwa zum zweiten Mal in den Schoß seiner Mutter eingehen und geboren werden?“ Jesus antwortete: „Wahrlich, wahrlich, Ich sage dir: Wenn jemand nicht aus Wasser und Geist geboren wird, so kann er nicht in das Reich Gottes eingehen. Was aus dem Fleisch geboren ist, das ist Fleisch; und was aus dem Geist geboren ist, das ist Geist.“ (Johannes 3,3-6)

Jesus hat ihm nicht gesagt, er solle die Schriften lesen und alles auswendig lernen. Nein, Jesus sagte ihm, er müsse von neuem aus dem Geist geboren werden. Das ist ein Hinweis auf Gottes Heiligen Geist. Und du erhältst den Heiligen Geist, sobald du deinen Glauben in Jesus gesetzt hast.

10.1.7. Ich habe in der Kirche ehrenamtlich geholfen?

Ehrenamtliche Arbeit in der Kirche oder andere gute Werke im Namen Gottes oder Jesu zu tun, macht dich nicht zu einem Gläubigen und wird deine Seele nicht retten. In dieser Schriftstelle ist Jesus derjenige, der spricht, und Er spricht genau dieses Problem an: Menschen, die gute Werke in Jesu Namen getan haben, aber nicht in den Himmel kommen können. Jesus sagte, Er habe sie nie gekannt. Natürlich wusste Er, wer sie waren, aber Er meinte damit, dass Er keine Beziehung zu ihnen hatte.

> Nicht jeder, der zu Mir sagt: „Herr, Herr!", wird in das Reich der Himmel eingehen, sondern wer den Willen Meines Vaters tut, der in den Himmeln ist. Viele werden an jenem Tag zu Mir sagen: „Herr, Herr! Haben wir nicht in Deinem Namen prophezeit und in Deinem Namen Dämonen ausgetrieben und in Deinem Namen viele Machttaten getan?" Und dann werde Ich ihnen bezeugen: „Ich habe euch nie gekannt. Weicht von Mir, ihr Übeltäter!" (Matthäus 7,21-23)

Denke daran, dass gerettet zu sein von Gottes Gnade und Seiner Liebe zu dir abhängt. Es geht nicht um deine Leistungen oder darum, wie hart du für Ihn arbeitest. Es kommt darauf an, zu glauben und eine Beziehung zu Jesus zu haben. Das ist das einzige Werk, das Gott von dir verlangt: dass du an Jesus glaubst.

> Jesus sagte zu ihnen: „Dies ist das einzige Werk, das Gott von euch will: Glaubt an den, den Er gesandt hat." (Johannes 6,29 Neue Lebende Übersetzung)

Dann wirst du als gerecht gelten, weil du glaubst.

> Dem aber, der Werke verrichtet, wird der Lohn nicht nach Gnade zugerechnet, sondern nach Schuldigkeit. Dem aber, der keine Werke verrichtet, sondern an Den glaubt, der den Gottlosen rechtfertigt, wird sein Glaube zur Gerechtigkeit gerechnet. (Römer 4,4-5)

10.1.8. Ich habe Geld für Gottes Werk gegeben?

Geld an eine Kirche oder an andere Organisationen zu geben, die Gottes Werk tun, wird dich nicht in den Himmel bringen. Du kannst dir den Weg in Gottes Gegenwart nicht kaufen oder verdienen. In diesen zwei Schriftstellen spricht Jesus zu den Pharisäern. Sie gaben zwar auch Geld, aber sie missachteten das, was am wichtigsten war: den Glauben.

> Wehe euch, Schriftgelehrte und Pharisäer, Heuchler! Denn ihr verzehntet die Minze und den Dill und den Kümmel und habt die gewichtigeren Dinge des Gesetzes beiseitegelassen: das Gericht, die Barmherzigkeit und den Glauben. Diese aber hätte man tun und jene nicht lassen sollen. (Matthäus 23,23)

Welches Unheil erwartet euch Pharisäer! Denn ihr achtet sorgfältig darauf, selbst das kleinste Einkommen aus euren Kräutergärten zu verzehnten, aber ihr ignoriert das Gericht und die Liebe Gottes. Ihr solltet verzehnten, ja, aber vernachlässigt nicht die wichtigeren Dinge. (Lukas 11,42 Neue Lebende Übersetzung)

Nur weil du für Gottes Werk gibst, bedeutet das nicht, dass du Jesus kennst und glaubst, dass Er für deine Sünden gestorben ist. Jesus ist auch derjenige, der in dieser Schriftstelle spricht, und Er sagt, dass viele Menschen, die gute Werke in Seinem Namen getan haben, nicht in den Himmel kommen werden. Das liegt daran, dass Er sie nie gekannt hat. Jesu Heiliger Geist hat nie in ihnen gewohnt, weil sie nie ihren Glauben in Jesus gesetzt haben.

Nicht jeder, der zu Mir sagt: „Herr, Herr!", wird in das Reich der Himmel eingehen, sondern wer den Willen Meines Vaters tut, der in den Himmeln ist. Viele werden an jenem Tag zu Mir sagen: „Herr, Herr! Haben wir nicht in Deinem Namen prophezeit und in Deinem Namen Dämonen ausgetrieben und in Deinem Namen viele Machttaten getan?" Und dann werde Ich ihnen bezeugen: „Ich habe euch nie gekannt. Weicht von Mir, ihr Übeltäter!" (Matthäus 7,21-23)

Du musst dich entscheiden, ob du Gott oder dem Geld dienen willst. Ich weiß, dass es gerade heute so aussieht, als ob Geld all deine Probleme lösen könnte. Ich stimme zu, dass es sicherlich eine Menge deiner irdischen Probleme lösen kann. Das Problem bei diesem Ansatz ist, dass dein Leben in deinem jetzigen Körper auf der Erde im Vergleich zur Ewigkeit nur ein Hauch ist. Geld zu haben kann es dir schwermachen zu erkennen, dass du Gott in deinem Leben brauchst. Eines Tages kam ein reicher junger Mann zu Jesus und fragte, was er tun müsse, um das ewige Leben zu erlangen. Hier ist, was Jesus ihm sagte.

Und siehe, einer trat herzu und sprach zu Ihm: „Guter Lehrer, was soll ich Gutes tun, damit ich das ewige Leben habe?" ... Jesus sprach zu ihm: „Wenn du vollkommen sein willst, so geh hin, verkaufe, was du hast, und gib es den Armen, so wirst du einen Schatz im Himmel haben; und komm, folge Mir nach!" Als aber der junge Mann das Wort hörte, ging er betrübt davon; denn er hatte viele Güter. Jesus aber sprach zu Seinen Jüngern: „Wahrlich, Ich sage euch: Ein Reicher wird schwerlich in das Reich der Himmel eingehen." (Matthäus 19,16.21-23)

Jesus sagte ihm, er solle all sein Zeug verkaufen, es den Armen geben und dann kommen und Ihm nachfolgen. Jesus wollte sehen, wen oder was er am meisten liebte. Da der reiche Mann betrübt wegging, scheint es, dass er seine Sachen mehr liebte als Jesus. Das liegt daran, dass es unmöglich ist, sowohl Gott als auch dem Geld zu dienen. Es ist entweder das eine oder das andere. In dieser Schriftstelle bedeutet „Mammon" Geld oder Reichtum.

> Niemand kann zwei Herren dienen; denn entweder wird er den einen hassen und den anderen lieben, oder er wird dem einen anhängen und den anderen verachten. Ihr könnt nicht Gott dienen und dem Mammon. (Matthäus 6,24)

Ergib dich Gott, und Er wird für dich sorgen. Denke daran, dass das Einzige, was Gott von dir verlangt, um gerettet zu werden, ist, dass du an Jesus glaubst.

> Jesus sagte zu ihnen: „Dies ist das einzige Werk, das Gott von euch will: Glaubt an den, den Er gesandt hat." (Johannes 6,29 Neue Lebende Übersetzung)

> Denn aus Gnade seid ihr gerettet durch Glauben, und das nicht aus euch: Gottes Gabe ist es, nicht aus Werken, damit niemand sich rühme. (Epheser 2,8-9)

Wenn du dich entscheidest, an Jesus zu glauben, dann wird das Geld, das du für Gottes Werk spendest, nicht vergeblich sein. Du wirst aus einem reinen Herzen geben, das vom Heiligen Geist gewaschen wurde. Du wirst dir Schätze im Himmel sammeln.

> Sammelt euch nicht Schätze auf der Erde, wo Motte und Rost fressen und wo Diebe einbrechen und stehlen; sammelt euch aber Schätze im Himmel, wo weder Motte noch Rost fressen und wo Diebe nicht einbrechen und nicht stehlen; denn wo dein Schatz ist, da wird auch dein Herz sein. (Matthäus 6,19-21)

10.2. Warum wurden diese Menschen entrückt?

10.2.1. Menschen, die nicht wie Christen aussahen?

Christen – Menschen, die ihren rettenden Glauben in den Tod und die Auferstehung Jesu gesetzt haben – müssen nicht auf eine bestimmte Weise aussehen. Sie kommen aus allen Gesellschaftsschichten, allen Kulturen, allen Nationen und allen Rassen. Diese zwei Schriftstellen veranschaulichen diese Wahrheit. Die erste Schriftstelle findet direkt nach der Entrückung statt, sie ist also eine gute Beschreibung der entrückten Menschen. Die zweite Schriftstelle findet nach der Entrückung während der Drangsal statt, und sie ist eine gute Beschreibung der Menschen, die während der Drangsal gerettet werden.

Einer der Ältesten sagte zu mir: „Weine nicht! Siehe, der Löwe aus dem Stamm Juda, die Wurzel Davids, hat überwunden: Er, der das Buch und seine sieben Siegel öffnet." … Und sie sangen ein neues Lied und sprachen: „Du bist würdig, das Buch zu nehmen und seine Siegel zu öffnen; denn Du bist geschlachtet worden und hast uns für Gott erkauft mit Deinem Blut aus jedem Stamm und jeder Sprache und jedem Volk und jeder Nation." (Offenbarung 5,5.9)

Nach diesem sah ich, und siehe, eine große Schar, die niemand zählen konnte, aus jeder Nation und aus allen Stämmen, Völkern und Sprachen, die vor dem Thron und vor dem Lamm standen, bekleidet mit weißen Gewändern, mit Palmzweigen in ihren Händen. Sie schrien mit lauter Stimme und sprachen: „Die Errettung gehört unserem Gott, der auf dem Thron sitzt, und dem Lamm!" (Offenbarung 7,9-10)

Beachte, dass beide Schriftstellen Menschen zeigen, die aus jedem Stamm, jeder Sprache, jedem Volk und jeder Nation gerettet wurden. Das ist eine Menge Vielfalt. Die Menschen, die entrückt wurden, werden nicht alle auf eine bestimmte Weise aussehen. Sie werden alle unterschiedlich aussehen.

Nur weil sich jemand auf eine bestimmte Weise kleidet, bedeutet das nicht, dass er einer bestimmten Religion angehört. Wenn du eine Nachbarin hättest, von der du geschworen hättest, sie sei Muslimin, weil sie einen Hidschab über ihrem Haar trug, bedeutet das nicht unbedingt, dass sie dem muslimischen Glauben folgte. Sie mag ihn aus einer Vielzahl von Gründen getragen haben, wie zum Beispiel kulturelle Akzeptanz, Tradition oder sogar, weil er ihr gefiel. Wenn die Person entrückt wurde, kann ich dir sagen, dass das bedeutet, dass sie Gottes Wahrheit über Jesus geglaubt hat. Jeder, der Seinen Namen anruft, wird gerettet werden. Es spielt keine Rolle, was sie vorher geglaubt haben.

Wenn du mit deinem Mund bekennst, dass Jesus der Herr ist, und in deinem Herzen glaubst, dass Gott Ihn von den Toten auferweckt hat, wirst du gerettet werden. Denn mit dem Herzen glaubt man, was zur Gerechtigkeit führt; und mit dem Mund bekennt man, was zur Errettung führt. Denn die Schrift sagt: „Wer an Ihn glaubt, wird nicht enttäuscht werden." Denn es ist kein Unterschied zwischen Jude und Grieche; denn derselbe Herr ist Herr über alle und ist reich für alle, die Ihn anrufen. Denn: „Jeder, der den Namen des Herrn anrufen wird, wird gerettet werden." (Römer 10,9-13)

10.2.2. Babys und kleine Kinder?

Du fragst dich wahrscheinlich, warum die Babys und kleinen Kinder mitgenommen wurden, wenn sie ihren Glauben noch nicht in Jesus gesetzt hatten. Du denkst dir, sie waren eindeutig zu jung, um eine solche Entscheidung zu treffen. Nun, die Bibel spricht darüber nicht ausdrücklich, daher treffe ich eine begründete Vermutung, dass dies geschehen ist. Die Bibel sagt uns, dass jeder als Sünder geboren wird und wir alle einen Retter brauchen.

> Als Adam sündigte, kam die Sünde in die Welt. Adams Sünde brachte den Tod, so verbreitete sich der Tod zu jedem, denn jeder sündigte. … Ja, Adams eine Sünde bringt Verdammnis für jeden, aber Christi eine Tat der Gerechtigkeit bringt eine rechte Beziehung zu Gott und neues Leben für jeden. (Römer 5,12.18 Neue Lebende Übersetzung)

Ich glaube jedoch, dass es ein Alter gibt, in dem Jesus uns dafür zur Rechenschaft zieht, ob wir das Evangelium verstehen. Dieses Alter unterscheidet sich wahrscheinlich für jede Person, basierend darauf, wie Gott jeden von uns einzigartig erschaffen hat. Wenn Babys und kleine Kinder entrückt wurden, dann deshalb, weil Gott sie nicht dafür zur Rechenschaft gezogen hat, ob sie das Evangelium verstehen.

Betrachten wir, was die Bibel über Kinder sagt. König Davids erstes Kind starb kurz nach der Geburt. Wir erfahren, dass er wusste, dass dieses Kind bei Gott im Himmel war, weil er zuversichtlich war, dass er es wiedersehen würde. Dieses kleine Baby wurde nicht dafür zur Rechenschaft gezogen, ob es glaubte oder Glauben hatte.

> Als aber David sah, dass seine Diener miteinander flüsterten, merkte David, dass das Kind gestorben war; und David sprach zu seinen Dienern: „Ist das Kind gestorben?" Sie sprachen: „Es ist gestorben." Da erhob sich David von der Erde, wusch und salbte sich und wechselte seine Kleider; und er ging in das Haus Jahwes und betete an. Dann kam er in sein eigenes Haus; und als er darum bat, setzten sie ihm Brot vor, und er aß. Da sprachen seine Diener zu ihm: „Was ist das für eine Sache, die du getan hast? Du hast gefastet und geweint um das Kind, als es noch lebte; nun aber, da das Kind gestorben ist, bist du aufgestanden und hast Brot gegessen." Er sprach: „Als das Kind noch lebte, habe ich gefastet und geweint; denn ich dachte: ‚Wer weiß, ob Jahwe mir nicht gnädig sein wird, dass das Kind am Leben bleibt?' Nun aber, da es gestorben ist, warum sollte ich fasten? Kann ich es wieder zurückholen? Ich werde zu ihm gehen, es aber wird nicht zu mir zurückkehren." (2. Samuel 12,19-23)

In der Bibel lernen wir auch, dass Gott ein Buch des Lebens hat, in das Er den Namen jeder Person schreibt.

Deine Augen sahen meinen Körper. In Deinem Buch waren sie alle geschrieben, die Tage, die für mich bestimmt waren, als noch keiner von ihnen war. (Psalm 139,16)

Gott löscht den Namen einer Person aus, wenn sie ihr Herz gegen Gott verhärtet hat und sich weigert, an die rettende Gnade Jesu zu glauben. In der ersten Schriftstelle spricht Jesus. Und die letzte Schriftstelle wurde von König David geschrieben.

Wer überwindet, der wird mit weißen Kleidern bekleidet werden, und Ich werde seinen Namen keineswegs aus dem Buch des Lebens auslöschen, und Ich werde seinen Namen bekennen vor Meinem Vater und vor Seinen Engeln. (Offenbarung 3,5)

Mose kehrte zu Jahwe zurück und sprach: „Ach, dieses Volk hat eine große Sünde begangen und sich Götter aus Gold gemacht. Doch nun, wenn Du ihre Sünde vergeben willst – und wenn nicht, so lösche mich bitte aus Deinem Buch aus, das Du geschrieben hast." Jahwe sprach zu Mose: „Wer gegen Mich gesündigt hat, den werde Ich aus Meinem Buch auslöschen." (2. Mose 32,31-33)

Nahe Dich meiner Seele, erlöse sie. Kaufe mich los um meiner Feinde willen. ... Denn sie verfolgen den, den Du geschlagen hast. Sie erzählen vom Schmerz derer, die Du verwundet hast. Rechne ihnen Missetat auf Missetat an. Lass sie nicht zu Deiner Gerechtigkeit kommen. Lass sie aus dem Buch des Lebens ausgelöscht werden und nicht bei den Gerechten eingeschrieben sein. (Psalm 69,18.26-28)

Dies sagt uns, dass jeder zunächst im Buch des Lebens steht. Erst wenn wir in der Lage sind, Gott abzulehnen, werden wir daraus entfernt. Babys und kleine Kinder sind sicherlich nicht in der Lage, Gott abzulehnen.

Ab welchem Alter werden Kinder also zur Rechenschaft gezogen? Die Bibel sagt es nicht. Sie sagt uns aber, dass Kinder in der Lage sein werden, feste Nahrung zu essen, bevor sie in der Lage sind, das Böse abzulehnen.

Bis dieses Kind alt genug ist, um zu wählen, was recht ist, und abzulehnen, was falsch ist, wird es Joghurt und Honig essen. (Jesaja 7,15 Neue Lebende Übersetzung)

Als Mose die Israeliten aus der Knechtschaft Ägyptens befreite und sie auf dem Weg in das verheißene Land waren, erfahren wir, dass kleine Kinder, die keine Kenntnis von Gut oder Böse hatten, in dieses verheißene Land einziehen durften.

Auch über mich war Jahwe erzürnt um euretwillen und sprach: „Auch du sollst

> nicht hineinkommen. Josua, der Sohn Nuns, der vor dir steht, er soll hineinkommen. Ermutige ihn, denn er soll Israel dazu bringen, es zu ererben. Dazu eure Kleinen, von denen ihr sagtet, sie würden gefangen genommen oder getötet werden, eure Kinder, die heute keine Kenntnis von Gut oder Böse haben, sie sollen hineinkommen. Ihnen werde Ich es geben, und sie sollen es besitzen." (5. Mose 1,37-39)

Während Jesu Wirken sagte Er uns dann, wir sollten die kleinen Kinder zu Ihm kommen lassen, denn ihnen gehört das Himmelreich.

> Jesus aber sprach: „Lasst die kleinen Kinder und hindert sie nicht, zu Mir zu kommen; denn solchen gehört das Reich der Himmel." (Matthäus 19,14)

Finde Trost in dem Wissen, dass jedes kleine Kind, das während der Entrückung verschwunden ist, jetzt bei unserem himmlischen Vater ist.

10.2.3. Menschen, die eindeutig böse waren?

Vielleicht fällt es dir schwer zu glauben, dass Gott nur die Christen bei der Entrückung mitgenommen hat, weil sich Kriminelle, Mörder, Vergewaltiger und dergleichen unter den Verschwundenen befinden. Warum sollte Gott sie also mitnehmen? Oder was ist wirklich passiert? Es kann nicht Gottes Entrückung gewesen sein.

Gott hat jeden mitgenommen oder entrückt, der seinen rettenden Glauben in den Tod und die Auferstehung Jesu gesetzt hat. Das bedeutet, sie glaubten, dass Gott Jesus, Seinen Sohn, auf die Erde sandte, um für ihre Sünden zu sterben, und dass Gott Ihn danach von den Toten auferweckte. Jesus starb für die Sünden aller und für alle Sünden. Das schließt die Sünden von Kriminellen, Mörder, Vergewaltiger und so weiter mit ein. Es gibt keine Sünde, die zu groß ist, als dass Jesus sie nicht überwinden könnte. Es gibt keinen Menschen, egal was er getan hat, der außerhalb der rettenden Gnade Jesu stünde. Gott liebt jeden und hat Jesus gesandt, um für jeden zu sterben.

Der Apostel Paulus erklärt uns dies. Er listet alle möglichen sündigen Menschen auf und sagt dann das Wichtigste: „und solche sind einige von euch gewesen", „aber ihr seid gerechtfertigt worden in dem Namen des Herrn Jesus". Paulus sagte sogar, dass er der schlimmste der Sünder sei, und er wusste, dass Jesus auch für ihn gestorben war.

Oder wisst ihr nicht, dass Ungerechte das Reich Gottes nicht ererben werden? Lasst euch nicht täuschen! Weder sexuell Unmoralische noch Götzendiener noch Ehebrecher noch Lustknaben noch Homosexuelle noch Diebe noch Habsüchtige noch Trunkenbolde noch Lästerer noch Räuber werden das Reich Gottes ererben. Und solche sind einige von euch gewesen; aber ihr seid gewaschen worden. Aber ihr seid geheiligt worden. Aber ihr seid gerechtfertigt worden in dem Namen des Herrn Jesus und in dem Geist unseres Gottes. (1. Korinther 6,9-11)

Obwohl ich früher ein Lästerer, ein Verfolger und ein Frechler war. Doch mir ist Barmherzigkeit widerfahren, weil ich es unwissend im Unglauben getan habe. Die Gnade unseres Herrn aber überströmte mit Glauben und Liebe, die in Christus Jesus ist. Das Wort ist gewiss und aller Annahme würdig, dass Christus Jesus in die Welt gekommen ist, um Sünder zu retten, von denen ich der erste bin. (1. Timotheus 1,13-15)

Wenn Gott jemanden entrückt hat, der als Krimineller, Mörder oder dergleichen abgestempelt war, dann war er wie der Apostel Paulus das, was er einmal war. Sie haben Jesus kennengelernt und geglaubt, dass Er für ihre Sünden gestorben ist.

10.2.4. Menschen, die sich nicht wie Christen verhielten?

Jeder, der verschwunden ist, wurde von Gott mitgenommen, weil er ein Gläubiger an das Werk war, das Jesus getan hat, um ihn zu retten. Leider verhalten sich Menschen, die ihren Glauben in Jesus gesetzt haben, oft nicht so. Das liegt daran, dass wir alle Sünder sind; es liegt in unserer Natur. Der Apostel Paulus sprach über diesen Krieg in den Gläubigen: der Wunsch, Gutes zu tun, im Gegensatz zu unserer sündigen Natur.

Denn ich weiß, dass in mir, das heißt in meinem Fleisch, nichts Gutes wohnt. Denn das Wollen ist bei mir vorhanden, aber das Vollbringen des Guten finde ich nicht. Denn das Gute, das ich will, tue ich nicht; sondern das Böse, das ich nicht will, das praktiziere ich. Wenn ich aber das tue, was ich nicht will, so vollbringe nicht mehr ich es, sondern die Sünde, die in mir wohnt. Ich finde also das Gesetz vor, dass bei mir, der ich das Gute tun will, das Böse vorhanden ist. Denn ich habe Lust an Gottes Gesetz nach dem inneren Menschen; aber ich sehe ein anderes Gesetz in meinen Gliedern, das dem Gesetz meines Sinnes widerstreitet und mich gefangen nimmt unter das Gesetz der Sünde, das in meinen Gliedern ist. Ich elender Mensch! Wer wird mich retten aus diesem Leib des Todes? Ich danke Gott durch Jesus Christus, unseren Herrn! So diene ich nun selbst mit dem Sinn Gottes Gesetz, mit dem Fleisch aber dem Gesetz der Sünde. (Römer 7,18-25)

Ich sage aber: Wandelt im Geist, so werdet ihr die Lust des Fleisches nicht erfüllen. Denn das Fleisch gelüstet gegen den Geist und der Geist gegen das Fleisch; und diese sind einander entgegengesetzt, damit ihr nicht das tut, was ihr wollt. (Galater 5,16-17)

Gläubige haben den Heiligen Geist von Jesus in sich wohnen, der ihnen hilft, etwas über Gott zu lernen, und der ihnen hilft, andere bedingungslos zu lieben. Aber Gläubige sündigen immer noch. Wir alle leben in einer gefallenen, sündigen Welt, und es ist leicht, sich in weltlichen Wegen zu verfangen. Es erfordert harte Arbeit und Disziplin, jeden Tag im Licht mit Gott zu wandeln.

Es ist bedauerlich, dass die Person, an die du denkst und die entrückt wurde, dir die Liebe Jesu nicht gezeigt hat. Ich bete, dass du es ihnen nicht vorwirfst oder dich davon abhalten lässt, Gottes Liebe und rettende Gnade selbst zu verstehen.

10.3. Warum wurden diese Menschen nicht entrückt?

10.3.1. Einige Christen?

Es gibt viele Gründe, warum sich jemand als Christ bezeichnen mag. Es könnte daran liegen, dass seine Familie christlich ist, er manchmal in die Kirche gegangen ist oder einen Haufen Werke in Jesu Namen vollbracht hat. Wenn die Person zurückgelassen wurde, kann ich dir sagen, dass sie vor der Entrückung ihren Glauben nicht in Jesus Christus gesetzt hatte. Sie hatten nicht jene persönliche Beziehung zu Ihm, die erforderlich ist. Sie waren nicht von neuem geboren.

Jesus warnte die Menschen davor. Er sagte, es gehöre mehr dazu, als gute Dinge in Seinem Namen zu tun, um in den Himmel zu kommen. Jesus muss dich kennen. Das bedeutet, Sein Heiliger Geist muss in dir wohnen. Das geschieht erst, wenn du deinen Glauben in Ihn gesetzt hast.

Nicht jeder, der zu Mir sagt: „Herr, Herr!", wird in das Reich der Himmel eingehen, sondern wer den Willen Meines Vaters tut, der in den Himmeln ist. Viele werden an jenem Tag zu Mir sagen: „Herr, Herr! Haben wir nicht in Deinem Namen prophezeit und in Deinem Namen Dämonen ausgetrieben und in Deinem Namen viele Machttaten getan?" Und dann werde Ich ihnen bezeugen: „Ich habe euch nie gekannt. Weicht von Mir, ihr Übeltäter!" (Matthäus 7,21-23)

Diese Menschen wurden zurückgelassen, weil sie nicht glaubten, was der

Apostel Paulus uns hier über Jesus sagt.

> Ich tue euch aber, Brüder, das Evangelium kund, das ich euch verkündigt habe,
> das ihr auch angenommen habt, in dem ihr auch steht, durch das ihr auch gerettet
> werdet, wenn ihr an dem Wort festhaltet, das ich euch verkündigt habe – es sei
> denn, dass ihr vergeblich geglaubt habt. Denn ich habe euch vor allem das
> überliefert, was ich auch empfangen habe: dass Christus für unsere Sünden
> gestorben ist nach den Schriften; und dass Er begraben wurde und dass Er
> auferweckt worden ist am dritten Tag nach den Schriften; und dass Er dem Kephas
> erschienen ist, dann den Zwölfen. Danach ist Er mehr als fünfhundert Brüdern auf
> einmal erschienen, von denen die meisten bis jetzt übrig geblieben, einige aber
> auch entschlafen sind. Danach ist Er dem Jakobus erschienen, dann allen
> Aposteln; zuletzt aber von allen, gleichsam der unzeitigen Geburt, ist Er auch mir
> erschienen. (1. Korinther 15,1-8)

10.3.2. Einige christliche Prediger?

Oh, das ist ziemlich bedauerlich. Christliche Pastoren und Prediger sind wahrscheinlich Menschen, die das Wort Gottes gelesen und studiert haben. Die meisten sind in den Schriften sehr bewandert. Diejenigen, die zurückgelassen wurden, haben sich vielleicht darin verfangen, dem Gesetz zu folgen, anstatt an die rettende Gnade Jesu zu glauben. Sie haben Jesus nie gebeten, ihnen zu vergeben und in ihr Leben zu kommen. Es ist genau wie jene Warnung, die wir zuvor gelesen haben und die Jesus den Menschen gab. Er sagte, dass einige Leute, die in Seinem Namen mächtige Werke vollbracht hatten, wie zum Beispiel Prophezeien und Dämonen austreiben, nicht in den Himmel kommen würden, weil Jesus sie nicht kannte. Nun wissen wir, dass Jesus alles weiß, also meinte Er damit, dass Er keine Beziehung zu diesen Menschen hatte. Sein Heiliger Geist wohnte nicht in ihnen.

> Nicht jeder, der zu Mir sagt: „Herr, Herr!", wird in das Reich der Himmel
> eingehen, sondern wer den Willen Meines Vaters tut, der in den Himmeln ist.
> Viele werden an jenem Tag zu Mir sagen: „Herr, Herr! Haben wir nicht in Deinem
> Namen prophezeit und in Deinem Namen Dämonen ausgetrieben und in Deinem
> Namen viele Machttaten getan?" Und dann werde Ich ihnen bezeugen: „Ich habe
> euch nie gekannt. Weicht von Mir, ihr Übeltäter!" (Matthäus 7,21-23)

Genau das passierte den Pharisäern und Sadduzäern während Jesu Wirken. Sie waren in den jüdischen Schriften gut bewandert. Sie hätten Gottes Wort in- und auswendig gekannt. Einige von ihnen lehrten die Schriften sogar ihren eigenen Jüngern. Doch sie kannten Jesus nicht und glaubten nicht an das, was Er für sie getan hatte. Sie verpassten die Botschaft der Schriften völlig, weil sie darauf fixiert waren, sich ihren Weg in den Himmel zu verdienen. Jesus ist derjenige, der hier spricht.

> Wehe euch, Schriftgelehrte und Pharisäer, Heuchler! Denn ihr gleicht übertünchten Gräbern, die von außen zwar schön erscheinen, inwendig aber voll von Totengebeinen und aller Unreinheit sind. So erscheint auch ihr von außen zwar den Menschen als gerecht, inwendig aber seid ihr voll Heuchelei und Gesetzlosigkeit. (Matthäus 23,27-28)

Der Apostel Paulus wirft ein wenig Licht für uns darauf. Er sagt uns, dass das Gesetz, das Befolgen von Regeln, uns nicht retten kann. Nur der Glaube an Jesus Christus macht uns gerecht.

> Nicht dass ich meine eigene Gerechtigkeit habe, die aus dem Gesetz ist, sondern die durch den Glauben an Christus ist, die Gerechtigkeit aus Gott durch den Glauben. (Philipper 3,9)

> Denn was dem Gesetz unmöglich war, weil es durch das Fleisch schwach war, das tat Gott, indem Er Seinen eigenen Sohn sandte in der Ähnlichkeit des sündigen Fleisches und um der Sünde willen und die Sünde im Fleisch verdammte. (Römer 8,3)

Wenn du zurückgelassen wurdest, sei vorsichtig, wenn du jemandem zuhörst, der sagt, er sei vor der Entrückung ein christlicher Prediger gewesen. Da sie vor der Entrückung nicht an Jesus glaubten, haben sie Gottes klare Botschaft, wie man gerettet wird, verpasst. Ich bin nicht zuversichtlich, dass sie in der Lage sein werden, dir die Bibel besonders gut zu erklären. Hoffentlich haben sie ihren Fehler erkannt und haben jetzt ihren Glauben in Jesus gesetzt. Sie haben es vor der Entrückung gut verstanden, dies zu verbergen, daher wird es für dich nicht leicht sein zu sagen, ob sie danach wirklich echt sind. Sei also vorsichtig. Denke daran, dass gefallene Engel sich als Engel des Lichts tarnen können. Diese Person könnte den Geist des Antichristen haben und einen Haufen Lügen lehren.

10.4. Geht es den entrückten Menschen gut?

10.4.1. Was ist mit den entrückten Menschen passiert?

Natürlich geht es ihnen gut. Sie trafen Jesus in den Wolken, und sie sind derzeit bei Jesus und Gott im Himmel.

> Denn der Herr Selbst wird mit einem Ruf, mit der Stimme des Erzengels und mit der Posaune Gottes vom Himmel herabkommen. Die Toten in Christus werden zuerst auferstehen, danach werden wir, die wir leben und übrig bleiben, zusammen mit ihnen in Wolken entrückt werden, dem Herrn entgegen in die Luft. So werden wir für immer beim Herrn sein. (1. Thessalonicher 4,16-17)

Als sie entrückt wurden, erhielten sie auch neue Körper, die für das himmlische Leben geeignet sind. Sie wurden in einem Augenblick verwandelt und haben nun unsterbliche Körper.

> Aber ich verrate euch ein wunderbares Geheimnis. Wir werden nicht alle sterben, aber wir werden alle verwandelt werden! Es wird in einem Moment geschehen, in einem Augenblick, wenn die letzte Posaune erschallt. Denn wenn die Posaune ertönt, werden diejenigen, die gestorben sind, auferweckt werden, um ewig zu leben. Und wir, die wir leben, werden auch verwandelt werden. Denn unsere sterblichen Körper müssen verwandelt werden in Körper, die niemals sterben werden; unsere sterblichen Körper müssen verwandelt werden in unsterbliche Körper. (1. Korinther 15,51-53 Neue Lebende Übersetzung)

Als Jesus auferweckt wurde, erhielt Er einen neuen unsterblichen, verherrlichten Körper. Hier sind einige Dinge, die wir über Seinen Körper erfahren. Sein Körper war aus Fleisch und Knochen. Die Jünger konnten Ihn berühren und fühlen, dass Er echt war. Jesus konnte auch noch essen.

> „Der Herr ist wahrhaftig auferstanden und dem Simon erschienen!" … Während sie dies sagten, stand Jesus Selbst mitten unter ihnen und sprach zu ihnen: „Friede sei mit euch!" Sie aber erschraken und wurden von Furcht erfüllt und meinten, sie sähen einen Geist. Und Er sprach zu ihnen: „Was seid ihr so erschrocken? Und warum steigen Zweifel auf in euren Herzen? Seht Meine Hände und Meine Füße, dass Ich es Selbst bin. Berührt Mich und seht; denn ein Geist hat nicht Fleisch und Knochen, wie ihr seht, dass Ich habe." Und als Er dies gesagt hatte, zeigte Er ihnen Seine Hände und Seine Füße. Da sie es aber noch nicht glaubten vor Freude und sich wunderten, sprach Er zu ihnen: „Habt ihr hier etwas zu essen?" Sie gaben Ihm ein Stück gebratenen Fisch und etwas Honigwabe. Und Er nahm es und aß vor ihren Augen. (Lukas 24,34.36-43)

In diesem Bericht nach Jesu Auferstehung sehen wir, dass Jesus entweder durch Wände gehen konnte oder einfach aus dem Nichts erschien. Nun bin ich nicht sicher, ob die Menschen, die entrückt wurden, dies mit ihren neuen Körpern tun können, aber Jesus konnte es, und Er ist das einzige Beispiel, das wir von jemandem mit einem neuen Körper haben.

> Als es nun Abend war an jenem Tag, dem ersten der Woche, und die Türen dort, wo die Jünger versammelt waren, aus Furcht vor den Juden verschlossen waren, kam Jesus und trat mitten unter sie und sprach zu ihnen: „Friede sei mit euch!" (Johannes 20,19)

10.4.2. Wo sind die entrückten Menschen und was tun sie?

Die Menschen, die entrückt wurden, sind derzeit im Himmel bei Gott und Jesus. Die Bibel sagt uns, dass es ein paar Ereignisse gibt, die für sie direkt nach der Entrückung stattfinden. Der Richterstuhl Christi und das Hochzeitsmahl.

Eines der ersten Ereignisse, das für sie im Himmel stattfindet, ist der Richterstuhl Christi. Dies ist eine Zeit der Belohnungen. Die Bibel sagt uns, dass wir alle nach dem gerichtet werden, was wir auf der Erde getan haben. Für diejenigen, die ihren Glauben in Jesus gesetzt haben, gibt es kein Gericht über Sünden, weil Jesus das auf Sich genommen hat. Stattdessen gibt es ein Gericht über Werke, bei dem Schätze und Kronen verdient werden können. Unten wirst du eine Krone sehen, die einige der entrückten Menschen verdient haben, die Krone der Gerechtigkeit.

> Fortan liegt für mich die Krone der Gerechtigkeit bereit, die mir der Herr, der gerechte Richter, an jenem Tag geben wird; nicht aber mir allein, sondern auch allen, die Seine Erscheinung lieb gewonnen haben. (2. Timotheus 4,8)

> Wenn aber jemand auf das Fundament Gold, Silber, kostbare Steine, Holz, Heu oder Stroh baut, so wird das Werk eines jeden offenbar werden. Denn der Tag wird es klarmachen, weil er in Feuer geoffenbart wird; und wie das Werk eines jeden beschaffen ist, das wird das Feuer selbst prüfen. Wenn das Werk jemandes bleibt, das er darauf gebaut hat, so wird er Lohn empfangen. Wenn das Werk jemandes verbrennen wird, so wird er Schaden leiden, er selbst aber wird gerettet werden, doch so wie durchs Feuer hindurch. (1. Korinther 3,12-15)

In der Bibel werden die Menschen, die entrückt wurden, oft die Braut Christi genannt. Die Ehe auf Erden soll ein Beispiel für unsere Beziehung zu Jesus sein. Auf Erden haben wir die engste, intimste Beziehung zu unserem Ehepartner. Das ist die gleiche Art von Beziehung, die wir zu Jesus haben sollten, eine, die eng und intim ist. Das Hochzeitsmahl im Himmel feiert diese Beziehung zu Jesus. Nur die Menschen, die vor der Entrückung ihren Glauben in Jesus gesetzt haben, werden in dieses besondere Ereignis eingeschlossen. In der zweiten untenstehenden Schriftstelle ist das „Lamm" ein Hinweis auf Jesus und „Seine Frau" sind die Gläubigen, die bei der Entrückung entrückt oder auferweckt wurden.

> Denn ich habe euch einem einzigen Mann verlobt, um euch Christus als eine reine Jungfrau zuzuführen. (2. Korinther 11,2)

> „Lasst uns fröhlich sein und frohlocken und Ihm die Ehre geben. Denn die Hochzeit des Lammes ist gekommen, und Seine Frau hat sich bereitgemacht." Und es wurde ihr gegeben, sich in glänzende, reine, feine Leinwand zu kleiden: denn die feine Leinwand sind die gerechten Taten der Heiligen. (Offenbarung 19,7-8)

10.4.3. Beobachten uns die entrückten Menschen?

Die größere Frage hier ist: Können Menschen, die gestorben sind, mich sehen oder zumindest wissen, was auf der Erde passiert? Die Bibel gibt uns mehrere Beispiele, aus denen wir lernen können. Wir wissen, dass im Himmel Freude herrscht, wenn ein Sünder Buße tut. Dies impliziert, dass die Menschen im Himmel wissen, wenn jemand seinen Glauben in Jesus setzt. In dieser Schriftstelle ist Jesus derjenige, der über diese Freude im Himmel spricht.

> Ich sage euch, dass ebenso Freude im Himmel sein wird über einen Sünder, der Buße tut, mehr als über neunundneunzig Gerechte, die keine Buße brauchen. Oder welche Frau, die zehn Drachmen hat, zündet nicht, wenn sie eine Drachme verliert, eine Lampe an und kehrt das Haus und sucht sorgfältig, bis sie sie findet? Und wenn sie sie gefunden hat, ruft sie die Freundinnen und Nachbarinnen zusammen und spricht: „Freut euch mit mir, denn ich habe die Drachme gefunden, die ich verloren hatte!" Ebenso, sage Ich euch, ist Freude vor den Engeln Gottes über einen Sünder, der Buße tut. (Lukas 15,7-10)

Wir sehen auch, dass Menschen, die nach der Entrückung während der Drangsalszeit sterben und ihren Glauben in Jesus setzen, Gott fragen, wann Er ihren Tod rächen und die Menschen auf der Erde richten wird. Dies impliziert, dass jene Menschen im Himmel wissen, dass Gott sie noch nicht gerächt hat. Das „Lamm" bezieht sich auf Jesus.

> Als Er das fünfte Siegel öffnete, sah ich unter dem Altar die Seelen derer, die

hingeschlachtet worden waren um des Wortes Gottes willen und um des Zeugnisses des Lammes willen, das sie hatten. Sie schrien mit lauter Stimme und sprachen: „Wie lange noch, Herr, Du Heiliger und Wahrhaftiger, richtest und rächst Du unser Blut nicht an denen, die auf der Erde wohnen?" (Offenbarung 6,9-10)

In einem anderen Beispiel sehen wir die gesamte Bevölkerung des Himmels über die Zerstörung der Stadt Babylon kurz vor Jesu zweitem Kommen jubeln. Die „große Hure" ist ein Hinweis auf jene Stadt. Dies sagt uns, dass jeder im Himmel über einige Ereignisse informiert ist, die auf der Erde geschehen.

Nach diesem hörte ich so etwas wie eine laute Stimme einer großen Schar im Himmel, die sprach: „Hallelujah! Die Errettung, die Macht und die Herrlichkeit gehören unserem Gott; denn Seine Gerichte sind wahrhaftig und gerecht. Denn Er hat die große Hure gerichtet, welche die Erde mit ihrer sexuellen Unmoral korrumpierte, und Er hat das Blut Seiner Diener an ihrer Hand gerächt." Ein zweiter sprach: „Hallelujah! Ihr Rauch steigt auf von Ewigkeit zu Ewigkeit." (Offenbarung 19,1-3)

Das letzte Beispiel, das ich anführen werde, ist ein Gespräch zwischen König Saul und einem toten Propheten Gottes, Samuel. König Saul hatte gegen Gott rebelliert und erhielt von Gott keine Antworten durch Seine Propheten oder Träume, also suchte er ein Medium, das er benutzte, um mit den Toten zu kommunizieren. Ja, das hat er wirklich getan. Sehen wir uns an, wie es passierte.

Als Saul Jahwe befragte, antwortete Jahwe ihm nicht, weder durch Träume noch durch das Urim noch durch die Propheten. Da sprach Saul zu seinen Dienern: „Sucht mir eine Frau, die einen Totengeist beschwören kann, damit ich zu ihr gehe und sie befrage." Seine Diener sprachen zu ihm: „Siehe, in Endor ist eine Frau, die einen Totengeist beschwören kann." … Da sprach die Frau: „Wen soll ich dir heraufbringen?" Er sprach: „Bring mir Samuel herauf!" … Er sprach zu ihr: „Wie sieht er aus?" Sie sprach: „Ein alter Mann kommt herauf, er ist in ein Obergewand gehüllt." Da erkannte Saul, dass es Samuel war, und er beugte sein Gesicht zur Erde und verneigte sich tief. Samuel aber sprach zu Saul: „Warum hast du mich beunruhigt, dass du mich heraufbringen lässt?" Saul antwortete: „Ich bin in großer Bedrängnis; die Philister führen Krieg gegen mich, und Gott ist von mir gewichen und antwortet mir nicht mehr, weder durch Propheten noch durch Träume. Darum habe ich dich gerufen, damit du mir kundtust, was ich tun soll." Samuel sprach: „Warum fragst du mich denn, da Jahwe von dir gewichen und dein Widersacher geworden ist? Jahwe hat dir getan, wie Er durch mich geredet hat. Jahwe hat das Königtum aus deiner Hand gerissen und es deinem Nächsten gegeben, dem David.

> Weil du der Stimme Jahwes nicht gehorcht und Seinen grimmigen Zorn nicht an
> Amalek vollzogen hast, darum hat Jahwe dir dies heute getan. Zudem wird Jahwe
> mit dir auch Israel in die Hand der Philister geben; und morgen wirst du mit deinen
> Söhnen bei mir sein. Auch das Heer Israels wird Jahwe in die Hand der Philister
> geben." (1. Samuel 28,6-7.11.14-19)

In dem Gespräch lernen wir, dass Samuel, der tote Prophet Gottes, wusste, dass der Herr Saul verlassen hatte, wusste, dass der Herr Saul gesagt hatte, Er werde sein Königtum David geben, und wusste, dass Saul sich weigerte, die Amalekiter zu vernichten. Was noch schockierender ist: Samuel wusste, dass Saul am nächsten Tag besiegt werden würde und dass er und seine Söhne sterben und bei Samuel sein würden. Offensichtlich wusste Samuel, was auf der Erde geschah. Aber er hatte auch ein gewisses Wissen über zukünftige Ereignisse, das er offensichtlich von Gott erhalten hatte.

Basierend auf diesen Beispielen können wir wissen, dass Menschen im Himmel in der Tat ein gewisses Wissen darüber haben, was auf der Erde geschehen ist. Sie beobachten dich jedoch nicht wie ein unheimlicher Stalker, sozusagen. Ihr Wissen rührt wahrscheinlich daher, dass Gott oder ein Engel es ihnen erzählt hat.

10.5. Werde ich die entrückten Menschen wiedersehen?

Nun, das hängt ganz von dir ab. Wenn du deinen Glauben in Jesus setzt und glaubst, dass Er für deine Sünden gestorben ist, dann ja, wirst du die entrückten Menschen wiedersehen. Wenn du als Gläubiger vor der Wiederkunft Jesu stirbst, wirst du sie im Himmel sehen. Du wirst als Drangsalheiliger sterben; einer, der aus der Drangsal und dem „großen Leiden" gerettet wurde.

> Nach diesem sah ich, und siehe, eine große Schar, die niemand zählen konnte, aus
> jeder Nation und aus allen Stämmen, Völkern und Sprachen, die vor dem Thron
> und vor dem Lamm standen, bekleidet mit weißen Gewändern, mit Palmzweigen
> in ihren Händen. … Einer der Ältesten antwortete und sagte zu mir: „Diese, die
> mit den weißen Gewändern bekleidet sind, wer sind sie, und woher sind sie
> gekommen?" Ich sagte zu ihm: „Mein Herr, du weißt es." Er sagte zu mir: „Dies
> sind die, die aus der großen Drangsal gekommen sind. Sie haben ihre Gewänder
> gewaschen und sie weiß gemacht im Blut des Lammes." (Offenbarung 7,9.13-14)

Wenn du die Drangsal als Gläubiger überlebst, dann wirst du sie bei der Wiederkunft Jesu wiedersehen und bis in das Millennium hinein während der

Herrschaft Jesu auf der Erde. In dieser Schriftstelle sehen wir, was bei der Wiederkunft Jesu geschieht. Nachdem Satan gebunden wurde, trennt Jesus die Gläubigen, die das Malzeichen nicht angenommen und den Antichristen nicht angebetet haben. Sie sind die Schafe. Sie dürfen mit Jesus in Seinem Reich auf der Erde leben. Die Menschen, die entrückt wurden, werden dort bei Ihm sein.

> Wenn aber der Menschensohn kommen wird in Seiner Herrlichkeit und alle heiligen Engel mit Ihm, dann wird Er auf dem Thron Seiner Herrlichkeit sitzen. Und alle Nationen werden vor Ihm versammelt werden, und Er wird sie voneinander scheiden, wie ein Hirte die Schafe von den Böcken scheidet. Und Er wird die Schafe zu Seiner Rechten stellen, die Böcke aber zur Linken. Dann wird der König zu denen zu Seiner Rechten sagen: „Kommt her, ihr Gesegneten Meines Vaters, ererbt das Reich, das euch bereitet ist seit Grundlegung der Welt." … Dann wird Er auch zu denen zur Linken sagen: „Geht weg von Mir, ihr Verfluchten, in das ewige Feuer, das bereitet ist dem Teufel und seinen Engeln." (Matthäus 25,31-34.41)

Wenn du dich entscheidest, nicht zu glauben, dann nein, wirst du sie nicht wiedersehen. Das liegt daran, dass die entrückten Menschen immer dort sein werden, wo Jesus ist, entweder im Himmel oder mit Ihm auf der Erde im Tausendjährigen Reich. Wenn du stirbst oder wenn du noch lebst, wenn Jesus zurückkommt, wirst du im Feuersee landen, der für Satan erschaffen wurde. In der obigen Schriftstelle bist du der Bock.

Teil 3
Es gibt Hoffnung für dich

Erstaunliche Gnade

Von John Newton. Veröffentlicht im Jahr 1779.[35]

Erstaunliche Gnade! (wie süß der Klang)
Die einen Elenden wie mich errettete!
Ich war einst verloren, doch nun bin ich gefunden,
War blind, doch nun sehe ich.

Es war die Gnade, die mein Herz das Fürchten lehrte,
Und die Gnade nahm mir meine Furcht;
Wie kostbar erschien diese Gnade
In der Stunde, als ich zum ersten Mal glaubte!

Durch viele Gefahren, Mühen und Schlingen
Bin ich bereits gekommen;
Es ist die Gnade, die mich bis hierher sicher brachte,
Und die Gnade wird mich nach Hause führen.

Der HERR hat mir Gutes verheißen,
Sein Wort sichert meine Hoffnung;
Er wird mein Schild und mein Anteil sein,
Solange das Leben währt.

Ja, wenn dieses Fleisch und dieses Herz versagen,
Und das sterbliche Leben endet;
Werde ich hinter dem Schleier besitzen
Ein Leben voller Freude und Frieden.

Die Erde wird bald wie Schnee zergehen,
Die Sonne wird aufhören zu scheinen;
Aber Gott, der mich hier unten rief,
Wird für immer mein sein.

Kapitel 11 – Wie man errettet wird

Das ist richtig. Es gibt noch Hoffnung für dich. Nur weil du zurückgelassen wurdest, bedeutet das nicht, dass du nicht errettet werden kannst. In Teil 1 dieses Buches habe ich dir einen kurzen Überblick darüber gegeben, wie man errettet wird. Ich werde diese Wahrheiten hier vertiefen.

11.1. Du wirst in Ewigkeit leben

Du kannst deine Suche nach dem Jungbrunnen beenden. Jeder von uns wird in Ewigkeit leben. Ganz genau, du wirst unsterblich sein. Wenn dein Körper auferweckt wird, wird er unvergänglich auferweckt. Er wird ewig halten.

> So ist auch die Auferstehung der Toten. Der Körper wird vergänglich gesät; er wird unvergänglich auferweckt. (1. Korinther 15,42)

Gott hat sogar die Ewigkeit in dein Herz gelegt, damit du diese Wahrheit erkennst und dich danach sehnst, bei Ihm zu sein.

> Er hat auch die Ewigkeit in ihre Herzen gelegt. (Prediger 3,11)

Du darfst sogar wählen, wo du die Ewigkeit verbringen möchtest. Die Wahlmöglichkeiten sind der Himmel oder die Hölle. Gott hat beide Orte erschaffen, und im Gegensatz zu dem, was du vielleicht glaubst, regiert Er auch über beide Orte.

> Jahwe hat Seinen Thron in den Himmeln befestigt. Sein Reich herrscht über alles. (Psalm 103,19)

> Dein Reich ist ein ewiges Reich. Deine Herrschaft währt durch alle Generationen. Jahwe ist treu in all Seinen Worten und liebevoll in all Seinen Taten. (Psalm 145,13)

In dieser Schriftstelle lernen wir, was passiert, wenn Jesus bei Seiner Wiederkunft zurückkehrt. Jesus ist der „Menschensohn" und der „König". Er wird die Gläubigen von den Ungläubigen trennen. Die Gläubigen sind „Schafe" und die Ungläubigen sind „Böcke". Gott und Jesus leben im Himmel, ebenso wie diejenigen, die glauben und als gerecht gelten. Der

Himmel wird das „Reich" genannt. Was die Hölle betrifft, so hat Gott diesen Feuersee als ewige Strafe für Satan und die anderen gefallenen Engel erschaffen. Die Hölle wurde nicht für dich erschaffen.

> Wenn aber der Menschensohn kommen wird in Seiner Herrlichkeit und alle heiligen Engel mit Ihm, dann wird Er auf dem Thron Seiner Herrlichkeit sitzen. Vor Ihm werden alle Nationen versammelt werden, und Er wird sie voneinander scheiden, wie ein Hirte die Schafe von den Böcken scheidet. Er wird die Schafe zu Seiner Rechten stellen, die Böcke aber zur Linken. Dann wird der König zu denen zu Seiner Rechten sagen: „Kommt her, ihr Gesegneten Meines Vaters, ererbt das Reich, das euch bereitet ist seit Grundlegung der Welt." … Dann wird Er auch zu denen zur Linken sagen: „Geht weg von Mir, ihr Verfluchten, in das ewige Feuer, das bereitet ist dem Teufel und seinen Engeln." … Diese werden hingehen in die ewige Strafe, die Gerechten aber in das ewige Leben. (Matthäus 25,31-34.41.46)

Obwohl Gott die Hölle für die gefallenen Engel erschaffen hat, ist sie dein Standardziel als Ungläubiger.

> Aber für die Feiglinge, Ungläubigen, Sünder, Gräuelhaften, Mörder, sexuell Unmoralischen, Zauberer, Götzendiener und alle Lügner ist ihr Teil in dem See, der mit Feuer und Schwefel brennt, welches der zweite Tod ist. (Offenbarung 21,8)

Das liegt daran, dass du entweder für Jesus oder gegen Ihn bist. Du musst dich aktiv dafür entscheiden, im Himmel zu leben. Gott hat uns klare Anweisungen für den Weg zum Himmel gegeben, die leicht zu befolgen sind. In dieser Schriftstelle spricht Jesus. Er sagt, komm zu Ihm, und Er wird deiner Seele Ruhe geben.

> Kommt her zu Mir, alle ihr Mühseligen und Beladenen, und Ich werde euch Ruhe geben. Nehmt Mein Joch auf euch und lernt von Mir, denn Ich bin sanftmütig und von Herzen demütig; und ihr werdet Ruhe finden für eure Seelen. Denn Mein Joch ist sanft und Meine Last ist leicht. (Matthäus 11,28-30)

11.2. Der Himmel ist für vollkommen gerechte Menschen

Gott hat alles erschaffen, einschließlich dich, den Himmel, die Hölle, die Erde und alles, was darauf ist.

> Am Anfang erschuf Gott die Himmel und die Erde. (1. Mose 1,1)

Da Gott den Himmel erschaffen hat, hat Er die Regeln festgelegt, wer dort leben darf. Er ist der Richter, dem wir alle rechenschaftspflichtig sind.

> Gott allein ist es, der richtet; Er entscheidet, wer aufsteigen und wer fallen wird. (Psalm 75,7 Neue Lebende Übersetzung)

> Nichts in der ganzen Schöpfung ist vor Gott verborgen. Alles ist nackt und bloßgelegt vor Seinen Augen, und Er ist derjenige, dem wir Rechenschaft schuldig sind. (Hebräer 4,13 Neue Lebende Übersetzung)

Gott ist auch der Einzige, der qualifiziert ist, die Regeln aufzustellen, weil Er vollkommen, heilig und gerecht ist. In Ihm ist keine Finsternis. Jede Entscheidung, die Er trifft, ist vollkommen und recht.

> Niemand ist so heilig wie Jahwe. (1. Samuel 2,2)

> Dies ist die Botschaft, die wir von Ihm gehört haben und euch verkünden, dass Gott Licht ist und in Ihm gar keine Finsternis ist. (1. Johannes 1,5)

> Denn ich will den Namen Jahwes verkünden. Schreibt unserem Gott Größe zu! Der Fels: Sein Werk ist vollkommen, denn alle Seine Wege sind recht. Ein Gott der Treue, der kein Unrecht tut, gerecht und aufrichtig ist Er. (5. Mose 32,3-4)

Was sind also Gottes Regeln, um in den Himmel zu kommen? Es gibt nur eine Regel. Du musst vollkommen und sündlos sein, genau wie Gott es ist. Gott kann das Böse nicht einmal ansehen.

> Bist Du nicht von Ewigkeit her, Jahwe, mein Gott, mein Heiliger? … Du hast zu reine Augen, um Böses zu sehen, und Du kannst dem Unheil nicht zuschauen. (Habakuk 1,12-13)

> Darum sollt ihr vollkommen sein, gleichwie euer Vater im Himmel vollkommen ist. (Matthäus 5,48)

Erinnerst du dich an die Pharisäer, über die wir in einigen vorherigen Kapiteln gesprochen haben? Sie waren eine der jüdischen Führungsgruppen, mit denen Jesus wegen ihrer strengen Einhaltung des Gesetzes oft aneinandergeriet. Sie versuchten, sich den Weg in den Himmel zu verdienen. Jesus sagt, dass selbst ihr Grad an Hingabe bei der Befolgung von Gottes Regeln nicht gut genug ist. Jesus ist derjenige, der hier spricht.

> Denn Ich sage euch: Wenn eure Gerechtigkeit nicht die der Schriftgelehrten und
> Pharisäer weit übertrifft, werdet ihr keinesfalls in das Reich der Himmel eingehen.
> (Matthäus 5,20)

Wie um alles in der Welt kannst du also jemals gut genug sein, jemals vollkommen sein? Das ist das Problem. Du kannst es nicht. Es ist dir unmöglich, aus eigener Kraft Vollkommenheit zu erreichen. Gott weiß, dass es auch für uns unmöglich ist, und genau deshalb hat Er Jesus gesandt. Jesus ist der Einzige, der jemals gelebt hat und vollkommen ist. Das liegt daran, dass Er Gott im Fleisch ist. Gott hat einen Weg für uns unvollkommene, sündige Menschen geschaffen, im Himmel zu leben. Das geschieht dadurch, dass unser Name in das Buch des Lebens des Lammes geschrieben wird. Jesus ist das „Lamm", es ist also das Buch des Lebens Jesu.

> Es wird keinesfalls etwas Unreines hineinkommen, noch wer Gräuel oder Lüge
> verübt, sondern nur die, die geschrieben stehen im Buch des Lebens des Lammes.
> (Offenbarung 21,27)

Siehst du, Gott hat Seine Entscheidung darüber, wer den Himmel betreten darf, an Jesus delegiert. Das liegt daran, dass Gott und Jesus eins sind und Jesus nur Gottes Willen tun kann. Jesus ist also der Richter über deine Gerechtigkeit. In dieser ersten Schriftstelle spricht Jesus von Sich Selbst und Seinem Vater, Gott. Im zweiten Vers ist Jesus derjenige, der den Jüngern befahl, überall zu predigen.

> Jesus antwortete ihnen nun: „Wahrlich, wahrlich, Ich sage euch: Der Sohn kann
> nichts von Sich Selbst aus tun, außer was Er den Vater tun sieht. Denn was jener
> tut, das tut auch der Sohn gleichermaßen. … Denn wie der Vater die Toten
> auferweckt und lebendig macht, so macht auch der Sohn lebendig, wen Er will.
> Denn der Vater richtet niemanden, sondern Er hat alles Gericht dem Sohn
> gegeben…. … Ich kann nichts von Mir Selbst aus tun. Wie Ich höre, so richte Ich,
> und Mein Gericht ist gerecht; denn Ich suche nicht Meinen Willen, sondern den
> Willen Meines Vaters, der Mich gesandt hat." (Johannes 5,19.21-22.30)

> Und Er hat uns geboten, überall zu predigen und zu bezeugen, dass Jesus derjenige
> ist, den Gott dazu bestimmt hat, der Richter über alle zu sein – über die Lebenden
> und die Toten. (Apostelgeschichte 10,42 Neue Lebende Übersetzung)

Und hier ist die coole Sache, die du später in diesem Kapitel lernen wirst: Jesus kann Seine Vollkommenheit und Gerechtigkeit jedem verleihen, dem

Er möchte. So wirst du vollkommen und so betrittst du den Himmel.

11.3. Dein Problem ist die Sünde

Auch wenn wir alle glauben, gute Menschen zu sein und dass das Schlechte, das wir getan haben, durch das Gute aufgewogen wird, ist das unser sündiges, menschliches Wunschdenken. Wir sind alles andere als vollkommen, heilig und gerecht. Wir sind ein Haufen Sünder.

> Denn wir haben zuvor sowohl Juden als auch Griechen beschuldigt, dass sie alle unter der Sünde sind. Wie geschrieben steht: „Da ist kein Gerechter, auch nicht einer. Da ist keiner, der verständig ist. Da ist keiner, der Gott sucht. Sie sind alle abgewichen. Sie sind allesamt untauglich geworden. Da ist keiner, der Gutes tut, auch nicht einer." (Römer 3,9-12)

Okay, was genau ist also eine Sünde? Es ist eine Übertretung von Gottes Gesetz oder Rebellion gegen Gott. Wenn wir sündigen, haben wir Gott Unrecht getan.

> Jeder, der sündigt, bricht Gottes Gesetz, denn jede Sünde widerspricht dem Gesetz Gottes. (1. Johannes 3,4 Neue Lebende Übersetzung)

Du bist ein Sünder. Wenn du denkst, du hättest nicht gesündigt, hast du es gerade getan, indem du dachtest, du seiest vollkommen. Die Bibel ist voll von Gottes Gesetzen und Geboten. Sieh dir diese Liste an, die die sündige Natur beschreibt, und schau, wie du abschneidest.

> Offenbar sind aber die Werke des Fleisches, welche sind: Ehebruch, sexuelle Unmoral, Unreinheit, Zügellosigkeit, Götzendienst, Zauberei, Feindschaft, Streit, Eifersucht, Zornesausbrüche, Selbstsucht, Zwietracht, Parteiungen, Neid, Mord, Trunkenheit, Gelage und dergleichen; von denen Ich euch vorausgesagt habe, wie Ich auch schon zuvor sagte, dass die, die solches praktizieren, das Reich Gottes nicht ererben werden. (Galater 5,19-21)

Hast du jemals gelogen, warst eifersüchtig auf etwas, das dein Freund hat, hast deine Eltern respektlos behandelt, ein Schimpfwort gesagt, in deinem Herzen jemanden begehrt, warst betrunken, wurdest wütend auf jemanden, der dir im Verkehr den Weg abgeschnitten hat, oder hattest Sex außerhalb der Ehe? Das sind einige andere Beispiele, die die Bibel für sündiges Verhalten gibt.

Sieh dir diese Schriftstelle über die zwei größten Gebote in der Bibel an. Liebst du Gott von ganzem Herzen, ganzer Seele, ganzem Gemüt und mit all deiner Kraft? Kannst du mir ehrlich sagen, dass du deinen Nächsten, also jeden Mitmenschen, genauso liebst wie dich selbst?

> Einer der Schriftgelehrten kam hinzu, hörte sie miteinander streiten und, da er sah, dass Er ihnen gut geantwortet hatte, fragte er Ihn: „Welches Gebot ist das erste von allen?" Jesus antwortete: „Das erste ist: ‚Höre, Israel, der Herr, unser Gott, ist ein Herr: und du sollst den Herrn, deinen Gott, lieben mit deinem ganzen Herzen und mit deiner ganzen Seele und mit deinem ganzen Gemüt und mit deiner ganzen Kraft.' Dies ist das erste Gebot. Das zweite ist ihm gleich: ‚Du sollst deinen Nächsten lieben wie dich selbst.' Es gibt kein anderes Gebot, das größer ist als diese." (Markus 12,28-31)

Wir haben alle gewiss gesündigt!

> Denn alle haben gesündigt und erreichen nicht die Herrlichkeit Gottes. (Römer 3,23)

Vielleicht ist dies das erste Mal, dass dir jemand sagt, dass du ein Sünder bist. Wenn ja, dann lass das einen Moment sacken. Es ist absolut wahr, und es ist die erste Wahrheit, um errettet zu werden. Jeder einzelne von uns ist ein Sünder.

Wenn du immer noch denkst, du seiest vollkommen und hättest noch nie gesündigt, nun, leider werden wir auch alle mit Sünde geboren. Wir alle erben die Sünde von Adam und Eva. Das ist richtig, Sünde ist genetisch bedingt.

Adam war der erste Mensch, den Gott erschuf, und dann erschuf Er Eva, um seine Gehilfin und Gefährtin zu sein. Sie lebten im Garten Eden und wandelten mit Gott. Gott hatte nur eine einzige Regel für sie: Esst nicht vom Baum der Erkenntnis des Guten und Bösen. Das ist alles. Nur eine Regel. Gott sagte, sie würden sterben, wenn sie von diesem Baum essen würden. In diesen Versen ist „der Mensch" Adam.

> Und Jahwe Gott bildete den Menschen aus Staub vom Erdboden und hauchte den Odem des Lebens in seine Nase; und der Mensch wurde eine lebendige Seele. Und Jahwe Gott pflanzte einen Garten in Eden, im Osten, und dorthin setzte Er den Menschen, den Er gebildet hatte. … Und Jahwe Gott nahm den Menschen und setzte ihn in den Garten Eden, damit er ihn bebaue und bewahre. Und Jahwe Gott gebot dem Menschen und sprach: „Du darfst essen von jedem Baum des Gartens; aber von dem Baum der Erkenntnis des Guten und Bösen sollst du nicht essen; denn an dem Tag, da du davon isst, wirst du gewisslich sterben." (1. Mose 2,7-8.15-17)

Satan, ein von Gott erschaffener Engel, der sündigte und auf die Erde geworfen wurde, ist dein Feind. Er hasst alles, was Gott liebt. Gott liebt dich, also hasst Satan dich. Satan wusste, dass Gott Adam und Eva diese eine Regel gegeben hatte, und er war entschlossen, sie dazu zu bringen, sie zu brechen. Eines Tages näherte sich Satan also Eva und erzählte ihr, sie würde nicht sterben, wenn sie von dem Baum essen würde. Stattdessen würde sie wie Gott sein und sowohl Gut als auch Böse kennen. In diesen Versen ist „die Schlange" Satan, „die Frau" Eva und „ihr Mann" Adam.

> Die Schlange aber war listiger als alle Tiere des Feldes, die Jahwe Gott gemacht hatte. Sie sprach zu der Frau: „Hat Gott wirklich gesagt: ‚Ihr sollt nicht essen von jedem Baum des Gartens'?" Die Frau sprach zu der Schlange: „Von der Frucht der Bäume des Gartens dürfen wir essen; aber von der Frucht des Baumes, der in der Mitte des Gartens ist, hat Gott gesagt: ‚Ihr sollt nicht davon essen und sie nicht anrühren, damit ihr nicht sterbt.' " Da sprach die Schlange zu der Frau: „Ihr werdet keineswegs sterben; sondern Gott weiß, dass an dem Tag, da ihr davon esst, eure Augen geöffnet werden und ihr sein werdet wie Gott, erkennend Gutes und Böses." Und als die Frau sah, dass der Baum gut zur Nahrung war und eine Lust für die Augen und ein begehrenswerter Baum, um klug zu machen, da nahm sie von seiner Frucht und aß. Und sie gab auch ihrem Mann, der bei ihr war, davon, und er aß. Da wurden ihnen beiden die Augen geöffnet, und sie erkannten, dass sie nackt waren. (1. Mose 3,1-7)

Siehst du, what happened? Satan hat verdreht, was Gott sagte, und Eva glatt angelogen. Leider glaubte Eva Satan und aß von dem Baum. Was noch schlimmer ist: Sie gab die Frucht Adam, und auch er aß davon, ohne Fragen zu stellen. Während Eva getäuscht wurde, in Versuchung geriet und sündigte, war Adam einfach nur ungehorsam und sündigte.

Da Adam und Eva gesündigt hatten, waren sie nicht mehr würdig, mit Gott im Garten zu leben. Gott warf sie aus dem Garten hinaus. Obwohl sie an diesem Tag nicht physisch starben, hielt der Tod dennoch Einzug in ihr Leben. Sie starben einen geistlichen Tod, weil sie nicht mehr die vollkommene Beziehung zu Gott hatten. Sie würden nun auch einen physischen Tod sterben, da ihre Körper nun alterten. „Der Mensch" ist Adam.

> Und Jahwe Gott rief den Menschen und sprach zu ihm: „Wo bist du?" Er sprach: „Ich hörte Deine Stimme im Garten und fürchtete mich, denn ich bin nackt; deshalb versteckte ich mich." Gott sprach: „Wer hat dir gesagt, dass du nackt bist? Hast du von dem Baum gegessen, von dem Ich dir geboten habe, nicht zu essen?" … Und Jahwe Gott sprach: „Siehe, der Mensch ist geworden wie einer von uns,

erkennend Gutes und Böses. Nun aber, dass er nicht etwa seine Hand ausstrecke und auch vom Baum des Lebens nehme und esse und ewig lebe –" Darum schickte Jahwe Gott ihn aus dem Garten Eden hinaus, damit er den Erdboden bebaue, von dem er genommen war. (1. Mose 3,9-11.22-23)

Du siehst also, du hast die Sünde von Adam geerbt.

> Als Adam sündigte, kam die Sünde in die Welt. Adams Sünde brachte den Tod, so verbreitete sich der Tod zu jedem, denn jeder sündigte. ... Ja, Adams eine Sünde bringt Verdammnis für jeden, aber Christi eine Tat der Gerechtigkeit bringt eine rechte Beziehung zu Gott und neues Leben für jeden. (Römer 5,12.18 Neue Lebende Übersetzung)

Wenn du immer noch glaubst, kein Sünder zu sein, betrügst du dich selbst und nennst Gott einen Lügner.

> Wenn wir sagen, dass wir keine Sünde haben, so betrügen wir uns selbst, und die Wahrheit ist nicht in uns. Wenn wir unsere Sünden bekennen, so ist Er treu und gerecht, dass Er uns die Sünden vergibt und uns reinigt von aller Ungerechtigkeit. Wenn wir sagen, dass wir nicht gesündigt haben, so machen wir Ihn zum Lügner, und Sein Wort ist nicht in uns. (1. Johannes 1,8-10)

Gott weiß, dass du ein Sünder bist. Er weiß alles über dich.

> Jahwe, Du hast mich erforscht und kennst mich. Du weißt mein Sitzen und mein Aufstehen. Du verstehst meine Gedanken von fern. Du prüfst meinen Pfad und mein Liegen und bist vertraut mit all meinen Wegen. Denn kein Wort ist auf meiner Zunge, siehe, Jahwe, Du weißt es alles. Von hinten und von vorn hast Du mich umschlossen. Du hast Deine Hand auf mich gelegt. Diese Erkenntnis ist mir zu wunderbar. Sie ist zu hoch. Ich kann sie nicht begreifen. Wohin sollte ich gehen vor Deinem Geist? Oder wohin sollte ich fliehen vor Deinem Angesicht? (Psalm 139,1-7)

Selbst wenn du immer noch nicht glaubst, ein Sünder zu sein, weißt du, wer sonst noch weiß, dass du ein Sünder bist? Satan weiß es. Genauso wie Satan Adam und Eva im Garten beobachtete, beobachten er und seine Kohorten gefallener Engel dich. Sie beobachten die Menschen seit Tausenden von Jahren. Sie kennen unsere sündige Natur besser als wir selbst. Satan hat eine riesige Liste von Sünden angehäuft, um dich vor Gott anzuklagen. Denk daran, dass er dich hasst und er möchte, dass du die gleiche Strafe erhältst, die Gott ihm für das Sündigen auferlegt hat.

Erinnerst du dich an ein vorheriges Kapitel, als wir das Gespräch zwischen

Gott und Satan über Hiob sahen? Satan hatte Hiob beobachtet. Er sagte, Hiob würde Gott ins Angesicht fluchen, wenn er plötzlich nicht mehr gesegnet wäre. In diesen Versen bezieht sich „Gottes Söhne" auf Engel.

> Es geschah aber eines Tages, als die Gottessöhne kamen, um sich vor Jahwe zu stellen, dass auch Satan unter ihnen kam. Jahwe sprach zu Satan: „Woher kommst du?" Da antwortete Satan Jahwe und sprach: „Vom Durchstreifen der Erde und vom Umherwandeln auf ihr." Jahwe sprach zu Satan: „Hast du Meinen Diener Hiob beachtet? Denn es ist niemand wie er auf Erden, ein untadeliger und rechtschaffener Mann, der Gott fürchtet und das Böse meidet." Da antwortete Satan Jahwe und sprach: „Fürchtet Hiob Gott umsonst? Hast Du nicht ihn und sein Haus und alles, was er hat, ringsumher beschützt? Du hast das Werk seiner Hände gesegnet, und sein Besitz hat sich im Land ausgebreitet. Aber strecke doch einmal Deine Hand aus und taste alles an, was er hat; er wird Dir gewiss ins Angesicht fluchen." (Hiob 1,6-11)

Satan und seine dämonische Armee erheben dieselben Anschuldigungen gegen dich vor Gott. Wie diese Schriftstelle sagt, klagt er die Menschen Tag und Nacht vor Gott an. In dieser Schriftstelle ist Satan „der Ankläger".

> Ich hörte eine laute Stimme im Himmel sagen: „Nun ist das Heil und die Macht und das Reich unseres Gottes und die Autorität Seines Christus gekommen; denn der Ankläger unserer Brüder ist hinabgeworfen worden, der sie vor unserem Gott Tag und Nacht verklagt." (Offenbarung 12,10)

11.4. Die Sünde hat Konsequenzen

Unser Sündenproblem ist eine schreckliche Nachricht für uns, denn Sünde hat mehrere Konsequenzen. Gott sagte, dass Sünder nicht im Himmel leben dürfen. Das liegt daran, dass Sünde uns von Gott trennt. Erinnere dich daran, dass du vollkommen sein musst, um im Himmel bei Gott zu leben, weil Gott vollkommen und heilig ist. Es braucht nur eine Sünde oder Missetat, um dich aus dem Himmel fernzuhalten und deinen Namen aus dem Buch des Lebens löschen zu lassen. Dir sollte inzwischen klar werden, dass du viel mehr Sünden hast als nur eine. Du verdienst es nicht, im Himmel zu leben, weil du ein Sünder bist. Das „Lamm" ist ein Hinweis auf Jesus.

> Sondern eure Ungerechtigkeiten haben eine Scheidung gemacht zwischen euch und eurem Gott, und eure Sünden haben Sein Angesicht vor euch verborgen. (Jesaja 59,2)

> Jahwe sprach zu Mose: „Wer gegen Mich gesündigt hat, den werde Ich aus Meinem Buch auslöschen." (2. Mose 32,33)

> Es wird keinesfalls etwas Unreines hineinkommen, noch wer Gräuel oder Lüge verübt, sondern nur die, die geschrieben stehen im Buch des Lebens des Lammes. (Offenbarung 21,27)

Wenn Sünder also nicht im Himmel leben können, bedeutet das, dass wir dazu bestimmt sind, an dem anderen Ort zu leben, der Hölle. Das ist die schlimmste Konsequenz. Gott hat eine Strafe für die Sünde vorgesehen. Es ist die Ewigkeit in der Hölle, ein zweiter Tod, der ewig dauert. Die zweite Schriftstelle hier ist eine Beschreibung des Endgerichts für die Menschheit, und die Toten stehen vor „dem Thron" Gottes.

> Denn der Lohn der Sünde ist der Tod, aber die Gnadengabe Gottes ist das ewige Leben in Christus Jesus, unserem Herrn. (Römer 6,23)

> Und ich sah die Toten, die Großen und die Kleinen, vor dem Thron stehen, und Bücher wurden geöffnet. Und ein anderes Buch wurde geöffnet, welches das Buch des Lebens ist. Und die Toten wurden gerichtet nach dem, was in den Büchern geschrieben steht, nach ihren Werken. Und das Meer gab die Toten heraus, die in ihm waren; und der Tod und der Hades gaben die Toten heraus, die in ihnen waren; und sie wurden gerichtet, ein jeder nach seinen Werken. Und der Tod und der Hades wurden in den Feuersee geworfen. Dies ist der zweite Tod, der Feuersee. Und wenn jemand nicht im Buch des Lebens eingeschrieben gefunden wurde, so wurde er in den Feuersee geworfen. (Offenbarung 20,12-15)

Satan war der erste Sünder, nicht Adam. Gott hat die Hölle als Strafe für Satan erschaffen. Die Hölle ist der Ort, an den gefallene Engel und Menschen kommen, die ewig von Gott getrennt sind. Es ist der Ort, an den gefallene Engel und Menschen gehen, die für Gott tot sind. Die Hölle ist der ewige Friedhof. In dieser Schriftstelle sehen wir Jesus bei Seiner Wiederkunft. Er schickt die Sünder, die ihren Glauben nicht in Ihn gesetzt haben, in den Feuersee, und Er sagt genau das. Das ewige Feuer ist für den Teufel gedacht. Der „Menschensohn" ist Jesus.

> Wenn aber der Menschensohn kommen wird in Seiner Herrlichkeit und alle heiligen Engel mit Ihm, dann wird Er auf dem Thron Seiner Herrlichkeit sitzen. … Dann wird Er … sagen: „Geht weg von Mir, ihr Verfluchten, in das ewige Feuer, das bereitet ist dem Teufel und seinen Engeln." (Matthäus 25,31.41)

Du weißt genauso gut wie ich, dass es unmöglich ist, alle Gebote Gottes zu befolgen. Sündhaftigkeit liegt in unserer Natur. Da Sünder den Tod, den Feuersee und ewige Strafe verdienen, haben wir eindeutig ein Problem mit den schlimmsten ewigen Konsequenzen.

11.5. Gott liebt dich

Nun kommen wir zu der großartigen Nachricht. Gott liebt dich!

> Lobet Jahwe, alle ihr Nationen! Preiset Ihn, alle ihr Völker! Denn Seine Güte ist groß über uns. Jahwes Treue währt ewiglich. Lobet Jah! (Psalm 117,1-2)

Gottes Liebe zu uns ist so stark, dass nichts uns von ihr trennen kann. Weder der Tod, böse gefallene Engel, andere Menschen, unsere eigene Sünde oder irgendetwas anderes. Gottes Liebe zu uns ist rein, bedingungslos und unzerbrechlich.

> Wer will uns scheiden von der Liebe Christi? Trübsal oder Angst oder Verfolgung oder Hunger oder Blöße oder Gefahr oder Schwert? Wie geschrieben steht: „Um Deinetwillen werden wir den ganzen Tag getötet. Wir sind geachtet wie Schlachtschafe." Aber in all diesen Dingen sind wir mehr als Überwinder durch Den, der uns geliebt hat. Denn ich bin überzeugt, dass weder Tod noch Leben, weder Engel noch Mächte, noch Gegenwärtiges noch Zukünftiges, noch Gewalten, weder Hohes noch Tiefes, noch irgendein anderes Geschöpf uns wird scheiden können von der Liebe Gottes, die in Christus Jesus ist, unserem Herrn. (Römer 8,35-39)

Weil Gott dich liebt, hat Er dich für den Himmel erschaffen, damit du die Ewigkeit bei Ihm verbringen kannst. Erinnere dich, ich habe dir vorhin erzählt, dass Gott die Ewigkeit in unsere Herzen gelegt hat. Das liegt daran, dass Gott möchte, dass wir wissen, wo unser Zuhause ist. Unser rechtmäßiges Zuhause ist bei Gott im Himmel. Dort hat alles angefangen, bevor die Sünde ins Spiel kam. Adam und Eva lebten mit Gott im Garten Eden. In dieser Schriftstelle lernen wir, dass Gott jetzt eine Stadt im Himmel für uns vorbereitet hat. Abraham sehnte sich danach, in dieser himmlischen Stadt zu leben, die Gott gebaut hat.

> Durch Glauben … wohnte Abraham als ein Fremder im Land der Verheißung wie in einem fremden Land und wohnte in Zelten mit Isaak und Jakob, den Miterben derselben Verheißung. Denn er wartete auf die Stadt, die Fundamente hat, deren

> Baumeister und Schöpfer Gott ist. Durch Glauben empfing auch Sara selbst Kraft, schwanger zu werden, und sie gebar ein Kind, obwohl sie über das Alter hinaus war, da sie Den für treu hielt, der es verheißen hatte. Darum sind auch von einem Einzigen, und zwar von einem Erstorbenen, so viele gezeugt worden wie die Sterne am Himmel an Menge und wie der Sand am Ufer des Meeres, der unzählbar ist. Diese alle sind im Glauben gestorben und haben die Verheißungen nicht empfangen, sondern sie von fern gesehen und begrüßt und bekannt, dass sie Fremde und Pilger auf Erden seien. Für diejenigen, die solches sagen, geben damit zu verstehen, dass sie ein Vaterland suchen. Und wenn sie jenes im Sinn gehabt hätten, von dem sie ausgegangen waren, so hätten sie Zeit gehabt, zurückzukehren. Nun aber sehnen sie sich nach einem besseren, das ist einem himmlischen. Darum schämt Sich Gott ihrer nicht, ihr Gott genannt zu werden; denn Er hat ihnen eine Stadt bereitet. (Hebräer 11,8-16)

Freust du dich auf die Stadt im Himmel, die Gott für dich gebaut hat? Willst du sie nicht sehen und den Raum sehen, den Er eigens für dich vorbereitet hat? Gott hat dies für dich getan, weil Er dich liebt. Er hat einen Weg geschaffen, damit du in deiner himmlischen Heimat ruhen kannst, als Er dein Sündenproblem gelöst hat.

11.6. Gott hat dein Sündenproblem gelöst

Der Grund, warum Gott einen Platz im Himmel für dich vorbereitet, obwohl du es verdienst, wegen deiner Sünden gegen Ihn in die Hölle zu kommen, ist, dass Er dein Sündenproblem gelöst hat. Gott hat einen Weg geschaffen, damit du die Ewigkeit im Himmel verbringen kannst. Gott liebt dich so sehr, dass Er Seinen Sohn gesandt hat, um deine Strafe für die Sünde auf Sich zu nehmen. Das ist richtig. Gott sah deine Sünde, rechnete sie stattdessen Seinem Sohn an, und Sein Sohn starb für dich. Denn das ist die Strafe für die Sünde: der Tod. Mehr noch, du wirst erfahren, dass Gottes Sohn Gott im Fleisch ist. Lass das einen Moment sacken. Das bedeutet, Gott starb für dich, damit du die ganze Ewigkeit mit Ihm verbringen kannst, während Er dich mit Segnungen überhäuft. Es ist schwer, eine Liebe wie die Gottes zu begreifen.

<u>Wer ist also Gottes Sohn?</u>
Jesus Christus ist der „Sohn" Gottes. In dieser Schriftstelle lernen wir, dass Gott Seinen Sohn zum Erben von allem eingesetzt hat und dass Gott die Welten durch Ihn erschaffen hat. Sein Sohn strahlt auch Gottes Herrlichkeit

aus. Er ist das „Abbild Seines Wesens". Das bedeutet, Er ist Gott im Fleisch. Wir sehen auch, dass Sein Sohn uns von unseren Sünden gereinigt hat und Sich danach zur Rechten Gottes gesetzt hat. Gott ist „die Majestät". Alle Engel beten Gottes Sohn an.

> [Gott] hat am Ende dieser Tage zu uns gesprochen durch Seinen Sohn, den Er zum Erben von allem eingesetzt hat, durch den Er auch die Welten gemacht hat. Dieser Sohn ist der Ausfluss Seiner Herrlichkeit und das Abbild Seines Wesens und trägt alle Dinge durch das Wort Seiner Macht; Er hat Sich, nachdem Er die Reinigung von unseren Sünden durch Sich Selbst vollbracht hatte, zur Rechten der Majestät in der Höhe gesetzt und ist so viel höher geworden als die Engel, wie der Name, den Er geerbt hat, vorzüglicher ist als der ihre. Denn zu welchem der Engel hat Er jemals gesagt: „Du bist Mein Sohn, heute habe Ich Dich gezeugt"? Und wiederum: „Ich werde Ihm ein Vater sein, und Er wird Mir ein Sohn sein"? Und wenn Er den Erstgeborenen wieder in die Welt einführt, spricht Er: „Und alle Engel Gottes sollen Ihn anbeten." (Hebräer 1,2-6)

Jesus ist Gott im Fleisch. Denke daran, dass Gott allmächtig (omnipotent) ist. Gott weiß alles und ist allwissend (omniszient). Gott ist zu jeder Zeit an allen Orten gegenwärtig, Er ist also allgegenwärtig (omnipräsent). Er hat alles erschaffen, was existiert. Er kann sich auf jede Weise offenbaren, die Er wählt: als Heiliger Geist, als Mensch, als brennender Busch usw. Er ist nicht darauf beschränkt, an einem Ort zur gleichen Zeit zu sein, so wie wir es sind. Er kann innerhalb oder außerhalb von Raum und Zeit wirken. Er hat diese schließlich erschaffen. Als Gott im Fleisch hat Jesus Sich dem Tod am Kreuz für dich unterzogen, weil Er dich liebt.

> Habt diese Gesinnung in euch, die auch in Christus Jesus war, der, da Er in der Gestalt Gottes war, es nicht für einen Raub hielt, Gott gleich zu sein, sondern Sich Selbst entäußerte, die Gestalt eines Dieners annahm und den Menschen gleich wurde. Und in Seiner äußeren Erscheinung als ein Mensch erfunden, erniedrigte Er Sich Selbst und wurde gehorsam bis zum Tod, ja, bis zum Tod am Kreuz. Darum hat Gott Ihn auch hoch erhöht und Ihm den Namen gegeben, der über alle Namen ist, damit in dem Namen Jesu sich jedes Knie beuge, derer, die im Himmel und auf Erden und unter der Erde sind, und jede Zunge bekenne, dass Jesus Christus Herr ist, zur Ehre Gottes, des Vaters. (Philipper 2,5-11)

Nun ist Jesus nicht einfach aus dem Himmel herausgetreten, als Mensch auf der Erde gelandet und hat dann angefangen, das Evangelium zu predigen. Nein, in der obigen Schriftstelle heißt es, dass Jesus Sich erniedrigte und gehorsam war. Jesus wurde geboren und wuchs genau wie wir auf. Jesus musste so leben wie wir, jeder Versuchung ausgesetzt, der wir ausgesetzt sind. Er musste das tun, um zu zeigen, dass Er Gott völlig gehorsam, vollkommen und sündlos ist. Diese untenstehende Schriftstelle ist ein Bericht über die Geburt Jesu. Sie offenbart, dass Jesus nicht auf menschlichem Wege gezeugt wurde. Er wurde von einer Jungfrau geboren und durch Gottes Heiligen Geist empfangen.

> Die Geburt Jesu Christi aber war so: Als Seine Mutter Maria mit Josef verlobt war, fand es sich, noch ehe sie zusammengekommen waren, dass sie schwanger war von dem Heiligen Geist. Josef aber, ihr Mann, der gerecht war und sie nicht öffentlich bloßstellen wollte, gedachte sie heimlich zu verlassen. Während er aber dies überlegte, siehe, da erschien ihm ein Engel des Herrn im Traum und sprach: „Josef, Sohn Davids, fürchte dich nicht, Maria, deine Frau, zu dir zu nehmen; denn das in ihr Gezeugte ist von dem Heiligen Geist. Sie wird aber einen Sohn gebären, und du sollst Ihm den Namen Jesus geben; denn Er wird Sein Volk retten von seinen Sünden." (Matthäus 1,18-21)

Das bedeutet, Jesus ist ganz Gott und ganz Mensch.

> Denn in Christus lebt die ganze Fülle Gottes in einem menschlichen Körper. (Kolosser 2,9 Neue Lebende Übersetzung)

Und was hat Jesus genau getan?

Gott sei Dank kam Jesus dir zu Hilfe. Gott sandte Seinen Sohn Jesus auf die Erde, um das sündlose Leben zu führen, das du nicht führen kannst. Gott legte dann all dein sündiges Verhalten auf Jesus und kreuzigte Ihn dafür. Jesus musste sterben, weil Gott sagte, dass die Strafe für Sünde der Tod ist. Jesus nahm deine Sünden auf Sich und starb an deiner Stelle. Jesus starb, damit du mit Ihm und Gott im Himmel leben kannst. Jesus tat das, um zu beweisen, wie sehr Er dich liebt. Diese Schriftstellen sprechen alle über Jesus und wie Er für deine Sünden gestorben ist.

> Denn Er hat Den, der von keiner Sünde wusste, für uns zur Sünde gemacht, damit wir in Ihm zur Gerechtigkeit Gottes würden. (2. Korinther 5,21)

> Denn ich habe euch vor allem überliefert, was ich auch empfangen habe: dass Christus für unsere Sünden gestorben ist nach den Schriften, und dass Er begraben wurde und dass Er auferweckt worden ist am dritten Tag nach den Schriften. (1. Korinther 15,3-4)

Er hat unsere Sünden Selbst an Seinem Körper an das Holz hinaufgetragen, damit wir, den Sünden abgestorben, der Gerechtigkeit leben; durch Seine Wunden seid ihr geheilt worden. (1. Petrus 2,24)

Meine Kindlein, ich schreibe euch dies, damit ihr nicht sündigt. Und wenn jemand sündigt, so haben wir einen Beistand bei dem Vater, Jesus Christus, den Gerechten. Und Er ist das Sühnopfer für unsere Sünden, aber nicht nur für die unseren, sondern auch für die der ganzen Welt. (1. Johannes 2,1-2)

Das Wort ist gewiss und aller Annahme würdig, dass Christus Jesus in die Welt gekommen ist, um Sünder zu retten. (1. Timotheus 1,15)

Wie konnte Jesus meine Sünde auf Sich nehmen?

Es gibt einige Gründe, warum Jesus in der Lage war, deine Sünde auf Sich zu nehmen. Erstens ist Er Gott, und das bedeutet, Er ist gewiss fähig, deine Sünde auf Sich zu nehmen, da Er allmächtig und allwissend ist. Er kannte alle Sünden, die du begehen würdest, noch bevor du geboren wurdest. Er legte sie alle auf Sich Selbst.

Zweitens bedeutet die Tatsache, dass Jesus auch vollkommen Mensch ist, dass Er Sich Selbst als Stellvertreter für einen Menschen einsetzen kann. Erinnere dich, Er hat Sich jeder Versuchung und jedem Gefühl unterzogen, das wir haben. Er musste auch Mensch sein, damit Er für uns sterben konnte, da das unsere Strafe für die Sünde ist. In diesen Versen ist Jesus „der Sohn".

Da nun die Kinder Gottes Menschenwesen sind – aus Fleisch und Blut gemacht – wurde auch der Sohn Fleisch und Blut. Denn nur als menschliches Wesen konnte Er sterben, und nur durch das Sterben konnte Er die Macht des Teufels brechen, der die Macht über den Tod hatte. Nur auf diese Weise konnte Er alle befreien, die ihr Leben lang Sklaven der Todesfurcht gewesen waren. Wir wissen auch, dass der Sohn nicht kam, um Engeln zu helfen; Er kam, um den Nachkommen Abrahams zu helfen. (Hebräer 2,14-16 Neue Lebende Übersetzung)

Schließlich hat Jesus als Mensch nie gesündigt. Er führte das vollkommene Leben, das wir nicht führen können. Das konnte Er nur, weil Er auch vollkommen Gott ist. Jesus war unser vollkommener Stellvertreter. Diese Schriftstelle handelt von Jesus, dem „Hohenpriester", und davon, wie Er in der Tat für diese Aufgabe geeignet war.

Er aber, weil Er in Ewigkeit bleibt, hat ein unübertragbares Priestertum. Daher kann Er auch diejenigen vollkommen erretten, die durch Ihn zu Gott kommen, da

Er ewig lebt, um für sie einzutreten. Denn ein solcher Hohepriester war für uns angemessen: heilig, schuldlos, unbefleckt, abgesondert von den Sündern und höher als die Himmel geworden; Er hat es nicht nötig, wie jene Hohenpriester täglich zuerst für die eigenen Sünden Opfer darzubringen und dann für die des Volkes. Denn dies hat Er ein für alle Mal getan, als Er Sich Selbst opferte. (Hebräer 7,24-27)

In vergangenen Zeiten opferte Gottes Volk Tiere, um für ihre Sünden zu sühnen. Mehr noch, sie mussten diese Tiere ständig opfern. Mit Jesus fiel das alles weg. Diese Opfer werden nicht mehr benötigt. Sie waren nur ein Schatten dessen, was mit Jesus kommen sollte. Jesus wurde ein für alle Mal für jeden geopfert.

Denn da das Gesetz nur einen Schatten der zukünftigen guten Dinge hat, nicht das Ebenbild der Dinge selbst, kann es mit den gleichen Opfern, die sie Jahr für Jahr ununterbrochen darbringen, die Hinzutretenden niemals vollkommen machen. ... Aber in jenen Opfern liegt eine jährliche Erinnerung an die Sünden. Denn es ist unmöglich, dass das Blut von Stieren und Böcken Sünden wegnimmt. Darum spricht Er bei Seinem Eintritt in die Welt: „Schlachtopfer und Speisopfer hast Du nicht gewollt, einen Leib aber hast Du Mir bereitet." ... durch diesen Willen sind wir geheiligt durch das ein für alle Mal geschehene Opfer des Leibes Jesu Christi. (Hebräer 10,1.3-5.10)

Es ist der Schweiß und das Blut Jesu, das deine Seele rettet. Der Lohn der Sünde ist der Tod, und das Leben findet sich im Blut. Daher ist Blut erforderlich, damit der Lohn der Sünde bezahlt werden kann.

Denn das Leben des Fleisches ist im Blut. Ich habe es euch auf dem Altar gegeben, um Sühnung zu erwirken für eure Seelen; denn das Blut ist es, das Sühnung bewirkt durch das Leben. (3. Mose 17,11)

Es ist das Blut Jesu, das deine Sünden abgewaschen hat.

Aber – „Als Gott, unser Retter, Seine Güte und Liebe offenbarte, hat Er uns gerettet, nicht wegen der gerechten Taten, die wir vollbracht hatten, sondern wegen Seiner Barmherzigkeit. Er hat unsere Sünden abgewaschen und uns durch den Heiligen Geist eine neue Geburt und ein neues Leben geschenkt." (Titus 3,4-5 Neue Lebende Übersetzung)

Wie ist Jesus für mich gestorben?

Ich möchte, dass du erkennst, dass der Tod Jesu kein gewöhnlicher Tod war. Denke daran, Sein Tod ist der Tod, den du verdienst. Es ist also wichtig für dich, die volle Tragweite dessen zu verstehen, was Er für dich getan hat. Er wurde gekreuzigt. Dies ist eine der schrecklichsten Arten zu sterben. Die Perser praktizierten die Kreuzigung als Erste, aber die Römer vervollkommneten sie, um maximale Schmerzen zu verursachen und das Sterben hinauszuzögern. Lesen wir den Bericht über die Kreuzigung Jesu von Johannes, einem Seiner Jünger, der ein Augenzeuge war.

> Pilatus nahm nun Jesus und ließ Ihn geißeln. Und die Soldaten flochten eine Krone aus Dornen und setzten sie auf Sein Haupt und legten Ihm ein purpurnes Gewand um. Und sie sagten immer wieder: „Sei gegrüßt, König der Juden!" und gaben Ihm Schläge ins Gesicht. … Jesus kam nun heraus und trug die Dornenkrone und das purpurne Gewand. Und Pilatus spricht zu ihnen: „Seht, der Mensch!" Als nun die Hohenpriester und die Diener Ihn sahen, schrien sie und sagten: „Kreuzige! Kreuzige!" Pilatus spricht zu ihnen: „Nehmt ihr Ihn hin und kreuzigt Ihn, denn ich finde keine Schuld an Ihm." Die Juden antworteten ihm: „Wir haben ein Gesetz, und nach dem Gesetz muss Er sterben, weil Er Sich Selbst zu Gottes Sohn gemacht hat." … Dann lieferte er Ihn nun an sie aus, damit Er gekreuzigt werde. Sie nahmen aber Jesus und führten Ihn weg. … Dort kreuzigten sie Ihn, und mit Ihm zwei andere, auf dieser und auf jener Seite, Jesus aber in der Mitte. Pilatus schrieb aber auch eine Aufschrift und setzte sie auf das Kreuz. Es war aber geschrieben: „JESUS VON NAZARETH, DER KÖNIG DER JUDEN." … Die Soldaten nun, als sie Jesus gekreuzigt hatten, nahmen Seine Kleider und machten vier Teile, für jeden Soldaten einen Teil, und den Leibrock. Der Leibrock aber war ohne Naht, von oben an durchgewebt. Da sprachen sie zueinander: „Lasst uns ihn nicht zerreißen, sondern um ihn losen, wessen er sein soll", damit die Schrift erfüllt würde, die sagt: „Sie haben meine Kleider unter sich geteilten, und über mein Gewand haben sie das Los geworfen." Dies nun taten die Soldaten. … Danach, da Jesus wusste, dass alles schon vollbracht war, damit die Schrift erfüllt würde, spricht Er: „Mich dürstet!" Es stand nun ein Gefäß voll Essig da; sie nun füllten einen Schwamm mit Essig, legten ihn um einen Ysop und hielten ihn an Seinen Mund. Als nun Jesus den Essig genommen hatte, sprach Er: „Es ist vollbracht!" Und Er neigte das Haupt und übergab den Geist. Die Juden nun baten den Pilatus, damit die Körper nicht am Sabbat am Kreuz blieben, weil es Rüsttag war (denn jener Sabbatstag war groß), dass ihre Beine gebrochen und sie abgenommen würden. Da kamen die Soldaten und brachen dem ersten die Beine und dem anderen, der mit Ihm gekreuzigt war; als sie aber zu Jesus kamen und sahen, dass Er schon gestorben war, brachen sie Ihm die Beine nicht. Sondern einer der Soldaten durchbohrte Seine Seite mit einem Speer, und sogleich kam Blut und Wasser heraus. (Johannes 19,1-3.5-7.16.18-19.23-24.28-34)

Hier ist eine medizinische Beschreibung der Kreuzigung von einem modernen Arzt, Dr. C. Truman Davis.[36] Die Tortur Jesu begann im Garten Gethsemane, wo Er unter so großem Stress stand, weil Er wusste, was bevorstand, dass Er Blut schwitzte. Dies wird Hämatidrose genannt. Es passiert, wenn die kleinen Kapillaren in den Schweißdrüsen platzen. In dieser Schriftstelle spricht Jesus.

> „Vater, wenn Du willst, nimm diesen Kelch von Mir weg. Doch nicht Mein Wille, sondern der Deine geschehe!" Da erschien Ihm ein Engel vom Himmel und stärkte Ihn. Und als Er in Todesangst war, betete Er noch inständiger. Sein Schweiß wurde wie große Blutstropfen, die auf die Erde fielen. (Lukas 22,42-44)

Als Nächstes lesen wir, dass Pilatus Jesus geißeln ließ. Jesus wurde nackt ausgezogen und seine Hände wurden über seinem Kopf an einen Pfahl gebunden. Ein römischer Soldat benutzte dann ein Flagrum oder Flagellum, um Ihn auszupeitschen. Es bestand aus Lederstreifen, an deren Enden Bleikugeln befestigt waren. Sein Rücken, seine Schultern und seine Beine wurden ausgepeitscht. Die Streifen schnitten zuerst durch die Haut und dann in die Venen. Wie du dir vorstellen kannst, verursachte das sehr starke Blutungen. Es riss Ihm buchstäblich das Fleisch vom Leib. Seine Haut hing in langen Fetzen herab. Der Soldat hörte auf, als Jesus dem Tode nahe schien.

> Dann ließ Pilatus Jesus mit einer bleibeschwerten Peitsche geißeln. (Johannes 19,1 Neue Lebende Übersetzung)

Das Kreuz, an das Jesus genagelt wurde, war wie ein T geformt. Der Hauptbalken war im Boden befestigt. Jesus wurde also gezwungen, den Querbalken vom Gefängnis zur Kreuzigungsstätte zu tragen. Er wog wahrscheinlich über 45 kg. Wie du dir vorstellen kannst, kam Er nicht sehr weit, bevor Er unfähig war, ihn zu tragen, woraufhin ein römischer Soldat einen Zuschauer auswählte, um ihn für Ihn zu tragen. Jesus, dem Tode nahe, ging dann ca. 600 Meter zur Kreuzigungsstätte. Er ging sechseinhalb American-Football-Felder weit.

> Und als sie Ihn wegführten, ergriffen sie einen gewissen Simon von Kyrene, der vom Feld kam, und legten ihm das Kreuz auf, damit er es Jesus nachtrage. (Lukas 23,26)

Jesus wurde dann an das Kreuz genagelt. Die großen Eisennägel, mit denen Er am Kreuz befestigt wurde, wurden durch die Knochen Seiner Handgelenke getrieben. Mit leicht gebeugten Knien wurde Sein linker Fuß gegen Seinen rechten Fuß gepresst und ein Nagel wurde durch das Fußgewölbe beider Füße getrieben. Jesus ist nun gekreuzigt. Während Er dort hing, sank Er langsam immer weiter nach unten. Um den unerträglichen Schmerz zu lindern, versuchte Er Sich aufzurichten, wodurch Er Sein Gewicht auf den Nagel durch Seine Füße verlagerte und erneut Qualen erlitt. Seine Muskeln ermüdeten schließlich. Da Er Sich nicht mehr aufrichten konnte, war Er nicht mehr in der Lage zu atmen. Dann kam Seine letzte Qual, als Flüssigkeit den Herzbeutel füllte und das Herz zerquetschte. Nachdem Jesus gestorben war, durchbohrte ein römischer Soldat Seine Seite, und Blut und Wasser kamen heraus. Jesus starb buchstäblich an einem gebrochenen Herzen. Hier ist ein Psalm über Jesus und diese Tortur.

> Ich bin ausgeschüttet wie Wasser. Alle meine Knochen sind ausgerenkt. Mein Herz ist wie Wachs geworden. Es ist zerschmolzen in meinem Inneren. (Psalm 22,14)

Er starb an jenem Kreuz für dich. Weißt du, was Jesus sagte, während Er an dieses Kreuz genagelt wurde? Er bat Gott, den Vater, den Menschen zu vergeben, die Ihm das angetan hatten.

> Und als sie an den Ort kamen, der „Schädelstätte" genannt wird, kreuzigten sie dort Ihn und die Übeltäter, den einen zur Rechten, den anderen zur Linken. Jesus aber sprach: „Vater, vergib ihnen, denn sie wissen nicht, was sie tun!" Und sie verteilten Seine Kleider und warfen das Los darüber. (Lukas 23,33-34)

Diese schreckliche Beschreibung eines qualvollen Todes ist der Tod, den du verdienst. Du bist der Grund, warum Jesus an diesem Kreuz war. Aber Jesus hat dir deine Sünden vergeben, die Ihn dorthin gebracht haben! Fängst du an zu verstehen, wie tief das ist, was Jesus für dich getan hat?

Für deine Sünden zu sterben, war nur die Hälfte dessen, was Jesus getan hat. Siehst du, Jesus war nur für wenige Tage tot. Sehen wir uns an, was geschah, als Frauen drei Tage später zu Seinem Grab kamen.

> Nach dem Sabbat aber, als der erste Tag der Woche anbrach, kamen Maria Magdalena und die andere Maria, um das Grab zu besehen. Und siehe, es geschah ein großes Erdbeben; denn ein Engel des Herrn kam vom Himmel herab, trat hinzu, wälzte den Stein von der Tür weg und setzte sich darauf. Sein Aussehen war wie ein Blitz und sein Gewand weiß wie Schnee. Vor Furcht aber vor ihm bebten die Wächter und wurden wie Tote. Der Engel aber antwortete und sprach zu den Frauen: „Fürchtet euch nicht! Denn ich weiß, dass ihr Jesus sucht, den Gekreuzigten. Er ist nicht hier; denn Er ist auferstanden, wie Er gesagt hat. Kommt her, seht den Ort, wo der Herr gelegen hat!" … Und sie gingen schnell vom Grab weg mit Furcht und großer Freude und liefen, um es Seinen Jüngern zu

> verkünden. Und als sie hingingen, um es Seinen Jüngern zu verkünden, siehe, da begegnete ihnen Jesus und sprach: „Seid gegrüßt!" Sie aber traten hinzu, umfassten Seine Füße und beteten Ihn an. (Matthäus 28,1-6.8-9)

Jesus hat den Tod besiegt und ist aus dem Grab auferstanden!

> Diesen, der nach dem festgesetzten Ratschluss und nach Vorherwissen Gottes dahingegeben worden war, habt ihr durch die Hand Gesetzloser an das Kreuz geschlagen und getötet. Ihn hat Gott auferweckt, indem Er die Wehen des Todes löste, weil es unmöglich war, dass Er von ihm festgehalten würde. (Apostelgeschichte 2,23-24 Neue Lebende Übersetzung)

Nur Gott hat die Macht über Leben und Tod. Indem Er das tat, bewies Jesus, dass Er Gott ist. Er bewies, dass Er in der Tat die Macht hat, deine Sünden wegzunehmen.

> Gott hat diese Gute Botschaft vor langer Zeit durch Seine Propheten in den heiligen Schriften versprochen. Die Gute Botschaft handelt von Seinem Sohn. In Seinem irdischen Leben wurde Er in die Familienlinie von König David geboren, und Er wurde als Sohn Gottes erwiesen, als Er durch die Kraft des Heiligen Geistes von den Toten auferweckt wurde. Er ist Jesus Christus, unser Herr. Durch Christus hat Gott uns das Vorrecht und die Vollmacht als Apostel gegeben, den Heiden überall zu erzählen, was Gott für sie getan hat, damit sie an Ihn glauben und Ihm gehorchen und Seinem Namen Ehre bereiten. (Römer 1,2-5 Neue Lebende Übersetzung)

Nachdem Jesus auferstanden war, diente Er den Menschen viele Tage lang und kehrte dann in den Himmel zurück. Dort ist Er im Moment, zur Rechten Gottes. Der „Herr" ist Jesus.

> Der Herr nun wurde, nachdem Er mit ihnen geredet hatte, aufgenommen in den Himmel und setzte Sich zur Rechten Gottes. (Markus 16,19)

Jesus machte die Ereignisse rückgängig, die ganz am Anfang im Garten mit Adam, Eva und Satan begannen. Dies war Gottes Plan von Anfang an. Satan ist besiegt!

<u>Warum hat Jesus dieses schreckliche Schicksal für mich erlitten?</u>
Liebe! Jesus, Gott im Fleisch, hatte die Macht, von diesem Kreuz herabzusteigen und wegzugehen. Die Liebe zu dir ist es, was Ihn dort hielt.

Schau dir diese Schriftstelle an. Jesus wird im Garten Gethsemane verhaftet. Es ist vor Seiner Kreuzigung. Wir sehen Jesus sagen, dass Er mehr als zwölf Legionen Engel zu Seiner Hilfe rufen könnte. Weißt du, wie groß eine Legion ist? Zu dieser Zeit waren es 5.000 Männer. Das bedeutet, Jesus hätte mehr als 60.000 Engel rufen können, um Ihn zu retten.[37] Aber Er tat es nicht!

> Jesus aber sprach zu ihm: „Freund, wozu bist du gekommen?" Da traten sie hinzu, legten die Hände an Jesus und nahmen Ihn fest. Und siehe, einer von denen, die bei Jesus waren, streckte die Hand aus, zog sein Schwert, schlug den Diener des Hohenpriesters und hieb ihm ein Ohr ab. Da sprach Jesus zu ihm: „Stecke dein Schwert wieder an seinen Platz! Denn alle, die zum Schwert greifen, werden durch das Schwert umkommen. Oder meinst du, Ich könnte nicht Meinen Vater bitten, dass Er Mir jetzt mehr als zwölf Legionen Engel schicke? Wie sollten aber dann die Schriften erfüllt werden, dass es so geschehen muss?" (Matthäus 26,50-54)

Jesus musste keine Engel rufen, um Sich Selbst zu retten. Er hatte die Macht, Sich Selbst zu retten, wenn Er gewollt hätte. Der Punkt ist, Er tat es nicht. Er erlitt dieses schreckliche Schicksal am Kreuz freiwillig. Jesus ist derjenige, der hier spricht.

> Darum liebt Mich der Vater, weil Ich Mein Leben lasse, um es wiederzunehmen. Niemand nimmt es von Mir, sondern Ich lasse es von Mir Selbst aus. Ich habe Vollmacht, es zu lassen, und habe Vollmacht, es wiederzunehmen. (Johannes 10,17-18)

Die Liebe zu dir ist es, was Jesus an diesem Kreuz hielt. Es gab keinen besseren Weg für Jesus, zu beweisen, wie sehr Er dich liebt. Diese Verse sind die Worte Jesu.

> Wie Mich der Vater geliebt hat, so habe auch Ich euch geliebt; bleibet in Meiner Liebe. … Dies ist Mein Gebot, dass ihr einander liebt, gleichwie Ich euch geliebt habe. Größere Liebe hat niemand als die, dass einer sein Leben lässt für seine Freunde. (Johannes 15,9.12-13)

Liebe. Gott liebt dich und möchte die Ewigkeit mit dir verbringen. Erinnere dich, Er hat dich einzigartig und wunderbar erschaffen. Dies ist keine gewöhnliche Liebe, wie wir Menschen sie erleben. Wir lieben eine andere Person, weil wir sie attraktiv finden, und für unsere Liebe erwarten wir Liebe zurück. Wir neigen dazu, Gott dieselben Attribute zuzuschreiben. Das ist jedoch nicht die Art, wie Gott liebt. Gottes Liebe ist bedingungslose Liebe.

Jesus starb für uns unwürdige Sünder. So sehr liebt Er dich. Gottes Liebe kennt keine Grenzen. Sie ist unendlich, so wie Er Selbst es ist.

> Denn so sehr hat Gott die Welt geliebt, dass Er Seinen eingeborenen Sohn gab, damit jeder, der an Ihn glaubt, nicht verloren gehe, sondern ewiges Leben habe. (Johannes 3,16)

> Gott aber, der reich ist an Barmherzigkeit, hat um Seiner großen Liebe willen, mit der Er uns geliebt hat, auch uns, die wir tot waren durch die Übertretungen, mit Christus lebendig gemacht – aus Gnade seid ihr gerettet – und hat uns mitauferweckt und mitgesetzt in die himmlischen Regionen in Christus Jesus. (Epheser 2,4-6)

> Denn als wir noch schwach waren, starb Christus zur rechten Zeit für die Gottlosen. Denn kaum wird jemand für einen Gerechten sterben; für einen guten Menschen würde vielleicht jemand sogar zu sterben wagen. Gott aber beweist Seine Liebe zu uns darin, dass Christus für uns starb, als wir noch Sünder waren. (Römer 5,6-8)

11.7. Du kannst gerettet werden

Nun, da du weißt, was Gott und Jesus für dich getan haben, ist es ganz einfach, das in Anspruch zu nehmen und gerettet zu werden. Alles, was du tun musst, ist glauben.

Glaube, dass Jesus der Sohn Gottes ist.

> Glaube, dass Jesus der Christus ist, der Sohn Gottes, und dass du durch den Glauben das Leben hast in Seinem Namen. (Johannes 20,31)

Glaube, dass Jesus für deine Sünden gestorben und danach aus dem Grab auferstanden ist.

> Denn ich habe euch vor allem überliefert, was ich auch empfangen habe: dass Christus für unsere Sünden gestorben ist nach den Schriften, und dass Er begraben wurde und dass Er auferweckt worden ist am dritten Tag nach den Schriften. (1. Korinther 15,2-3)

> Denn Gott hat Jesus als das Sühnopfer für die Sünde dargestellt. Menschen werden vor Gott gerecht gesprochen, wenn sie glauben, dass Jesus Sein Leben geopfert und Sein Blut vergossen hat. Dieses Opfer zeigt, dass Gott gerecht war, als Er Sich zurückhielt und diejenigen nicht bestrafte, die in vergangenen Zeiten sündigten. (Römer 3,25 Neue Lebende Übersetzung)

Glaube, dass Jesus der Weg zum Himmel ist, weil Jesus Selbst die Wahrheit ist. Du kannst das ewige Leben nur durch Jesus haben.

> Jesus sagte zu ihm: „Ich bin der Weg, die Wahrheit und das Leben. Niemand kommt zum Vater als nur durch Mich." (Johannes 14,6)

Glaube, dass Gott dies als Geschenk für dich getan hat. Es erfordert nur Glauben deinerseits. Es gibt nichts, was du tun kannst, um es dir zu verdienen.

> Denn aus Gnade seid ihr gerettet durch Glauben, und das nicht aus euch: Gottes Gabe ist es. (Epheser 2,8)

Glaube! Das ist es, was der Verbrecher am Kreuz neben Jesus tat. Deshalb ist er bei Jesus im Himmel. Das Paradies ist der Himmel. Sehen wir uns das Gespräch an, das Jesus mit beiden Verbrechern führte.

> Einer der Übeltäter aber, die da hingen, lästerte Ihn und sprach: „Bist Du der Christus, so rette Dich Selbst und uns!" Der andere aber antwortete, wies ihn zurecht und sprach: „Fürchtest auch du Gott nicht, da du doch in demselben Gericht bist? Und wir zwar gerechterweise, denn wir empfangen, was unsere Taten wert sind; dieser aber hat nichts Unrechtes getan." Und er sprach zu Jesus: „Herr, gedenke meiner, wenn Du in Dein Reich kommst!" Und Jesus sprach zu ihm: „Wahrlich, Ich sage dir: Heute wirst du mit Mir im Paradies sein." (Lukas 23,39-43)

Der Verbrecher wusste, dass er ein Sünder war. Er wusste, dass er es verdient hatte, für seine unrechtmäßigen Taten zu sterben.

> Und wir zwar gerechterweise, denn wir empfangen, was unsere Taten wert sind; dieser aber hat nichts Unrechtes getan. (Lukas 23,41)

Der Verbrecher wusste, dass Jesus der Herr war, dass Jesus in Sein himmlisches Reich ging und dass Jesus die Macht hatte, ihn zu retten.

> Er sprach zu Jesus: „Herr, gedenke meiner, wenn Du in Dein Reich kommst!" (Lukas 23,42)

Du kannst auf dem gleichen Weg in den Himmel kommen wie dieser Verbrecher. Es geht nicht darum, wie gut ein Mensch du bist, wie oft du in die Kirche gehst, in welche Kirche du gehst, ob du getauft wurdest oder wie erfolgreich du bist. Du musst nur glauben.

Glauben zu haben und zu glauben scheint so einfach zu sein, und doch ist es unglaublich schwierig, nicht wahr? Es ist schwer, weil unsere menschliche Natur es sich verdienen will. Es ist die Art und Weise, wie wir alles auf der Erde bekommen und erreichen, durch unseren eigenen Schweiß und unser eigenes Blut. Aber so funktioniert es in Gottes Reich nicht. Den Himmel zu betreten ist ein Geschenk, das Gott dir gegeben hat. Es ist nichts, was man sich verdienen kann.

> Denn aus Gnade seid ihr gerettet durch Glauben, und das nicht aus euch: Gottes Gabe ist es, nicht aus Werken, damit niemand sich rühme. (Epheser 2,8-9)

Ich weiß, dass du vielleicht nicht überzeugt bist. Ich war es zuerst auch nicht. Tatsächlich habe ich erst geglaubt, als ich 30 Jahre alt war. Was hat also meine Meinung geändert? Ich habe aufgehört, mich auf Hörensagen, auf die Meinungen und Überzeugungen anderer Leute zu verlassen, und ich habe nach meinem eigenen Verständnis gesucht. Ich fing an, die Kirche zu besuchen, damit ich verstehen konnte, was die Bibel sagt, und meine eigene Entscheidung treffen konnte. Über mehrere Monate hinweg führte uns der Prediger durch das Evangelium nach Johannes im Neuen Testament. Während dieser Zeit lernte ich alles über Jesus und was Er für mich getan hat. Als wir das Buch durchgearbeitet hatten, war ich ein Gläubiger!

Das war der Beginn meiner Reise, aber es sind Gottes erfüllte Verheißungen, die mich auf diesem Weg gehalten und mich von einem Gläubigen in einen Wissenden verwandelt haben. Das ist richtig, einen Wissenden. Ich glaube nicht nur an Gott und das, was Er durch Jesus vollbracht hat. Ich weiß es! Ich weiß es, weil ich gesehen habe, dass Gott Seine Versprechen hält. Ich weiß es, weil ich aus erster Hand erlebt habe, wie Gott unmögliche Gebete erhört hat! Gebete, die ich Gott gegenüber nur in meinen Gedanken ausgesprochen habe.

Um für immer bei Gott zu leben, musst du nur das Geschenk annehmen, das Er jedem von uns anbietet. Jesus, Gott im Fleisch, ist dieses Geschenk. Hast du Sein Geschenk angenommen? Glaubst du an Jesus und das, was Er für dich getan hat?

Glaubst du, dass du ein Sünder bist?

Glaubst du, dass deine Sünde dich von Gott trennt?

Willst du dich von deiner Sünde abkehren?

Glaubst du, dass Gott Seinen Sohn Jesus gesandt hat, um deine Sünden auf Sich zu nehmen und für dich zu sterben?

Glaubst du, dass Jesus aus dem Grab auferstanden ist und mit Gott im Himmel regiert?

Übergibst du deine Errettung Jesus?

Möchtest du, dass Jesus in dein Leben kommt und dir hilft, gerecht zu werden?

11.8. Die Zeit ist jetzt!

Ich möchte dich ermutigen, dich genau jetzt mit Gott zu versöhnen. Es gibt keinen besseren Zeitpunkt als die Gegenwart. Das Morgen ist dir nicht garantiert.

> Dabei wisst ihr nicht, was morgen sein wird. Denn was ist euer Leben? Ein Hauch seid ihr, der eine kleine Zeit erscheint und dann verschwindet. (Jakobus 4,14)

> Als Mitarbeiter bitten wir euch auch, dass ihr die Gnade Gottes nicht vergeblich empfangt, denn Er sagt: „Zur angenehmen Zeit habe Ich dich erhört. Am Tag der Errettung habe Ich dir geholfen." Siehe, jetzt ist die angenehme Zeit. Siehe, jetzt ist der Tag der Errettung. (2. Korinther 6,2)

Warte nicht, bis du dich nicht mehr schämst, zu Gott zu kommen. Warte nicht damit, deine Probleme zu lösen, dich selbst zu reinigen oder dein sündiges Verhalten zu beenden. Du hast nicht die Macht, dich selbst gerecht zu machen. Es ist ein Kampf, den du niemals gewinnen wirst. Komm genau jetzt zu Gott.

> Heute, wenn ihr Seine Stimme hört, verhärtet eure Herzen nicht. (Hebräer 4,7)

Er schämt Sich nicht für dich. Er ist nicht enttäuscht von dir. Es gibt keine Verdammnis für diejenigen, die an Jesus glauben.

> So gibt es nun keine Verdammnis für die, die in Christus Jesus sind, die nicht nach dem Fleisch wandeln, sondern nach dem Geist. Denn das Gesetz des Geistes des Lebens in Christus Jesus hat mich freigemacht von dem Gesetz der Sünde und des Todes. (Römer 8,1-2)

Es spielt keine Rolle, was du getan hast. Er wird dir vergeben. Erinnere dich daran, dass Er dich bedingungslos liebt.

Bringt eure Bekenntnisse mit und kehrt um zu Jahwe. Sprecht zu Ihm: „Vergib uns alle unsere Sünden und nimm uns gnädig an, damit wir Dir unser Lobopfer darbringen." … Jahwe spricht: „Dann werde Ich euch von eurer Treulosigkeit heilen; Meine Liebe wird keine Grenzen kennen, denn Mein Zorn wird für immer verflogen sein." (Hosea 14,2.4 Neue Lebende Übersetzung)

„Jahwe ist geduldig und voller unerschöpflicher Liebe, Er vergibt jede Art von Sünde und Rebellion." (4. Mose 14,18 Neue Lebende Übersetzung)

Bete, Um Jesus Anzunehmen

Wenn du bereit bist zu glauben, dann bete dies zu Gott. Beten heißt einfach, mit Gott zu reden und ehrlich zu Ihm zu sein. Sag dies zu Gott und wisse, dass du es aus tiefstem Herzen so meinst.

„Lieber Herr Jesus,

ich weiß, dass ich ein Sünder bin. Bitte vergib mir meine Sünden. Ich glaube, dass Du der Sohn Gottes bist und dass Du für meine Sünden gestorben bist. Ich glaube auch, dass Du aus dem Grab auferstanden bist und mit Gott im Himmel regierst. Ich möchte mich von meinen Sünden abkehren und Dir als Herrn und Retter nachfolgen. Bitte hilf mir, indem Du in mein Herz und mein Leben kommst. Danke, dass Du einen Weg für mich geschaffen hast, um für alle Ewigkeit mit Dir im Himmel zu leben. In Jesu Namen, Amen."

11.9. Herzlichen Glückwunsch! Du bist ein Kind Gottes

Wenn du glaubst und darum gebetet hast, dass Jesus in dein Leben kommt, hast du die größte Belohnung. Du bist jetzt ein Kind Gottes!

Jeder, der glaubt, dass Jesus der Christus ist, ist ein Kind Gottes geworden. (1. Johannes 5,1 Neue Lebende Übersetzung)

Du bist offiziell von neuem geboren!

Jesus antwortete ihm: „Wahrlich, wahrlich, Ich sage dir: Wenn jemand nicht von neuem geboren wird, so kann er das Reich Gottes nicht sehen." Nikodemus sagte zu Ihm: „Wie kann ein Mensch geboren werden, wenn er alt ist? Kann er etwa zum zweiten Mal in den Schoß seiner Mutter eingehen und geboren werden?" Jesus antwortete: „Wahrlich, wahrlich, Ich sage dir: Wenn jemand nicht aus Wasser und Geist geboren wird, so kann er nicht in das Reich Gottes eingehen. Was aus dem Fleisch geboren ist, das ist Fleisch; und was aus dem Geist geboren ist, das ist Geist." (Johannes 3,3-6)

Du bist auch ein Erbe, zusammen mit Jesus. Du darfst alles erben, was Gott für Seine Kinder vorbereitet hat: den Himmel und das ewige Leben. In diesen Versen ist Jesus Gottes „Sohn".

> Weil ihr aber Söhne seid, hat Gott den Geist Seines Sohnes in eure Herzen gesandt, der ruft: „Abba, Vater!" So bist du nicht mehr Knecht, sondern Sohn; wenn aber Sohn, dann auch Erbe Gottes durch Christus. (Galater 4,6-7)

Finde Trost in dem Wissen, dass nichts, absolut nichts, nicht einmal Satan selbst, dir das wegnehmen kann. Erinnere dich immer daran, wer du jetzt bist: ein Kind Gottes. „Engel", „Mächte" und „Gewalten" beziehen sich alle auf Satan und seine Kohorte gefallener Engel.

> Wer will uns scheiden von der Liebe Christi? Trübsal oder Angst oder Verfolgung oder Hunger oder Blöße oder Gefahr oder Schwert? Wie geschrieben steht: „Um Deinetwillen werden wir den ganzen Tag getötet. Wir sind geachtet wie Schlachtschafe." Aber in all diesen Dingen sind wir mehr als Überwinder durch Den, der uns geliebt hat. Denn ich bin überzeugt, dass weder Tod noch Leben, weder Engel noch Mächte, noch Gegenwärtiges noch Zukünftiges, noch Gewalten, weder Hohes noch Tiefes, noch irgendein anderes Geschöpf uns wird scheiden können von der Liebe Gottes, die in Christus Jesus ist, unserem Herrn. (Römer 8,35-39)

Gott hat dich jetzt mit Seinem Heiligen Geist versiegelt. Du hast die Kraft Gottes und Jesu direkt in dir wohnen. Jesus ist mit dir, wohin du auch gehst.

> Wir sollen zum Lob Seiner Herrlichkeit sein, die wir zuvor auf Christus gehofft hatten. In Ihm seid auch ihr, als ihr das Wort der Wahrheit, das Evangelium eurer Errettung, gehört habt – in Ihm habt ihr auch, als ihr glaubtet, das Siegel des verheißenen Heiligen Geistes empfangen, welcher das Unterpfand unseres Erbes ist bis zur Erlösung des Eigentums Gottes, zum Lob Seiner Herrlichkeit. (Epheser 1,12-14)

Kapitel 12 – Was es bedeutet, ein Christ zu sein

Wenn du Jesus als deinen Retter angenommen hast, fragst du dich wahrscheinlich: Was nun? Was bedeutet es, ein Christ zu sein? Schauen wir uns einige wichtige Wahrheiten und Grundüberzeugungen an.

Ein Christ zu sein bedeutet, dass Gott Sich nicht mehr an deine Sünden erinnert. Es gibt nun keine Verdammnis oder kein Gericht mehr für dich.

> So gibt es nun keine Verdammnis für die, die in Christus Jesus sind, die nicht nach dem Fleisch wandeln, sondern nach dem Geist. Denn das Gesetz des Geistes des Lebens in Christus Jesus hat mich freigemacht von dem Gesetz der Sünde und des Todes. (Römer 8,1-2)

Wenn du nach draußen gehen und anfangen würdest, entweder nach Osten oder nach Westen zu gehen, würdest du immer in dieselbe Richtung gehen. Der Osten berührt niemals den Westen; sie sind unendlich weit voneinander entfernt. So beschreibt Gott, wie Er deine Sünden entfernt hat. Sie sind jetzt unendlich weit von dir entfernt. „Übertretungen" bedeutet Sünden.

> So fern der Osten vom Westen ist, so weit hat Er unsere Übertretungen von uns entfernt. (Psalm 103,12)

Wenn Satan dich vor Gott anklagt und all deine schmutzigen sündigen Geheimnisse preisgibt, wird Gott ihn ignorieren oder wegschicken. Das liegt daran, dass Jesus deinen Platz eingenommen hat und Gott Jesus an deiner Stelle sieht, wenn Satan dich anklagt.

> Meine lieben Kinder, ich schreibe euch dies, damit ihr nicht sündigt. Wenn aber jemand sündigt, haben wir einen Beistand, der beim Vater für uns eintritt. Er ist Jesus Christus, derjenige, der wirklich gerecht ist. (1. Johannes 2,1 Neue Lebende Übersetzung)

Als du Jesus in dein Herz aufgenommen hast, wurdest du im Wesentlichen mit Ihm gekreuzigt. Dein früheres sündiges Ich ist tot. Du hast jetzt ein neues Leben.

> Ich bin mit Christus gekreuzigt worden; und nicht mehr ich lebe, sondern Christus lebt in mir. Was ich aber jetzt im Fleisch lebe, das lebe ich im Glauben an den Sohn Gottes, der mich geliebt und Sich Selbst für mich hingegeben hat. (Galater 2,20)

Du bist jetzt frei von der Gebundenheit und Sklaverei der Sünde. Hast du in der Vergangenheit damit gekämpft, eine Sucht zu überwinden, damit aufzuhören, ständig wütend zu sein, oder deinen Ehepartner wirklich zu lieben? Als Gläubiger hast du jetzt die Kraft Jesu, die in dir lebt. Jesus hat die Sünde am Kreuz besiegt. Er wird dir helfen, deine Sünde zu überwinden. In der zweiten Schriftstelle hier bezieht sich „unser alter Mensch" auf unser früheres sündiges Ich.

> Jesus sprach nun zu den Juden, die Ihm geglaubt hatten: „Wenn ihr in Meinem Wort bleibt, so seid ihr wahrhaft Meine Jünger. Und ihr werdet die Wahrheit erkennen, und die Wahrheit wird euch frei machen." Sie antworteten Ihm: „Wir sind Abrahams Nachkommen und sind niemals jemandes Knechte gewesen. Wie sagst Du: ‚Ihr sollt frei werden'?" Jesus antwortete ihnen: „Wahrlich, wahrlich, Ich sage euch: Jeder, der die Sünde tut, ist der Sünde Knecht. Der Knecht aber bleibt nicht ewig im Haus. Der Sohn bleibt ewig. Wenn nun der Sohn euch frei macht, so werdet ihr wirklich frei sein." (Johannes 8,31-36)

> Wir wissen dies, dass unser alter Mensch mit Ihm gekreuzigt worden ist, damit der Leib der Sünde abgetan werde, sodass wir der Sünde nicht mehr dienen. Denn wer gestorben ist, der ist von der Sünde freigesprochen. (Römer 6,6-7)

Eine gerettete Seele zu haben bedeutet nicht, dass du vor den Schwierigkeiten des Lebens auf der Erde bewahrt wirst. Das Leben ist für jeden schwer. Gott nutzt Schwierigkeiten, um uns zu helfen, zu wachsen und reif zu werden. Wenn die Entrückung stattgefunden hat und du einer der Zurückgelassenen bist, erwarte nicht, göttlich vor allem Zorn Gottes geschützt zu sein. Wisse jedoch, dass alles, was Er zulässt, letztendlich zum Guten dient.

> Achtet es für lauter Freude, meine Brüder, wenn ihr in mancherlei Versuchungen fallt, da ihr wisst, dass die Bewährung eures Glaubens Geduld bewirkt. Die Geduld aber soll ein vollkommenes Werk haben, damit ihr vollkommen und vollständig seid und in nichts Mangel habt. (Jakobus 1,2-4)

> Wir wissen aber, dass denen, die Gott lieben, alle Dinge zum Guten mitwirken, denen, die nach Seinem Vorsatz berufen sind. (Römer 8,28)

Als Christ gibt es eine neue Schwierigkeit, mit der du konfrontiert wirst. Satan hasst dich jetzt noch mehr, da du glaubst. Er möchte nicht, dass du irgendetwas tust, das Gott die Ehre gibt. Zum Beispiel anderen von deinem

Glauben zu erzählen und dich von deiner Sünde abzukehren. Er wird versuchen, deinen Glauben zu erschüttern und dich dazu zu bringen, zu bereuen, dass du dein Vertrauen in Jesus gesetzt hast. Das Schlüsselwort dabei ist versuchen. Erinnere dich daran, dass, wenn du wahrhaft glaubst, keine Macht der Hölle dich von Gott wegnehmen kann.

> Jesus antwortete ihnen … „Dies habe Ich zu euch geredet, damit ihr in Mir Frieden habt. In der Welt habt ihr Bedrängnis; aber seid getrost, Ich habe die Welt überwunden." (Johannes 16,31.33)

Du wirst einen starken Glauben brauchen, um dich vor seinen Angriffen zu schützen, aber finde Trost in dem Wissen, dass du in diesem Krieg nicht allein bist. Der „Teufel" ist Satan.

> Seid nüchtern und wacht! Euer Widersacher, der Teufel, geht umher wie ein brüllender Löwe und sucht, wen er verschlinge. Dem widersteht standhaft im Glauben, da ihr wisst, dass die gleichen Leiden sich an eurer Bruderschaft in der Welt vollziehen. (1. Petrus 5,8-9)

<u>Das Apostolische Glaubensbekenntnis</u>

Die Grundüberzeugungen, die alle Christen teilen, werden im Apostolischen Glaubensbekenntnis schön veranschaulicht.[38] Dies ist das älteste bekannte Glaubensbekenntnis der frühen Christen. Es wurde im zweiten Jahrhundert n. Chr. verfasst. Es legt die Kernüberzeugungen dar, die Christen über Gott, Jesus und die Errettung haben. Fast alle großen christlichen Kirchen stimmen dieser Erklärung unseres Glaubens zu.

Ich glaube an Gott, den Vater, den Allmächtigen,
den Schöpfer des Himmels und der Erde.

Und an Jesus Christus, Seinen eingeborenen Sohn, unseren Herrn,
empfangen durch den Heiligen Geist,
geboren von der Jungfrau Maria,
gelitten unter Pontius Pilatus,
gekreuzigt, gestorben und begraben;
hinabgestiegen in das Reich des Todes.

Am dritten Tage auferstanden von den Toten;

aufgefahren in den Himmel;
Er sitzt zur Rechten Gottes, des allmächtigen Vaters;
von dort wird Er kommen, zu richten die Lebenden und die Toten.

Ich glaube an den Heiligen Geist,
die heilige allgemeine Kirche,
Gemeinschaft der Heiligen,
Vergebung der Sünden,
Auferstehung der Toten
und das ewige Leben.

Im Folgenden sind einige Schriftstellen aufgeführt, die jede dieser Kernüberzeugungen erklären.

Gott ist der Vater, der Allmächtige, was allmächtig bedeutet. Er ist auch unser Vater im Himmel.

> Als Abram neunundneunzig Jahre alt war, erschien Jahwe dem Abram und sprach zu ihm: „Ich bin Gott, der Allmächtige." (1. Mose 17,1)

> Ein Vater der Waisen und ein Anwalt der Witwen ist Gott in Seiner heiligen Wohnung. (Psalm 68,5)

> Da redete Jesus zu der Menge und zu Seinen Jüngern, … „Ihr sollt auch niemand auf Erden euren Vater nennen; denn einer ist euer Vater, der im Himmel ist." (Matthäus 23,1.9)

Gott ist der Schöpfer des Himmels und der Erde.

> Am Anfang erschuf Gott die Himmel und die Erde. (1. Mose 1,1)

Jesus Christus ist Gottes einziger Sohn.

> Denn so sehr hat Gott die Welt geliebt, dass Er Seinen eingeborenen Sohn gab, damit jeder, der an Ihn glaubt, nicht verloren gehe, sondern ewiges Leben habe. (Johannes 3,16)

Jesus Christus ist unser Herr. In der Tat ist Er der Herr der Herren. In diesem Vers ist Jesus das „Lamm".

> Diese werden mit dem Lamm kriegführen, und das Lamm wird sie besiegen, denn Er ist der Herr der Herren und der König der Könige; und die mit Ihm sind, sind Berufene und Auserwählte und Treue. (Offenbarung 17,14)

Jesus Christus wurde durch den Heiligen Geist empfangen und von der Jungfrau Maria geboren.

> Die Geburt Jesu Christi aber war so: Als Seine Mutter Maria mit Josef verlobt war, fand es sich, noch ehe sie zusammengekommen waren, dass sie schwanger war von dem Heiligen Geist. Josef aber, ihr Mann, der gerecht war und sie nicht öffentlich bloßstellen wollte, gedachte sie heimlich zu verlassen. Während er aber dies überlegte, siehe, da erschien ihm ein Engel des Herrn im Traum und sprach: „Josef, Sohn Davids, fürchte dich nicht, Maria, deine Frau, zu dir zu nehmen; denn das in ihr Gezeugte ist von dem Heiligen Geist. Sie wird aber einen Sohn gebären, und du sollst Ihm den Namen Jesus geben; denn Er wird Sein Volk retten von seinen Sünden." (Matthäus 1,18-21)

Jesus Christus litt unter Pontius Pilatus. Er war der römische Statthalter, der Jesus zur Kreuzigung verurteilte.

> Als es aber Morgen geworden war, fassten alle Hohenpriester und die Ältesten des Volkes einen Beschluss gegen Jesus, um Ihn zu töten. Und sie banden Ihn, führten Ihn weg und überlieferten Ihn dem Statthalter Pontius Pilatus. ... Jesus aber stand vor dem Statthalter; und der Statthalter fragte Ihn und sprach: „Bist Du der König der Juden?" Jesus sprach zu ihm: „Du sagst es." ... Pilatus spricht zu ihnen: „Was soll ich denn mit Jesus tun, der Christus genannt wird?" Sie sagen alle: „Er werde gekreuzigt!" Der Statthalter aber sagte: „Was hat Er denn Böses getan?" Sie aber schrien überaus und sagten: „Er werde gekreuzigt!" ... Dann gab er ihnen den Barabbas los; Jesus aber ließ er geißeln und überlieferte Ihn, damit Er gekreuzigt werde. (Matthäus 27,1-2.11.22-23.26)

Jesus Christus wurde gekreuzigt.

> Da nahmen die Soldaten des Statthalters Jesus mit in das Prätorium und versammelten die ganze Schar um Ihn. Und sie zogen Ihn aus und legten Ihm einen scharlachroten Mantel um. Und sie flochten eine Krone aus Dornen und setzten sie auf Sein Haupt und gaben Ihm ein Rohr in Seine Rechte; und sie fielen vor Ihm auf die Knie und verspotteten Ihn und sagten: „Sei gegrüßt, König der Juden!" Und sie spieen Ihn an und nahmen das Rohr und schlugen Ihn auf das Haupt. Und als sie Ihn verspottet hatten, zogen sie Ihm den Mantel aus und zogen Ihm Seine eigenen Kleider an und führten Ihn ab, um Ihn zu kreuzigen. ... Als sie Ihn aber gekreuzigt hatten, teilten sie Seine Kleider unter sich und warfen das Los.... (Matthäus 27,27-31.35)

Jesus Christus starb. Sein Tod war ebenfalls nicht gewöhnlich. Als Er starb, riss der Vorhang im Tempel in zwei Teile, es gab ein Erdbeben, Gräber von Toten öffneten sich und einige Menschen wurden sogar auferweckt.

> Aber von der sechsten Stunde an kam eine Finsternis über das ganze Land bis zur neunten Stunde. Um die neunte Stunde aber schrie Jesus mit lauter Stimme und sagte: „Eli, Eli, lama sabachthani?", das heißt: „Mein Gott, mein Gott, warum hast Du Mich verlassen?" … Jesus aber schrie wiederum mit lauter Stimme und gab den Geist auf. Und siehe, der Vorhang des Tempels riss in zwei Stücke von oben bis unten; und die Erde erbebte, und die Felsen zerrissen; und die Gräber öffneten sich, und viele Leiber der entschlafenen Heiligen wurden auferweckt.... … Als aber der Hauptmann und die, die mit ihm Jesus bewachten, das Erdbeben sahen und das, was geschah, fürchteten sie sich sehr und sagten: „Wahrlich, dieser war Gottes Sohn!" (Matthäus 27,45-46.50.52.54)

> Danach, da Jesus wusste, dass alles schon vollbracht war, damit die Schrift erfüllt würde, spricht Er: „Mich dürstet!" Es stand nun ein Gefäß voll Essig da; sie nun füllten einen Schwamm mit Essig, legten ihn um einen Ysop und hielten ihn an Seinen Mund. Als nun Jesus den Essig genommen hatte, sprach Er: „Es ist vollbracht!" Und Er neigte das Haupt und übergab den Geist. Die Juden nun baten den Pilatus, damit die Körper nicht am Sabbat am Kreuz blieben, weil es Rüsttag war (denn jener Sabbatstag war groß), dass ihre Beine gebrochen und sie abgenommen würden. Da kamen die Soldaten und brachen dem ersten die Beine und dem anderen, der mit Ihm gekreuzigt war; als sie aber zu Jesus kamen und sahen, dass Er schon gestorben war, brachen sie Ihm die Beine nicht. Sondern einer der Soldaten durchbohrte Seine Seite mit einem Speer, und sogleich kam Blut und Wasser heraus. (Johannes 19,28-34)

Jesus Christus wurde im Grab eines reichen Mannes beigesetzt, und römische Wachen wurden aufgestellt, um es zu bewachen. Die jüdischen Führer hatten nämlich Angst, dass jemand Seinen Körper stehlen und behaupten würde, Er sei auferstanden.

> Als es aber Abend geworden war, kam ein reicher Mann von Arimathäa namens Josef, der auch selbst ein Jünger Jesu geworden war. Dieser ging zu Pilatus und bat um den Leib Jesu. Da befahl Pilatus, dass der Leib übergeben werde. Und Josef nahm den Leib und wickelte ihn in ein reines Leinentuch und legte ihn in sein neues Grab, das er im Felsen ausgehauen hatte; und nachdem er einen großen Stein vor die Tür des Grabes gewälzt hatte, ging er weg. … Sie aber gingen hin und sicherten das Grab, indem sie den Stein versiegelten und die Wache dabeistellten. (Matthäus 27,57-60.66)

Jesus Christus stieg hinab an den Ort der Toten. In den Schriftstellen ist dieser Ort anders als die Hölle, der Feuersee, wohin Ungläubige bei ihrem Endgericht kommen. Wir sehen, dass König David in der zweiten Schriftstelle hier darüber in Bezug auf Jesus sprach.

> Darum sagt Er: „Hinaufgestiegen in die Höhe, hat Er Gefangene weggeführt und den Menschen Gaben gegeben." Das „Er ist hinaufgestiegen", was ist es aber anderes, als dass Er auch zuerst hinabgestiegen ist in die unteren Teile der Erde? Der hinabgestiegen ist, ist derselbe, der auch hinaufgestiegen ist weit über alle Himmel, damit Er alles erfülle. (Epheser 4,8-10)

> Ihr Männer von Israel, hört diese Worte! Jesus, den Nazarener, einen Mann, der von Gott euch gegenüber durch mächtige Wunder, Wunderzeichen und Zeichen beglaubigt wurde, die Gott durch ihn in eurer Mitte tat, wie ihr selbst wisst, diesen, der nach dem festgesetzten Ratschluss und nach Vorherwissen Gottes dahingegeben worden war, habt ihr durch die Hand Gesetzloser an das Kreuz geschlagen und getötet. Ihn hat Gott auferweckt, indem Er die Wehen des Todes löste, weil es unmöglich war, dass Er von ihm festgehalten würde. Denn David sagt über Ihn: „Ich sah den Herrn allezeit vor meinem Angesicht, denn Er ist zu meiner Rechten, damit ich nicht wanke. Darum freute sich mein Herz, und meine Zunge frohlockte; zudem wird auch mein Fleisch in Hoffnung ruhen; denn Du wirst meine Seele nicht im Hades lassen, noch wirst Du zulassen, dass Dein Heiliger die Verwesung sehe." … Ihr Brüder, ich darf mit Freimütigkeit zu euch von dem Patriarchen David sagen, dass er sowohl gestorben als auch begraben ist, und sein Grab ist unter uns bis auf diesen Tag. … Da er nun ein Prophet war … sprach er voraussehend von der Auferstehung des Christus, dass Seine Seele nicht im Hades gelassen wurde und Sein Fleisch die Verwesung nicht sah. Diesen Jesus hat Gott auferweckt, wofür wir alle Zeugen sind. (Apostelgeschichte 2,23-27.29.31-32)

Jesus Christus ist am dritten Tag von den Toten auferstanden. Er wurde an einem Freitag gekreuzigt, was der erste Tag war. Die Frauen gingen am ersten Tag der Woche nach Ihm sehen. Das wäre der Sonntag gewesen, was der dritte Tag war.

> Nach dem Sabbat aber, als der erste Tag der Woche anbrach, kamen Maria Magdalena und die andere Maria, um das Grab zu besehen. Und siehe, es geschah ein großes Erdbeben; denn ein Engel des Herrn kam vom Himmel herab, trat hinzu, wälzte den Stein von der Tür weg und setzte sich darauf. Sein Aussehen war wie ein Blitz und sein Gewand weiß wie Schnee. Vor Furcht aber vor ihm bebten die Wächter und wurden wie Tote. Der Engel aber antwortete und sprach zu den Frauen: „Fürchtet euch nicht! Denn ich weiß, dass ihr Jesus sucht, den

Gekreuzigten. Er ist nicht hier; denn Er ist auferstanden, wie Er gesagt hat. Kommt her, seht den Ort, wo der Herr gelegen hat!" … Und sie gingen schnell vom Grab weg mit Furcht und großer Freude und liefen, um es Seinen Jüngern zu verkünden. Und als sie hingingen, um es Seinen Jüngern zu verkünden, siehe, da begegnete ihnen Jesus und sprach: „Seid gegrüßt!" Sie aber traten hinzu, umfassten Seine Füße und beteten Ihn an. (Matthäus 28,1-6.8-9)

Denn ich habe euch vor allem überliefert, was ich auch empfangen habe: dass Christus für unsere Sünden gestorben ist nach den Schriften, und dass Er begraben wurde und dass Er auferweckt worden ist am dritten Tag nach den Schriften. (1. Korinther 15,3-4)

Jesus Christus ist in den Himmel aufgefahren und sitzt zur Rechten des Vaters. Dies geschah, nachdem Jesus auferstanden war und einige Zeit mit Seinen Jüngern verbracht hatte. Jesus ist der „Herr".

Der Herr nun wurde, nachdem Er mit ihnen geredet hatte, aufgenommen in den Himmel und setzte Sich zur Rechten Gottes. (Markus 16,19)

Christus ist es, der gestorben, ja noch mehr, der auch auferweckt worden ist, der auch zur Rechten Gottes ist, der sich auch für uns verwendet. (Römer 8,34)

Jesus Christus wird kommen, zu richten die Lebenden und die Toten. Nach der Entrückung und der Drangsalszeit wird Jesus wieder auf die Erde zurückkehren, um 1.000 Jahre lang zu regieren. Jeder, der zu diesem Zeitpunkt noch am Leben ist und nicht an Jesus glaubt, wird in den Feuersee geworfen werden. Nur Gläubige dürfen in Sein Reich eintreten. Dies wird Seine Wiederkunft genannt, weil es Sein zweites Mal sein wird, dass Er physisch auf der Erde lebt.

Jesus Christus, der richten wird die Lebenden und die Toten bei Seiner Erscheinung und Seinem Reich. (2. Timotheus 4,1)

Jesus von Nazareth, wie Gott Ihn mit Heiligem Geist und Kraft gesalbt hat, der umherzog und Gutes tat und alle heilte, die vom Teufel überwältigt waren; denn Gott war mit Ihm. Und wir sind Zeugen alles dessen, was Er sowohl im Land der Juden als auch in Jerusalem getan hat; Ihn haben sie auch getötet, indem sie Ihn an ein Holz hängten. Diesen hat Gott am dritten Tag auferweckt und Ihn offenbar werden lassen, nicht dem ganzen Volk, sondern den von Gott zuvor erwählten Zeugen, uns, die wir mit Ihm gegessen und getrunken haben, nachdem Er aus den Toten auferstanden war. Und Er hat uns geboten, dem Volk zu predigen und zu bezeugen, dass Er der von Gott verordnete Richter der Lebenden und der Toten ist. (Apostelgeschichte 10,38-42)

Glaube an den Heiligen Geist. Du erhältst diese Kraft Jesu, sobald du dein Vertrauen in Ihn gesetzt hast. Jesus ist derjenige, der „den Heiligen Geist" sendet.

> „Und nun werde Ich den Heiligen Geist senden, genau wie Mein Vater es versprochen hat. Aber bleibt hier in der Stadt, bis der Heilige Geist kommt und euch mit Kraft aus dem Himmel erfüllt." Dann führte Jesus sie nach Bethanien, und Er hob Seine Hände zum Himmel und segnete sie. (Lukas 24,49-50 Neue Lebende Übersetzung)

> Wir sollen zum Lob Seiner Herrlichkeit sein, die wir zuvor auf Christus gehofft hatten. In Ihm seid auch ihr, als ihr das Wort der Wahrheit, das Evangelium eurer Errettung, gehört habt – in Ihm habt ihr auch, als ihr glaubtet, das Siegel des verheißenen Heiligen Geistes empfangen, welcher das Unterpfand unseres Erbes ist bis zur Erlösung des Eigentums Gottes, zum Lob Seiner Herrlichkeit. (Epheser 1,12-14)

Verstehe die heilige allgemeine Kirche. Dies ist ein Hinweis auf Gläubige, die entweder bei der Entrückung entrückt oder auferweckt wurden. Das ist Gottes Gemeinde.

> Hütet euch selbst und die ganze Herde Gottes. Weidet und führt die Herde Gottes – Seine Gemeinde, die Er mit Seinem eigenen Blut erkauft hat – und über die der Heilige Geist euch als Älteste eingesetzt hat. (Apostelgeschichte 20,28 Neue Lebende Übersetzung)

> Christus ist auch das Haupt der Gemeinde, die Sein Leib ist. Er ist der Anfang, erhaben über alle, die von den Toten auferstehen. So steht Er in allem an erster Stelle. (Kolosser 1,18 Neue Lebende Übersetzung)

Verstehe die Gemeinschaft der Heiligen. Dies ist ein Akt des Gedenkens an das, was Jesus für dich getan hat. Das Brot repräsentiert Jesu Leib und das Getränk repräsentiert Sein Blut.

> Denn ich habe von dem Herrn empfangen, was ich euch auch überliefert habe: dass der Herr Jesus in der Nacht, in der Er verraten wurde, Brot nahm, und nachdem Er gedankt hatte, es brach und sprach: „Nehmt, esst! Dies ist Mein Leib, der für euch gebrochen wird; dies tut zu Meinem Gedächtnis." Desgleichen auch den Kelch nach dem Mahl und sprach: „Dieser Kelch ist der neue Bund in Meinem

Blut; dies tut, sooft ihr ihn trinkt, zu Meinem Gedächtnis." Denn sooft ihr dieses Brot esst und diesen Kelch trinkt, verkündigt ihr den Tod des Herrn, bis Er kommt. (1. Korinther 11,23-26)

Glaube an die Vergebung der Sünden. Wenn du Glauben an Jesus hast, sind deine Sünden vergeben.

„Jahwe ist geduldig und voller unerschöpflicher Liebe, Er vergibt jede Art von Sünde und Rebellion." (4. Mose 14,18 Neue Lebende Übersetzung)

Wenn wir aber im Licht wandeln, wie Er im Licht ist, so haben wir Gemeinschaft miteinander, und das Blut Jesu Christi, Seines Sohnes, reinigt uns von aller Sünde. … Wenn wir unsere Sünden bekennen, so ist Er treu und gerecht, dass Er uns die Sünden vergibt und uns reinigt von aller Ungerechtigkeit. (1. Johannes 1,7.9)

Verstehe die Auferstehung der Toten. Ganz genau, du wirst eines Tages einen neuen Körper bekommen. Einen Körper, der unsterblich sein wird.

So ist auch die Auferstehung der Toten. Der Körper wird vergänglich gesät; er wird unvergänglich auferweckt. (1. Korinther 15,42)

Aber ich verrate euch ein wunderbares Geheimnis. Wir werden nicht alle sterben, aber wir werden alle verwandelt werden! Es wird in einem Moment geschehen, in einem Augenblick, wenn die letzte Posaune erschallt. Denn wenn die Posaune ertönt, werden diejenigen, die gestorben sind, auferweckt werden, um ewig zu leben. Und wir, die wir leben, werden auch verwandelt werden. Denn unsere sterblichen Körper müssen verwandelt werden in Körper, die niemals sterben werden; unsere sterblichen Körper müssen verwandelt werden in unsterbliche Körper. (1. Korinther 15,51-53 Neue Lebende Übersetzung)

Glaube an das ewige Leben. Wenn du dein Vertrauen in Jesus gesetzt hast, ist dies eine Garantie. Du kannst dir zu 100 Prozent sicher sein. Der „Sohn" ist Jesus, die „Schafe" sind die Gläubigen, die „Böcke" sind die Ungläubigen und der „Teufel" ist Satan.

Wenn aber der Menschensohn kommen wird in Seiner Herrlichkeit und alle heiligen Engel mit Ihm, dann wird Er auf dem Thron Seiner Herrlichkeit sitzen. Vor Ihm werden alle Nationen versammelt werden, und Er wird sie voneinander scheiden, wie ein Hirte die Schafe von den Böcken scheidet. Er wird die Schafe zu Seiner Rechten stellen, die Böcke aber zur Linken. Dann wird der König zu denen zu Seiner Rechten sagen: „Kommt her, ihr Gesegneten Meines Vaters, ererbt das Reich, das euch bereitet ist seit Grundlegung der Welt." … Dann wird

Er auch zu denen zur Linken sagen: „Geht weg von Mir, ihr Verfluchten, in das ewige Feuer, das bereitet ist dem Teufel und seinen Engeln." ... Diese werden hingehen in die ewige Strafe, die Gerechten aber in das ewige Leben. (Matthäus 25,31-34.41.46)

Denn so sehr hat Gott die Welt geliebt, dass Er Seinen eingeborenen Sohn gab, damit jeder, der an Ihn glaubt, nicht verloren gehe, sondern ewiges Leben habe. (Johannes 3,16)

Teil 4
Lass dich nicht täuschen

Die Schlachtenhymne der Republik
Von Julia Ward Howe. Veröffentlicht im Jahr 1862.[39]

Meine Augen haben die Herrlichkeit der Ankunft des Herrn gesehen;
Er tritt die Kelter aus, in der die Trauben des Zorns gelagert sind;
Er hat den verhängnisvollen Blitz Seines schrecklichen, schnellen Schwertes entfesselt:
Seine Wahrheit schreitet voran.

(Refrain:) Ehre, Ehre, Halleluja!
Ehre, Ehre, Halleluja!
Ehre, Ehre, Halleluja!
Seine Wahrheit schreitet voran.

Ich habe Ihn in den Wachtfeuern von hundert kreisenden Lagern gesehen,
Sie haben Ihm einen Altar im Tau und Dunst des Abends errichtet;
Ich kann Sein gerechtes Urteil beim Schein der trüben und flackernden Lampen lesen:
Sein Tag schreitet voran. (Refrain)

Ich habe ein feuriges Evangelium gelesen, geschrieben in blanken Reihen aus Stahl:
„Wie ihr mit Meinen Verächtern umgeht, so wird Meine Gnade mit euch umgehen";
Lass den Helden, von einer Frau geboren, die Schlange mit Seiner Ferse zermalmen,
Da Gott voranschreitet. (Refrain)

Er hat die Posaune erschallen lassen, die niemals zum Rückzug rufen wird;
Er prüft die Herzen der Menschen vor Seinem Richterstuhl;
Oh, eile, meine Seele, Ihm zu antworten! Jubelt, meine Füße!
Unser Gott schreitet voran. (Refrain)

In der Schönheit der Lilien wurde Christus jenseits des Meeres geboren,
Mit einer Herrlichkeit in Seiner Brust, die dich und mich verklärt.
Wie Er starb, um Menschen heilig zu machen, lasst uns sterben,
um Menschen frei zu machen,
Während Gott voranschreitet. (Refrain)

Kapitel 13 – Du wirst belogen

Ich habe in Teil 1 dieses Buches erwähnt, dass du einem beispiellosen Ausmaß an Täuschung und Lügen begegnen wirst. Du kannst den starken Verführungen entgegenwirken, indem du die Wahrheit kennst. Du musst wachsam sein und Gott um Weisheit bitten. Lies die Bibel, hinterfrage, was du hörst, was du liest und was man dir sagt, und schlage die Dinge in der Bibel nach. Nur weil jemand sagt, dass etwas in der Bibel steht, bedeutet das nicht, dass es auch so ist. Und nur weil jemand eine Schriftstelle zitiert hat, heißt das nicht, dass er sie korrekt verwendet hat. Sie könnten sie aus dem Zusammenhang reißen oder sie dir nicht richtig erklären. Überprüfe, ob die Wahrheit verdreht wurde.

Das Wort Gottes zu verdrehen, ist Satans uralte Taktik. Er kennt die Bibel besser als jeder von uns. Er hatte Jahrtausende Zeit, sie zu studieren, und er hat die Geschichte, die sie darstellt, miterlebt. Das Erste, was Satan im Garten mit Eva tat, war, sie zu täuschen, indem er Gottes Wort verdrehte und sie belog. Leider kannte sie Gottes Wort nicht gut genug, um seine Lüge zu bekämpfen. Lass uns ansehen, was geschah. In diesen Schriftstellen ist der „Mann" Adam, die „Frau" Eva und die „Schlange" Satan.

> Jahwe Gott gebot dem Menschen und sprach: „Du darfst von jedem Baum des Gartens nach Belieben essen; aber vom Baum der Erkenntnis des Guten und Bösen sollst du nicht essen; denn an dem Tag, an dem du davon isst, wirst du gewisslich sterben." (1. Mose 2,16-17)

> Die Schlange war listiger als alle Tiere des Feldes, die Jahwe Gott gemacht hatte. Sie sprach zu der Frau: „Hat Gott wirklich gesagt: ‚Ihr sollt von keinem Baum des Gartens essen'?" Die Frau antwortete der Schlange: „Wir dürfen von der Frucht der Bäume des Gartens essen; aber von der Frucht des Baumes, der in der Mitte des Gartens steht, hat Gott gesagt: ‚Ihr sollt nicht davon essen und sie auch nicht anrühren, damit ihr nicht sterbt.'" Die Schlange sagte zu der Frau: „Ihr werdet keineswegs sterben, denn Gott weiß, dass an dem Tag, an dem ihr davon esst, eure Augen geöffnet werden und ihr wie Gott sein werdet und erkennt, was Gut und Böse ist." Als die Frau sah, dass der Baum gut zur Speise war und dass er eine Lust für die Augen und ein begehrenswerter Baum war, um klug zu werden, nahm sie von seiner Frucht und aß. Dann gab sie auch ihrem Mann, der bei ihr war, davon, und er aß ebenfalls. (1. Mose 3,1-6)

Satan fragte zuerst: Hat Gott wirklich gesagt, dass ihr von keinem Baum essen dürft? Siehst du, wie er Gottes Wort verdreht hat? Er wusste, dass Gott das nicht gesagt hatte. Gott sagte, sie könnten von jedem Baum essen, außer von einem. Dann fügte Eva hinzu, dass sie die Frucht des Baumes in der Mitte des Gartens nicht einmal berühren dürfe. Sie erinnerte sich nicht besonders gut an Gottes Wort. Satan beendete seine Versuchung, indem er Eva belog. Er sagte ihr, dass sie nicht sterben würde. Eva vertraute Gott nicht, und Satan überzeugte sie davon, dass Gott ihr etwas vorenthalte. Sie entschied sich dazu, Satans Lügen zu glauben.

Dein Feind, Satan, möchte nicht, dass du die Wahrheit kennst. Hier sind einige Verführungen, die du erwarten solltest. Sei dir darüber im Klaren, dass Satan diese Lügen sehr überzeugend klingen lassen wird. In der ersten Schriftstelle ist mit „dieser Mann" der Antichrist gemeint. In der zweiten Schriftstelle ist der „Drache" Satan und das „Tier" der Antichrist.

> Dieser Mann wird kommen, um das Werk Satans mit vorgetäuschter Macht und Zeichen und Wundern zu tun. Er wird jede Art von böser Täuschung anwenden, um diejenigen zu täuschen, die auf dem Weg ins Verderben sind, weil sie sich weigern, die Wahrheit zu lieben und anzunehmen, die sie retten würde. Darum wird Gott zulassen, dass sie einer starken Verführung erliegen, und sie werden diese Lügen glauben. Dann werden sie verurteilt werden, weil sie Freude am Bösen hatten, anstatt der Wahrheit zu glauben. (2. Thessalonicher 2,9-12 Neue Lebende Übersetzung)

> Der Drache gab dem Tier seine eigene Macht und seinen Thron und große Autorität. Ich sah, dass einer der Köpfe des Tieres unheilbar verwundet schien — aber die tödliche Wunde wurde geheilt! Die ganze Welt wunderte sich über dieses Wunder und schwor dem Tier Gefolgschaft. Sie beteten den Drachen an, weil er dem Tier solche Macht gegeben hatte, und sie beteten auch das Tier an … Dann wurde dem Tier erlaubt, große Lästerungen gegen Gott auszusprechen. … Und es sprach schreckliche Worte der Lästerung gegen Gott aus, indem es seinen Namen und seine Wohnung verleumdete — das heißt diejenigen, die im Himmel wohnen. (Offenbarung 13,2-6 Neue Lebende Übersetzung)

Falsche Macht, falsche Zeichen und falsche Wunder. Die Macht des Antichristen wird echt aussehen, aber sie ist es nicht. Sie ist vorgetäuscht. Er wird über Gott lügen, über Gottes Namen, über Gottes Sohn Jesus, über den Himmel und über die Christen oder entrückten Menschen, die dort leben. Er wird „Lästerungen" aussprechen, was bedeutet, dass er Gott verleumden, schlecht über Ihn reden und Ihn verunglimpfen wird.

Da du im Voraus gewarnt wirst, musst du dich nicht täuschen lassen.

Kapitel 14 – Lügen über das, was geschah und warum

Es wird sowohl geistliche als auch logische Erklärungen dafür geben, was mit den Millionen von Menschen geschah, die verschwunden sind, und warum es geschah.

Was die geistlichen Lügen betrifft, so wird es Erklärungen geben, die behaupten, dass die verschwundenen Menschen auf einen anderen Planeten oder zum Mutterschiff gebracht wurden. Ja, das ist mein voller Ernst. Sie werden sagen, es liege daran, dass wir nicht erleuchtet waren und entfernt werden mussten. Du wirst sie sagen hören, dass das Leben ohne uns besser sein wird.

Hier ist ein Zitat von Barbara Marciniak, einer populären New-Age-Autorin, um dir zu helfen, meinen Punkt besser zu verstehen. „Die Menschen, die den Planeten während der Zeit der Erdveränderungen verlassen, passen hier nicht mehr hinein, und sie stören die Harmonie der Erde. Wenn die Zeit kommt, in der vielleicht 20 Millionen Menschen auf einmal den Planeten verlassen, wird es eine gewaltige Verschiebung im Bewusstsein für diejenigen geben, die zurückbleiben."[40]

Einige New-Age-Anhänger mögen dem widersprechen und behaupten, dass wir entfernt wurden, damit wir erleuchtet werden und dann zurückkehren können, um alle Zurückgelassenen zu lehren. Ob sie glauben, dass die Entrückten erleuchtet waren oder nicht, dies ist eine geistliche Lüge. Erkenne, dass es Teil von Satans New-Age-Täuschung ist.

Natürlich wird es eine Erklärung über Entführungen durch Außerirdische geben. Sie werden dir sagen, dass wir zur Erleuchtung, für Experimente, um eine Sklavenrasse zu sein, um die Erde zu retten oder um die Menschheit vor einer Apokalypse zu bewahren, mitgenommen wurden. Unsere Kultur ist besessen von außerirdischem Leben. Ich habe keinen Zweifel daran, dass Menschen sehr reale Erfahrungen mit Außerirdischen gemacht haben und als Folge dieser Begegnungen Augenzeugen aller Arten von Zeichen und Wundern waren. Das Volumen an Daten und Beweisen, das wir über diese Begegnungen haben, ist zu überwältigend, um es zu widerlegen.[41] Es gibt jedoch eine wichtige Wahrheit, die Satan dich nicht wissen lassen will.

Pastor Billy Crone hat viel Forschung über unidentifizierte Flugobjekte und Außerirdische betrieben.[42] Die folgenden Aussagen sind eine Zusammenfassung dessen, was er entdeckt hat.[43] Außerirdische lügen wie Dämonen. Außerirdische reisen wie Dämonen. Außerirdische lehren wie Dämonen. Außerirdische kommunizieren wie Dämonen. Außerirdische ergreifen von Menschen Besitz wie Dämonen. Außerirdische werden durch den Namen von Jesus zurechtgewiesen, genau wie Dämonen.

Ja, du hast richtig gelesen. Außerirdische sind Dämonen! Ich möchte nicht, dass du darüber noch länger getäuscht wirst. Ich denke, dies ist eine von Satans wahrhaft gottlosen Lügen. Es ist wichtig für dich, diese Täuschung erkennen zu können und sie als das zu sehen, was sie wirklich ist. Wir werden uns jede dieser Behauptungen im Detail ansehen, aber zuerst musst du verstehen, was Dämonen sind.

Die Bibel sagt uns, dass Dämonen gefallene Engel sind. Alles begann mit dem König der Dämonen, Satan. Als Satan sündigte und gegen Gott rebellierte, wurde Er zusammen mit all den anderen Engeln, die Ihm folgten, auf die Erde hinabgeworfen, siehe Offenbarung 12,4-9. In diesen Schriftstellen ist Satan der „gesalbte Cherub" und „Luzifer".

> Du warst in Eden, dem Garten Gottes. ... Du warst der gesalbte Cherub, der schirmt. Dann habe Ich dich auf den heiligen Berg Gottes gesetzt. ... Du warst vollkommen in deinen Wegen von dem Tag an, als du geschaffen wurdest, bis Ungerechtigkeit in dir gefunden wurde. Durch die Fülle deines Handels wurde dein Inneres mit Gewalt erfüllt, und du hast gesündigt. Darum habe Ich dich als unheilig vom Berg Gottes verstoßen. ... Ich habe dich zu Boden geworfen. Ich habe dich vor Könige gelegt, damit sie dich sehen können. (Hesekiel 28,13-17)

> Wie bist du vom Himmel gefallen, o Luzifer, Sohn der Morgenröte! [Wie] bist du zu Boden gestreckt worden, du, der du die Nationen geschwächt hast! (Jesaja 14,12 Neue König Jakobus Version)

Als Jesu Jünger erstaunt waren, dass sie in Seinem Namen Dämonen austreiben konnten, sagte Jesus ihnen, Er habe miterlebt, wie Satan vom Himmel fiel. In diesen Versen ist Jesus der „Herr".

> Die Siebzig kehrten mit Freude zurück und sagten: „Herr, sogar die Dämonen sind uns untertan in Deinem Namen!" Er sagte zu ihnen: „Ich sah Satan wie einen Blitz vom Himmel fallen." (Lukas 10,17-18)

Obwohl die gefallenen Engel nun auf der Erde weilen, haben sie immer noch Zugang, um mit Gott im Himmel zu kommunizieren. Tatsächlich müssen sie Gottes Erlaubnis einholen, um mit uns Menschen zu interagieren. Sieh dir

dieses Gespräch zwischen Gott und Satan bezüglich Hiob an. „Söhne Gottes"
bezieht sich auf Engel.

> Es geschah aber eines Tages, als die Söhne Gottes kamen, um sich vor Jahwe zu
> stellen, dass auch Satan unter ihnen kam. Jahwe sprach zu Satan: „Wo kommst
> du her?" Da antwortete Satan Jahwe und sprach: „Vom Hin- und Herziehen auf
> der Erde und vom Umherwandeln auf ihr." Jahwe sprach zu Satan: „Hast du
> Meinen Knecht Hiob beachtet? Denn es ist niemand wie er auf Erden, ein
> untadeliger und rechtschaffener Mann, der Gott fürchtet und das Böse meidet."
> Da antwortete Satan Jahwe und sprach: „Fürchtet Hiob Gott umsonst? Hast Du
> nicht einen Zaun um ihn und um sein Haus und um alles, was er hat, ringsumher
> gemacht? Du hast das Werk seiner Hände gesegnet, und sein Besitz hat sich im
> Land ausgebreitet. Aber strecke doch einmal Deine Hand aus und taste alles an,
> was er hat; er wird Dir gewiss ins Angesicht absagen." Jahwe sprach zu Satan:
> „Siehe, alles, was er hat, ist in deiner Hand. Nur gegen ihn selbst strecke Deine
> Hand nicht aus." (Hiob 1,6-12)

Satan ist sehr real, ebenso wie seine Armee von gefallenen Engeln. Ein
Tag kommt, an dem diese gefallenen Engel aus dem Himmel hinausgeworfen
werden. Das geschieht bei der Entrückung. Dann verlieren sie ihren Zugang
zu Gott. Es wird von diesem Tag an eine erhebliche Zunahme der außerirdischen
(dämonischen) Aktivität geben. Das liegt daran, dass sie wissen werden, dass
ihnen nur noch eine sehr kurze Zeit bleibt. Sie werden voller Zorn sein. Siehst
du, sie wissen, wie diese Geschichte endet. Sie werden alle im Feuersee enden
(Offenbarung 20,10; Matthäus 25,41).

> Der große Drache wurde hinabgeworfen, die alte Schlange, die der Teufel und
> Satan genannt wird, der Verführer der ganzen Welt. Er wurde auf die Erde
> hinabgeworfen, und seine Engel wurden mit ihm hinabgeworfen. Ich hörte eine
> laute Stimme im Himmel sagen: „Nun ist die Errettung, die Macht und das Reich
> unseres Gottes und die Autorität Seines Christus gekommen; denn der Verkläger
> unserer Brüder wurde hinabgeworfen, der sie Tag und Nacht vor unserem Gott
> verklagt. Sie haben ihn überwunden wegen des Blutes des Lammes und wegen
> des Wortes ihres Zeugnisses. Sie haben ihr Leben nicht geliebt, bis in den Tod.
> Darum freut euch, ihr Himmel, und ihr, die ihr darin wohnt. Wehe der Erde und
> dem Meer, denn der Teufel ist zu euch hinabgestiegen und hat einen großen Zorn,
> da er weiß, dass er nur eine kurze Zeit hat." (Offenbarung 12,9-12)

Nun, da du verstehst, wer die Dämonen sind, lass uns jeden dieser Punkte
darüber betrachten, dass Außerirdische wie Dämonen sind.

Außerirdische lügen wie Dämonen. Außerirdische behaupten, sie seien eine weiterentwickelte, höher gebildete Spezies. Dies ist die Lüge der Evolution. Wir wissen, dass das eine Lüge ist, weil Gott alles für einen einzigartigen Zweck geschaffen hat. Du bist kein Zufall der Evolution. Du hast dich nicht aus Weltraumschlamm entwickelt. Du wurdest nach dem Ebenbild Gottes zu Seiner Ehre geschaffen! Wer, so sagt Gott, täuscht uns mit Lügen? Er ist der Vater der Lüge selbst, Satan. Er ist immer auf der Pirsch und sucht jemanden, den er täuschen kann. In diesen Versen ist Satan „der Teufel".

> Ihr seid von eurem Vater, dem Teufel, und die Begierden eures Vaters wollt ihr tun. Er war ein Mörder von Anfang an und steht nicht in der Wahrheit, denn es ist keine Wahrheit in ihm. Wenn er die Lüge redet, so redet er aus seinem Eigenen; denn er ist ein Lügner und der Vater der Lüge. (Johannes 8,44)

> Seid nüchtern und wachsam. Euer Widersacher, der Teufel, geht umher wie ein brüllender Löwe und sucht, wen Er verschlingen kann. (1. Petrus 5,8)

Außerirdische reisen wie Dämonen. Außerirdische versuchen uns glauben zu machen, dass sie aufgrund ihrer Reiseart eine fortgeschrittene Spezies sind. Unidentifizierte Flugobjekte und Außerirdische erscheinen oft aus dem Nichts, als kämen sie aus einer anderen Dimension. Es gibt alle Arten von Sichtungen fliegender Untertassen und anderer hochtechnologisch aussehender Fahrzeuge, die scheinbar aus dem Nichts auftauchen. Wer, so sagt uns die Bibel, hat die Fähigkeit, zwischen Dimensionen zu reisen? Das wären Engel. Sie haben Zugang zur geistlichen, himmlischen Dimension, und sie haben Zugang zu unserer Dimension auf der Erde. Erinnere dich daran, dass Dämonen gefallene Engel sind. In dieser Schriftstelle sehen wir, dass der Prophet Elischa dafür betete, dass die Augen seines Dieners für die geistliche Dimension geöffnet würden. Gott öffnete seine Augen, und er sah, was der Prophet sehen konnte: einen Berg voll mit Engeln mit feurigen Wagen. Die Engel sind in der Tat unter uns; wir sehen sie normalerweise nur nicht, weil sie sich in einer anderen Dimension befinden.

> Als der Diener des Mannes Gottes früh aufgestanden und hinausgegangen war, siehe, da lag ein Heer mit Pferden und Wagen um die Stadt. Sein Diener sprach zu ihm: „O weh, mein Herr! Was sollen wir tun?" Er antwortete: „Fürchte dich nicht, denn die, die bei uns sind, sind zahlreicher als die, die bei ihnen sind." Elischa betete und sprach: „Jahwe, bitte öffne ihm die Augen, damit er sieht." Jahwe öffnete dem jungen Mann die Augen, und er sah; und siehe, der Berg war voll von Pferden und feurigen Wagen um Elischa her. (2. Könige 6,15-17)

Außerirdische lehren wie Dämonen und fördern eine antibiblische New-Age-Spiritualität. Dies sind einige Dinge, die Dämonen in Verkleidung lehren: Menschen sind kleine Götter, Menschen müssen die Erde anbeten, Jesus war ein Außerirdischer, Sünde existiert nicht, sodass Menschen nicht gerettet werden müssen, Jesus sagte in Wirklichkeit, dass Menschen zu Christussen werden können, Menschen müssen sich in einer Weltregierung vereinen und dass Luzifer, von dem du weißt, dass er der Teufel ist, in Wirklichkeit der Held ist, der dich retten wird. Eine vereinte Regierung, hm? Das ist genau das, was der Antichrist nach der Entrückung aufbauen wird. Erinnere dich, wer im Antichristen wohnt? Es ist Satan. Glaubst du ernsthaft, dass eine weiterentwickelte Spezies den ganzen Weg durch die Galaxie reisen würde, um diesen Unsinn zu lehren und schlecht über Jesus zu reden? Man sollte meinen, sie würden uns etwas Nützliches lehren, um ein globales Problem zu lösen, wie etwa ein Heilmittel für eine Krankheit. Wen nennt die Bibel als denjenigen, der den Menschen alle Arten von Bosheit lehrt? Wieder einmal sind es Satan und die gefallenen Engel.

> Der Heilige Geist sagt uns jedoch ausdrücklich, dass in den letzten Zeiten einige vom wahren Glauben abfallen werden; sie werden verführerischen Geistern und Lehren folgen, die von Dämonen kommen. (1. Timotheus 4,1 Neue Lebende Übersetzung)

> Mich wundert, dass ihr euch so schnell von Ihm abwendet, der euch durch die Gnade Christi berufen hat, zu einem anderen „Evangelium", während es doch kein anderes gibt. Es gibt nur einige, die euch verwirren und das Evangelium Christi verdrehen wollen. Aber selbst wenn wir oder ein Engel vom Himmel euch ein anderes Evangelium predigen würden als das, das wir euch gepredigt haben, so sei er verflucht. (Galater 1,6-8)

Außerirdische kommunizieren mit uns, wie Dämonen es tun. Außerirdische wollen, dass Menschen in einen veränderten Bewusstseinszustand eintreten, um mit ihnen zu kommunizieren. Das klingt vertraut. Das ist es, was die New-Age-Spiritualität mit transzendentaler Meditation, Channeling und medialen Sitzungen lehrt. Gottes Wort verbietet diese Arten von Praktiken und die Kommunikation mit dem Geisterreich ausdrücklich. Gott weiß, wenn du diese Dinge tust, wirst du mit Dämonen sprechen, und Er möchte nicht, dass du getäuscht wirst. Warum sollte ein Außerirdischer wollen, dass Menschen etwas tun, was Gott in der Bibel direkt verbietet? Warum können sie keine hochtechnologische Kommunikationsmethode verwenden, wenn sie eine so hochentwickelte Spezies sind? Weil dieser Außerirdische ein Dämon ist, der dich hasst, der will, dass du sündigst, und der nicht will, dass du Gottes Wahrheit kennst.

> Wenn du in das Land kommst, das Jahwe, dein Gott, dir gibt, sollst du nicht lernen, die Gräuel jener Nationen nachzuahmen. Es soll unter dir niemand gefunden werden, der seinen Sohn oder seine Tochter durch das Feuer gehen lässt, keiner, der Wahrsagerei treibt, kein Hellseher oder einer, der Vorzeichen deutet, oder ein Zauberer oder einer, der Bannsprüche spricht, oder jemand, der einen vertrauten Geist befragt, oder ein Wahrsager oder ein Totenbeschwörer. Denn wer diese Dinge tut, ist Jahwe ein Gräuel. Wegen dieser Gräuel vertreibt Jahwe, dein Gott, sie vor dir. (5. Mose 18,9-12)

Außerirdische ergreifen von Menschen Besitz genau wie Dämonen. Pastor Crone berichtet von einer Begegnung mit Außerirdischen, bei der ein Mann von einem Außerirdischen besessen war, den er auf seinem Grundstück sah.[44] Zeugen sagten, der Mann habe angefangen zu knurren, mit den Armen zu fuchteln, und es sei ein Geruch nach Schwefel vorhanden gewesen. Rate mal, wer noch danach verlangt, Menschen zu besitzen? Die Dämonen tun es! Jesus und die Jünger trieben sogar Dämonen aus Menschen aus, die besessen waren. In der ersten Schriftstelle ist Jesus derjenige, der den Dämon austreibt. Die zweite Schriftstelle zeigt Jesus, wie Er über einen unreinen Geist spricht.

> Als es Abend geworden war, brachten sie viele zu Ihm, die von Dämonen besessen waren. Er trieb die Geister mit einem Wort aus und heilte alle, die krank waren. (Matthäus 8,16)

> Wenn ein unreiner Geist von einem Menschen ausgegangen ist, durchzieht er wasserlose Stätten und sucht Ruhe und findet sie nicht. Dann sagt er: „Ich will in mein Haus zurückkehren, aus dem ich ausgegangen bin;" und wenn er kommt, findet er es leer, gekehrt und geschmückt. Dann geht er hin und nimmt sieben andere Geister mit sich, die böser sind als er selbst, und sie ziehen ein und wohnen dort. Der letzte Zustand jenes Menschen wird schlimmer als der erste. So wird es auch diesem bösen Geschlecht ergehen. (Matthäus 12,43-45)

Die dämonisch besessenen Menschen in der Bibel rasteten ebenfalls aus und fügten sich selbst Schaden zu. Die Dämonen folgen Satan, der ein Mörder ist. Sie wollen dich verletzen. Und rate mal, wer nach Schwefel riecht? Ganz genau, die Dämonen tun es! Ihr Aufenthaltsort ist die Hölle, der Feuersee, der nach Schwefel riecht, siehe Offenbarung 20,10. In dieser Schriftstelle sehen wir einen „Mann mit einem unreinen Geist", der auf Jesus zukommt. Das bedeutet, er war von dem unreinen Geist besessen.

> Und als Er aus dem Boot gestiegen war, begegnete Ihm sogleich aus den Gräbern ein Mann mit einem unreinen Geist. Er wohnte in den Gräbern. Niemand konnte ihn mehr binden, auch nicht mit Ketten, denn er war oft mit Fesseln und Ketten gebunden worden, und die Ketten waren von ihm zerrissen und die Fesseln in Stücke gebrochen worden. Niemand hatte die Kraft, ihn zu bändigen. Und allezeit, Nacht und Tag, war er in den Gräbern und auf den Bergen, schrie und schlug sich mit Steinen. Als er Jesus von weitem sah, lief er und warf sich vor Ihm nieder, und mit lauter Stimme schreiend sagte er: „Was habe ich mit Dir zu tun, Jesus, Du Sohn Gottes, des Höchsten? Ich beschwöre Dich bei Gott, quäle mich nicht." Denn Er hatte zu ihm gesagt: „Fahre aus dem Menschen aus, du unreiner Geist!" Und Er fragte ihn: „Was ist dein Name?" Er antwortete Ihm: „Mein Name ist Legion, denn wir sind viele." … Und sie kamen zu Jesus und sahen den, der von Dämonen besessen war, dasitzen, bekleidet und bei Vernunft, ihn, der die Legion gehabt hatte; und sie fürchteten sich. (Markus 5,2-9.15)

Viele Menschen, die Begegnungen mit Außerirdischen hatten, haben reale, physische Wesen gesehen. Wir alle haben Bilder von den grauen Außerirdischen und den kleinen grünen Männchen gesehen. Wusstest du, dass Engel eine physische Gestalt annehmen können?

> Vergesst die Gastfreundschaft gegen Fremde nicht, denn durch sie haben einige, ohne es zu wissen, Engel beherbergt. (Hebräer 13,2)

> Denn solche Menschen sind falsche Apostel, betrügerische Arbeiter, die sich als Apostel Christi verkleiden. Und kein Wunder, denn selbst Satan verkleidet sich als Engel des Lichts. Es ist also nichts Großes, wenn auch seine Diener sich als Diener der Gerechtigkeit verkleiden, deren Ende ihren Werken entsprechen wird. (2. Korinther 11,13-15)

> Die zwei Engel kamen am Abend nach Sodom. Lot saß im Tor von Sodom. Als Lot sie sah, erhob er sich, um ihnen entgegenzugehen. Er verbeugte sich mit dem Angesicht zur Erde. (1. Mose 19,1)

Außerirdische werden durch den Namen von Jesus zurechtgewiesen. Hier ist, was der Forscher für Entführungen durch Außerirdische, Joe Jordan, über Menschen zu sagen hat, die Entführungen erlebt haben: „Durch die Untersuchung der Fallberichte wurde festgestellt, dass einige der Erlebenden in der Lage waren, die Erfahrung zu stoppen oder zu beenden. Es gab eine erkannte Gemeinsamkeit in der Methode, die unter den christlichen Erlebenden angewendet wurde. Es wurde gezeigt, dass die Erfahrung gestoppt oder beendet werden konnte, indem man den Namen und die Autorität von Jesus Christus anrief. Nicht als Zauberwort, sondern durch ihre Treue zu Ihm und ihre persönliche Beziehung zu Ihm." Er hat über einhundert Zeugnisse auf seiner Website veröffentlicht.[45] Das ist doch interessant, oder? Warum in aller Welt sollte ein Außerirdischer auf die Autorität von Jesus Christus reagieren? Weil es ein Dämon ist! Alle Engel unterstehen der Autorität Jesu.

> In der Synagoge war ein Mann, der den Geist eines unreinen Dämons hatte, und er schrie mit lauter Stimme und sagte: „Ach! Was haben wir mit Dir zu tun, Jesus von Nazareth? Bist Du gekommen, um uns zu vernichten? Ich weiß, wer Du bist: der Heilige Gottes!" Jesus wies ihn zurecht und sprach: „Verstumme und fahre aus von ihm!" Und als der Dämon ihn mitten unter sie geworfen hatte, fuhr er von ihm aus, ohne ihm Schaden zuzufügen. Da kam ein Staunen über alle, und sie sprachen untereinander und sagten: „Was ist das für ein Wort? Denn mit Autorität und Macht gebietet Er den unreinen Geistern, und sie fahren aus!" (Lukas 4,33-36)

> Es geschah aber, als wir zum Gebet gingen, dass uns eine Magd begegnete, die einen Wahrsagegeist hatte und ihren Herren durch Wahrsagen großen Gewinn brachte. Diese folgte Paulus und uns nach, schrie und sprach: „Diese Menschen sind Diener Gottes, des Höchsten, die uns einen Weg des Heils verkündigen!" Dies tat sie viele Tage lang. Paulus aber, der darüber sehr unwillig wurde, wandte sich um und sprach zu dem Geist: „Ich gebiete dir im Namen Jesu Christi, von ihr auszufahren!" Und er fuhr aus in derselben Stunde. (Apostelgeschichte 16,16-18)

> Jesus Christus, welcher ist zur Rechten Gottes, nachdem Er in den Himmel gegangen ist, wobei Ihm Engel und Autoritäten und Mächte untertan gemacht worden sind. (1. Petrus 3,21-22)

Außerirdische wollen, dass die Menschen sie anbeten. Außerirdische haben dieselben Ziele wie Satan, und Satan will wie Gott sein. Mehr als alles andere wollen diese Außerirdischen angebetet werden. Wir haben genau das getan, nicht wahr? Schau dir an, wie wir sie in unserer Kultur durch Filme und Bücher verherrlicht haben. Weißt du, welcher Film derzeit den vierten Platz an den US-Kinokassen aller Zeiten einnimmt (inflationsbereinigt)? Es ist E.T.: Der Außerirdische. Er kam 1982 heraus und hat fast 1,3 Milliarden Dollar eingespielt.[46] Schau dir an, wie viele falsche Religionen wir geschaffen haben, damit Menschen Außerirdische anbeten können. Bis August 2019 haben zwei Millionen Menschen erklärt, dass sie an der Veranstaltung Stürmen Area 51 in Nevada im Herbst 2019 teilnehmen werden, und weitere 1,4 Millionen sind interessiert.[47] Zwei Millionen Menschen. Das entspricht dem gesamten Ballungsraum von Indianapolis.[48] Viele Menschen sind von Außerirdischen fasziniert.

Diese Schriftstelle spricht von Satan, dessen Name „Luzifer" ist. Du kannst sehen, dass er danach verlangt, Gott zu sein.

> Wie bist du vom Himmel gefallen, o Luzifer, Sohn der Morgenröte! [Wie] bist du zu Boden gestreckt worden, du, der du die Nationen geschwächt hast! Denn du hast in deinem Herzen gesagt: „Ich will in den Himmel aufsteigen, ich will meinen Thron über die Sterne Gottes erhöhen; ich will mich auch setzen auf den Berg der Versammlung, an den äußersten Seiten des Nordens; ich will über die Höhen der Wolken aufsteigen, ich will dem Höchsten gleich sein." (Jesaja 14,12-14 Neue König Jakobus Version)

Während des Dienstes Jesu wurde Er von Satan versucht. Schau dir an, was Satan versuchte, Jesus tun zu lassen.

> Wiederum nahm Ihn der Teufel mit auf einen überaus hohen Berg und zeigte Ihm alle Reiche der Welt und ihre Herrlichkeit. Er sagte zu Ihm: „Alles dieses will ich Dir geben, wenn Du niederfällst und mich anbetest." Da sprach Jesus zu ihm: „Hebe dich weg von Mir, Satan! Denn es steht geschrieben: ‚Du sollst den Herrn, deinen Gott, anbeten und Ihm allein dienen.'" (Matthäus 4,8-10)

Ganz genau, Satan wollte, dass Jesus Ihn anbetet. Erinnere dich daran, dass Jesus Gott im Fleisch ist. Satan will also nicht nur wie Gott sein, er will Gott ersetzen. Er will, dass Gott ihn anbetet. In diesen Schriftstellen unten kannst du sehen, dass Menschen im Laufe der Geschichte Dämonen anbeteten.

> Sie vertilgten die Völker nicht, wie Jahwe ihnen befohlen hatte, sondern vermischten sich mit den Nationen und lernten ihre Werke. Sie dienten ihren Götzen, welche ihnen zum Fallstrick wurden. Ja, sie opferten ihre Söhne und ihre Töchter den Dämonen. (Psalm 106,34-37)

> Da verließ er den Gott, der ihn gemacht hatte, und verwarf den Fels seiner Errettung. Sie reizten Ihn zur Eifersucht durch fremde Götter. Sie erbitterten Ihn durch Gräuel. Sie opferten den Dämonen, nicht Gott, Göttern, die sie nicht kannten, neuen Göttern, die vor kurzem aufgekommen waren, welche eure Väter nicht fürchteten. (5. Mose 32,15-17)

Hier sagt uns der Apostel Paulus, dass wir nichts anderes als Gott anbeten sollen. Wenn wir Gott durch etwas anderes ersetzen, ist dieses etwas anderes in der Tat ein Dämon.

> Diese Dinge aber sind als Vorbilder für uns geschehen, damit wir nicht nach bösen Dingen begehren, wie jene begehrten. Werdet auch nicht Götzendiener, wie einige von ihnen es waren. Wie geschrieben steht: „Das Volk setzte sich nieder, um zu essen und zu trinken, und stand auf, um zu spielen." ... Darum, meine Geliebten, flieht den Götzendienst. ... Seht auf Israel nach dem Fleisch. Haben nicht die, welche die Schlachtopfer essen, Gemeinschaft mit dem Altar? Was sage ich nun? Dass ein Götzenopfer etwas sei oder dass ein Götzenbild etwas sei? Sondern dass das, was die Nationen opfern, sie den Dämonen opfern und nicht Gott, und ich will nicht, dass ihr Gemeinschaft mit den Dämonen habt. Ihr könnt nicht den Kelch des Herrn trinken und den Kelch der Dämonen. Ihr könnt nicht am Tisch des Herrn teilnehmen und am Tisch der Dämonen. (1. Korinther 10,6-7.14.18-21)

Hast du immer noch Schwierigkeiten zu glauben, dass Außerirdische wirklich eine Täuschung von Satan sind? Schau dir an, was diese weltlichen Forscher gesagt haben.

Ein berühmter Forscher für unidentifizierte Flugobjekte und Astrophysiker, Dr. Jacques Vallee, der für seine Forschung bekannt ist, die Steven Spielbergs Film Unheimliche Begegnungen der dritten Art inspirierte, sagte in einem Interview über unidentifizierte Flugobjekte Folgendes: „Das Phänomen tritt in einer Umgebung von Manifestationen auf, die eine gesteigerte Wahrnehmung von Synchronizitäten, paranormalen Geräuschen und Lichterscheinungen und gelegentlich absurden Zufällen umfassen, ähnlich denen, die in der Poltergeist-Literatur beschrieben werden."[49]

Der Forscher für unidentifizierte Flugobjekte und Autor John Keel sagte: „Die unidentifizierten Flugobjekte scheinen nicht als greifbare, hergestellte Objekte zu existieren. Sie entsprechen nicht den Naturgesetzen unserer Umwelt. Sie scheinen nichts weiter als Transmogrifikationen zu sein, die sich unseren Fähigkeiten zu verstehen anpassen. Die Tausenden von Kontakten mit den Wesenheiten deuten darauf hin, dass sie Lügner und Betrüger sind. Die Erscheinungen unidentifizierter Flugobjekte scheinen im Großen und Ganzen lediglich geringfügige Variationen des uralten dämonologischen Phänomens zu sein."[50]

Ähnlich wie Poltergeist. Wirklich? Das ist Dämonenbesessenheit. Die Wahrheit, die Satan dich nicht wissen lassen will, ist, dass Außerirdische in der

Tat Dämonen sind! Dämonen sind gefallene Engel, genau wie Satan. Denke eine Minute über diese Wahrheit nach und begreife die volle Tragweite davon. Satan hat dich schon sehr lange getäuscht, indem Er Sich als Extraterrestrischer maskiert hat. Wir wissen, dass Satan Sich gerne als Engel des Lichts maskiert. Es wäre für Ihn nicht schwer, ein Außerirdischer zu sein. Diese Dämonen haben den uralten Trick der Wölfe im Schafspelz benutzt, um dich zu täuschen!

> Denn solche Menschen sind falsche Apostel, betrügerische Arbeiter, die sich als Apostel Christi verkleiden. Und kein Wunder, denn selbst Satan verkleidet sich als Engel des Lichts. (2. Korinther 11,13-14)

> Hütet euch vor den falschen Propheten, die in Schafskleidern zu euch kommen, inwendig aber reißende Wölfe sind. An ihren Früchten werdet ihr sie erkennen. Sammelt man etwa Trauben von Dornen oder Feigen von Disteln? So bringt jeder gute Baum gute Früchte, der faule Baum aber bringt schlechte Früchte. (Matthäus 7,15-17)

Nun, damit ist es vorbei. Lass dich nicht länger täuschen. Die Menschen, die entrückt wurden, wurden <u>nicht</u> von Außerirdischen entführt!

Die Erklärung der Entführung durch Außerirdische wird für einige eine schwer zu schluckende Pille sein, daher ist dies nicht die einzige Lüge, die du hören wirst. Du wirst vielleicht hören, dass die Verschwundenen mit irgendeinem ansteckenden Erreger infiziert waren und mitgenommen oder vernichtet wurden, um die Menschheit zu schützen. Vielleicht wirst du hören, dass die Verschwundenen durch eine hochentwickelte Waffe verdampft wurden. Sie werden dir sagen, es sei ein Terroranschlag gewesen. Es spielt keine Rolle, wen sie als Feind bezeichnen: ein bestimmtes Land, Gott, eine Krankheit oder was auch immer. Die Staats- und Regierungschefs der Welt werden dies als Katalysator nutzen, um die Menschen gegen diesen gemeinsamen Feind zu vereinen.

Glaubst du, das ist ziemlich weit hergeholt? Erinnerst du dich an die Szene im Film Captain America: Winter Soldier, in der die Helikopterträger mit fortschrittlichen Kanonen ausgestattet waren, die Millionen von Menschen sofort töten konnten? Es wurde Projekt Insight genannt. Nun stell dir diesen Helikopterträger vor, der mit Waffen ausgestattet ist, die Menschen verdampfen können. Es würde so wirken, als wären alle verschwunden. Laserwaffen, die Objekte verdampfen können, sind keine Science-Fiction mehr. Schau dir diese Schlagzeilen an.

Chinas neue Laserkanone kann dich mit einem lautlosen, karbonisierenden Strahl zappen.[51]

Wissenschaftler entwickeln eine „Todesstern"-Laserwaffe, um Killer-Asteroiden zu verdampfen.[52]

Laserwaffen: Ist dies der Anbruch des Todesstrahls?[53]

Die Luftwaffe der Vereinigten Staaten hat erfolgreich ein Lasersystem zum Abschuss von Raketen getestet.[54]

Russlands Militär verfügt über Laserwaffen, die Feinde in weniger als einer Sekunde ausschalten können.[55]

Die Anführer könnten dir sogar sagen, dass die Verschwundenen Teil eines geheimen Weltraumforschungsprojekts sind und von der Erde umgesiedelt wurden. Dass sie helfen, die Lebensfähigkeit eines anderen Planeten zu bestimmen. Dass sie individuell auf der Grundlage eines komplexen Datensatzes ausgewählt wurden. Dass sie es zum Wohl aller geheim gehalten haben. Schließlich steht die Menschheit auf dem Spiel. Wir haben bereits einige große Unternehmen, die an Projekten zur Besiedlung des Mondes und des Mars arbeiten. Dies sind einige aktuelle Schlagzeilen, die zeigen, dass diese Lüge darüber, was mit den entrückten Menschen geschah, für die Zurückgelassenen nicht allzu schwer zu glauben wäre.

Stephen Hawking sagt, die Menschen haben 100 Jahre Zeit, um auf einen anderen Planeten umzuziehen.[56]

Jeff Bezos glaubt, dass wir Industriezonen im Weltraum errichten müssen, um die Erde zu retten.[57]

Lernen Sie die Menschen kennen, die planen, den Mars im Jahr 2032 zu besiedeln.[58]

Die Besiedlung des Mondes könnte der Schlüssel zur Rettung der Erde sein, sagt Jeff Bezos.[59]

Elon Musk von SpaceX sagt, er könne in vier Jahren einen Menschen auf den Mars bringen.[60]

Elon Musk: Wir müssen den Mars kolonisieren, um unsere Spezies in einem Dritten Weltkrieg zu bewahren.[61]

Wissenschaftler haben zum ersten Mal ein Photon von der Erde in die Umlaufbahn teleportiert.[62]

Beamen Sie mich hoch, Scotty! Forscher teleportieren Lichtteilchen über sechs Kilometer.[63]

Du wirst auch Lügen hören, die absurd erscheinen. Einige werden sagen, dass eine hochentwickelte künstliche Intelligenz eines Computers oder eine hochtechnologische außerirdische Rasse Deine Realität kontrolliert. Dass du in einer computergenerierten Videospielwelt lebst. Es wird Simulationshypothese genannt, und Wissenschaftler untersuchen dies seit Jahren. Sie könnten sagen, dass diejenigen, die verschwunden sind, die rote Pille geschluckt haben, genau wie Neo es im Film The Matrix getan hat. Wenn du mit diesem Film nicht vertraut bist: Die Hauptfigur Neo schluckte eine rote Pille, die ihn aus seiner virtuellen Realitätswelt aufweckte. Er entdeckte dann, dass hochtechnologische Außerirdische die Kontrolle hatten, Menschen zur Energiegewinnung nutzten und die Menschen in einer simulierten Realität namens Matrix gefangen hielten. Oder sie werden dir erzählen, dass die entrückten Menschen wegen eines Defekts aus der Simulation entfernt wurden, so als wären wir Nicht-Personen-Chartere. Ich habe das schreckliche Gefühl, dass viele Leute versuchen werden, „auszusteigen", so wie man es ausdrückt, wenn sie diese Lüge über das Leben in einer virtuellen Realität hören. Sie werden in die Fußstapfen des Filmhelden Neo treten wollen. Dies ist eine rein dämonische Lüge und wird zu den bedauerlichen Suiziden vieler Menschen führen.

Glaubst du mir nicht? Schau dir diese aktuellen Schlagzeilen an.

Matrix-ähnliche Realität wird Mainstream: NBC fragt „Leben wir in einem simulierten Universum".[64]

Elon Musk sagt, wir könnten in einer Simulation leben. Hier ist, wie wir feststellen könnten, ob er Recht hat.[65]

Leben wir in einer Computersimulation? Ich weiß es nicht. Wahrscheinlich.[66]

Die „Simulationshypothese" eines Wissenschaftlers des Massachusetts Institute of Technology liefert überzeugende Argumente für die Matrix.[67]

Der Gründer von Comma.AI, George Hotz, will die Menschheit aus der KI-Simulation befreien.[68]

Du wirst einige Lichtblicke der Wahrheit erhalten, wenn du viele Anführer sagen hörst, dass Gott dies getan hat. Die Lüge, die sie verbreiten werden, ist, dass Gott wütend auf die Menschheit ist, weil wir den Planeten ruiniert haben. Er musste einige Leute entfernen, damit die Zurückgelassenen den Planeten reparieren und gedeihen können. Sie könnten sogar sagen, dass Gott die Menschen entfernt hat, die geistig nicht erleuchtet waren und den Weltfrieden verhinderten. Du wirst sie auch sagen hören, dass Gott dies tat, weil Er diejenigen liebt, die zurückgeblieben sind. Es gibt zwei zentrale Wahrheiten in dieser Lüge – ja, Gott hat dies getan, und ja, Gott liebt dich.

Hier sind einige Schlagzeilen, die zeigen, wie diese Lügen heute verbreitet werden.

Die Weltbevölkerung nähert sich 8 Milliarden. Das sind keine guten Nachrichten.[69]

Die Kosten der Überbevölkerung auf der ganzen Welt.[70]

David Attenborough: Der Planet kann die Überbevölkerung nicht bewältigen.[71]

Sehen Sie die erschütternden Auswirkungen, die Menschen auf die Ozeane der Welt hatten.[72]

Die Menschen pfuschen seit Jahrtausenden am Klima herum.[73]

Die größten Bedrohungen der Erde liegen bei den Menschen.[74]

Es sieht langsam danach aus, als würde Gott uns nicht vor der globalen Erwärmung retten.[75]

Leeren Sie die Hälfte der Erde von ihren Menschen. Es ist der einzige Weg, um den Planeten zu retten.[76]

Du musst wissen, dass Gott den Planeten kontrolliert. Er weiß genau, was passiert und warum, weil Er derjenige ist, der es geschehen lässt. Glaube nicht der Lüge, dass Gott Seine Schöpfung nicht unter Kontrolle hat.

> Im Anfang schuf Gott die Himmel und die Erde. (1. Mose 1,1)

> Gott hat die Erde durch Seine Macht gemacht. Er hat die Welt durch Seine Weisheit befestigt und durch Sein Verständnis die Himmel ausgespannt. Wenn Er Seine Stimme erschallen lässt, brausen die Wasser in den Himmeln, und Er lässt die Dämpfe aufsteigen von den Enden der Erde. Er macht Blitze für den Regen und bringt den Wind aus Seinen Schatzkammern hervor. (Jeremia 10,12-13)

> Jahwe hat Seinen Weg im Wirbelsturm und im Sturm, und die Wolken sind der Staub Seiner Füße. Er bedroht das Meer und macht es trocken und lässt alle Ströme versiegen. … Die Berge erbeben vor Ihm, und die Hügel zerschmelzen.

Die Erde bebt vor Seinem Angesicht, ja, die Welt und alle, die darauf wohnen.
(Nahum 1,3-5)

Ich bin sicher, du wirst noch mehr Lügen hören als das, was ich hier aufgedeckt habe. Ich hoffe, dies hilft dir, das zu hinterfragen, was man dir sagt. Prüfe alles am Wort Gottes. Was du die Anführer und Nachrichten nicht sagen hören wirst, ist das, was nach Gottes Wort geschehen ist. Diejenigen, die glaubten, dass Jesus für ihre Sünden gestorben ist, wurden in der Entrückung in den Himmel aufgenommen.

Kapitel 15 – Lügen über die Verschwundenen

Es wird Lügen darüber geben, wer verschwunden ist. Denk daran, dass Satan, dein Feind, nicht will, dass du die Wahrheit entdeckst. Er will dich im Dunkeln halten und verblenden.

> Satan, der Gott dieser Welt ist, hat den Verstand derer verblendet, die nicht glauben. Sie sind unfähig, das herrliche Licht der Frohen Botschaft zu sehen. Sie verstehen diese Botschaft über die Herrlichkeit Christi nicht, der das genaue Ebenbild Gottes ist. (2. Korinther 4,4 Neue Lebende Übersetzung)

Die Anführer und die Nachrichten werden darauf hinweisen, dass nicht nur Christen mitgenommen wurden. Deshalb könne es unmöglich die Entrückung der Christen sein. Sie werden sagen, dass einige Christen zurückgelassen wurden, und auf Pastoren, Prediger und Menschen verweisen, die die Kirche besuchten und tatsächlich noch mit dir auf der Erde sind. Sei nicht überrascht, einige dieser Leute, sogar hochrangige Kirchenführer, im Fernsehen zu sehen, wie sie dir das erzählen. Die entscheidende Wahrheit dabei ist, dass diese Menschen ihr Vertrauen nicht in Jesus gesetzt haben, bevor die Entrückung stattfand. Religiöse Traditionen, der Glaube an Gott, der Kirchenbesuch, der Besuch einer christlichen Schule, der Dienst an anderen im Namen Jesu und andere derartige Dinge retten einen Menschen nicht. Du musst eine Beziehung zu Jesus haben. Sie hatten keine, und das ist der Grund, warum sie zurückgelassen wurden. Diese Schriftstelle bekräftigt das. Jesus antwortet den Pharisäern, denen es nicht gefiel, dass Jesu Jünger den Traditionen nicht folgten. Die Pharisäer kannten Gott nicht und hatten keinen Glauben. Sie wussten nur, wie man einen Haufen Regeln befolgt. In diesen Versen ist Jesus derjenige, der den Pharisäern und Schriftgelehrten antwortet.

> Die Pharisäer und die Schriftgelehrten fragten Ihn: „Warum wandeln Deine Jünger nicht nach der Überlieferung der Alten, sondern essen ihr Brot mit ungewaschenen Händen?" Er antwortete ihnen: „Treffend hat Jesaja über euch Heuchler prophezeit, wie geschrieben steht: ‚Dieses Volk ehrt Mich mit den Lippen, aber ihr Herz ist fern von Mir. Vergeblich aber verehren sie Mich, indem sie als Lehren Menschengebote lehren.' Denn ihr lasst das Gebot Gottes beiseite und haltet fest an der Überlieferung der Menschen — dem Waschen von Krügen und Bechern, und ihr tut viele andere derartige Dinge." Er sagte zu ihnen: „Sehr wohl verwerft ihr das Gebot Gottes, damit ihr eure Überlieferung haltet." (Markus 7,5-9)

Wir haben diese Schriftstelle schon einmal gesehen. Jesus spricht hier und sagt, dass viele Menschen Dinge in Seinem Namen tun, aber keine echte Beziehung zu Ihm haben. Sie haben Ihn nie gebeten, ihnen ihre Sünden zu vergeben und in ihr Leben zu kommen.

> Nicht jeder, der zu Mir sagt: „Herr, Herr", wird in das Himmelreich eingehen, sondern wer den Willen Meines Vaters tut, der im Himmel ist. Viele werden an jenem Tag zu Mir sagen: „Herr, Herr, haben wir nicht in Deinem Namen prophezeit und in Deinem Namen Dämonen ausgetrieben und in Deinem Namen viele Machttaten getan?" Dann werde Ich ihnen bezeugen: „Ich habe euch nie gekannt. Weicht von Mir, ihr Übeltäter!" (Matthäus 7,21-23)

Diese Leute sagen vielleicht, sie hätten Glauben, weil sie an Gott glauben. Die Bibel sagt uns, dass das nicht ausreicht. Du musst deinen Glauben in Jesus setzen und in das, was Er am Kreuz getan hat, um deine Seele zu retten.

> Du sagst, du hast Glauben, denn du glaubst, dass es nur einen Gott gibt. Schön für dich! Sogar die Dämonen glauben das und zittern vor Entsetzen. (Jakobus 2,19 Neue Lebende Übersetzung)

Ich kann mir nur vorstellen, wie beschämt und verlegen sich einige dieser Menschen fühlen werden. Aber das ist keine Entschuldigung dafür, dich zu belügen und dir zu sagen, sie seien schon seit einer Weile gläubig gewesen und wüssten nicht, warum sie zurückgelassen wurden, oder dass sie zurückgelassen wurden, um einem größeren Zweck Gottes zu dienen. Sie wurden zurückgelassen, weil sie nicht wirklich glaubten. Sie müssen wohl auf ihre Werke vertraut haben statt auf Gottes Gnade.

> Denn aus Gnade seid ihr gerettet durch Glauben, und das nicht aus euch; Gottes Gabe ist es. (Epheser 2,8)

Lügen dient nur den Absichten Satans und nützt weder dir noch deinem Bestreben, Gott kennenzulernen. Vertrau diesen Leuten nicht, wenn sie nicht ehrlich zu dir sind. Wenn sie wirklich eine Beziehung zu Jesus hätten, würden sie das Lob von Gott suchen und nicht die Anerkennung von Menschen. Dann würden sie dir keine Lügen erzählen.

> Denn du bist kein wahrer Jude, nur weil du von jüdischen Eltern geboren wurdest oder die Zeremonie der Beschneidung durchlaufen hast. Nein, ein wahrer Jude ist

der, dessen Herz vor Gott recht ist. Und die wahre Beschneidung besteht nicht nur im Befolgen des Buchstabens des Gesetzes; vielmehr ist sie eine Herzensveränderung, die durch Gottes Geist bewirkt wird. Und ein Mensch mit einem veränderten Herzen sucht Lob von Gott, nicht von Menschen. (Römer 2,28-29 Neue Lebende Übersetzung)

Vielleicht sind einige der Leute, die behaupten, Christen zu sein, es jetzt wirklich. Sie könnten ihr Vertrauen in Jesus gesetzt haben, Momente nachdem die Entrückung stattfand. Das könnte das Ereignis gewesen sein, das ihnen half, die Wahrheit zu erkennen. Ich weiß, dass die Entrückung gewiss vielen Menschen helfen wird, zu einem rettenden Glauben an Jesus zu finden. Wenn das der Fall ist, sollten sie dir das sagen. Falls sie es nicht tun, halte dich von ihnen und ihren Lügen fern. In dieser Schriftstelle sehen wir viele dieser Menschen, die nach der Entrückung, während der Drangsalszeit, zum Glauben an Jesus kommen. Sie sind im Himmel und stehen vor Jesus, der das „Lamm" ist.

> Nach diesem sah ich, und siehe, eine große Schar, die niemand zählen konnte, aus jeder Nation und aus allen Stämmen und Völkern und Sprachen, die vor dem Thron und vor dem Lamm standen, bekleidet mit weißen Gewändern und mit Palmzweigen in ihren Händen. … Einer der Ältesten antwortete und sprach zu mir: „Diese, die mit den weißen Gewändern bekleidet sind, wer sind sie, und woher sind sie gekommen?" Ich sagte zu ihm: „Mein Herr, du weißt es." Er sprach zu mir: „Dies sind die, die aus der großen Drangsal kommen. Sie haben ihre Gewänder gewaschen und sie weiß gemacht im Blut des Lammes." (Offenbarung 7,9.13-14)

Du wirst auch in den Nachrichten sehen, dass, obwohl die meisten der verschwundenen Menschen Christen waren, scheinbar Menschen aller möglichen Glaubensrichtungen und Überzeugungen ebenfalls verschwunden sind. Also wiederum: Es könne unmöglich die Entrückung der Christen sein. Denk daran, dass die Kleidung, die Menschen tragen, und die religiösen Traditionen, die Menschen praktizieren, einen Menschen nicht definieren. Gott sieht auf das Herz und auf das, was jeder Mensch wirklich glaubt. Lass uns ein Beispiel betrachten. Angenommen, eine Person lebte in einem Land, in dem Christen verfolgt wurden. Diese Person kam dazu, Jesus kennenzulernen, und setzte ihr Vertrauen in Ihn. Sie ist gerettet und wurde daher entrückt. Da sie jedoch immer noch in jenem Land lebte, kleidete sie sich wahrscheinlich genau wie alle anderen in diesem Land. Sie werden versuchen, dir einzureden, dass diese Leute nicht das glaubten, was die Christen glauben, und dass sie

Jesus nicht kannten.

Der Einzige, der den Glauben eines Menschen an Jesus beurteilen kann, ist Gott, weil Gott unsere Herzen und Gedanken kennt.

> Du, Salomo, mein Sohn, erkenne den Gott deines Vaters und diene Ihm mit ungeteiltem Herzen und mit einer willigen Seele; denn Jahwe erforscht alle Herzen und versteht jedes Gebilde der Gedanken. Wenn du Ihn suchst, wird Er Sich von dir finden lassen; wenn du Ihn aber verlässt, wird Er dich verwerfen auf ewig. (1. Chronik 28,9)

Gott sieht nicht auf unser äußeres Erscheinungsbild, wenn Er unseren Glauben an Jesus beurteilt. Wir sehen hier, dass Gott wiederum auf das Herz sieht.

> Als sie nun gekommen waren, sah er Eliab an und dachte: „Sicherlich steht vor Jahwe Sein Gesalbter." Aber Jahwe sprach zu Samuel: „Sieh nicht auf sein Aussehen noch auf den Wuchs seiner Gestalt, denn Ich habe ihn verworfen; denn Ich sehe nicht auf das, worauf der Mensch sieht. Denn der Mensch sieht auf das Äußere, Jahwe aber sieht auf das Herz." (1. Samuel 16,6-7)

Lass dich nicht von den Lügen täuschen, die du darüber hörst, wer bei der Entrückung verschwunden ist oder nicht. Die Menschen, die ihr Vertrauen in Jesus Christus gesetzt haben, weil sie wussten, dass Er für ihre Sünden gestorben ist, sind diejenigen, die entrückt wurden.

Kapitel 16 – Lügen über die Vereinigung

Die Anführer werden dir viele Lügen erzählen, die die Zukunft betreffen und von dir verlangen werden, dich zu vereinen. Es wird ein Massenchaos nach der Entrückung geben, und viele werden glauben, es sei das Ende der Welt. Du wirst sehen, wie sich einige Anführer an diese Hysterie klammern und sie als Katalysator nutzen, um Satans Agenda voranzutreiben. Sie werden dir sagen, dass das Ende der Welt tatsächlich bevorsteht, dass das Verschwinden der Menschen ein Weckruf war, dass du jetzt handeln musst und alle zusammenkommen müssen, um die Erde, die Gesellschaft, die Religion, die Regierung, die Wirtschaft und die Gesetze in Ordnung zu bringen, damit der Rest von euch nicht auch noch verschwindet.

Du musst verstehen, dass Gott die vollkommene Kontrolle über Seine Schöpfung hat, über die Erde und alles, was darin ist. Du brauchst dir keine Sorgen zu machen oder zu versuchen, irgendetwas zu reparieren, was du an der Erde als falsch wahrnimmst. Falle nicht auf Satans Lügen über das bevorstehende Verderben herein, wenn du nicht handelst. Nun sage ich nicht, dass es in Ordnung ist, ein schlechter Verwalter von Gottes Schöpfung zu sein. Was ich sage, ist, dass du das Wetter oder Erdbeben oder andere Naturkatastrophen nicht kontrollieren kannst. Gott tut es. Nach Jesu 1.000-jähriger Herrschaft auf Erden, die nach der Drangsalszeit beginnt, wird Gott eine brandneue Erde für uns erschaffen. Freue dich auf den neuen Himmel und die neue Erde, die Er uns versprochen hat.

> Der Tag des Herrn wird aber kommen wie ein Dieb in der Nacht; an ihm werden die Himmel mit gewaltigem Rauschen vergehen, die Elemente aber vor Hitze schmelzen und die Erde und die Werke darauf verbrannt werden. Da nun dies alles so aufgelöst wird, wie sehr müsst ihr euch da auszeichnen durch heiligen Wandel und Gottesfurcht, indem ihr das Kommen des Tages Gottes erwartet und ihm entgegeneilt, an dem die Himmel in Flammen aufgehen und die Elemente vor Hitze schmelzen werden! Wir erwarten aber nach Seiner Verheißung neue Himmel und eine neue Erde, in denen Gerechtigkeit wohnt. (2. Petrus 3,10-13)

Die Anführer werden dir sagen, dass jetzt die Zeit für Frieden ist. Dass du eine Utopie auf Erden erreichen kannst. Dass jeder in einer Weltregierung, einer Weltwirtschaft und einer Weltreligion zusammenkommen muss. Einiges davon klingt gut, aber das Problem ist, dass es eine große Lüge ist. Der Mensch ist sündhaft und kann niemals Frieden auf Erden herbeiführen. In dieser Schriftstelle erfahren wir, dass der Antichrist, welcher das „Tier" ist, genau diese Dinge sagen wird, wenn er nach der Entrückung an die Macht kommt. Denke daran, dass Satan, der „Drache", ihm seine Macht gibt.

> Und ich stand auf dem Sand des Meeres. Und ich sah aus dem Meer ein Tier aufsteigen, das zehn Hörner und sieben Köpfe hatte, und auf seinen Hörnern zehn Kronen und auf seinen Köpfen gotteslästerliche Namen. Das Tier, das ich sah, war gleich einem Panther, und seine Füße wie die eines Bären und sein Rachen wie ein Löwenrachen. Und der Drache gab ihm seine Kraft und seinen Thron und große Macht. Einer seiner Köpfe sah aus, als wäre er tödlich verwundet, und seine tödliche Wunde wurde geheilt. Und die ganze Erde wunderte sich über das Tier. Und sie beteten den Drachen an, weil er dem Tier die Macht gegeben hatte, und sie beteten das Tier an und sprachen: „Wer ist dem Tier gleich? Wer kann mit ihm kämpfen?" … Und es wurde ihm gegeben, mit den Heiligen Krieg zu führen und sie zu überwinden. Und es wurde ihm Macht gegeben über jeden Stamm und jedes Volk und jede Sprache und jede Nation. Und alle, die auf der Erde wohnen, werden es anbeten, deren Namen nicht geschrieben stehen im Buch des Lebens des Lammes, das geschlachtet ist, von Grundlegung der Welt an. (Offenbarung 13,1-4.7-8)

Die Welt gibt dem Antichristen „Macht über jeden Stamm und jedes Volk und jede Sprache und jede Nation". Das bedeutet, er ist der Herrscher der Welt. Er vereint alle in einer Weltregierung und einer Weltwirtschaft. Hast du bemerkt, was er sonst noch tut? Er bringt alle dazu, ihn anzubeten, außer diejenigen, die an Jesus glauben. Der Antichrist wird auch zum Gott der Welt.

In dieser Schriftstelle ist der Antichrist derjenige, der Worte gegen Gott, welcher „der Höchste" ist, spricht. Es heißt, er plane, die Zeiten und das Gesetz zu ändern. Dies sind Hinweise auf heilige Zeiten, wie jüdische Festtage, und Gottes Gesetz. Die „Zeit, zwei Zeiten und eine halbe Zeit" bedeutet dreieinhalb Jahre. So lange wird er die Menschen, die Glauben an Gott haben, verfolgen oder „aufreiben".

> Er sprach so: „Das vierte Tier wird ein viertes Reich auf Erden sein, das von allen anderen Reichen verschieden sein wird; es wird die ganze Erde verschlingen, sie zertreten und zermalmen. Und die zehn Hörner bedeuten, dass aus diesem Reich zehn Könige aufstehen werden. Und ein anderer wird nach ihnen aufkommen; der wird verschieden sein von den vorigen und wird drei Könige unterwerfen. Er wird Worte gegen den Höchsten reden und die Heiligen des Höchsten aufreiben. Er wird danach trachten, Zeiten und Gesetz zu ändern; und sie werden in seine Hand gegeben werden für eine Zeit, zwei Zeiten und eine halbe Zeit." (Daniel 7,23-25)

Du siehst, wir haben das schon einmal versucht, uns in einer Weltregierung zu vereinen. Nachdem Gott die Menschheit erschaffen hatte und wir begannen, uns zu vermehren, sagte Gott den Menschen, sie sollten fruchtbar sein und sich vermehren. Wir zogen nicht hinaus. Wir gingen nach oben. Alle taten sich in einer Stadt zusammen und beschlossen, einen Turm zu bauen, der bis zum Himmel reichen sollte. Das war ein Akt des direkten Ungehorsams gegen Gott. Du siehst, sie bauten nicht nur einen Wolkenkratzer. Sie wollten sich einen Namen machen. Sie wollten Götter sein. Das ist das Problem mit zu viel Macht in den Händen von Sündern. Es steigt uns zu Kopf, bläht unser Ego auf, und wir entscheiden, dass wir es verdienen, angebetet zu werden.

> Die ganze Erde aber hatte eine einzige Sprache und dieselben Worte. ... Und sie sprachen: „Wohlauf, lasst uns eine Stadt bauen und einen Turm, dessen Spitze bis an den Himmel reicht, und lasst uns uns einen Namen machen, damit wir nicht über die ganze Erde zerstreut werden!" ... „Wohlauf, lasst uns hinabsteigen und dort ihre Sprache verwirren, damit keiner mehr die Sprache des anderen versteht!" So zerstreute Jahwe sie von dort über die ganze Erde, und sie hörten auf, die Stadt zu bauen. Daher gab man ihr den Namen Babel, weil Jahwe dort die Sprache der ganzen Erde verwirrte. Von dort aus zerstreute Jahwe sie über die ganze Erde. (1. Mose 11,1.4.7-9)

Im Kern der Sache sind wir nicht anders als Satan. Wir sind alle Sünder. Wir wollen angebetet werden und wie Gott sein, genau wie Satan es will. Satans Lügen können für unsere sündige Natur befriedigend sein. Ich denke, das ist der Grund, warum es uns so schwerfällt, die Wahrheit zu erkennen und zu Jesus zu kommen.

Nur Jesus kann Frieden auf Erden herbeiführen, weil Er vollkommen und heilig und gerecht ist. Nachdem die Ereignisse der Drangsalszeit vorbei sind, wird Jesus genau dies tun. Er wird Sein Tausendjähriges Reich hier auf Erden errichten. Es ist eine Seiner Verheißungen in der Bibel. Diese Schriftstelle handelt von Jesus und Seinem künftigen Reich, in dem ewiger Friede herrschen wird.

> Denn uns ist ein Kind geboren, ein Sohn ist uns gegeben; und die Herrschaft ruht auf Seiner Schulter. Und man nennt Seinen Namen: Wunderbarer Ratgeber, Starker Gott, Ewig-Vater, Friedefürst. Die Mehrung Seiner Herrschaft und des Friedens wird kein Ende haben auf dem Thron Davids und über Seinem Königreich, um es zu festigen und zu stützen durch Recht und Gerechtigkeit von nun an bis in Ewigkeit. Der Eifer Jahwes der Heerscharen wird dies tun. (Jesaja 9,6-7)

Glaube nicht den Lügen, die du über die Zukunft und die Notwendigkeit, dich in einer Weltregierung zu vereinen, hörst. Wisse, dass Jesus wiederkommt, um Sein Tausendjähriges Reich auf Erden zu errichten, und das wird die wahre Zeit des Friedens sein. Wisse, dass Gott einen neuen Himmel und eine neue Erde für uns schaffen wird, in denen wir in Ewigkeit leben werden. Setze dein Vertrauen in Jesus, damit du diese wundervolle Zukunft nicht verpasst.

Kapitel 17 – Lügen über deinen Anführer

Ich habe bereits erwähnt, dass eine der Lügen, die Anführer dir erzählen werden, darin besteht, dass ihr alle unter einer Weltregierung zusammenkommen müsst. Die Gründe, die sie dafür anführen, und ihre Motive dafür werden Lügen sein. Leider ist das Ereignis selbst keine Lüge. Es wird geschehen. Es wird eine Weltregierung geben. Mit dieser Regierung wird ein globaler Anführer aufsteigen, der Antichrist. Dieser Anführer, der erscheint, wird der beste Redner sein, den du je gehört hast. Er wird Dinge sagen, die fantastisch klingen und dich aufbauen. Er wird einen Plan haben, um die Probleme zu beheben, von denen er behauptet, sie hätten uns alle verschwinden lassen. Er wird einen Plan haben, um die Wirtschaft und das globale Chaos in Ordnung zu bringen. Du wirst ihm zuhören und ihm folgen wollen. Jeder wird das wollen. Tatsächlich werden die Menschen denken, er sei vom Himmel gesandt. Das liegt daran, dass dieser Anführer in der Lage sein wird, Zeichen und Wunder zu vollbringen. Sie werden sagen, er sei der Retter. Jesus Selbst.

Lass uns die Schriftstellen ansehen, die von diesen Dingen sprechen. Diese Schriftstellen offenbaren, dass der Antichrist ein Meisterredner sein wird. Erinnere dich daran, dass das „Tier" der Antichrist ist und der „Drache" Satan. Der Antichrist wird große Dinge aussprechen, einschließlich Komplimenten und Schmeicheleien.

> Und sie beteten den Drachen an, weil er dem Tier die Macht gegeben hatte, und sie beteten das Tier an und sprachen: „Wer ist dem Tier gleich? Wer kann mit ihm kämpfen?" Und es wurde ihm ein Maul gegeben, das große Dinge und Lästerungen redete. (Offenbarung 13,4-5)

> Und diejenigen, die sich am Bund versündigen, wird er durch Schmeicheleien zum Abfall verleiten. (Daniel 11,32)

In diesen Versen erfährst du, dass der Antichrist und sein Partner, der Falsche Prophet, Zeichen und Wunder vollbringen können. Du wirst sogar Feuer vom Himmel herabkommen sehen. Aber du erfährst auch, dass dies lügenhafte Wunder, Täuschungen und Illusionen sind, die dazu dienen, dich in die Irre zu führen. In der ersten Schriftstelle bezieht sich „er" auf den Antichristen. In der letzten Schriftstelle hier bezieht sich „er" auf den Falschen Propheten und das „Tier" auf den Antichristen.

Ihn, dessen Kommen aufgrund der Wirksamkeit Satans erfolgt, mit jeder Macht und mit Zeichen und lügenhaften Wundern und mit aller Verführung der Ungerechtigkeit. (2. Thessalonicher 2,9-10)

Denn es werden falsche Christusse und falsche Propheten aufstehen und werden große Zeichen und Wunder tun, um, wenn möglich, auch die Auserwählten zu verführen. (Matthäus 24,24)

Und es tut große Zeichen, sodass es sogar Feuer vom Himmel vor den Menschen auf die Erde herabkommen lässt. Er verführt mein eigenes Volk, das auf der Erde wohnt, durch die Zeichen, die vor dem Tier zu tun ihm gegeben wurden; und er sagt denen, die auf der Erde wohnen, dass sie dem Tier, das die Wunde vom Schwert hat und am Leben geblieben ist, ein Bild machen sollen. (Offenbarung 13,13-14)

Mehr als alles andere will dieser Anführer angebetet werden. Wir sehen hier, dass der Antichrist sich selbst über Gott erhöht und tatsächlich über alles andere, was angebetet wird. Er erhebt sich über alles. In diesen Versen ist der Antichrist der „Mensch der Sünde" und der „König".

Dass niemand euch auf irgendeine Weise verführe! Denn dieser Tag kommt nicht, es sei denn, dass zuerst der Abfall komme und offenbart werde der Mensch der Sünde, der Sohn des Verderbens, der sich widersetzt und sich erhebt über alles, was Gott heißt oder ein Gegenstand der Verehrung ist, sodass er sich in den Tempel Gottes setzt und sich selbst als Gott ausgibt. (2. Thessalonicher 2,3-4)

Und der König wird nach seinem Belieben handeln; und er wird sich erheben und sich groß machen gegen jeden Gott, und gegen den Gott der Götter wird er unerhörte Dinge reden; und er wird Erfolg haben, bis der Zorn vollendet ist; denn was beschlossen ist, das wird ausgeführt. Auch auf die Götter seiner Väter wird er nicht achten, noch auf das Verlangen der Frauen, noch auf irgendeinen Gott wird er achten; denn er wird sich über alles groß machen. (Daniel 11,36-37)

Sei sehr vorsichtig, wenn du diesem Anführer zuhörst. Hier sehen wir, dass er jede Art von böser Täuschung anwendet, um Menschen zu täuschen.

Er wird jede Art von böser Täuschung anwenden, um diejenigen zu täuschen, die auf dem Weg ins Verderben sind, weil sie sich weigern, die Wahrheit zu lieben und anzunehmen, die sie retten würde. (2. Thessalonicher 2,10 Neue Lebende Übersetzung)

Wir sind diesen Weg schon einmal gegangen. Viele Anführer auf der Erde wurden angebetet, als Retter bezeichnet und sogar mit Jesus, dem

Messias, verglichen. In unserer menschlichen Natur liegt etwas, das jemanden anbeten will. Wikipedia hat sogar ein paar Seiten, die dies verfolgen und auflisten, wer behauptet hat, der Messias zu sein, und wer behauptet hat, Jesus zu sein.[77]

Hier sind einige Schlagzeilen, um dies weiter zu illustrieren.

Ehud Barak: Nationaler Retter oder falscher Messias?[78]

Farrakhan behauptet, Jesus zu sein, in Ansprache zum ‚Tag der Retter‘: ‚Ich bin der Messias.‘[79]

Einige Rabbiner in Israel glauben, dass Trump der Messias oder sein Vorläufer sein könnte, sagt Endzeit-Autor.[80]

Jamie Foxx nennt Obama „unseren Herrn und Retter" bei den Soul Train Auszeichnungen.[81]

Hitler schuf eine fiktive Persona, um sich selbst als Deutschlands Retter neu zu inszenieren.[82]

Du musst wissen, wer dieser Anführer wirklich ist. Es ist Satan! Ja, du hast richtig gelesen. Satan wird im Wesentlichen den Körper dieses Weltanführers bewohnen. Satan ist ein gefallener Engel, der auf die Erde hinabgeworfen wurde, als er gegen Gott rebellierte. Bei der Entrückung verlor er dann seinen Zugang zum Himmel vollständig. Hier sehen wir, dass er der Verführer der ganzen Welt ist. Genau das wird der Antichrist tun: alle täuschen, die zurückgelassen wurden. In diesen Versen ist Satan der „Drache".

> Und es entstand ein Kampf im Himmel: Michael und seine Engel kämpften gegen den Drachen; und der Drache kämpfte und seine Engel; und sie siegten nicht, und ihre Stätte wurde nicht mehr im Himmel gefunden. Und es wurde geworfen der große Drache, die alte Schlange, die Teufel und Satan genannt wird, der den ganzen Erdkreis verführt, geworfen wurde er auf die Erde, und seine Engel wurden mit ihm geworfen. (Offenbarung 12,7-9)

Hier ist das „Tier" der Antichrist, und du hast in der Schriftstelle oben gesehen, dass der „Drache" Satan ist. Es heißt, dass Satan dem Antichristen seine Macht, seinen Thron und seine Autorität gibt. Das liegt daran, dass Satan vom Antichristen Besitz ergreift.

> Und das Tier, das ich sah, war gleich einem Panther, und seine Füße wie die eines Bären und sein Rachen wie ein Löwenrachen. Und der Drache gab ihm seine Kraft

und seinen Thron und große Macht. Und ich sah einen seiner Köpfe, als wäre er
tödlich verwundet worden. Und seine tödliche Wunde wurde geheilt. Und die
ganze Erde wunderte sich über das Tier. Und sie beteten den Drachen an, weil er
dem Tier die Macht gegeben hatte, und sie beteten das Tier an und sprachen: „Wer
ist dem Tier gleich? Wer kann mit ihm kämpfen?" … Und alle, die auf der Erde
wohnen, werden es anbeten, deren Namen nicht geschrieben stehen im Buch des
Lebens des Lammes, das geschlachtet worden ist, von Grundlegung der Welt an.
(Offenbarung 13,2-4.8)

Du magst das für widersinnig halten, aber die Bibel sagt uns, dass
Dämonen von Menschen Besitz ergreifen. Jesus trieb während Seiner Zeit auf
Erden Dämonen aus vielen Menschen aus. Jesu Jünger trieben ebenfalls
Dämonen aus. Dämonenbesessenheit ist sehr real. In dieser Schriftstelle über
Jesus erfahren wir, dass Er sieben Dämonen aus Maria austrieb.

Und es geschah danach, dass Er nacheinander Städte und Dörfer durchzog, indem
Er predigte und das Evangelium vom Reiche Gottes verkündigte; und die Zwölf
waren mit Ihm, und auch einige Frauen, die von bösen Geistern und Krankheiten
geheilt worden waren: Maria, genannt Magdalena, von der sieben Dämonen
ausgegangen waren. (Lukas 8,1-2)

Betrachte Judas. Er ließ zu, dass Satan ihn bewohnte, bevor er Jesus verriet,
indem er Ihn an die Hohenpriester auslieferte.

Es fuhr aber der Satan in Judas, mit dem Zunamen Iskariot, der aus der Zahl der
Zwölf war. Und er ging hin und besprach sich mit den Hohenpriestern und
Hauptleuten, wie er Ihn an sie ausliefern könnte. Und sie wurden froh und kamen
überein, ihm Geld zu geben. (Lukas 22,3-5)

Da Satan derjenige im Inneren des Antichristen ist, ist er in Wirklichkeit
derjenige, der spricht und handelt. Es ist kein wunder, dass er ein Anführer
ist, dem die Menschen zuhören und folgen wollen. Schließlich war Satan ein
Anführer im Himmel, und er überzeugte ein Drittel der Engel, gegen Gott zu
rebellieren. Und es ergibt Sinn, dass der Antichrist in der Lage ist, alle Arten
von Zeichen und Wundern zu vollbringen, weil er nicht ganz menschlich ist.
Er ist von einem Dämon besessen.

Und es erschien ein anderes Zeichen im Himmel: Und siehe, ein großer, feuerroter
Drache, der sieben Köpfe und zehn Hörner hatte, und auf seinen Köpfen sieben
Diademe. Und sein Schwanz zog den dritten Teil der Sterne des Himmels mit sich
fort und warf sie auf die Erde. … Und es entstand ein Kampf im Himmel: Michael

> und seine Engel kämpften gegen den Drachen; und der Drache kämpfte und seine Engel; und sie siegten nicht, und ihre Stätte wurde nicht mehr im Himmel gefunden. Und es wurde geworfen der große Drache, die alte Schlange, die Teufel und Satan genannt wird, der den ganzen Erdkreis verführt, geworfen wurde er auf die Erde, und seine Engel wurden mit ihm geworfen. (Offenbarung 12,3-4.7-9)

Sieh diesen Anführer als das, was er wirklich ist. Falle nicht auf seine Lügen herein und bete ihn nicht an, wenn er es verlangt. Gott hat die Natur der Anbetung in uns gelegt, um uns auf Ihn hinzuweisen. Bete Gott an und Gott allein.

> Und Jesus antwortete ihm und sprach: „Hebe dich weg von Mir, Satan! Denn es steht geschrieben: ‚Du sollst den Herrn, deinen Gott, anbeten und Ihm allein dienen.'" (Lukas 4,8)

> Du darfst keinen anderen Gott anbeten; denn der HERR, dessen Name „Eifersüchtig" ist, ist ein Gott, der eifersüchtig über Seine Beziehung zu dir wacht. (2. Mose 34,14 Neue Lebende Übersetzung)

> Ich bin Jahwe, und sonst ist keiner; außer Mir gibt es keinen Gott. (Jesaja 45,5)

Wenn du nicht mit dem Heiligen Geist erfüllt bist, hast du dein Herz offen gelassen für einen Dämon. Du hast dich auch jeder Täuschung gegenüber geöffnet, die Satan aus dem Mund des Antichristen ausstößt. Lade Jesus in dein Herz ein, und du wirst in der Lage sein, der Versuchung zu widerstehen, diesen falschen Christus anzubeten.

Kapitel 18 – Lügen darüber, was man glauben soll

Ich habe dir erzählt, dass der globale Anführer, der Antichrist, eine Weltreligion fördern wird. Dies wird eine Religion sein, die alle Glaubensrichtungen einschließt. Du wirst also sehen, wie Religionen zusammenkommen. Er wird dir sagen, dass alle Glaubensrichtungen denselben Gott anbeten. Er wird dir sagen, dass es viele Wege zum Himmel und zur Errettung gibt. Du wirst hören, dass jeder in den Himmel kommt, weil die Hölle nicht existiert. Es wird im Wesentlichen die Botschaft sein, zu glauben, was immer du willst, zumindest am Anfang. Die Jünger Jesu haben uns vor dieser Täuschung gewarnt.

> Denn es wird eine Zeit kommen, in der sie die gesunde Lehre nicht ertragen werden. Vielmehr werden sie sich nach ihren eigenen Gelüsten Lehrer aussuchen, weil ihnen die Ohren jucken. Sie werden ihre Ohren von der Wahrheit abwenden und sich Fabeln zuwenden. (2. Timotheus 4,3-4)

> Es gab aber auch falsche Propheten unter dem Volk, wie auch unter euch falsche Lehrer sein werden. Diese werden heimlich zerstörerische Irrlehren einführen und sogar den Herrn verleugnen, der sie erkauft hat. Damit bringen sie schnelles Verderben über sich selbst. Viele werden ihren ausschweifenden Wegen folgen, und um derentwillen wird der Weg der Wahrheit gelästert werden. In ihrer Habgier werden sie euch mit betrügerischen Worten ausbeuten. Ihr Urteil ist schon längst gefällt, und ihr Verderben schlummert nicht. (2. Petrus 2,1-3)

Wenn die Flitterwochen vorbei sind, wird der Anführer verlangen, dass ihn jeder anbetet. Diese Schriftstelle erzählt uns von der kommenden Weltreligion. In dieser Schriftstelle gibt es nun zwei Tiere, und es kann etwas schwierig sein, sie auseinanderzuhalten. Es gibt den Falschen Propheten, der „ein anderes Tier" ist, und den Antichristen, der das „erste Tier" und das „Tier" ist. Was du wissen musst, ist, dass der Falsche Prophet ebenfalls unter Satans Kontrolle steht und die ganze Autorität des Antichristen besitzt. Der Falsche Prophet ist derjenige, der die ganze Welt davon überzeugt, den Antichristen anzubeten. Er fertigt sogar ein Bild des Antichristen an, das jeder anbeten soll. Man nennt es eine Weltreligion, weil jeder auf der Welt denselben Gott anbetet.

> Und ich sah ein anderes Tier aus der Erde aufsteigen. Es hatte zwei Hörner wie ein Lamm und redete wie ein Drache. Es übt die ganze Autorität des ersten Tieres in dessen Gegenwart aus. Es bringt die Erde und ihre Bewohner dazu, das erste Tier anzubeten, dessen tödliche Wunde geheilt worden war. Es tut große Zeichen

> und lässt sogar Feuer vom Himmel auf die Erde fallen vor den Augen der Menschen. Es verführt die Bewohner der Erde durch die Zeichen, die es vor dem Tier tun durfte. Es sagt denen, die auf der Erde wohnen, sie sollen ein Bild für das Tier machen, das die Schwertwunde hatte und wieder lebendig wurde. Es wurde ihm gegeben, dem Bild des Tieres Odem zu verleihen, sodass das Bild des Tieres sogar redete und bewirkte, dass alle getötet wurden, die das Bild des Tieres nicht anbeteten. (Offenbarung 13,11-15)

Diese Lügen der Weltreligion sind heute schon am Werk. Sieh dir diese Schlagzeilen an.

Trotz ihrer Unterschiede beten Juden, Christen und Muslime denselben Gott an.[83]

Präsident Obamas Rede: Beten Christen und Muslime denselben Gott an?[84]

In New York umarmte Papst Franziskus den Chrislam und legte den Grundstein für eine Weltreligion.[85]

Vatikan schreibt Geschichte: Papst erlaubt islamische Gebete und Koran-Lesungen.[86]

Snyder: „Eine Weltreligion" bahnt sich an, während der Papst und der oberste Imam des Islams einen historischen Pakt unterzeichnen.[87]

Hoffentlich fängst du inzwischen an, das große Ganze zu sehen und Wahrheiten zusammenzufügen. Da du gelernt hast, dass dieser Weltführer in Wirklichkeit Satan ist, ist es da eine Überraschung, dass er eine weltweite Religion erschafft? Was ist sein Ziel? Satan möchte, dass du ihn anbetest. Es ist ihm egal, was du glaubst, solange du ihn anbetest und nicht Gott. Wenn du nicht Gott anbetest, rate mal? Dann betest du Satan oder einen anderen Dämon an. Hier sehen wir, dass das Ziel des Antichristen darin besteht, als Gott angebetet zu werden. Der Antichrist ist der „Mensch der Sünde" und der „Sohn des Verderbens".

> Lass dich von niemandem auf irgendeine Weise täuschen. Denn jener Tag kommt nicht, es sei denn, der Abfall kommt zuerst und der Mensch der Sünde wird offenbart, der Sohn des Verderbens. Er ist derjenige, der sich widersetzt und sich über alles erhebt, was Gott genannt oder angebetet wird, sodass er sich als Gott in den Tempel Gottes setzt und sich selbst als Gott ausgibt. (2. Thessalonicher 2,3-4)

Alles, was dir über diese globale Religion erzählt wird, ist eine Lüge. Die Wahrheit ist, dass es nur einen Gott gibt und es nur einen Weg zur Errettung gibt. Er führt über Jesus. Und es gibt sowohl einen Himmel als auch eine Hölle. Eine von Satans größten Lügen besteht darin, die Menschen davon zu überzeugen, dass er selbst nicht existiert und die Hölle auch nicht.

> Jesus sagte zu ihm: „Ich bin der Weg, die Wahrheit und das Leben. Niemand kommt zum Vater, außer durch Mich." (Johannes 14,6)

> Denn jedes Kind Gottes besiegt diese böse Welt, und wir erringen diesen Sieg durch unseren Glauben. Und wer kann diesen Kampf gegen die Welt gewinnen? Nur diejenigen, die glauben, dass Jesus der Sohn Gottes ist. (1. Johannes 5,4-5 Neue Lebende Übersetzung)

Hier ist die zentrale Wahrheit, die du mitnehmen musst. Jede Religion, die leugnet, dass Jesus Christus im Fleisch gekommen ist, ist eine falsche Religion und eine Lüge. Beurteile alles danach, was sie über Jesus sagen. Jesus ist der Christus, dein Messias, dein Retter.

> Geliebte, glaubt nicht jedem Geist, sondern prüft die Geister, ob sie von Gott sind, denn viele falsche Propheten sind in die Welt hinausgegangen. Daran erkennt ihr den Geist Gottes: Jeder Geist, der bekennt, dass Jesus Christus im Fleisch gekommen ist, ist von Gott. Und jeder Geist, der nicht bekennt, dass Jesus Christus im Fleisch gekommen ist, ist nicht von Gott. Und das ist der Geist des Antichristen, von dem ihr gehört habt, dass er kommt. Jetzt ist er schon in der Welt. (1. Johannes 4,1-3)

> Ich habe euch nicht geschrieben, weil ihr die Wahrheit nicht kennt, sondern weil ihr sie kennt und weil keine Lüge aus der Wahrheit ist. Wer ist der Lügner, wenn nicht der, der leugnet, dass Jesus der Christus ist? Das ist der Antichrist, der den Vater und den Sohn leugnet. Wer den Sohn leugnet, der hat auch den Vater nicht. (1. Johannes 2,21-23)

Kapitel 19 – Lügen darüber, wen man anbeten soll

Ich habe in einem früheren Kapitel erwähnt, dass der neue Weltführer deine Anbetung verlangen wird. Denke daran, dies wird ein Anführer sein, den die Menschen mögen, und sie werden sein Lob singen wollen. Ich bin sicher, dass du sehen wirst, wie sich diese Anbetung immer mehr zeigt, während er an Macht und an der Bewunderung des Volkes gewinnt.

Anführer im Laufe der Geschichte haben von ihrem Volk Akte der Anbetung verlangt. Sie haben massive Statuen von sich selbst errichtet. Sie haben öffentliche Feiertage zu ihren eigenen Ehren ausgerufen. Sie haben verlangt, dass ihr Bild in den Häusern ihrer Untertanen hängt. Sie haben ihr Bild auf Währungen gedruckt. Sie haben Menschen dafür bestraft, schlecht über sie zu sprechen. In Kirchen haben sie Jesus am Kreuz durch ein Bild von sich selbst am Kreuz ersetzt. Das sind alles Formen der Anbetung. Beteilige dich an keiner dieser Arten von Handlungen, egal wie harmlos du sie auch finden magst. Wenn du dem Teufel den kleinen Finger reichst, nimmt er die ganze Hand. Sobald du dich an irgendeiner Form der Anbetung beteiligst, wirst du anfangen zu rechtfertigen, mehr und dann noch mehr zu tun. Bevor du es merkst, wirst du das Lob des Antichristen singen, genau wie alle anderen auch.

Nach der Hälfte der Drangsalszeit wird dieser Anführer sein wahres Wesen zeigen. Erinnere dich daran, dass die Drangsalszeit sieben Jahre dauert und damit beginnt, dass dieser Anführer einen Friedensvertrag mit Israel bestätigt. Also dreieinhalb Jahre nach Beginn dieses Vertrags wirst du sehen, wie sich seine Forderungen nach Anbetung intensivieren. In diesem Vers ist der Antichrist derjenige, der einen Bund schließt.

> Er wird mit vielen einen festen Bund schließen für eine Woche. In der Mitte der Woche wird er dem Schlachtopfer und dem Speisopfer ein Ende machen. Auf dem Flügel der Gräuel wird einer kommen, der Verwüstung anrichtet … (Daniel 9,27)

Zu diesem Zeitpunkt wird der Dritte Tempel in Jerusalem gebaut sein. Dieser Tempel ist der Ort, an den das jüdische Volk geht, um Gott anzubeten und Tieropfer darzubringen, um für seine Sünde zu sühnen. Du siehst, sie sind ebenfalls noch vom Feind verblendet. Sie erkennen nicht, dass Jesus der Messias ist und dass Er bereits für ihre Sünde gestorben ist. Deshalb werden sie dem Antichristen bereitwillig folgen, weil sein Friedensabkommen ihnen den Bau dieses Tempels ermöglichen wird. Der Antichrist wird diesen Tempel betreten, etwas tun, um den Tempel zu entweihen, sich selbst zu Gott erklären und deine Anbetung verlangen. In diesen Versen ist der Antichrist der „König".

> Streitkräfte werden auf seiner Seite stehen, und sie werden das Heiligtum, ja die Festung, entweihen und das tägliche Brandopfer abschaffen. Dann werden sie das Gräuelbild der Verwüstung aufstellen. ... Der König wird tun, was ihm beliebt. Er wird sich erheben und sich über jeden Gott groß machen und wird unerhörte Dinge gegen den Gott der Götter reden. Er wird Erfolg haben, bis der Zorn vollendet ist; denn was beschlossen ist, das wird geschehen. (Daniel 11,31.36)

Die Bibel sagt uns, dass der Antichrist in der Lage ist, viele davon zu überzeugen, ihn anzubeten, nicht weil er ein fähiger Anführer oder ein guter Redner ist, sondern wegen der Zeichen und Wunder. Er erhält diese Macht von Satan. Er wird versuchen, dich davon zu überzeugen, dass er in Wirklichkeit Jesus ist. Er wird dies tun, indem er scheinbar von den Toten aufersteht, nachdem er einen schrecklichen Unfall hatte. Ich weiß, das klingt verrückt, aber es wird passieren, weil Gott es uns im Voraus gesagt hat.

Denke daran, dass der Falsche Prophet „ein anderes Tier" ist und Satan der „Drache". Es heißt, dass der Falsche Prophet die Menschen durch die Zeichen verführt, die er tun kann. Dann wird erwähnt, dass er jeden dazu bringt, den Antichristen anzubeten, dessen tödliche Wunde geheilt wurde. Der Antichrist hat eine „Schwertwunde" und lebt. In diesem Vers ist der Antichrist das „erste Tier" und das „Tier".

> Und ich sah ein anderes Tier aus der Erde aufsteigen. Es hatte zwei Hörner wie ein Lamm und redete wie ein Drache. Es übt die ganze Autorität des ersten Tieres in dessen Gegenwart aus. Es bringt die Erde und ihre Bewohner dazu, das erste Tier anzubeten, dessen tödliche Wunde geheilt worden war. Es tut große Zeichen und lässt sogar Feuer vom Himmel auf die Erde fallen vor den Augen der Menschen. Er verführt mein eigenes Volk, das auf der Erde wohnt, durch die Zeichen, die er vor dem Tier tun durfte. Es sagt denen, die auf der Erde wohnen, sie sollen ein Bild für das Tier machen, das die Schwertwunde hatte und wieder lebendig wurde. Es wurde ihm gegeben, dem Bild des Tieres Odem zu verleihen, sodass das Bild des Tieres sogar redete und bewirkte, dass alle getötet wurden, die das Bild des Tieres nicht anbeteten. (Offenbarung 13,11-15)

Dieser Vers spricht über den Antichristen, der das „Tier" ist. Beachte, dass sein Kopf tödlich verwundet zu sein scheint. Das bedeutet, die Menschen denken, er sei gestorben. Seine Wunde wird geheilt, und die ganze Welt wundert sich über das Tier. Dies ist eines dieser Zeichen, von denen ich gesprochen habe. Ich habe keinen Zweifel daran, dass es glaubwürdig aussehen wird. Sieh es einfach als das, was es ist: eine Täuschung, die versucht, dich davon zu überzeugen, dass er es verdient, angebetet zu werden.

> Einer seiner Köpfe sah aus, als wäre er tödlich verwundet worden. Seine tödliche Wunde wurde geheilt, und die ganze Erde staunte über das Tier. (Offenbarung 13,3)

Hier ist nun eine interessante Beschreibung über den Antichristen und diese Wunde, die er bekommt. Er wird Verletzungen durch ein Schwert haben, einen verdorrten Arm und er wird auf seinem rechten Auge blind sein. In diesen Versen ist der Antichrist der „nichtswürdige Hirte“.

> Denn siehe, ich werde einen Hirten im Land erwecken, der sich nicht um die Verlorenen kümmert, das Zerstreute nicht sucht, das Zerbrochene nicht heilt und das Gesunde nicht nährt; sondern er wird das Fleisch der fetten Schafe fressen und ihre Klauen zerreißen. Wehe dem nichtswürdigen Hirten, der die Herde verlässt! Das Schwert wird auf seinem Arm und auf seinem rechten Auge sein. Sein Arm wird völlig verdorren, und sein rechtes Auge wird völlig erblinden! (Sacharja 11,16-17)

Du musst wissen, dass Gott die Macht über Leben und Tod hat, nicht Satan. Was auch immer du mit diesem Weltführer geschehen siehst, die Wahrheit ist, dass er sich nicht selbst von den Toten auferweckt hat. Er täuscht dich. Er ist ein Meistermagier. Dieser Weltführer ist nicht Jesus und Er ist nicht Gott.

> Der HERR schenkt Tod und Leben; Er führt hinab ins Grab, aber Er führt auch wieder herauf. (1. Samuel 2,6 Neue Lebende Übersetzung)

Es gibt nur einen, der deiner Anbetung würdig ist, und das ist Gott. Das „Lamm“ ist Jesus.

> Und der Engel sagte zu mir: „Schreibe dies auf: Glücklich sind diejenigen, die zum Hochzeitsmahl des Lammes eingeladen sind.“ Und er fügte hinzu: „Dies sind wahre Worte, die von Gott kommen.“ Da fiel ich ihm zu Füßen, um ihn anzubeten, aber er sagte: „Nein, bete mich nicht an. Ich bin ein Diener Gottes, genau wie du und deine Brüder und Schwestern, die von ihrem Glauben an Jesus Zeugnis ablegen. Bete nur Gott an. Denn das Wesen der Prophetie ist es, ein klares Zeugnis für Jesus abzulegen.“ (Offenbarung 19,9-10 Neue Lebende Übersetzung)

Kapitel 20 – Lügen über die Wirtschaft und das Malzeichen

Dieser Anführer, der Antichrist, wird in einer Zeit großen Chaos an die Macht kommen, wie es die Welt noch nie zuvor gesehen hat. Die Weltwirtschaft wird in Trümmern liegen. Millionen von Menschen in der Erwerbsbevölkerung und Millionen von verschwindenden Verbrauchern werden dazu führen. Es wird massive Plünderungen der nun leer stehenden Grundstücke und Geschäfte geben. Identitätsdiebstahl wird neue Ausmaße annehmen. Um die vielen Probleme zu lösen, die die Weltwirtschaft plagen, wird der Anführer eine Lösung einführen, die eine neue Weltwährung und eine strenge Kontrolle darüber beinhaltet, wer mit dieser neuen Währung sowohl Waren kaufen als auch verkaufen kann.

Du hast bereits erfahren, dass der Antichrist Autorität über jeden auf dem Planeten haben wird. Er kontrolliert auch, wer mit seinem Malzeichen kaufen und verkaufen kann. Du siehst, er zwingt jeden dazu, ein Malzeichen auf seiner rechten Hand oder auf seiner Stirn zu erhalten. Dieses Malzeichen ist es, das einer Person das Kaufen oder Verkaufen ermöglicht. Beide dieser Schriftstellen beschreiben den Antichristen, der das „Tier" ist.

> Und es wurde ihm Autorität gegeben über jeden Stamm, jedes Volk, jede Sprache und jede Nation. (Offenbarung 13,7)

> Und es bewirkt, dass allen, den Kleinen und den Großen, den Reichen und den Armen, den Freien und den Sklaven, Malzeichen auf ihre rechte Hand oder auf ihre Stirn gegeben werden; und dass niemand kaufen oder verkaufen kann, es sei denn, er hat das Malzeichen, welches der Name des Tieres oder die Zahl seines Namens ist. (Offenbarung 13,16-17)

Die eine Weltwährung wird nicht ausdrücklich erwähnt. Sie lässt sich jedoch aus seinen Handlungen ableiten. Um kontrollieren zu können, wer kaufen und verkaufen darf, muss er das Währungssystem kontrollieren. Die Währung ist das Herzstück eines Währungssystems. Eine neue Währung und eine neue Art zu kaufen und zu verkaufen werden kurz nach der Machtübernahme des Antichristen eingeführt werden. Ich sehe nicht voraus, dass dies einfach nur eine weitere neue Form von Papier- oder Münzgeld sein wird. Es ist nicht einfach, diese zu kontrollieren oder die Menschen zu überwachen, die sie benutzen. Und Kriminelle sind gut darin geworden, diese zu fälschen. Nein, ich bin überzeugt, dass dies eine digitale Währung sein wird.

Vielleicht haben einige von euch schon von der Blockchain-Technologie gehört oder darüber gelesen. Es ist die Technologie zur Aufzeichnung von Daten, die hinter Bitcoin und anderen Kryptowährungen steht. Blöcke in der Kette speichern digitale Informationen über Transaktionen. Die Blöcke sind miteinander verknüpft, sodass jeder Block einen kryptografischen Hash des vorherigen Blocks enthält. Dies macht es sehr schwierig, die Daten zu ändern, sobald eine Transaktion stattgefunden hat. Während die populären Kryptowährungen ein dezentrales Peer-to-Peer-Netzwerk von Computern zur Aufzeichnung von Transaktionen verwendet haben, befinden sich Kryptowährungen des privaten Sektors in der Entwicklung und kommen bald. Diese Technologie ebnet den Weg für eine staatlich kontrollierte digitale Währung, die der Antichrist als seine wirtschaftliche Waffe einsetzen wird.[88] Wirf einen Blick auf diese Schlagzeilen und sieh, was heute passiert.

Walmart versucht, ein Patent für die Verwendung digitaler Kryptowährungen zu erhalten.[89]

Mastercard baut ein Team auf, um Krypto- und Wallet-Projekte zu entwickeln.[90]

Facebooks kühner Vorstoß für eine globale Kryptowährung.[91]

Wie Facebooks Libra die Kryptowährungslandschaft verändern wird.[92]

Bitcoin wird keine globale Reservewährung sein. Aber es öffnet die Büchse der Pandora.[93]

Sowohl Facebook und Walmart haben erst kürzlich angekündigt, dass sie Kryptowährungen entwickeln. Es sind zwei der größten Unternehmen auf dem Planeten. Facebook hat mit Stand Juni 2019 2,4 Milliarden aktive Nutzer.[94] Walmart hat jede Woche 265 Millionen Kunden in seinen weltweiten Filialen.[95] Nun, mit wie vielen anderen Unternehmen und damit auch deren Mitarbeitern und Kunden arbeiten Facebook und Walmart wohl jeden Tag zusammen? Ich bin sicher, die Zahl ist erschreckend. Wenn diese beiden Unternehmen einen so dramatischen Einfluss darauf haben könnten, wie Menschen auf der ganzen Welt kaufen und verkaufen, ist es nicht schwer zu erkennen, wie einfach es für den Antichristen sein wird, eine digitale Währung einzuführen, damit er jeden deiner Schritte verfolgen kann. Mir fällt kein besserer Weg ein, um die Anbetung und Gefolgschaft der Welt einzufordern, wonach der Antichrist genau strebt.

Ich weiß, dass diese Lösungen oberflächlich betrachtet harmlos erscheinen, aber sie sind alles andere als das. Erinnere dich daran, dass ich in einem früheren Kapitel erklärt habe, dass es in unserer Vergangenheit eine Zeit gab, in der alle Menschen auf der Erde in einer Stadt zusammenkamen, mit einer Sprache und einer Wirtschaft, und den massiven Turm von Babel bauten, um bis in den Himmel zu reichen. Die Menschen widersetzten sich Gottes Gebot, auszuziehen und sich zu vermehren, weil sie beschlossen hatten, dass sie den Himmel erreichen und Götter sein könnten. Einmal mehr wird etwas Ähnliches passieren. Dieser moderne Turm von Babel wird wirtschaftliche und monetäre Einheit sein. Diesmal wird die globale Rebellion in Form der freiwilligen Anbetung eines falschen Gottes geschehen, der die Kontrolle über die gesamte Wirtschaft hat. Der Anführer wird die Weltwährung und die strikte Kontrolle darüber als seine Waffe der Anbetung einsetzen. Jeder, der sich weigert, die Währung zu benutzen und sein Malzeichen anzunehmen, wird nicht kaufen oder verkaufen können. Er verhindert, dass Menschen, die gegen ihn sind, am Wirtschaftsleben teilnehmen. Du siehst, ein Weltführer und eine Weltwährung werden in den Händen von Sündern oder Satan niemals funktionieren.

Die obige Schriftstelle hat uns gesagt, dass der Antichrist von jedem, der unter Verwendung der Weltwährung am Wirtschaftsleben teilnimmt, verlangen wird, ein Malzeichen entweder auf seiner Hand oder auf seiner Stirn zu erhalten. Die Bibel gibt uns keine Details darüber, was dieses Malzeichen beinhaltet, aber es ist wahrscheinlich etwas Hochtechnologisches, wie ein implantierter Chip oder ein Barcode. Diese Schlagzeilen zeigen uns, dass wir nicht mehr weit davon entfernt sind, dass diese Technologie zum Mainstream wird.

Elon Musk hofft, dir einen Computerchip ins Gehirn zu pflanzen. Wer will einen?[96]

Mikrochip-Implantate in der Haut könnten Bargeld ersetzen.[97]

Elon Musk will dein Gehirn chippen: Geht es beim Biohacking um Bequemlichkeit oder um einen Übergang zum Malzeichen des Tieres?[98]

Warum du dir wahrscheinlich eines Tages einen Mikrochip implantieren lassen wirst.[99]

Mehrere Unternehmen im Vereinigten Königreich diskutieren über die Implantierung von Mikrochips in die Hände ihrer Mitarbeiter.[100]

Ich habe das Malzeichen des Tieres erhalten – und es wird meine Bitcoins verwalten.[101]

Tausende Schweden lassen sich Mikrochips unter die Haut einsetzen.[102]

Es gibt viele Spekulationen über dieses Malzeichen wegen dieser speziellen Schriftstelle. Es heißt, das Malzeichen sei die Zahl des Namens des Antichristen, 666. Dies hat viele Menschen auf den Weg geführt, die Gematrie zu benutzen, eine hebräische Numerologie, die Buchstaben Zahlen zuordnet, um herauszufinden, wer es möglicherweise sein könnte. Es gibt allerlei Probleme, die mit dieser Methodik einhergehen. Auf welche Sprache wendet man die Gematrie an? Englisch? Wahrscheinlich nicht, denn die Bibel wurde ursprünglich nicht auf Englisch geschrieben. Also vielleicht Hebräisch? Aber das Neue Testament wurde auf Griechisch geschrieben. Und was macht man dann mit englischen Namen? Muss man sie erst in eine andere Sprache übersetzen und dann die Gematrie anwenden? Nein, Gott schickt uns nicht auf vergebliche Mühen, um Seine Wahrheit zu verstehen. Die Schrift sagt, dass es Weisheit erfordert, um es zu verstehen.

> Niemand würde kaufen oder verkaufen können, es sei denn, er hat das Malzeichen, welches der Name des Tieres oder die Zahl seines Namens ist. Hier ist Weisheit. Wer Verständnis hat, der berechne die Zahl des Tieres, denn es ist die Zahl eines Menschen. Seine Zahl ist sechshundertsechsundsechzig. (Offenbarung 13,17-18)

Wir müssen also weise sein und in der Lage sein, die Wahrheit zu erkennen. Wie Skip Heitzig in seinem Buch Das Buch Der Offenbarung Verstehen erwähnt, könnte es sich auf „den ultimativen Menschen" beziehen. Gott erschuf Adam am sechsten Tag und ruhte am siebten Tag. Gott bestimmte sechs Tage für die Arbeit des Menschen und den siebten Tag zur Ruhe. Gott sagte den Menschen, sie sollten das Land sechs Jahre lang bearbeiten und es dann im siebten Jahr ruhen lassen. Sechs ist die Zahl des Menschen. Skip sagt, die dreimal wiederholte Sechs könnte ein Versuch sein, dem Menschen einen göttlichen Status zu verleihen, so wie Gott, da es drei Mitglieder in Gottes Dreieinigkeit gibt.[103] Das ergibt Sinn, denn wir wissen, dass Satan kopieren und fälschen will, was Gott getan hat.

Die Bibel sagt uns jedoch auch, dass Gottes Heiliger Geist die Gläubigen alle Dinge lehrt (Johannes 14,26). Da unzählige Menschen versucht haben, dies zu ergründen, mag es so einfach sein, dass dies den zu jener Zeit lebenden

Gläubigen offenbart werden wird. Genau wie der Zeitraum von 70 Jahren Daniel zur rechten Zeit offenbart wurde (Daniel 9).

Was auch immer das Malzeichen ist, wisse, dass es dämonisch ist und dein ewiges Schicksal besiegeln wird. Das Annehmen des Malzeichens festigt deine Treue zum Weltführer, dem Antichristen, und damit zu Satan. Von hier aus gibt es kein Zurück mehr. Bete den Weltführer nicht an, indem du sein Malzeichen annimmst. Wenn du es tust, Gott ist deutlich, dass dein ewiges Schicksal die Hölle ist, ein ewiges Leben in Qualen mit allen gefallenen Engeln. In diesen Versen bezieht sich das „Tier" auf den Antichristen und das „Lamm" auf Jesus.

> Ein anderer Engel, ein dritter, folgte ihnen und sprach mit lauter Stimme: „Wenn jemand das Tier und sein Bild anbetet und ein Malzeichen auf seine Stirn oder auf seine Hand empfängt, so wird auch er von dem Wein des Zorns Gottes trinken, der unvermischt im Becher seines Zorns bereitet ist. Er wird mit Feuer und Schwefel gequält werden in Gegenwart der heiligen Engel und in Gegenwart des Lammes. Der Rauch ihrer Qual steigt auf von Ewigkeit zu Ewigkeit. Sie haben keine Ruhe Tag und Nacht, die das Tier und sein Bild anbeten, und wer immer das Malzeichen seines Namens empfängt." (Offenbarung 14,9-11)

Weigere dich, Satan anzubeten, und weigere dich, sein Malzeichen anzunehmen. Versiegle dich stattdessen mit Gottes Heiligem Geist. Diese Schriftstelle bezieht sich auf Jesus, wenn es heißt: „in Ihm habt ihr ... geglaubt".

> In Ihm seid auch ihr, als ihr das Wort der Wahrheit, die Frohe Botschaft eurer Errettung, gehört habt – in Ihm habt ihr auch, als ihr glaubtet, das Siegel des verheißenen Heiligen Geistes empfangen, welcher ein Unterpfand unseres Erbes ist, bis zur Erlösung des Eigentums Gottes, zum Lob Seiner Herrlichkeit. (Epheser 1,13-14)

Ich weiß, dass das Leben für dich nicht einfach sein wird, wenn du dich entscheidest, die neue Weltwährung und das dazugehörige Malzeichen nicht zu benutzen. Gott weiß das auch. Sein Wort sagt, dass Er für dich sorgen wird. Habe Glauben und vertraue darauf, dass Er es tun wird. Trachte zuerst nach Ihm, und Er wird sich um den Rest kümmern. Jesus ist derjenige, der hier spricht.

> Darum sage ich euch: Seid nicht besorgt um euer Leben, was ihr essen oder was ihr trinken werdet; auch nicht um euren Leib, was ihr anziehen werdet. Ist nicht

das Leben mehr als die Nahrung und der Leib mehr als die Kleidung? Seht die Vögel des Himmels an: Sie säen nicht, sie ernten nicht, sie sammeln auch nicht in Scheunen; und euer himmlischer Vater ernährt sie doch. Seid ihr nicht viel mehr wert als sie? … Denn euer himmlischer Vater weiß, dass ihr all dies benötigt. Trachtet aber zuerst nach dem Reich Gottes und nach Seiner Gerechtigkeit, so wird euch dies alles hinzugefügt werden. (Matthäus 6,25-26.32-33)

Du musst auch wissen, dass eine große Wahrscheinlichkeit besteht, dass du als Märtyrer sterben wirst, weil du dich weigerst, das Malzeichen des Antichristen anzunehmen. In diesem Vers ist das „Tier" der Antichrist.

Und ich sah Throne, und sie setzten sich darauf, und das Gericht wurde ihnen übergeben. Und ich sah die Seelen derer, die enthauptet worden waren um des Zeugnisses Jesu und um des Wortes Gottes willen, und die das Tier nicht angebetet hatten, noch sein Bild, und das Malzeichen nicht auf ihre Stirn und auf ihre Hand angenommen hatten; und sie wurden lebendig und regierten mit Christus tausend Jahre lang. (Offenbarung 20,4)

Du musst darauf vorbereitet sein, indem du den stärksten Glauben hast, den du nur haben kannst. Du musst Glauben an Jesus haben und wahrhaftig wissen, dass Er für deine Sünden gestorben ist. Du musst von ganzem Herzen glauben, dass Er im Himmel regiert und dir für deinen Glauben an Ihn das ewige Leben versprochen hat. Dein irdischer Körper und deine Erfahrung hier sind nur vorübergehend. Habe keine Angst. Jesus liebt dich. Jesus wird dir einen herrlichen, neuen, unsterblichen Körper geben. Und wenn Jesus dich im Himmel sieht, wird Er dir die Krone des Lebens aufs Haupt setzen.

Kapitel 21 – Lügen darüber, wie man errettet wird

Mittlerweile weißt du, dass dieser neue globale Anführer, der Antichrist, dich darüber belügen wird, was du glauben und wen du anbeten sollst. Du weißt, dass er behaupten wird, er sei Gott, und deine Anbetung verlangen wird. Du wirst ferner seine Lüge hören, dass du ihn anbeten musst, um errettet zu werden. Sein Malzeichen wird damit verbunden sein. Er wird behaupten, dass das Annehmen seines Malzeichens dich retten wird.

Denke daran, dass Satan wie Gott sein will, deshalb ahmt er das nach, was Gott getan hat. Jeder, der für seine ewige Errettung an Jesus glaubt, ist von Gott gezeichnet. Gott versiegelt die Gläubigen mit Seinem Heiligen Geist. Der Heilige Geist ist Gottes Siegel. Diese Schriftstelle bezieht sich auf Jesus, wenn sie sagt „in ihm habt ihr … geglaubt".

> In ihm seid auch ihr, als ihr das Wort der Wahrheit, die Frohe Botschaft eurer Errettung, gehört habt – in ihm habt ihr auch, als ihr glaubtet, das Siegel des verheißenen Heiligen Geistes empfangen, welcher ein Unterpfand unseres Erbes ist, bis zur Erlösung des Eigentums Gottes, zum Lob Seiner Herrlichkeit. (Epheser 1,13-14)

Auch Satan hat ein Malzeichen. Das ist das Malzeichen des Antichristen. Das Malzeichen, mit dem du kaufen und verkaufen kannst. Das ist der Grund, warum du das Malzeichen auf keinen Fall annehmen darfst. Es ist kein harmloses Werkzeug, das dir die Teilnahme am Wirtschaftsleben ermöglicht. Indem du das Malzeichen des Antichristen annimmst, erkennst du ihn als deine Autorität an, setzt dein Vertrauen in ihn und betest ihn an. Verkaufe deine Seele nicht an Satan.

Sieh dir an, was laut Gott jenen bevorsteht, die das Malzeichen annehmen: „der Zorn Gottes". Beachte, wie die Anbetung des Antichristen und das Empfangen des Malzeichens Hand in Hand gehen. In diesen Versen ist der Antichrist das „Tier" und das „Lamm" ist Jesus.

> Ein anderer Engel, ein dritter, folgte ihnen und sprach mit lauter Stimme: „Wenn jemand das Tier und sein Bild anbetet und ein Malzeichen auf seine Stirn oder auf seine Hand empfängt, so wird auch er von dem Wein des Zorns Gottes trinken, der unvermischt im Becher Seines Zorns bereitet ist. Er wird mit Feuer und Schwefel gequält werden in Gegenwart der heiligen Engel und in Gegenwart des Lammes. Der Rauch ihrer Qual steigt auf von Ewigkeit zu Ewigkeit. Sie haben keine Ruhe Tag und Nacht, die das Tier und sein Bild anbeten, und wer immer das Malzeichen seines Namens empfängt." (Offenbarung 14,9-11)

Diese Schriftstelle sagt uns, dass diejenigen, die das Malzeichen erhalten, getäuscht wurden. Wozu wurden sie verführt? Es sagt es uns. Dazu, den Antichristen, das „Tier", anzubeten.

> Und das Tier wurde ergriffen und mit ihm der falsche Prophet, der die Zeichen vor seinen Augen tat, durch welche er diejenigen verführte, die das Malzeichen des Tieres angenommen und sein Bild angebetet hatten. Diese beiden wurden lebendig in den Feuersee geworfen, der mit Schwefel brennt. (Offenbarung 19,20)

Der einzige Grund, warum Menschen jemanden oder etwas anbeten, ist das, was ihnen im Gegenzug angeboten wird. Gläubige beten Jesus wegen Seiner Liebe zu allen Menschen an und wegen der Tat, mit der Er diese Liebe bewiesen hat. Er starb, um jeden zu retten. Indem du dein Vertrauen in Jesus setzt und Ihn anbetest, verspricht Er ewiges Leben und Frieden. Jesus verspricht im Gegenzug Errettung. Der Antichrist möchte die gleiche Art von Hingabe und Anbetung. Er wird dasselbe versprechen. Er wird dich belügen und dir ebenfalls ewiges Leben versprechen. Er wird dich mit falscher Hoffnung erfüllen.

> Deine Propheten haben so viele törichte Dinge gesagt, durch und durch verlogen. Sie haben dich nicht vor dem Exil bewahrt, indem sie dich auf deine Sünden hinwiesen. Stattdessen malten sie falsche Bilder und erfüllten dich mit falscher Hoffnung. (Klagelieder 2,14 Neue Lebende Übersetzung)

Diese Schriftstelle erinnert uns daran, dass Satan, und somit auch der Antichrist, sich als Engel des Lichts ausgibt.

> Denn solche Menschen sind falsche Apostel, betrügerische Arbeiter, die sich als Apostel Christi tarnen. Und das ist nicht verwunderlich, denn selbst Satan gibt sich als Engel des Lichts aus. Es ist also nichts Besonderes, wenn auch seine Diener sich als Diener der Gerechtigkeit tarnen; ihr Ende wird ihren Werken entsprechen. (2. Korinther 11,13-15)

Hier sehen wir, wie Jesus die Menschen vor falschen Christussen warnt.

> Jesus antwortete ihnen: „Gebt acht, dass euch niemand irreführt. Denn viele werden unter Meinem Namen kommen und sagen: ‚Ich bin der Christus', und werden viele irreführen." (Matthäus 24,4-5)

Lass dich nicht vom Antichristen in die Irre führen. Du hast bereits gelernt, dass er sich selbst zu Gott erklärt. Du hast bereits gelernt, dass er scheinbar von den Toten aufersteht. Er wird dir sagen, dass er ebenfalls Jesus ist und dass er dein Leben retten kann. Glaube ihm nicht! Jesus ist derjenige, der hier spricht und dich davor warnt.

> Aber ihr wollt nicht zu Mir kommen, damit ihr das Leben hättet. … Ich bin im Namen Meines Vaters gekommen, und ihr nehmt Mich nicht an. Wenn ein anderer in seinem eigenen Namen kommt, den werdet ihr annehmen. (Johannes 5,40.43)

Die perfide Lüge, die hier im Spiel ist, besagt, dass das Annehmen des Malzeichens des Anführers – des Malzeichens Satans – dein Leben vorübergehend retten könnte. Du könntest die Drangsal tatsächlich überleben, weil du die Weltwährung benutzen kannst. Doch der Preis dafür ist sehr hoch. Der ultimative Preis. Deine Seele. Was gewinnst du, wenn du deine Seele verlierst? Nichts! Du hast alles verloren.

> Da sprach Jesus zu Seinen Jüngern: „Wenn jemand Mir nachkommen will, der verleugne sich selbst und nehme sein Kreuz auf sich und folge Mir nach. Denn wer sein Leben retten will, der wird es verlieren; wer aber sein Leben verliert um Meinetwillen, der wird es finden. Denn was nützt es einem Menschen, wenn er die ganze Welt gewinnt und dabei sein Leben einbüßt? Oder was kann ein Mensch als Lösegeld für sein Leben geben?" (Matthäus 16,24-26)

Wenn Jesus nach der Drangsalszeit zurückkehrt, ist das Erste, was Er tut, alle, die das Malzeichen Satans tragen, in die Hölle zu schicken. Erinnere dich: Das „Tier" ist der Antichrist und das „Lamm" ist Jesus.

> Ein anderer Engel, ein dritter, folgte ihnen und sprach mit lauter Stimme: „Wenn jemand das Tier und sein Bild anbetet und ein Malzeichen auf seine Stirn oder auf seine Hand empfängt, so wird auch er von dem Wein des Zorns Gottes trinken, der unvermischt im Becher Seines Zorns bereitet ist. Er wird mit Feuer und Schwefel gequält werden in Gegenwart der heiligen Engel und in Gegenwart des Lammes. Der Rauch ihrer Qual steigt auf von Ewigkeit zu Ewigkeit. Sie haben keine Ruhe Tag und Nacht, die das Tier und sein Bild anbeten, und wer immer das Malzeichen seines Namens empfängt." (Offenbarung 14,9-11)

Nur Menschen, die ihr Vertrauen in Jesus gesetzt haben, werden in das Tausendjährige Reich eingehen, das Er auf Erden regieren wird. Jeder, der das Malzeichen des Antichristen, des „Tieres", empfangen hat, ist ausgeschlossen.

> Und ich sah einen Engel aus dem Himmel herabsteigen, der hatte den Schlüssel zum Abgrund und eine große Kette in seiner Hand. Er ergriff den Drachen, die alte Schlange, welche der Teufel und Satan ist, der den ganzen Erdkreis verführt, und band ihn für tausend Jahre … … Und ich sah Throne, und sie setzten sich darauf, und das Gericht wurde ihnen übergeben. Und ich sah die Seelen derer, die enthauptet worden waren um des Zeugnisses Jesu und um des Wortes Gottes willen, und die das Tier nicht angebetet hatten, noch sein Bild, und das Malzeichen nicht auf ihre Stirn und auf ihre Hand angenommen hatten; und sie wurden lebendig und regierten mit Christus tausend Jahre lang. (Offenbarung 20,1-2.4)

In dieser Schriftstelle spricht Jesus selbst. Seine Warnung bezieht sich darauf, Menschen zu folgen, die versprechen, dich nicht zu töten. Sie sind nicht diejenigen, vor denen du Angst oder Ehrfurcht haben solltest. Jesus hat die Macht über deine Seele. „Gehenna" bedeutet Hölle.

> Fürchtet euch nicht vor denen, die den Leib töten, die Seele aber nicht töten können; fürchtet euch aber vielmehr vor dem, der Seele und Leib verderben kann in der Gehenna. (Matthäus 10,28)

Wähle nicht dein Leben auf Erden gegenüber der Ewigkeit im Himmel. Wenn du den Himmel wählst, bekommst du die Erde als Geschenk dazu. Erinnere dich daran, dass ich dir erzählt habe, dass Gott nach Jesu Tausendjährigem Reich eine neue Erde für uns erschaffen wird.

Durchschaue die Lügen des Antichristen, wenn er dir sagt, er sei Jesus, oder wenn vielleicht der Falsche Prophet behauptet, Jesus zu sein. Keiner von ihnen ist Jesus. Jeder, der leugnet, dass Jesus bereits im Fleisch gekommen ist, ist ein falscher Prophet. Jesus ist bereits für dich gestorben. Er hat dich bereits errettet. Was auch immer der Antichrist mit seinen falschen Kräften tut, er kann dich nicht retten.

> Geliebte, glaubt nicht jedem Geist, sondern prüft die Geister, ob sie von Gott sind; denn viele falsche Propheten sind in die Welt hinausgegangen. Daran erkennt ihr den Geist Gottes: Jeder Geist, der bekennt, dass Jesus Christus im Fleisch gekommen ist, ist von Gott; und jeder Geist, der nicht bekennt, dass Jesus Christus im Fleisch gekommen ist, is nicht von Gott; und das ist der Geist des Antichristen, von dem ihr gehört habt, dass er kommt, und er ist jetzt schon in der Welt. (1. Johannes 4,1-3)

Es gibt nur einen Weg, deine Seele zu retten. Du musst glauben, dass Jesus, der Sohn Gottes, für deine Sünden gestorben ist, den Tod besiegt hat und mit Gott im Himmel regiert.

Da sagte Petrus, erfüllt vom Heiligen Geist, zu ihnen: „Ihr Obersten des Volkes und ihr Ältesten von Israel! Wenn wir heute wegen einer Wohltat an einem kranken Menschen verhört werden, wodurch dieser geheilt worden ist, so sei euch allen und dem ganzen Volk Israel kundgetan, dass im Namen Jesu Christi von Nazareth, den ihr gekreuzigt habt, den Gott auferweckt hat von den Toten, dass dieser Mann durch Ihn hier gesund vor euch steht. Das ist der ‚Stein, der von euch, den Bauleuten, als wertlos erachtet wurde, der zum Eckstein geworden ist‘. Und es ist in keinem anderen das Heil; denn es ist kein anderer Name unter dem Himmel den Menschen gegeben, in dem wir errettet werden müssen!“ (Apostelgeschichte 4,8-12)

Kapitel 22 – Lügen über die Bibel

Ich habe bereits dargelegt, dass alles, was mit Gott zu tun hat, in dieser Zeit angegriffen werden wird. Du wirst also Lügen über die Bibel, Gottes Wort, hören. Sie werden dir erzählen, dass sie nicht Gottes Wort ist, sondern dass Menschen sie geschrieben haben und sie somit das Wort von Menschen sei. Sie werden dir sagen, sie sei veraltet, rassistisch, für die heutige Zeit kulturell nicht angemessen und historisch nicht korrekt. Du wirst vielleicht sehen, wie neue Versionen oder Übersetzungen der Bibel veröffentlicht werden, die Gottes Wort lästern.

Der Apostel Paulus warnte davor. Du lebst in der Zeit, von der er sagte, dass sie kommen würde. Eine Zeit, in der die Menschen nicht auf die gesunde Lehre, die Wahrheit, hören wollen. Da es den Leuten in den Ohren juckt, etwas anderes als die Wahrheit zu hören, macht es das dem Antichristen leicht, dich mit Lügen zu überzeugen, die du hören willst.

> Predige das Wort; tritt dafür ein, es sei gelegen oder ungelegen; überführe, weise zurecht, ermahne mit aller Geduld und Lehre. Denn es wird eine Zeit kommen, da sie die gesunde Lehre nicht ertragen werden, sondern nach ihren eigenen Lüsten sich selbst Lehrer häufen werden, weil ihnen die Ohren jucken; und sie werden die Ohren von der Wahrheit abwenden und sich den Fabeln zuwenden. (2. Timotheus 4,2-4)

> Der Geist aber sagt ausdrücklich, dass in späteren Zeiten etliche vom Glauben abfallen werden, indem sie auf betrügerische Geister und Lehren von Dämonen achten. (1. Timotheus 4,1)

Wir sehen diese Lügen bereits heute am Werk. Hier sind Beispiele für einige moderne Bibelübersetzungen, die Gottes Wort verändern, um den Wünschen unserer sündigen Natur zu entsprechen.

Die Inklusive Bibel: Die Erste Egalitäre Übersetzung – „Die Übersetzer haben nicht nur männliche Pronomen ersetzt, sondern neu darüber nachgedacht, welche Art von Sprache Barrieren zwischen dem Text und seinen Lesern aufgebaut hat."[104]

Die Königin Jakobus Bibel – „bearbeitet, um homophobe Fehlinterpretationen zu verhindern."[105]

Das Neue Testament Und Die Psalmen: Eine Inklusive Version – „Die namhaften Gelehrten, die dieses Werk erstellt haben, befassen sich direkter als je zuvor mit Fragen des Geschlechts, der Rasse und der ethnischen Zugehörigkeit."[106]

Une Bible Des Femmes („Eine Bibel Der Frauen") – „ersetzt ‚patriarchalische' Bibelübersetzungen durch feministische Interpretationen."[107]

Hier sind einige aktuelle Schlagzeilen, die dir helfen zu verstehen, dass der Krieg gegen die Bibel bereits begonnen hat.

Rugby-Chef deutet an, dass das Zitieren der Bibel Hassrede ist.[108]

Die Bibel ist das wahre Vorurteil im christlichen Widerstand gegen die Ehe für alle.[109]

Warum Thomas Jefferson die Bibel ohne Jesu Wunder und Auferstehung umschrieb.[110]

Entdeckung zeigt, dass frühe Christen die Bibel nicht immer wörtlich nahmen.[111]

Jüdische Gruppen fordern, dass Bibelverlage dem Neuen Testament „antisemitische" Warnhinweise hinzufügen.[112]

Wegen Satans abscheulichem Hass auf alles, was mit Gott zu tun hat, wird Gottes Wort, die Bibel, die eigens für dich geschrieben wurde, verboten werden. Satan will nicht, dass du die Wahrheit liest, also wird er versuchen, sie loszuwerden. Das Verbot der Bibel begann in einigen Ländern lange vor der Entrückung, und dies wird sich während der Zeit der Drangsal über den gesamten Globus ausbreiten.

In dieser Schriftstelle sehen wir, dass dies schon für die allerersten Gläubigen ein Problem war. Die jüdischen Anführer versuchten, sie zum Schweigen zu bringen und sie daran zu hindern, die Wahrheit über Jesus zu verbreiten.

> „Damit sie aber ihre Propaganda nicht noch weiter verbreiten, müssen wir sie warnen, nie wieder im Namen Jesu zu jemandem zu sprechen." Also riefen sie die Apostel zurück und befahlen ihnen, nie wieder im Namen Jesu zu sprechen oder zu lehren. (Apostelgeschichte 4,17-18 Neue Lebende Übersetzung)

Vielleicht glaubst du nicht, dass die Bibel jemals verboten werden könnte, selbst in den Vereinigten Staaten nicht. Da irrst du dich leider gewaltig und passt nicht auf. Schau dir diese aktuellen Schlagzeilen an.

Wird Amazon als Nächstes die Bibel verbieten?[113]

Pinterest verbietet Pro-Life-Gruppe Live Action und blockiert sie als Porno-Seite; auch Bibelverse verboten.[114]

Das Verbot von Bibeln und religiösen Texten intensiviert sich.[115]

China verbietet Online-Bibelverkäufe, während es die religiöse Kontrolle verschärft.[116]

Googles „Kampf mit der Bibel": YouTube demonetarisiert 1.600 Videos eines christlichen Autors.[117]

Der Antichrist wird Gott lästern und Lügen über Gott, Gottes Volk und Gottes Wort erzählen. Er befindet sich im Krieg mit den Christen. Es wird eine immense Verfolgung gegen alles geben, was mit Gott zu tun hat. Diese Schriftstelle spricht über den Antichristen.

> Und es öffnete sein Maul zur Lästerung gegen Gott, um Seinen Namen zu lästern und Sein Zelt und die, die im Himmel wohnen. Und es wurde ihm gegeben, mit den Heiligen Krieg zu führen und sie zu überwinden. (Offenbarung 13,6-7)

Die Wahrheit ist, dass Gott der Heiligen Bibel Sein Leben eingehaucht hat. Es ist Gottes Wort. Menschen schrieben die Worte nieder, aber Gott hat sie gesprochen.

> Keine Weissagung der Schrift ist eine Sache eigener Auslegung. Denn niemals wurde eine Weissagung durch den Willen eines Menschen hervorgebracht, sondern heilige Männer Gottes redeten, getrieben vom Heiligen Geist. (2. Petrus 1,20-21)

Teil 6 in diesem Buch enthält viele Details, die dir helfen zu verstehen, warum du dem vertrauen kannst, was die Bibel sagt. Ich denke, man kann es in einem Glaubenssatz zusammenfassen: Wenn du wirklich glaubst, dass Gott die Himmel, die Erde und alles darin erschaffen hat, dann ist es leicht zu erkennen, dass Gott alles tun kann.

> Im Anfang schuf Gott die Himmel und die Erde. (1. Mose 1,1)

> Denn bei Gott ist kein Ding unmöglich. (Lukas 1,37)

Da für Gott, den Allmächtigen, nichts unmöglich ist, kann Er gewiss dafür sorgen, dass ein Buch alles enthält, was Er darin benötigt. Damit wir, die Er innig liebt, Ihn kennenlernen und gerettet werden können. Lerne Jesus, das „Wort Gottes", heute kennen, und du wirst wahrhaftig erkennen, dass die Bibel nicht nur Worte auf einer Seite ist. Das Wort gibt Leben.

> Im Anfang war das Wort, und das Wort war bei Gott, und das Wort war Gott. Dieses war im Anfang bei Gott. Alles wurde durch dasselbe geschaffen, und ohne dasselbe wurde auch nicht eines geschaffen, was geschaffen ist. In ihm war das Leben, und das Leben war das Licht der Menschen. Und das Licht leuchtet in der Finsternis, und die Finsternis hat es nicht überwältigt. ... Und das Wort wurde Fleisch und wohnte unter uns; und wir sahen Seine Herrlichkeit, eine Herrlichkeit als des eingeborenen Sohnes vom Vater, voller Gnade und Wahrheit. (Johannes 1,1-5.14)

Kapitel 23 – Lügen über Jesus

Jesus steht im Mittelpunkt der Errettung, daher wirst du natürlich mit Lügen über Jesus bombardiert werden. Ich habe bereits erwähnt, dass der globale Führer, der Antichrist, deine Anbetung fordern wird, indem er behauptet, Gott und Jesus zu sein. Da es zu einem Zusammenschluss falscher Religionen und Überzeugungen und zur Schaffung einer neuen Weltreligion kommen wird, wird diese neue Religion über Jesus lügen. Ich bin mir nicht sicher, ob in dieser Zeit irgendeine neue Lüge über Jesus erfunden wird. Menschen haben Jesus schon seit Jahrtausenden belogen. Hier sind einige der Lügen, die du erwarten solltest: Jesus ist Satan, Jesus ist nicht der Sohn Gottes, Jesus war nur ein Mensch, Jesus ist nicht wirklich gestorben, Jesus wurde nicht auferweckt, Jesus kommt nicht zurück, Jesus war ein Mythos, Jesus kann dich nicht retten und Jesus liebt dich nicht.

Diese Schlagzeilen enthüllen die Arten von Lügen, die du über Jesus hören wirst.

Neu geweihter homosexueller Bischof erklärt, dass Gott eine Frau ist.[118]

Alles, was du über Jesu Tod weißt, ist falsch – Er wurde nicht einmal gekreuzigt.[119]

Low-Budget-Dokumentation von Amazon Prime löst explosionsartiges Interesse an der Theorie aus, dass Jesus ein griechischer Mann namens Apollonius war.[120]

Eine wachsende Zahl von Gelehrten stellt die historische Existenz Jesu in Frage.[121]

War Jesus homosexuell? Wahrscheinlich.[122]

Jesus Christus war laut einem Experten für unidentifizierte Flugobjekte ein „Außerirdischer".[123]

Eine der großen Lügen, die du über Jesus sehen wirst, ist etwas, vor dem Jesus uns selbst gewarnt hat und das du unten lesen kannst. Er sagte, dass viele kommen würden, die behaupten, er zu sein, und dass sie versuchen würden, dich dazu zu bringen, sie aufzusuchen. Sie wären sogar in der Lage, Zeichen und Wunder zu volringen.

Jesus antwortete ihnen: „Passt auf, dass euch niemand irreführt. Denn viele werden unter Meinem Namen kommen und sagen: ‚Ich bin der Christus', und sie werden viele irreführen. … Viele falsche Propheten werden aufstehen und viele irreführen. … Wenn dann jemand zu euch sagt: ‚Siehe, hier ist der Christus!‘ oder ‚Dort!‘, so glaubt es nicht. Denn es werden falsche Christusse und falsche Propheten aufstehen und große Zeichen und Wunder tun, um, wenn möglich, auch die Auserwählten irrezuführen. Siehe, Ich habe es euch vorhergesagt. Wenn sie also zu euch sagen: ‚Siehe, er ist in der Wüste‘, so geht nicht hinaus; oder ‚Siehe, er ist in den inneren Gemächern‘, so glaubt es nicht. Denn wie der Blitz im Osten aufzuckt und bis zum Westen leuchtet, so wird die Wiederkunft des Menschensohnes sein.“ (Matthäus 24,4-5.11.23-27)

Jesus wird zurückkehren, aber erst nach der Zeit der Drangsal. Du wirst es nicht verpassen oder Ihn mit jemand anderem verwechseln. Er wird auf den Wolken kommen, zusammen mit all den Menschen, die entrückt wurden. In dieser Schriftstelle bezieht sich der „Tag Christi“ auf Jesu zweites Kommen und der „Mensch der Sünde“ ist der Antichrist.

Nun, Brüder, was das Kommen unseres Herrn Jesus Christus und unsere Vereinigung mit Ihm betrifft, bitten wir euch, euch nicht so schnell in eurem Denken erschüttern oder beunruhigen zu lassen, weder durch einen Geist noch durch ein Wort oder einen Brief, der angeblich von uns stammt, als ob der Tag Christi schon da wäre. Lasst euch von niemandem auf irgendeine Weise täuschen. Denn er wird nicht kommen, es sei denn, dass zuerst der Abfall kommt und der Mensch der Sünde geoffenbart wird, der Sohn des Verderbens, der sich widersetzt und sich über alles erhebt, was Gott heißt oder was angebetet wird, sodass er sich als Gott in den Tempel Gottes setzt und sich selbst als Gott ausgibt. (2. Thessalonicher 2,1-4)

Wir können heute mit Technologie fantastisch erstaunliche Dinge tun. Hast du gesehen, was Wissenschaftler und Ingenieure mit Hologramm-Technologie erreichen? Schau dir diese Schlagzeilen an.

Microsoft hat ein wildes Hologramm, das HoloLens-Keynotes ins Japanische übersetzt.[124]

Ein deutscher Zirkus verwendet atemberaubende Hologramme anstelle von lebenden Tierdarstellern.[125]

Whitney Houston starb 2012, aber ihr Hologramm geht nächstes Jahr auf Tournee.[126]

Wissenschaftler pflanzen mit Laser-Hologrammen Halluzinationen in Mäusegehirne ein.[127]

Der Hoffnungsträger für 2020, Andrew Yang, enthüllt Plan, ein dreidimensionales Hologramm zu nutzen, um an „zwei oder drei Orten" gleichzeitig Wahlkampf zu machen.[128]

Holografische Darbietungen sind zum coolen neuen Ding geworden. Mit fortschreitender Technologie könnte sie leicht für schändliche Zwecke verwendet werden, so wie Jesus uns gewarnt hat. Wenn du nach der Entrückung zurückgelassen wirst, kannst du genau wissen, wann und wo Jesus zurückkehren wird. Siehe Kapitel 42. Lauf Ihm nicht hinterher. Am Ende der siebenjährigen Drangsal wirst du Ihn in Seiner ganzen Pracht sehen.

Du bekämpfst diese Lügen über Jesus mit Gottes Wahrheit. Jedes Mal, wenn du eine dieser Lügen hörst, öffne deine Bibel und finde die Schriftstelle, die die Wahrheit offenbart. Siehe Teil 5 in diesem Buch, um ein festes Fundament in biblischen Wahrheiten aufzubauen, mit denen du dich gegen sie verteidigen kannst.

Als Jesus von Satan und seinen Lügen versucht wurde, tat Er genau das. Er nutzte Gottes Wahrheit und zitierte die Schrift.

> Jesus aber, voll Heiligen Geistes, kehrte vom Jordan zurück und wurde vom Geist in die Wüste geführt, wo Er vierzig Tage lang vom Teufel versucht wurde. … Und der Teufel sprach zu Ihm: „Wenn Du Gottes Sohn bist, so sprich zu diesem Stein, dass er Brot werde." Und Jesus antwortete ihm und sprach: „Es steht geschrieben: ‚Der Mensch soll nicht vom Brot allein leben, sondern von einem jeden Wort Gottes.' " (Lukas 4,1-4)

Jesus sagte, wir sollten von jedem Wort Gottes leben. Das liegt daran, dass die Schrift lebendig ist und eine Waffe gegen Unwahrheiten darstellt. Sie wird dir die Wahrheit offenbaren.

> Denn das Wort Gottes ist lebendig und wirksam und schärfer als jedes zweischneidige Schwert, und es dringt durch, bis es Seele und Geist scheidet, auch Mark und Bein, und ist ein Richter über die Gedanken und Gesinnungen des Herzens. (Hebräer 4,12)

Lass uns nun einige der Lügen betrachten, die du über Jesus hören wirst, und sehen, was die Bibel zu jeder einzelnen sagt.

Die Lüge: Jesus ist Satan. Als Jesus das erste Mal auf der Erde war und Dämonen aus besessenen Menschen austrieb, erzählten einige Leute dieselbe Lüge über Jesus. Sie sagten, Er bekäme Seine Kraft von Satan. Hier sehen wir

Jesu Antwort. Er kann unmöglich von Satan angetrieben werden, da Er Satan bekämpft. Diese Lüge ergibt logisch überhaupt keinen Sinn, oder? Nein, das tut sie nicht, denn Satan kämpft nicht gegen sich selbst. Er kämpft gegen Gott. Daher kann Jesus nicht Satan sein.

> Eines Tages trieb Jesus einen Dämon aus einem Mann aus, der nicht sprechen konnte, und als der Dämon weg war, begann der Mann zu sprechen. Die Menschenmengen waren erstaunt, aber einige von ihnen sagten: „Kein Wunder, dass er Dämonen austreiben kann. Er bekommt seine Kraft von Satan, dem Fürsten der Dämonen." … Er kannte ihre Gedanken und sagte: „Jedes Reich, das mit sich selbst im Bürgerkrieg liegt, ist dem Untergang geweiht. Eine Familie, die durch Fehden zersplittert ist, wird zerfallen. Ihr sagt, ich sei von Satan bevollmächtigt. Wenn aber Satan mit sich selbst uneins ist und gegen sich selbst kämpft, wie kann sein Reich bestehen? Und wenn ich durch Satan bevollmächtigt bin, was ist dann mit euren eigenen Exorzisten? Sie treiben auch Dämonen aus, also werden sie euch für das verurteilen, was ihr gesagt habt. Wenn ich aber die Dämonen durch die Kraft Gottes austreibe, dann ist das Reich Gottes zu euch gekommen. Denn wenn ein starker Mann wie Satan voll bewaffnet seinen Palast bewacht, ist sein Besitz sicher – bis jemand angreift, der noch stärker ist, ihn überwältigt, ihm seine Waffen abnimmt und sein Hab und Gut wegschleppt."
> (Lukas 11,14-15.17-22 Neue Lebende Übersetzung)

> Da antworteten die Juden und sprachen zu Ihm: „Sagen wir nicht zu Recht, dass Du ein Samariter bist und einen Dämon hast?" Jesus antwortete: „Ich habe keinen Dämon, sondern Ich ehre Meinen Vater, und ihr entehrt Mich." (Johannes 8,48-49)

Die Wahrheit: Jesus ist Gott im Fleisch. Die ganze Fülle Gottes wohnt in Seinem Körper. Jesus sprach davon, dass Abraham sich auf Sein Kommen freute. Die Leute sträubten sich dagegen, wie Jesus Abraham überhaupt hätte kennen können. Jesus sagte es ihnen. Er ist ICH BIN. So hat Gott sich Mose vor Tausenden von Jahren vorgestellt.

> Wie ihr nun Christus Jesus, den Herrn, angenommen habt, so wandelt in Ihm, … Denn in Ihm wohnt die ganze Fülle der Gottheit leibhaftig. (Kolosser 2,6.9)

> „Bist du etwa größer als unser Vater Abraham, der gestorben ist? Auch die Propheten sind gestorben. Als wen gibst du dich selbst aus?" Jesus antwortete: „Wenn Ich Mich selbst ehre, so ist Meine Ehre nichts. Mein Vater ist es, der Mich ehrt, von dem ihr sagt, er sei euer Gott. Und doch habt ihr ihn nicht erkannt; Ich aber kenne ihn. Und wenn Ich sagte: ‚Ich kenne ihn nicht', so wäre Ich ein Lügner wie ihr. Aber Ich kenne ihn und halte Sein Wort. Euer Vater Abraham frohlockte, dass er Meinen Tag sehen sollte; und er sah ihn und freute sich." Da sprachen die

Juden zu Ihm: „Du bist noch nicht fünfzig Jahre alt und hast Abraham gesehen?“ Jesus sprach zu ihnen: „Wahrlich, wahrlich, Ich sage euch: Ehe Abraham wurde, BIN ICH.“ (Johannes 8,53-58)

Mose sprach zu Gott: „Siehe, wenn ich zu den Kindern Israels komme und ihnen sage: ‚Der Gott eurer Väter hat mich zu euch gesandt‘, und sie mich fragen werden: ‚Was ist sein Name?‘, was soll ich ihnen sagen?“ Gott sprach zu Mose: „ICH BIN, DER ICH BIN“, und er sprach: „So sollst du zu den Kindern Israels sagen: ‚ICH BIN hat mich zu euch gesandt.‘ “ (2. Mose 3,13-14)

Die Lüge: Jesus ist nur ein Mensch.

Die Wahrheit: Jesus ist sowohl ganz Gott als auch ganz Mensch. Jesus verließ den Himmel, nahm die Gestalt eines Menschen an und war Gott gehorsam bis zum Tod.

Habt diese Gesinnung in euch, die auch in Christus Jesus war, der, obwohl Er in der Gestalt Gottes existierte, es nicht wie einen Raub festhielt, Gott gleich zu sein, sondern Sich selbst entäußerte, die Gestalt eines Knechtes annahm und den Menschen gleich wurde. Und in Seiner äußeren Erscheinung als ein Mensch erfunden, erniedrigte Er Sich selbst und wurde gehorsam bis zum Tod, ja, bis zum Tod am Kreuz. (Philipper 2,5-8)

Die Lüge: Jesus ist nicht der Sohn Gottes.

Die Wahrheit: Jesus ist in der Tat der eingeborene „Sohn“ Gottes. Sogar die Dämonen wissen das.

Denn so sehr hat Gott die Welt geliebt, dass Er Seinen eingeborenen Sohn gab, damit jeder, der an Ihn glaubt, nicht verloren gehe, sondern ewiges Leben habe. (Johannes 3,16)

Daher erklärte Jesus: „Ich sage euch die Wahrheit: Der Sohn kann nichts von sich selbst aus tun. Er tut nur das, was er den Vater tun sieht. Was auch immer der Vater tut, das tut auch der Sohn. … Und Ich versichere euch, dass die Zeit kommt, ja, sie ist jetzt schon da, in der die Toten Meine Stimme hören werden – die Stimme des Sohnes Gottes. Und diejenigen, die zuhören, werden leben.“ (Johannes 5,19.25 Neue Lebende Übersetzung)

Und wann immer die von bösen Geistern Besessenen Ihn erblickten, warfen sich die Geister vor Ihm auf den Boden und schrien: „Du bist der Sohn Gottes!“ Aber Jesus befahl den Geistern streng, nicht zu verraten, wer Er war. (Markus 3,11-12 Neue Lebende Übersetzung)

Die Lüge: Jesus ist nicht wirklich gestorben.

Die Wahrheit: Jesus starb für deine Sünden, damit du in Ewigkeit mit Ihm leben kannst.

> Denn auch Christus hat einmal für Sünden gelitten, der Gerechte für die Ungerechten, damit Er euch zu Gott führe, zwar getötet im Fleisch, aber lebendig gemacht im Geist. (1. Petrus 3,18)

> Gott aber beweist Seine Liebe zu uns dadurch, dass Christus für uns gestorben ist, als wir noch Sünder waren. (Römer 5,8)

Die Lüge: Jesus wurde nicht auferweckt; er ist immer noch tot.

Die Wahrheit: Jesus starb, wurde begraben und am dritten Tag wieder zum Leben erweckt.

> Der Engel aber antwortete und sprach zu den Frauen: „Fürchtet euch nicht! Ich weiß wohl, dass ihr Jesus sucht, den Gekreuzigten. Er ist nicht hier; denn Er ist auferstanden, wie Er gesagt hat. Kommt her, seht den Ort, wo der Herr gelegen hat! Und geht schnell hin und sagt Seinen Jüngern: ‚Er ist aus den Toten auferstanden; und siehe, Er geht euch voran nach Galiläa; dort werdet ihr Ihn sehen.‘ Siehe, ich habe es euch gesagt." (Matthäus 28,5-7)

> Denn ich habe euch zuallererst das überliefert, was ich auch empfangen habe: dass Christus für unsere Sünden gestorben ist gemäß den Schriften, und dass Er begraben wurde, und dass Er am dritten Tag auferweckt worden ist gemäß den Schriften. (1. Korinther 15,3-4)

Die Lüge: Jesus kommt nicht zurück.

Die Wahrheit: Jesus hat versprochen, zurückzukommen. Jesus hält immer Seine Versprechen. Du weißt, dass die Menschen, die entrückt wurden, bei Jesus sind. Er hat versprochen, sie zu holen, und das hat Er getan. Er kommt wieder. In der ersten untenstehenden Schriftstelle spricht Jesus selbst.

> Euer Herz erschrecke nicht! Glaubt an Gott und glaubt an Mich! In Meines Vaters Haus sind viele Wohnungen; wenn es nicht so wäre, hätte Ich es euch gesagt. Ich gehe hin, um euch eine Stätte zu bereiten. Und wenn Ich hingehe und euch eine Stätte bereite, so komme Ich wieder und werde euch zu Mir nehmen, damit auch ihr seid, wo Ich bin. (Johannes 14,1-3)

> So wird auch Christus, nachdem Er Sich einmal zum Opfer dargebracht hat, um die Sünden vieler wegzutragen, zum zweiten Mal erscheinen, nicht um der Sünde

willen, sondern zum Heil für die, welche auf Ihn warten. (Hebräer 9,28)

Die Lüge: Jesus ist ein Mythos.

Die Wahrheit: Jesus ist real, vertrauenswürdig und wahr. Diese erste Schriftstelle spricht über Jesus, wenn Er bei Seinem zweiten Kommen auf die Erde zurückkehrt. Jesus ist derjenige, der „Treu und Wahrhaftig" genannt wird.

> Und ich sah den Himmel geöffnet, und siehe, ein weißes Pferd, und der darauf saß, heißt Treu und Wahrhaftig, und er richtet und führt Krieg in Gerechtigkeit. Seine Augen sind wie eine Feuerflamme, und auf seinem Haupt sind viele Kronen. … Und er ist bekleidet mit einem mit Blut besprengten Gewand, und sein Name heißt „Das Wort Gottes". (Offenbarung 19,11-13)

> Jesus spricht zu ihm: „Ich bin der Weg und die Wahrheit und das Leben; niemand kommt zum Vater als nur durch mich." (Johannes 14,6)

Die Lüge: Jesus liebt dich nicht.

Die Wahrheit: Jesus ist die Liebe, und Er liebt dich ganz gewiss. Es gab keinen besseren Weg für Jesus zu zeigen, wie sehr Er dich liebt, als bereitwillig Sein Leben für dich hinzugeben. Er tat das, weil Er mehr als alles andere die Ewigkeit mit dir verbringen möchte. In der zweiten Schriftstelle spricht Jesus selbst.

> Gott aber, der reich ist an Erbarmen, hat um Seiner großen Liebe willen, mit der Er uns geliebt hat, auch uns, die wir tot waren durch die Übertretungen, mit Christus lebendig gemacht – aus Gnade seid ihr gerettet – und hat uns mitauferweckt und mitversetzt in die himmlischen Regionen in Christus Jesus, damit Er in den kommenden Zeitaltern den überschwänglichen Reichtum Seiner Gnade in Güte an uns erweise in Christus Jesus. Denn aus Gnade seid ihr gerettet durch den Glauben, und das nicht aus euch, Gottes Gabe ist es. (Epheser 2,4-8)

> Größere Liebe hat niemand als die, dass einer sein Leben lässt für seine Freunde. … Euch aber habe ich Freunde genannt, weil ich alles, was ich von meinem Vater gehört habe, euch kundgetan habe. (Johannes 15,13.15)

So bekämpfst du die Lügen des Antichristen, des Falschen Propheten, Satans und aller anderen. Schau nach, was die Bibel zu der Angelegenheit sagt. Die Bibel ist die Wahrheit, und sie ist deine Waffe gegen die Täuschung in dieser dunklen Zeit.

Kapitel 24 – Lügen über biblische Wahrheiten

Die Bibel sagt uns, dass die Drangsalszeit eine Zeit sein wird, in der alles erlaubt ist, was das Verhalten der Menschen betrifft. Wir wissen das aufgrund des biblischen Beispiels von Noah. In einem vorigen Kapitel haben wir besprochen, dass Noah während der gottlosesten Zeit auf der Erde lebte und Gott deshalb alles durch die Sintflut vernichtete. Die Bibel sagt uns auch, dass die gegenwärtige Zeit genau wie die Zeit Noahs ist. In der zweiten Schriftstelle hier ist die „Wiederkunft des Menschensohnes" ein Hinweis auf das zweite Kommen Jesu.

> Jahwe sah, dass die Bosheit des Menschen groß war auf der Erde und dass alles Dichten der Gedanken seines Herzens nur böse war den ganzen Tag. ... Noah aber fand Gnade in den Augen Jahwes. (1. Mose 6,5.8)

> Denn wie sie in jenen Tagen vor der Sintflut waren: Sie aßen, sie tranken, sie heirateten und ließen sich heiraten bis zu dem Tag, an dem Noah in die Arche ging, und sie es nicht merkten, bis die Sintflut kam und sie alle wegrafften, so wird auch die Wiederkunft des Menschensohnes sein. (Matthäus 24,38-39)

In den Tagen Noahs war die Welt so sehr von Übel, Gottlosigkeit und Sünde geplagt, dass Gott alle außer acht Personen vernichtete. So wird die Welt unmittelbar vor Jesu zweitem Kommen sein. Ich bin sicher, du kannst sehen, dass die Welt vom Bösen infiziert wurde. Es ist überall in den Nachrichten, in Fernsehsendungen und in Filmen. Man hört von Menschen, die sich wie Zombies verhalten und andere Menschen essen, von Menschen, die enthauptet werden, von zügelloser sexueller Sünde, von der Legalisierung von Drogen, Massenerschießungen usw. Die Welt ist ein einziges Chaos.

Ich glaube nicht, dass die meisten Menschen sich selbst für gottlos halten. Wir denken, jemand müsse das abscheulichste, blutigste Verbrechen begehen, um gottlos zu sein. Aber das ist nicht der Fall. Gottlos zu sein bedeutet, sündig zu sein, ein moralisch schlechter Mensch zu sein, jemand, der Schaden anrichtet, jemand, der Unfug stiftet, oder ungerecht und böse zu sein. Es bedeutet, entgegen dem zu handeln, was richtig, heilig und göttlich ist. Wir alle handeln jeden Tag gegen Gott, weil wir Sünder sind. Aber Gottlosigkeit unterscheidet sich vom Sündigen, weil bei der Gottlosigkeit eine böse Absicht im Spiel ist. Wenn du gottlos bist, dann hast du keine Schuldgefühle mehr wegen deines sündigen Verhaltens. Gottlosigkeit bedeutet, eine böse Veranlagung oder Natur zu haben. Gottlose Menschen fühlen sich Gott gegenüber nicht rechenschaftspflichtig.

Diese Schriftstelle handelt von gottlosem Verhalten. Schau dir all die Adjektive an, die verwendet werden, um es zu beschreiben: „kein Raum in seinen Gedanken für Gott", „Täuschung", „lauert auf", „lauert im Verborgenen", er „verbirgt sein Gesicht" vor Gott.

> Der Gottlose hat in seinem Hochmut keinen Raum in seinen Gedanken für Gott. … Sein Mund ist voll Fluchen, Täuschung und Bedrückung; unter seiner Zunge ist Mühsal und Unheil. Er sitzt im Hinterhalt bei den Gehöften; im Verborgenen tötet er den Unschuldigen; seine Augen spähen heimlich nach dem Hilflosen aus. Er lauert im Verborgenen wie ein Löwe in seinem Versteck; er lauert, um den Hilflosen zu fangen; er fängt den Hilflosen, indem er ihn in sein Netz zieht. Die Hilflosen werden zerschmettert. Sie brechen zusammen. Sie fallen durch seine Gewalt. Er spricht in seinem Herzen: „Gott hat es vergessen; Er hat Sein Angesicht verborgen; Er wird es niemals sehen." Steh auf, Jahwe! Gott, erhebe Deine Hand! Vergiss die Hilflosen nicht! Warum verachtet der Gottlose Gott und spricht in seinem Herzen: „Gott wird mich nicht zur Rechenschaft ziehen"? (Psalm 10,4.7-13)

Dieses Böse, das so weit verbreitet ist, wird dich darüber belügen, was moralisch akzeptiert ist. Das Böse kennt keine Moral oder Gerechtigkeit. Für das Böse ist alles akzeptabel. Wir haben das Böse seit Tausenden von Jahren auf der Erde am Werk gesehen. Erwarte eine Zunahme unmoralischen Verhaltens und eine Akzeptanz dieses Verhaltens durch die Massen. Sexuelle Unmoral wird weit verbreitet sein. Dies wird eine Missachtung biblischer Lehren über Jungfräulichkeit und monogame, heterosexuelle Ehebeziehungen einschließen. Wut wird außer Kontrolle geraten. Du wirst eine Zunahme von Gewalt, Mord und Raserei erleben, wofür du überall Rechtfertigungen hören wirst. Viele Verbrechen werden wahrscheinlich ungestraft bleiben, und Taten, die einst als Verbrechen galten, werden wahrscheinlich legalisiert und als akzeptabel angesehen werden.

Diese Schriftstelle sagt uns, dass die Gesetzlosigkeit bereits am Werk ist, aber im Verborgenen. Sobald jedoch die Entrückung stattfindet, wird es kein Geheimnis mehr sein. Das ist der Zeitpunkt, an dem der Zurückhaltende, der Heilige Geist, entfernt wird. Zu dieser Zeit wird der „Mensch der Gesetzlosigkeit", der Antichrist, an die Macht kommen. Es gibt einen Grund, warum er der Mensch der Gesetzlosigkeit genannt wird. Es liegt an seinem Verhalten. Er wird gottlos sein und jede Moral missachten.

Denn jener Tag kommt nicht, es sei denn, dass zuerst der große Abfall von Gott kommt und der Mensch der Gesetzlosigkeit geoffenbart wird – der Sohn des Verderbens. ... Denn dieses Geheimnis der Gesetzlosigkeit ist schon am Werk; und es wird verborgen bleiben, bis der, welcher es jetzt aufhält, aus dem Weg geräumt wird. (2. Thessalonicher 2,3.7 Neue Lebende Übersetzung)

Die Bibel sagt uns, welches einige dieser Sünden sind, die nach der Entrückung vorherrschen werden. Werfen wir einen Blick darauf.

Das sollst du aber wissen, dass in den letzten Tagen schlimme Zeiten kommen werden. Denn die Menschen werden sich selbst lieben, geldgierig sein, prahlerisch, hochmütig, Lästerer, den Eltern ungehorsam, undankbar, unheilig, lieblos, unversöhnlich, Verleumder, unbeherrscht, grausam, das Gute nicht liebend, Verräter, unbesonnen, aufgeblasen, das Vergnügen mehr liebend als Gott; dabei haben sie den Schein der Gottseligkeit, deren Kraft aber verleugnen sie. (2. Timotheus 3,1-5)

Ihr habt den Teufel zum Vater, und was euer Vater begehrt, wollt ihr tun. Der war ein Menschenmörder von Anfang an und steht nicht in der Wahrheit, denn Wahrheit ist nicht in ihm. Wenn er die Lüge redet, so redet er aus seinem Eigenen, denn er ist ein Lügner und der Vater der Lüge. (Johannes 8,44)

Während der Zorn der Drangsal auf der Erde entfesselt wird, erfahren wir in der Bibel, dass die meisten Menschen Gott weiterhin missachten werden. Dies sind die Sünden, die sie nicht bereuen wollen.

Draußen sind die Hunde – die Zauberer, die sexuell Unmoralischen, die Mörder, die Götzendiener und alle, die es lieben, in der Lüge zu leben. (Offenbarung 22,15 Neue Lebende Übersetzung)

Und die übrigen Menschen, die durch diese Plagen nicht getötet wurden, taten nicht Buße über die Werke ihrer Hände, sodass sie nicht mehr die Dämonen anbeteten sowie die Götzen aus Gold und Silber und Erz und Stein und Holz, die weder sehen noch hören noch gehen können. Und sie taten nicht Buße über ihre Morde noch über ihre Zaubereien noch über ihre sexuelle Unmoral noch über ihre Diebstähle. (Offenbarung 9,20-21)

Und die Menschen wurden von großer Hitze versengt, und sie lästerten den Namen Gottes, der Macht über diese Plagen hat; und sie taten nicht Buße, um Ihm die Ehre zu geben. (Offenbarung 16,9)

Diese aktuellen Schlagzeilen werfen ein Licht auf unsere Moral als

Gesellschaft. Für mich sieht es so aus, als ob die Sünde bereits weit verbreitet ist.

Neun Staaten erlauben nun die Tötung von Babys bis zur Geburt, nachdem Illinois alle Abtreibungen legalisiert hat.[129]

Senat lehnt „Born-Alive"-Gesetzentwurf ab, während Abtreibungsgegner die Debatte über „Spätabtreibungen" neu entfachen.[130]

Massachusetts wird zum 16. Staat, der Konversionstherapien für homosexuelle Jugendliche verbietet; Klage erwartet.[131]

Demokraten in Texas versuchen, das Christentum durch sogenannte Antidiskriminierungsgesetze zu verbieten.[132]

Kanadas öffentlich-rechtlicher Rundfunk strahlt seine Dokumentation aus, die Kinder in Drag feiert.[133]

Whole Foods sponsert Drag-Queen-Vorlesestunde, um Kinder mit Perversion, Pädophilie und Transgenderismus zu indoktrinieren.[134]

Weißer christlicher Nationalismus – nicht Säkularismus – zerstört Amerika.[135]

Der Fall Epstein ist kein Einzelfall. Kindersexhandel ist in den Vereinigten Staaten „allgegenwärtig".[136]

Die Verhaftung von Jeffrey Epstein ist nur die Spitze des Eisbergs: Menschenhandel ist das weltweit am schnellsten wachsende Verbrechen.[137]

1,1 Milliarden US-Dollar an Kokain, getarnt als Sojabohnen, von deutschen Behörden beschlagnahmt.[138]

US-Beamte in Philadelphia beschlagnahmten 16 Tonnen Kokain im Wert von mehr als einer Milliarde US-Dollar.[139]

In diesem Jahr gab es mehr Massenerschießungen als Tage.[140]

29 Länder, in denen die gleichgeschlechtliche Ehe offiziell legal ist.[141]

27 zu Tode verbrannt, während extreme Gewalttaten in Mexiko zunehmen.[142]

Ähnlich wie in der heutigen Zeit wirst du als Rassist, Fanatiker und Hasser abgestempelt werden, wenn du dich den neuen kulturellen Normen widersetzt, die der Antichrist fördern wird. Wisse, dass Jesus und die Propheten aus denselben Gründen gehasst wurden und dass Jesus im Himmel eine Belohnung für dich bereit hält, weil du es erträgst.

> Glückselig seid ihr, wenn euch die Menschen hassen, und wenn sie euch ausschließen und schmähen und euren Namen als böse verwerfen um des Menschensohnes willen. Freut euch an jenem Tag und springt vor Freude; denn siehe, euer Lohn ist groß im Himmel; denn ebenso haben es ihre Väter mit den Propheten gemacht. (Lukas 6,22-23)

Gehorche Gott weiterhin, egal welche Änderungen im Gesetz oder in den Augen der Gesellschaft eintreten. Die Art und Weise, wie du dein Leben lebst, sagt viel aus und kann Gottes Wahrheit vermitteln. Beachte, dass Petrus sagt, als die jüdischen Anführer ihn die Wahrheit sagen hörten, ging es ihnen durchs Herz.

> Der Hohepriester befragte sie und sprach: „Haben wir euch nicht streng geboten, in diesem Namen nicht zu lehren? Und siehe, ihr habt Jerusalem mit eurer Lehre erfüllt und wollt das Blut dieses Menschen über uns bringen." Petrus aber und die Apostel antworteten und sprachen: „Man muss Gott mehr gehorchen als den Menschen. Der Gott unserer Väter hat Jesus auferweckt, den ihr umgebracht habt, indem ihr Ihn an ein Holz hängtet." ... Als sie das hörten, ging es ihnen durchs Herz, und sie beschlossen, sie zu töten. ... Und sie riefen die Apostel herbei, schlugen sie und geboten ihnen, nicht mehr im Namen Jesu zu reden, und ließen sie gehen. (Apostelgeschichte 5,27-30.33.40)

Darum geht es bei dem Widerstand gegen dich eigentlich. Denn wenn du dein Vertrauen in Jesus Christus gesetzt hast und Sein Heiliger Geist in dir lebt, wirst du Sein Botschafter auf Erden. Deine Taten, dein Verhalten und deine Worte treffen die Menschen, welche die Wahrheit nicht haben. Anstatt auf diese Zurechtweisung mit Buße zu reagieren, verhärten sie ihre Herzen und bedrängen dich und Gott noch mehr.

Sei nicht überrascht, wenn Strafen dafür verhängt werden, gegen den Strom zu schwimmen. Strafen wie der Ausschluss aus sozialen Medien, der Verlust deines Arbeitsplatzes oder Klagen. Hier sind einige Schlagzeilen, um zu verdeutlichen, wie real das heute schon ist. Nach der Entrückung und während der Drangsalszeit wird es noch schlimmer werden.

ABC droht damit, die Geschäftsbeziehungen in Georgia einzustellen, wenn das neue Abtreibungsverbot in Kraft tritt.[143]

Jack Phillips sieht sich einer dritten Klage wegen der Weigerung gegenüber, einen Kuchen für eine Geschlechtsumwandlung herzustellen.[144]

Christlicher Arzt verklagt britische Regierung, nachdem er entlassen wurde, weil er sich weigerte, Transgender-Pronomen zu verwenden.[145]

Student wegen Zitierens der Bibel von der Universität verwiesen.[146]

YouTube blockiert Anzeige mit Schlüsselwort „christlich" und bezeichnet sie als „inakzeptablen Inhalt".[147]

Facebook sperrte den Evangelisten Franklin Graham vorübergehend von der Seite aus.[148]

Twitter verbietet Pro-Life-Organisation das Schalten von Pro-Life-Anzeigen.[149]

Entlassener australischer Rugbyspieler Israel Folau verklagt Verband und behauptet, Vertrag sei wegen christlicher Überzeugungen rechtswidrig beendet worden.[150]

„Wenn es bedeutet, dass ich ein Fanatiker bin, weil ich für meine Überzeugungen einstehe, betrachte ich es als Ehre": Christlicher Arzt, der sich weigerte, einen „ca. 1,80 m großen und bärtigen Mann" als gnädige Frau zu bezeichnen, erklärt, warum er entschlossen ist, einen Meilenstein-Rechtsprozess zu führen.[151]

Schau dir an, was in China mit ihrem Sozialkreditsystem geschehen ist, als Beispiel dafür, was kommen wird. Chinas Sozialkreditsystem ist seit 2014 für Millionen von Menschen im Einsatz und soll 2020 für alle verbindlich eingeführt werden. Das Land sammelt Unmengen an Daten über jede Person, einschließlich Finanzen, soziale Medien, Krankenakten, Online-Einkäufe, rechtliche Angelegenheiten, mit wem man Kontakt hat, wie lange man Videospiele spielt und Videomaterial von Überwachungskameras, um nur einiges zu nennen. Der Punktestand einer Person steigt oder fällt je nach sozialen Entscheidungen und Verhalten. Es soll ein bestimmtes Verhalten fördern. Sie wollen es Menschen, die nicht in das passen, was sie als angemessenes Verhalten erachtet haben, schwer machen, in ihrer Gesellschaft zu leben. Menschen mit einer niedrigen Punktzahl unterliegen Reisebeschränkungen, ihnen werden Bildungschancen verweigert, sie werden daran gehindert, bestimmte Berufe zu ergreifen, und man könnte ihnen sogar ihr Haustier wegnehmen.[152]

Diese Art von System ist für die meisten von uns auf der Welt nicht weit von der Realität entfernt. Schau dir diese aktuellen Schlagzeilen an:

Experten drängen die Europäische Union, KI-gestützte Sozialkredit-

Ranking-Systeme zu verbieten.[153]

Line wurde mit seinem Sozialkredit-Bewertungssystem für japanische Nutzer geradezu orwellsch.[154]

Der Westen könnte dem chinesischen System der „Sozialkredit-Bewertung" näher sein, als du denkst.[155]

Warum die neuen „Reputations-Bewertungen" von Facebook ein Freiheitskiller sein könnten.[156]

Baut das Silicon Valley ein Sozialkreditsystem nach chinesischem Vorbild?[157]

Stell dir nun Satan vor, die Definition von Gottlosigkeit schlechthin, in voller Kontrolle über ein Sozialkreditsystem wie das in China. Erinnere dich daran, dass Satans System die volle Kontrolle über die Wirtschaft mit der Weltwährung und dem Malzeichen einschließt.

Wie ich in Kapitel 23 bezüglich der Bekämpfung der Lügen über Jesus erwähnt habe, gelten hier dieselben Prinzipien. Bekämpfe die Unmoral, indem du deine Bibel liest und Gottes Wünsche für dich verstehst, ein heiliges Leben zu führen. Wenn du dein Vertrauen in Jesus gesetzt hast, wisse, dass nichts, was du getan hast, und niemand, nicht einmal Satan selbst, dich von Gottes Liebe trennen kann. In diesen Versen sind „Engel", „Mächte" und „Gewalten" allesamt Hinweise auf Satan und sein Heer von gefallenen Engeln.

> Denn ich bin gewiss, dass weder Tod noch Leben, weder Engel noch Mächte noch Gewalten, weder Gegenwärtiges noch Zukünftiges, weder Hohes noch Tiefes noch irgendein anderes Geschöpf uns zu scheiden vermag von der Liebe Gottes, die in Christus Jesus ist, unserem Herrn. (Römer 8,38-39)

Wenn du ein Gläubiger bist, kannst du sicherlich weiterhin jedes Verhalten wählen, das du möchtest. Es ist jedoch nicht förderlich für dich. Sünde trennt dich von Gott. Indem du weiterhin ein von Sünde erfülltes Leben führst, trennst du dich weiterhin von Gott. Es ist auch für niemanden, der dir am Herzen liegt, förderlich. Wie sollen sie Jesus kennenlernen und gerettet werden, wenn du dich weiterhin so verhältst, als würdest du zu Satan gehören? Wie der Apostel Paulus uns sagt, ziehe deine neue Natur an, die Gott gleich und heilig ist.

> Du sagst: „Ich darf alles tun" – aber nicht alles ist gut für dich. Du sagst: „Ich darf alles tun" – aber nicht alles ist nützlich. (1. Korinther 10,23 Neue Lebende Übersetzung)

> Da ihr von Jesus gehört und die Wahrheit gelernt habt, die von Ihm kommt, legt eure alte sündige Natur und eure frühere Lebensweise ab, die durch Lust und Betrug verdorben ist. Lasst stattdessen den Geist euer Denken und eure Einstellung erneuern. Zieht eure neue Natur an, die geschaffen wurde, um Gott gleich zu sein – wahrhaft gerecht und heilig. (Epheser 4,21-24 Neue Lebende Übersetzung)

Entwickle eine starke, enge Beziehung zu Gott und sei ein Licht inmitten der dunklen Gottlosigkeit, die dich umgibt. Sei ein Botschafter für Jesus, der Ihn stolz macht und der andere zu Ihm zieht, damit auch sie gerettet werden können.

> Ihr seid das Licht der Welt. Eine Stadt, die auf einem Berg liegt, kann nicht verborgen bleiben. Man zündet auch nicht eine Lampe an und setzt sie unter einen Scheffel, sondern auf einen Leuchter; so leuchtet sie allen, die im Haus sind. So soll euer Licht leuchten vor den Menschen, damit sie eure guten Werke sehen und euren Vater im Himmel preisen. (Matthäus 5,14-16)

Falle nicht auf Satans Lügen über Moral und darüber herein, welches Verhalten in der Gesellschaft des Antichristen akzeptabel ist. Du bist Gott rechenschaftspflichtig, also prüfe alles, was du hörst, anhand von Gottes Wort und sieh nach, was Er dazu zu sagen hat.

Kapitel 25 – Suche die Wahrheit und bitte um Vergebung

Es ist leicht zu erkennen, dass die Saat für viele der Lügen des Antichristen bereits gelegt ist. Ich bete, dass Gott ein Licht auf die Lügen wirft und dir die Wahrheit offenbart. Erinnere dich daran, dass Gottes Wort die Wahrheit ist und den Lügen entgegenwirken wird, mit denen du bombardiert wirst. Verbringe jeden Tag Zeit in Gottes Wort und forsche aktiv in der Heiligen Schrift, wenn du Gott brauchst, damit Er dir Seine Wahrheit offenbart. In diesem Vers geht es um die Beröer.

> Diese aber waren edler gesinnt als die in Thessalonich; sie nahmen das Wort mit aller Bereitwilligkeit auf und forschten täglich in der Schrift, ob dies sich so verhalte. (Apostelgeschichte 17,11)

Wenn du auf eine dieser Lügen und Täuschungen hereingefallen bist, wie es so vielen passiert ist, dann sage Gott einfach, dass es dir leid tut. Jesus ist treu und vergibt dir deine Sünden. Komm mit einem bußfertigen Herzen zu Ihm und glaube daran, dass Er gestorben ist, um all deine Sünden abzuwaschen.

> Wenn wir unsere Sünden bekennen, so ist Er treu und gerecht, dass Er uns die Sünden vergibt und uns reinigt von aller Ungerechtigkeit. (1. Johannes 1,9)

Bitte Gott, dir Seinen Frieden zu schenken. Er wird dein Herz vor den Lügen, den Versuchungen und dem bösen Verhalten bewahren, das heute so weit verbreitet ist.

> Seid um nichts besorgt, sondern in allem lasst durch Gebet und Flehen mit Danksagung eure Anliegen vor Gott kundwerden. Und der Friede Gottes, der allen Verstand übersteigt, wird eure Herzen und eure Gedanken bewahren in Christus Jesus. (Philipper 4,6-7)

Bete weiterhin zu Gott und bitte Ihn um die Fähigkeit, die Wahrheit zu erkennen. Er wird sie dir nicht vorenthalten, wenn du Ihn aufrichtig von ganzem Herzen suchst.

> Deshalb hören auch wir nicht auf, seit dem Tag, an dem wir es vernommen haben, für euch zu beten und zu bitten, dass ihr erfüllt werdet mit der Erkenntnis Seines Willens in aller geistlichen Weisheit und Einsicht. (Kolosser 1,9)

> „So gib Deinem Knecht ein verständiges Herz, um Dein Volk zu richten und zu unterscheiden zwischen Gut und Böse; denn wer könnte dieses Dein mächtiges Volk richten?" Dieser Wunsch gefiel dem Herrn, dass Salomo darum gebeten hatte. (1. Könige 3,9-10)

> Mein Kind, verliere den gesunden Menschenverstand und die Urteilskraft nicht aus den Augen. Halte an ihnen fest, denn sie werden deine Seele erfrischen. Sie sind wie Schmuck an einer Halskette. Sie bewahren dich sicher auf deinem Weg, und deine Füße werden nicht stolpern. Du kannst ohne Furcht zu Bett gehen; du wirst dich hinlegen und ruhig schlafen. Du brauchst keine Angst vor plötzlichem Unglück oder der Zerstörung zu haben, die über die Gottlosen kommt, denn der HERR ist deine Sicherheit. Er wird deinen Fuß davor bewahren, in einer Falle gefangen zu werden. (Sprüche 3,21-26 Neue Lebende Übersetzung)

Dann musst du dir selbst dafür vergeben, dass du den Lügen geglaubt hast. Bitte Gott, dir zu helfen, dies in der Vergangenheit zu lassen und mit neuer Kraft und Zuversicht voranzugehen. Der Apostel Paulus betrachtete sich selbst als den größten aller Sünder. Bevor er an Jesus glaubte, terrorisierte er Jesu Nachfolger. Er war in der Lage, all das hinter sich zu lassen. Er blickte vorwärts auf Jesus. Du kannst das Gleiche tun.

> Brüder, ich halte mich selbst nicht dafür, dass ich es schon ergriffen habe; eines aber tue ich: Ich vergesse, was dahinter liegt, und strecke mich aus nach dem, was vor mir liegt, und jage auf das Ziel zu, hin zu dem Siegespreis der himmlischen Berufung Gottes in Christus Jesus. (Philipper 3,13-14)

Wisse, dass Gott dein Zufluchtsort und dein Schutz ist. Er wird dir die Kraft geben, diese Zeit der Drangsal zu überstehen.

> Gott ist unsere Zuflucht und Stärke, eine Hilfe, die in Nöten sehr bereit gefunden worden ist. Darum fürchten wir uns nicht, wenn auch die Erde gewandelt würde und wenn die Berge mitten ins Meer wankten … Die Völker tobten, die Reiche wankten; Er ließ Seine Stimme erschallen, da schmolz die Erde. … Kommt her, schaut die Werke Jahwes, der Verwüstungen angerichtet hat auf Erden! Der Kriegen ein Ende macht bis ans Ende der Erde, der den Bogen zerbricht und den Speer zerschlägt, der die Wagen mit Feuer verbrennt. „Seid stille und erkennt, dass Ich Gott bin! Ich werde erhöht sein unter den Völkern, Ich werde erhöht sein auf Erden." (Psalm 46,1-2.6.8-10)

Wenn du dein Vertrauen in Jesus gesetzt hast, halte an der Zuversicht fest, die dein Glaube mit sich bringt. Du bist gerettet. Das ist alles, was zählt.

Wir aber, die wir im Licht leben, wollen klaren Verstandes sein, geschützt durch den Panzer des Glaubens und der Liebe und als Helm tragend die Zuversicht unserer Errettung. (1. Thessalonicher 5,8 Neue Lebende Übersetzung)

In Teil 4 dieses Buches haben wir die grundlegenden Lügen und Täuschungen aufgedeckt, mit denen du als Zurückgelassener zu tun haben wirst. Wenn du Jesus als deinen persönlichen Retter angenommen hast, bist du gut gerüstet, um die Wahrheit zu erkennen, weil der Heilige Geist in dir lebt. In dieser Schriftstelle ist Jesus derjenige, der spricht. Der „Ratgeber" ist der Heilige Geist.

Wenn aber der Ratgeber kommen wird, den Ich euch vom Vater senden werde, der Geist der Wahrheit, der vom Vater ausgeht, so wird dieser von Mir Zeugnis geben. (Johannes 15,26)

Der Heilige Geist ist schließlich der „Geist der Wahrheit". Er ist größer als der Geist Satans, der „Geist des Irrtums", der in der Welt ist. Du hast diesen bösen Geist bereits überwunden, weil Jesus überwunden hat. Behalte die Wahrheit nicht für dich verschlossen. Hilf jemandem, den du kennst, das Licht Jesu zu sehen und dem Netz aus Lügen zu entkommen, das der Feind gesponnen hat.

Ihr seid aus Gott, Kindlein, und habt sie überwunden, weil der, welcher in euch ist, größer ist als der, welcher in der Welt ist. Sie sind aus der Welt; darum reden sie von der Welt, und die Welt hört auf sie. Wir sind aus Gott. Wer Gott erkennt, hört auf uns; wer nicht aus Gott ist, hört nicht auf uns. Daran erkennen wir den Geist der Wahrheit und den Geist des Irrtums. (1. Johannes 4,4-6)

Teil 5
Bibel-Grundlagen und Glossar

Alles schulde ich Christus

Von Elvina M. Hall. Veröffentlicht im Jahr 1882.[158]

Ich höre den Heiland sagen:
Deine Kraft ist wahrlich gering;
Kind der Schwäche, wache und bete,
Finde in Mir dein Alles in Allem.

(Refrain:) Jesus bezahlte alles,
Alles schulde ich Ihm;
Sünde hatte einen scharlachroten Fleck hinterlassen:
Er wusch ihn weiß wie Schnee.

Herr, nun erkenne ich wahrlich,
Dass Deine Kraft, und Deine allein,
Die Flecken des Aussätzigen verändern
Und das Herz aus Stein schmelzen kann. (Refrain)

Denn nichts Gutes habe ich,
Womit ich Deine Gnade beanspruchen könnte —
Ich werde mein Gewand weiß waschen
Im Blut von Kalvarias Lamm. (Refrain)

Wenn von meinem Sterbebett
Meine erlöste Seele aufsteigt,
Dann wird „Jesus bezahlte alles"
Die gewölbten Himmel zerreißen. (Refrain)

Und wenn vor dem Thron
Ich in Ihm vollkommen stehe,
Werde ich meine Trophäen niederlegen,
Alle zu Jesu Füßen. (Refrain)

Kapitel 26 – Die Heilige Bibel

Die Bibel ist ein Buch, von dem die meisten Menschen auf dem Planeten zumindest schon einmal gehört haben. Viele Menschen haben jedoch noch nie eine ihrer Seiten gelesen. In diesem Kapitel werde ich dir das Wort Gottes vorstellen.

26.1. Die Bibel ist das Wort Gottes

Die Bibel ist das maßgebende Wort Gottes. Es gibt 66 verschiedene Bücher, aus denen die Bibel besteht. Sie wurden von einer Vielzahl von Gottes Propheten über Tausende von Jahren geschrieben. Sie ist im Urtext ohne Fehler. Gott hat die Worte zwar nicht physisch aufgeschrieben, aber Er hat den Menschen, die sie schrieben, gesagt, was sie sagen sollten. Tatsächlich erwähnen die Bücher des Alten Testaments in der Bibel mehr als 2.000 Mal, dass Gott das sprach, was geschrieben wurde. Gottes Worte werden sogar hunderte Male direkt zitiert.

Inzwischen hoffe ich, dass du zu der Überzeugung gelangst, dass Gott wirklich alles tun kann. Er hat schließlich das gesamte Universum erschaffen. Da Er das getan hat, glaubst du nicht, dass es für Ihn ziemlich einfach wäre, ein Buch zu erschaffen, das genau das enthält, was Gott jedem von uns sagen muss? Gott sagt uns, dass die Bibel Sein Wort ist. Gott hat dafür gesorgt, dass die Bibel genau das sagt, was sie sagen muss. In diesem Vers ist „Jahwe" Gott.

> Da antwortete Hiob Jahwe: „Ich erkenne, dass du alles vermagst, und dass kein Vorhaben von dir verhindert werden kann." (Hiob 42,1-2)

In der Bibel lesen wir, dass Gott oft zu und durch Menschen sprach. In dieser Schriftstelle sehen wir König David verkünden, dass Gottes Geist zu ihm sprach. Gottes Worte kamen aus seinem Mund. David schrieb die meisten Psalmen in der Bibel. Er sagt uns, dass der wahre Autor hinter seinen Worten Gott ist.

> Dies sind die letzten Worte Davids. Es spricht David, der Sohn Isais, es spricht der Mann, der hoch erhoben ist, der Gesalbte des Gottes Jakobs, der liebliche Sänger Israels: „Jahwes Geist hat durch mich geredet, und sein Wort war auf meiner Zunge." (2. Samuel 23,1-2)

Die Bibel ist in der Tat das Wort Gottes. Diese Schriftstellen sagen uns, dass Gott den Autoren die Worte durch Seinen Heiligen Geist eingegeben hat. Es ist nicht die Meinung oder Interpretation eines der einzelnen Autoren.

> Keine Weissagung der Schrift geschieht aus eigener Auslegung. Denn es ist noch nie eine Weissagung aus menschlichem Willen hervorgebracht worden, sondern heilige Menschen Gottes haben geredet, getrieben vom Heiligen Geist. (2. Petrus 1,20-21)

> Von Kindheit an kennst du die heiligen Schriften, die dich weise machen können zur Errettung durch den Glauben, der in Christus Jesus ist. Alle Schrift ist von Gott eingegeben und nützlich zur Lehre, zur Überführung, zur Zurechtweisung, zur Unterweisung in der Gerechtigkeit, damit der Mensch Gottes vollkommen sei, zu jedem guten Werk völlig ausgerüstet. (2. Timotheus 3,15-17)

Mose schrieb die ersten fünf Bücher des Alten Testaments. Hier ist eine Schriftstelle, die Mose schrieb und in der er die Zehn Gebote beschreibt, die Gott ihm auf Steintafeln gab. Er legte sie in die Bundeslade. „Jahwe sprach zu mir" bezieht sich darauf, dass Gott zu Mose sprach.

> Zu jener Zeit sprach Jahwe zu mir: „Haue dir zwei steinerne Tafeln zu, wie die ersten waren, und komm zu mir herauf auf den Berg, und mache dir eine Arche aus Holz. Und ich will auf die Tafeln die Worte schreiben, die auf den ersten Tafeln standen, welche du zerbrochen hast; und du sollst sie in die Arche legen." So machte ich eine Arche aus Akazienholz und hieb zwei steinerne Tafeln zu, wie die ersten waren, und ging auf den Berg mit den zwei Tafeln in meiner Hand. Da schrieb er auf die Tafeln, wie die erste Schrift war, die zehn Gebote, die Jahwe zu euch geredet hatte auf dem Berg aus dem Feuer heraus am Tag der Versammlung; und Jahwe gab sie mir. Und ich wandte mich um und ging vom Berg herab und legte die Tafeln in die Arche, die ich gemacht hatte; und sie sind dort, wie Jahwe mir geboten hat. (5. Mose 10,1-5)

Das ist nicht das Einzige, was Mose in die Arche legte. Er legte auch das gesamte Buch des Gesetzes Gottes zusammen mit den Steintafeln hinein.

> Als Mose damit fertig war, die Worte dieses Gesetzes in ein Buch zu schreiben, bis sie vollendet waren, gebot Mose den Leviten, welche die Arche des Bundes Jahwes trugen, und sprach: „Nehmt dieses Buch des Gesetzes und legt es an die Seite der Arche des Bundes Jahwes, eures Gottes, damit es dort ein Zeuge gegen dich sei." (5. Mose 31,24-26)

Diese Arche ist etwas Besonderes, und die Art und Weise, wie Gott die Arche behandelt, sollte uns etwas über ihren Inhalt sagen. In dieser Schriftstelle reist König David mit der Arche, als die Rinder, die die Arche auf einem Wagen zogen, stolperten.

> David machte sich auf und ging mit dem ganzen Volk, das bei ihm war, von Baale-Juda hinauf, um von dort die Arche Gottes heraufzuholen, die nach dem Namen genannt ist, nach dem Namen Jahwes der Heerscharen, der über den Kerubim thront. … David aber und das ganze Haus Israel tanzten vor Jahwe her mit allerlei Instrumenten aus Zypressenholz, mit Harfen und Lauten und Pauken und Schellen und Zimbeln. Und als sie zur Tenne Nakons kamen, streckte Usa seine Hand nach der Arche Gottes aus und hielt sie fest; denn die Rinder stolperten. Da entbrannte der Zorn Jahwes gegen Usa, und Gott schlug ihn dort wegen seines Vergehens, so dass er dort bei der Arche Gottes starb. (2. Samuel 6,2.5-7)

Wir sehen, dass Usa die Arche berührte, vermutlich um sie vor dem Umfallen zu bewahren. Gott schlug ihn wegen seines Fehlers auf der Stelle tot. Wow! Warum hat Gott das getan? Das scheint irgendwie hart, oder? Nun, die Arche enthält Gegenstände, die für Gott von höchster Heiligkeit sind. In jenem Buch des Gesetzes, das Mose in die Arche legte, befanden sich detaillierte Anweisungen zur Pflege und Handhabung der Arche. Sie sollten sie nicht auf einem Wagen transportieren, und sie wussten, dass sie sie nicht berühren durften. Sie respektierten sie nicht. Erkennst du die Ehrfurcht, die Gott von ihnen für den Inhalt verlangte? Sie enthielt das Wort Gottes. Das ist die Ehre und der Respekt, den Gott von uns für Ihn und für die Bibel erwartet, Sein lebendiges und atmendes Wort an uns.

Diese Schriftstelle sagt uns viele Dinge über das Wort Gottes.

> Im Anfang war das Wort, und das Wort war bei Gott, und das Wort war Gott. Dieses war im Anfang bei Gott. Alles ist durch dasselbe entstanden; und ohne dasselbe ist auch nicht eines entstanden, was entstanden ist. In ihm war das Leben, und das Leben war das Licht der Menschen. … Er war in der Welt, und die Welt ist durch ihn geworden, doch die Welt erkannte ihn nicht. … Und das Wort wurde Fleisch und wohnte unter uns; und wir sahen seine Herrlichkeit, eine Herrlichkeit als des eingeborenen Sohnes vom Vater, voller Gnade und Wahrheit. (Johannes 1,1-4.10.14)

Das Wort war „im Anfang". Es „war Gott". Es ist ein Er, denn „alles ist durch ihn geworden", das Wort. Es ist „Leben". Das „Wort wurde Fleisch" und war in der Welt. Das Wort ist der Sohn Gottes. Nun, du weißt, wen das beschreibt. Es ist Jesus. Jesus ist das Wort Gottes.

Jesus bezeichnete sich selbst sogar als das Wort Gottes. Das bedeutet, dass die Bibel mehr als nur ein Buch ist. Sie ist im Grunde lebendig. Sie ist Jesus. Sie gibt Sündern Leben. Stelle dir die Worte auf der Seite als den Atem Jesu vor. Wenn du in der Bibel liest, verbringst du Zeit mit Jesus. Du lernst alles über Ihn. Die Dinge, die Er tat, gerade tut und in Zukunft tun wird, Seinen Charakter und Seine Liebe zu dir. Staune über dieses große Wunder: Die Bibel ist mehr als ein Buch, das das Wort Gottes enthält; sie _ist_ buchstäblich das Wort Gottes.

Jesus bestätigte oft das Alte Testament als Heilige Schrift, wenn Er sprach. Diese Verse sind ein Beispiel dafür.

> Während sie aber davon redeten, trat Jesus selbst in ihre Mitte und sprach zu ihnen: „Friede sei mit euch!" … Er sprach aber zu ihnen: „Das sind die Worte, die ich zu euch gesagt habe, als ich noch bei euch war: Es muss alles erfüllt werden, was von mir geschrieben steht im Gesetz des Mose, in den Propheten und in den Psalmen." Da öffnete Er ihnen das Verständnis, so dass sie die Schriften verstanden. (Lukas 24,36.44-45)

Denke daran, dass Jesus die Wahrheit ist. Er führte ein vollkommenes, sündloses Leben. In Ihm ist keine Lüge. Das ist so, weil Er Gott im Fleisch ist. Jesus möchte, dass wir Ihn kennen. Er ist schließlich für uns gestorben. Um Jesus zu kennen, müssen wir die Schriften kennen. Da Jesus die Wahrheit ist und Er das Wort Gottes ist, bedeutet das, dass auch die Bibel die Wahrheit ist. Der Apostel Paulus erklärt in diesen Versen, dass Gott durch Jesus zu uns spricht.

> Nachdem Gott vorzeiten vielfach und auf vielerlei Weise zu den Vätern geredet hat durch die Propheten, hat er am Ende dieser Tage zu uns geredet durch den Sohn, den er eingesetzt hat zum Erben über alles, durch den er auch die Welten gemacht hat. (Hebräer 1,1-2)

Gott hat die Bibel geschrieben, um uns zu lehren und zu ermutigen. Aber vor allem gibt uns die Bibel Hoffnung. Das ist genau das, was Jesus uns Sündern schenkt.

> Denn alles, was zuvor geschrieben worden ist, das ist zu unserer Belehrung geschrieben, damit wir durch das Ausharren und durch den Trost der Schriften Hoffnung haben. (Römer 15,4)

26.2. Wer die Bibel geschrieben hat und wann

Die meisten Bücher werden von einer Person oder höchstens von einer kleinen Gruppe von Menschen geschrieben. Es ist schwierig für mehrere Autoren, sozusagen auf dem gleichen Stand zu sein. Die Beibehaltung konsistenter Inhalte kann eine Herausforderung sein, wenn jede Person eine einzigartige Weltanschauung, Perspektive, Stimme und ein eigenes Verständnis einbringt. Wenn du jemals mit jemandem an einem Projekt zusammengearbeitet hast, verstehst du sicher, wie schwierig das sein kann. Dies ist etwas anderes, was die Bibel besonders macht. Die Bibel wurde von etwa 40 Autoren über 1.600 Jahre hinweg in drei verschiedenen Sprachen geschrieben: Hebräisch, Aramäisch und Griechisch!

Man würde erwarten, dass die Bibel ein einziges Durcheinander ist. Inkonsistent, mit unterschiedlichen Berichten über Ereignisse, Uneinigkeit über Grundprinzipien und ohne ein übergreifendes, zusammenhängendes Thema. Das wäre sie, wenn wir sie geschrieben hätten. Erstaunlicherweise ist sie jedoch keines dieser Dinge. Sie ist das Gegenteil. Die Autoren widersprechen sich nicht in den Grundprinzipien. Stattdessen erläutern sie diese auf unterschiedliche Weise mit einzigartigen Perspektiven, die uns helfen, sie besser zu verstehen. Wenn Autoren Zeugen desselben Ereignisses waren, sind ihre Berichte deckungsgleich und ergänzen sich gegenseitig mit Details. Die meisten Autoren des Alten Testaments kannten sich nicht, und sie kannten mit Sicherheit nicht die Autoren des Neuen Testaments, und doch fügen sich ihre Schriften in perfekter Harmonie zusammen, um die größte Geschichte zu erzählen.

Die Bibel besteht aus zwei Teilen, dem Alten Testament und dem Neuen Testament. Jeder Teil enthält mehrere Bücher. Innerhalb jedes Buches gibt es Kapitel. Der Text in jedem Kapitel ist zur einfachen Referenzierung nummeriert und wird oft als Vers bezeichnet. Du kannst die gesamte Bibel oder einen bestimmten Vers als Schrift oder Heilige Schrift bezeichnen. Das Wort Schrift bedeutet, dass der Text als heilig oder maßgebend gilt.

Es gibt 66 Bücher in der gesamten Bibel. Die 39 Bücher im Alten Testament wurden vor der Geburt Jesu geschrieben. Mose schrieb die ersten fünf Bücher im 15. Jahrhundert v. Chr. Diese Bücher wurden zusammengefügt und in die Bundeslade gelegt. Maleachi schrieb das letzte Buch im Alten Testament um 400 v. Chr. Das gesamte Alte Testament wurde von Gelehrten zusammengestellt und um 200 v. Chr. ins Griechische übersetzt.[159]

Das Alte Testament beginnt mit der Erschaffung des Himmels, der Erde und der Menschheit. Dann illustriert es den Fall der Menschheit, als Sünde und Tod Einzug hielten, und Gottes Plan, die Menschheit von unserer Sünde zu erlösen. Es behandelt auch die Sintflut, den Turm von Babel und die Erzväter des Glaubens: Abraham, Isaak und Jakob. Dann geht es weiter zu Jakobs Sohn Josef und seiner Zeit in Ägypten. Daraus wird die 400-jährige Sklaverei Israels in Ägypten. Gott erwählt Mose, um Sein Volk aus dieser Knechtschaft zu befreien. Mose führt sie mit vielen Zeichen und Wundern, wie den Plagen und der Teilung des Roten Meeres, aus Ägypten heraus. Gott gibt dem Volk die Zehn Gebote. Josua übernimmt die Führung, nachdem Mose stirbt, und führt das jüdische Volk in das Land, das Gott ihnen versprochen hat. Das Volk rebelliert gegen Gott. Gott setzt Könige über das Volk. Wir erfahren etwas über die Regierungszeiten von König Saul, König David, König Salomo und ihren Nachfolgern. Weil das Volk weiterhin Satan und andere falsche Götter anbetet, wird das Königreich Israel geteilt, und bald befindet sich das Volk in babylonischer Gefangenschaft. Nach 70 Jahren kehrt das Volk aus Babylon in das Land zurück, das Gott ihnen versprochen hat. Dann gibt es einige Bücher, die eine Vielzahl von Lebensfragen lehren. Als Nächstes folgen viele prophetische Bücher, die Gottes Versprechen offenbaren, die Menschheit durch Jesus von der Sünde zu erlösen.

Die 27 Bücher im Neuen Testament wurden nach der Geburt Jesu geschrieben. Jedes Buch wurde im ersten Jahrhundert n. Chr. geschrieben. Tatsächlich wurde das Neue Testament ausschließlich von Augenzeugen Jesu geschrieben. Das gesamte Neue Testament wurde im Jahr 397 n. Chr. von Gelehrten zusammengestellt.[160]

Das Neue Testament beginnt mit der Geburt Jesu Christi. Dann behandelt es das Leben, den Dienst, die Lehren, zahlreiche Wunder, den Tod und die Auferstehung Jesu. Wir erfahren, wie viele der gläubigen Menschen im Alten Testament ein Vorschatten auf Jesus waren. Die Jünger Jesu erläutern die Lehren Jesu, und wir verfolgen mit, wie das Evangelium verbreitet wird. Wir lesen viele Briefe, die die Jünger an die frühen Gemeinden und andere Gläubige schrieben. Grundlegende Lehren des christlichen Glaubens werden ausführlich erklärt. Es endet mit Details über die Zeit der Drangsal, die Wiederkunft Jesu, Gottes abschließendes Gericht und die Ewigkeit in einem neuen Himmel und einer neuen Erde. Spoiler-Alarm: Jesus gewinnt. Er hat gesiegt und den Tod, die Sünde und Satan besiegt, als Er für dich und deine Sünden am Kreuz starb.

Diese Tabelle listet jedes Buch in der Bibel auf, von dem die meisten Gelehrten glauben, dass es das jeweilige Buch geschrieben hat, wann jedes Buch vermutlich geschrieben wurde und in welcher Sprache es ursprünglich verfasst wurde.[161]

Bücher Des Alten Testaments Der Bibel			
Buch	Autor	Geschrieben Am	Sprache
1. Mose (Genesis)	Mose	15. Jahrhundert v. Chr.	Hebräisch
2. Mose (Exodus)	Mose	15. Jahrhundert v. Chr.	Hebräisch
3. Mose (Levitikus)	Mose	15. Jahrhundert v. Chr.	Hebräisch
4. Mose (Numeri)	Mose	15. Jahrhundert v. Chr.	Hebräisch
5. Mose (Deuteronomium)	Mose	15. Jahrhundert v. Chr.	Hebräisch
Josua[162]	Josua, Eleasar, Pinhas	14. Jahrhundert v. Chr.	Hebräisch
Richter[163]	Samuel	11. Jahrhundert v. Chr.	Hebräisch
Rut[164]	Samuel	11. Jahrhundert v. Chr.	Hebräisch
1. Samuel[165]	Samuel, Nathan und Gad	10. Jahrhundert v. Chr.	Hebräisch
2. Samuel[166]	Nathan und Gad	10. Jahrhundert v. Chr.	Hebräisch
1. Könige[167]	Jeremia	6. Jahrhundert v. Chr.	Hebräisch
2. Könige[168]	Jeremia	6. Jahrhundert v. Chr.	Hebräisch
1. Chronik[169]	Esra	5. Jahrhundert v. Chr.	Hebräisch
2. Chronik[170]	Esra	5. Jahrhundert v. Chr.	Hebräisch
Esra	Esra	5. Jahrhundert v. Chr.	Hebräisch, Aramäisch
Nehemia	Nehemia und Esra	5. Jahrhundert v. Chr.	Hebräisch
Esther[171]	Mordechai	5. Jahrhundert v. Chr.	Hebräisch
Hiob[172]	Möglicherweise Hiob	16., 15. Jahrhundert v. Chr.	Hebräisch
Psalm	David und Andere	10. Jahrhundert v. Chr. und später	Hebräisch
Sprüche	Salomo und Andere	10. Jahrhundert v. Chr. und später	Hebräisch
Prediger	Salomo	935 v. Chr.	Hebräisch
Hohelied[173]	Salomo	971 - 931 v. Chr.	Hebräisch
Jesaja[174]	Jesaja	740 - 700 v. Chr.	Hebräisch
Jeremia[175]	Jeremia	627 - 582 v. Chr.	Hebräisch, Aramäisch
Klagelieder	Jeremia	586 v. Chr.	Hebräisch
Hesekiel[176]	Hesekiel	593 - 562 v. Chr.	Hebräisch
Daniel[177]	Daniel	530 v. Chr.	Hebräisch, Aramäisch
Hosea[178]	Hosea	790 - 686 v. Chr.	Hebräisch
Joel[179]	Joel	609 - 586 v. Chr.	Hebräisch
Amos[180]	Amos	767 - 753 v. Chr.	Hebräisch
Obadja[181]	Obadja	586 v. Chr.	Hebräisch

Jona[182]	Jona	793 - 753 v. Chr.	Hebräisch
Micha[183]	Micha	722 - 701 v. Chr.	Hebräisch
Nahum[184]	Nahum	663 - 612 v. Chr.	Hebräisch
Habakuk[185]	Habakuk	626 - 605 v. Chr.	Hebräisch
Zephanja[186]	Zephanja	641 - 612 v. Chr.	Hebräisch
Haggai	Haggai	520 v. Chr.	Hebräisch
Sacharja[187]	Sacharja	520 - 500 v. Chr.	Hebräisch
Maleachi	Maleachi	450 - 400 v. Chr.	Hebräisch

Bücher Des Neuen Testaments Der Bibel			
Buch	**Autor**	**Geschrieben Am**	**Sprache**
Matthäus	Matthäus	50 n. Chr.	Griechisch
Markus	Markus	67 n. Chr.	Griechisch
Lukas	Lukas	60 n. Chr.	Griechisch
Johannes	Johannes	90 n. Chr.	Griechisch
Apostelgeschichte	Lukas	62 n. Chr.	Griechisch
Römer	Paulus	57 n. Chr.	Griechisch
1. Korinther	Paulus	55 n. Chr.	Griechisch
2. Korinther	Paulus	56 n. Chr.	Griechisch
Galater	Paulus	49 n. Chr.	Griechisch
Epheser	Paulus	61 n. Chr.	Griechisch
Philipper	Paulus	62 n. Chr.	Griechisch
Kolosser	Paulus	61 n. Chr.	Griechisch
1. Thessalonicher	Paulus	51 n. Chr.	Griechisch
2. Thessalonicher	Paulus	51 n. Chr.	Griechisch
1. Timotheus	Paulus	64 n. Chr.	Griechisch
2. Timotheus	Paulus	67 n. Chr.	Griechisch
Titus	Paulus	65 n. Chr.	Griechisch
Philemon	Paulus	61 n. Chr.	Griechisch
Hebräer[188]	Möglicherweise Paulus	68 n. Chr.	Griechisch
Jakobus	Jakobus (Halbbruder Jesu)	49 n. Chr.	Griechisch
1. Petrus	Petrus	65 n. Chr.	Griechisch
2. Petrus	Petrus	66 n. Chr.	Griechisch
1. Johannes	Johannes	90 n. Chr.	Griechisch
2. Johannes	Johannes	90 n. Chr.	Griechisch
3. Johannes	Johannes	90 n. Chr.	Griechisch
Judas	Judas (Halbbruder Jesu)	68 - 75 n. Chr.	Griechisch
Offenbarung	Johannes	95 n. Chr.	Griechisch

26.3. Genauigkeit und Bewahrung der Bibel

Vielleicht denkst du, dass die Bibel so alt ist, dass das, was wir heute lesen, unmöglich das sein kann, was ursprünglich aufgeschrieben wurde. Dass sie alle möglichen Unstimmigkeiten und Fehler enthalten muss. Nun, wenn Historiker die Genauigkeit eines Dokuments validieren, schauen sie sich normalerweise an, wie viele Kopien es gibt und wann die Kopien im Vergleich dazu gemacht wurden, wann das Original geschrieben wurde.

Gottes Wort wurde über die Jahrhunderte hinweg von Schreibern bewahrt. Es gab viele Schreiber, und sie erstellten zahlreiche Kopien. Sie kopierten die Schriften akribisch und stellten sicher, dass das, was sie aufzeichneten, genau mit dem Originaldokument übereinstimmte. Wenn sie einen Fehler machten, warfen sie die Kopie weg und fingen von vorne an.

Vielleicht haben viele von euch Homers Buch Ilias gelesen. Ihr betrachtet es als die tatsächliche Geschichte, die Homer geschrieben hat, richtig? Wusstest du, dass er es 900 v. Chr. schrieb! Wie wissen wir also Tausende von Jahren später, dass wir tatsächlich das lesen, was Homer geschrieben hat? Weil Kopien angefertigt wurden. Historiker haben über 600 Kopien der Ilias gefunden. Die früheste Kopie, die sie haben, wurde um 400 v. Chr. geschrieben. Das ist 500 Jahre nachdem Homer es schrieb. Wenn man die Kopien auswertet, sind sie zu 95 Prozent genau, wenn man sie miteinander vergleicht. Aufgrund dieser Beweise können wir zuversichtlich sein, dass wir wirklich die Geschichte lesen, die Homer geschrieben hat.[189]

Wie viele Kopien des Neuen Testaments wurden deiner Meinung nach gefunden? Über 5.600! Die früheste Kopie wurde um 130 n. Chr. geschrieben, das ist also innerhalb von 100 Jahren nach dem Schreiben des Originals. Alle diese 5.600 Kopien sind zu 99,5 Prozent genau, wenn man sie miteinander vergleicht. Du kannst sicher sein, dass du das liest, was die Apostel ursprünglich niedergeschrieben haben.[190]

Wenn du denkst, dass wir viele Kopien des Neuen Testaments haben, warte erst einmal ab, bis du erfährst, wie viele Kopien des Alten Testaments wir haben. Mehr als 10.000 Kopien von Manuskripten des Alten Testaments wurden gefunden![191] Zwischen 1947 und 1956 n. Chr. fanden Archäologen die Totenmeer-Rollen in Höhlen bei Khirbet Qumran am Ufer des Toten Meeres.[192] Über 950 Schriftrollen wurden entdeckt. Fast jedes einzelne Buch des Alten Testaments wurde gefunden. Die früheste Schriftrolle wurde um 100 v. Chr. geschrieben. Vor dieser Entdeckung stammten die frühesten Bücher des Alten Testaments, die wir hatten, aus der Zeit um 900 n. Chr. Oftmals war der antike Text, der entdeckt wurde, identisch mit dem Text aus dem Mittelalter. Die Schreiber wussten, dass sie das Wort Gottes kopierten, und stellten sicher, dass sie dies mit großer Sorgfalt taten. Du liest ganz sicher die Worte, welche die ursprünglichen Autoren der Bibel niedergeschrieben haben.

Gott hat dafür gesorgt, dass Sein Wort für dich bewahrt und genau kopiert wurde. Du kannst sicher sein, dass du die Worte liest, die Gott direkt zu den Autoren gesprochen hat. Du liest in der Tat Gottes Wort. Jesus sagte es selbst in diesem Verse.

> Himmel und Erde werden vergehen, aber meine Worte werden nicht vergehen. (Matthäus 24,35)

26.4. Wie die Bibel zusammengestellt wurde

Wie wurden also all diese 66 Bücher, aus denen die Bibel besteht, die wir heute haben, in einem Buch zusammengestellt?

Im Jahr 367 n. Chr. veröffentlichte der Bischof Athanasius von Alexandria eine Liste von Büchern, die in den Kirchen unter seiner Leitung gelesen werden sollten. Die Bücher auf dieser Liste sind dieselben Bücher, die in unseren modernen Versionen der Bibel enthalten sind. Er schloss jedoch Esther aus und nahm stattdessen Baruch auf. Gelehrte sind zu dem Schluss gekommen, dass seine Liste der Bücher lediglich die Liste der Bücher bestätigte, auf die sich die meisten der frühen Kirchen geeinigt hatten. Tatsächlich waren sich die meisten Kirchen bereits im Jahr 170 n. Chr. in unabhängiger Übereinstimmung über diese Liste der Bücher einig. Diese anerkannte Liste von Büchern wurde der Kanon genannt. Der ursprüngliche Kanon der Schrift wurde nicht von religiösen Autoritäten aufgezwungen. Er wurde aus unabhängigen Entscheidungen vieler verschiedener Kirchenältester zusammengestellt.[193]

Die Ältesten akzeptierten nur Bücher, die von den Aposteln Jesu geschrieben worden waren oder Schriften, die von den Aposteln gebilligt wurden. Das gesamte Alte Testament wurde von den Aposteln gebilligt. Die Ältesten stellten auch sicher, dass die Lehren nichts widersprachen, was zuvor als Schrift und Wort Gottes angesehen wurde. So konnte beispielsweise ein Text des Neuen Testaments nicht dem Alten Testament widersprechen. Diese Ältesten wären in der Lage gewesen, eine Fälschung oder einen ungenauen Text sehr leicht zu erkennen.

Es gibt einige zusätzliche Bücher, Apokryphen genannt, die einige Bibelübersetzungen enthalten. Diese sind in den traditionellen protestantischen Bibelversionen nicht enthalten, weil keiner der Apostel aus diesen Apokryphen-Büchern zitiert hat. Es gibt also keinen Beweis dafür, dass die Apostel diese als Schrift und Wort Gottes betrachteten.

Kapitel 27 – Wie man die Bibel liest

Wenn du neu darin bist, die Bibel zu lesen, werde ich ehrlich zu dir sein: Es wird dir am Anfang schwerfallen. Bevor ich gerettet wurde und mein Vertrauen in Jesus gesetzt hatte, fiel es mir wirklich schwer zu verstehen, was ich in der Bibel las. Ich hatte auch Schwierigkeiten, die Lehren zu verstehen, die ich von Predigern hörte. Und das sagt jemand, der in der Grundschule und an der Universität hervorragende Leistungen erbracht hat. Es gibt einen Grund dafür, der in der Bibel erklärt wird. Es wird als ein Schleier beschrieben, der deine Fähigkeit blockiert, Gottes Wort zu lesen und zu verstehen. Der Apostel Paulus erklärt es uns in diesen Versen.

> Selbst wenn unser Evangelium verhüllt ist, so ist es bei denen verhüllt, die verloren gehen, bei den Ungläubigen, denen der Gott dieser Welt den Sinn verblendet hat, damit ihnen das helle Licht des Evangeliums von der Herrlichkeit Christi, der das Ebenbild Gottes ist, nicht aufleuchte. (2. Korinther 4,3-4)

Ich betrachte es mittlerweile als so etwas wie eine Illusion. Hast du jemals eines dieser Magic Eye-Illusionsbilder gesehen? Wenn man es nur flüchtig betrachtet, ist es nur ein Bild mit einem Haufen zufälliger Muster und Farben. Aber wenn man es betrachtet und sich auf genau die richtige Weise konzentriert, sieht man ein cooles, dreidimensionales Bild. Der Schleier ist so ähnlich. Denke daran, dass dein Feind, Satan, nicht möchte, dass du die Wahrheit kennst. Er hat dich im Wesentlichen dafür blind gemacht. Wenn du die Bibel liest, während du diesen Schleier trägst, wirst du sie nicht wirklich verstehen.

Wegen dieser Augenbinde musst du Gott bitten, diesen Schleier zu lüften und dir zu helfen, das Gelesene zu verstehen, bevor du anfängst, in der Bibel zu lesen. In dieser Schriftstelle spricht Jesus und ermutigt die Menschen, Ihn zu bitten.

> Bittet, so wird euch gegeben; suchet, so werdet ihr finden; klopfet an, so wird euch aufgetan. Denn jeder, der bittet, empfängt; und wer sucht, der findet; und wer anklopft, dem wird aufgetan. Oder welcher Mensch ist unter euch, der, wenn sein Sohn ihn um Brot bittet, ihm einen Stein gäbe? Oder wenn er um einen Fisch bittet, ihm eine Schlange gäbe? Wenn nun ihr, die ihr böse seid, euren Kindern gute Gaben zu geben wisst, wie viel mehr wird euer Vater im Himmel denen Gutes geben, die Ihn bitten! (Matthäus 7,7-11)

In diesem Vers sagt uns Jesus, dass Er immer an die Tür unseres Herzens klopft. Wir müssen Ihn nur hineinlassen.

> Siehe, ich stehe vor der Tür und klopfe an. Wenn jemand meine Stimme hört und die Tür öffnet, so werde ich zu ihm hineingehen und das Abendmahl mit ihm essen und er mit mir. (Offenbarung 3,20)

Gott wird dir tatsächlich helfen. Mehr als alles andere möchte Er, dass du Ihn kennst.

> Wenn es aber jemandem unter euch an Weisheit mangelt, so erbitte er sie von Gott, der allen gern gibt und keinen vorwirft; so wird sie ihm gegeben werden. (Jakobus 1,5)

Wenn du dein Vertrauen bereits in Jesus gesetzt hast, ist die großartige Nachricht für dich, dass die Schrift sagt, dass der Schleier in Christus vergeht. Dass er entfernt wird, wenn du dein Vertrauen in Jesus gesetzt hast. Hier beschreibt Paulus das.

> Aber ihr Sinn wurde verhärtet; denn bis zum heutigen Tag bleibt dieselbe Decke beim Lesen des Alten Bundes unaufgedeckt, weil sie in Christus weggetan wird. Aber bis heute, wenn Mose gelesen wird, liegt eine Decke auf ihrem Herzen. Sobald man sich aber zum Herrn bekehrt, wird die Decke weggenommen. (2. Korinther 3,14-16)

Wenn du an Jesus glaubst, wirst du nicht mehr unter dem Schleier der Finsternis leben. In diesen Versen bezieht sich „er so viele Zeichen getan hatte" auf Jesus.

> Obwohl er aber so viele Zeichen vor ihren Augen getan hatte, glaubten sie nicht an ihn, damit das Wort des Propheten Jesaja erfüllt würde, das er gesprochen hat: „Herr, wer hat unserer Verkündigung geglaubt? Und wem ist der Arm des Herrn geoffenbart worden?" Darum konnten sie nicht glauben, denn Jesaja hat wiederum gesagt: „Er hat ihre Augen verblendet und ihr Herz verhärtet, damit sie nicht mit den Augen sehen, noch mit dem Herzen verstehen und sich bekehren und ich sie heile." Dies sagte Jesaja, als er Seine Herrlichkeit sah und von Ihm redete. Dennoch glaubten auch von den Obersten viele an Ihn; aber um der Pharisäer willen bekannten sie es nicht, damit sie nicht aus der Synagoge ausgestoßen würden. Denn sie liebten die Ehre bei den Menschen mehr als die Ehre bei Gott. Jesus aber rief und sprach: „Wer an mich glaubt, der glaubt nicht an mich, sondern an den, der mich gesandt hat. Und wer mich sieht, der sieht den, der mich gesandt hat. Ich bin als ein Licht in die Welt gekommen, damit jeder, der an mich glaubt, nicht in der Finsternis bleibe." (Johannes 12,37-46)

Wenn du an Jesus glaubst, bedeutet das auch, dass du den Heiligen Geist in dir wohnen hast. Wir wissen, dass der Heilige Geist unser Tröster ist und uns alle Dinge lehrt. Du kannst also auch den Heiligen Geist bitten, dir beim Bibellesen zu helfen. In dieser Schriftstelle ist Jesus derjenige, der spricht.

> Aber der Tröster, der Heilige Geist, den der Vater in meinem Namen senden wird, der wird euch alles lehren und euch an alles erinnern, was ich euch gesagt habe.
> (Johannes 14,26)

Nachdem wir den Schleier angesprochen haben, lass uns nun dazu übergehen, wie man die Bibel eigentlich liest. So findest du eine bestimmte Schriftstelle in der Bibel. Nehmen wir Johannes 3,16 als Beispiel. Johannes ist der Name des Buches, das in der Bibel steht. Die Zahl vor dem Komma, 3, ist die Kapitelnummer. Die Zahl nach dem Komma, 16, ist die Versnummer. Du suchst also das Buch Johannes, Kapitel 3 und Vers 16. In allen Bibeln ist jedes Buch deutlich gekennzeichnet und die Kapitel und Verse sind klar nummeriert.

> Denn so sehr hat Gott die Welt geliebt, dass er seinen eingeborenen Sohn gab, damit jeder, der an ihn glaubt, nicht verloren gehe, sondern ewiges Leben habe.
> (Johannes 3,16)

Manchmal wirst du in diesem Buch sehen, dass ich eine Schriftstelle zitiere und sie eine zusätzliche Bezeichnung hat, wie Neue Lebende Übersetzung oder Neue König Jakobus Version. Das bezieht sich auf die Bibelversion, aus der die Schriftstelle stammt. Anstelle der Weltenglischen Bibel, aus der ich fast immer zitiere, habe ich eine andere Übersetzung gewählt, weil mir die Wortwahl oder Grammatik besser gefiel. Ich wollte, dass es für dich leicht verständlich ist. So liest sich Johannes 3,16 in der Neuen Lebenden Übersetzung:

> Denn Gott hat die Welt so sehr geliebt, dass er seinen einzigen Sohn gab, damit alle, die an ihn glauben, nicht verloren gehen, sondern das ewige Leben haben.
> (Johannes 3,16 Neue Lebende Übersetzung)

Die Bücher der Bibel sind nicht in einer Weise angeordnet, die logisch erscheint. Sie sind weder alphabetisch noch chronologisch nach dem Zeitpunkt der Ereignisse geordnet. Stattdessen sind sie primär nach der Art der Literatur geordnet, die sie darstellen. Die ersten fünf Bücher wurden von Mose geschrieben, die nächsten zwölf Bücher sind historisch, dann folgen fünf Bücher, die poetisch sind, und die letzten 17 Bücher im Alten Testament gelten als prophetisch. Im Neuen Testament stehen die Evangelien und die historischen Bücher an erster Stelle, gefolgt von den Schriften des Apostels Paulus, und es endet mit einigen Büchern anderer Autoren.

Viele Bibeln enthalten Lesepläne, entweder vorne oder hinten im Buch. Diese können dir helfen, die Bibel in einer Reihenfolge zu lesen, die für dich sinnvoll ist, zum Beispiel chronologisch. Lesepläne findest du auch in den gängigen Bibel-Apps und auf Websites zum Bibellesen. Auf meiner Website, rapture911.com, findest du eine Liste mit solchen Ressourcen.

Ich empfehle dir, deine Reise durch die Bibel mit dem Lesen der vier Evangelien-Bücher im Neuen Testament zu beginnen. Das sind die Bücher Matthäus, Markus, Lukas und Johannes. Johannes ist mein Favorit, daher würde ich dich ermutigen, mit diesem zu beginnen. Lukas wäre meine nächste Wahl, weil es leicht zu lesen und zu verstehen ist. Tatsächlich folgen viele Filme, die über Jesus gedreht wurden, dem Text im Buch Lukas. Der Grund, warum du hier beginnen solltest, ist, dass du vor allem Jesus kennenlernen musst. Die einzige Entscheidung, die im Leben zählt, ist die, wer Jesus für dich ist. Diese Evangelien-Bücher sind der Bericht über Jesu Geburt, Sein Leben, Seinen Tod und Seine Auferstehung. Du wirst verstehen, wie sehr Jesus dich liebt und dass Er gestorben ist, um dich von deinen Sünden zu retten. Nachdem du dies gelesen hast, wirst du voll ausgerüstet sein, um eine Entscheidung darüber zu treffen, was du glaubst.

Wenn du die Evangelien-Bücher gelesen hast, liegt es ganz bei dir, was du als Nächstes liest. Lass dich vom Heiligen Geist leiten. Vielleicht liest du den Rest der Bücher des Neuen Testaments zu Ende, oder du entscheidest dich, zum Anfang zu gehen und das ganze Alte Testament zu lesen, beginnend mit dem 1. Mose.

Wenn du auf einen Vers stößt, der schwer zu verstehen ist, bete zuerst und bitte den Heiligen Geist, dir beim Verständnis zu helfen. Lies den Vers dann in einer anderen Übersetzung. Eine Bibel-App ist dafür großartig, weil man dort meist zwei Übersetzungen nebeneinander anzeigen lassen kann. Du kannst zum Beispiel die Neue König Jakobus Version und die Neue Lebende Übersetzung nebeneinander anzeigen. Dieser kleine Trick wird dir sehr helfen, die Bibel zu verstehen. Manchmal bleiben wir an einer bestimmten

Formulierung oder Satzstruktur hängen, und es macht den ganzen Unterschied, wenn man es etwas anders formuliert oder organisiert sieht.

Als ich anfing, die Bibel zu lesen und etwas über Gott und Jesus zu lernen, hatte ich viele Fragen. Ich mochte es, Schriftstellen zu lesen, die die Fragen beantworteten, die ich hatte. Die meisten Bibeln haben hinten ein Verzeichnis. Es wird Konkordanz genannt. Du kannst dieses verwenden, um Schriftstellen zu einem Thema nachzuschlagen. Nehmen wir an, du liest eine Schriftstelle über Liebe und möchtest besser verstehen, was es wirklich bedeutet, zu lieben. Geh in dieses Verzeichnis und schlage das Wort Liebe nach. Du erhältst eine Liste von Schriftstellen, die dieses Wort oder Thema enthalten, und kannst dann dort weiterlesen. Wenn du eine Bibel-App benutzt, ist die Suchfunktion dafür hervorragend geeignet. Tippe einfach Liebe in das Suchfeld ein.

Sei nachsichtig mit dir selbst und lass dich nicht frustrieren, wenn du es schwer hast. Denke daran, dass die Bibel das Wort Gottes ist. Gott ist unendlich. Ich bin davon überzeugt, dass wir eine Ewigkeit damit verbringen könnten, etwas über Gott zu lernen, weil Er ewig ist. Du wirst jeden Tag, an dem du in der Bibel liest, neue Erkenntnisse gewinnen. Bleib einfach dran.

Ich hoffe, diese kurze Einführung in die Bibel hat dir geholfen zu erkennen, dass Gott sie genau für dich geschrieben hat. Schätze sie wie einen Liebesbrief, denn genau das ist sie.

> Ich habe Dein Wort in meinem Herzen verborgen, damit ich nicht gegen Dich sündige. Gepriesen seist Du, Jahwe. Lehre mich Deine Satzungen. … Ich will nachdenken über Deine Befehle und achten auf Deine Wege. Ich will mich freuen an Deinen Satzungen. Ich will Dein Wort nicht vergessen. … Öffne meine Augen, damit ich wunderbare Dinge aus Deinem Gesetz sehe. (Psalm 119,11-12.15-16.18)

27.1. Bibelübersetzungen

Da es so viele Übersetzungen und Versionen der Bibel gibt, woher weißt du, welche du lesen solltest?

Berichten zufolge gab es die ersten Übersetzungen der Bibel ins Englische bereits im 8. Jahrhundert n. Chr.[194] Die frühesten Exemplare englischer biblischer Texte, die uns vorliegen, stammen aus dem 10. Jahrhundert n. Chr. Eine der ersten bedeutenden englischen Übersetzungen der gesamten Bibel wurde von John Wycliffe im 14. Jahrhundert n. Chr. angefertigt. Seine Übersetzung basierte auf der lateinischen Vulgata-Version der Bibel.

Dann, im Jahr 1535, wurde die Coverdale-Bibel veröffentlicht. Es war die gesamte Bibel in modernem Englisch, basierend auf den ursprünglichen griechischen, hebräischen und aramäischen Texten. Das ist richtig. Diese Bibel wurde nicht aus einer Übersetzung einer Übersetzung übersetzt. Sie wurde aus den Urtexten übersetzt. Diese Bibel sollte die Grundlage für künftige englische Übersetzungen bilden.

Die König Jakobus Version der Bibel wurde ursprünglich im Jahr 1611 veröffentlicht. Sie wurde unter Verwendung populärer Übersetzungen wie der Coverdale-Bibel erstellt. Die König Jakobus Version, die wir heute verwenden, stammt aus mehreren Revisionen der ursprünglichen Fassung, wobei die letzte Revision im Jahr 1769 erfolgte.

Im 20. Jahrhundert n. Chr. wurden weitere englische Versionen der Bibel veröffentlicht. Die Neue Internationale Version erschien 1978 und die Neue König Jakobus Version erschien 1982.

Heute gibt es hunderte von Bibelversionen, und es kann überwältigend sein, sich zu entscheiden, welche die beste ist. Einige Übersetzungen konzentrieren sich auf eine Wort-für-Wort-Übertragung aus dem Urtext, während andere sich darauf konzentrieren, die Absicht oder Bedeutung aus dem Urtext zu übersetzen. Die meisten Menschen finden es hilfreich, in beiden Arten von Bibeln zu lesen. Auf diese Weise erhältst du ein besseres Verständnis des Textes.

Wort-für-Wort-Übersetzungen sind unter anderem: die König Jakobus Version, die Neue König Jakobus Version, die Englische Standardversion, die Neue Amerikanische Standardbibel und die Weltenglische Bibel, die ich in diesem Buch durchgehend zum Zitieren von Schriftstellen verwendet habe.

Sinngemäße Übersetzungen sind unter anderem: die Neue Lebende Übersetzung, die Lebende Bibel und die Botschaft Bibel.

Wenn du eine Version lesen möchtest, die irgendwo dazwischen liegt, probiere die Neue Internationale Version aus.

Vermeide Übersetzungen, die eindeutig darauf abzielen, das Wort Gottes zu verändern. Diese sind dämonisch inspiriert, weil sie Gottes Wort verändern und verdrehen und dich dadurch täuschen. Dazu gehören: Bibeln, in denen alle männlichen Pronomen für Gott durch weibliche oder geschlechtsneutrale Pronomen ersetzt wurden; Bibeln, in denen Bücher oder Schriftstellen aus den Büchern fehlen, die ich zuvor als zur Bibel gehörend aufgeführt habe; Bibeln, die sündiges Verhalten billigen; Bibeln, die umformuliert wurden, um politisch korrekt zu sein; Bibeln, die die Worte Jesu nicht enthalten; und Bibeln, die zusätzliche Bücher enthalten, die nicht als Heilige Schrift gelten.

Ich persönlich lese am häufigsten die Neue König Jakobus Version und die Neue Lebende Übersetzung.

Kapitel 28 – Wer ist wer in der Bibel

In diesem Kapitel werde ich dir die wichtigsten Personen vorstellen, denen du begegnen wirst, wenn du anfängst, die Bibel zu lesen und zu studieren. Dies wird dir helfen, ein besseres Verständnis dafür zu bekommen, wer wer in der Bibel ist.

28.1. Gottes Team

28.1.1. Gott

Gott hat alles erschaffen, einschließlich dir, der Erde und der Tiere. Es gibt nur einen wahren Gott. Einige von Gottes Eigenschaften beinhalten allwissend und omniszient (Psalm 147,5), jederzeit überall gegenwärtig und omnipräsent (Psalm 139), allmächtig und omnipotent (Jeremia 32,27), unveränderlich und unendlich. Gott erschuf den Menschen nach Seinem Bild. Gott ist vollkommen und heilig und gerecht. Gott ist Liebe und liebt dich bedingungslos. Gott vertreibt alle Furcht, weil Er die vollkommene Liebe ist. Gott sorgt für jeden von uns. Er weiß, was wir brauchen, noch bevor wir bitten. Gott ist nicht an die Zeit gebunden. Er kennt den Anfang und das Ende. Gott weiß alles über dich, einschließlich deines Herzens und deiner Gedanken. Gott schuf einen Weg für dich, um für die Ewigkeit mit Ihm im Himmel zu leben: Er sandte Jesus, um für dich zu sterben.

In der Bibel hat Gott viele Namen und Titel, tatsächlich hunderte. Betrachte diese als Attribute, die Seinen Charakter offenbaren. Hier sind einige Namen, mit denen Er gerufen wird: Jahwe oder HERR (1. Mose 2,4), Vater (Matthäus 23,9), Schöpfer (1. Mose 1,1), Allmächtiger (Offenbarung 1,8), ICH BIN (2. Mose 3,14), Ewiger (1. Mose 21,33), Gerechter (Apostelgeschichte 22,14), Barmherziger (Jeremia 3,12) und Zuflucht (Psalm 91,2). Wenn du die Bibel liest, wisse, dass Gott der ist, der Er sagt, dass Er ist, dass Gott tun kann, was Er sagt, dass Er tun kann, und dass du der bist, von dem Gott sagt, dass du es bist.

Gottes Existenz ist offensichtlich. Niemand hat eine Entschuldigung dafür, dies nicht zu erkennen. Hier ist, wie der Apostel Paulus es erklärt.

> Denn was man von Gott wissen kann, ist unter ihnen offenbar; denn Gott hat es ihnen offenbart. Denn Sein unsichtbares Wesen, das ist Seine ewige Kraft und Gottheit, wird seit der Erschaffung der Welt ersehen aus Seinen Werken, wenn

> man sie wahrnimmt, so dass sie keine Entschuldigung haben. (Römer 1,19-20 Neue Lebende Übersetzung)

Sogar die Himmel verkünden Gottes Existenz. Nichts wurde aus Versehen erschaffen. Alles wurde vom Schöpfer mit Absicht erschaffen.

> Die Himmel erzählen die Ehre Gottes, und die Ausdehnung verkündigt Seiner Hände Werk. Ein Tag sagt es dem anderen, und eine Nacht tut es der anderen kund. Es ist keine Sprache noch Rede, wo man ihre Stimme nicht hört. Ihre Richtschnur geht aus durch alle Lande und ihre Rede bis an das Ende der Welt. (Psalm 19,1-4)

Gott erschuf die Himmel und die Erde.

> Am Anfang schuf Gott die Himmel und die Erde. (1. Mose 1,1)

Gott erschuf den Menschen nach Seinem Bild. Das bedeutet, <u>du</u> wurdest nach Gottes Bild erschaffen.

> Und Gott schuf den Menschen nach Seinem Bild, nach dem Bild Gottes schuf Er ihn; als Mann und Frau schuf Er sie. (1. Mose 1,27)

Es gibt nur einen wahren Gott. Gott ist der Erste und der Letzte und kennt das Ende vom Anfang an.

> So spricht Jahwe, der König Israels, und Sein Erlöser, Jahwe der Heerscharen: „Ich bin der Erste, und Ich bin der Letzte, und außer Mir gibt es keinen Gott. Und wer ist wie Ich? Er rufe es aus und verkündige es und lege es Mir dar, seitdem Ich das Volk der Vorzeit eingesetzt habe! Und was bevorsteht und was kommen wird, das sollen sie verkündigen! Erschreckt nicht und fürchtet euch nicht! Habe Ich es dich nicht schon längst hören lassen und es dir verkündigt? Und ihr seid Meine Zeugen: Gibt es einen Gott außer Mir? Es gibt keinen anderen Fels, Ich kenne keinen." (Jesaja 44,6-8)

Gott ist allmächtig. Er ist der Anfang, „das Alpha", und das Ende, „das Omega".

> „Ich bin das Alpha und das Omega", spricht Gott der Herr, „der da ist und der da war und der da kommt, der Allmächtige." (Offenbarung 1,8)

Gott ist Liebe, Gerechtigkeit und Rechtschaffenheit.

Wer nicht liebt, der hat Gott nicht erkannt; denn Gott ist Liebe. (1. Johannes 4,8)

„Sondern wer sich rühmen will, der rühme sich dessen, dass er Einsicht hat und Mich kennt, dass Ich Jahwe bin, der Barmherzigkeit, Recht und Gerechtigkeit übt auf Erden; denn an solchen Dingen habe Ich Gefallen", spricht Jahwe. (Jeremia 9,24)

28.1.2. Jesus

Jesus ist die körperliche Manifestation Gottes. Auch Er hat viele Namen in der Bibel, die uns helfen, Ihn besser zu verstehen. Jesus hat schon immer existiert, weil Er Gott ist. Er war gegenwärtig, als alles erschaffen wurde. Tatsächlich wurde alles durch Ihn erschaffen. Gott liebt dich so sehr, dass Er Jesus als Mensch auf die Erde sandte, um für deine Sünden zu sterben. Er tat das, damit du in Ewigkeit mit Ihm im Himmel leben kannst. Jesus kommt am Ende der Zeit der Drangsal wieder. Er wird 1.000 Jahre lang physisch auf der Erde regieren.

Er wird bezeichnet als: Sohn Gottes (Markus 1,1), Wort (Johannes 1), ICH BIN (Johannes 8,58), Lamm Gottes (Johannes 1,29), Guter Hirte (Johannes 10,11), Der Weg und Die Wahrheit und Das Leben (Johannes 14,6), Brot des Lebens (Johannes 6,35), Licht der Welt (Johannes 8,12), Erretter (Lukas 2,11), Engel des Herrn (2. Mose 3), Fürst über das Heer des Herrn (Josua 5,14), Messias (Matthäus 1,1) und Christus (Johannes 1,41).

Jesus ist Gott im Fleisch. Er trat aus dem Himmel heraus auf die Erde und demütigte Sich Selbst. Dann lebte Er ein Leben im Gehorsam gegenüber Gott, sogar bis zum Tod durch Kreuzigung. Der Apostel Paulus erklärt das in diesen Versen.

Habt diese Gesinnung in euch, die auch in Christus Jesus war, der, da Er in Gestalt Gottes existierte, es nicht für einen Raub hielt, Gott gleich zu sein, sondern Sich Selbst entäußerte, die Gestalt eines Knechtes annahm und den Menschen gleich wurde. Und in Seiner äußeren Erscheinung als ein Mensch erfunden, erniedrigte Er Sich Selbst und wurde gehorsam bis zum Tod, ja, bis zum Tod am Kreuz. Darum hat Gott Ihn auch hoch erhoben und Ihm den Namen verliehen, der über alle Namen ist, damit in dem Namen Jesu sich jedes Knie beuge, derer, die im Himmel und auf Erden und unter der Erde sind, und jede Zunge bekenne, dass Jesus Christus der Herr ist, zur Ehre Gottes, des Vaters. (Philipper 2,5-11)

In diesen Versen sagt Jesus, dass Er der Christus ist und dass Er Gott ist.

Da umringten Ihn die Juden und sprachen zu Ihm: „Wie lange hältst Du unsere Seele im Ungewissen? Bist Du der Christus, so sage es uns frei heraus!" Jesus antwortete ihnen: „Ich habe es euch gesagt, und ihr glaubt nicht. Die Werke, die Ich im Namen Meines Vaters tue, diese legen Zeugnis von Mir ab. ... Ich und der Vater sind eins." (Johannes 10,24-25.30)

Der Prophet Jesaja nennt in diesem Vers mehrere Namen Jesu.

Denn ein Kind ist uns geboren, ein Sohn ist uns gegeben; und die Herrschaft ruht auf Seiner Schulter; und man nennt Seinen Namen: Wunderbarer Ratgeber, Starker Gott, Ewig-Vater, Friedefürst. (Jesaja 9,6)

Jesus ist das Wort Gottes. Er hat schon immer existiert. In diesen Versen ist Jesus der „eingeborene Sohn vom Vater", das „Wort [das] Fleisch wurde".

Im Anfang war das Wort, und das Wort war bei Gott, und das Wort war Gott. Dieses war im Anfang bei Gott. Alles ist durch dasselbe entstanden; und ohne dasselbe ist auch nicht eines entstanden, was entstanden ist. In ihm war das Leben, und das Leben war das Licht der Menschen. ... Er war in der Welt, und die Welt ist durch ihn geworden, doch die Welt erkannte ihn nicht. ... Und das Wort wurde Fleisch und wohnte unter uns; und wir sahen seine Herrlichkeit, eine Herrlichkeit als des eingeborenen Sohnes vom Vater, voller Gnade und Wahrheit. (Johannes 1,1-4.10.14)

Jesus war bei der Schöpfung gegenwärtig, und tatsächlich wurde alles durch Jesus erschaffen. Der Apostel Paulus spricht in diesen Versen von Jesus.

Er ist das Ebenbild des unsichtbaren Gottes, der Erstgeborene aller Kreatur. Denn durch Ihn ist alles geschaffen, was im Himmel und auf Erden ist, das Sichtbare und das Unsichtbare, es seien Throne oder Herrschaften oder Fürstentümer oder Obrigkeiten; es ist alles durch Ihn und zu Ihm geschaffen. Und Er ist vor allem, und es besteht alles in Ihm. (Kolosser 1,15-17)

Jesus lebte das vollkommene, sündlose Leben, das du nicht führen kannst. Durch Sein Blut bist du gerettet.

Denn ihr wisst, dass ihr nicht mit vergänglichen Dingen, mit Silber oder Gold, losgekauft worden seid aus eurem eitlen, von den Vätern überlieferten Wandel, sondern mit dem kostbaren Blut Christi als eines Lammes ohne Fehl und Makel. (1. Petrus 1,18-19)

Jesus starb für deine Sünden und wurde dann auferweckt. Der Apostel Paulus ist derjenige, der in diesen Versen spricht und „das Evangelium" erklärt.

> Ich erinnere euch aber, Brüder, an das Evangelium, das ich euch verkündigt habe, das ihr auch angenommen habt, in dem ihr auch steht, durch das ihr auch gerettet werdet, wenn ihr an dem Wort festhaltet, das ich euch verkündigt habe, es sei denn, dass ihr vergeblich geglaubt hättet. Denn ich habe euch vor allem das überliefert, was ich auch empfangen habe: dass Christus für unsere Sünden gestorben ist, nach den Schriften, und dass Er begraben wurde, und dass Er auferweckt worden ist am dritten Tag, nach den Schriften, und dass Er dem Kephas erschienen ist, danach den Zwölfen. (1. Korinther 15,2-5)

Jesus kommt wieder, um auf der Erde zu regieren. Sein Reich wird ewig währen.

> Da sprach Jesus zu Seinen Jüngern: „Wenn jemand Mir nachkommen will, so verleugne er sich selbst und nehme sein Kreuz auf sich und folge Mir nach. … Denn der Sohn des Menschen wird in der Herrlichkeit Seines Vaters mit Seinen Engeln kommen, und dann wird Er jedem vergelten nach seinem Tun." (Matthäus 16,24.27)

> Und der siebte Engel stieß in die Posaune; da ertönten laute Stimmen im Himmel, die sprachen: „Die Herrschaft über die Welt ist an unseren Herrn und Seinen Christus gelangt, und Er wird regieren von Ewigkeit zu Ewigkeit!" (Offenbarung 11,15)

28.1.3. Heiliger Geist

Der Heilige Geist ist der Geist Gottes, der auf der Erde gegenwärtig ist. Dieser Geist lebt in den Gläubigen, kennzeichnet sie als solche und hilft ihnen, Gott zu kennen. Dieser Geist beeinflusst und wirkt auch auf Ungläubige ein und versucht ständig, sie mit Gottes Gnade zu erreichen.

Der Heilige Geist ist der „Geist des Herrn". Er befreit dich aus der Knechtschaft der Sünde.

> Der Herr aber ist der Geist; und wo der Geist des Herrn ist, da ist Freiheit. (2. Korinther 3,17)

Der Heilige Geist hilft uns, die Dinge Gottes zu verstehen. Der Heilige Geist ist in der Tat „Gottes Geist" und „Christi Sinn". Der Apostel Paulus erklärt es uns in diesen Versen.

> Sondern wir reden Gottes Weisheit im Geheimnis, die verborgene, welche Gott vor den Weltzeiten zu unserer Herrlichkeit vorherbestimmt hat.... ... Uns aber hat es Gott geoffenbart durch Seinen Geist; denn der Geist erforscht alles, auch die Tiefen Gottes. Denn wer von den Menschen weiß, was im Menschen ist, als nur der Geist des Menschen, der in ihm ist? So weiß auch niemand, was in Gott ist, als nur der Geist Gottes. Wir aber haben nicht den Geist der Welt empfangen, sondern den Geist, der aus Gott ist, damit wir wissen, was uns von Gott geschenkt ist. ... „Denn wer hat den Sinn des Herrn erkannt, dass er Ihn unterweise?" Wir aber haben Christi Sinn. (1. Korinther 2,7.10-12.16)

Der Heilige Geist lebt in jedem Menschen, der sein Vertrauen in Jesus gesetzt hat.

> In Ihm seid auch ihr, als ihr das Wort der Wahrheit, das Evangelium eurer Rettung, gehört habt und gläubig geworden seid, versiegelt worden mit dem Heiligen Geist der Verheißung, der das Unterpfand unseres Erbes ist bis zur Erlösung des Eigentums, zum Lob Seiner Herrlichkeit. (Epheser 1,13-14 Neue Internationale Version)

Der Heilige Geist überführt Ungläubige ihrer Sünde. In dieser Schriftstelle ist Jesus derjenige, der spricht. Der „Tröster" ist der Heilige Geist.

> Doch Ich sage euch die Wahrheit: Es ist gut für euch, dass Ich hingehe; denn wenn Ich nicht hingehe, so kommt der Tröster nicht zu euch. Wenn Ich aber hingehe, werde Ich Ihn zu euch senden. Und wenn Er gekommen ist, wird Er die Welt überführen von Sünde und von Gerechtigkeit und von Gericht; von Sünde, weil sie nicht an Mich glauben; von Gerechtigkeit aber, weil Ich zu Meinem Vater gehe und ihr Mich nicht mehr seht; von Gericht, weil der Fürst dieser Welt gerichtet ist. (Johannes 16,7-11)

Der Heilige Geist, der in jedem Gläubigen lebt, war derjenige, der den Aufstieg des Bösen zurückhielt. Als die Entrückung geschah und der Heilige Geist entfernt wurde, ermöglichte dies die Offenbarung des „Gesetzlosen", des Antichristen. Hier ist Paulus' Beschreibung dieses Ereignisses.

> Was nun das Kommen unseres Herrn Jesus Christus und unsere Vereinigung mit Ihm betrifft, so bitten wir euch, Brüder.... ... Lasst euch von niemandem in irgendeiner Weise verführen! Denn es muss erst der Abfall kommen und der Mensch der Sünde geoffenbart werden, der Sohn des Verderbens. ... Denn das Geheimnis der Gesetzlosigkeit ist schon am Werk; nur muss der, welcher jetzt zurückhält, erst aus dem Weg geräumt werden. Und dann wird der Gesetzlose geoffenbart werden, den der Herr verzehren wird durch den Hauch Seines Mundes und vernichten wird durch

die Erscheinung Seiner Wiederkunft. (2. Thessalonicher 2,1.3.7-8)

28.1.4. Dreieinigkeit

Diesen Begriff wirst du in der Bibel nicht finden, aber er wird in der christlichen Sprache oft verwendet, daher wollte ich ihn hier erklären. Die Dreieinigkeit ist eine Art zu beschreiben, wie Gott Sich in drei wesentlichen Weisen manifestiert: als Gott, als Jesus und als der Heilige Geist. Du hast gesehen, wie ich erklärt habe, dass Gott Gott ist, Jesus Gott ist und der Heilige Geist Gott ist. Es gibt nur einen Gott, nicht drei verschiedene Götter. Denke daran, dass Gott allmächtig ist und alles tun kann. Nichts ist Ihm unmöglich. Er kann Sich manifestieren, wie immer Er will. Als Geist (1. Korinther 2,7-16), als Mensch (Philipper 2,5-11), als Licht (Offenbarung 21,23), als brennender Dornbusch (2. Mose 3,2) oder als Wolkensäule (2. Mose 13,21).

Diese Schriftstellen erwähnen die drei Manifestationen Gottes, die in der Dreieinigkeit sind: Gott, Jesus und der Heilige Geist.

> Die Gnade des Herrn Jesus Christus und die Liebe Gottes und die Gemeinschaft des Heiligen Geistes sei mit euch allen! (2. Korinther 13,14)

> Und Jesus trat herzu, redete mit ihnen und sprach: „Mir ist gegeben alle Gewalt im Himmel und auf Erden. So geht nun hin und macht zu Jüngern alle Völker, und tauft sie auf den Namen des Vaters und des Sohnes und des Heiligen Geistes." (Matthäus 28,18-19)

Für Gott ist nichts unmöglich. Er kann Sich also manifestieren, wie Er es wählt.

> Denn bei Gott ist kein Ding unmöglich. (Lukas 1,37)

28.2. Satans Team

28.2.1. Satan

Satan ist ein gefallener Engel, ein Dämon. Er wird so genannt, weil er aus dem Himmel fiel. Er verloste seinen himmlischen Status. Im Gegensatz zu dem, was du vielleicht gelesen oder gesehen hast, ist Satan nicht der Bruder Jesu. Er ist auch nicht rot mit Hörnern, einem Schwanz und einer Heugabel. Satan ist auch nicht der Herrscher der Hölle. Gott ist derjenige, der die Hölle erschaffen hat und der die Macht und Autorität hat, jemanden zur Hölle zu verurteilen. Satan ist ein von Gott geschaffenes engelsgleiches Wesen. Sein Name war nicht immer Satan. Gott erschuf diesen herrlichen und atemberaubend schönen Engel namens Luzifer, der über die Engel herrschte und Gott sehr nahe stand. Luzifer ließ die Sünde des Stolzes in sein Leben treten und er entschied, dass er wie Gott sein könne. Er startete dann eine Rebellion gegen Gott und überzeugte ein Drittel der Engel, sich ihm anzuschließen. Gott warf ihn zusammen mit den anderen gefallenen Engeln aus dem Himmel auf die Erde. Seitdem stiftet er Unheil auf der Erde und peinigt die Menschheit. Wir kennen Luzifer als Satan. Satan hasst Gott und damit alles, was Gott liebt. Das bedeutet, Satan hasst dich. Er möchte nicht, dass du Gott kennst, ein Gläubiger wirst oder für die Ewigkeit im Himmel lebst. Er möchte, dass du für die Wahrheit blind bleibst und zum gleichen Schicksal wie er verurteilt wirst: Ewigkeit getrennt von Gott. Nach der Entrückung wird Satan weiterhin Unheil auf der Erde anrichten und viele Menschen davon überzeugen, ihm und seinem Diener, dem Antichristen, zu folgen. Bei Jesu Wiederkunft wird Satan für eine gewisse Zeit weggeschlossen. Gegen Ende der tausendjährigen Periode wird er noch einmal losgelassen, bevor sein endgültiges Gericht erfolgt.

Er ist in der Bibel unter vielen Namen bekannt: Widersacher (1. Petrus 5,8), Schlange (1. Mose 3), Teufel (Matthäus 4), Ankläger (Offenbarung 12,10), Vater der Lüge (Johannes 8,44), Mörder (Johannes 8,44), Verführer (Offenbarung 12,9) und ein Engel des Lichts (2. Korinther 11,14).

Luzifer war ein Cherub-Engel, ein Fürst der Engel. Er stand Gott auch sehr nahe. Er ist schön, und das machte ihn stolz. Er sündigte und wurde auf die Erde hinabgeworfen. Diese Verse sind eine Beschreibung von Luzifer, dem „gesalbten, schirmenden Cherub".

Du warst in Eden, dem Garten Gottes; jeder Edelstein war deine Decke: Rubin, Topas und Diamant, Chrysolith, Onyx und Jaspis, Saphir, Türkis und Smaragd, und Gold. Deine kunstvoll hergestellten Tamburine und Flöten waren bei dir; am Tag deiner Erschaffung wurden sie bereitet. Du warst ein gesalbter, schirmender Cherub, und Ich hatte dich dazu eingesetzt; du warst auf dem heiligen Berg Gottes, du wandeltest mitten unter feurigen Steinen. Du warst vollkommen in deinen Wegen vom Tag deiner Erschaffung an, bis Ungerechtigkeit in dir gefunden wurde. Durch deine große Handelstätigkeit wurde dein Inneres mit Frevel erfüllt, und du sündigtest. Darum habe Ich dich entweiht und vom Berg Gottes ausgestoßen, und Ich habe dich, du schirmender Cherub, aus der Mitte der feurigen Steine vertilgt. Dein Herz hat sich erhoben wegen deiner Schönheit; du hast deine Weisheit um deines Glanzes willen verderbt. Ich habe dich auf die Erde geworfen. (Hesekiel 28,13-17)

Luzifer wollte Gott sein. Er ist der „Glanzstern". „Scheol" bedeutet Hölle.

Wie bist du vom Himmel gefallen, du Glanzstern, Sohn der Morgenröte! Wie bist du zu Boden geschmettert, der du die Völker niederstrecktest! Und du, du sagtest in deinem Herzen: „Zum Himmel will ich hinaufsteigen, hoch über die Sterne Gottes meinen Thron erheben und mich niedersetzen auf den Versammlungsberg im äußersten Norden. Ich will hinaufsteigen auf Wolkenhöhen, dem Höchsten mich gleichmachen!" Doch in den Scheol wirst du hinabgestürzt, in die tiefste Grube. (Jesaja 14,12-15)

Luzifer rebellierte gegen Gott, und ein Drittel der Engel schloss sich ihm an. Als Folge wurde er aus dem Himmel verstoßen. In diesen Versen ist er der „Drache", der „Teufel" und „Satan". Die Engel, die sich ihm anschlossen, werden als das „Drittel der Sterne" bezeichnet, die der Drache mit sich zog.

Und es erschien ein anderes Zeichen im Himmel: siehe, ein großer, feuerroter Drache, der sieben Köpfe und zehn Hörner hatte, und auf seinen Köpfen sieben Diademe. Und sein Schwanz zog ein Drittel der Sterne des Himmels nach sich und warf sie auf die Erde. … Und es entstand ein Kampf im Himmel: Michael und seine Engel kämpften gegen den Drachen; und der Drache und seine Engel kämpften. Aber sie siegten nicht, und ihre Stätte wurde nicht mehr im Himmel gefunden. Und so wurde der große Drache hingewerfen, die alte Schlange, die Teufel und Satan genannt wird, der den ganzen Erdkreis verführt; er wurde auf die Erde geworfen, und seine Engel wurden mit ihm hingeworfen. (Offenbarung 12,3-4.7-9)

Luzifer wird jetzt Satan genannt und ist gegenwärtig der „Gott dieser Welt", der Erde. Er verführt all die Menschen, die nicht an Jesus glauben.

Satan, der der Gott dieser Welt ist, hat den Sinn derer verblendet, die nicht glauben. Sie sind unfähig, das herrliche Licht des Evangeliums zu sehen. Sie verstehen diese Botschaft über die Herrlichkeit Christi nicht, der das genaue Ebenbild Gottes ist. (2. Korinther 4,4 Neue Lebende Übersetzung)

Satan wird bei Jesu Wiederkunft für 1.000 Jahre gebunden. Erneut wird Satan als der „Drache" und der „Teufel" bezeichnet.

Und ich sah einen Engel aus dem Himmel herabsteigen, der den Schlüssel des

> Abgrunds und eine große Kette in seiner Hand hatte. Und er ergriff den Drachen, die alte Schlange, die der Teufel und Satan ist, und band ihn für tausend Jahre und warf ihn in den Abgrund und schloss ihn ein und versiegelte über ihm, damit er die Völker nicht mehr verführe, bis die tausend Jahre vollendet wären. Nach diesen muss er für kurze Zeit losgelassen werden. (Offenbarung 20,1-3)

Satans endgültiges Gericht erfolgt am Ende der tausendjährigen Periode. Er führt noch einmal Krieg gegen Gott. Er wird jedoch schnell von Gott besiegt und in den Feuersee geworfen. In diesem Vers wird Satan auch als der „Teufel" bezeichnet, und das „Tier" ist der Antichrist.

> Und wenn die tausend Jahre vollendet sind, wird der Satan aus seinem Gefängnis losgelassen werden, und er wird ausgehen, um die Völker zu verführen, die an den vier Ecken der Erde sind, den Gog und den Magog, um sie zum Kampf zu versammeln; ihre Zahl ist wie der Sand am Meer. Und sie zogen herauf auf die Breite der Erde und umringten das Heerlager der Heiligen und die geliebte Stadt. Und es fiel Feuer von Gott aus dem Himmel herab und verzehrte sie. Und der Teufel, der sie verführt hatte, wurde in den See von Feuer und Schwefel geworfen, wo auch das Tier und der falsche Prophet sind; und sie werden Tag und Nacht gequält werden von Ewigkeit zu Ewigkeit. (Offenbarung 20,7-10)

28.2.2. Antichrist

Anti bedeutet gegenüber, gegen und anstelle von. Diese Person ist das Gegenteil von Christus. Diese Person wird gegen alles sein, wofür Christus steht. Es ist nicht der Name der Person, sondern eine Beschreibung ihres Charakters und ihrer Absicht. Die Bibel sagt uns, dass der Antichrist nach der Entrückung weltweite Macht erlangt. Diese Person ist ein Diener Satans. Sie ist von ihm besessen. Erinnere dich nun an all die Dinge, die ich dir gerade über Satan erzählt habe. Der Antichrist wird all diese Dinge sein. Doch er wird nicht so erscheinen, zumindest nicht am Anfang. Das liegt daran, dass der Antichrist ein Meister der Täuschung und Lüge sein wird, genau wie Satan. Der Antichrist wird die Fähigkeit haben, durch die Macht Satans Zeichen und Wunder zu vollbringen. Er wird verlangen, dass die Menschen ihn anbeten, genau wie Satan es tut. Er möchte, dass du ihn anstelle von Christus anbetest. Leider wird der Großteil des Planeten dies tun. Der Antichrist ist der Weltführer, der den Friedensvertrag mit Israel und seinen Feinden bestätigt. Das ist das Ereignis, das die Uhr für die siebenjährige Zeit der Drangsal in Gang setzt. Der Antichrist wird eng mit dem Falschen

Propheten zusammenarbeiten und die eine Weltregierung, Weltwirtschaft und Weltreligion etablieren.

Der Antichrist ist das „Tier" und Satan ist der „Drache". Satan „gab dem Tier seine Kraft". Das bedeutet, der Antichrist ist von Satan besessen.

> Und sie beteten den Drachen an, weil er dem Tier die Macht gegeben hatte, und sie beteten das Tier an und sprachen: „Wer ist dem Tier gleich? Wer kann mit ihm kämpfen?" ... Hier ist die Weisheit. Wer Verstand hat, der berechne die Zahl des Tieres, denn es ist eines Menschen Zahl. (Offenbarung 13,4.18)

Der Antichrist, der das „erste Tier" ist, arbeitet eng mit dem Falschen Propheten zusammen, der „ein anderes Tier" ist. Der Falsche Prophet bringt die Erde dazu, den Antichristen anzubeten.

> Und ich sah ein anderes Tier aus der Erde aufsteigen; das hatte zwei Hörner wie ein Lamm und redete wie ein Drache. Und es übt alle Gewalt des ersten Tieres vor dessen Augen aus und macht, dass die Erde und die darauf wohnen, das erste Tier anbeten, dessen tödliche Wunde geheilt worden war. (Offenbarung 13,11-12)

Der Antichrist schließt einen Vertrag oder Bund mit Israel ab, der die Zeit der Drangsal einleitet. In dieser Schriftstelle ist der „Gesalbte" Jesus. Der Vertrag gilt für sieben Jahre, was als „eine Woche" bezeichnet wird. Dreieinhalb Jahre nach Vertragsabschluss bricht er ihn, indem er ein Gräuelbild in Israels Tempel aufstellt, was die Opfer aufhören lässt. In diesen Versen ist der Antichrist der „Fürst" und „er".

> Und nach den zweiundsechzig Wochen wird der Gesalbte ausgerottet werden, und ihm wird nichts zuteilwerden. Und das Volk eines kommenden Fürsten wird die Stadt und das Heiligtum zerstören; und sein Ende wird durch eine Flut kommen, und bis zum Ende wird es Krieg geben, fest beschlossene Verwüstungen. Und er wird mit vielen einen festen Bund schließen für eine Woche. Und in der Mitte der Woche wird er Schlachtopfer und Speisopfer aufhören lassen. Und auf dem Flügel der Gräuel wird ein Verwüster kommen, und zwar bis die fest beschlossene Vernichtung über den Verwüster ausgegossen wird. (Daniel 9,26-27)

Der Antichrist, das „er" in diesen Versen, entweiht den jüdischen Tempel, der das „Heiligtum" genannt wird, und erklärt sich selbst zu Gott.

> Danach wird er wieder in sein Land ziehen mit großem Gut. Und sein Herz wird gegen den heiligen Bund gerichtet sein; er wird es ausführen und in sein Land

> zurückkehren. Zur bestimmten Zeit wird er wieder nach Süden ziehen; aber es wird beim zweiten Mal nicht so sein wie beim ersten Mal. Denn es werden Schiffe von Kittim gegen ihn kommen. Da wird er mutlos werden und umkehren und gegen den heiligen Bund zürnen und es ausführen; er wird umkehren und sein Augenmerk auf diejenigen richten, die den heiligen Bund verlassen. Und Truppen von ihm werden dastehen; die werden das Heiligtum, die Zuflucht, entweihen und das tägliche Opfer abschaffen und den Gräuel der Verwüstung aufstellen. ... Und der König wird tun, was ihm beliebt; er wird sich erheben und großtun gegen jeden Gott, und gegen den Gott der Götter wird er unerhörte Dinge reden. Und er wird Erfolg haben, bis der Zorn vollendet ist; denn was beschlossen ist, das wird ausgeführt. (Daniel 11,28-31.36)

Der Antichrist, der das „Tier" ist, wird von Jesus bei Seiner Wiederkunft besiegt. Er wird in den Feuersee geworfen.

> Und das Tier wurde ergriffen und mit ihm der falsche Prophet, der die Zeichen vor seinen Augen getan hatte, durch welche er die verführte, die das Malzeichen des Tieres angenommen und das Bild des Tieres angebetet hatten. Diese beiden wurden lebendig in den Feuersee geworfen, der mit Schwefel brennt. (Offenbarung 19,20)

28.2.3. Falscher Prophet

Genauso wie der Antichrist das Gegenteil von Christus ist, ist ein Falscher Prophet das Gegenteil eines Propheten. Anstatt Gott zu repräsentieren und Gottes Willen den Menschen mitzuteilen, repräsentiert ein Falscher Prophet Satan und teilt Satans Willen den Menschen mit. Der Falsche Prophet erscheint nach der Entrückung als der religiöse Weltführer. Diese Person wird eine Weltreligion etablieren und verlangen, dass jeder den Antichristen anbetet. Der Großteil des Planeten wird genau das tun. Er wird in der Lage sein, so viele Menschen zu überzeugen, weil er Zeichen und Wunder vollbringen kann. Denke daran, dass er Satan dient und ein Wolf im Schafspelz ist. Nimm nicht an dieser Anbetung teil! Jeder, der dies tut, wählt damit Satan und wird als ihm zugehörig markiert.

Der Falsche Prophet, der „ein anderes Tier" ist, spricht für Satan, der der „Drache" ist. Das bedeutet, dass er ebenfalls von Satan besessen sein wird, genau wie der Antichrist.

> Und ich sah ein anderes Tier aus der Erde aufsteigen; das hatte zwei Hörner wie ein Lamm und redete wie ein Drache. (Offenbarung 13,11)

Der Falsche Prophet, das „er" in dieser Schriftstelle, etabliert die Weltreligion zur Anbetung des Antichristen. Er ist in der Lage, Feuer vom Himmel regnen zu lassen. Der Antichrist ist das „erste Tier" und das „Tier".

> Und es übt alle Gewalt des ersten Tieres vor dessen Augen aus und macht, dass die Erde und die darauf wohnen, das erste Tier anbeten, dessen tödliche Wunde geheilt worden war. Und es tut große Zeichen, so dass es sogar Feuer vom Himmel auf die Erde herabfallen lässt vor den Augen der Menschen. Und es verführt mein eigenes Volk, das auf der Erde wohnt, durch die Zeichen, die vor dem Tier zu tun ihm gegeben sind, und sagt denen, die auf der Erde wohnen, dass sie dem Tier, das die Wunde vom Schwert hat und am Leben geblieben ist, ein Bild machen sollen. Und es wurde ihm gegeben, dem Bild des Tieres Geist zu verleihen, so dass das Bild des Tieres sogar redete und bewirkte, dass alle getötet wurden, die das Bild des Tieres nicht anbeteten. Und es bewirkt, dass allen, den Kleinen und den Großen, den Reichen und den Armen, den Freien und den Knechten, ein Malzeichen gegeben wird auf ihre rechte Hand oder auf ihre Stirn, und dass niemand kaufen oder verkaufen kann als nur der, welcher das Malzeichen hat, den Namen des Tieres oder die Zahl seines Namens. (Offenbarung 13,12-17)

Der Falsche Prophet wird von Jesus bei Seiner Wiederkunft besiegt. Er wird zusammen mit dem „Tier", das der Antichrist ist, in den Feuersee geworfen.

> Und das Tier wurde ergriffen und mit ihm der falsche Prophet, der die Zeichen vor seinen Augen getan hatte, durch welche er die verführte, die das Malzeichen des Tieres angenommen und das Bild des Tieres angebetet hatten. Diese beiden wurden lebendig in den Feuersee geworfen, der mit Schwefel brennt. (Offenbarung 19,20)

28.3. Menschen

28.3.1. Die Menschen

Menschen wurden nach dem Ebenbild Gottes erschaffen. Gott erschuf den ersten Menschen, Adam. Dann erschuf Er Eva aus einer von Adams Rippen, damit sie seine Helferin und Gefährtin sei. Jeder von uns ist von Gott auf einzigartige und wunderbare Weise geschaffen worden. Ich weiß, dass dies im Widerspruch zu dem steht, was die Wissenschaft dir sagt und was du in der Schule gelernt hast. Du hast dich <u>nicht</u> aus einem Affen, einem Primaten oder irgendetwas anderem entwickelt. Das ist eine rein dämonische Lüge, die direkt von Satan selbst stammt. Satan möchte nicht, dass du weißt, wie besonders du für Gott bist. Deshalb hat er die Evolutionstheorie erfunden, um dich zu täuschen. Du weißt, es gibt einen Grund dafür, dass diese Theorie nach 160 Jahren Forschung immer noch nicht bewiesen wurde. Es liegt daran, dass sie eine Lüge ist.

Gott erschafft uns im Mutterleib. Bevor Gott jeden von uns erschuf, kannte Er uns bereits. Das ist ein großes Geheimnis für mich, aber es gibt mir auch Trost und Frieden.

Leider ist der Mensch von Natur aus sündig und deshalb von Gott getrennt.

Wir wurden nach dem Bild Gottes als Mann und Frau erschaffen.

> Und Gott sprach: „Lasst uns Menschen machen nach unserem Bild, uns ähnlich; die sollen herrschen über die Fische im Meer und über die Vögel des Himmels und über das Vieh und über die ganze Erde und über alles Gewürm, das auf der Erde kriecht!" Und Gott schuf den Menschen nach Seinem Bild, nach dem Bild Gottes schuf Er ihn; als Mann und Frau schuf Er sie. (1. Mose 1,26-27)

Gott webt uns im Mutterleib zusammen. Wir sind alle einzigartig geschaffen.

> Jahwe, Du hast mich erforscht und kennst mich. … Denn Du hast meine Nieren gebildet; Du hast mich gewoben im Schoß meiner Mutter. Ich danke Dir dafür, dass ich erstaunlich und wunderbar gemacht bin; wunderbar sind Deine Werke, und meine Seele erkennt das wohl. Mein Gebein war Dir nicht verborgen, als ich im Verborgenen gemacht wurde, kunstvoll gewirkt in den Tiefen der Erde. Deine Augen sahen mich schon als ungeformten Keim, und in Dein Buch waren sie alle eingeschrieben, die Tage, die noch werden sollten, als noch keiner von ihnen war. Wie kostbar sind mir Deine Gedanken, o Gott! Wie gewaltig ist ihre Summe! (Psalm 139,1.13-17)

Gott kannte uns schon, bevor wir überhaupt empfangen wurden.

> Und das Wort Jahwes erging an mich folgendermaßen: „Ehe Ich dich im Mutterschoß bildete, habe Ich dich erkannt." (Jeremia 1,4-5)

Wir sind sündig und von Gott getrennt.

> Siehe, die Hand Jahwes ist nicht zu kurz zum Retten, und Sein Ohr nicht zu schwer zum Hören; sondern eure Verschuldungen sind es, die eine Scheidung gemacht haben zwischen euch und eurem Gott, und eure Sünden haben Sein Angesicht vor euch verhüllt, so dass Er nicht hört. (Jesaja 59,1-2)

Denn alle haben gesündigt und verfehlen die Herrlichkeit, die sie vor Gott haben sollten. (Römer 3,23)

Wenn wir sagen, dass wir keine Sünde haben, so betrügen wir uns selbst, und die Wahrheit ist nicht in uns. ... Wenn wir sagen, dass wir nicht gesündigt haben, so machen wir Ihn zum Lügner, und Sein Wort ist nicht in uns. (1. Johannes 1,8.10)

28.3.2. Israel

Israel bezieht sich sowohl auf eine Volksgruppe, die Israeliten, als auch auf eine Nation. In der Bibel werden sie als Gottes auserwähltes Volk bezeichnet. Ich weiß, das klingt seltsam und erweckt den Anschein, als hätte Gott Favoriten. So solltest du es jedoch nicht betrachten, denn Gott sieht die Person nicht an (Römer 2,11). Gott hat jeden von uns erschaffen und liebt jeden von uns bedingungslos. Wenn nur ein einziger Mensch existiert hätte, wäre Jesus für genau diesen einen Menschen gestorben. So sehr liebt Er jeden Einzelnen von uns. Gott hat auch jeden von uns erschaffen, um einen bestimmten Zweck zu erfüllen. So solltest du Israel sehen. Gott hat sie für einen bestimmten Zweck erwählt. Gott erwählte eine Gruppe von Menschen, die von anderen in der Welt abgesondert werden konnte. Menschen, die für alle anderen ein Vorbild im Glauben sein konnten. Menschen, durch die Gott Seine Macht und Herrlichkeit für die ganze Welt sichtbar zur Schau stellen konnte.

Um einen dunklen Raum zu erhellen, braucht man eine Lampe. Betrachte die Erde und all die Menschen darauf als diesen dunklen Raum, und betrachte Israel als die erste Lampe. Du wirst in der Bibel viel über Israel lesen. Du wirst aus dem lernen, was sie richtig gemacht haben, und auch aus den zahlreichen Dingen, die sie falsch gemacht haben. Du wirst auch Gottes Liebe durch sie sehen. Dass Gott sie nie verlassen hat. Genau wie Er dich nie verlassen hat. Alles, was Er Israel widerfahren ließ und widerfahren lassen wird, geschah und geschieht zu ihrem Besten, um sie Gott näher zu bringen. Nach der Entrückung wird Israel Jesus als den Erretter erkennen und Missionare in die Welt aussenden, um das Evangelium zu predigen.

Du denkst vielleicht, dass der Name Israel von dem Namen einer antiken Nation stammt, die aufstieg, fiel und wieder aufstieg. Das ist dem jüdischen Volk zwar passiert, aber der Name Israel stammt von einem Mann. Er begann mit Abraham und dem Sohn, den er mit seiner Frau Sara hatte, Isaak. Gott sagte, Er würde Abraham segnen und seine Nachkommen durch Isaak vermehren.

Isaak hatte zwei Söhne, Jakob und Esau. Gottes Segen setzte sich durch Jakob fort. In der Bibel erfahren wir, dass Gott Jakobs Namen in Israel änderte. Gott tat dies, um eine bedeutende Veränderung in Jakob zu kennzeichnen. Jakob hatte mit Gott und mit anderen Menschen gekämpft und hatte überwunden. Jakob oder Israel hatte zwölf Söhne, woraus die zwölf Stämme Israels hervorgingen.

Israel ist Gottes auserwähltes Volk. Die Nation begann mit Abraham, der hier Abram genannt wird. Wir erfahren, dass Gott die Absicht hat, die Erde durch Israel zu segnen.

> Und Jahwe sprach zu Abram: „Geh aus deinem Land und aus deiner Verwandtschaft und aus deines Vaters Haus in das Land, das Ich dir zeigen werde! Und Ich will dich zu einem großen Volk machen und dich segnen und deinen Namen groß machen, und du sollst ein Segen sein. Ich will segnen, die dich segnen, und wer dir flucht, den will Ich verfluchen; und in dir sollen gesegnet werden alle Geschlechter der Erde!“ (1. Mose 12,1-3)

Gott versprach Abram und den Israeliten auch ein bestimmtes Land.

> An jenem Tag schloss Jahwe einen Bund mit Abram und sprach: „Deinen Nachkommen habe Ich dieses Land gegeben, vom Strom Ägyptens bis an den großen Strom Euphrat.“ (1. Mose 15,18)

Israel wurde erwählt, weil Gott sie liebt und weil Gott Seine Versprechen hält. Gott erlöste sie aus der Knechtschaft in Ägypten. In diesen Versen ist Israel das „heilige Volk“.

> Denn ein heiliges Volk bist du für Jahwe, deinen Gott; dich hat Jahwe, dein Gott, aus allen Völkern, die auf der Erdoberfläche sind, erwählt, damit du Ihm als Eigentumsvolk angehörst. Nicht deshalb, weil ihr zahlreicher wärt als alle Völker, hat Jahwe euch Sein Herz zugewandt und euch erwählt – denn ihr seid das geringste unter allen Völkern –, sondern weil Jahwe euch liebte und weil Er den Eid halten wollte, den Er euren Vätern geschworen hatte; darum hat Jahwe euch mit starker Hand herausgeführt und dich aus dem Haus der Knechtschaft erlöst, aus der Hand Pharaos, des Königs von Ägypten. So erkenne nun, dass Jahwe, dein Gott, der wahre Gott ist, der treue Gott, der den Bund und die Barmherzigkeit denen bewahrt, die Ihn lieben und Seine Gebote halten, bis auf tausend Generationen. (5. Mose 7,6-9)

Alles, was Israel widerfuhr, ist ein Beispiel für uns. In diesen Versen wird

Israel als „unsere Väter" bezeichnet.

> Ich will euch aber nicht in Unwissenheit darüber lassen, Brüder, dass unsere Väter alle unter der Wolke gewesen und alle durch das Meer gegangen sind… … Aber an der Mehrzahl von ihnen hatte Gott kein Wohlgefallen, denn sie wurden in der Wüste niedergestreckt. Diese Dinge aber sind als Vorbilder für uns geschehen, damit wir nicht nach dem Bösen begierig werden, so wie jene begierig waren. Werdet auch nicht Götzendiener, so wie einige von ihnen, wie geschrieben steht: „Das Volk setzte sich nieder, um zu essen und zu trinken, und stand auf, um sich zu vergnügen." Lasst uns auch nicht Unzucht treiben, so wie einige von ihnen Unzucht trieben, und es fielen an einem Tag dreiundzwanzigtausend. Lasst uns auch nicht Christus versuchen, so wie einige von ihnen Ihn versuchten und von den Schlangen umgebracht wurden. Murrt auch nicht, so wie einige von ihnen murrten und durch den Verderber umkamen. Alle diese Dinge aber, die jenen widerfuhren, sind Vorbilder, und sie wurden zur Warnung für uns aufgeschrieben, auf die das Ende der Weltzeiten gekommen ist. (1. Korinther 10,1.5-11)

Israel ist ein Licht für die Nationen, weil Israel Gottes Herrlichkeit zeigt.

> Hört mir zu, ihr Inseln, und merkt auf, ihr Völker in der Ferne! Jahwe hat mich aus dem Mutterschoß berufen; Er hat meinen Namen genannt, als ich noch im Schoß meiner Mutter war. … Und Er sprach zu mir: „Du bist Mein Knecht, Israel, durch den Ich Mich verherrlichen werde." … Ja, Er spricht: „Es ist zu gering, dass du Mein Knecht bist, um die Stämme Jakobs aufzurichten und die Bewahrten Israels zurückzubringen; sondern Ich habe dich auch zum Licht für die Heidenvölker gemacht, damit Mein Heil reiche bis an das Ende der Erde!" (Jesaja 49,1.3.6)

Während der Zeit der Drangsal werden 144.000 Israeliten von Gott erwählt, um das Evangelium zu predigen. Als Folge davon wird eine große Schar gerettet.

> Und ich sah einen anderen Engel vom Sonnenaufgang heraufsteigen, der das Siegel des lebendigen Gottes hatte; und er rief mit lauter Stimme den vier Engeln zu, denen es gegeben war, der Erde und dem Meer Schaden zuzufügen, und sprach: „Schädigt die Erde nicht, noch das Meer, noch die Bäume, bis wir die Knechte unseres Gottes auf ihren Stirnen versiegelt haben!" Und ich hörte die Zahl der Versiegelten: einhundertvierundvierzigtausend Versiegelte aus allen Stämmen der Kinder Israels. … Nach diesem sah ich, und siehe, eine große Schar, die niemand zählen konnte, aus allen Nationen und Stämmen und Völkern und Sprachen; die standen vor dem Thron und vor dem Lamm, bekleidet mit weißen Kleidern, und Palmen waren in ihren Händen. Und sie riefen mit lauter Stimme und sprachen: „Das Heil ist bei unserem Gott, der auf dem Thron sitzt, und bei dem Lamm!" … Und er sprach zu mir: „Dies sind die, welche aus der großen

Drangsal kommen; und sie haben ihre Kleider gewaschen und sie weiß gemacht im Blut des Lammes." (Offenbarung 7,2-4.9-10.14)

28.3.3. Richter

Diesen Begriff wirst du im Alten Testament oft finden. Er bezieht sich auf eine Person, die Gott eingesetzt hat, um die Angelegenheiten der Israeliten zu richten. Nachdem Mose die Israeliten aus der Sklaverei in Ägypten befreit hatte, hatten sie keine formalen Führer, wie etwa einen König. Nachdem Mose und dann Josua gestorben waren, erwählte Gott andere, um Sein Volk zu richten. Die Richter bestimmten, was für die Israeliten richtig und falsch zu tun war. Betrachte sie als Berater des Volkes. Sie wurden von Gott erwählt. Zu den bekannteren Richtern gehören Simson und Debora.

Gott beauftragte Richter damit, Fälle anzuhören und gerecht zu richten. In diesen Versen spricht Gott zu Mose.

> „Wählt euch weise, verständige und angesehene Männer nach euren Stämmen aus, die will Ich zu euren Häuptern setzen." … Da nahm ich die Häupter eurer Stämme, weise und angesehene Männer, und setzte sie als Häupter über euch, als Oberste über tausend, über hundert, über fünfzig und über zehn, und als Amtleute für eure Stämme. Und ich gebot euren Richtern zu jener Zeit und sprach: „Hört eure Brüder an und richtet gerecht zwischen jedermann und seinem Bruder und dem Fremdling bei ihm! Ihr sollt beim Richten die Person nicht ansehen, sondern sollt den Kleinen wie den Großen hören. Ihr sollt euch vor niemandem fürchten; denn das Gericht ist Gottes. Wenn euch aber eine Sache zu schwer ist, so bringt sie vor mich, damit ich sie höre." (5. Mose 1,13.15-17)

Nachdem Josua gestorben war, wandte sich das Volk von Gott ab, und Gott züchtigte sie. Als das Volk zu Gott um Hilfe schrie, erweckte Er Richter, um sie zu retten.

> Da starb Josua, der Sohn Nuns, der Knecht Jahwes, als er einhundertzehn Jahre alt war. … Und als auch jene ganze Generation zu ihren Vätern versammelt war, kam nach ihnen eine andere Generation auf, die Jahwe nicht kannte, noch das Werk, das Er an Israel getan hatte. Und die Kinder Israels taten, was böse war in den Augen Jahwes, und dienten den Baalen. Und sie verließen Jahwe, den Gott ihrer Väter, der sie aus dem Land Ägypten herausgeführt hatte, und folgten anderen Göttern von den Göttern der Völker, die um sie her wohnten, und beteten sie an und erzürnten Jahwe. … Da entbrannte der Zorn Jahwes gegen Israel, und Er gab sie in die Hand von Räubern, die sie beraubten; und Er verkaufte sie in die Hand ihrer Feinde ringsum, so dass sie vor ihren Feinden nicht mehr standhalten

konnten. Überall, wo sie auszogen, war die Hand Jahwes gegen sie zum Unheil, wie Jahwe es gesagt und wie Jahwe es ihnen geschworen hatte; und sie waren sehr bedrängt. Da erweckte Jahwe Richter, die retteten sie aus der Hand ihrer Räuber. Aber sie gehorchten auch ihren Richtern nicht, sondern hurten mit anderen Göttern und beteten sie an. Sie wichen schnell ab von dem Weg, den ihre Väter gegangen waren, die den Geboten Jahwes gehorcht hatten; sie taten nicht so wie diese. Wenn aber Jahwe ihnen Richter erweckte, so war Jahwe mit dem Richter und rettete sie aus der Hand ihrer Feinde, solange der Richter lebte; denn es reute Jahwe wegen ihres Seufzens über die, welche sie bedrückten und bedrängten. (Richter 2,8.10-12.14-18)

28.3.4. Prophet

Ein Prophet ist jemand, zu dem und durch den Gott direkt gesprochen hat. Sie übermittelten Gottes Willen an das Volk. Sie prophezeiten auch zukünftige Ereignisse. Sie unterrichteten die Menschen in den Schriften. Sie vollbrachten auch große Zeichen und Wunder. Nach Jesu Tod und Auferstehung predigten sie auch das Evangelium. Die gesamte Bibel wurde von Propheten Gottes geschrieben. Die Bibel sagt uns, dass Gott Propheten bis hin zu Johannes dem Täufer einsetzte. Johannes war der Prophet, von dem Maleachi voraussagte, dass er vor Jesu erstem Kommen erscheinen würde. Wir sehen, wie Jesus bestätigt, was Maleachi in Matthäus Kapitel elf sprach. Gott spricht jetzt durch Jesus zu uns. Das nächste Mal werden Propheten während der Zeit der Drangsal auftreten. Zwei Zeugen, die Propheten Gottes sind, werden das Evangelium predigen und von Jerusalem aus wunderbare Zeichen vollbringen.

In diesem Vers sehen wir, dass Gott durch Propheten sprach.

Nachdem Gott vorzeiten vielfach und auf vielerlei Weise zu den Vätern geredet hat durch die Propheten. (Hebräer 1,1)

Gott sprach durch die Propheten, welche die Bibel schrieben. Der Apostel Paulus beschreibt die Schriften in diesen Versen.

Die heiligen Schriften, die dich weise machen können zur Errettung durch den Glauben, der in Christus Jesus ist. Alle Schrift ist von Gott eingegeben und nützlich zur Lehre, zur Überführung, zur Zurechtweisung, zur Unterweisung in der Gerechtigkeit, damit der Mensch Gottes vollkommen sei, zu jedem guten Werk völlig ausgerüstet. (2. Timotheus 3,15-17)

Propheten sagen die Zukunft voraus, weil Gott sie ihnen offenbart.

> Hört dieses Wort, das Jahwe gegen euch redet, ihr Kinder Israels, gegen das ganze Geschlecht, das Ich aus dem Land Ägypten heraufgeführt habe: „Nur euch habe Ich erkannt von allen Geschlechtern der Erde; darum will Ich an euch auch alle eure Missetaten heimsuchen." … Wird etwa in einer Stadt die Posaune geblasen, und das Volk erschrickt nicht? Geschieht ein Unglück in einer Stadt, das Jahwe nicht bewirkt hat? Nein, Gott der Herr tut nichts, ohne dass Er Sein Geheimnis Seinen Knechten, den Propheten, geoffenbart hat. (Amos 3,1-2.6-7)

Propheten predigen das Wort Gottes und können aufgrund ihrer engen Beziehung zu Gott Zeichen und Wunder vollbringen. Jesus ist derjenige, der in diesen Versen spricht.

> Und Er sprach zu ihnen: „Geht hin in alle Welt und verkündigt das Evangelium der ganzen Kreatur! Wer glaubt und getauft wird, der wird gerettet werden; wer aber nicht glaubt, der wird verdammt werden. Diese Zeichen aber werden die begleiten, die gläubig geworden sind: In Meinem Namen werden sie Dämonen austreiben; sie werden in neuen Sprachen reden; Schlangen werden sie aufheben, und wenn sie etwas Tödliches trinken, wird es ihnen nicht schaden; Kranken werden sie die Hände auflegen, und sie werden sich wohl befinden." Der Herr nun wurde, nachdem Er mit ihnen geredet hatte, aufgenommen in den Himmel und setzte Sich zur Rechten Gottes. Sie aber gingen aus und predigten überall, und der Herr wirkte mit ihnen und bekräftigte das Wort durch die begleitenden Zeichen. (Markus 16,15-20)

Gott sagte, Er würde den Propheten Elia senden, bevor der Tag des Herrn kommt. Dies ist der Tag, an dem der Antichrist sich selbst in Gottes Tempel zum Gott erklärt. Dies geschieht dreieinhalb Jahre nach Beginn der Zeit der Drangsal.

> Siehe, Ich sende euch den Propheten Elia, ehe der große und schreckliche Tag Jahwes kommt. (Maleachi 4,5)

Jesus sagte uns, dass Johannes der Täufer der größte Prophet und der „Elia" war, der kommen sollte. Die Propheten prophezeiten bis hin zu Johannes dem Täufer. Jesus ist derjenige, der hier spricht.

> „Was seid ihr denn hinausgegangen? Um einen Propheten zu sehen? Ja, Ich sage euch: einen, der mehr ist als ein Prophet! Denn dieser ist's, von dem geschrieben steht: ‚Siehe, Ich sende Meinen Boten vor Deinem Angesicht her, der Deinen Weg

vor Dir bereiten soll.' Wahrlich, Ich sage euch: Unter denen, die von Frauen geboren sind, ist kein Größerer aufgetreten als Johannes der Täufer; doch der Kleinste im Reich der Himmel ist größer als er. Aber von den Tagen Johannes des Täufers an bis jetzt leidet das Reich der Himmel Gewalt, und die Gewaltanwender reißen es an sich. Denn alle Propheten und das Gesetz haben geweissagt bis auf Johannes. Und wenn ihr es annehmen wollt: Er ist der Elia, der kommen soll." (Matthäus 11,9-14)

Heute spricht Gott durch Jesus anstatt durch andere Propheten. Jesus ist Gottes „Sohn".

Nachdem Gott vorzeiten vielfach und auf vielerlei Weise zu den Vätern geredet hat durch die Propheten, hat Er am Ende dieser Tage zu uns geredet durch den Sohn, den Er eingesetzt hat zum Erben über alles, durch den Er auch die Welten gemacht hat. (Hebräer 1,1-2)

Während der Zeit der Drangsal wird es zwei Propheten geben, die dreieinhalb Jahre lang prophezeien. Sie tun dies in der ersten Hälfte der Zeit der Drangsal, bevor der Antichrist sich selbst zum Gott erklärt. Gott ist derjenige, der hier spricht.

Und Ich will Meinen zwei Zeugen geben, dass sie prophezeien werden eintausendzweihundertsechzig Tage lang, bekleidet mit Sacktuch. (Offenbarung 11,3)

28.3.5. Pharisäer und Sadduzäer

Die Pharisäer und Sadduzäer waren religiöse Führungsgruppen, die während Jesu Dienst auf der Erde präsent waren.[195] Du wirst vielleicht auch die Begriffe Schriftgelehrte, Hohepriester oder der Hohepriester sehen. Die Pharisäer waren bekannt für ihre strikte Einhaltung des Gesetzes Gottes, sowohl des geschriebenen als auch des mündlichen. Die Sadduzäer waren Hohepriester und Aristokraten und folgten nur dem geschriebenen Gesetz. Beide Gruppen waren in den Schriften und im Gesetz sehr bewandert. Ihr Bedürfnis, sich den Weg in den Himmel durch Gehorsam und Werke zu verdienen, hinderte sie daran, Jesus als den verheißenen Erretter zu erkennen, auf den sie gewartet hatten. Sie erwarteten eine andere Art der Rettung. Einen Erretter, der ihren Feind, die Römer, besiegen und ein neues Königreich errichten würde. Sie verwechselten Jesu Wiederkunft, bei der Er Sein Reich errichtet, mit Seinem ersten Kommen, bei dem Er die Menschen von ihren Sünden errettet. Die Pharisäer und Sadduzäer waren ängstlich und fühlten sich durch Jesu Lehren und die Wunder, die Er vollbrachte, bedroht. Als Jesus offenbarte, dass Er Gott war, beschuldigten sie Ihn der Gotteslästerung und verlangten von den Römern, Ihn zu kreuzigen.

Diese Verse beschreiben, was Jesus gegen die Pharisäer und Sadduzäer hatte. Sie taten Werke, um von den Menschen gesehen zu werden. Es fehlte ihnen an Gerechtigkeit, Barmherzigkeit und Glauben.

> Dann sprach Jesus zu den Volksmengen und zu Seinen Jüngern und sagte: „Die Schriftgelehrten und die Pharisäer sitzen auf dem Stuhl des Mose. Alles nun, was sie euch sagen, das haltet und tut; aber nach ihren Werken handelt nicht, denn sie sagen es und tun es nicht. Denn sie binden schwere Lasten zusammen, die kaum zu tragen sind, und legen sie den Menschen auf die Schultern; sie selbst aber wollen keinen Finger rühren, um ihnen zu helfen. Aber sie tun all ihre Werke, um von den Menschen gesehen zu werden. Sie machen ihre Gebetsriemen breit und die Säume ihrer Gewänder groß und lieben den Ehrenplatz bei Gastmählern, die besten Sitze in den Synagogen, die Grüße auf den Marktplätzen und es, von den Menschen ‚Rabbi, Rabbi‘ genannt zu werden. … Wehe euch, Schriftgelehrte und Pharisäer, Heuchler! Denn ihr verschlingt die Häuser der Witwen und verrichtet zum Schein lange Gebete. Deshalb werdet ihr ein umso schwereres Gericht empfangen … Denn ihr durchzieht das Meer und das trockene Land, um einen einzigen Proselyten zu gewinnen; und wenn er es geworden ist, macht ihr aus ihm einen Sohn der Gehenna, doppelt so schlimm wie ihr selbst … Denn ihr gebt den Zehnten von Minze, Dill und Kümmel und lasst das Wichtigere im Gesetz beiseite: die Gerechtigkeit, die Barmherzigkeit und den Glauben. Dies aber hättet ihr tun sollen und jenes nicht lassen … Denn ihr reinigt das Äußere des Bechers und der Schüssel, inwendig aber sind sie voller Raub und Ungerechtigkeit … Denn ihr seid wie weiß getünchte Gräber, die von außen zwar hübsch aussehen, aber inwendig voll von Totengebeinen und aller Unreinheit sind … Denn ihr baut die Gräber der Propheten und schmückt die Grabmäler der Gerechten … Deshalb, siehe, Ich sende zu euch Propheten, Weise und Schriftgelehrte. Einige von ihnen werdet ihr töten und kreuzigen; und einige von ihnen werdet ihr in euren Synagogen geißeln und von Stadt zu Stadt verfolgen, damit über euch all das gerechte Blut komme, das auf der Erde vergossen wurde, vom Blut des gerechten Abel bis zum Blut des Sacharja, dem Sohn des Berechja, den ihr zwischen dem Heiligtum und dem Altar getötet habt.“ (Matthäus 23,1-7.13.15.23.25.27.29.34-35)

Die Pharisäer verhärteten ihre Herzen und wollten Jesus töten. In dieser Schriftstelle ist Jesus derjenige, der in die Synagoge ging und den Mann heilte.

> Und Er ging wieder in die Synagoge; und es war dort ein Mensch, der hatte eine verdorrte Hand. Und sie lauerten Ihm auf, ob Er ihn am Sabbat heilen würde,

damit sie Ihn verklagen könnten. Und Er sprach zu dem Menschen, der die verdorrte Hand hatte: „Steh auf und tritt in die Mitte!" Und Er sprach zu ihnen: „Ist es erlaubt, am Sabbat Gutes zu tun oder Böses zu tun, ein Leben zu retten oder zu töten?" Sie aber schwiegen. Und indem Er sie mit Zorn umhersah, betrübt über die Verhärtung ihres Herzens, sprach Er zu dem Menschen: „Strecke deine Hand aus!" Und er streckte sie aus, und seine Hand wurde wieder gesund wie die andere. Da gingen die Pharisäer hinaus und hielten sogleich mit den Herodianern Rat gegen Ihn, wie sie Ihn umbringen könnten. (Markus 3,1-6)

Die Pharisäer waren Heuchler und nicht in der Lage, die Schriften und Zeichen zu erkennen, die auf Jesus hinwiesen. Das lag daran, dass sie sich weigerten zu glauben und Jesu Heiligen Geist nicht in sich wohnen hatten. „Das Reich Gottes ist inwendig in euch" ist ein Hinweis auf den Heiligen Geist. Jesus ist derjenige, der in diesen Schriftstellen spricht.

Als sich unterdessen die Volksmenge nach Tausenden versammelt hatte, so dass sie einander zertraten, fing Er an, zuerst zu Seinen Jüngern zu sagen: „Hütet euch vor dem Sauerteig der Pharisäer, welcher Heuchlerei ist!" … Er sprach aber auch zu den Volksmengen: „Wenn ihr eine Wolke im Westen aufsteigen seht, sagt ihr sogleich: ‚Ein Regen kommt!', und es geschieht so. Und wenn der Südwind weht, sagt ihr: ‚Es wird heiß werden!', und es geschieht. Ihr Heuchler! Das Aussehen der Erde und des Himmels wisst ihr zu beurteilen; wie aber kommt es, dass ihr diese Zeit nicht beurteilt?" (Lukas 12,1.54-56)

Als Er aber von den Pharisäern gefragt wurde, wann das Reich Gottes komme, antwortete Er ihnen und sprach: „Das Reich Gottes kommt nicht so, dass man es beobachten könnte. Man wird auch nicht sagen: ‚Siehe hier!' oder: ‚Siehe dort!' Denn siehe, das Reich Gottes ist inwendig in euch." (Lukas 17,20-21)

Die Sadduzäer beschuldigen Jesus der Gotteslästerung und fordern Jesu Kreuzigung.

Da nahm Pilatus Jesus und ließ Ihn geißeln. … Pilatus ging wieder hinaus und sprach zu ihnen: „Seht, ich führe Ihn zu euch heraus, damit ihr erkennt, dass ich keine Schuld an Ihm finde!" … Als Ihn nun die Hohenpriester und die Diener sahen, schrien sie und sprachen: „Kreuzige! Kreuzige!" Pilatus sprach zu ihnen: „Nehmt ihr Ihn hin und kreuzigt Ihn; denn ich finde keine Schuld an Ihm!" Die Juden antworteten ihm: „Wir haben ein Gesetz, und nach unserem Gesetz muss Er sterben, weil Er Sich Selbst zu Gottes Sohn gemacht hat." … Von da an suchte Pilatus Ihn loszulassen; aber die Juden schrien und sprachen: „Wenn du diesen loslässt, bist du kein Freund des Kaisers! Wer sich zum König macht, der setzt sich gegen den Kaiser auf!" … Sie aber schrien: „Weg, weg mit Ihm! Kreuzige Ihn!"

Pilatus sprach zu ihnen: „Soll ich euren König kreuzigen?" Die Hohenpriester antworteten: „Wir haben keinen König als den Kaiser!" Da lieferte er ihnen Jesus aus, damit Er gekreuzigt würde. Sie nahmen aber Jesus und führten Ihn weg. (Johannes 19,1.4.6-7.12.15-16)

28.3.6. Die Gemeinde

Jeder, der sein Vertrauen in Jesus Christus gesetzt hat, gilt als Teil dieser Volksgruppe. Wenn man bedenkt, dass Jesus der Hohepriester ist, dann kann man verstehen, warum Seine Nachfolger Seine Gemeinde genannt werden. Jesus nennt Seine Nachfolger auch Seine Braut. Dies soll uns ein Bild davon vermitteln, wie unsere Beziehung zu Jesus sein soll. Sie soll persönlich, eng, intim und liebevoll sein, genau wie die einer Ehe. Verwechsle die Gemeinde oder die Braut nicht mit Israel. Die Gemeinde und Israel sind zwei deutlich verschiedene Gruppen mit einzigartigen Zwecken. Genauso wie Israel abgesondert ist, ist es auch die Gemeinde. Die Gemeinde ist eine weitere Lampe in der dunklen Welt. Die Gemeinde hat Israel nicht ersetzt. Als die Entrückung stattfand, entfernte Jesus Seine Gemeinde und nahm sie mit in den Himmel. Israel blieb jedoch zurück. Einer der zukünftigen Zwecke der Gemeinde ist es, während Seiner 1.000-jährigen Herrschaft mit Jesus auf der Erde zu regieren. Das beginnt mit Jesu Wiederkunft.

Jesus ist das Haupt Seiner Gemeinde, Seines Leibes. Sie besteht aus den Gläubigen, die ihr Vertrauen in Ihn gesetzt haben. Der Apostel Paulus erklärt uns das in diesen Versen. Die „Heiligen" und die „Gemeinde" sind Gläubige.

Dass der Gott unseres Herrn Jesus Christus, der Vater der Herrlichkeit, euch den Geist der Weisheit und Offenbarung gebe in der Erkenntnis Seiner Selbst, erleuchtete Augen eures Verständisses, damit ihr wisst, was die Hoffnung Seiner Berufung, was der Reichtum der Herrlichkeit Seines Erbes in den Heiligen und was die überragende Größe Seiner Macht an uns ist, die wir glauben, nach der Wirksamkeit Seiner gewaltigen Kraft, die Er in Christus wirksam werden ließ, als Er Ihn aus den Toten auferweckte und Ihn zu Seiner Rechten in den himmlischen Regionen setzte, hoch über jedes Fürstentum und jede Gewalt und Macht und Herrschaft und jeden Namen, der genannt wird, nicht nur in dieser Weltzeit, sondern auch in der zukünftigen. Und Er hat alles Seinen Füßen unterworfen und Ihn als Haupt über alles der Gemeinde gegeben, die Sein Leib ist, die Fülle dessen, der alles in allen erfüllt. (Epheser 1,17-23 Neue König Jakobus Version)

Jesus ist der „Hohepriester". Die Gläubigen sind „Sein Haus".

Daher, heilige Brüder, Teilhaber einer himmlischen Berufung, betrachtet den Apostel und Hohenpriester unseres Bekenntnisses, Jesus … Christus aber ist als Sohn über Sein Haus treu. Sein Haus sind wir, wenn wir die Zuversicht und den Ruhm der Hoffnung bis zum Ende standhaft festhalten. (Hebräer 3,1.6)

In diesen Versen ist die Gemeinde das Volk, das ein „neues Lied" singt, und sie werden während der tausendjährigen Periode mit Jesus regieren. Jesus ist das „Lamm".

Und ich sah in der Mitte des Throns und der vier lebendigen Wesen und inmitten der Ältesten ein Lamm stehen, wie geschlachtet; es hatte sieben Hörner und sieben Augen, das sind die sieben Geister Gottes, ausgesandt über die ganze Erde. … Und sie sangen ein neues Lied und sprachen: „Du bist würdig, das Buch zu nehmen und seine Siegel zu öffnen; denn Du bist geschlachtet worden und hast uns für Gott erkauft mit Deinem Blut aus allen Stämmen und Sprachen und Völkern und Nationen, und hast uns zu Königen und Priestern für unseren Gott gemacht, und wir werden regieren auf Erden!" (Offenbarung 5,6.9-10)

Der Prophet Jesaja sagt uns, dass Gott, der unser „Schöpfer" ist, auch unser „Ehemann" ist.

Denn dein Schöpfer ist dein Ehemann; Jahwe der Heerscharen ist Sein Name. Der Heilige Israels ist dein Erlöser. Er wird der Gott der ganzen Erde genannt werden. (Jesaja 54,5)

Jesu Jünger Johannes beschreibt in diesen Versen die Hochzeit zwischen Jesus und den Gläubigen. Jesus ist das „Lamm" und Seine Frau sind die „Heiligen".

Und ich hörte etwas wie die Stimme einer großen Schar und wie das Rauschen vieler Wasser und wie das Rollen starker Donner, die sprachen: „Halleluja! Denn der Herr, unser Gott, der Allmächtige, hat die Herrschaft angetreten! Lasst uns fröhlich sein und frohlocken und Ihm die Ehre geben! Denn die Hochzeit des Lammes ist gekommen, und Seine Frau hat sich bereitet." Und es wurde ihr gegeben, sich in feine Leinwand zu kleiden, glänzend und rein; denn die feine Leinwand ist die Gerechtigkeit der Heiligen. Und er sprach zu mir: „Schreibe: Glückselig sind die, welche zum Hochzeitsmahl des Lammes berufen sind!" (Offenbarung 19,6-9)

28.3.7. Heide

Im weiteren Sinne bezieht sich dies auf eine Nation oder Person, die nicht zu Gottes auserwählter Volksgruppe, Israel, gehört. Im Neuen Testament bezog es sich oft auf jemanden, der Grieche war, was eine nicht-jüdische Person gewesen wäre. Dieser Begriff bezieht sich also auf die meisten Menschen, die jemals gelebt haben oder gestorben sind. Wenn du nicht jüdisch bist, bist du ein Heide.

In diesen Versen sagt uns der Apostel Paulus, dass jeder, sowohl Juden als auch Heiden, durch Jesus gerettet wird.

> Denn ihr alle seid durch den Glauben Gottes Kinder in Christus Jesus. ... Da ist weder Jude noch Heide, weder Knecht noch Freier, weder Mann noch Frau; denn ihr seid alle einer in Christus Jesus. Wenn ihr aber Christus angehört, so seid ihr Abrahams Nachkommen und nach der Verheißung Erben. (Galater 3,26.28-29 Neue Internationale Version)

Die Juden erhielten zuerst das Wort Gottes. Da sie es nicht hören wollten, begann der Apostel Paulus, den Heiden zu predigen.

> Paulus und Barnabas aber sprachen frei und offen: „Euch musste das Wort Gottes zuerst verkündigt werden. Da ihr es aber von euch stoßt und euch selbst des ewigen Lebens nicht wert achtet, siehe, so wenden wir uns zu den Heiden. Denn so hat uns der Herr geboten: ,Ich habe dich zum Licht für die Heiden gesetzt, damit du zum Heil seist bis an das Ende der Erde.'" (Apostelgeschichte 13,46-47)

28.3.8. Jünger

Ein Jünger ist ein Nachfolger Jesu. Während Seines Dienstes auf der Erde hatte Jesus zwölf Jünger: Petrus, auch Simon genannt; Andreas, der Bruder von Petrus; Jakobus und Johannes, die Söhne des Zebedäus; Philippus, Bartholomäus, Thomas, Matthäus, Jakobus, der Sohn des Alphäus; Thaddäus, Simon der Zelot und Judas Iskariot. Sie reisten mit Jesus und wurden Zeugen Seiner Lehren, Wunder und Heilungen. Die Jünger sind diejenigen, die das, was sie sahen und hörten, für uns alle zum Nachlesen in der Bibel aufgezeichnet haben. Wenn du dein Vertrauen in Jesus gesetzt hast und Seinem Weg folgst, dann bist du ebenfalls ein Jünger.

Jesu zwölf Jünger werden in diesen Versen dargestellt.

> Die Namen der zwölf Apostel aber sind diese: Der erste Simon, genannt Petrus, und Andreas, sein Bruder; Jakobus, der Sohn des Zebedäus, und Johannes, sein Bruder; Philippus und Bartholomäus; Thomas und Matthäus, der Zöllner; Jakobus, der Sohn des Alphäus, und Lebbäus, mit dem Zunamen Thaddäus; Simon der Zelot und Judas Iskariot, der Ihn auch verriet. (Matthäus 10,2-4)

Jesus ist derjenige, der in dieser Schriftstelle spricht. Er sagt uns, dass Jünger Ihm folgen.

> Wer sein Leben liebt, der wird es verlieren; wer aber sein Leben in dieser Welt hasst, der wird es zum ewigen Leben bewahren. Wenn mir jemand dienen will, so folge er mir nach; und wo ich bin, da soll auch mein Diener sein. Und wenn mir jemand dienen wird, den wird mein Vater ehren. (Johannes 12,25-26 Neue Lebende Übersetzung)

Jesu Jünger hielten fest, was sie sahen, und ihr Zeugnis ist das Neue Testament.

> Da es nun schon viele unternommen haben, einen Bericht über die Ereignisse zu verfassen, die sich unter uns erfüllt haben, wie sie uns diejenigen überliefert haben, die von Anfang an Augenzeugen und Diener des Wortes gewesen sind. (Lukas 1,1-2 Neue Lebende Übersetzung)

In diesem Vers wiederholt Jesu Jünger Johannes, dass er ein wahrer Zeuge der Dinge ist, die er schrieb.

> Dies ist der Jünger, der von diesen Dingen zeugt und dies geschrieben hat; und wir wissen, dass sein Zeugnis wahr ist. (Johannes 21,24)

Jesus forderte Seine Jünger auf, hinzugehen und Menschen aus allen Völkern zu Jüngern zu machen. Wenn du dein Vertrauen in Jesus gesetzt hast, trifft dies auf dich zu, weil du ebenfalls ein Jünger bist.

> Die elf Jünger aber gingen nach Galiläa auf den Berg, wohin Jesus sie bestellt hatte. … Und Jesus trat herzu, redete mit ihnen und sprach: „Mir ist gegeben alle Gewalt im Himmel und auf Erden. So geht nun hin und macht zu Jüngern alle Völker, und tauft sie auf den Namen des Vaters und des Sohnes und des Heiligen Geistes, und lehrt sie alles halten, was Ich euch befohlen habe. Und siehe, Ich bin bei euch alle Tage bis an das Ende der Weltzeit!" (Matthäus 28,16.18-20)

28.3.9. Drangsalheiliger

Wenn du nach der Entrückung zurückgelassen wirst, hast du die Chance, ein Drangsalheiliger zu sein. Diese Menschen wählen Jesus anstelle des Antichristen und des Falschen Propheten. Diese Menschen glauben, dass Jesus der Sohn Gottes ist, dass Er für unsere Sünden gestorben ist, dass Er aus dem Grab auferstanden ist und im Himmel lebt und regiert. Sie haben ihr Vertrauen in Jesus gesetzt. Es wird nicht einfach sein, ein Drangsalheiliger zu sein, und es kann dazu führen, dass man zum Märtyrer wird. Aber denke daran, dass der irdische Tod nicht das Ende ist. Wenn du dein Vertrauen in Jesus gesetzt hast, wirst du für die Ewigkeit mit Ihm in einem herrlichen, neuen Körper leben. Jesus wird dir helfen zu überwinden, weil Er überwunden hat.

Einige Drangsalheilige werden als Märtyrer hingerichtet, weil sie den Antichristen, der das „Tier" genannt wird, nicht anbeten. Dass der Antichrist „Krieg mit den Heiligen" führt, bezieht sich auf die Menschen, die zurückgelassen wurden und gläubig werden.

> Und es wurde ihm gegeben, Krieg zu führen mit den Heiligen und sie zu überwinden; und es wurde ihm Vollmacht gegeben über jeden Stamm und jedes Volk und jede Sprache und jede Nation. ... Und es wurde ihm gegeben, dem Bild des Tieres Geist zu verleihen, so dass das Bild des Tieres sogar redete und bewirkte, dass alle getötet wurden, die das Bild des Tieres nicht anbeteten. (Offenbarung 13,7.15)

Drangsalheilige, die als Märtyrer hingerichtet wurden, werden im Himmel unter dem Altar Gottes gezeigt. Jesu Jünger Johannes beschreibt es für uns in diesen Versen.

> Und als es das fünfte Siegel öffnete, sah ich unter dem Altar die Seelen derer, die hingeschlachtet worden waren um des Wortes Gottes willen und um des Zeugnisses willen, das sie hatten. Und sie riefen mit lauter Stimme und sprachen: „Wie lange, o Herr, Du Heiliger und Wahrhaftiger, richtest Du nicht und rächst nicht unser Blut an denen, die auf der Erde wohnen?" Und jedem von ihnen wurde ein weißes Gewand gegeben, und es wurde ihnen gesagt, dass sie noch eine kurze Zeit ruhen sollten, bis auch ihre Mitknechte und ihre Brüder vollendet wären, die auch wie sie getötet werden sollten. (Offenbarung 6,9-11)

Die Drangsalheiligen werden Verfolgung erleiden, genau wie Jesus sie erlitt. Wisse, dass eine Belohnung im Himmel auf dich wartet, wenn du zurückgelassen wurdest und nun ein Gläubiger bist. Jesus ist derjenige, der in diesen Versen spricht.

> Glückselig seid ihr, wenn sie euch schmähen und verfolgen und alles Mögliche Böse lügenhaft gegen euch sagen um Meinetwillen! Freut euch und frohlocket, denn euer Lohn ist groß im Himmel; denn ebenso haben sie die Propheten

verfolgt, die vor euch gewesen sind. (Matthäus 5,11-12)

Petrus, einer von Jesu Jüngern, führt das Thema Verfolgung weiter aus und offenbart, dass man sich ihrer nicht schämen muss. Du bist gesegnet.

> Geliebte, lasst euch durch die unter euch entstandene Feuerprobe nicht befremden, als ob euch etwas Seltsames widerführe; sondern in dem Maß, wie ihr Anteil habt an den Leiden Christi, freut euch, damit ihr euch auch bei der Offenbarung Seiner Herrlichkeit mit Frohlocken freuen könnt. Glückselig seid ihr, wenn ihr geschmäht werdet um des Namens Christi willen! Denn der Geist der Herrlichkeit, der Geist Gottes, ruht auf euch. … Wenn er aber als Christ leidet, so schäme er sich nicht, sondern er verherrliche Gott in diesem Namen! (1. Petrus 4,12-14.16 Neue Internationale Version)

Wenn du zurückgelassen wurdest, kannst du immer noch überwinden und ein Drangsalheiliger sein. Dein Name wird in Jesu Buch des Lebens verzeichnet sein. Jesus ist derjenige, der hier spricht.

> Wer überwindet, der wird mit weißen Kleidern bekleidet werden; und Ich werde seinen Namen nicht auslöschen aus dem Buch des Lebens, und Ich werde seinen Namen bekennen vor Meinem Vater und vor Seinen Engeln. (Offenbarung 3,5)

Kapitel 29 – Historische Ereignisse in der Bibel

In diesem Kapitel werden wir einige der wichtigen Ereignisse durchgehen, denen du in der Bibel begegnen wirst.

29.1. Die Schöpfung

Bereits die allererste Schriftstelle in der Bibel sagt uns, dass Gott am Anfang die Himmel, die Erde und alles auf der Erde erschaffen hat, einschließlich der Pflanzen, Tiere, Vögel, Fische und der Menschheit. Wir lernen, dass Gott der Schöpfer von allem ist, was wir sehen. Nichts davon geschah durch Zufall oder durch Evolution. Du bist kein Zufall. Nichts in Gottes gesamter Schöpfung geschah durch Zufall. Du bist auf einzigartige und wunderbare Weise geschaffen.

Warum ist das das Erste, worüber wir in der Bibel lesen? Ich denke, es liegt daran, dass das, was du über die Schöpfung zu glauben entscheidest, alles andere beeinflussen wird, was du über Gott liest und verstehst. Wenn du von ganzem Herzen glaubst, dass Gott der Allmächtige und der einzige Schöpfer ist, dann wird alles andere in der Bibel Sinn ergeben und für dich relativ leicht zu begreifen sein. Das liegt daran, dass du bereits verstehen und glauben wirst, dass Gott die Kontrolle hat und absolut alles tun kann. Ich denke, es ist auch das Erste, was wir über Gott lernen, weil es das ist, was Satan am meisten mit seinen Lügen und Täuschungen angreift. Satan möchte nicht, dass du glaubst, dass Gott existiert, dass Er alles in der Schöpfung gemacht hat, dass Er die vollkommene Kontrolle über alles hat oder dass Er auch Satan erschaffen hat. Nein, Satan möchte, dass du seine Lügen glaubst: dass Gott nicht existiert, dass ein zufälliges Ereignis das Universum erschaffen hat, dass du dich aus Weltraumschleim und Affen entwickelt hast und dass es so etwas wie den Himmel, die Hölle oder Satan nicht gibt. Deshalb hat Gott die Wahrheit auf die erste Seite gesetzt, um diesen dämonischen Täuschungen entgegenzuwirken.

Gott erschuf die Himmel und die Erde.

> Am Anfang schuf Gott die Himmel und die Erde. (1. Mose 1,1)

An Tag 1 erschuf Gott Tag und Nacht.

Die Erde aber war wüst und leer, und Finsternis lag auf der Tiefe; und der Geist Gottes schwebte über den Wassern. Und Gott sprach: „Es werde Licht!" Und es wurde Licht. Und Gott sah, dass das Licht gut war; da schied Gott das Licht von der Finsternis. Und Gott nannte das Licht „Tag", und die Finsternis nannte Er „Nacht". Und es wurde Abend, und es wurde Morgen: der erste Tag. (1. Mose 1,2-5)

An Tag 2 erschuf Gott den Himmel.

Und Gott sprach: „Es werde eine Ausdehnung inmitten der Wasser, die bilde eine Scheidung zwischen den Wassern und den Wassern!" … Und Gott nannte die Ausdehnung „Himmel". Und es wurde Abend, und es wurde Morgen: der zweite Tag. (1. Mose 1,6.8)

An Tag 3 erschuf Gott das Land, die Meere und die Pflanzen.

Und Gott sprach: „Es sammeln sich die Wasser unter dem Himmel an einen Ort, damit das Trockene erscheine!" Und es geschah so. Und Gott nannte das Trockene „Erde", und die Ansammlung der Wasser nannte Er „Meere". Und Gott sah, dass es gut war. Und Gott sprach: „Die Erde lasse Gras sprießen und Gewächs, das Samen hervorbringt, fruchttragende Bäume, die auf der Erde Früchte bringen nach ihrer Art, in denen ihr Same ist!" Und es geschah so. … Und es wurde Abend, und es wurde Morgen: der dritte Tag. (1. Mose 1,9-11.13)

An Tag 4 erschuf Gott die Sterne, den Mond und die Sonne.

Und Gott sprach: „Es sollen Lichter an der Ausdehnung des Himmels werden, um den Tag von der Nacht zu scheiden, und sie sollen als Zeichen dienen und zur Bestimmung von Zeiten, Tagen und Jahren;" … Und Gott machte die zwei großen Lichter: das große Licht zur Beherrschung des Tages und das kleine Licht zur Beherrschung der Nacht, dazu auch die Sterne. … Und es wurde Abend, und es wurde Morgen: der vierte Tag. (1. Mose 1,14.16.19)

An Tag 5 erschuf Gott das Leben im Meer und die Vögel.

Und Gott sprach: „Das Wasser soll wimmeln von einer Fülle lebendiger Wesen, und Vögel sollen fliegen über der Erde an der Ausdehnung des Himmels!" … Und es wurde Abend, und es wurde Morgen: der fünfte Tag. (1. Mose 1,20.23)

An Tag 6 erschuf Gott den Menschen und die Tiere. Gott erschuf den Menschen aus der Erde nach Seinem eigenen Bild.

Und Gott sprach: „Die Erde bringe lebendige Wesen hervor nach ihrer Art: Vieh,

> Gewürm und Tiere der Erde nach ihrer Art!" Und es geschah so. ... Und Gott
> sprach: „Lasst uns Menschen machen nach unserem Bild, uns ähnlich; die sollen
> herrschen über die Fische im Meer und über die Vögel des Himmels und über das
> Vieh und über die ganze Erde und über alles Gewürm, das auf der Erde kriecht!"
> ... Und Gott sah alles, was Er gemacht hatte; und siehe, es war sehr gut. Und es
> wurde Abend, und es wurde Morgen: der sechste Tag. (1. Mose 1,24.26.31)

An Tag 7 hatte Gott Seine Schöpfung vollendet, also ruhte Er.

> Und Gott hatte am siebten Tag Sein Werk vollendet, das Er gemacht hatte; und
> Er ruhte am siebten Tag von all Seinem Werk, das Er gemacht hatte. Und Gott
> segnete den siebten Tag und heiligte ihn, denn an ihm ruhte Er von all Seinem
> Werk der Schöpfung, das Gott geschaffen hatte. (1. Mose 2,2-3)

29.2. Der Sündenfall

Der Sündenfall wird auch als Adams Sünde oder Erbsünde bezeichnet und bezieht sich auf die erste von Menschen begangene Sünde. Er wird als Fall bezeichnet, weil Adam und Eva dabei aus Gottes Gnade fielen (Galater 5,4). Sie fielen aus ihrer Position im Garten mit Gott heraus oder verloren sie. Adam und Eva waren Gott ungehorsam. Gott sagte ihnen, sie sollten nicht vom Baum der Erkenntnis des Guten und Bösen essen. Eva wurde von Satan in Versuchung geführt und aß die Frucht. Dann gab sie Adam davon, der sie bereitwillig nahm und aß. Sobald sie gesündigt hatten, wurden ihre Augen geöffnet. Sie wussten, dass sie Sünder und von Gott getrennt waren. Sie versteckten sich sogar vor Gott. Sie konnten nicht länger in Eden leben und wurden auf die Erde ausgestoßen. Siehst du, wenn sie weiterhin im Garten gelebt und erneut vom Baum des Lebens gegessen hätten, wären sie für die Ewigkeit in ihrem gefallenen, sündigen Zustand geblieben. Das hätte sie zur Hölle verurteilt, denn die Sünde trennt uns von Gott und verhindert, dass wir bei Ihm wohnen. Wie schrecklich wäre das gewesen! Sie mussten hinausgeworfen werden, und ihre Körper würden nun schließlich sterben.

Gott sagte Adam, „dem Menschen", dass er nicht vom Baum der Erkenntnis des Guten und Bösen essen solle.

> Und Jahwe Gott nahm den Menschen und setzte ihn in den Garten Eden, damit er
> ihn bebaue und bewahre. Und Jahwe Gott gebot dem Menschen und sprach: „Von
> jedem Baum des Gartens darfst du nach Belieben essen; aber von dem Baum der
> Erkenntnis des Guten und Bösen sollst du nicht essen; denn an dem Tag, da du
> davon isst, musst du gewisslich sterben!" (1. Mose 2,15-17)

Sowohl Adam als auch Eva sündigen im Garten, indem sie die Frucht vom Baum der Erkenntnis des Guten und Bösen essen. In diesen Versen ist die „Schlange" Satan, die „Frau" ist Eva und „ihr Mann" ist Adam.

> Aber die Schlange war listiger als alle Tiere des Feldes, die Jahwe Gott gemacht hatte. Und sie sprach zu der Frau: „Sollte Gott wirklich gesagt haben: ‚Ihr dürft von keinem Baum im Garten essen'?" Da sprach die Frau zur Schlange: „Von der Frucht der Bäume im Garten dürfen wir essen; aber von der Frucht des Baumes, der in der Mitte des Gartens ist, hat Gott gesagt: ‚Esst nicht davon und rührt sie auch nicht an, damit ihr nicht sterbt!'" Da sprach die Schlange zur Frau: „Keineswegs werdet ihr sterben! Sondern Gott weiß: An dem Tag, da ihr davon esst, werden euch die Augen geöffnet, und ihr werdet sein wie Gott und wissen, was gut und böse ist." Und die Frau sah, dass von dem Baum gut zu essen wäre und dass er eine Lust für die Augen und ein begehrenswerter Baum wäre, weil er klug machte; und sie nahm von seiner Frucht und aß, und sie gab davon auch ihrem Mann, der bei ihr war, und er aß. (1. Mose 3,1-6)

Adams und Evas Augen wurden geöffnet, und sie versteckten sich vor Gott. Dann sandte Gott sie aus dem Garten fort. In diesen Versen beziehen sich „ihre" und „sie" auf Adam und Eva.

> Da wurden ihnen beiden die Augen geöffnet, und sie erkannten, dass sie nackt waren; und sie hefteten Feigenblätter zusammen und machten sich Schurze. Und sie hörten die Stimme Jahwes Gottes, der im Garten wandelte beim Wehen des Abendwindes; da versteckten sich der Mensch und seine Frau vor dem Angesicht Jahwes Gottes hinter den Bäumen des Gartens. … Und Jahwe Gott sprach: „Siehe, der Mensch ist geworden wie unsereiner, indem er erkennt, was gut und böse ist. Nun aber, dass er nur nicht seine Hand ausstrecke und auch vom Baum des Lebens nehme und esse und ewig lebe!" So schickte ihn Jahwe Gott aus dem Garten Eden hinaus, damit er den Erdboden bebaue, von dem er genommen war. Und Er trieb den Menschen aus und ließ östlich vom Garten Eden die Kerubim sich lagern und die Flamme des blitzenden Schwertes, um den Weg zum Baum des Lebens zu bewahren. (1. Mose 3,7-8.22-24)

29.3. Der Fluch

Nachdem Adam und Eva im Garten Eden gesündigt hatten, verfluchte Gott die Erde und alle Geschöpfe auf der Erde. Gott sagte, der Boden würde für Adam Dornen tragen, und Eva würde Schmerzen bei der Geburt erleiden. Gott verfluchte auch die Schlange und mit ihr alles Vieh und alle Tiere. Gott setzte dann eine Feindschaft zwischen der Menschheit und der Tierwelt. So sehen wir, dass der Fluch die gesamte Schöpfung Gottes betrifft. Denke daran, dass die Folge der Sünde der Tod ist. Das ist es, was die Sünde durch den Fluch über die Erde brachte: Tod und Verfall.

In diesen Versen sehen wir, dass Gott das Land verfluchte. Es würde Dornen tragen und harte, schweißtreibende Arbeit erfordern, um Nahrung hervorzubringen. Gott ist derjenige, der zu Adam spricht.

> Und zu Adam sprach Er: „Weil du der Stimme deiner Frau gehorcht und von dem Baum gegessen hast, von dem Ich dir gebot und sprach: ‚Du sollst nicht davon essen!‘, so sei der Erdboden verflucht um deinetwillen! Mit Mühsal sollst du dich davon nähren dein Leben lang; Dornen und Disteln soll er dir tragen, und du sollst das Gewächs des Feldes essen. Im Schweiße deines Angesichts sollst du dein Brot essen, bis du wieder zurückkehrst zur Erde, von der du genommen bist." (1. Mose 3,17-19)

Gott verfluchte die Schlange, das Vieh und jedes Tier. Er setzte Feindschaft zwischen die Tierwelt und die Menschheit sowie zwischen Satan selbst und die Menschheit. In diesen Versen spricht Gott zu der „Schlange", die wir als Satan kennen.

> Da sprach Gott Jahwe zur Schlange: „Weil du dies getan hast, so seist du verflucht vor allem Vieh und vor allen Tieren des Feldes! Auf deinem Bauch sollst du kriechen und Staub fressen dein Leben lang. Und Ich will Feindschaft setzen zwischen dich und die Frau, zwischen deinen Nachkommen und ihrem Nachkommen; der wird dir den Kopf zertreten, und du wirst ihn in die Ferse stechen." (1. Mose 3,14-15)

Diese Feindschaft zwischen Mensch und Tier wird in einem Gespräch zwischen Gott und Noah weiter beschrieben. Nach der Sintflut schloss Gott einen Bund mit Noah und der gesamten Schöpfung, in dem Er versprach, nie wieder alles auf der Erde durch eine Flut zu vernichten. Ein Teil dieses Bundes bestätigte, dass der Fluch zwischen Mensch und Tier weiterhin galt. Siehe, wie es heißt: „Furcht und Schrecken vor euch sei auf allen Tieren".

> Und Gott segnete Noah und seine Söhne und sprach zu ihnen: „Seid fruchtbar und mehrt euch und füllt die Erde! Furcht und Schrecken vor euch sei auf allen Tieren der Erde und auf allen Vögeln des Himmels; alles, was auf dem Erdboden kriecht, und alle Fische im Meer seien in eure Hand gegeben. … Und Ich, siehe, Ich richte Meinen Bund mit euch auf und mit euren Nachkommen nach euch, auch mit jedem lebendigen Wesen bei euch, an Vögeln, an Vieh und an allen Tieren der Erde bei euch, von allem, was aus der Arche gegangen ist, was für Tiere der Erde

es auch seien." (1. Mose 9,1-2.9-10)

Ich weiß, dass du dich nach einem Ende dieses Fluchs sehnst. Es wird eine Zeit des Friedens, der Ruhe, der Freude und ohne Kummer oder Schmerz sein. Eine Zeit, in der Tod und Verfall nicht mehr existieren. In diesen Versen erklärt der Apostel Paulus, dass die gesamte Schöpfung vor Sehnsucht nach Neugestaltung seufzt.

> Gegen ihren Willen wurde die gesamte Schöpfung dem Fluch Gottes unterworfen. Doch mit sehnsüchtiger Hoffnung blickt die Schöpfung dem Tag entgegen, an dem sie mit Gottes Kindern an der herrlichen Freiheit von Tod und Verfall teilhaben wird. Denn wir wissen, dass die gesamte Schöpfung bis zum heutigen Zeitpunkt wie in Geburtswehen geseufzt hat. Und auch wir Gläubigen seufzen, obwohl wir den Heiligen Geist als Vorgeschmack auf die zukünftige Herrlichkeit in uns haben; denn wir sehnen uns danach, dass unsere Körper von Sünde und Leiden befreit werden. Auch wir warten mit sehnsüchtiger Hoffnung auf den Tag, an dem Gott uns unsere vollen Rechte als Seine Adoptivkinder geben wird, einschließlich der neuen Körper, die Er uns versprochen hat. (Römer 8,20-23 Neue Lebende Übersetzung)

Dieser Tag wird nach der Drangsal und nach Jesu 1.000-jähriger Herrschaft auf der Erde kommen. Gott wird die Erde und den Himmel wiederherstellen und alles neu machen. Der Fluch wird nicht mehr sein. Jesu Jünger Johannes beschreibt uns das in diesen Versen.

> Und ich sah einen neuen Himmel und eine neue Erde; denn der erste Himmel und die erste Erde waren vergangen, und das Meer ist nicht mehr. Und ich sah die heilige Stadt, das neue Jerusalem, von Gott aus dem Himmel herabsteigen, bereitet wie eine für ihren Mann geschmückte Braut. Und ich hörte eine laute Stimme aus dem Himmel sagen: „Siehe, die Stätte Gottes bei den Menschen! Und Er wird bei ihnen wohnen, und sie werden Seine Völker sein, und Gott Selbst wird bei ihnen sein, ihr Gott." … Und es wird keinen Fluch mehr geben. (Offenbarung 21,1-3;22,3)

Hier ist ein Vorgeschmack darauf, wie das Leben ohne den Fluch sein wird.

> Da wird der Wolf bei dem Lamm wohnen und der Panther bei dem Böcklein liegen; das Kalb und der junge Löwe und das Mastvieh werden beieinander sein, und ein kleiner Knabe wird sie treiben. … Man wird nichts Böses tun noch Unheil stiften auf Meinem ganzen heiligen Berg; denn die Erde wird voll von der Erkenntnis Jahwes sein. (Jesaja 11,6.9)

29.4. Das Gesetz

Eines der ersten Dinge, die Gott für Sein auserwähltes Volk, Israel, tat, war, ihnen das Gesetz zu geben. Dies sind Gottes Regeln. Das Gesetz umfasst das, was die meisten Menschen als die Zehn Gebote kennen. Er gab Israel das Gesetz, um zu zeigen, wie unmöglich es für uns ist, danach zu leben. Alles, was es tut, ist, uns auf unser Sündenproblem und unsere Notwendigkeit eines Erretters hinzuweisen. Du denkst vielleicht, dass du alle Gebote gehalten hast, weil du nicht gemordet, gestohlen oder Ehebruch begangen hast. Nun, das ist nicht der Fall. Weißt du, die religiösen Führer während Jesu Dienst sagten dasselbe. Deshalb wies Jesus darauf hin, dass schon der Gedanke daran, etwas zu tun, was wir nicht tun sollten, sündig ist. Jesus benutzte das Beispiel des Ehebruchs und sagte, dass das Denken an oder das Begehren einer Person ebenfalls als Sünde zählt. Das liegt daran, dass unser sündiges Verhalten in unserem Inneren mit einem Gedanken beginnt.

Gott gab die Zehn Gebote: (1) habe keine anderen Götter, (2) mache dir keine Götzenbilder, (3) gebrauche Gottes Namen nicht missbräuchlich, (4) halte den Sabbat oder den siebten Tag heilig, (5) ehre deine Eltern, (6) morde nicht, (7) begehe keinen Ehebruch, (8) stiehl nicht, (9) lüge nicht und (10) begehre nicht.

> Und Gott redete alle diese Worte und sprach: … „Du sollst keine anderen Götter neben Mir haben. … Du sollst dir kein Bildnis noch irgendein Gleichnis machen von dem, was oben im Himmel oder was unten auf Erden oder was im Wasser unter der Erde ist. … Du sollst den Namen Jahwes, deines Gottes, nicht missbrauchen. … Gedenke an den Sabbattag, dass du ihn heiligst. … Ehre deinen Vater und deine Mutter.… Du sollst nicht töten. Du sollst nicht ehebrechen. Du sollst nicht stehlen. Du sollst kein falsches Zeugnis reden gegen deinen Nächsten. Du sollst nicht begehren deines Nächsten Haus. Du sollst nicht begehren deines Nächsten Frau, noch seinen Knecht, noch seine Magd, noch sein Rind, noch seinen Esel, noch alles, was dein Nächster hat." (2. Mose 20,1.3-4.7-8.12-17)

In diesen Versen sagt uns Jesus, dass die Übertretung des Gesetzes mehr ist als nur das Begehen der sündigen Tat. Es ist auch das Denken daran.

> Ihr habt gehört, dass gesagt wurde: „Du sollst nicht ehebrechen." Ich aber sage euch: Wer eine Frau ansieht, um sie zu begehren, der hat in seinem Herzen schon Ehebruch mit ihr begangen. (Matthäus 5,27-28)

Der Apostel Paulus sagt uns, dass wir nicht durch den Gehorsam gegenüber dem Gesetz vor Gott gerecht sein können. Wir werden darin niemals erfolgreich sein. Stattdessen müssen wir dazu kommen, an Jesus zu glauben.

> Denn durch Gesetzeswerke wird kein Mensch vor Ihm gerecht sein; denn durch das Gesetz kommt Erkenntnis der Sünde. Jetzt aber hat Gott uns einen Weg gezeigt, wie wir ohne die Einhaltung des Gesetzes vor Ihm gerecht werden können, so wie es in den Schriften von Mose und den Propheten vor langer Zeit versprochen wurde. Wir werden vor Gott gerecht, indem wir unseren Glauben in Jesus Christus setzen. Und das gilt für jeden, der glaubt, egal wer wir sind. … Heben wir nun das Gesetz auf durch den Glauben? Das sei ferne! Vielmehr bestätigen wir das Gesetz erst durch den Glauben wirklich. (Römer 3,20-22.31 Neue Lebende Übersetzung)

29.5. Das erste Kommen Jesu

Dies bezieht sich auf den Zeitraum, in dem Jesus zum ersten Mal auf der Erde war. Er umfasst Jesu physische Geburt, Seinen Dienst und Seine Wunder sowie Seinen Tod und Seine Auferstehung. Die vier Evangelien-Bücher der Bibel – Matthäus, Markus, Lukas und Johannes – geben einen Bericht über Jesu erstes Kommen. Seine Geburt, Sein Tod und einige Ereignisse in Seinem Leben wurden prophezeit, lange bevor Er geboren wurde. Dies ist einer der Gründe, warum wir der Bibel vertrauen können: erfüllte Prophetie. Ich spreche nicht von vagem Unsinn, den man von einem modernen Wahrsager hört. Diese Prophezeiungen waren sehr spezifisch und Dinge, die ein Mensch nicht inszenieren kann. Siehe Teil 6 für weitere Informationen darüber.

Jesus kam das erste Mal, um den Willen Seines Vaters, Gott, zu tun. Der Wille Gottes ist, dass jeder, der an Jesus glaubt, ewiges Leben hat. Jesus ist derjenige, der hier spricht.

> Denn Ich bin aus dem Himmel herabgekommen, nicht damit Ich Meinen Willen tue, sondern den Willen dessen, der Mich gesandt hat. Das ist aber der Wille Meines Vaters, der Mich gesandt hat, dass Ich nichts verliere von allem, was Er Mir gegeben hat, sondern dass Ich es auferwecke am letzten Tag. Denn das ist der Wille dessen, der Mich gesandt hat, dass jeder, der den Sohn sieht und an Ihn glaubt, ewiges Leben habe; und Ich werde ihn auferwecken am letzten Tag. (Johannes 6,38-40)

Während Seines ersten Kommens kam Jesus nicht, um Frieden zu bringen. Jesus sagt in diesem Vers unten, dass Er das Schwert bringt. Denke daran, dass Sein Wort das Schwert der Wahrheit ist.

> Ihr sollt nicht meinen, dass Ich gekommen sei, Frieden auf die Erde zu bringen. Ich bin nicht gekommen, Frieden zu bringen, sondern das Schwert. (Matthäus 10,34)

Jesus sagt uns in diesen Versen, dass Er gekommen ist, um die Prophezeiungen über Ihn zu erfüllen.

> Ihr sollt nicht meinen, dass Ich gekommen sei, um das Gesetz oder die Propheten aufzulösen. Ich bin nicht gekommen, um aufzulösen, sondern um zu erfüllen. Denn wahrlich, Ich sage euch: Bis Himmel und Erde vergangen sind, wird auch nicht ein Jota noch ein einziges Strichlein vom Gesetz vergehen, bis alles geschehen ist. (Matthäus 5,17-18)

Er kam auch, damit diejenigen, die blind sind, die Wahrheit sehen können.

> Und Jesus sprach: „Ich bin zum Gericht in diese Welt gekommen, damit die, welche nicht sehen, sehend werden, und die, welche sehen, blind werden." (Johannes 9,39)

Jesus kam, um „für die Wahrheit Zeugnis abzulegen".

> Da ging Pilatus wieder in das Prätorium hinein, rief Jesus und fragte Ihn: „Bist Du der König der Juden?" … Jesus antwortete: „Mein Reich ist nicht von dieser Welt. Wäre Mein Reich von dieser Welt, so hätten Meine Diener gekämpft, damit Ich den Juden nicht ausgeliefert würde; nun aber ist Mein Reich nicht von hier." Da sprach Pilatus zu Ihm: „So Bist Du also ein König?" Jesus antwortete: „Du sagst es; Ich bin ein König. Ich bin dazu geboren und dazu in die Welt gekommen, dass Ich der Wahrheit Zeugnis gebe. Jeder, der aus der Wahrheit ist, hört Meine Stimme." (Johannes 18,33.36-37)

29.5.1. Die Geburt Jesu

Dies bezieht sich auf Jesu physische Geburt auf der Erde. Er hatte keine gewöhnliche Geburt. Da Er der Sohn Gottes ist, hatte Er eine Seiner Gottheit angemessene Geburt. Er wurde von einer Jungfrau geboren. Ich weiß, das klingt unmöglich. Für uns ist es das, aber nicht für Gott, der alles tun kann. Der Heilige Geist empfing Jesus in Seiner leiblichen Mutter Maria. Denke daran, dass Jesus Gott im Fleisch ist. Ganz Gott und doch ganz Mensch. Dieses Ereignis wird von Christen auf der ganzen Welt an Weihnachten gefeiert.

Hier ist ein Bericht über Jesu wunderbare Geburt.

> Im sechsten Monat aber wurde der Engel Gabriel von Gott in eine Stadt Galiläas namens Nazareth gesandt zu einer Jungfrau, die verlobt war mit einem Mann namens Josef, aus dem Haus Davids; und der Name der Jungfrau war Maria. Und der Engel kam zu ihr herein und sprach: „Sei gegrüßt, du Begnadete! Der Herr ist mit dir, du Gesegnete unter den Frauen!" … Und der Engel sprach zu ihr: „Fürchte dich nicht, Maria! Denn du hast Gnade bei Gott gefunden. Und siehe, du wirst in deinem Leib empfangen und einen Sohn gebären, und du sollst Ihm den Namen ‚Jesus' geben. Dieser wird groß sein und Sohn des Höchsten genannt werden; und Gott der Herr wird Ihm den Thron Seines Vaters David geben, und Er wird regieren über das Haus Jakobs in Ewigkeit, und Sein Reich wird kein Ende haben." Da sprach Maria zu dem Engel: „Wie kann das sein, da ich von keinem Mann weiß?" Und der Engel antwortete und sprach zu ihr: „Der Heilige Geist wird über dich kommen, und die Kraft des Höchsten wird dich überschatten. Darum wird auch das Heilige, das geboren wird, Gottes Sohn genannt werden. … Denn bei Gott ist kein Ding unmöglich." (Lukas 1,26-28.30-35.37)

Jesus ist Gott im Fleisch.

> Denn in Ihm wohnt die ganze Fülle der Gottheit leibhaftig. (Kolosser 2,9 Neue Lebende Übersetzung)

> Habt diese Gesinnung in euch, die auch in Christus Jesus war, der, da Er in Gestalt Gottes existierte, es nicht für einen Raub hielt, Gott gleich zu sein, sondern Sich Selbst entäußerte, die Gestalt eines Knechtes annahm und den Menschen gleich wurde. Und in Seiner äußeren Erscheinung als ein Mensch erfunden, erniedrigte Er Sich Selbst und wurde gehorsam bis zum Tod, ja, bis zum Tod am Kreuz. (Philipper 2,5-8)

29.5.2. Der Dienst Jesu

Jesus kam auf die Erde, um Sünder zu retten. Er begann Seinen Dienst auf der Erde im Alter von etwa 31 Jahren.[196] Er tat während Seiner Zeit eine Vielzahl von Dingen, darunter Predigen, Lehren, Heilen, das Vollbringen von Wundern wie das Auferwecken von Toten und das Prophezeien zukünftiger Ereignisse. Sein Dienst dauerte etwa drei Jahre und endete kurz nach Seiner Auferstehung, als Er in den Himmel zurückkehrte.

Jesus kam, um Sünder zu retten.

> Glaubwürdig ist das Wort und aller Annahme wert, dass Christus Jesus in die Welt gekommen ist, um Sünder zu retten. (1. Timotheus 1,15)

Jesus predigte über die Buße von Sünden und sagte den Menschen, dass Sein Reich naht. Er begann zu predigen nach Seiner Zeit in der Wüste, als Er vom „Teufel", Satan, versucht wurde.

> Da wurde Jesus vom Geist in die Wüste geführt, um vom Teufel versucht zu werden. … Da verließ Ihn der Teufel; und siehe, Engel traten herzu und dienten Ihm. … Von da an begann Jesus zu predigen und zu sagen: „Tut Buße, denn das Reich der Himmel ist nahe herbeigekommen!" (Matthäus 4,1.11.17)

Jesus lehrte die Schriften, das Wort Gottes, Sein Wort.

> Aber schon in der Mitte des Festes ging Jesus in den Tempel hinauf und lehrte. Die Leute waren überrascht, als sie Ihn hörten. „Woher weiß Er so viel, wenn Er doch keine Ausbildung hat?", fragten sie. So sagte Jesus ihnen: „Meine Botschaft ist nicht Meine eigene; sie kommt von Gott, der Mich gesandt hat." (Johannes 7,14-16 Neue Lebende Übersetzung)

Jesus heilte viele Menschen.

> Und Jesus zog von dort weiter und kam an den See von Galiläa; und Er stieg auf den Berg und setzte Sich dort. Und es kamen große Volksmengen zu Ihm, die Lahme, Blinde, Stumme, Krüppel und viele andere bei sich hatten; und sie legten sie zu Jesu Füßen, und Er heilte sie, so dass sich die Menge verwunderte, als sie sah, dass Stumme redeten, Krüppel gesund wurden, Lahme gingen und Blinde sehend wurden; und sie priesen den Gott Israels. (Matthäus 15,29-31)

Jesus vollbrachte Wunder wie das Erwecken von Toten zum Leben. In diesen Versen ist Jesus derjenige, der „in eine Stadt namens Nain ging".

> Und es geschah am folgenden Tag, dass Er in eine Stadt namens Nain ging. Viele Seiner Jünger und eine große Volksmenge gingen mit Ihm. Als Er aber in die Nähe des Stadtores kam, siehe, da wurde ein Toter herausgetragen, der einzige Sohn seiner Mutter, und sie war eine Witwe; und eine beträchtliche Volksmenge aus der Stadt begleitete sie. Als der Herr sie sah, erbarmte Er Sich über sie und sprach zu ihr: „Weine nicht!" Er trat herzu und rührte den Sarg an; die Träger aber standen still. Er sprach: „Jüngling, Ich sage dir, steh auf!" Der Tote setzte sich auf und fing an zu reden; und Er gab ihn seiner Mutter. Da wurden alle von Furcht ergriffen und priesen Gott und sprachen: „Ein großer Prophet ist unter uns aufgestanden!", und: „Gott hat Sein Volk besucht!" (Lukas 7,11-16)

Jesus sagte zukünftige Ereignisse voraus, einschließlich Seines eigenen

Todes und Seiner Auferstehung.

> Von da an begann Jesus Seinen Jüngern zu zeigen, dass Er nach Jerusalem gehen und
> viel leiden müsse von den Ältesten, Hohenpriestern und Schriftgelehrten und getötet
> werden müsse und am dritten Tag auferweckt werden müsse. (Matthäus 16,21)

Tatsächlich tat Jesus während Seiner Zeit auf der Erde so viele Dinge, dass die Welt die Bücher gar nicht fassen könnte, wenn alles aufgeschrieben worden wäre. Hier ist, wie Johannes, Jesu Jünger, das erklärt.

> Es gibt aber auch noch viele andere Dinge, die Jesus getan hat; wenn diese alle
> einzeln niedergeschrieben würden, so glaube ich, die Welt würde die Bücher gar
> nicht fassen, die zu schreiben wären. (Johannes 21,25)

29.5.3. Der Tod Jesu

Du hast wahrscheinlich schon viele Leute sagen hören, dass eine bestimmte Volksgruppe oder ein bestimmtes Land Jesus ermordet hat. Nun, das ist nur teilweise wahr. Jesus kam auf die Erde, um für deine Sünden zu sterben. Er ließ Sich bereitwillig töten. Er opferte Sein irdisches Leben, damit du ein ewiges Leben gewinnen konntest. Jesus wurde auf Verlangen der jüdischen religiösen Führer, die Ihn der Gotteslästerung beschuldigten, weil Er sagte, Er sei Gott, von den Römern an einem Holzkreuz gekreuzigt. Er starb den schrecklichsten Tod. Einen Tod, der uns Sündern gebührt, aber nicht einem vollkommenen und heiligen Gott. Er erlitt all das nur für dich. So sehr liebt Er dich. Indem du glaubst, dass Er deine Sünden auf Sich genommen hat und für dich am Kreuz gestorben ist, kannst du gerettet werden. Jesus bewies ein für alle Mal, dass Er kein gewöhnlicher Mensch war, sondern Gott Selbst, als Er den Tod besiegte und auferstand.

Jesus starb durch Kreuzigung.

> Da kam Jesus heraus und trug die Dornenkrone und das Purpurgewand. Pilatus sagte
> zu ihnen: „Seht, der Mensch!" Als Ihn nun die Hohenpriester und die Diener sahen,
> schrien sie und sprachen: „Kreuzige! Kreuzige!" Pilatus sprach zu ihnen: „Nehmt
> ihr Ihn hin und kreuzigt Ihn; denn ich finde keine Schuld an Ihm!" Die Juden
> antworteten ihm: „Wir haben ein Gesetz, und nach unserem Gesetz muss Er sterben,
> weil Er Sich Selbst zu Gottes Sohn gemacht hat." … Da lieferte er ihnen Jesus aus,
> damit Er gekreuzigt würde. Sie nahmen aber Jesus und führten Ihn weg. Er ging
> hinaus, trug Sein Kreuz zu dem Ort, der „Schädelstätte" genannt wird, was auf
> Hebräisch „Golgatha" heißt. Dort kreuzigten sie Ihn und mit Ihm zwei andere zu

> beiden Seiten, Jesus aber in der Mitte. … Danach, da Jesus wusste, dass schon alles vollbracht war, sprach Er, damit die Schrift erfüllt würde: „Mich dürstet!" … Als nun Jesus den Essig genommen hatte, sprach Er: „Es ist vollbracht!" Und Er neigte das Haupt und gab den Geist auf. (Johannes 19,5-7.16-18.28.30)

Jesus wurde für deine Sünden gekreuzigt. Er starb, wurde begraben und stand am dritten Tag wieder auf. Der Apostel Paulus beschreibt das in diesen Versen.

> Denn ich habe euch vor allem das überliefert, was ich auch empfangen habe: dass Christus für unsere Sünden gestorben ist, nach den Schriften, und dass Er begraben wurde, und dass Er auferweckt worden ist am dritten Tag, nach den Schriften. (1. Korinther 15,3-4)

Jesus starb bereitwillig für dich, weil Er dich liebt. Jesus ist derjenige, der hier spricht.

> Darum liebt Mich der Vater, weil Ich Mein Leben lasse, damit Ich es wiedernehme. Niemand nimmt es von Mir, sondern Ich lasse es von Mir selbst. Ich habe Vollmacht, es zu lassen, und habe Vollmacht, es wiederzunehmen. Diesen Auftrag habe Ich von Meinem Vater empfangen. (Johannes 10,17-18)

29.5.4. Die Auferstehung Jesu

Ganz genau, Jesus wurde drei Tage nach Seinem Tod auferweckt. Er blieb nicht tot. Er bewies, dass Er Gott ist, indem Er den Tod besiegte. Nach Seiner Auferstehung erschien Er hunderten von Menschen. Siehst du, wenn Jesus nicht auferstanden wäre, dann würde alles, was Er sagte, keine Rolle spielen. Er wäre nur ein netter Kerl gewesen, der ein paar ziemlich coole Dinge getan hätte, wie einer der Propheten. Seine Auferstehung zeigt, dass wir alles glauben können, was Er gesagt und getan hat. Wir können darauf vertrauen, dass Er die Macht über Leben und Tod hat. Wir können glauben, dass Er wirklich auf die Erde gekommen ist, um uns zu retten. Nachdem Jesus auferstanden war, kehrte Er in den Himmel zurück, wo Er seitdem regiert. Wir können unser Vertrauen in Ihn setzen, weil Er immer noch lebt. Seine Auferstehung wird von Christen auf der ganzen Welt an Ostern gefeiert.

Jesus wurde am dritten Tag auferweckt. Eine Gruppe von Frauen, die Ihm gefolgt waren, kamen zuerst zu Seinem Grab. Jesu Jünger Lukas beschreibt das hier.

Aber am ersten Tag der Woche, sehr früh am Morgen, kamen sie zum Grab und brachten die wohlriechenden Gewürze, die sie bereitet hatten, und einige andere mit ihnen. Sie fanden aber den Stein vom Grab weggewälzt; und sie gingen hinein, fanden aber den Leib des Herrn Jesus nicht. Während sie darüber ganz ratlos waren, siehe, da traten zwei Männer in glänzenden Kleidern zu ihnen. Da sie nun erschraken und das Angesicht zur Erde neigten, sprachen diese zu ihnen: „Was sucht ihr den Lebendigen bei den Toten? Er ist nicht hier, sondern Er ist auferstanden! Erinnert euch daran, wie Er zu euch sprach, als Er noch in Galiläa war, und sagte: ‚Der Sohn des Menschen muss in die Hände sündiger Menschen ausgeliefert und gekreuzigt werden und am dritten Tag auferstehen.'" (Lukas 24,1-7)

Jesus besiegte den Tod.

Unser Erretter Jesus Christus, der dem Tod die Macht genommen und das Leben und die Unvergänglichkeit ans Licht gebracht hat durch das Evangelium. (2. Timotheus 1,10)

Nachdem Jesus auferstanden war, erschien Er einer Reihe von Menschen, sogar bis zu 500 gleichzeitig. Der Apostel Paulus gibt in diesen Versen einen Bericht darüber ab. „Entschlafen" bedeutet gestorben.

Denn ich habe euch vor allem das überliefert, was ich auch empfangen habe: dass Christus für unsere Sünden gestorben ist, nach den Schriften, und dass Er begraben wurde, und dass Er auferweckt worden ist am dritten Tag, nach den Schriften, und dass Er dem Kephas erschienen ist, danach den Zwölfen. Danach ist Er mehr als fünfhundert Brüdern auf einmal erschienen, von denen die meisten noch leben, einige aber auch entschlafen sind. Danach erschien Er dem Jakobus, hierauf allen Aposteln. Zuletzt von allen erschien Er auch mir, der ich gleichsam eine unzeitige Geburt bin. (1. Korinther 15,3-8)

Der Apostel Paulus sagt uns, warum Jesu Auferstehung den entscheidenden Unterschied macht. Wenn Jesus nicht auferstanden wäre, wäre all Sein Predigen vergeblich und wir wären tot in unseren Sünden. Aber Er ist auferstanden! Das bedeutet also, dass wir auch auferweckt werden. „Entschlafen" bedeutet gestorben.

Wenn aber Christus verkündigt wird, dass Er aus den Toten auferweckt worden ist, wie sagen denn einige unter euch, es gebe keine Auferstehung der Toten? Wenn es wirklich keine Auferstehung der Toten gibt, so ist auch Christus nicht auferweckt worden. Wenn aber Christus nicht auferweckt worden ist, so ist unsere Verkündigung vergeblich, und vergeblich auch euer Glaube! Wir werden aber auch als falsche Zeugen Gottes erfunden, weil wir gegen Gott bezeugt haben, dass Er Christus auferweckt habe, während Er Ihn doch nicht auferweckt hat, wenn wirklich Tote nicht auferweckt werden. Denn wenn Tote nicht auferweckt werden, so ist auch Christus nicht auferweckt worden. Ist aber Christus nicht auferweckt worden, so ist euer Glaube nichtig, so seid ihr noch in euren Sünden; dann sind auch die in Christus Entschlafenen verloren. Wenn wir nur in diesem Leben auf Christus gehofft haben, so sind wir die elendesten unter allen Menschen. Nun aber ist Christus aus den Toten auferweckt worden; Er ist der Erstling der Entschlafenen geworden. … Ein jeder aber in seiner Ordnung: Als Erstling Christus; danach die, welche Christus angehören, bei Seiner Wiederkunft. (1. Korinther 15,12-20.23)

Jesus, „der Herr", ist im Himmel und regiert mit Gott.

Der Herr nun wurde, nachdem Er mit ihnen geredet hatte, aufgenommen in den Himmel und setzte Sich zur Rechten Gottes. (Markus 16,19)

Kapitel 30 – Biblische Wahrheiten

Lass uns dir helfen, ein grundlegendes Verständnis der zentralen Wahrheiten des christlichen Glaubens zu erlangen, damit du ein festes Fundament bauen kannst.

30.1. Sünde

Sünde ist alles, was Gott widerspricht. Das bedeutet, etwas zu tun oder auch nur zu denken, das nicht vollkommen und heilig ist. Jeder von uns ist sündig; es liegt in unserer Natur. In Gottes Augen ist keine Sünde größer als eine andere. Sünde ist Sünde. Sünde ist das, was uns von Gott trennt und uns daran hindert, mit Ihm im Himmel zu leben. Manchmal wirst du in der Bibel sehen, dass unsere sündige Natur als das Fleisch oder die fleischliche Natur bezeichnet wird. Denn Sünde ist das, was unser Körper tun will. Aber es gibt auch eine gute Nachricht: Gott hat Sich um unser Sündenproblem gekümmert, indem Er Jesus sandte, um für unsere Sünden zu sterben.

Das ist es, was unsere sündige Natur zu tun begehrt: Böses.

> Denn das Fleisch begehrt gegen den Geist auf … Offenbar sind aber die Werke des Fleisches diese: Ehebruch, Unzucht, Unreinheit, Zügellosigkeit, Götzendienst, Zauberei, Feindschaft, Streit, Eifersucht, Zornausbrüche, Selbstsucht, Zwietracht, Parteiungen, Neid, Trunkenheit, Gelage und dergleichen, wovon ich euch voraussage, wie ich schon zuvor gesagt habe, dass die, welche so etwas tun, das Reich Gottes nicht erben werden. (Galater 5,17.19-21 Neue Lebende Übersetzung)

Zuerst kommt die Versuchung, dann die Lust und das Verlangen nach dem, womit wir versucht werden, und dann wird die Sünde empfangen.

> Sondern jeder Einzelne wird versucht, wenn er von seiner eigenen Lust fortgezogen und entlockt wird. Danach, wenn die Lust empfangen hat, gebiert sie die Sünde; die Sünde aber, wenn sie vollendet ist, gebiert den Tod. (Jakobus 1,14-15)

Sünde, auch „Ungerechtigkeit" und „Fleisch" genannt, trennt uns von Gott.

> Sondern eure Verschuldungen sind es, die eine Scheidung gemacht haben zwischen euch und eurem Gott, und eure Sünden haben Sein Angesicht vor euch verhüllt, sodass Er nicht hört. (Jesaja 59,2)

> Denn das Trachten des Fleisches ist Tod … weil das Trachten des Fleisches

> Feindschaft gegen Gott ist; denn es ist dem Gesetz Gottes nicht untertan, denn es kann es auch nicht. Die aber im Fleisch sind, können Gott nicht gefallen. (Römer 8,6-8)

> Der Geist Gottes kam über Sacharja, den Sohn Jojadas, des Priesters; der trat oben vor das Volk und sprach zu ihnen: „Gott sagt: ‚Warum übertretet ihr die Gebote Jahwes, sodass es euch nicht gelingen kann? Weil ihr Jahwe verlassen habt, hat Er auch euch verlassen.'" (2. Chronik 24,20)

Da wir alle Sünder sind und Gott uns liebt, hat Er Sich um unser Sündenproblem gekümmert.

> Wie geschrieben steht: „Da ist kein Gerechter, auch nicht einer; da ist keiner, der verständig ist; da ist keiner, der Gott sucht. Alle sind sie abgewichen, sie sind allesamt unbrauchbar geworden; da ist keiner, der Gutes tut, auch nicht einer." ... Es ist aber die Gerechtigkeit Gottes durch den Glauben an Jesus Christus für alle, die glauben. Denn es ist kein Unterschied; denn alle haben gesündigt und erlangen nicht die Herrlichkeit Gottes, und werden umsonst gerechtfertigt durch Seine Gnade durch die Erlösung, die in Christus Jesus ist. Ihn hat Gott hingestellt als Sühnopfer durch den Glauben an Sein Blut – zu empfangen durch den Glauben. (Römer 3,10-12.22-25 Neue Internationale Version)

30.2. Gottes Liebe

30.2.1. Liebe

Liebe ist das Hauptthema der gesamten Bibel. Liebe ist der Grund und die Motivation hinter Gottes Handeln. Gott musste keinen von uns erschaffen. Er ist vollkommen und braucht uns nicht als Gefährten. Er erschuf uns, weil Er es wollte. Es war Sein Wohlgefallen. Nachdem Er Adam erschaffen hatte, verkündete Er, dass es sehr gut war.

Gott hat dich ganz spezifisch erschaffen, weil es Ihm Freude bereitete, dies zu tun. Er liebt dich von Herzen.

Sogar Gottes Zorn entspringt der Liebe. Für ein Kind scheint Züchtigung das Ergebnis von Zorn zu sein. Aber für einen Elternteil geschieht Züchtigung aus Liebe. Eltern wollen das Beste für ihre Kinder und möchten sie von Gefahr oder Schmerz fernhalten. Genauso ist es bei Gott. Er will das Beste für uns. Er weiß, dass ein sündiges Leben nicht erfüllend sein wird und zu allerlei Verzweiflung führt. Von Anfang an, noch bevor Gott Adam oder einen von uns erschuf, wusste Gott, dass wir sündigen würden. Gottes Plan, uns von der Sünde zu erlösen, ist das ultimative Zeugnis Seiner Liebe. Weil

Er uns liebt, sandte Er Jesus, um an unserer Stelle zu sterben. Er plante dies im Voraus, in vollem Wissen, dass wir alle sündigen würden.

Gottes Liebe kann nicht mit dem verglichen werden, wie wir Liebe kennen. Wir knüpfen Liebe an allerlei Bedingungen. Wir erwarten gewöhnlich Liebe im Gegenzug. Wir enthalten Menschen, die wir verachten, auch Liebe vor. Dies ist bei Gott nicht der Fall. Gott ist vollkommene Liebe, die völlig bedingungslos ist. Gottes Art der Liebe ist aufopfernd, nicht voller Furcht, verlangt nichts im Gegenzug und hält dir nichts vor. Dies ist die Art von Liebe, nach der wir laut Jesus streben sollen. Wenn du die Bibel liest, dann lies sie in dem Wissen, dass alles aus einer Quelle vollkommener und göttlicher Liebe kommt.

Gott ist vollkommene Liebe.

> Und wir haben die Liebe erkannt und geglaubt, die Gott zu uns hat. Gott ist Liebe; und wer in der Liebe bleibt, der bleibt in Gott und Gott in ihm. Darin ist die Liebe bei uns vollendet worden, dass wir Freimütigkeit haben am Tag des Gerichts; denn gleichwie Er ist, so sind auch wir in dieser Welt. Furcht ist nicht in der Liebe, sondern die vollkommene Liebe treibt die Furcht aus, denn die Furcht hat mit Strafe zu tun. Wer sich aber fürchtet, ist nicht vollendet in der Liebe. Wir lieben Ihn, weil Er uns zuerst geliebt hat. (1. Johannes 4,16-19)

Gott hat Seine Liebe zu dir bewiesen, indem Er Jesus sandte, um für deine Sünden zu sterben, damit du ewiges Leben haben kannst. In diesem Vers weißt du, dass Gottes „einziggeborener Sohn" Jesus ist.

> Denn so sehr hat Gott die Welt geliebt, dass Er Seinen eingeborenen Sohn gab, damit jeder, der an Ihn glaubt, nicht verloren gehe, sondern ewiges Leben habe. (Johannes 3,16)

Gott zeigte, dass Er uns bedingungslos liebt, indem Er Jesus Christus sandte, um für uns zu sterben, als wir noch Sünder waren.

> Gott aber beweist Seine Liebe zu uns dadurch, dass Christus für uns gestorben ist, als wir noch Sünder waren. (Römer 5,8)

Der Apostel Paulus teilt uns Gottes Definition von Liebe in diesen Versen mit.

> Die Liebe ist langmütig und gütig. Die Liebe neidet nicht. Die Liebe prahlt nicht, sie bläht sich nicht auf, sie verhält sich nicht ungehörig, sie sucht nicht das Ihre,

> sie lässt sich nicht erbittern, sie rechnet das Böse nicht zu; sie freut sich nicht über die Ungerechtigkeit, sie freut sich aber an der Wahrheit; sie erträgt alles, sie glaubt alles, sie hofft alles, sie erduldet alles. ... Nun aber bleiben Glaube, Hoffnung, Liebe, diese drei; die größte aber von diesen ist die Liebe. (1. Korinther 13,4-7.13)

30.2.2. Das Evangelium

Das Evangelium, die Frohe Botschaft oder die Errettung bezieht sich auf das Werk, das Jesus tat, um uns Sünder zu retten. Da unser Sündenproblem uns von Gott getrennt hält, schuf Gott einen Weg, damit wir gerettet werden und für die Ewigkeit bei Ihm leben können. Denke daran, dass die Strafe für die Sünde der Tod ist und nur ein vollkommenes Opfer für die Sünde sühnen kann. Also sandte Gott Seinen Sohn Jesus vom Himmel herab auf die Erde, um als vollkommener, sündloser Mensch zu leben. Dann wurde Jesus gekreuzigt und starb für unsere Sünden. Die gute Nachricht ist, dass Jesus nicht tot blieb. Er stand aus dem Grab auf und regiert nun im Himmel. Wenn du dich entscheidest zu glauben, ist die großartige Nachricht, dass du gerettet bist.

Diese Schriftstelle fasst zusammen, was Jesus für dich getan hat, um deine Seele zu retten. Es ist eine der am häufigsten zitierten Schriftstellen in der Bibel. Gottes „einziggeborener Sohn" ist Jesus.

> Denn so sehr hat Gott die Welt geliebt, dass Er Seinen eingeborenen Sohn gab, damit jeder, der an Ihn glaubt, nicht verloren gehe, sondern ewiges Leben habe. Denn Gott hat Seinen Sohn nicht in die Welt gesandt, damit Er die Welt richte, sondern damit die Welt durch Ihn gerettet werde. (Johannes 3,16-17)

Der Apostel Paulus nennt das, was Jesus für uns getan hat, die Frohe Botschaft.

> Ich erinnere euch aber, Brüder, an das Evangelium, das ich euch verkündigt habe, das ihr auch angenommen habt, in dem ihr auch steht ... Denn ich habe euch vor allem das überliefert, was ich auch empfangen habe: dass Christus für unsere Sünden gestorben ist, nach den Schriften, und dass Er begraben wurde, und dass Er auferweckt worden ist am dritten Tag, nach den Schriften, und dass Er dem Kephas erschienen ist, danach den Zwölfen. Danach ist Er mehr als fünfhundert Brüdern auf einmal erschienen, von denen die meisten noch leben, einige aber auch entschlafen sind. Danach erschien Er dem Jakobus, hierauf allen Aposteln. Zuletzt von allen erschien Er auch mir, der ich gleichsam eine unzeitige Geburt bin. (1. Korinther 15,1.3-8)

Jesu Jünger Lukas bekräftigt, dass er ein Augenzeuge der Frohen Botschaft war. Jesus hat wirklich getan, was Er angekündigt hatte.

> Das Wort, das Er den Kindern Israels gesandt hat, indem Er Frieden verkündigen ließ durch Jesus Christus – dieser ist Herr über alle – … wie Gott Jesus von Nazareth mit Heiligem Geist und Kraft gesalbt hat, wie dieser umherzog und Gutes tat und alle heilte, die vom Teufel überwältigt waren; denn Gott war mit Ihm. Und wir sind Zeugen alles dessen, was Er im Land der Juden und in Jerusalem getan hat; Ihn haben sie getötet, indem sie Ihn an ein Holz hängten. Diesen hat Gott am dritten Tag auferweckt und Ihn offenbar werden lassen, nicht dem ganzen Volk, sondern den von Gott zuvor erwählten Zeugen, uns, die wir mit Ihm gegessen und getrunken haben, nachdem Er aus den Toten auferstanden war. Er hat uns geboten, dem Volk zu verkündigen und zu bezeugen, dass Er der von Gott eingesetzte Richter über Lebendige und Tote ist. (Apostelgeschichte 10,36.38-42)

30.2.3. Gnade

Gnade bedeutet, etwas zu bekommen, das wir nicht verdienen. Es ist ein Segen anstelle einer Strafe. Wir verdienen es nicht, im Himmel zu leben, weil wir Sünder sind. Stattdessen verdienen wir den Tod und die Hölle. Wir werden gerettet und dürfen durch Gottes Gnade bei Ihm im Himmel leben. Es ist nichts, was wir erreichen, erarbeiten, anstreben oder verdienen können. Gnade ist das Geschenk Gottes. Nur Jesus verdient es, im Himmel zu leben, weil Er vollkommen und heilig ist. Durch die Gnade behandelt Gott uns so, wie Jesus es verdient hätte, behandelt zu werden.

Da wir Sünder sind, ist das, was wir verdienen, der Tod.

> Denn der Lohn der Sünde ist der Tod; aber die Gnadengabe Gottes ist das ewige Leben in Christus Jesus, unserem Herrn. (Römer 6,23)

Wir sind durch Gottes Gnade gerettet, weil Er reich an Barmherzigkeit ist.

> Gott aber, der reich ist an Barmherzigkeit, hat um Seiner großen Liebe willen, mit der Er uns geliebt hat, auch uns, die wir tot waren durch die Übertretungen, mit Christus lebendig gemacht – aus Gnade seid ihr gerettet – … damit Er in den kommenden Weltzeiten den überströmenden Reichtum Seiner Gnade in Güte an uns erweise in Christus Jesus. Denn aus Gnade seid ihr gerettet durch den Glauben, und das nicht aus euch; Gottes Gabe ist es, nicht aus Werken, damit niemand sich rühme. (Epheser 2,4-5.7-9)

Gott hat uns nicht gerettet, weil wir es verdienen. Er hat uns gerettet, um uns Seine Gnade zu zeigen.

> Denn Er hat uns gerettet und mit einem heiligen Ruf berufen, nicht aufgrund unserer Werke, sondern nach Seinem eigenen Vorsatz und der Gnade, die uns in Christus Jesus vor ewigen Zeiten gegeben wurde. (2. Timotheus 1,9 Neue Lebende Übersetzung)

Weil wir aus Gnade gerettet sind, haben wir ein Erbe von Gott.

> Gepriesen sei der Gott und Vater unseres Herrn Jesus Christus, der uns gesegnet hat mit jeder geistlichen Segnung in der Himmelswelt in Christus. … Zum Lob der Herrlichkeit Seiner Gnade, mit der Er uns begnadigt hat in dem Geliebten. In Ihm haben wir die Erlösung durch Sein Blut, die Vergebung der Übertretungen nach dem Reichtum Seiner Gnade, die Er uns überströmend erwiesen hat in aller Weisheit und Einsicht. … In Ihm haben wir auch ein Erbe erlangt, die wir vorherbestimmt sind nach dem Vorsatz dessen, der alles nach dem Rat Seines Willens wirkt. (Epheser 1,3.6-7.11 Neue Lebende Übersetzung)

30.2.4. Barmherzigkeit

Barmherzigkeit bedeutet, nicht das zu bekommen, was wir verdienen. Es ist wie eine „Komm-aus-dem-Gefängnis-frei"-Karte. Jeder von uns ist Gott, der uns erschaffen hat, Rechenschaft schuldig. Er sagt, die Strafe für die Sünde ist der Tod. Wir haben bereits gelernt, dass jeder von uns ein Sünder ist. Wir verdienen es also alle, zu sterben und die Ewigkeit in der Hölle zu verbringen. Gott zeigt Seine Barmherzigkeit, indem Er uns vor diesem sicheren Tod rettet. Gott bestrafte Seinen Sohn Jesus für unsere Sünden, anstatt uns zu bestrafen. Jeder von uns muss die Entscheidung treffen, Seine Barmherzigkeit anzunehmen oder nicht. Ich hoffe, du entscheidest dich, an das Werk zu glauben, das Jesus tat, um dich zu retten. Gottes Barmherzigkeit ist das, was Sündern vergibt.

Da wir Sünder sind, ist unsere Strafe der Tod, aber Gott hat uns gerettet.

> Der Stachel des Todes aber ist die Sünde, die Kraft der Sünde aber ist das Gesetz. Gott aber sei Dank, der uns den Sieg gibt durch unseren Herrn Jesus Christus! (1. Korinther 15,56-57)

Es geschieht nach Gottes Barmherzigkeit, dass wir gerettet sind, nicht durch irgendetwas, das wir selbst getan haben.

Als aber die Güte und die Menschenliebe Gottes, unseres Erretters, erschien, hat
Er uns gerettet – nicht um der Werke der Gerechtigkeit willen, die wir getan
hätten, sondern nach Seiner Barmherzigkeit – durch das Bad der Wiedergeburt
und die Erneuerung des Heiligen Geistes, den Er reichlich über uns ausgegossen
hat durch Jesus Christus, unseren Erretter. (Titus 3,4-6)

Gott erweist uns, den Ungerechten, Barmherzigkeit und vergibt uns.

Der Gottlose verlasse seinen Weg und der Übeltäter seine Gedanken; und er kehre
um zu Jahwe, so wird Er Sich über ihn erbarmen, und zu unserem Gott, denn Er
ist reich an Vergebung. (Jesaja 55,7)

30.3. Glaubenshandlungen

30.3.1. Buße tun

Buße tun bedeutet, sich abzuwenden von. Wenn du erkennst, dass du
etwas falsch gemacht oder jemanden verletzt hast und dich entscheidest, dich
nicht mehr so zu verhalten, dann ist das Buße. Im weiteren Sinne ist Buße das
Abwenden von unserem sündigen Verhalten und das Hinwenden zu Gott.
Viele von euch denken vielleicht, dass dies bedeutet, dass du dich selbst in
Ordnung bringen und das Chaos, das du aus deinem Leben gemacht hast,
aufräumen musst, bevor du Gott nachfolgen kannst. Nein! Gott liebt dich und
Jesus ist bereits für dich gestorben, während du noch ein Sünder bist. Gott
weiß, dass wir Seine heiligen Maßstäbe nicht aus eigener Kraft erreichen
können. Bekenne Gott deine Sünden und sage Ihm, dass es dir leidtut und du
Ihm folgen willst. Er wird treu sein und dir helfen. Du musst dich Jesus
einfach mit einem bußfertigen Herzen nähern.

Jesus kam, um uns Sünder zur Buße zu rufen. In diesen Versen bezieht
sich „Ihm ein großes Mahl bereitete" auf ein Mahl für Jesus.

Und Levi bereitete Ihm ein großes Mahl in seinem Haus; und es war eine große
Schar von Zöllnern und anderen da, die mit ihnen zu Tisch saßen. Und ihre
Schriftgelehrten und die Pharisäer murrten gegen Seine Jünger und sprachen:
„Warum esst und trinkt ihr mit den Zöllnern und Sündern?" Und Jesus antwortete
und sprach zu ihnen: „Nicht die Gesunden brauchen den Arzt, sondern die
Kranken. Ich bin nicht gekommen, Gerechte zu rufen, sondern Sünder zur Buße."
(Lukas 5,29-32)

Jesus starb für dich, als du noch ein Sünder warst.

> Gott aber beweist Seine Liebe zu uns dadurch, dass Christus für uns gestorben ist,
> als wir noch Sünder waren. (Römer 5,8)

Dies ist ein Psalm, den König David schrieb. Die Bibel sagt uns, dass er ein Herz nach Gottes Sinn hatte (1. Samuel 13,14; Apostelgeschichte 13,22). David sagt uns, wie ein bußfertiges Herz aussieht.

> Gott, sei mir gnädig nach Deiner Huld, tilge meine Frevel nach Deinem großen
> Erbarmen! Wasche mich völlig rein von meiner Schuld und reinige mich von
> meiner Sünde! Denn ich erkenne meine Frevel, und meine Sünde ist mir stets vor
> Augen. An Dir allein habe ich gesündigt und getan, was böse ist in Deinen Augen,
> damit Du recht behältst, wenn Du redest, und rein dastehst, wenn Du richtest. …
> Erschaffe mir, o Gott, ein reines Herz, und erneuere in meinem Inneren einen
> festen Geist! … Gib mir wieder die Freude an Deinem Heil, und stütze mich mit
> einem willigen Geist! … Die Opfer, die Gott gefallen, sind ein zerbrochener
> Geist; ein zerbrochenes und zerschlagenes Herz wirst Du, o Gott, nicht verachten.
> (Psalm 51,1-4.10.12.17)

Gott ist treu, das Werk zu vollenden, das Er in uns begonnen hat. Du kannst dich nicht selbst reinigen, aber Gott kann es.

> Ich bin voll Zuversicht, dass der, welcher in euch ein gutes Werk begonnen hat,
> es auch vollenden wird bis auf den Tag Jesu Christi. (Philipper 1,6)

30.3.2. Wassertaufe

Die Taufe ist der Akt des Eintauchens in Wasser. Dies ist die symbolische Handlung der Reinigung von deinen Sünden. Sie wird gewöhnlich durch das Waschen mit Wasser, das Untertauchen im Wasser oder das Besprengen mit Wasser vollzogen. Dies ist <u>nicht</u> eine Handlung, die du vollziehen musst, um gerettet zu werden. Sie demonstriert und feiert lediglich deinen Glauben. Jesus wurde getauft, um Seine Einheit mit Gott zu demonstrieren. Du wirst in der Schrift bemerken, dass Jesus Selbst niemanden getauft hat. Wenn die Errettung dies erfordern würde, glaubst du nicht, dass dies alles gewesen wäre, was Jesus während Seines Dienstes getan hätte? Du bist allein aus Gnade gerettet, nicht durch irgendetwas, das du tust.

Jesus sagt uns, dass die Taufe für Seine Jünger, Seine Nachfolger, ist.

> Und Jesus trat herzu, redete mit ihnen und sprach: „Mir ist gegeben alle Gewalt
> im Himmel und auf Erden. So geht nun hin und macht zu Jüngern alle Völker,

und tauft sie auf den Namen des Vaters und des Sohnes und des Heiligen Geistes.“ (Matthäus 28,18-19)

Jesus wurde von Johannes dem Täufer getauft, um Seine Einheit mit Gott zu demonstrieren. Wir lernen hier auch, dass die Taufe zeigen soll, dass du deine Sünden bereut hast und dich Gott zugewandt hast, um Vergebung zu empfangen.

> Dieser Bote war Johannes der Täufer. Er war in der Wüste und verkündete, dass die Menschen getauft werden sollten, um zu zeigen, dass sie ihre Sünden bereut und sich Gott zugewandt hatten, um Vergebung zu empfangen. … Johannes verkündete: „Bald kommt jemand, der mächtiger ist als ich – so viel mächtiger, dass ich nicht einmal würdig bin, mich zu bücken und die Riemen Seiner Sandalen zu lösen. Ich taufe euch mit Wasser, aber Er wird euch mit dem Heiligen Geist taufen!“ Eines Tages kam Jesus aus Nazareth in Galiläa, und Johannes taufte Ihn im Jordan. Als Jesus aus dem Wasser stieg, sah Er, wie der Himmel aufriss und der Heilige Geist wie eine Taube auf Ihn herabkam. Und eine Stimme aus dem Himmel sagte: „Du bist Mein geliebter Sohn, und Du bereitest Mir große Freude.“ (Markus 1,4.7-11 Neue Lebende Übersetzung)

Petrus, ein Jünger Jesu, sagt uns, dass die Taufe eine Antwort an Gott ist, nachdem Er uns unsere Sünden vergeben hat, denn dann erhalten wir ein reines Gewissen.

> Das ist ein Vorbild der Taufe, die jetzt auch euch rettet – nicht das Abtun von Unreinheit des Fleisches, sondern die Antwort eines guten Gewissens an Gott durch die Auferstehung Jesu Christi. (1. Petrus 3,21 Neue Lebende Übersetzung)

30.3.3. Taufe mit dem Heiligen Geist

Dies ist das, was geschieht, nachdem du ein Gläubiger geworden bist. Der Heilige Geist lebt in dir. Der Geist Gottes und Jesu lebt in dir. Der Heilige Geist ist ein Helfer und wird dir Fähigkeiten schenken, die Geistesgaben genannt werden und die dir helfen werden, zu wachsen und Gottes Reich auf der Erde voranzubringen. Du musst Ihn nur bitten, dir diese Fähigkeiten zu offenbaren, und Er wird es tun.

In diesen Versen spricht Jesus über die Taufe mit dem Heiligen Geist. Jesus ist derjenige, der „ihnen befahl“.

> Den ersten Bericht habe ich gegeben, o Theophilus, von allem, was Jesus

> angefangen hat, beides zu tun und zu lehren … Und als Er mit ihnen zusammen war, befahl Er ihnen, sich nicht von Jerusalem zu entfernen, sondern die Verheißung des Vaters abzuwarten, „die ihr", sprach Er, „von Mir gehört habt. Denn Johannes hat mit Wasser getauft, ihr aber sollt mit Heiligem Geist getauft werden, nicht lange nach diesen Tagen. … Ihr werdet Kraft empfangen, wenn der Heilige Geist auf euch gekommen ist; und ihr werdet Meine Zeugen sein in Jerusalem und in ganz Judäa und Samaria und bis an das Ende der Erde." (Apostelgeschichte 1,1.4-5.8)

Als du dein Vertrauen in Jesus gesetzt hast, wurdest du mit Seinem Heiligen Geist versiegelt.

> In Ihm seid auch ihr, als ihr das Wort der Wahrheit, das Evangelium eurer Rettung, gehört habt und gläubig geworden seid, versiegelt worden mit dem Heiligen Geist der Verheißung, der das Unterpfand unseres Erbes ist bis zur Erlösung des Eigentums, zum Lob Seiner Herrlichkeit. (Epheser 1,13-14 Neue Internationale Version)

Der Apostel Paulus beschreibt die Gaben, die der Heilige Geist uns schenkt. Sie umfassen Weisheit, Erkenntnis, Glauben, Heilung, Wunder, Prophetie, Unterscheidung, Sprachen und das Auslegen von Sprachen.

> Über die geistlichen Gaben aber, Brüder, will ich euch nicht in Unwissenheit lassen. … Es bestehen aber Unterschiede in den Gnadengaben, doch es ist derselbe Geist. … Jedem wird aber die Offenbarung des Geistes zum Nutzen aller gegeben. Dem einen nämlich wird durch den Geist ein Wort der Weisheit gegeben, einem anderen aber ein Wort der Erkenntnis … einem anderen Glauben … einem anderen Gnadengaben der Heilungen … einem anderen Wirkungen von Wunderkräften, einem anderen Prophetie, einem anderen Unterscheidung der Geister, einem anderen verschiedene Arten von Sprachen, einem anderen die Auslegung der Sprachen. Dies alles aber wirkt ein und derselbe Geist, der jedem einzeln zuteilt, wie Er will. (1. Korinther 12,1.4.7-11)

30.3.4. Abendmahl

Jesus führte das, was wir das Abendmahl nennen, während Seines letzten Abendmahls mit Seinen Jüngern ein. Jesus teilte Brot und Wein mit Seinen Jüngern. Jesus bat Seine Nachfolger, dasselbe zum Gedächtnis an Ihn zu tun. Das Brot ist symbolisch für Jesu Leib, während der Wein symbolisch für Sein Blut ist. Während Seines Dienstes bezeichnete Sich Jesus oft als das Brot des Lebens und als die Quelle lebendigen Wassers. Nun ist Jesus nicht physisch in dem Brot oder dem Wein vorhanden, der konsumiert wird. Das Brot und der Wein sollen dir helfen, dich an Jesu Lehren zu erinnern und an das, was Jesus für dich getan hat, indem Er Seinen Leib opferte und Sein Blut am Kreuz für deine Sünden vergoss. Wenn du am Abendmahl teilnimmst, denke über alles nach, was Jesus für dich getan hat.

Der Apostel Paulus erklärt das Abendmahl in diesen Versen. Wir tun es, um uns daran zu erinnern, was Jesus für uns getan hat.

> Denn ich habe von dem Herrn empfangen, was ich auch euch überliefert habe, nämlich dass der Herr Jesus in der Nacht, in der Er verraten wurde, Brot nahm, und nachdem Er gedankt hatte, es brach und sprach: „Nehmt, esst! Das ist Mein Leib, der für euch gebrochen wird; dies tut zu Meinem Gedächtnis!" Desgleichen auch den Kelch nach dem Mahl, indem Er sprach: „Dieser Kelch ist der neue Bund in Meinem Blut; dies tut, sooft ihr ihn trinkt, zu Meinem Gedächtnis!" Denn sooft ihr dieses Brot esst und diesen Kelch trinkt, verkündigt ihr den Tod des Herrn, bis Er kommt. (1. Korinther 11,23-26)

Jesus beschreibt Sich Selbst als das Brot des Lebens.

> Da sprach Jesus zu ihnen: „Wahrlich, wahrlich, Ich sage euch: Nicht Mose hat euch das Brot aus dem Himmel gegeben, sondern Mein Vater gibt euch das wahre Brot aus dem Himmel. Denn das Brot Gottes ist derjenige, der aus dem Himmel herabkommt und der Welt das Leben gibt." ... Jesus aber sprach zu ihnen: „Ich bin das Brot des Lebens. Wer zu Mir kommt, den wird nicht hungern, und wer an Mich glaubt, den wird niemals dürsten." (Johannes 6,32-33.35)

Jesus sagt uns, dass Er lebendiges Wasser gibt.

> Jesus antwortete und sprach zu ihr: „Wenn du die Gabe Gottes erkenntest und wer der ist, der zu dir spricht: ‚Gib mir zu trinken!', so würdest du Ihn bitten, und Er gäbe dir lebendiges Wasser." ... Jesus antwortete und sprach zu ihr: „Jeden, der von diesem Wasser trinkt, wird wieder dürsten; wer aber von dem Wasser trinkt, das Ich ihm geben werde, den wird in Ewigkeit nicht dürsten, sondern das Wasser, das Ich ihm geben werde, wird in ihm zu einer Quelle von Wasser werden, das bis ins ewige Leben quillt." (Johannes 4,10.13-14)

30.3.5. Furcht Gottes

Furcht bedeutet in diesem Zusammenhang nicht, Angst zu haben. Denn Gott ist Liebe, und in Seiner vollkommenen Liebe gibt es keine Angst. Die „Furcht Gottes" bedeutet stattdessen, Ehrfurcht vor Gott zu haben. Das Wort Ehrfurcht drückt ein Gefühl des Staunens, der heiligen Scheu und des

Respekts aus. Gott ist allmächtig und verdient Verehrung, Ehre und unsere Ehrfurcht. Wir zeigen, dass wir diese Furcht Gottes haben, durch Gehorsam, Glauben, Anbetung, Gebet und indem wir Zeit mit Gott verbringen.

Die Furcht Gottes ist Weisheit.

> Die Weisheit aber, wo wird sie gefunden? Und wo ist die Stätte der Einsicht? … Gott weiß den Weg zu ihr, und Er kennt ihre Stätte. … Und zum Menschen sprach Er: „Siehe, die Furcht des Herrn, das ist Weisheit; und das Böse meiden, das ist Einsicht." (Hiob 28,20.23.28)

Uns wird gesagt, dass wir Gott mit heiliger Furcht und Ehrfurcht anbeten sollen.

> Darum, weil wir ein unerschütterliches Reich empfangen, lasst uns dankbar sein und so Gott dienen mit heiliger Furcht und Ehrfurcht, wie es Ihm wohlgefällt! (Hebräer 12,28 Neue Lebende Übersetzung)

Wir sollen in Ehrfurcht vor Gott stehen.

> Alle Welt fürchte Jahwe; vor Ihm scheue sich alles, was auf dem Erdboden wohnt! (Psalm 33,8)

Diese von Mose geschriebene Schriftstelle sagt uns, wie wir Ehrfurcht vor Gott zeigen. Wir zeigen sie, indem wir Gott gehorchen, Ihn lieben und Ihm dienen.

> Und nun, Israel, was fordert Jahwe, dein Gott, von dir, als nur, dass du Jahwe, deinen Gott, fürchtest, dass du in allen Seinen Wegen wandelst und Ihn liebst und Jahwe, deinem Gott, dienst mit deinem ganzen Herzen und mit deiner ganzen Seele, indem du die Gebote Jahwes und Seine Satzungen hältst. (5. Mose 10,12-13)

30.3.6. Höchste Gebote

Während Seines Dienstes fasste Jesus das Gesetz und die Zehn Gebote auf das Höchste Gebot und die Goldene Regel zusammen. Es sind zwei Gebote, die alle anderen zusammenfassen. Liebe Gott und liebe deinen Nächsten. Liebe ist hier die zentrale Wahrheit. Wenn du Gott liebst, wirst du nichts anderes anbeten. Wenn du deinen Nächsten liebst, was jede andere Person einschließt, wirst du nichts tun, um ihr Unrecht zu tun oder sie zu verletzen.

Jesus sagt uns, welche Gebote die höchsten sind.

> Einer der Schriftgelehrten … fragte Ihn: „Welches ist das erste Gebot von allen?"
> Jesus aber antwortete ihm: „Das erste Gebot unter allen ist: ‚Höre, Israel, der Herr,
> unser Gott, ist der Herr allein! Und du sollst den Herrn, deinen Gott, lieben mit
> deinem ganzen Herzen und mit deiner ganzen Seele und mit deinem ganzen
> Gemüt und mit deiner ganzen Kraft.' Dies ist das erste Gebot. Und das zweite ist
> ihm vergleichbar: ‚Du sollst deinen Nächsten lieben wie dich selbst.' Es gibt kein
> anderes Gebot, das größer ist als diese." (Markus 12,28-31)

In dieser Schriftstelle sagt uns Jesus, dass wir andere so behandeln sollen, wie wir selbst behandelt werden wollen.

> Alles nun, was ihr wollt, dass euch die Leute tun sollen, das tut ihnen auch! Das
> ist das Gesetz und die Propheten. (Matthäus 7,12)

Liebe ist das Hauptprinzip.

> Vor allem aber habt eine inständige Liebe untereinander; denn die Liebe wird eine
> Menge von Sünden decken. (1. Petrus 4,8)

30.3.7. Missionsbefehl

Dies ist eine Anweisung, die alle Gläubigen haben, und sie stammt direkt aus dem Mund Jesu. Wir sollen unseren Glauben mit anderen teilen. Wir sollen anderen Menschen helfen zu erkennen, wer sie wirklich sind: Kinder Gottes, für den Himmel geschaffen. Dies kann eine entmutigende Aufgabe sein, weil wir die Konsequenzen fürchten, unseren Glauben mit jemandem zu teilen, der ungünstig oder gewalttätig reagieren könnte. Denke daran, dass Jesus bei dir ist. Er ist es immer. Du hast nichts zu befürchten. Es ist nur eine List Satans, weil er nicht möchte, dass du jemandem hilfst, die Wahrheit zu erkennen. Gott wird dir helfen, mit anderen zu sprechen, so wie Er Mose half, mit dem Pharao zu sprechen, und Paulus, den Heiden zu predigen.

In diesen Versen gibt Jesus uns den Missionsbefehl. Jesus ist derjenige, der spricht.

> Und Er sprach zu ihnen: „Geht hin in alle Welt und verkündigt das Evangelium
> der ganzen Schöpfung!" … Der Herr nun wurde, nachdem Er mit ihnen geredet
> hatte, aufgenommen in den Himmel und setzte Sich zur Rechten Gottes. Sie aber
> gingen aus und predigten überall, und der Herr wirkte mit ihnen und bekräftigte

das Wort durch die begleitenden Zeichen. (Markus 16,15.19-20)

Nachdem Jesus den Missionsbefehl gegeben hatte, sagte Er, dass Er immer bei uns sein würde.

> Und Jesus trat herzu, redete mit ihnen und sprach: „Mir ist gegeben alle Gewalt im Himmel und auf Erden. So geht nun hin und macht zu Jüngern alle Völker, und tauft sie auf den Namen des Vaters und des Sohnes und des Heiligen Geistes, und lehrt sie alles halten, was Ich euch befohlen habe. Und siehe, Ich bin bei euch alle Tage bis an das Ende der Weltzeit!" Amen. (Matthäus 28,18-20)

Wir sollen das Evangelium predigen, egal was passiert. Der Apostel Paulus sagt uns, dass Gott ihm beistand, ihn stärkte und ihn sogar rettete, während er bei dieser Aufgabe treu war. „Weise zurecht, drohe und ermahne" bedeutet, dass wir andere korrigieren, rügen und ermutigen sollten.

> Verkündige das Wort, tritt dafür ein, es sei gelegen oder ungelegen; weise zurecht, drohe, ermahne mit aller Langmut und Lehre! Denn es wird eine Zeit kommen, da sie die gesunde Lehre nicht ertragen werden, sondern sich nach ihren eigenen Lüsten Lehrer häufen werden, weil sie kitzlige Ohren haben; und sie werden die Ohren von der Wahrheit abwenden und sich den Fabeln zuwenden. ... Der Herr aber stand mir bei und stärkte mich, damit durch mich die Verkündigung vollendet würde und alle Heiden sie hören könnten; und ich wurde errettet aus dem Rachen des Löwen. (2. Timotheus 4,2-4.17)

Gott half Mose, mit dem Pharao zu sprechen, also wird Er auch dir beim Reden helfen.

> Mose aber sprach zu Jahwe: „Ach, mein Herr, ich bin kein Mann der Rede, weder seit gestern noch seit vorgestern, noch seitdem Du mit Deinem Knecht redest; denn ich habe einen schweren Mund und eine schwere Zunge." Da sprach Jahwe zu ihm: „Wer hat dem Menschen den Mund gemacht? Oder wer macht stumm oder taub oder sehend oder blind? Bin Ich es nicht, Jahwe? So geh nun hin: Ich will mit deinem Mund sein und dich lehren, was du sagen sollst!" (2. Mose 4,10-12)

30.4. Gottes Verheißungen

30.4.1. Vergebung

Vergebung ist der Akt des Annehmens der Entschuldigung von jemandem, der dir Unrecht getan oder dich verletzt hat. Wenn wir sündigen, missachten wir Gottes Gesetz und verletzen uns selbst und andere Menschen. Wir müssen vergeben werden, wenn wir sündigen. Da wir Gott und Seinem Gesetz gegenüber rechenschaftspflichtig sind, benötigen wir in erster Linie Gottes Vergebung. Das Wunderbare ist, dass Gott der Gott der Vergebung ist. Er sandte Jesus, um für unsere Sünden zu sterben, damit Er uns unsere Sünden vergeben konnte. Wenn du Gott gesagt hast, dass es dir leidtut, und du glaubst, dass Jesus für deine Sünden gestorben ist, dann ist dir vergeben! Du kannst dir dessen zu 100 % sicher sein.

Nun geht Vergebung über das hinaus, dass Gott uns vergibt. Sie erfordert auch von uns, dass wir anderen Menschen ihre Sünden gegen uns vergeben. Oje! Das ist eine schwierige Aufgabe, weil wir alle gerne grollen. Gott erinnert uns daran, dass Er uns unsere Sünden vergeben hat, also müssen wir diese gleiche Liebe anderen zeigen und auch ihnen vergeben.

Gott ist treu, uns zu vergeben, wenn wir unsere Sünden bekennen. In diesem Vers ist Gott das „Er".

> Wenn wir unsere Sünden bekennen, ist Er treu und gerecht, dass Er uns die Sünden vergibt und uns reinigt von aller Ungerechtigkeit. (1. Johannes 1,9)

Wenn du Buße tust, wird Gott Sich nicht mehr an deine Sünden erinnern.

> So tut nun Buße und bekehrt euch, dass eure Sünden ausgetilgt werden, damit Zeiten der Erquickung vom Angesicht des Herrn kommen. (Apostelgeschichte 3,19)

Nachdem Gott uns vergeben hat, wirft Er unsere Sünden „so fern der Osten ist vom Westen". Das bedeutet, sie sind unendlich weit von uns entfernt.

> Lobe Jahwe, meine Seele, und vergiss nicht, was Er dir Gutes getan hat! Der dir alle deine Sünden vergibt und heilt alle deine Gebrechen … Er handelt nicht mit uns nach unseren Sünden und vergilt uns nicht nach unserer Missetat. Denn so hoch der Himmel über der Erde ist, so groß ist Seine Gnade über denen, die Ihn fürchten. So fern der Osten ist vom Westen, lässt Er unsere Übertretungen von uns sein. (Psalm 103,2-3.10-12)

Da uns vergeben wurde, müssen wir auch anderen vergeben.

> Seid aber gegeneinander gütig, mitleidig, und vergebt einander, gleichwie auch Gott in Christus euch vergeben hat. (Epheser 4,32)

30.4.2. Von neuem geboren

„Von neuem geboren" ist eine recht merkwürdige Redewendung, beschreibt aber perfekt, was mit Menschen geschieht, sobald sie an die rettende Gnade Jesu glauben. Sie werden von neuem geboren. Dies bezieht sich auf eine geistliche Geburt, nicht auf eine physische. Hast du dein Vertrauen in Jesus gesetzt? Wenn ja, bist du in eine neue Beziehung zu Gott und Jesus hineingeboren worden. Gottes Heiliger Geist lebt nun in dir und macht dich neu.

In diesen Versen spricht Jesus mit Nikodemus darüber, von neuem geboren zu werden. „Aus Wasser geboren" bezieht sich auf deine physische Geburt als Baby. „Aus dem Geist geboren" ist es, wenn du dein Vertrauen in Jesus setzt und Sein Geist in dir lebt.

> Jesus antwortete und sprach zu ihm: „Wahrlich, wahrlich, Ich sage dir: Wenn jemand nicht von neuem geboren wird, so kann er das Reich Gottes nicht sehen!" Nikodemus spricht zu Ihm: „Wie kann ein Mensch geboren werden, wenn er alt ist? Er kann doch nicht zum zweiten Mal in den Schoß seiner Mutter eingehen und geboren werden?" Jesus antwortete: „Wahrlich, wahrlich, Ich sage dir: Wenn jemand nicht aus Wasser und Geist geboren wird, so kann er nicht in das Reich Gottes eingehen! Was aus dem Fleisch geboren ist, das ist Fleisch, und was aus dem Geist geboren ist, das ist Geist." (Johannes 3,3-6 Neue König Jakobus Version)

Wenn wir Jesus in unser Leben aufnehmen, werden wir zu einer neuen Schöpfung.

> Darum: Ist jemand in Christus, so ist er eine neue Kreatur; das Alte ist vergangen, siehe, Neues ist geworden! (2. Korinther 5,17)

Wenn wir von neuem geboren werden, sollen wir unser altes Selbst ablegen oder wegschließen und stattdessen unser neues Selbst anziehen.

> Ihr aber habt Christus nicht so kennengelernt, wenn ihr wirklich auf Ihn gehört habt und in Ihm gelehrt worden seid, wie es der Wahrheit in Jesus entspricht: dass ihr, was den früheren Wandel betrifft, den alten Menschen abgelegt habt, der sich infolge der betrügerischen Lüste verderbte, dagegen erneuert werdet im Geist eurer Gesinnung und den neuen Menschen angezogen habt, der Gott entsprechend geschaffen ist in wahrhafter Gerechtigkeit und Heiligkeit. (Epheser 4,20-24)

30.4.3. Kind Gottes

Wenn du dich entscheidest, an all das zu glauben, was Jesus für dich getan hat, erhältst du die größten vorstellbaren Geschenke. Du bist nun ein Kind Gottes. Dies bringt all die Privilegien mit sich, die man in Gottes Familie erwarten würde. Das erste ist das ewige Leben. Zweitens ist Jesus der König der Könige. Da Jesus ein König ist, macht das Seine Kinder ebenfalls zu Adligen. Er wird nach dem Ende der Drangsalszeit über die gesamte Erde herrschen. Die Bibel sagt uns, dass die Gläubigen mit Ihm auf der Erde regieren werden. Drittens darfst du auch in Gottes Haus, dem Himmel, wohnen. Während du auf der Erde lebst, vergiss niemals diese wichtige Wahrheit darüber, wer du bist. Dies ist deine wahre Identität.

Der Feind, Satan, möchte nicht, dass du weißt, wer du wirklich bist, und blendet dich ständig davor. Satan möchte, dass du all dein Vertrauen und deine Hoffnung in deine irdische Identität setzt. Dein irdischer Körper ist nicht das, was du bist. Dein Beruf ist nicht das, was du bist. Deine Beziehungen zu anderen Menschen sind nicht das, was du bist. Die Dinge, die du besitzt, sind nicht das, was du bist. All diese Dinge sind nur vorübergehend. Wenn du an Jesus glaubst, bist du ein Kind Gottes. Du hast die Kraft Jesu in dir wohnen. Nichts kann dir das wegnehmen.

Wir werden zu einem Kind Gottes, indem wir an Jesus glauben.

> Jeder, der glaubt, dass Jesus der Christus ist, der ist aus Gott geboren. … Denn das ist die Liebe zu Gott, dass wir Seine Gebote halten; und Seine Gebote sind nicht schwer. Denn alles, was aus Gott geboren ist, überwindet die Welt; und unser Glaube ist der Sieg, der die Welt überwunden hat. (1. Johannes 5,1.3-4 Neue Lebende Übersetzung)

Wenn du an Jesus glaubst und ein Kind Gottes wirst, erhältst du die Kraft Jesu, die in dir lebt.

> Wenn aber Christus in euch ist, so ist der Leib zwar tot um der Sünde willen, der Geist aber ist Leben um der Gerechtigkeit willen. Wenn aber der Geist dessen, der Jesus aus den Toten auferweckt hat, in euch wohnt, so wird Er, der Christus aus den Toten auferweckt hat, auch eure sterblichen Leiber lebendig machen durch Seinen Geist, der in euch wohnt. (Römer 8,10-11 Neue Lebende Übersetzung)

Gottes Kinder erhalten ewiges Leben. In diesem Vers ist „Seine Gnade" Gottes Gnade.

> Damit wir, durch Seine Gnade gerechtfertigt, Erben des ewigen Lebens würden,

wie es unsere Hoffnung ist. (Titus 3,7 Neue Lebende Übersetzung)

Niemand kann einem Kind Gottes das ewige Leben wegnehmen. Jesus ist derjenige, der hier spricht.

> Und Ich gebe ihnen ewiges Leben, und sie werden in Ewigkeit nicht verloren gehen, und niemand wird sie aus Meiner Hand reißen. Mein Vater, der sie Mir gegeben hat, ist größer als alle, und niemand kann sie aus der Hand Meines Vaters reißen. (Johannes 10,28-29)

Gottes Kinder sind Erben durch Jesus. In diesen Versen ist der „Geist Seines Sohnes" der Heilige Geist Jesu.

> Als aber die Zeit erfüllt war, sandte Gott Seinen Sohn, geboren von einer Frau und unter das Gesetz getan, damit Er die, welche unter dem Gesetz waren, loskaufte, damit wir die Sohnesstellung empfingen. Weil ihr nun Söhne seid, hat Gott den Geist Seines Sohnes in eure Herzen gesandt, der ruft: „Abba, Vater!" So bist du also nicht mehr Knecht, sondern Sohn; wenn aber Sohn, dann auch Erbe Gottes durch Christus. (Galater 4,4-7)

In diesen Schriftstellen lernen wir, dass Gottes Kinder die Erde erben werden.

> Glückselig sind die Sanftmütigen, denn sie werden das Erdreich erben! (Matthäus 5,5)

> Und ich sah einen neuen Himmel und eine neue Erde; denn der erste Himmel und die erste Erde waren vergangen, und das Meer ist nicht mehr. … Und ich hörte eine laute Stimme aus dem Himmel sagen: „Siehe, die Stätte Gottes bei den Menschen! Und Er wird bei ihnen wohnen, und sie werden Seine Völker sein, und Gott Selbst wird bei ihnen sein, ihr Gott. Und Gott wird abwischen alle Tränen von ihren Augen, und der Tod wird nicht mehr sein, noch Leid noch Geschrei noch Schmerz wird mehr sein; denn das Erste ist vergangen." … „Wer überwindet, der wird alles erben, und Ich werde sein Gott sein, und er wird Mein Sohn sein." (Offenbarung 21,1.3-4.7 Neue König Jakobus Version)

30.4.4. Erhörtes Gebet

Eine zentrale Wahrheit in der gesamten Bibel ist, dass Gott Gebete hört und beantwortet. Denke daran, dass Gebet einfach das Reden mit Gott ist. Er hört dich, wenn du in deinen Gedanken still zu Ihm sprichst oder wenn du laut sprichst. Dies ist eine der Möglichkeiten, wie du darauf vertrauen kannst, dass Gott tun wird, was Er versprochen hat. Weil Gott in der Vergangenheit treu darin war, Gebete zu erhören. Lass dich trösten in dem Wissen, dass Gott dich hört, wenn du zu Ihm sprichst. Selbst wenn du nicht weißt, was du sagen sollst, betet der Heilige Geist in deinem Namen für dich.

Gott hört unsere Gebete.

Jahwe ist fern von den Gottlosen, aber das Gebet der Gerechten erhört Er. (Sprüche 15,29)

Gott erhört Gebete. In diesem Vers ist Jesus derjenige, der spricht.

Und alles, was ihr im Gebet erbittet, wenn ihr glaubt, so werdet ihr es empfangen. (Matthäus 21,22)

Hier ist ein Beispiel für ein erhörtes Gebet. Johannes der Täufer war eine Antwort auf das Gebet seines vaters.

Da erschien ihm ein Engel des Herrn, der stand zur Rechten des Räucheraltars. Und Zacharias erschrak, als er ihn sah, und Furcht überfiel ihn. Aber der Engel sprach zu ihm: „Fürchte dich nicht, Zacharias! Denn dein Flehen ist erhört worden, und deine Frau Elisabeth wird dir einen Sohn gebären, und du sollst ihm den Namen Johannes geben." (Lukas 1,11-13)

Gottes Heiliger Geist betet für dich. In diesen Versen bedeutet „tritt für uns ein" beten.

Ebenso kommt auch der Geist unserer Schwachheit zu Hilfe; denn wir wissen nicht, was wir beten sollen, wie es sich gebührt; aber der Geist Selbst tritt für uns ein mit unaussprechlichen Seufzern. Er aber, der die Herzen erforscht, weiß, was das Trachten des Geistes ist; denn Er tritt so für die Heiligen ein, wie es Gott entspricht. (Römer 8,26-27)

30.4.5. Führung

Eines der Versprechen Gottes in der Bibel ist Seine Zusage, dich zu leiten und zu führen. Er wird dich nicht verlassen oder im Stich lassen. Gott hat das Beste für dich im Sinn. Er hat dich auf einzigartige Weise und für einen bestimmten Zweck erschaffen. Er wird deine Schritte durch das Leben lenken, damit du deine Bestimmung erfüllst. Gib deinen Willen Gottes Willen hin, genau wie Jesus es im Garten Gethsemane tat, und vertraue darauf, dass Er deine Schritte führen wird.

Bitte Gott um Weisheit und vertraue darauf, dass Er sie gewähren wird.

> Wenn es aber jemandem unter euch an Weisheit mangelt, so erbitte er sie von Gott, der allen gern gibt und keinen Vorwurf macht; so wird sie ihm gegeben werden. Er bitte aber im Glauben und zweifle nicht; denn wer zweifelt, gleicht einer Meereswoge, die vom Wind getrieben und hin- und hergeworfen wird. (Jakobus 1,5-6)

> Vertraue auf Jahwe mit deinem ganzen Herzen und verlass dich nicht auf deinen Verstand; erkenne Ihn auf allen deinen Wegen, so wird Er deine Pfade ebnen. (Sprüche 3,5-6)

Gott wird dich nicht verlassen, verleugnen oder Sich von dir abwenden. Denke daran, dass „Jahwe" ein anderer Name für Gott ist.

> „Denn Ich weiß, was für Gedanken Ich über euch habe", spricht Jahwe, „Gedanken des Friedens und nicht des Unheils, um euch eine Zukunft und Hoffnung zu geben." (Jeremia 29,11)

Gott plante deinen Weg, noch bevor Er dich erschuf.

> Von Jahwe werden die Schritte des Mannes bestätigt, wenn Ihm sein Weg gefällt. Fällt er, so wird er nicht weggeworfen; denn Jahwe stützt seine Hand. (Psalm 37,23-24)

Ergib dich Gottes Willen, so wie Jesus es tat, als Er Sein Leben für dich opferte. Jesus ist derjenige, der hier spricht.

> Vater, wenn Du willst, nimm diesen Kelch von Mir! Doch nicht Mein, sondern Dein Wille geschehe! (Lukas 22,42)

30.4.6. Alle werden Gott sehen

Jeder Einzelne von uns wird Gott leibhaftig von Angesicht zu Angesicht sehen. An jenem Tag wird das Einzige, was zählen wird, deine Beziehung zu Jesus sein. Einige werden Unwissenheit vorschützen und behaupten, sie hätten nicht gewusst, dass Gott existiert. Nun, das wird „nicht ziehen", das heißt, es wird bei Gott keinen Anklang finden. Die Bibel sagt uns, dass keiner von uns an jenem Tag eine Entschuldigung haben wird. Siehst du, Gott hat jeden von uns von Anfang an gekannt (Jeremia 1,4-5). Er hat Sein Gesetz und die Ewigkeit in unser aller Herz geschrieben (Prediger 3,11). Und Gottes gesamte

Schöpfung wird ein Zeuge gegen dich sein. Wenn du dein Vertrauen in dich selbst oder in weltliche Dinge wie Geld und Besitz oder in falsche Götter gesetzt hast, wird dies der schrecklichste Tag für dich sein. Denn du wirst augenblicklich erkennen, wie falsch du lagst und dass du deine Chance auf ewiges Glück verspielt hast. Wenn du jedoch dein Vertrauen in Jesus gesetzt hast, dann wird dies ein spektakulärer Tag für dich sein, wenn du in Gottes Gegenwart im Himmel eintrittst und buchstäblich für immer glücklich lebst.

Hiob wusste, dass er Gott in seinem eigenen Fleisch sehen würde. Hiob ist derjenige, der hier spricht.

> Doch ich weiß: Mein Erlöser lebt, und als der Letzte wird Er über dem Staub stehen. Und nachdem meine Haut so zerschlagen ist, werde ich doch in meinem Fleisch Gott schauen; Ich selbst werde Ihn schauen, meine Augen werden Ihn sehen, und nicht ein Fremder. (Hiob 19,25-27)

Jesu Jünger Johannes empfing eine herrliche Offenbarung von Jesus. In diesen Versen beschreibt er, dass jeder einzelne Mensch Jesus sehen wird, wenn Er wiederkommt.

> Gnade sei mit euch und Friede von dem, der da ist und der da war und der da kommt, und von den sieben Geistern, die vor Seinem Thron sind … Siehe, Er kommt mit den Wolken, und jedes Auge wird Ihn sehen, auch die, welche Ihn durchstochen haben; und es werden Sich Ihretwegen alle Geschlechter der Erde an die Brust schlagen. Ja, Amen! „Ich bin das Alpha und das Omega", spricht Gott der Herr, „der da ist und der da war und der da kommt, der Allmächtige." (Offenbarung 1,4.7-8)

In diesen Versen beschreibt Johannes das Endgericht für die Menschheit. Es ist der Zeitpunkt, an dem alle Toten auferweckt werden. Sie stehen vor „dem Thron", welcher Gottes Thron ist. Wenn du ein Gläubiger bist, steht dein Name im Buch des Lebens. Jesus hat für dich bezahlt. Jeder Mensch, der Jesus nicht als seinen Erretter angenommen hat, wird nach seinen Werken gerichtet werden. Du solltest mittlerweile wissen, dass das nicht gut ist. Deine Werke müssten vollkommen sein, damit du gerettet wirst, und das sind sie nicht. Nur Jesus ist vollkommen. Du siehst also in diesen Versen, dass Ungläubige in den Feuersee geworfen werden.

> Und ich sah die Toten, Kleine und Große, vor dem Thron stehen, und Bücher wurden geöffnet. Und ein anderes Buch wurde geöffnet, das ist das Buch des

> Lebens; und die Toten wurden gerichtet nach dem, was in den Büchern geschrieben war, nach ihren Werken. Und das Meer gab die Toten heraus, die darin waren, und der Tod und das Totenreich gaben die Toten heraus, die in ihnen waren; und sie wurden gerichtet, ein jeder nach seinen Werken. … Und wenn jemand nicht im Buch des Lebens eingeschrieben gefunden wurde, so wurde er in den Feuersee geworfen. (Offenbarung 20,12-13.15)

Bei jenem Endgericht wird niemand eine Ausrede haben, Gott nicht gekannt zu haben. Die Schöpfung selbst verkündet, dass Er existiert.

> Denn es wird geoffenbart Gottes Zorn vom Himmel her über alle Gottlosigkeit und Ungerechtigkeit der Menschen, welche die Wahrheit durch Ungerechtigkeit aufhalten, weil das von Gott Erkennbare unter ihnen offenbar ist, da Gott es ihnen geoffenbart hat. Denn Sein unsichtbares Wesen, das ist Seine ewige Kraft und Gottheit, wird seit der Erschaffung der Welt ersehen aus Seinen Werken, wenn man sie wahrnimmt, sodass sie keine Entschuldigung haben. Denn obgleich sie Gott erkannten, haben sie Ihn doch nicht als Gott geehrt oder Ihm gedankt, sondern sind in ihren Gedanken in eitlen Wahn verfallen, und ihr unverständiges Herz wurde verfinstert. (Römer 1,18-21)

30.5. Orte

30.5.1. Himmel

Der Himmel ist der Ort, an dem Gott wohnt. Der Himmel ist nicht bloß ein Seinszustand. Der ewige Himmel wird die neue Erde sein, die Gott nach Jesu tausendjähriger Herrschaft auf der Erde erschafft. Gott wird Sein Zuhause bei uns auf jener neuen Erde aufschlagen. Die Bibel beschreibt das Neue Jerusalem, eine city auf der neuen Erde, als einen physischen Ort. Die Stadt ist gewaltig, ca. 2.250 km breit, 2.250 km hoch und 2.250 km lang. Nur vollkommene und heilige Menschen können im Himmel bei Gott leben. Da keiner von uns so ist, müssen wir unser Vertrauen in Jesus setzen, um hineinzukommen. Jesus ist der Torhüter des Himmels, nicht der heilige Petrus und nicht du selbst. Der Himmel hat auch einen Ort, den Jesus eigens für dich geschaffen hat. Ganz recht, Er hat seit Seiner Auferstehung und Rückkehr in den Himmel für jeden von uns Wohnstätten im Himmel bereitet.

Eine von Satans Lieblingslügen ist es, zu behaupten, dass es im Himmel langweilig sein wird. Das liegt daran, dass Satan nicht möchte, dass du dort leben willst. Er muss dir also Lügen darüber erzählen. Es wird genau das Gegenteil von langweilig sein. Denke nur eine Minute darüber nach. Der

Schöpfer des Universums wohnt dort. Wenn du all die wunderbaren Dinge genießt, die Er für uns auf der Erde erschaffen hat, wirst du von den herrlichen Dingen, die Er für uns im Himmel erschaffen hat, überwältigt sein. Die Erde ist nicht langweilig, warum sollte es also der Himmel sein? Ich halte dies für eine von Satans dümmsten Lügen, weil sie keinen Sinn ergibt, wenn man darüber nachdenkt.

Wir wissen, dass der Himmel eine city hat (Offenbarung 21), und wir sind vertraut mit den Aktivitäten, die in cities auf der Erde stattfinden. Wir wissen auch, dass der Himmel einen Ort hat, der eigens für jeden von uns geschaffen wurde (Johannes 14,2-3), Nahrung (Offenbarung 22,2), Tiere (Jesaja 65:25) und eine Hochzeitsfeier (Offenbarung 19,6-9). Wir wissen auch, dass wir im Himmel Kronen (Offenbarung 3,11) und Schätze (Matthäus 6,19-21) erwerben können. Die Bibel sagt uns, dass der Himmel buchstäblich unbeschreiblich ist. Er übersteigt alles, was wir gesehen haben oder uns vorstellen können. Diese Dinge klingen für mich ganz sicher nicht langweilig.

Das Coolste von allem ist, dass wir bei Gott sein werden. Kannst du dir das vorstellen? Der Gott, der uns, das Universum und alles darin erschaffen hat, wird bei uns wohnen!

Der Himmel ist der Ort, an dem Gott wohnt, und Er hat ihn erschaffen.

> So spricht Jahwe: „Der Himmel ist Mein Thron und die Erde der Schemel Meiner Füße. ... Denn Meine Hand hat dies alles gemacht, und so ist dies alles entstanden." (Jesaja 66,1-2)

Gott wird einen neuen Himmel und eine neue Erde erschaffen. Gott wird dort bei den Gläubigen wohnen.

> Und ich sah einen neuen Himmel und eine neue Erde; denn der erste Himmel und die erste Erde waren vergangen, und das Meer ist nicht mehr. Und ich sah die heilige Stadt, das neue Jerusalem, von Gott aus dem Himmel herabsteigen, bereitet wie eine für ihren Mann geschmückte Braut. Und ich hörte eine laute Stimme aus dem Himmel sagen: „Siehe, die Stätte Gottes bei den Menschen! Und Er wird bei ihnen wohnen, und sie werden Seine Völker sein, und Gott Selbst wird bei ihnen sein, ihr Gott." (Offenbarung 21,1-3)

Jesus ist der Torhüter des Himmels. Jesus ist derjenige, der in diesen Versen spricht. Er ist die „Tür zu den Schafen" und die Gläubigen sind Seine Schafe.

> „Wahrlich, wahrlich, Ich sage euch: Wer nicht durch die Tür in den Schafstall hineingeht, sondern anderswo hineinsteigt, der ist ein Dieb und ein Räuber. Wer aber durch die Tür hineingeht, ist der Hirte der Schafe. Diesem öffnet der Türhüter, und die Schafe hören auf seine Stimme; und er ruft seine eigenen Schafe beim Namen und führt sie heraus." ... Dies Gleichnis sagte ihnen Jesus; sie verstanden aber nicht, was es war, das Er ihnen sagte. Da sprach Jesus wiederum zu ihnen: „Wahrlich, wahrlich, Ich sage euch: Ich bin die Tür zu den Schafen. ... Wenn jemand durch Mich hineingeht, wird er gerettet werden und wird ein- und ausgehen und Weide finden." (Johannes 10,1-3.6-7.9)

Jesus sagt uns, dass wir durch die enge Pforte in den Himmel eintreten müssen.

> Geht durch das enge Tor! Die Autobahn zur Hölle ist breit, und ihr Tor ist weit für die vielen, die diesen Weg wählen. (Matthäus 7,13-14 Neue König Jakobus Version)

Das Neue Jerusalem ist eine city im Himmel. Ihre Straßen sind aus reinem Gold. Jesu Jünger Johannes beschreibt sie für uns in diesen Versen.

> Und er führte mich im Geist weg auf einen großen und hohen Berg und zeigte mir die heilige Stadt Jerusalem, wie sie von Gott aus dem Himmel herabstieg, und sie hatte die Herrlichkeit Gottes. Und ihr Lichtglanz war gleich dem kostbarsten Edelstein, wie ein kristallheller Jaspisstein. Und sie hatte eine große und hohe Mauer und hatte zwölf Tore, und an den Toren zwölf Engel ... Und die Stadt ist viereckig angelegt, und ihre Länge ist so groß wie ihre Breite. Und er maß die Stadt mit dem Rohr: zwölftausend Stadien. ... Und der Bau ihrer Mauer war Jaspis, und die Stadt war reines Gold, gleich reinem Glas. Und die Grundsteine der Stadtmauer waren mit allerlei Edelsteinen geschmückt. ... Und die zwölf Tore waren zwölf Perlen; jedes der Tore war aus einer Perle. Und die Straße der Stadt war reines Gold, wie durchsichtiges Glas. (Offenbarung 21,10-12.16.18-19.21)

Unsere Augen haben die Dinge nicht gesehen, die Gott im Himmel für uns vorbereitet hat.

> Sondern wie geschrieben steht: „Was kein Auge gesehen und kein Ohr gehört hat und in keines Menschen Herz gekommen ist, was Gott denen bereitet hat, die Ihn lieben." Uns aber hat es Gott geoffenbart durch Seinen Geist; denn der Geist erforscht alles, auch die Tiefen Gottes. (1. Korinther 2,9-10)

Jesus bereitet im Himmel eine Wohnstätte für jeden Gläubigen vor. Jesus ist derjenige, der in diesen Versen spricht.

> „In Meines Vaters Haus sind viele Wohnungen; wenn es nicht so wäre, hätte Ich
> es euch gesagt. Ich gehe hin, um euch eine Stätte zu bereiten. Und wenn Ich
> hingehe und euch eine Stätte bereite, so komme Ich wieder und werde euch zu
> Mir nehmen, damit auch ihr seid, wo Ich bin." … Jesus spricht zu ihm: „Ich bin
> der Weg und die Wahrheit und das Leben; niemand kommt zum Vater als nur
> durch Mich!" (Johannes 14,2-3.6)

Im Himmel gibt es keinen Tod, keine Traurigkeit und keinen Schmerz
mehr. „Er" bezieht sich auf Gott. Er wird all deine Tränen abwischen.

> Und Gott wird abwischen alle Tränen von ihren Augen, und der Tod wird nicht
> mehr sein, noch Leid noch Geschrei noch Schmerz wird mehr sein; denn das Erste
> ist vergangen. (Offenbarung 21,4)

Jesus sagt uns, dass der Himmel der Ort ist, an dem die Gläubigen Ruhe
für ihre Seelen finden werden.

> Kommt her zu Mir alle, die ihr mühselig und beladen seid, so will Ich euch
> erquicken! Nehmt auf euch Mein Joch und lernt von Mir, denn Ich bin sanftmütig
> und von Herzen demütig; so werdet ihr Ruhe finden für eure Seelen! (Matthäus
> 11,28-29)

30.5.2. Hölle

Die Hölle ist der Ort, den Gott für Satan und die anderen gefallenen Engel
erschuf, die rebellierten. Satan ist nicht der Herrscher der Hölle. Gott ist der
Schöpfer und Herrscher der Hölle, und Satan wird dort ein Insasse sein.
Leider ist sie auch der Ort, an dem jeder landen wird, der sich nicht
entscheidet, im Himmel zu leben. Siehst du, jeder von uns wird die Ewigkeit
entweder im Himmel oder in der Hölle verbringen. Gott gibt jedem von uns
die Wahl, wohin wir gehen wollen. Wenn du nichts mit Gott zu tun haben
willst, wird Er dich nicht dazu zwingen. Da Gott im Himmel wohnt, bedeutet
das, dass du in der Hölle leben musst, wenn du nicht mit Gott zusammenleben
willst.

Ich glaube, eine weitere Lieblingslüge Satans ist, dass die Hölle der
„coole" und beliebte Party-Ort sei. Nun, ist sie das? Die Bibel sagt uns, dass
die Hölle ein Feuersee ist, in Dunkelheit gehüllt, wo die Menschen
unendlichen Durst haben und in ihrer Qual mit den Zähnen knirschen.
Ernsthaft, Satan? Das ist keine Party. Gott ist Licht. Das Gegenteil von Licht

ist Dunkelheit. Gott ist Liebe und Freude. Das Gegenteil davon ist Qual. Hölle ist die Abwesenheit und das Gegenteil von Gott.

Denke daran, dass Jesus vom Himmel herabkam, gefoltert wurde und starb, um dich davor zu bewahren. Alles, was du tun musst, ist zu glauben, was Jesus getan hat, und du wirst gerettet werden.

Jesus sagte uns, dass Gott die Hölle für die gefallenen Engel erschuf. Jesus ist derjenige, der hier spricht.

> Dann wird Er auch zu denen zur Linken sagen: „Geht weg von Mir, ihr Verfluchten, in das ewige Feuer, das bereitet ist dem Teufel und seinen Engeln!" (Matthäus 25,41)

Die Hölle ist dein standardmäßiges ewiges Ziel. Du musst dich entscheiden, an Jesus zu glauben, um dein Standardziel zu ändern.

> Denn so sehr hat Gott die Welt geliebt, dass Er Seinen eingeborenen Sohn gab, damit jeder, der an Ihn glaubt, nicht verloren gehe, sondern ewiges Leben habe. … Wer an Ihn glaubt, der wird nicht gerichtet; wer aber nicht glaubt, der ist schon gerichtet, weil er nicht geglaubt hat an den Namen des eingeborenen Sohnes Gottes. Das ist aber das Gericht, dass das Licht in die Welt gekommen ist, und die Menschen liebten die Finsternis mehr als das Licht, denn ihre Werke waren böse. … Wer an den Sohn glaubt, der hat ewiges Leben; wer aber dem Sohn nicht glaubt, der wird das Leben nicht sehen, sondern der Zorn Gottes bleibt auf ihm. (Johannes 3,16.18-19.36)

Jesus sagte uns, dass der Weg zur „Hölle breit ist".

> Geht durch das enge Tor! Die Autobahn zur Hölle ist breit, und ihr Tor ist weit für die vielen, die diesen Weg wählen. (Matthäus 7,13 Neue Lebende Übersetzung)

Engel sind in der Hölle in Ketten der Dunkelheit gefesselt.

> Denn wenn Gott die Engel nicht verschonte, die gesündigt hatten, sondern sie in den Abgrund stürzte und in Ketten der Finsternis überlieferte. (2. Petrus 2,4 Neue König Jakobus Version)

Die Hölle ist ein See aus Feuer und Schwefel, wo Tag und Nacht in Ewigkeit Qual herrscht. Der „Teufel" ist Satan und das „Tier" ist der Antichrist.

> Und der Teufel, der sie verführt hatte, wurde in den See von Feuer und Schwefel

geworfen, wo auch das Tier und der falsche Prophet sind; und sie werden Tag und Nacht gequält werden von Ewigkeit zu Ewigkeit. (Offenbarung 20,10)

In diesem Gleichnis sagte uns Jesus, dass die Hölle ein Ort der Qual ist.

Und als er im Totenreich seine Augen erhob, da er in Qualen war, sieht er Abraham von fern und Lazarus in seinem Schoß. Und er rief und sprach: „Vater Abraham, erbarme dich meiner und sende Lazarus, dass er die Spitze seines Fingers ins Wasser tauche und meine Zunge kühle; denn ich leide Qual in dieser Flamme!" (Lukas 16,23-24)

Jesus sagt, die Hölle ist ein Feuer, das niemals erlischt.

Und wenn deine Hand für dich ein Anstoß zur Sünde wird, so haue sie ab! Es ist besser für dich, dass du als Krüppel in das Leben eingehst, als dass du zwei Hände hast und in die Hölle fährst, in das unauslöschliche Feuer, wo ihr Wurm nicht stirbt und das Feuer nicht erlischt. (Markus 9,43-44 Neue König Jakobus Version)

In der Hölle gibt es keine Ruhe. In diesem Vers ist das „Tier" der Antichrist.

Und der Rauch ihrer Qual steigt auf von Ewigkeit zu Ewigkeit; und sie haben keine Ruhe Tag und Nacht, die das Tier und sein Bild anbeten, und wenn jemand das Malzeichen seines Namens annimmt. (Offenbarung 14,11)

Jesus sagte, dass es in der Hölle tiefes Leid und so viel Schmerz gibt, dass die Menschen mit den Zähnen knirschen.

Da wird Heulen und Zähneknirschen sein, wenn ihr sehen werdet Abraham, Isaak und Jakob und alle Propheten im Reich Gottes, euch aber hinausgestoßen! (Lukas 13,28)

Teil 6
Vertrauen in die Bibel

Meine Hoffnung gründet sich auf nichts Geringeres

Von Edward Mote. Veröffentlicht im Jahr 1834.[197]

Meine Hoffnung gründet sich auf nichts Geringeres
als auf Jesu Blut und Gerechtigkeit;
ich wage nicht, dem süßesten Gefühl zu trauen,
sondern lehne mich ganz auf Jesu Namen.

(Refrain:) Auf Christus, dem festen Fels, stehe ich;
jeder andere Boden ist sinkender Sand,
jeder andere Boden ist sinkender Sand.

Wenn Finsternis Sein liebliches Angesicht verschleiert,
ruhe ich in Seiner unveränderlichen Gnade;
in jedem hohen und stürmischen Wind
hält mein Anker hinter dem Schleier. (Refrain)

Sein Eid, Sein Bund, Sein Blut
stützen mich in der überwältigenden Flut;
wenn rings um meine Seele alles nachgibt,
ist Er dann all meine Hoffnung und mein Halt. (Refrain)

Wenn Er mit Posaunenschall kommen wird,
o möge ich dann in Ihm gefunden werden,
allein in Seine Gerechtigkeit gekleidet,
um tadellos vor dem Thron zu stehen. (Refrain)

Kapitel 31 – Gott vertrauen

Es kann schwierig sein, jemandem zu vertrauen, den du nicht kennst. Wenn du Gott zum ersten Mal kennenlernst, während du dieses Buch liest, dann verstehe ich, dass es dir schwerfallen kann, Ihm zu vertrauen. Oft schenken wir jemandem unser Vertrauen, weil ein Freund oder ein Familienmitglied dieser Person vertraut. Ein andermal liegt es daran, dass wir zuversichtlich sind und auf die Referenzen und die Erfolgsbilanz der Person vertrauen. Ich möchte dich beruhigen und dir einige solide, konkrete Gründe nennen, warum du Gott vertrauen kannst.

Gott ist vertrauenswürdig und lügt oder täuscht niemals. Diese Psalmen sprechen über diese Wahrheit in Bezug auf Gott.

> Das Gesetz des HERRN ist vollkommen und erquickt die Seele. Die Zeugnisse des HERRN sind zuverlässig und machen die Unverständigen weise. (Psalm 19,7 Neue Internationale Version)

> Denn das Wort des HERRN ist wahrhaftig, und alles, was Er tut, ist verlässlich. (Psalm 33,4 Neue Lebende Übersetzung)

> Dein Reich ist ein ewiges Reich, und Deine Herrschaft währt durch alle Generationen. Der HERR ist vertrauenswürdig in all Seinen Verheißungen und treu in allem, was Er tut. (Psalm 145,13 Neue Internationale Version)

Gott ist zuverlässig. Gott wird alles tun, was Er versprochen hat, weil Er schon immer das getan hat, was Er angekündigt hat. Gottes vergangene Taten beweisen, dass Er zuverlässig und deines Vertrauens würdig ist. Ein konkreter Weg, wie wir dies untersuchen können, ist der Blick auf biblische Prophetien. Eine biblische Prophetie ist eine Schriftstelle, die über etwas in der Zukunft spricht. Indem wir die Geschichte mit der biblischen Prophetie vergleichen, können wir sehen, ob das, was Gott vorausgesagt hat, tatsächlich eingetroffen ist.

Gott war schon immer da und wird immer existieren. Er lebt außerhalb der Zeit. Er hat die Zeit erschaffen. In diesem Vers bedeutet „Alpha" Anfang und „Omega" Ende. „Der da ist" bedeutet, Gott ist in der Gegenwart. „Der da war" bedeutet, Gott war in der Vergangenheit. „Der da kommt" bedeutet, Gott ist in der Zukunft.

> „Ich bin das Alpha und das Omega", spricht Gott der Herr, „der da ist und der da
> war und der da kommt, der Allmächtige." (Offenbarung 1,8)

Gott weiß alles: die Vergangenheit, die Zukunft und das Ende vom Anfang an.

> Gedenkt des Früheren von alters her: denn ich bin Gott und keiner sonst. Ich bin
> Gott und keinem gleich. Ich verkündige von Anfang an das Ende und von alters
> her, was noch nicht geschehen ist. Ich sage: Mein Ratschluss soll zustande
> kommen, und alles, was mir gefällt, das vollbringe ich. (Jesaja 46,9-10)

Gott erzählt uns gerne von der Zukunft. Das liegt daran, dass unser Glaube und unser Vertrauen in Gott wachsen, wenn Dinge genau so geschehen, wie Gott es gesagt hat.

> Ich bin Jahwe. Das ist mein Name. Ich will meine Ehre keinem anderen geben, noch
> meinen Ruhm den geschnitzten Bildern. Siehe, das Frühere ist eingetroffen, und
> Neues verkündige ich. Ich erzähle euch davon, bevor es geschieht. (Jesaja 42,8-9)

Fast ein Drittel der Bibel ist prophetischer Natur.[198] Das bedeutet, dass über die Ereignisse geschrieben wurde, bevor sie eintraten. Ich denke, du wirst mir zustimmen, dass Prophetie nichts taugt, wenn sie nicht spezifisch ist. Andernfalls könnten wir alle möglichen Ereignisse passend machen und als erfüllte Prophetien bezeichnen. Die Bibel ist voll von Prophetien, daher werden wir einige von ihnen untersuchen. Dabei wirst du sehen, dass die biblischen Prophetien sehr spezifisch sind und ihre Erfüllung nicht hätte inszeniert werden können. Ich hoffe, es hilft dir zu erkennen, dass du Gott vertrauen kannst, weil Er wirklich das tut, was Er sagt.

In den folgenden Kapiteln werden wir die Prophetien zu zwei Themen untersuchen, die in der Bibel wichtig und prominent sind: Jesus und Israel. Es gibt über 300 Prophetien in der Bibel über das erste und zweite Kommen Jesu.[199] Das Thema Jesus macht 4 Prozent des prophetischen Inhalts in der Bibel aus.[200] Es gibt 166 einzigartige Prophetien über Israel, was 27 Prozent der prophetischen Verse in der Bibel entspricht.[201]

Kapitel 32 – Erfüllte Prophetien über Israel

Du hast gelernt, dass Israel die Volksgruppe ist, die Gott Sein auserwähltes Volk nannte. Durch diese Menschen zeigte Gott dem Rest der Welt Seine Treue. Lass uns einige Prophetien in der Bibel über Israel ansehen und prüfen, was tatsächlich geschah.

Gott erwählte Israel nicht wegen irgendetwas, das sie getan hatten, sondern weil Er sie liebte. Er benutzte sie, um diese Liebe uns allen zu zeigen. Weil Gott gegenüber Seinem auserwählten Volk treu war, wissen wir, dass Er gegenüber allen Menschen treu sein wird. In diesen Versen ist Israel „ein heiliges Volk".

> Denn du bist ein heiliges Volk für Jahwe, deinen Gott. Jahwe, dein Gott, hat dich erwählt, damit du Sein Eigentumsvolk seist aus allen Völkern, die auf der Erde sind. Nicht hat Jahwe euch ins Herz geschlossen und euch erwählt, weil ihr zahlreicher wärt als alle Völker – denn ihr seid das geringste unter allen Völkern –, sondern weil Jahwe euch liebt und weil Er den Eid halten wollte, den Er euren Vätern geschworen hat; deshalb hat Jahwe euch mit starker Hand herausgeführt und dich erlöst aus dem Haus der Knechtschaft, aus der Hand des Pharao, des Königs von Ägypten. So erkenne nun, dass Jahwe, dein Gott, Er ist Gott, der treue Gott, der den Bund und die Gnade bis in tausend Generationen denen bewahrt, die Ihn lieben und Seine Gebote halten. (5. Mose 7,6-9)

Siehst du, alle Völker der Welt würden von Gottes großem Namen hören, wegen dem, was Gott für Israel getan hat. Israel soll jedem helfen, Gott kennenzulernen. Hier ist, wie König Salomo das beschrieb.

> Und nun, Gott Israels, lass Dein Wort wahr werden, das Du Deinem Knecht David, meinem Vater, versprochen hast. ... damit sie Dich fürchten allezeit, solange sie in dem Land leben, das Du unseren Vorfahren gegeben hast. Auch was den Ausländer betrifft, der nicht zu Deinem Volk Israel gehört, sondern aus einem fernen Land wegen Deines Namens gekommen ist – denn sie werden von Deinem großen Namen und Deiner mächtigen Hand und Deinem ausgestreckten Arm hören –, wenn sie kommen und zu diesem Tempel hin beten, dann höre Du es im Himmel, an dem Ort, wo Du wohnst. Tue alles, worum der Ausländer Dich bittet, damit alle Völker der Erde Deinen Namen erkennen und Dich fürchten, wie es Dein Volk Israel tut, und erkennen, dass dieses Haus, das ich gebaut habe, Deinen Namen trägt. (1. Könige 8,26.40-43 Neue Internationale Version)

32.1. Prophetien über Israels Gefangenschaft und Befreiung

Die Bibel enthält viele Prophetien darüber, dass Israel von einer anderen

Volksgruppe oder Nation in Gefangenschaft gehalten wird. Gott sagte den Israeliten, dass dies geschehen würde, wenn sie sich dazu entschieden, anderen Göttern zu folgen und diese anzubeten. Gott ließ dies zu ihrem Besten geschehen. Erinnere dich daran, dass die Dinge, die wir oft als schrecklich ansehen, von Gott benutzt werden können, um uns Ihm näherzubringen und uns zu helfen, in unserem Glauben zu wachsen und zu reifen. Gott nutzte die Zeit der Israeliten in Gefangenschaft, um sie an Seine Güte zu erinnern und daran, wie Er für sie sorgte.

König Salomo erklärt uns, dass Gott zuließ, dass das Volk gefangen genommen wurde, wegen ihrer Sünde und Rebellion gegen Ihn. Sie beteten falsche Götter an. Einmal in der Gefangenschaft, würde das Volk schließlich Buße tun und zu Gott umkehren.

> Wenn sie gegen Dich sündigen (denn es gibt keinen Menschen, der nicht sündigt) und Du über sie zornig bist und sie vor dem Feind dahingibst, sodass man sie gefangen wegführt in das Land des Feindes, fern oder nah; wenn sie es sich dann zu Herzen nehmen in dem Land, in das sie gefangen weggeführt wurden, und umkehren und zu Dir flehen im Land derer, die sie gefangen weggeführt haben, und sagen: „Wir haben gesündigt und haben verkehrt gehandelt, wir sind gottlos gewesen"; wenn sie so zu Dir umkehren mit ihrem ganzen Herzen und mit ihrer ganzen Seele im Land ihrer Feinde, die sie gefangen weggeführt haben, und zu Dir beten nach ihrem Land hin, das Du ihren Vätern gegeben hast, nach der Stadt hin, die Du erwählt hast, und nach dem Haus hin, das ich Deinem Namen gebaut habe; dann höre ihr Gebet und ihr Flehen im Himmel, an dem Ort, wo Du wohnst, und schaffe ihnen Recht; und vergib Deinem Volk, was sie gegen Dich gesündigt haben. (1. Könige 8,46-50)

Während ihrer Zeit in Gefangenschaft und Sklaverei erinnerten sie sich immer an Gott und schrien in ihrer Not zu Ihm um Hilfe. Rate mal, was geschah? Gott war treu und befreite sie aus ihrer Gefangenschaft und brachte sie zurück in ihr Land. Jedes einzelne Mal. Diese untenstehende Schriftstelle, geschrieben von Mose, ist die Verheißung, die er von Gott bezüglich dieser Wahrheit hörte.

> Es wird geschehen, wenn all diese Dinge über dich gekommen sind, der Segen und der Fluch, die ich dir vorgelegt habe, und du es dir zu Herzen nimmst unter all den Völkern, unter die Jahwe, dein Gott, dich verstoßen hat, und du umkehrst zu Jahwe, deinem Gott, und Seiner Stimme gehorchst nach allem, was ich dir heute gebiete, du und deine Kinder, von ganzem Herzen und von ganzer Seele, dass dann Jahwe, dein Gott, dein Schicksal wenden und sich deiner erbarmen wird

> und dich wieder sammeln wird aus allen Völkern, wohin Jahwe, dein Gott, dich
> zerstreut hat. Wenn deine Verstoßenen am Ende des Himmels wären, so würde
> Jahwe, dein Gott, dich von dort sammeln und dich von dort holen. Jahwe, dein
> Gott, wird dich in das Land bringen, das deine Väter besessen haben, und du wirst
> es besitzen. Er wird dir Gutes tun und dich zahlreicher machen als deine Väter.
> (5. Mose 30,1-5)

Dies ist nicht nur eine Verheißung bezüglich Israel und ihres verheißenen Landes. Dies ist eine Verheißung, die du auch direkt auf dich selbst anwenden kannst. Gott verspricht, dich von allem zu befreien, was dich gefangen hält. Welche Sünde auch immer dich von Gott getrennt hat. Wenn du dich Ihm zuwendest, wird Gott Erbarmen mit dir haben. Er ist ein Gott der Vergebung und der Wiederherstellung.

32.1.1. Israel würde in Ägypten gefangen sein

Es gibt zwei Gefangenschaftsereignisse in der Geschichte Israels, die mehr als andere herausragen. Das erste ist Israels 400-jährige Gefangenschaft in Ägypten. Ich bin sicher, du hast zumindest etwas von Gottes Wahrheit darüber gehört, wie Er sie aus dieser Sklaverei befreit hat. Es ist die Geschichte von Mose, Gottes Plagen, die den ägyptischen Pharao zwangen, die Israeliten ziehen zu lassen, und Gottes Teilung des Roten Meeres, damit das Volk aus Ägypten fliehen konnte. Du kannst den gesamten Bericht, beginnend damit, dass Josef in die ägyptische Sklaverei verkauft wurde, bis zur Teilung des Roten Meeres lesen, indem du 1. Mose 37 bis 2. Mose 14 liest.

Prophetie

In dieser Prophetie spricht Gott zu Abraham und sagt ihm, dass seine Nachkommen 400 Jahre lang als Fremde in einem fremden Land Sklaven sein werden.

> Da sprach Er zu Abram: „Wisse sicher, dass deine Nachkommen Fremde sein
> werden in einem Land, das nicht das ihre ist, und sie werden ihnen dienen. Man
> wird sie bedrücken vierhundert Jahre lang. Aber ich will auch das Volk richten,
> dem sie dienen werden. Danach sollen sie mit großer Habe ausziehen; du aber
> wirst in Frieden zu deinen Vätern gehen. Du wirst in gutem Alter begraben
> werden. Im vierten Glied sollen sie wieder hierherkommen; denn die
> Ungerechtigkeit der Amoriter ist noch nicht voll." (1. Mose 15,13-16)

Du siehst, dass die Prophetie nicht vage ist. Sie sagt uns, dass Fremde sie gefangen nehmen werden, dass sie dienen und bedrückt werden, dass sie 400 Jahre lang Sklaven sein werden, dass sie mit großem Reichtum ausziehen werden und dass sie in der vierten Generation in das Land zurückkehren werden, in dem Abraham war. Sie sagt auch, dass Gott das Volk richten würde, das sie gefangen hielt. Abraham lebte im Land Kanaan, dem Land, das Gott Seinem Volk versprochen hatte. Das ist ziemlich spezifisch.

Abraham wurde 2166 v. Chr. geboren und sein Sohn Isaak, der der erste Nachkomme der Israeliten ist, wurde 2066 v. Chr. geboren. Gott gab Abraham diese Prophetie irgendwann vor Isaaks Geburt. Der erste von Abrahams Nachkommen, der nach Ägypten kam, war Josef, sein Urenkel. Josef wurde 1898 v. Chr. in die Sklaverei verkauft. Gott hatte dies jedoch zum Guten geplant, und Josef wurde später der rechte Mann des ägyptischen Pharao. Im Jahr 1876 v. Chr. zogen die übrigen Nachkommen Abrahams nach Ägypten, um bei Josef zu sein. Mal sehen, was als Nächstes passiert.[202]

Erfüllung

Im Buch 2. Mose erfahren wir, was geschah und wie diese Prophetie erfüllt wurde. Einer von Israels Söhnen, Josef, wurde von seinen Brüdern in die Sklaverei verkauft und landete in Ägypten. Wir gehen also von Abraham zu Isaak zu Jakob zu Josef. Jakob wurde später von Gott Israel genannt. Gott nutzte diese böse Tat gegen Josef zum Guten, und im Laufe der Zeit arbeitete Josef sozusagen als Stabschef des ägyptischen Pharao. Als eine Dürre das ganze Gebiet heimsuchte, kamen Josefs Brüder auf der Suche nach Nahrung nach Ägypten. Josef wird mit seiner Familie wiedervereint, und sie ziehen alle nach Ägypten. Dies ist die Familie, aus der Gottes Volk hervorgehen würde. Alle von Gott Auserwählten lebten nun in Ägypten.

> Dies sind die Namen der Söhne Israels, die nach Ägypten kamen (jeder kam mit seinem Hausstand mit Jakob): Ruben, Simeon, Levi und Juda, Issachar, Sebulon und Benjamin, Dan und Naftali, Gad und Ascher. Alle Seelen, die aus Jakobs Leib hervorgingen, waren siebzig Seelen, und Josef war bereits in Ägypten. (2. Mose 1,1-5)

Hier ist, was als Nächstes geschah. Josef und der Pharao starben beide, und ein neuer König von Ägypten kam an die Macht, der sich von den Israeliten bedroht fühlte. Wir erfahren, dass dies der Zeitpunkt war, als alle

Israeliten in die Sklaverei gezwungen wurden. Sie stellten Ziegel her und arbeiteten auf den Feldern. Josef starb 1805 v. Chr.[203]

> Da kam ein neuer König über Ägypten auf, der nichts von Josef wusste. Er sprach zu seinem Volk: „Siehe, das Volk der Kinder Israel ist zahlreicher und mächtiger als wir. Wohlan, wir wollen klug mit ihnen umgehen, damit sie sich nicht vermehren und es geschieht, dass, wenn ein Krieg ausbricht, sie sich auch zu unseren Feinden schlagen und gegen uns kämpfen und aus dem Lande ziehen." Da setzte man Arbeitsaufseher über sie, um sie mit ihren Lasten zu bedrücken. Sie bauten dem Pharao Vorratsstädte: Pitom und Ramses. Aber je mehr sie das Volk bedrückten, desto mehr vermehrte es sich und desto mehr breitete es sich aus. Es graute ihnen vor den Kindern Israel. Die Ägypter zwangen die Kinder Israel rücksichtslos zum Dienst, und sie machten ihnen das Leben bitter mit harter Arbeit in Ton und Ziegeln und mit allerhand Dienst auf dem Feld, mit all ihrem Dienst, zu dem sie sie rücksichtslos zwangen. (2. Mose 1,8-14)

Gott sagte Abraham, dass diese Sklaverei 400 Jahre dauern würde. Ein paar Kapitel später im Buch 2. Mose sehen wir, dass Gott die Schreie Seines Volkes hört und verspricht, sie zu retten.

> Jahwe sprach: „Ich habe das Elend meines Volkes in Ägypten wohl gesehen und ihr Geschrei über ihre Bedränger gehört; ja, ich kenne ihre Schmerzen. Und ich bin herabgekommen, um sie aus der Hand der Ägypter zu erretten und sie aus diesem Land zu führen in ein gutes und weites Land, in ein Land, darin Milch und Honig fließt, an den Ort der Kanaaniter, Hetiter, Amoriter, Perisiter, Hewiter und Jebusiter." (2. Mose 3,7-8)

Gott erwählte Mose, um dem ägyptischen Pharao entgegenzutreten und das Volk aus Ägypten hinauszuführen. Mose wurde um 1526 v. Chr. geboren und im reifen Alter von 80 Jahren folgte er Gottes Ruf, Sein Volk zu retten. Das bringt uns ins Jahr 1446 v. Chr.[204] Es sind also etwa 360 Jahre vergangen, seit Josef starb, und 430 Jahre, seit Josefs Familie in Ägypten ankam.

Durch Mose suchte Gott den Pharao und das Land mit zehn Plagen heim: Wasser wurde zu Blut (2. Mose 7,20), Frösche (2. Mose 8,6), Läuse (2. Mose 8,17), Fliegen (2. Mose 8,24), Tod des Viehs (2. Mose 9,6), Geschwüre an den Menschen (2. Mose 9,10), Hagel (2. Mose 9,23), Heuschrecken (2. Mose 10,14), Finsternis (2. Mose 10,22) und der Tod der Erstgeburt (2. Mose 12,29). Ich möchte, dass du erkennst, dass die Rettung der Israeliten nicht über Nacht geschah und die Israeliten nicht vor jeder Plage göttlich geschützt waren. Erst ab der fünften Plage behandelte Gott die Israeliten getrennt von den Ägyptern. Gott verschonte das Vieh der Israeliten, Gott schützte die Israeliten vor Geschwüren, Gott verschonte das Land Goschen, in dem die Israeliten lebten, vor dem Hagel, Gott sorgte dafür, dass die Israeliten Licht in ihren Häusern hatten, als es für die Ägypter dunkel war, und Gott schützte die Israeliten vor dem Tod der Erstgeburt. Die Israeliten erlebten alle anderen Plagen direkt zusammen mit den Ägyptern.

Du fühlst dich vielleicht wie die Israeliten, als ein Sklave deiner weltlichen Umstände und der Plagen, mit denen Gott den Planeten während dieser Zeit der Drangsal bombardiert. Wenn du dein Vertrauen in Gottes Sohn Jesus gesetzt hast, dann wird Gott dich befreien. Genau wie die Plagen in Ägypten gegen den Pharao und die Götter gerichtet waren, die er und sein Volk anbeteten, ist die Not, die du jetzt erlebst, für den Antichristen, das Volk des Antichristen und Satan gedacht, den er und sein Volk anbeten. Wisse, dass Gott deine Schreie hört, genau wie Er die ihren hörte. Nahe dich Gott um Trost. Habe Glauben.

Gott erwählte Mose, um dem Pharao entgegenzutreten, und versprach, mit ihm zu sein.

> „Nun siehe, das Geschrei der Kinder Israel ist vor mich gekommen. Auch habe ich die Bedrückung gesehen, mit der die Ägypter sie bedrücken. So geh nun hin, ich will dich zum Pharao senden, damit du mein Volk, die Kinder Israel, aus Ägypten führst." Mose sprach zu Gott: „Wer bin ich, dass ich zum Pharao gehe und die Kinder Israel aus Ägypten führe?" Er sprach: „Ich will gewiss mit dir sein." (2. Mose 3,9-12)

Gott wusste, dass der Pharao Sein Volk nicht einfach ohne Kampf und Machtdemonstration hinausmarschieren lassen würde. Gott sagte Mose, dass Er Ägypten mit Wundern schlagen würde, und wenn der Pharao das Volk ziehen ließe, würden sie mit Reichtum und Besitztümern ausziehen. Gott bekräftigte das Versprechen, das Er Abraham hunderte von Jahren zuvor gegeben hatte. Du siehst, Gott vergisst Seine Versprechen nicht.

> Ich weiß aber, dass der König von Ägypten euch nicht wird ziehen lassen, es sei denn durch eine starke Hand. Deshalb werde ich meine Hand ausstrecken und Ägypten schlagen mit all meinen Wundern, die ich darin tun werde; danach wird er euch ziehen lassen. Und ich will diesem Volk Gunst verschaffen vor den Ägyptern, dass, wenn ihr auszieht, ihr nicht leer auszieht. Sondern jede Frau soll von ihrer Nachbarin und von ihrer Hausgenossin silberne und goldene Kleinode und Kleider fordern; die sollt ihr euren Söhnen und Töchtern anlegen und die Ägypter berauben. (2. Mose 3,19-21)

Läuse sind eine der Plagen, mit denen Gott den Pharao und sein Volk schlug. Der Pharao hatte Zauberer, die dies nicht nachmachen konnten und erkannten, dass dies Gottes Werk war, aber der Pharao wollte es nicht glauben oder auf sie hören. Diese Plagen von Gott gingen weiter, bis Gott das erstgeborene Kind des Pharaos und all seines Volkes tötete.

> Jahwe sprach zu Mose: „Sage zu Aaron: Strecke deinen Stab aus und schlage in den Staub der Erde, dass er zu Läusen werde im ganzen Land Ägypten." Sie taten so; und Aaron streckte seine Hand aus mit seinem Stab und schlug in den Staub der Erde, und es kamen Läuse an Menschen und an Vieh; aller Staub der Erde wurde zu Läusen im ganzen Land Ägypten. Die Zauberer versuchten mit ihren Künsten, auch Läuse hervorzubringen, aber sie konnten es nicht. Und es waren Läuse an Menschen und an Vieh. Da sprachen die Zauberer zum Pharao: „Das ist Gottes Finger"; aber das Herz des Pharaos war verstockt, und er hörte nicht auf sie, wie Jahwe gesagt hatte. (2. Mose 8,16-19)

Gottes Befreiung für die Israeliten kam genau so, wie Gott es gesagt hatte. Die Israeliten zogen im Jahr 1446 v. Chr. aus der ägyptischen Gefangenschaft aus. Dies war 430 Jahre, nachdem Josefs Familie, alle Nachkommen Abrahams, nach Ägypten gekommen waren. Ihre Sklaverei in Ägypten dauerte mindestens 360 Jahre, da Josef zu diesem Zeitpunkt starb, und die Israeliten zogen mit Reichtum aus, genau wie Gott es versprochen hatte.[205]

> Da stand der Pharao in der Nacht auf... Er ließ Mose und Aaron in der Nacht rufen und sprach: „Macht euch auf, zieht aus von meinem Volk, sowohl ihr als auch die Kinder Israel; geht hin und dient Jahwe, wie ihr gesagt habt! Nehmt auch eure Schafe und eure Rinder mit, wie ihr gesagt habt, und geht hin und segnet auch mich!" Und die Ägypter drängten das Volk, dass sie sie in Eile aus dem Lande ließen; denn sie sprachen: „Wir sind alle des Todes." ... Die Kinder Israel taten nach dem Wort von Mose; und sie forderten von den Ägyptern silberne und goldene Kleinode und Kleider. Jahwe aber gab dem Volk Gunst vor den Ägyptern, dass sie ihnen gaben, was sie forderten. So beraubten sie die Ägypter. ... Die Zeit aber, die die Kinder Israel in Ägypten gewohnt haben, ist vierhundertdreißig Jahre. Und nach vierhundertdreißig Jahren, am selben Tag, zogen alle Heere Jahwes aus dem Land Ägypten. (2. Mose 12,30-33.35-36.40-41)

Aber du fragst dich wahrscheinlich, was daraus wurde, dass sie in der vierten Generation nach Kanaan zurückkehren sollten, wo Abraham lebte? Das geschah erst 1407 v. Chr., als sie schließlich unter der Führung von Josua wieder in das verheißene Land einziehen konnten.[206] Nachdem sie Ägypten verlassen hatten, lebten sie 40 Jahre lang in der Wildnis. Dies war fast 400

Jahre, nachdem Josef starb, also vier Generationen später. Genau wie Gott gesagt hatte.

Du denkst vielleicht: Nun, das ist schön, dass die Bibel sagt, dass dies geschah, aber was ist mit modernen Gelehrten und archäologischen Beweisen? Woher wissen wir wirklich, dass diese Ereignisse stattfanden?

Schauen wir uns eine großartige moderne Entdeckung an, die diesen biblischen Ereignissen Glaubwürdigkeit verleiht. Es ist die Entdeckung der Soleb-Inschrift. Es gibt einen Tempel, der im 15. Jahrhundert v. Chr. in Soleb in Nubien erbaut wurde, um den ägyptischen Gott Amun-Ra zu ehren. Der ägyptische Pharao Amenophis III. baute den Tempel. In diesem Tempel gibt es eine Säule, die ihre Feinde auflistet, und sie trägt eine interessante Inschrift: „das Land der Schasu (Nomaden) von Jahwe". Dies ist der früheste Hinweis auf Jahwe, der außerhalb der Bibel entdeckt wurde. Es gibt auch eine Hieroglyphe, die den Text begleitet und einen semitisch aussehenden, nicht-afrikanischen Gefangenen darstellt. Dies deutet darauf hin, dass Amenophis III. eindeutig von dem Jahwe Gott wusste und Ihn sowie das Volk, das Ihn anbetete, als Feinde betrachtete. Diese zehn Plagen von Gott und die Tatsache, dass die Israeliten die Ägypter beraubten, als sie weggingen, hätten die Israeliten und Gott sicherlich zu einem Feind der Ägypter gemacht. Das bedeutet, dass der Auszug der Israeliten aus Ägypten vor 1400 v. Chr. stattgefunden haben muss, als dieser Tempel gebaut wurde.[207] Du hast gerade gelernt, dass es 1407 v. Chr. geschah.

Ich hoffe, du beginnst zu sehen, dass Gott vertrauenswürdig ist. Er tut, was Er sagt. Lass uns nun das nächste bedeutende Gefangenschaftsereignis ansehen.

32.1.2. Israel würde in Babylon gefangen sein

Das andere Ereignis ist Israels Gefangenschaft durch den babylonischen König Nebukadnezar. Obwohl die Israeliten dieses Mal nur 70 Jahre in Gefangenschaft waren, ist es bedeutend, weil die Babylonier den Ersten Tempel während ihres Angriffs auf Jerusalem zerstörten. Dies war der prächtige Tempel, den König Davids Sohn Salomo gebaut hatte. Dies erschütterte die Israeliten zutiefst. Wie die israelitische Gefangenschaft in Ägypten hatte auch diese Zeit der Sklaverei ein glückliches Ende, wenn auch vielleicht nicht so bekannt. Nebukadnezars Herrschaft endete, als die Meder und Perser einmarschierten und die Macht übernahmen. Dann war es unter dem persischen König Kyrus, dass die Israeliten befreit wurden. Gott sagte, Er habe es Kyrus ins Herz gegeben, dem jüdischen Volk zu helfen, ihre Stadt und ihren Tempel wiederaufzubauen, und dann das Volk in die Freiheit zu entlassen. Der persische König finanzierte dies sogar. In diesen Versen bezieht sich „Jahwe der Heerscharen" auf Gott, der derjenige ist, der spricht.

> „Der zu Kyrus spricht: ,Er ist mein Hirte und soll all meinen Willen vollenden', und zu Jerusalem sagt: ,Es soll wieder aufgebaut werden', und zum Tempel: ,Dein Grundstein soll gelegt werden.' … Ich habe ihn erweckt in Gerechtigkeit, und alle seine Wege will ich ebenmachen. Er soll meine Stadt bauen und meine Gefangenen loslassen, nicht um Geld und nicht um Geschenke", spricht Jahwe der Heerscharen. (Jesaja 44,28;45,13)

Prophetie

Diese Prophetie wurde von Jeremia im Jahr 604 v. Chr. geschrieben, 18 Jahre bevor Israel in die Gefangenschaft weggeführt wurde.[208] Genau wie in der Prophetie, die Mose über die ägyptische Gefangenschaft schrieb, enthalten diese Schriften spezifische Details. Sie sagen uns, wie lange die Gefangenschaft dauern wird, nämlich 70 Jahre. Sie sagen, wer sie gefangen nehmen wird: der „König von Babylon". Die Verse sagen uns, was sie in der Gefangenschaft tun werden, nämlich „dem König dienen". Die Schrift sagt auch, was mit ihrem Land geschehen wird, wenn sie weggeführt werden. Es wird eine „Verwüstung" oder ein ödes Ödland sein.

> Dieses ganze Land soll zur Verwüstung und zum Entsetzen werden, und diese Völker sollen dem König von Babylon siebzig Jahre lang dienen. (Jeremia 25,11)

Gott war noch nicht fertig damit, Seinem Propheten Jeremia Details dieser Gefangenschaft zu geben. Hier ist eine weitere Prophetie, die Jeremia schrieb. Du kannst sehen, dass diese viel mehr Details enthält. Sie sagt uns, dass die Stadt Jerusalem in Brand gesetzt werden würde. Nicht nur irgendwelche Häuser, sondern Häuser, in denen sie dem Baal, einem falschen Gott und Dämon, Räucherwerk dargebracht hatten. Sie sagt uns auch, dass es Kämpfe mit dem „Schwert", Hunger und Krankheiten, also die „Pest", geben wird.

> Darum spricht Jahwe: Siehe, ich gebe diese Stadt in die Hand der Chaldäer und in die Hand Nebukadnezars, des Königs von Babylon; und er soll sie einnehmen. Und die Chaldäer, die gegen diese Stadt kämpfen, sollen hineinkommen und diese

Stadt mit Feuer anstecken und sie verbrennen samt den Häusern, auf deren Dächern sie dem Baal geräuchert und anderen Göttern Trankopfer dargebracht haben, um mich zu erzürnen. … Nun aber spricht Jahwe, der Gott Israels, so von dieser Stadt, von der ihr sagt: „Sie ist in die Hand des Königs von Babylon gegeben durch das Schwert, durch Hunger und durch Pest." (Jeremia 32,28-29.36)

In dieser Prophetie von Jeremia sehen wir, dass Gott verspricht, die Gefangenschaft der Israeliten umzukehren. Gott sagt voraus, dass Er all die guten Dinge herbeiführen wird, die Er Israel versprochen hat, und sie in ihr Land zurückbringen wird.

Denn so spricht Jahwe: „Gleichwie ich über dieses Volk all dieses große Unheil habe kommen lassen, so will ich auch über sie all das Gute kommen lassen, das ich ihnen verheißen habe. Man wird Äcker kaufen in diesem Land, von dem ihr sagt: ‚Es ist eine Verwüstung, ohne Menschen und ohne Vieh; es ist in die Hand der Chaldäer gegeben.' Man wird Äcker um Geld kaufen und Briefe darüber schreiben und versiegeln und Zeugen dazunehmen im Land Benjamin und um Jerusalem her und in den Städten Judas, in den Städten auf dem Gebirge, in den Städten der Niederung und in den Städten des Mittags; denn ich will ihr Schicksal wenden", spricht Jahwe. (Jeremia 32,42-44)

Erfüllung

Lass uns sehen, was geschah. Diese Berichte wurden vom Propheten Esra geschrieben. Er war ein Augenzeuge vieler dieser Ereignisse, denn die Bibel sagt uns, dass er in der Gefangenschaft in Babylon war. Wir erfahren auch, dass er zu einer Gruppe gehörte, die nach Jerusalem zurückkehrte, nachdem König Kyrus das Dekret erlassen hatte (Esra 7).

Im Jahr 597 v. Chr. setzte Nebukadnezar den König über Jerusalem, Jojakim, ab.[209] Danach setzte er Zedekia als Herrscher über Jerusalem ein.

Jojakim war fünfundzwanzig Jahre alt, als er König wurde, und er regierte elf Jahre lang in Jerusalem. Er tat, was böse war in den Augen Jahwes, seines Gottes. Gegen ihn zog Nebukadnezar, der König von Babylon, herauf und band ihn mit Ketten, um ihn nach Babylon zu führen. (2. Chronik 36,5-6)

Jahre später jedoch rebellierte Zedekia gegen König Nebukadnezar. So fiel Nebukadnezar ein und eroberte Jerusalem im Jahr 586 v. Chr.[210] Der Tempel Gottes, „Gottes Haus", wurde während der Schlacht niedergebrannt. „Er führte weg" bezieht sich auf Nebukadnezar.

> Sie verbrannten das Haus Gottes und rissen die Mauern von Jerusalem nieder und verbrannten alle seine Paläste mit Feuer, sodass alle seine kostbaren Geräte zerstört wurden. Er führte die, die dem Schwert entkommen waren, weg nach Babylon, und sie wurden seine und seiner Söhne Knechte, bis das Königreich der Perser zur Herrschaft kam, damit erfüllt würde das Wort Jahwes durch den Mund Jeremias, bis das Land seine Sabbate genossen hätte. Denn es feierte Sabbat die ganze Zeit der Verwüstung, bis siebzig Jahre voll waren. (2. Chronik 36,19-21)

Dieser Bericht über die Einnahme Jerusalems durch König Nebukadnezar wurde vom Propheten Jeremia geschrieben. Er war ebenfalls ein Augenzeuge dessen, was geschah. Erinnere dich daran, dass er derjenige war, der dieses Ereignis prophezeite und Zedekia jahrelang davor warnte, bevor es geschah.

> Im fünften Monat, am siebten Tag des Monats, das war das neunzehnte Jahr des Königs Nebukadnezar, des Königs von Babylon, kam Nebusaradan, der Oberste der Leibwache, ein Knecht des Königs von Babylon, nach Jerusalem. Er verbrannte das Haus Jahwes und das Haus des Königs und alle Häuser von Jerusalem; alle großen Häuser verbrannte er mit Feuer. Und das ganze Heer der Chaldäer, das bei dem Obersten der Leibwache war, riss die Mauern rings um Jerusalem nieder. Das Übrige des Volkes, das in der Stadt noch übrig geblieben war, und die Überläufer, die zum König von Babylon abgefallen waren, und den Rest des Haufens führte Nebusaradan, der Oberste der Leibwache, gefangen weg. (2. Könige 25,8-11)

Diese Schriftstellen erfüllen genau das, was Gott über das Schicksal der Israeliten gesagt hatte. Der König von Babylon fiel ein, viele starben durch das Schwert, die ganze Stadt stand in Flammen, und sogar Gottes Haus, der Tempel, wurde zerstört.

Archäologen haben eine Vielzahl von Beweisen bezüglich Nebukadnezar und seiner Eroberung Israels entdeckt. Ein solches Artefakt ist die Babylonische Chronik, eine Tafel, die im 19. Jahrhundert n. Chr. in Babylon entdeckt wurde. Hier ist ein Teil der Inschrift: „Jahr 7 [597 v. Chr.] im Kislev rief der König von Babylonien [Nebukadnezar] sein Heer zusammen und marschierte nach Hattu [den Westen]. Er schlug sein Lager gegen die Stadt Juda auf und am zweiten Adar [16. März] nahm er die Stadt ein und nahm den König [Jojachin] gefangen. Er setzte dort einen König nach seiner Wahl ein [Zedekia], nahm einen schweren Tribut und kehrte nach Babylon zurück.“[211] Dieses antike Fundstück hält auf den Tag genau fest, wann Nebukadnezar den König über Juda, Jojakim, absetzte.

Lass uns sehen, ob Gott sie nach 70 Jahren Gefangenschaft in ihr Land zurückbrachte, wie Er es versprochen hatte. Esra gibt uns erneut einen Bericht über das Geschehene. Erinnere dich daran, dass Esra ein Augenzeuge der Rückkehr Israels nach Jerusalem war. Er sagt uns genau, wann Kyrus das Dekret zum Wiederaufbau von Gottes Haus, dem Tempel in Jerusalem, gab. Es war das erste Jahr der Herrschaft von Kyrus. Wir wissen aus historischen Aufzeichnungen, dass dies 538 v. Chr. war.[212]

> Im ersten Jahr des Kyrus, des Königs von Persien, erweckte Jahwe – damit erfüllt würde das Wort Jahwes durch den Mund Jeremias – den Geist des Kyrus, des Königs von Persien, dass er in seinem ganzen Königreich mündlich und auch schriftlich verkünden ließ: „So spricht Kyrus, der König von Persien: Jahwe, der Gott des Himmels, hat mir alle Königreiche der Erde gegeben; und Er hat mir befohlen, Ihm ein Haus zu bauen in Jerusalem, das in Juda ist. Wer nun unter euch von Seinem Volk ist, mit dem sei sein Gott, und er ziehe hinauf nach Jerusalem, das in Juda ist, und baue das Haus Jahwes, des Gottes Israels (Er ist Gott), der in Jerusalem ist." (Esra 1,1-3)

Ein unglaubliches Artefakt wurde im Jahr 1879 n. Chr. in den Ruinen von Babylon entdeckt. Der Kyrus-Zylinder ist ein Tonzylinder, der mit einer Erklärung von Kyrus dem Großen beschriftet ist. Hier ist, was darauf steht: „Ich sandte an ihre Orte zurück … deren Heiligtümer zuvor baufällig geworden waren, die Götter, die darin lebten, und schuf dauerhafte Heiligtümer für sie. Ich versammelte alle ihre Völker und brachte sie in ihre Siedlungen zurück… Ich brachte sie unversehrt in ihre Zellen zurück, in den Heiligtümern, die sie glücklich machen. Mögen alle Götter, die ich in ihre Heiligtümer zurückgebracht habe, jeden Tag vor Bel und Nabu um ein langes Leben für mich bitten und meine guten Taten erwähnen."[213] Wir haben handfeste Beweise dafür, dass Kyrus die Menschen in Gefangenschaft wirklich in das Land zurückkehren ließ, aus dem sie stammten.

Erinnere dich daran, dass die babylonische Invasion im Jahr 586 v. Chr. stattfand. Zu diesem Zeitpunkt sind die Israeliten also erst seit 48 Jahren in babylonischer Gefangenschaft. Gott versprach, das Volk in sein Land zurückzubringen, und Er begann mit einer Gruppe von Menschen, die den Tempel wiederaufbauen sollten. Fast 50.000 Israeliten kehrten nach Jerusalem zurück.

> Dies sind die Kinder der Provinz, die heraufzogen aus der Gefangenschaft derer, die weggeführt worden waren, die Nebukadnezar, der König von Babylon, nach Babylon weggeführt hatte, und die wieder nach Jerusalem und Juda kamen, ein jeder

> in seine Stadt… … Die ganze Gemeinde miteinander war zweiundvierzigtausend
> dreihundertsechzig, außer ihren Knechten und Mägden, deren waren siebentausend
> dreihundertsiebenunddreißig; dazu hatten sie zweihundert Sänger und Sängerinnen.
> (Esra 2,1.64-65)

Das Volk brauchte eine Weile, um den Tempel wiederaufzubauen. Sie stellten ihn während der Herrschaft von Darius am 10. März 515 v. Chr. fertig.[214] Der Tempel war vollendet, und das jüdische Volk war 70 Jahre nach seiner Gefangennahme im Jahr 586 v. Chr. wieder in seinem Land.

> Dieses Haus wurde vollendet am dritten Tag des Monats Adar, im sechsten Jahr
> der Herrschaft des Königs Darius. (Esra 6,15)

Ich habe dir gesagt, dass Esra ein Augenzeuge davon war. Nachdem der Tempel geweiht worden war, kehrte Esra schließlich ebenfalls während der Herrschaft von König Artaxerxes im Jahr 458 v. Chr. nach Israel zurück.[215]

> Nach diesen Begebenheiten, unter der Herrschaft von Artaxerxes, dem König von
> Persien… … zog Esra herauf von Babylon. Er war ein gelehrter Schriftgelehrter
> im Gesetz des Mose, das Jahwe, der Gott Israels, gegeben hatte; und der König
> gab ihm alles, was er erbat, weil die Hand Jahwes, seines Gottes, über ihm war.
> Und es zogen einige von den Kindern Israel und von den Priestern, den Leviten,
> den Sängern, den Torhütern und den Tempeldienern hinauf nach Jerusalem im
> siebten Jahr des Königs Artaxerxes. Und er kam nach Jerusalem im fünften
> Monat, das war im siebten Jahr des Königs. (Esra 7,1.6-8)

32.2. Prophetien über Israels Verfolgung und Wiederherstellung

Die Bibel ist auch voller Prophetien über Israels allgemeine Verfolgung und Gottes Plan, sie wiederherzustellen. Lass uns einige dieser Prophetien untersuchen, um dir zu helfen, dem Vertrauen näherzukommen, dass Gott Versprechen gibt und sie hält.

32.2.1. Israels zweiter Tempel würde zerstört werden

Nachdem der Erste Tempel von Nebukadnezar zerstört worden war, hast du zuvor erfahren, dass ein Zweiter Tempel gebaut und im Jahr 515 v. Chr. fertiggestellt wurde, als König Kyrus das jüdische Volk nach Israel zurückkehren ließ. Dieser Zweite Tempel wurde unter römischer Herrschaft während der

Regierungszeit von König Herodes renoviert. Die Renovierung wurde im Jahr 20 v. Chr. begonnen und in eineinhalb Jahren abgeschlossen.[216]

Prophetie

Jesus selbst sprach diese spezielle Prophetie über den jüdischen Tempel aus. Matthäus hielt diese Prophetie im Jahr 50 n. Chr. fest, was 20 Jahre vor dem Eintreten des Ereignisses war. Matthäus war einer von Jesu Jüngern und war ein direkter Augenzeuge dessen, was Jesus sagte. Um den Kontext zu verdeutlichen: Jesus und Seine Jünger gingen gerade am Tempel in Jerusalem vorbei, nur ein paar Tage bevor Jesus gekreuzigt werden sollte. Es war im Jahr 32 n. Chr. Jesus sagte Seinen Jüngern, dass in der Zukunft jeder einzelne Stein des Tempels niedergerissen würde.

> Jesus ging aus dem Tempel hinaus und war auf dem Weg. Da traten Seine Jünger zu Ihm, um Ihm die Gebäude des Tempels zu zeigen. Er aber antwortete ihnen: „Seht ihr nicht das alles? Wahrlich, ich sage euch: Es wird hier kein Stein auf dem anderen bleiben, der nicht niedergerissen wird." (Matthäus 24,1-2)

Es gibt zahlreiche Artefakte, die wir von diesem Zweiten Tempel haben.[217] Wenn du heute Jerusalem besuchst, kannst du sehen, was vom Zweiten Tempel übrig geblieben ist. Der größte Abschnitt ist die berühmte Klagemauer (Westliche Mauer). Direkt neben diesem Mauerabschnitt kannst du riesige Steine sehen, die hinuntergeworfen wurden, als er im Jahr 70 n. Chr. zerstört wurde. Ein antiker Historiker aus dem ersten Jahrhundert n. Chr., Flavius Josephus, war ein Augenzeuge der Ereignisse, die in Israel stattfanden. Er beschrieb detailliert eine der Mauern im Tempelkomplex, an der Warnschilder angebracht waren. Die Schilder forderten Ausländer auf, nicht über diesen Punkt hinauszugehen. Im Jahr 1871 n. Chr. wurde in Jerusalem eine Kalksteinplatte mit derselben Warninschrift entdeckt, die von Josephus beschrieben worden war.[218] Erst kürzlich, im Juni 2019, enthüllten Archäologen den Pilgerweg. Dies war ein von Herodes gebauter Weg als Hauptpfad für die Menschen, um vom Teich Siloah hinauf zum jüdischen Tempel zu gelangen. Unter den Schätzen dieser Ausgrabung fanden sie einen Haufen Münzen mit der Aufschrift „Für die Freiheit von Zion". Man glaubt, dass die letzten Menschen, die in Jerusalem verblieben, bevor die Stadt und der Tempel im Jahr 70 n. Chr. zerstört wurden, diese herstellten.[219]

Erfüllung

Der Zweite Tempel wurde tatsächlich zerstört. Du kannst heute in Jerusalem sehen, was davon übrig geblieben ist: ein Teil der Westlichen Mauer und ein Haufen großer Steine. Es geschah im Jahr 70 n. Chr. Der Krieg zwischen den Juden und den Römern begann im Jahr 66 n. Chr. Der Historiker Josephus schrieb einen detaillierten Bericht über diesen Krieg in seinem Buch Der Jüdische Krieg.[220] Heute kann man in Rom ein Artefakt sehen, das an den römischen Sieg in diesem Krieg erinnert. Es ist der Titusbogen.[221] Titus war der Militärkommandant, der den jüdischen Aufstand beendete, Jerusalem belagerte und den Tempel zerstörte.[222] Der Bogen zeigt Römer, die die Schätze aus dem Tempel wegtragen, einschließlich der Menora. Er wurde von Titus' älterem Bruder zur Erinnerung an seinen Sieg errichtet.

Dieser Krieg führte zur verstärkten Zerstreuung, Diaspora genannt, des jüdischen Volkes über die ganze Welt. Wir werden uns als Nächstes Prophetien ansehen, die die Diaspora betreffen.

32.2.2. Israel würde nur wenige an Zahl und zerstreut sein

Da das jüdische Volk in seiner Vergangenheit mehrmals besiegt wurde, führte dies dazu, dass sie gefangen genommen wurden und außerhalb des Landes Israel lebten, und es führte dazu, dass einige flohen und sich in Nachbarländern niederließen. Ein Schlüsselereignis in der Zerstreuung des jüdischen Volkes über den Globus war, als Nebukadnezar Krieg gegen Israel führte. Dies gipfelte im Jahr 586 v. Chr., als er Jerusalem eroberte und viele der Menschen nach Babylon mitnahm. Einige der Gefangenen kehrten unter König Kyrus nach Israel zurück, aber im Jahr 70 n. Chr. sah sich Israel erneut besiegt, dieses Mal von den Römern. Die jüdischen Menschen, die überlebten und flohen, ließen sich im gesamten Römischen Reich nieder. Von dort aus breiteten sich die Menschen über die ganze Welt aus.[223]

Prophetie

Es gibt Prophetien in der Bibel, die davon sprechen, dass Israel verfolgt und über die ganze Erde zerstreut wird. Die erste Prophetie wurde von Mose im 15. Jahrhundert v. Chr. aufgezeichnet. Über Israel kommt so viel Not, dass sie nur noch wenige an Zahl sind, obwohl sie zu jener Zeit so zahlreich waren wie die Sterne am Himmel. In der Zukunft würden sie keine Ruhe oder Erholung finden und sie würden um ihr Leben bangen, ständig in Angst.

> Ihr werdet übrig bleiben, nur ein geringes Häuflein, nachdem ihr so zahlreich gewesen seid wie die Sterne am Himmel... ... Jahwe wird dich unter alle Völker zerstreuen von einem Ende der Erde bis zum anderen Ende der Erde. ... Und du wirst unter diesen Völkern keine Ruhe haben, und deine Fußsohle wird keine Ruhestätte finden; denn Jahwe wird dir dort ein bebendes Herz geben und erlöschende Augen und eine verschmachtende Seele. Dein Leben wird vor dir an einem Faden hängen; du wirst dich fürchten Nacht und Tag und deines Lebens nicht sicher sein. (5. Mose 28,62.64-66)

Diese Prophetie wurde von Gottes Propheten Hesekiel irgendwann kurz nach 586 v. Chr. geschrieben, als Jerusalem an Nebukadnezar fiel. Hesekiel war bereits bei einer früheren Invasion Israels im Jahr 597 v. Chr. von den Babyloniern gefangen genommen worden.[224] Er lebte also in Babylon, als er von Jerusalem hörte. Diese Vision von Gott kam nach diesem Ereignis zu ihm.

> Jahwes Hand kam über mich, und Er führte mich im Geist Jahwes hinaus und ließ mich nieder mitten auf einem weiten Feld, das voller Totengebeine lag. Und Er führte mich überall daran vorüber; und siehe, es lagen sehr viele auf dem Feld, und siehe, sie waren sehr verdorrt. Und Er sprach zu mir: „Du Menschensohn, können diese Gebeine auch wieder lebendig werden?" Und ich sprach: „Herr, Jahwe, Du weißt es." Und Er sprach zu mir: „Weissage über diese Gebeine und sprich zu ihnen: Ihr verdorrten Gebeine, hört Jahwes Wort! So spricht der Herr, Jahwe, zu diesen Gebeinen: Siehe, ich will Odem in euch kommen lassen, dass ihr lebendig werdet. Ich will euch Sehnen geben und Fleisch über euch wachsen lassen und euch mit Haut überziehen und euch Odem geben, dass ihr wieder lebendig werdet; und ihr sollt erfahren, dass ich Jahwe bin." (Hesekiel 37,1-6)

Hesekiel beschreibt das Volk als ein Tal voll von verdorrten Knochen. Eine Beschreibung eines Volkes, das tot und vertrocknet ist, ohne jede Hoffnung. Nachdem das jüdische Volk von Babylon besiegt worden war, fühlten sie sich sicher so, als hätten sie keine Hoffnung, kein Zuhause und keine Zukunft.

Erfüllung

Die Geschichte zeichnet ein sehr lebendiges Bild davon, was mit dem jüdischen Volk geschah. Ein paar bedeutende Ereignisse kommen mir in den

Sinn, wenn ich an die jüdische Verfolgung in den letzten paar tausend Jahren denke. Die Kreuzzüge, die Spanische Inquisition und der Holocaust während des Zweiten Weltkriegs. Während der Kreuzzüge im 11. bis 13. Jahrhundert n. Chr. wurde das jüdische Volk verfolgt und aus europäischen Ländern vertrieben. Dasselbe geschah während der Spanischen Inquisition im 15. Jahrhundert n. Chr. Diese Ereignisse fanden etwa zu der Zeit statt, als Nordamerika kolonisiert wurde. So ließen sich einige jener jüdischen Menschen, die vertrieben worden waren, im kolonialen Amerika nieder, das heute die Vereinigten Staaten sind.[225]

Das andere Ereignis, das ich erwähnte, war der Holocaust, als Hitler und sein Nazi-Regime über 6 Millionen jüdische Menschen während seines völkermörderischen Krieges ermordeten.[226] Dies entsprach geschätzt zwei Dritteln der jüdischen Bevölkerung in Europa. Wir wissen, dass die jüdischen Menschen, die den Krieg überlebten, unermesslich litten. Es war genau so, wie Mose es im 15. Jahrhundert v. Chr. beschrieben hatte. Was diejenigen betrifft, die während des Krieges starben, wissen wir, dass viele auf schreckliche Weise getötet wurden: in Gaskammern, in Vernichtungslagern, bei Massenerschießungen und durch Verhungern und Krankheiten in Arbeits- und Konzentrationslagern. Die meisten Leichen wurden danach verbrannt. Auch dies erinnert an Hesekiels Prophetie und die verdorrten Knochen. Der Holocaust führte zur weiteren Zerstreuung des jüdischen Volkes über den Globus, als sie aus den von den Nazis überrannten europäischen Ländern flohen.

Im Jahr 1900 n. Chr. lebten schätzungsweise 80 Prozent der jüdischen Menschen in europäischen Ländern. Im Jahr 1970 n. Chr., ein paar Jahrzehnte nach dem Zweiten Weltkrieg, lebten nur noch 25 Prozent von ihnen in europäischen Ländern. Die Mehrheit, 49 Prozent, lebte in Amerika. Heute wohnen die größten Populationen jüdischer Menschen in Israel und den Vereinigten Staaten.[227]

Hesekiels Prophetie war auch ein Versprechen an das jüdische Volk, dass es wieder gedeihen würde. Da die meisten jüdischen Menschen heute wieder in Israel wohnen, lass uns als Nächstes jene Prophetien untersuchen.

32.2.3. Israel würde wiederhergestellt werden

Die Israeliten waren also zerstreut, und es gab nicht mehr sehr viele von ihnen, die noch am Leben waren, und doch sind sie heute eine blühende

Nation und Heimat für über 9 Millionen Menschen. Fast 75 Prozent ihrer Bevölkerung ist jüdisch. Das sind fast 7 Millionen jüdische Menschen, die jetzt im Staat Israel leben.[228] Wie ist das passiert?

Gott hält Seine Versprechen, und Gott kann alles tun. Gott versprach, das jüdische Volk in das Land zurückzubringen, das Er ihnen versprochen hatte. Er versprach, dass sie wieder aufblühen würden. Er versprach, sie wiederherzustellen, und Er tat genau das. Schauen wir uns einige Prophetien an, die Gott über die Nation Israel vorausgesagt hat, die wir heute sehen.

Prophetie

Der Prophet Jesaja schrieb diese Prophetie im 8. Jahrhundert v. Chr. Sie spricht davon, dass die Nation Israel, die in der Schrift meist als „sie" bezeichnet wird, an einem Tag geboren wird.

> Ehe sie Wehen hatte, hat sie geboren; ehe sie in Schmerzen kam, wurde sie von einem Knaben entbunden. Wer hat solches je gehört? Wer hat solche Dinge je gesehen? Wird ein Land an einem einzigen Tag zur Welt gebracht? Wird eine Nation mit einem Mal geboren? Denn kaum hatte Zion Wehen, so gebar sie auch schon ihre Kinder. (Jesaja 66,7-8)

Der Prophet Sacharja prophezeite dies ebenfalls im 6. Jahrhundert v. Chr. Er sagte voraus, dass Jerusalem wieder an ihrem eigenen Ort bewohnt sein würde, in Jerusalem.

> Jerusalem soll wieder an seinem Ort bleiben, nämlich in Jerusalem. (Sacharja 12,6)

Hesekiel schrieb diese Prophetien im 6. Jahrhundert v. Chr. Es ist eine Fortsetzung der Prophetie, die wir zuvor bezüglich des Tals der verdorrten Knochen gelesen haben. Hier spricht Gott über die Zerstreuung der Israeliten, und Er verspricht, sie in ihr eigenes Land zu sammeln.

> Ich zerstreute sie unter die Nationen, und sie wurden in die Länder versprengt. … Denn ich will euch aus den Nationen herausholen und euch aus allen Ländern sammeln und euch wieder in euer Land bringen. … Ihr sollt in dem Land wohnen, das ich euren Vätern gegeben habe; ihr sollt mein Volk sein, und ich will euer Gott sein. (Hesekiel 36,19.24.28)

Hier sehen wir Gott versprechen, jene verdorrten Knochen wiederherzustellen und versprechen, sie in ihr Land zurückzubringen. Diese von Hesekiel geschriebenen Verse sagten voraus, dass das jüdische Volk scheinbar aus dem Grab auferstehen würde. Gott würde die schrecklichen Dinge, die dem jüdischen Volk in der Vergangenheit zugestoßen waren, für Sein Gutes nutzen. Dieses Ereignis würde dem Volk helfen, sich Gott zuzuwenden, denn wer sonst könnte eine solche Tat vollbringen?

> Und ich weissagte, wie mir befohlen war. Und siehe, da geschah ein Rauschen, als ich weissagte, und siehe, ein Beben, und die Gebeine rückten zusammen, ein Bein zum anderen. Und ich sah, und siehe, es wuchsen Sehnen und Fleisch darauf, und sie wurden mit Haut überzogen; es war aber noch kein Odem in ihnen. Da sprach Er zu mir: „Weissage zum Odem, weissage, du Menschensohn, und sprich zum Odem: So spricht der Herr, Jahwe: Komm, Odem, von den vier Winden und blase diese Getöteten an, dass sie lebendig werden!" Und ich weissagte, wie Er mir befohlen hatte. Da kam Odem in sie, und sie wurden lebendig und stellten sich auf ihre Füße, ein überaus großes Heer. Und Er sprach zu mir: „Du Menschensohn, diese Gebeine sind das ganze Haus Israel. Siehe, sie sprechen: ‚Unsere Gebeine sind verdorrt, und unsere Hoffnung ist verloren; es ist aus mit uns.' Darum weissage und sprich zu ihnen: So spricht der Herr, Jahwe: Siehe, ich will eure Gräber auftun und will euch, mein Volk, aus euren Gräbern herausholen und euch ins Land Israel bringen. Und ihr sollt erfahren, dass ich Jahwe bin, wenn ich eure Gräber öffne und euch, mein Volk, aus euren Gräbern heraufbringe. Und ich will meinen Geist in euch geben, dass ihr lebendig werdet, und will euch in euer Land setzen; und ihr sollt erfahren, dass ich Jahwe bin. Ich habe es gesagt und tue es auch, spricht Jahwe." (Hesekiel 37,7-14)

Erfüllung

Wir alle wissen, dass diese Prophetie erfüllt wurde, weil Israel jetzt eine Nation ist. Sie wurden am 14. Mai 1948 wieder eine Nation. Jesaja schrieb seine Prophetie 28 Jahrhunderte bevor das Ereignis, von dem er sprach, eintrat! Was noch erstaunlicher ist: Israel wurde genau so eine Nation, wie die Prophetie es voraussagte – an einem einzigen Tag. Das Britische Mandat für Palästina errichtete im Jahr 1922 n. Chr. eine nationale Heimstätte für das jüdische Volk.[229] Am 12. Mai 1948 kam das Kabinett zusammen, das die jüdische Gemeinschaft in Palästina regierte, um über die Unabhängigkeitserklärung abzustimmen. Die Abstimmung fand am 13. Mai 1948 statt, wobei das Kabinett die Unabhängigkeit unterstützte. Bereits am nächsten Tag verkündeten sie den Staat Israel. Es geschah an einem Tag. Unmittelbar danach erkannte der Präsident der Vereinigten Staaten, Harry S. Truman, den Staat Israel offiziell an.[230] Das Britische Mandat wurde dann um Mitternacht desselben Tages beendet, an dem Israel eine Nation wurde.[231]

Was Jerusalem betrifft, so gehörte die Altstadt, in der sich die heiligen Stätten befinden, nicht zu ihrem Territorium, als Israel eine Nation wurde. Israel hatte nur die Kontrolle über den westlichen Teil von Jerusalem, während Jordanien die Kontrolle über den östlichen Teil und die Altstadt hatte.[232] Erst im Jahr 1967 n. Chr., während des Sechstagekrieges mit Ägypten, Jordanien und Syrien, gewann Israel diese zurück.[233] Wieder einmal sehen wir, dass Gott Sein Versprechen gegenüber dem jüdischen Volk erfüllt hat. Er schloss schließlich die Altstadt von Jerusalem und die heiligen Stätten in den Staat Israel ein.

Innerhalb von drei Jahren nach der Unabhängigkeitserklärung verdoppelte sich die jüdische Bevölkerung Israels auf 700.000 Menschen. Im Jahr 1950 n. Chr. verabschiedete Israel das Rückkehrgesetz, das jedem mit jüdischer Abstammung das Recht gewährt, in Israel zu wohnen und die Staatsbürgerschaft zu erhalten.[234] Stand 2019 leben fast 7 Millionen jüdische Menschen in Israel.[235] Gott brachte das jüdische Volk, das über die gesamte Erde zerstreut war, zurück in das Land, das Er ihnen versprochen hatte. Gott stellte das jüdische Volk wieder her und ermöglichte es ihm, aufzublühen.

Fühlst du dich wie das jüdische Volk? Verfolgt, zerstreut und ohne Hoffnung? Ergreife heute Gottes Versprechen für dich! Gott hat versprochen, dich wieder in eine rechte Beziehung zu Ihm zu setzen. Alles, was du tun musst, ist glauben. Glaube daran, dass Gott getan hat, was Er gesagt hat.

Gott wird dich wiederherstellen, sogar aus den Tiefen der Erde, wenn es sein muss.

> Du hast mich viel große Not erfahren lassen; aber Du wirst mich wieder lebendig machen und mich aus den Tiefen der Erde wieder heraufholen. Du wirst mein Ansehen mehren und mich wieder trösten. (Psalm 71,20-21 Neue Internationale Version)

> Ich rief Deinen Namen an, Jahwe, aus der tiefsten Grube. Du hörtest meine Stimme: „Verbirg Dein Ohr nicht vor meinem Seufzen und meinem Schreien!" Du nahtest Dich mir an dem Tag, als ich Dich anrief, und sprachst: „Fürchte dich nicht!" (Klagelieder 3,55-57)

Er sandte Jesus vom Himmel auf die Erde, um den Tod zu sterben, den du verdienst. Jesus starb für deine Sünden, damit du die Beziehung zu Gott haben kannst, die Jesus hat. Wenn du dein Vertrauen in Jesus setzt, wird Gott dich wiederherstellen, genau wie Er es mit den Israeliten getan hat. Wenn du glaubst, dann sei gewiss, dass du alle Verheißungen Gottes hast. Er wird dich niemals verlassen oder im Stich lassen. Du bist ein Kind Gottes. Du hast eine Zukunft und Hoffnung.

> Denn Gott hat Jesus als Sühneopfer für die Sünde dargebracht. Menschen werden vor Gott gerecht gesprochen, wenn sie glauben, dass Jesus Sein Leben geopfert und Sein Blut vergossen hat. … Gott tat dies, um Seine Gerechtigkeit zu beweisen, denn Er selbst ist gerecht und fair, und Er spricht die Sünder in Seinen Augen gerecht, wenn sie an Jesus glauben. (Römer 3,25-26 Neue Lebende Übersetzung)

Du kannst viele Dinge aus der biblischen Prophetie lernen. Gottes Vertrauenswürdigkeit ist eines dieser Dinge, denn spezifische, genaue, erfüllte Prophetien beweisen, dass Gott den Anfang und das Ende kennt, genau wie Er es gesagt hat. Es zeigt uns auch, dass Gott die Kontrolle über jede Situation hat. Was auch immer Er sich vorgenommen hat, wird Er geschehen lassen. In diesen Versen sind der „Herr" und „Jahwe der Heerscharen" Bezeichnungen für Gott.

> Ich bin das Alpha und das Omega, der Anfang und das Ende, spricht der Herr, der da ist und der da war und der da kommt, der Allmächtige. (Offenbarung 1,8 Neue König Jakobus Version)

> Jahwe der Heerscharen hat geschworen und gesprochen: „Fürwahr, wie ich es mir vorgenommen habe, so soll es geschehen, und wie ich es beschlossen habe, so soll es zustande kommen." (Jesaja 14,24)

Details sind eine weitere Sache, die man aus der biblischen Prophetie lernen kann. Sie beweist, dass Gott sich um die Details kümmert. Er weiß, wie viele Sterne am Himmel stehen und wie viele Sandkörner an den Meeresufern liegen. Schließlich hat Er die Sterne und den Sand erschaffen. Er kümmert sich auch um die Details deines spezifischen Lebens. Er weiß, wie viele Haare auf deinem Kopf sind, und Er kennt all deine Gedanken. Er hat dich einzigartig und spezifisch erschaffen. Du bist kein Massenprodukt, genau wie Seine Prophetien nicht vage sind. Er denkt nur Gutes über dich. Willst du Ihm nicht zutrauen, die Details deines Lebens zu verwalten? Setze deinen Glauben in Ihn.

Gott weiß alles über dich, weil Er dich liebt.

Jahwe, Du erforschst mich und kennst mich. Ich sitze oder stehe auf, so weißt Du es; Du verstehst meine Gedanken von ferne. Ich gehe oder liege, so prüfst Du es und bist vertraut mit allen meinen Wegen. Denn siehe, es ist kein Wort auf meiner Zunge, das Du, Jahwe, nicht schon alles wüsstest. (Psalm 139,1-4)

Gott ist ein Spezialist darin, Details zu kennen und zu verwalten. Jesus ist derjenige, der hier spricht.

Verkauft man nicht zwei Sperlinge für einen Groschen? Und doch fällt keiner von ihnen auf die Erde ohne euren Vater. Bei euch aber sind sogar die Haare auf dem Haupt alle gezählt. Darum fürchtet euch nicht; ihr seid mehr wert als viele Sperlinge. (Matthäus 10,29-31)

Gott hat dich sorgfältig für einen Zweck erschaffen und alle Details deines Lebens geplant.

Denn Du hast meine Nieren bereitet; Du hast mich gebildet im Mutterleib. Ich danke Dir dafür, dass ich wunderbar gemacht bin; wunderbar sind Deine Werke; das erkennt meine Seele wohl. Es war Dir mein Gebein nicht verborgen, als ich im Verborgenen gemacht wurde, als ich gebildet wurde tief in der Erde. Deine Augen sahen mich, als ich noch ungestaltet war, und in Dein Buch waren alle Tage eingetragen, die noch werden sollten und von denen noch keiner da war. Wie kostbar sind mir Deine Gedanken, Gott! Wie groß ist ihre Summe! (Psalm 139,13-17)

Kapitel 33 – Erfüllte Prophetien über Jesus

Lass uns nun einen Blick auf Jesus werfen. Du solltest an diesem Punkt wissen, dass Jesus der Sohn Gottes ist, dass Er vom Himmel herabkam, um für deine Sünden zu sterben, dass Er derzeit im Himmel regiert und dass Er versprochen hat, nach der Zeit der Großen Drangsal auf die Erde zurückzukehren. Schauen wir uns mehrere biblische Prophetien über Jesus an und vergleichen wir sie mit dem, was tatsächlich geschah.

33.1. Prophetien über Jesu Geburt

Dem jüdischen Volk wurde in der Heiligen Schrift gelehrt, dass ein Retter kommen würde, um sie zu befreien. Sie freuten sich auf diesen Messias, weil ihnen viele Details darüber gegeben wurden, worauf sie achten sollten, einschließlich Einzelheiten über Seine Geburt. Vieles wurde über die Geburt Jesu vorausgesagt. Wir werden uns fünf dieser Details ansehen, die vor Tausenden von Jahren vorhergesagt wurden.

33.1.1. Jesus würde in Bethlehem geboren werden

Die erste dieser Prophetien, die wir auswerten werden, ist Jesu Geburt in Bethlehem.

Prophetie

Diese Prophetie wurde von Micha im 8. Jahrhundert v. Chr. geschrieben. Jesus wurde um 4 v. Chr. geboren. Wir wissen das, weil Herodes der Große der Herrscher war, als Jesus geboren wurde, und wir wissen auch, dass Herodes kurz nach Jesu Geburt starb. Herodes starb im Jahr 4 v. Chr.[236] Dieses Detail bezüglich Jesu Geburt wurde 700 Jahre vor Seiner Geburt vorhergesagt.

> „Und du, Bethlehem Ephrata, [obwohl] du klein bist unter den Tausenden von Juda, [doch] soll mir aus dir der hervorgehen, der Herrscher in Israel sein soll, dessen Hervorgehen von alters her, von Ewigkeit her [ist]." (Micha 5,2 Neue König Jakobus Version)

Diese Prophetie besagt, dass ein zukünftiger Herrscher Israels aus Bethlehem kommen würde. Sie sagt uns auch, dass die Ursprünge dieser

Person aus alten Zeiten stammen. Sogar aus der Ewigkeit.

Erfüllung

Dieser Bericht über Jesu Geburt wurde von Matthäus aufgezeichnet. Er war einer der Jünger Jesu. Er hat dies wahrscheinlich aus erster Hand von Jesu Mutter, Maria, gehört, die natürlich bei Jesu Geburt anwesend war. Matthäus zeichnete dies im Jahr 50 n. Chr. auf.

> „Als nun Jesus geboren war in Bethlehem in Judäa, in den Tagen des Königs Herodes, siehe, da kamen Weise aus dem Osten nach Jerusalem und sprachen: ‚Wo ist der neugeborene König der Juden? Denn wir haben seinen Stern im Osten gesehen und sind gekommen, um ihn anzubeten.‘ Als der König Herodes das hörte, erschrak er und ganz Jerusalem mit ihm. Und er ließ alle Hohepriester und Schriftgelehrten des Volkes zusammenkommen und fragte sie, wo der Christus geboren werden sollte. Sie sagten zu ihm: ‚In Bethlehem in Judäa, denn so steht es geschrieben durch den Propheten: "Und du, Bethlehem, Land Juda, bist keineswegs die geringste unter den Fürsten Judas; denn aus dir wird ein Fürst hervorgehen, der mein Volk Israel weiden soll." ‘ “ (Matthäus 2,1-6)

Die Priester und Lehrer zur Zeit der Geburt Jesu glaubten an die Genauigkeit dieser prophetischen Schriftstelle. Als weise Astronomen aus dem Osten nach Jerusalem kamen und König Herodes, den Herrscher Israels, fragten, wo der Messias geboren worden sei, zitierten die Gelehrten des Herodes ihm die Prophetie Michas. Herodes wies die Weisen an, nach Bethlehem zu gehen. Tatsächlich glaubte Herodes so unerschütterlich an die Genauigkeit dieser Schriftstelle, dass er befahl, alle männlichen Kinder im Alter von zwei Jahren und jünger in Bethlehem zu töten. Er wollte nicht, dass dieser Messias, der geboren worden war, seine Herrschaft über Israel infrage stellte.

> „Als sie aber weggezogen waren, siehe, da erschien ein Engel des Herrn dem Josef im Traum und sprach: ‚Steh auf, nimm das Kind und seine Mutter und fliehe nach Ägypten und bleibe dort, bis ich es dir sage; denn Herodes wird das Kind suchen, um es umzubringen.‘ Da stand er auf, nahm das Kind und seine Mutter bei Nacht und entwich nach Ägypten … … Als Herodes nun sah, dass er von den Weisen verspottet worden war, wurde er sehr zornig und sandte aus und ließ alle männlichen Kinder töten, die in Bethlehem und in seinem ganzen Gebiet waren, von zwei Jahren und darunter, nach der Zeit, die er von den Weisen genau erforscht hatte." (Matthäus 2,13-14.16)

Es ist interessant, dass Jesus tatsächlich in Bethlehem geboren wurde. Er hätte eigentlich in Nazareth geboren werden müssen. Maria und Josef, Seine Eltern, lebten in Nazareth. Bevor Jesus geboren wurde, verlangte Kaiser Augustus, der römische Kaiser, dass sich jeder eintragen lassen sollte. Israel stand während dieser Zeit unter römischer Herrschaft. Jeder Mann musste also in die Heimatstadt seiner Familie zurückkehren, um bei dieser Eintragung erfasst zu werden. So erfahren wir, dass Josef und Maria nach Bethlehem gingen. Lukas zeichnete den Bericht darüber im Jahr 60 n. Chr. auf. Lukas war ein Nachfolger Jesu und hörte dies wahrscheinlich aus erster Hand von Jesu Mutter, Maria.

> „Es begab sich aber in jenen Tagen, dass ein Erlass von Kaiser Augustus ausging, dass die ganze Welt eingetragen werden sollte. Dies war die erste Eintragung, die geschah, als Quirinius Statthalter von Syrien war. Und es gingen alle hin, um sich eintragen zu lassen, ein jeder in seine Stadt. Da ging auch Josef hinauf aus Galiläa, aus der Stadt Nazareth, nach Judäa, in die Stadt Davids, die Bethlehem heißt, weil er aus dem Haus und Geschlecht Davids war; um sich eintragen zu lassen mit Maria, seiner ihm anvertrauten Frau, die schwanger war." (Lukas 2,1-5)

Es gibt eine Debatte über diese Eintragung, die Lukas aufzeichnete. Einige Gelehrte denken, sie beziehe sich auf eine Volkszählung, aber Archäologen haben keine historischen Aufzeichnungen über eine Volkszählung durch Kaiser Augustus speziell in diesem Zeitraum gefunden. Lukas sagte jedoch nicht, dass es eine Volkszählung war. Er sagte, es sei eine Eintragung. Die Eintragung könnte sich auf einen Eid beziehen, den Kaiser Augustus in diesem Zeitraum vom Volk forderte. Er sollte die Zustimmung zu seinem 25. Jahr an der Macht und seinem neuen Titel, Pater Patriae, zeigen, den der römische Senat ihm verliehen hatte. Der Historiker Josephus schrieb über diesen Eid, den alle ablegen mussten. Hier ist ein Teil dessen, was er sagte: „Als daher die ganze jüdische Nation einen Eid ablegte, Cäsar und [den] Interessen des Königs treu zu sein, weigerten sich diese Männer, mehr als sechstausend an der Zahl, zu schwören."[237]

Du weißt, dass es nur eine Person gibt, die diese prophetische Schriftstelle unmöglich erfüllen könnte, außer Er hätte schon immer existiert. Es ist Jesus! Hier ist eine Schriftstelle, in der Johannes erklärt, dass Jesus am Anfang bei Gott existierte. Jesus ist dieses ewige Leben.

> „Was von Anfang an war, was wir gehört haben, was wir mit unseren Augen

gesehen haben, was wir angeschaut haben und unsere Hände betastet haben, betreffs des Wortes des Lebens (und das Leben ist offenbart worden, und wir haben gesehen und bezeugen und verkündigen euch das Leben, das ewige Leben, welches bei dem Vater war und uns offenbart worden ist); was wir gesehen und gehört haben, verkündigen wir euch, damit auch ihr Gemeinschaft mit uns habt. Ja, und unsere Gemeinschaft ist mit dem Vater und mit seinem Sohn, Jesus Christus." (1. Johannes 1,1-3)

33.1.2. Jesus würde von einer Jungfrau geboren und Immanuel genannt werden

Lass uns diese nächsten beiden Prophetien zusammen betrachten. Die Bibel sagte voraus, dass Jesus von einer Jungfrau geboren und Immanuel genannt werden würde.

Prophetie

Diese Prophetien wurden von Jesaja im 8. Jahrhundert v. Chr. geschrieben. Das war etwa 700 Jahre bevor Jesus geboren wurde. Hier sagt uns Jesaja, dass eine Jungfrau einen Sohn gebären wird, der Immanuel genannt werden wird. Es ist auch interessant zu bemerken, dass diese Geburt ein Zeichen vom Herrn, Gott, ist. Das sollte für dich offensichtlich sein, denn wir alle wissen, dass Jungfrauen nicht schwanger werden können. Dass eine Jungfrau gebiert, ist nichts, was passieren wird, ohne dass Gott es geschehen lässt.

„Darum wird euch der Herr selbst ein Zeichen geben: Siehe, die Jungfrau wird schwanger werden und einen Sohn gebären und wird seinen Namen Immanuel nennen." (Jesaja 7,14)

Erfüllung

Matthäus und Lukas berichten uns beide von Jesu Jungfrauengeburt. Denke daran, dass beide Männer Nachfolger Jesu waren und dies wahrscheinlich aus erster Hand von Jesu Mutter, Maria, gehört haben. Sie erzählen uns, was aus der Sicht beider Elternteile geschah. Lukas gibt einen Bericht aus Marias Perspektive, während Matthäus uns erzählt, was aus Josefs Perspektive geschah.

„Der Engel Gabriel wurde von Gott in eine Stadt in Galiläa namens Nazareth gesandt, zu einer Jungfrau, die mit einem Mann namens Josef aus dem Hause Davids verlobt war. Der Name der Jungfrau war Maria. Und der Engel kam zu ihr hinein und sprach: ‚Sei gegrüßt, du Begnadete! Der Herr ist mit dir. Gesegnet bist du unter den Frauen!' Sie aber erschrak sehr über dieses Wort und überlegte, was das für ein Gruß sei. Und der Engel sprach zu ihr: ‚Fürchte dich nicht, Maria, denn du hast Gnade bei Gott gefunden. Siehe, du wirst in deinem Leib empfangen und einen Sohn gebären, und du sollst seinen Namen „Jesus" nennen. Dieser wird groß sein und Sohn des Höchsten genannt werden. Und Gott der Herr wird ihm den Thron seines Vaters David geben, und er wird über das Haus Jakob herrschen in Ewigkeit, und sein Reich wird kein Ende haben.' Maria aber sprach zu dem Engel: ‚Wie kann das sein, da ich von keinem Mann weiß?' Und der Engel antwortete und sprach zu ihr: ‚Der Heilige Geist wird über dich kommen, und die Kraft des Höchsten wird dich überschatten. Darum wird auch das Heilige, das aus dir geboren wird, Sohn Gottes genannt werden.' " (Lukas 1,26-35)

„Josef aber, ihr Mann, der gerecht war und sie nicht öffentlich bloßstellen wollte, gedachte sie heimlich zu entlassen. Während er dies aber überlegte, siehe, da erschien ihm ein Engel des Herrn im Traum und sprach: ‚Josef, Sohn Davids, fürchte dich nicht, Maria, deine Frau, zu dir zu nehmen; denn was in ihr gezeugt ist, das ist vom Heiligen Geist. Sie wird einen Sohn gebären, und du sollst seinen Namen Jesus nennen; denn er wird sein Volk retten von ihren Sünden.' Dies alles ist aber geschehen, damit erfüllt würde, was vom Herrn durch den Propheten gesagt ist, der spricht: ‚Siehe, die Jungfrau wird schwanger sein und einen Sohn gebären, und sie werden seinen Namen Immanuel nennen', was übersetzt heißt: ‚Gott mit uns'." (Matthäus 1,19-23)

Wir sehen, dass der Engel Gabriel sowohl Maria als auch Josef erschien und die Botschaft von Gott bezüglich der Geburt Jesu überbrachte. Als Maria durch Gottes Heiligen Geist schwanger wurde, waren Josef und Maria miteinander verlobt. Kannst du dir vorstellen, was Josef gedacht haben muss, als Maria ihm erzählte, dass sie schwanger war? Ich bin sicher, er glaubte nicht, dass Gott sie schwanger gemacht hatte. Er dachte wahrscheinlich, sie habe mit einem anderen Mann geschlafen. Das wäre als Ehebruch angesehen worden, der mit dem Tod bestraft wurde. Er dachte wahrscheinlich, Maria habe diese Geschichte erfunden, damit sie nicht wegen ihrer Sünde zu Tode gesteinigt würde. Ich denke, deshalb sagte Gabriel Josef zuerst, er solle sich nicht fürchten, Maria zu seiner Frau zu nehmen, und bestätigte dann, dass das Kind vom Heiligen Geist empfangen wurde.

Es gibt viele Stellen in der Bibel, in denen Menschen Jesus als den Sohn Gottes bezeichneten. Diese erste Schriftstelle zeigt einen Dämon, der Ihn erkennt. „Er ließ sie nicht reden" bezieht sich darauf, dass Jesus den Dämonen nicht erlaubte zu sprechen.

> „Es fuhren auch Dämonen von vielen aus, die schrien und sprachen: ‚Du bist der Christus, der Sohn Gottes!' Und er schalt sie und ließ sie nicht reden, weil sie wussten, dass er der Christus war." (Lukas 4,41)

Hier erkannte ein römischer Hauptmann, der Jesu Kreuzigung miterlebte, wer Jesus war.

> „Als aber der Hauptmann und die, welche mit ihm Jesus bewachten, das Erdbeben sahen und das, was geschah, erschraken sie sehr und sprachen: ‚Wahrlich, dieser war Gottes Sohn!' " (Matthäus 27,54)

Der Apostel Paulus, zu der Zeit als Saulus bekannt, begegnete Jesus, während er Jesu Nachfolger verfolgte. Er wusste auch, dass Jesus der Sohn Gottes war.

> „Saulus aber schnaubte noch mit Drohen und Morden gegen die Jünger des Herrn … … Als er aber auf dem Weg war, geschah es, dass er sich Damaskus näherte; und plötzlich umstrahlte ihn ein Licht vom Himmel. Und er fiel auf die Erde und hörte eine Stimme, die zu ihm sprach: ‚Saul, Saul, warum verfolgst du mich?' Er aber sprach: ‚Wer bist du, Herr?' Der Herr aber sprach: ‚Ich bin Jesus, den du verfolgst. Doch steh auf und geh in die Stadt, so wird man dir sagen, was du tun sollst.' … Ananias ging hin und kam in das Haus; und er legte ihm die Hände auf und sprach: ‚Bruder Saul, der Herr hat mich gesandt, Jesus, der dir erschienen ist auf dem Weg, den du herkamst, damit du wieder sehend werdest und erfüllt werdest mit dem Heiligen Geist.' Und sogleich fiel es wie Schuppen von seinen Augen, und er wurde wieder sehend; und er stand auf und ließ sich taufen. … Und sogleich verkündigte er in den Synagogen Christus, dass dieser der Sohn Gottes ist." (Apostelgeschichte 9,1.3-6.17-18.20)

In Matthäus' Bericht oben sehen wir deutlich, dass Josef gesagt wurde, das Baby würde Immanuel genannt werden. Der Engel zitierte ihm sogar die Prophetie Jesajas. Du kannst Immanuel als ein Adjektiv für Jesus betrachten. Es bedeutet „Gott mit uns".

33.1.3. Jesus würde ein Nachkomme von König David sein

Die vierte Prophetie, die wir uns ansehen werden, ist die Vorhersage, dass der Messias, Jesus, ein direkter Nachkomme von König David sein würde.

Prophetie

Diese Prophetie wurde von Jeremia um 600 v. Chr. geschrieben, also 600 Jahre bevor Jesus geboren wurde.

> „Siehe, es kommen Tage", spricht Jahwe, „da werde ich dem David einen gerechten Zweig erwecken; der wird als König regieren und weise handeln und Recht und Gerechtigkeit üben im Land. In seinen Tagen wird Juda gerettet werden und Israel sicher wohnen; und dies ist sein Name, mit dem man ihn anrufen wird: ,Jahwe, unsere Gerechtigkeit'." (Jeremia 23,5-6)

In dieser Schriftstelle ist ein Zweig ein Hinweis auf Nachkommen, Kinder. David würde also einen Sohn haben, der Jahwe, unsere Gerechtigkeit, genannt werden würde. Das bedeutet, sein Sohn würde einen Weg zur Gerechtigkeit schaffen.

Erfüllung

Sowohl Lukas als auch Matthäus liefern einen detaillierten Stammbaum Jesu. Denke daran, dass beide Jünger Jesu waren und wahrscheinlich einen Bericht aus erster Hand von Jesu Mutter, Maria, hatten.

Matthäus liefert den Stammbaum von Jesu gesetzlichem Vater Josef. Ich habe einen Teil dieser Liste beigefügt, beginnend mit David. Josef ist ein Nachkomme von König Davids Sohn Salomo.

> „Buch des Geschlechts Jesu Christi, des Sohnes Davids, des Sohnes Abrahams. … Isai zeugte den König David. David zeugte den Salomo … Salomo zeugte den Rehabeam. … Jakob zeugte den Josef, den Mann der Maria, von welcher geboren ist Jesus, der Christus genannt wird." (Matthäus 1,1.6-7.16)

Lukas zeichnet den Stammbaum von Jesu Mutter Maria auf. Wir wissen, dass dies ein Hinweis auf Maria ist, weil der Name ihres Vaters Heli war. Maria ist eine Nachkommin von König Davids Sohn Nathan.

> „Und Jesus war etwa dreißig Jahre alt, als er begann zu lehren, und war, wie man meinte, ein Sohn des Josef, welcher war ein Sohn des Heli … … des Sohnes der Mattata, des Sohnes des Nathan, des Sohnes des David, des Sohnes des Isai." (Lukas 3,23.31-32)

Es ist interessant, dass sowohl Maria als auch Josef auf König David zurückgeführt werden können. Gott wollte nicht, dass irgendein Zweifel an Jesu Abstammung aus der Linie von König David besteht.

Die Prophetie besagte auch, dass Davids Nachkomme einen Weg für unsere Gerechtigkeit bereiten würde. Du weißt, dass Jesus genau das tat, als Er auf die Erde kam. Jesus ist der Einzige, der gerecht ist, und Er schenkt uns die Gabe der Gerechtigkeit, wenn wir unseren Glauben in Ihn setzen.

> „Meine lieben Kinder, dies schreibe ich euch, damit ihr nicht sündigt. Und wenn jemand sündigt, so haben wir einen Ratgeber bei dem Vater, Jesus Christus, den Gerechten. Und er ist das Sühnopfer für unsere Sünden, nicht allein aber für die unseren, sondern auch für die der ganzen Welt." (1. Johannes 2,1-2)

> „Denn wenn infolge der Übertretung des einen der Tod geherrscht hat durch den einen, um wie viel mehr werden die, welche das Übermaß der Gnade und die Gabe der Gerechtigkeit empfangen, im Leben herrschen durch den einen, Jesus Christus." (Römer 5,17 Neue Lebende Übersetzung)

33.1.4. Jesus würde aus Ägypten kommen

Die letzte Schriftstelle, die wir uns bezüglich der Geburt Jesu ansehen werden, ist die Vorhersage, dass Jesus als Kind aus Ägypten kommen würde. Da wir wissen, dass Er in Bethlehem geboren wurde, muss etwas passiert sein, das Jesus und Seine Eltern nach Ägypten schickte.

Prophetie

Diese Prophetie wurde von Hosea um 750 v. Chr. geschrieben, also 750 Jahre bevor Jesus geboren wurde. Gott ist derjenige, der in dieser Prophetie spricht, und Er erklärt, dass Er Seinen Sohn aus Ägypten rufen wird. Wir wissen, dass Gottes Sohn sich auf Jesus bezieht. Das bedeutet, dass Jesus zu einem bestimmten Zeitpunkt in Ägypten leben würde.

> „Als Israel jung war, da gewann ich ihn lieb und rief meinen Sohn aus Ägypten."
> (Hosea 11,1)

Erfüllung

Matthäus, der Jünger Jesu, liefert weiterhin einen Bericht darüber, was nach Jesu Geburt geschah. Die Weisen aus dem Osten, die Maria und Josef nach Jesu Geburt besuchten, ziehen fort. Dann wird Josef von einem Engel angewiesen, nach Ägypten zu fliehen, weil Herodes plant, Jesus zu töten.

> „Als sie aber weggezogen waren, siehe, da erschien ein Engel des Herrn dem Josef im Traum und sprach: ‚Steh auf, nimm das Kind und seine Mutter und fliehe nach Ägypten und bleibe dort, bis ich es dir sage; denn Herodes wird das Kind suchen, um es umzubringen.‘ Da stand er auf, nahm das Kind und seine Mutter bei Nacht und entwich nach Ägypten und war dort bis zum Tod des Herodes, damit erfüllt würde, was vom Herrn durch den Propheten gesagt ist, der spricht: ‚Aus Ägypten habe ich meinen Sohn gerufen‘.“ (Matthäus 2,13-15)

Erinnere dich, wir haben vorhin bei der Prophetie über Jesu Geburt in Bethlehem gesehen, dass die weisen Astronomen aus dem Osten an König Herodes herantraten und fragten, wo der König der Juden geboren sei. Die Gelehrten des Herodes rezitierten die Schriftstellen bezüglich Jesu Geburt in Bethlehem. Herodes war wütend, weil er der König der Juden war und dies bedeutend würde, dass sein Königreich infrage gestellt würde. Also ordnete er die Hinrichtung aller Jungen im Alter von zwei Jahren und darunter in Bethlehem an. Deshalb warnte der Engel Josef, und sie mussten nach Ägypten fliehen.

Wir haben gesehen, wie Josef und Maria nach Ägypten entkamen. In diesem Bericht von Matthäus erfahren wir, was sie nach Israel zurückbrachte. Wieder erschien ein Engel dem Josef und sagte ihm, dass König Herodes tot sei und dass es sicher sei zurückzukehren, was sie auch taten. Historische Aufzeichnungen sagen uns, dass König Herodes im Jahr 4 v. Chr. starb.[238] Wir können vermuten, dass dies kurz danach geschah.

> „Als aber Herodes gestorben war, siehe, da erschien ein Engel des Herrn dem Josef in Ägypten im Traum und sprach: ‚Steh auf, nimm das Kind und seine Mutter und zieh in das Land Israel; denn sie sind gestorben, die dem Kind nach dem Leben trachteten.‘ Da stand er auf, nahm das Kind und seine Mutter und kam in das Land Israel.“ (Matthäus 2,19-21)

Wir haben uns gerade fünf Prophetien bezüglich der Geburt Jesu Christi angesehen. Alle traten genau so ein, wie sie hunderte von Jahren vor Jesu Geburt vorhergesagt worden waren. Wie hoch stehen die Chancen, dass jemand im Voraus vorhersagt, wo du geboren wirst? Es gibt Hunderttausende von Städten auf dem Planeten. Wir wissen, dass eine Person eine höchst unwahrscheinliche gute Vermutung anstellen und richtig liegen könnte. Aber wie wäre es, wenn sie voraussagten, wo du geboren wirst, wie du geboren wirst, in welche Familie du hineingeboren wirst, wie du genannt wirst und außergewöhnliche Umstände, die zum Zeitpunkt deiner Geburt eintreten würden? Das wäre doch etwas, nicht wahr! Und wenn es genau so einträte, wie diese Person es gesagt hat, was würdest du von dieser Person halten? Du würdest glauben, dass diese Person ein Prophet ist! Du würdest den Dingen glauben, die sie dir erzählt, weil sie in der Vergangenheit so genau gewesen ist. Du würdest an jedem Wort hängen, das sie sagt. Du würdest sie wahrscheinlich sogar anbeten wollen.

Dies ist es, was in Bezug auf Jesus geschah. Die Menschen, die Seine Geburt, Sein Leben, Seinen Tod und Seine Auferstehung vorhersagten, hatten Gott als ihre Informationsquelle. Alle Schrift ist von Gott eingegeben. Gott weiß alles. Den Anfang und das Ende. Gott machte diese detaillierten Vorhersagen über Jesus, und sie entfalteten sich alle genau so, wie Er es gesagt hatte. Hat Gott dein Vertrauen schon gewonnen? Ich hoffe es. Er verdient es. Ich hoffe auch, dass in dir eine Sehnsucht entfacht wird, jedes Wort zu lesen, das Gott an dich geschrieben hat. Lass uns sehen, was Gottes Wort noch über Jesus zu sagen hat.

33.2. Prophetien über Jesu Leben und Dienst

In diesem Abschnitt werden wir uns vier Prophetien ansehen, die bezüglich der Dinge gemacht wurden, die der Messias, Jesus, tun würde, und einiger Ereignisse, die während Seines Lebens stattfinden würden.

33.2.1. Jesus würde ein Prophet sein

Die erste Prophetie, die wir betrachten werden, ist, dass Jesus ein Prophet Gottes sein würde und dass Er in der Lage sein würde, viele Wunder zu vollbringen.

Prophetie

Diese Prophetie wurde von Mose bereits im 15. Jahrhundert v. Chr. aufgezeichnet, also 1.500 Jahre bevor Jesus geboren wurde. Mose ist derjenige, der spricht und sagt, dass der Prophet wie er sein wird. Wie war Mose also?

Mose sprach mit Gott. Wir wissen auch, dass Mose sein Volk aus der Gefangenschaft führte. Er war in der Lage, Wunder zu vollbringen, wie die Plagen und die Teilung des Roten Meeres. Mose lehrte sein Volk auch über Gott. Dies sind also einige Dinge, von denen wir erwarten würden, dass dieser Prophet, von dem er spricht, sie tut.

> „Einen Propheten wie mich wird dir Jahwe, dein Gott, erwecken aus deiner Mitte, aus deinen Brüdern; auf ihn sollt ihr hören." (5. Mose 18,15)

Jesaja schrieb diese beiden Prophetien im 8. Jahrhundert v. Chr. Er sagt uns, dass Gott selbst kommen und Wunder vollbringen wird, wie den Blinden das Augenlicht zu geben, den Tauben das Gehör, den Lahmen das Gehen und den Stummen eine Stimme.

> „Siehe, euer Gott kommt mit Rache, mit der Vergeltung Gottes. Er wird kommen und euch retten. Dann werden die Augen der Blinden geöffnet und die Ohren der Tauben aufgetan werden. Dann wird der Lahme springen wie ein Hirsch und die Zunge des Stummen wird jubeln." (Jesaja 35,4-6)

Zusätzlich sagt uns Jesaja, dass der Messias eine gute Botschaft predigen wird, die Gefangene befreit. Er wird die Fähigkeit haben, diejenigen zu befreien, die gebunden sind.

> „Der Geist des Herrn Jahwe ist auf mir, weil Jahwe mich gesalbt hat, den Elenden eine gute Botschaft zu verkündigen. Er hat mich gesandt, die zu verbinden, die ein gebrochenes Herz haben, Freiheit auszurufen den Gefangenen und Öffnung des Kerkers den Gebundenen; auszurufen das gnädige Jahr Jahwes und den Tag der Rache unseres Gottes." (Jesaja 61,1-2)

Erfüllung

Wenn du die Evangelien im Neuen Testament noch nicht gelesen hast, dann tu das. Diese vier Evangelien von Matthäus, Markus, Lukas und Johannes geben einen Bericht von Augenzeugen darüber, was Jesus sagte und tat. Sobald du das tust, wird es für dich so unglaublich offensichtlich sein, dass Jesus tatsächlich dieser Prophet war, von dem Mose und Jesaja sprachen. Ich liebe diese Schriftstelle, die von Johannes, einem der Jünger Jesu, geschrieben wurde. Johannes folgte Jesus mehrere Jahre lang und war ein Augenzeuge von allem, was Jesus tat.

„Es sind aber auch noch viele andere Dinge, die Jesus getan hat; wenn diese alle einzeln niedergeschrieben würden, so glaube ich, die Welt könnte die Bücher gar nicht fassen, die dann zu schreiben wären." (Johannes 21,25)

Die ganze Welt könnte nicht alle Bücher fassen, die über Jesus und die Dinge, die Er tat, geschrieben werden könnten! Denke nur eine Minute darüber nach und versuche, es zu begreifen. Etwas, das die Welt nicht fassen kann, lässt mich an Unendlichkeit denken. Es gibt nur Einen, der unendlich ist, und das ist Gott.

„Groß ist unser Herr und mächtig an Kraft; sein Verstand ist unermesslich." (Psalm 147,5)

„Kann sich jemand in Schlupfwinkeln verbergen, dass ich ihn nicht sähe?", spricht Jahwe. „Erfülle ich nicht den Himmel und die Erde?", spricht Jahwe. (Jeremia 23,24)

Lass uns einige Berichte in der Bibel ansehen, in denen Jesus diese Prophetie erfüllt, ein Prophet Gottes zu sein und Wunder zu vollbringen. Diese Berichte wurden von den Jüngern Jesu, Matthäus und Johannes, geschrieben. Beide waren Augenzeugen dessen, was sie aufschrieben.

Als Jesus kurz vor Seiner Verhaftung und Kreuzigung in Jerusalem einzog, erfahren wir, dass eine große Anzahl von Menschen versammelt war und Ihn als Propheten bezeichnete. Dies sind die Menschen, die miterlebten, was Jesus sagte und tat.

„Als sich Jesus und seine Jünger Jerusalem näherten, kamen sie zum Ort Betphage am Ölberg. … Der größte Teil der Menge breitete seine Kleider auf dem Weg aus; andere hieben Zweige von den Bäumen und streuten sie auf den Weg. Jesus ritt in der Mitte des Zuges, und die Leute um ihn her riefen: ‚Gelobt sei Gott für den Sohn Davids! Heil dem, der im Namen des HERRN kommt! Lob sei Gott in der höchsten Höhe!' In ganz Jerusalem herrschte große Aufregung, als er einzog. ‚Wer ist das?', fragten sie. Und die Menge antwortete: ‚Das ist Jesus, der Prophet aus Nazareth in Galiläa.' " (Matthäus 21,1.8-11 Neue Lebende Übersetzung)

In diesem Bericht sehen wir die Pharisäer, jüdische religiöse Führer, die einen Mann fragen, der früher blind war, wie er sein Augenlicht erhielt. Der blinde Mann hatte eine göttliche Begegnung mit Jesus, in der er geheilt wurde.

„Da fragten ihn auch die Pharisäer wiederum, wie er sehend geworden sei. Er aber

> sprach zu ihnen: ‚Einen Brei legte er mir auf die Augen, und ich wusch mich und
> bin nun sehend.‘ … Sie sprachen wiederum zu dem Blinden: ‚Was sagst du von
> ihm, dass er deine Augen geöffnet hat?‘ Er aber sprach: ‚Er ist ein Prophet.‘ “
> (Johannes 9,15.17)

Die Pharisäer suchten auch Jesus zu töten, aber sie fürchteten einen Aufstand des Volkes, weil das Volk Jesus für einen Propheten hielt.

> „Und sie suchten ihn zu ergreifen, aber sie fürchteten die Volksmenge, denn sie
> hielten ihn für einen Propheten.“ (Matthäus 21,46)

Hier erzählt uns Lukas von etwas wirklich Unglaublichem, das geschah. Jesus begegnet einer Witwe, die gerade ihren einzigen Sohn verloren hat. Männer trugen den Sarg ihres Sohnes, als Jesus herantrat. In diesen Versen ist der „Herr“ Jesus. Weil Jesus Mitleid mit ihr hatte, erweckte Er ihren Sohn von den Toten auf!

> „Als er aber nahe an das Stadttor kam, siehe, da wurde ein Toter herausgetragen, der
> einzige Sohn seiner Mutter, und sie war eine Witwe; und eine beträchtliche
> Volksmenge aus der Stadt begleitete sie. Und als der Herr sie sah, hatte er Erbarmen
> mit ihr und sprach zu ihr: ‚Weine nicht!‘ Und er trat herzu und rührte den Sarg an;
> die Träger aber standen still. Und er sprach: ‚Junger Mann, ich sage dir, steh auf!‘
> Und der Tote setzte sich auf und fing an zu reden; und er gab ihn seiner Mutter. Da
> ergriff sie alle eine Furcht, und sie priesen Gott und sprachen: ‚Ein großer Prophet
> ist unter uns aufgestanden!‘ und: ‚Gott hat sein Volk besucht!‘ “ (Lukas 7,12-16)

Wie reagierten die Menschen darauf, jemanden wieder zum Leben erweckt zu sehen? Furcht ergriff sie. Sie wussten, dass sie gerade die unglaublichste Zurschaustellung von Gottes Macht miterlebt hatten. Gott ist der Einzige, der die Macht über Leben und Tod hat, und sie wussten es. Sie erkannten, dass Gott selbst unter ihnen war.

Matthäus berichtet von einem interessanten Gespräch zwischen Johannes dem Täufer, der zu dieser Zeit im Gefängnis war, und Jesus. Johannes sandte zwei seiner Jünger, um Jesus zu fragen, ob Er der Messias sei. Er hatte Zweifel wegen seiner eigenen Umstände. Schau dir an, was Jesus ihnen sagte.

> „Als aber Johannes im Gefängnis von den Werken des Christus hörte, sandte er
> zwei seiner Jünger und ließ ihn fragen: ‚Bist du der, der kommen soll, oder sollen
> wir auf einen anderen warten?‘ Jesus antwortete und sprach zu ihnen: ‚Geht hin
> und berichtet dem Johannes, was ihr hört und seht: Blinde sehen und Lahme

gehen, Aussätzige werden rein und Taube hören, Tote werden auferweckt und Armen wird die gute Botschaft verkündigt.' " (Matthäus 11,2-5)

Jesus zählte die wunderbaren Wunder auf, die Er tat, als Beweis dafür, dass Er der Messias war. Nach Jesu Auferstehung begegnete Er zwei Seiner Nachfolger, die die Straße entlanggingen, und genau davon sprachen sie auch: von dem Propheten, der mächtige Wunder tat und über Gott lehrte.

„Am selben Tag waren zwei von Jesu Nachfolgern auf dem Weg nach Emmaus, einem Dorf, das etwa elf Kilometer von Jerusalem entfernt liegt. Während sie so dahingingen, unterhielten sie sich über alles, was geschehen war. Während sie redeten und diese Dinge besprachen, kam Jesus selbst plötzlich dazu und ging mit ihnen. Aber Gott verhinderte, dass sie ihn erkannten. Er fragte sie: ‚Worüber unterhaltet ihr euch so intensiv, während ihr geht?' Sie blieben stehen, und Traurigkeit stand in ihren Gesichtern. Dann antwortete einer von ihnen, Kleopas: ‚Du musst der einzige Mensch in Jerusalem sein, der nichts von all den Dingen gehört hat, die dort in den letzten Tagen geschehen sind.' ‚Was für Dinge?', fragte Jesus. ‚Die Dinge, die mit Jesus geschehen sind, dem Mann aus Nazareth', sagten sie. ‚Er war ein Prophet, der mächtige Wunder tat, und er war ein gewaltiger Lehrer vor Gott und dem ganzen Volk. Aber unsere führenden Priester und andere religiöse Führer lieferten ihn aus, um zum Tode verurteilt zu werden, und sie kreuzigten ihn.' " (Lukas 24,13-20 Neue Lebende Übersetzung)

Blinde sehen, Lahme gehen, Aussätzige werden geheilt, Taube können hören, Tote werden auferweckt und die gute Botschaft wird gepredigt. Wow, das ist genau das, was Jesaja prophezeite, dass der Messias dazu in der Lage sein würde.

„Als Petrus das sah, wandte er sich an das Volk … … ‚So tut nun Buße und bekehrt euch, damit eure Sünden ausgetilgt werden, damit Zeiten der Erquickung vom Angesicht des Herrn kommen und er den sende, der euch zuvor verkündigt wurde, Christus Jesus, den der Himmel aufnehmen muss bis zu den Zeiten der Wiederherstellung aller Dinge, von denen Gott von jeher durch den Mund aller seiner heiligen Propheten geredet hat. Denn Mose hat ja zu den Vätern gesagt: „Einen Propheten wie mich wird euch der Herr, euer Gott, erwecken aus euren Brüdern; auf ihn sollt ihr hören in allem, was er zu euch sagen wird. Und es wird geschehen: Jede Seele, die nicht auf jenen Propheten hören wird, soll aus dem Volk ausgerottet werden." Und auch alle Propheten von Samuel an und denen, die nach ihm folgten, so viele ihrer geredet haben, sie haben auch diese Tage angekündigt. … Euch zuerst hat Gott, als er seinen Diener Jesus erweckte, ihn gesandt, um euch zu segnen, indem er einen jeden von euch von seiner Bosheit abwendet.' " (Apostelgeschichte 3,12.19-24.26)

Jesus ist ganz bestimmt der Prophet, den Mose vorhergesagt hat. Petrus hat es uns gerade in den Versen oben bestätigt.

33.2.2. Jesus würde versucht werden und nicht sündigen

Die nächsten beiden Prophetien betreffen Jesus, der versucht wird und nicht sündigt. Da Jesus vollkommen Gott und vollkommen Mensch ist, wurde Er vom Satan versucht, genau wie wir. Der große Unterschied zwischen uns und Jesus ist, dass Jesus nie gesündigt hat. Wir alle sind Sünder. Jesus führte ein perfektes Leben. Sein perfektes Leben wurde im Voraus vorhergesagt. Dies ist nur ein weiteres Merkmal, nach dem wir Ausschau halten könnten, um uns zu helfen, den Retter zu identifizieren.

Prophetie

Hier ist eine weitere Prophetie, die Jesaja im 8. Jahrhundert v. Chr. aufgezeichnet hat. Wir erfahren, dass der Messias keine Gewalt anwenden oder Betrug begehen würde. Mit anderen Worten, Er würde nur die Wahrheit sprechen und nur Gerechtigkeit zeigen.

> „Und man bestimmte sein Grab bei Gottlosen, aber bei einem Reichen war er in seinem Tod, obwohl er keine Gewalttat begangen hatte und kein Betrug in seinem Mund gewesen war." (Jesaja 53,9)

Diese Prophetie wurde wahrscheinlich von David im 10. Jahrhundert v. Chr. geschrieben. Es ist eine Schriftstelle über den Messias. Sie sagt, „kein Unglück wird dir zustoßen", was bedeutet, dass Seine Seele geschützt war und alles, was Ihm zustieß und schlecht schien, in Wirklichkeit zum Guten sein würde. Sie sagt auch, dass keine „Plage" „deiner Wohnung nahen" wird, was bedeutet, dass Er keine Krankheit oder Seuche haben würde. Wir sehen, dass Gott diese Person göttlich schützen würde, weil die Engel Ihn auf jede Weise bewachen würden.

> „Weil du Jahwe zu deiner Zuflucht gemacht hast, den Höchsten zu deiner Wohnung, wird dir kein Unglück zustoßen, noch wird eine Plage deiner Wohnung nahen. Denn er wird seinen Engeln über dir Befehl geben, dich zu bewahren auf allen deinen Wegen. Sie werden dich auf den Händen tragen, damit du deinen Fuß nicht an einen Stein stößt." (Psalm 91,9-12)

Erfüllung

Wieder erfahren wir von Matthäus und Lukas, was geschah. Matthäus erzählt uns von einer Begegnung zwischen Jesus und Satan selbst. Jesus war hungrig, weil Er gefastet hatte. Satan versuchte Jesus, zu offenbaren, wer Er sei, indem Er Steine zu Brot mache. Dann versuchte Satan Jesus, um zu testen, ob die Engel Ihn wirklich schützen würden. Die letzte hier beschriebene Versuchung ist, dass Satan Jesus versuchte, ihn anzubeten.

> „Da wurde Jesus vom Geist in die Wüste geführt, um von dem Teufel versucht zu werden. Und als er vierzig Tage und vierzig Nächte gefastet hatte, war er zuletzt hungrig. Und der Versucher trat zu ihm und sprach: ‚Wenn du Gottes Sohn bist, so sprich, dass diese Steine Brot werden!‘ Er aber antwortete und sprach: ‚Es steht geschrieben: „Der Mensch lebt nicht vom Brot allein, sondern von einem jeden Wort, das aus dem Mund Gottes hervorgeht.“ ‘ Da nahm ihn der Teufel mit sich in die heilige Stadt und stellte ihn auf die Zinne des Tempels und sprach zu ihm: ‚Wenn du Gottes Sohn bist, so wirf dich hinab; denn es steht geschrieben: „Er wird seinen Engeln deinetwegen Befehl geben, und sie werden dich auf den Händen tragen, damit du deinen Fuß nicht an einen Stein stößt.“ ‘ Jesus sprach zu ihm: ‚Wiederum steht geschrieben: „Du sollst den Herrn, deinen Gott, nicht versuchen.“ ‘ Wiederum nahm ihn der Teufel mit sich auf einen sehr hohen Berg und zeigte ihm alle Reiche der Welt und ihre Herrlichkeit und sprach zu ihm: ‚Dies alles will ich dir geben, wenn du niederfällst und mich anbetest.‘ Da sprach Jesus zu ihm: ‚Weiche, Satan! Denn es steht geschrieben: „Du sollst den Herrn, deinen Gott, anbeten und ihm allein dienen.“ ‘ Da verließ ihn der Teufel; und siehe, da traten Engel herzu und dienten ihm.“ (Matthäus 4,1-11)

> „Und als der Teufel jede Versuchung vollendet hatte, wich er von ihm bis zu einer gelegenen Zeit.“ (Lukas 4,13)

Lukas erzählt uns weiter, dass Satan jede Versuchung vollendet hatte. Jede Versuchung? Denk nur an all die Dinge, mit denen wir versucht werden und auf die wir leider oft hereinfallen. Jesus wurde in jeder Hinsicht versucht wie wir, und wir sehen, dass Er nicht gesündigt hat. Jesus antwortete auf Satans Versuchungen mit dem Wort Gottes. Erinnere dich, die Wahrheit ist das, was Lügen und Betrug bekämpft.

Ich möchte, dass du bemerkst, dass Satan ein Bibelkenner ist. Er weiß, was Gottes Wort sagt. Er benutzte Gottes Worte im Garten, als er Eva versuchte. Und er benutzte Gottes Worte wieder, als er Jesus versuchte. Satan zitierte die Prophetie, die wir gerade in Psalm 91 gelesen haben. Satan wusste, dass diese Prophetie genau war. Satan wusste, dass diese Prophetie über Jesus war. Wenn der Teufel nach dem Messias suchte und in der Lage war, Ihn zu erkennen, was sagt dir das über die Bedeutung Jesu? Satan wollte aus einem bestimmten Grund, dass Jesus sündigt. Satan wollte Gottes Plan ruinieren, dich zu retten. Siehst du das nicht? Wenn Jesus gesündigt hätte, hätte Er bewiesen, dass Er nicht Gott war und dass Er nicht fähig war, für deine Sünden zu sterben.

Paulus, ein Apostel Jesu, der Jesus nach Seiner Auferstehung begegnete, führt die Versuchung Jesu durch Satan weiter aus. Paulus schrieb dies im Jahr 68 n. Chr. Er sagt uns, dass Jesus in allen Punkten versucht wurde, genau wie wir. Dann bestätigt er die großartige Nachricht, dass Jesus nie gesündigt hat! Er hat nie gesündigt. Niemals. Das bedeutet, dass deine Hoffnung auf Jesus sicher ist. Jesus kam tatsächlich, um Sünder zu retten. Jesus ist perfekt und heilig. Jesus ist Gott im Fleisch. Das ist der Grund, warum Er in der Lage war, jede einzelne Versuchung Satans zu vereiteln.

> „Da wir nun einen großen Hohepriester haben, der die Himmel durchschritten hat, Jesus, den Sohn Gottes, so lasst uns festhalten an dem Bekenntnis. Denn wir haben nicht einen Hohepriester, der nicht mitleiden könnte mit unseren Schwachheiten, sondern einen, der in allem versucht worden ist wie wir, doch ohne Sünde." (Hebräer 4,14-15)

Paulus führt dies weiter aus und sagt uns, dass Jesus buchstäblich den Himmel verließ und als Mensch auf die Erde kam, damit Er für jeden von uns sterben konnte. Da Jesus nie gesündigt hatte, war Er das perfekte Opfer für uns Sünder.

> „Habt diese Gesinnung in euch, die auch in Christus Jesus war, der, da er in der Gestalt Gottes war, es nicht für einen Raub achtete, Gott gleich zu sein, sondern sich selbst entäußerte, die Gestalt eines Knechtes annahm und den Menschen ähnlich wurde. Und in seiner äußeren Erscheinung als ein Mensch erfunden, erniedrigte er sich selbst und wurde gehorsam bis zum Tod, ja bis zum Tod am Kreuz. Darum hat Gott ihn auch hoch erhöht und ihm den Namen gegeben, der über alle Namen ist, damit in dem Namen Jesu sich jedes Knie beuge, derer, die im Himmel und auf Erden und unter der Erde sind, und jede Zunge bekenne, dass Jesus Christus der Herr ist, zur Ehre Gottes, des Vaters." (Philipper 2,5-11)

> „Denn Gott hat Christus, der nie gesündigt hat, zum Opfer für unsere Sünde gemacht, damit wir durch Christus vor Gott gerecht gemacht werden könnten." (2. Korinther 5,21 Neue Lebende Übersetzung)

33.2.3. Jesus würde triumphierend in Jerusalem einziehen

Diese letzte Prophetie über das Leben und den Dienst Jesu sagt voraus, wie Jesus in Jerusalem ankommen würde. Jeder, der mit der Heiligen Schrift vertraut war, hätte sofort erkannt, dass Jesus sie erfüllt.

Prophetie

Diese Prophetie wurde von Sacharja im 6. Jahrhundert v. Chr. geschrieben. Sie erzählt uns von Jesu triumphalem Einzug in Jerusalem. Er wird nicht nur auf einem Esel reiten, sondern es wird ein Fohlen sein.

> „Frohlocke sehr, Tochter Zion! Jauchze, Tochter Jerusalem! Siehe, dein König kommt zu dir! Er ist gerecht und hat Rettung; demütig und reitet auf einem Esel, und zwar auf einem Fohlen, dem Jungen einer Eselin." (Sacharja 9,9)

Erfüllung

Matthäus und Johannes, beide Jünger Jesu und Augenzeugen dessen, geben uns einen Bericht über Jesu Ankunft in Jerusalem.

> „Als sie sich nun Jerusalem näherten und nach Betphage an den Ölberg kamen, sandte Jesus zwei Jünger und sprach zu ihnen: ‚Geht hin in das Dorf, das vor euch liegt, und sogleich werdet ihr eine Eselin angebunden finden und ein Fohlen bei ihr. Bindet sie los und führt sie zu mir! Und wenn euch jemand etwas sagt, so sprecht: „Der Herr braucht sie", und sogleich wird er sie senden.' Dies alles geschah aber, damit erfüllt würde, was durch den Propheten gesagt ist, der spricht: ‚Sagt der Tochter Zion: Siehe, dein König kommt zu dir demütig und reitet auf einem Esel, und zwar auf einem Fohlen, dem Jungen einer Eselin.' Die Jünger gingen hin und taten, wie Jesus ihnen befohlen hatte, und brachten die Eselin und das Fohlen und legten ihre Kleider auf sie; und er setzte sich darauf. Eine sehr große Menge aber breitete ihre Kleider auf dem Weg aus. Andere hieben Zweige von den Bäumen und streuten sie auf den Weg. Die Volksmenge aber, die voranging und die nachfolgte, rief: ‚Hosanna dem Sohn Davids! Gepriesen sei, der kommt im Namen des Herrn! Hosanna in der Höhe!' " (Matthäus 21,1-9)

Wir sehen schnell, dass Jesus tatsächlich auf dem Fohlen einer Eselin ritt. Wir bemerken auch, dass die Menschen, die sich versammelt hatten, sich an Sacharjas Prophetie erinnerten, die dies vorausgesagt hatte. Einige der Menschen achteten auf die Heilige Schrift und suchten nach demjenigen, der sie erfüllen würde.

> „Am nächsten Tag, als eine große Menge, die zu dem Fest gekommen war, hörte, dass Jesus nach Jerusalem komme, nahmen sie Palmzweige und gingen hinaus, ihm entgegen, und schrien: ‚Hosanna! Gepriesen sei, der da kommt im Namen des Herrn, der König von Israel!‘ Jesus aber fand einen jungen Esel und setzte sich darauf, wie geschrieben steht: ‚Fürchte dich nicht, Tochter Zion! Siehe, dein König kommt und sitzt auf dem Fohlen einer Eselin.‘ “ (Johannes 12,12-15)

In diesem Bericht von Jesu Jünger Lukas über Jesu Einzug in Jerusalem sehen wir ein zusätzliches Detail darüber, wie herrlich dieser Tag war. Die Menge jubelte und sang mit lauter Stimme. Nun, dies verärgerte die jüdischen religiösen Führer, die Pharisäer, und sie sagten Jesus, Er solle Seine Jünger zurechtweisen. Es ist höchst faszinierend, was Er sagt. Wenn die Menschen schwiegen, würden stattdessen die Steine schreien. So bedeutend war dieser Tag. Sogar die Schöpfung wusste, dass dies ein Tag zum Feiern war. „Als er sich nun schon dem Abhang des Ölbergs näherte“ bezieht sich auf Jesus, der sich der Stadt nähert.

> „Als er sich nun schon dem Abhang des Ölbergs näherte, fing die ganze Menge der Jünger an, freudig Gott zu loben mit lauter Stimme wegen all der Machttaten, die sie gesehen hatten, und sie sprachen: ‚Gepriesen sei der König, der kommt im Namen des Herrn! Friede im Himmel und Herrlichkeit in der Höhe!‘ Und einige der Pharisäer unter der Menge sprachen zu ihm: ‚Meister, weise deine Jünger zurecht!‘ Und er antwortete und sprach zu ihnen: ‚Ich sage euch: Wenn diese schweigen würden, so würden die Steine schreien.‘ “ (Lukas 19,37-40)

Dann passiert etwas Eigenartiges mit Jesus. Wir haben gesehen, wie jubelnd dieser Anlass war. Die Menschen waren versammelt, jubelten und priesen Jesus. Doch wenn wir Lukas' Bericht darüber weiterlesen, was an diesem Tag geschah, lesen wir etwas Beunruhigendes. Wir sehen Jesus über die Stadt Jerusalem weinen. Dies sind keine Freudentränen. Das Wort weinte bedeutet ein sehr kummervolles und schweres Schluchzen.

> „Und als er näher kam und die Stadt sah, weinte er über sie und sprach: ‚Wenn doch auch du erkannt hättest, wenigstens an diesem deinem Tag, was zu deinem Frieden dient! … Denn es werden Tage über dich kommen, da deine Feinde einen Wall gegen dich aufschütten, dich umzingeln und von allen Seiten bedrängen werden; und sie werden dich dem Erdboden gleichmachen, auch deine Kinder in dir, und in dir keinen Stein auf dem anderen lassen, weil du die Zeit deiner Heimsuchung nicht erkannt hast.‘ “ (Lukas 19,41-44)

Lukas zitiert, was Jesus zu der Stadt darüber sagte, warum Er so bestürzt war. Sie kannten die Zeit nicht. Welche Zeit sollten sie kennen? Heute. Jenen Tag vor über 2.000 Jahren. Jesus erwartete von den Menschen, dass sie wussten, dass ihr lang ersehnter Messias tatsächlich zu ihnen gekommen war. Gott war in ihrer Mitte, und sie versäumten es, Ihn zu erkennen. Was hätte Er noch tun können, um zu beweisen, dass Er es war? Er erfüllte die Prophetien. Er erweckte Menschen von den Toten auf! Er sagte ihnen klipp und klar, dass Er Gott sei. Sie wollten es einfach nicht glauben. Jesus weinte um sie, weil sie ihre Herzen verhärtet hatten. Sie wollten nicht gerettet werden.

Vielleicht denkst du, dass du deine Gelegenheit verpasst hast, Jesus kennenzulernen, genau wie die Menschen in Jerusalem. Nun, Er ist genau jetzt bei dir. Jesus sagte, Er sei das Wort Gottes. Wann immer du die Bibel oder Schriftstellen aus der Bibel liest, bist du in der Gesellschaft Jesu. Er ist die ganze Zeit bei dir gewesen, während du die Schriftstellen in diesem Buch gelesen hast. Er hat dich nicht vergessen. Er wartet nur darauf, dass du Ihn hereinbittest, damit du Ihn kennenlernen kannst. Er hat die ganze Zeit an die Tür deines Herzens geklopft. Öffne die Tür und lass Ihn herein. Jesus ist derjenige, der in diesem Vers spricht.

> „Siehe, ich stehe vor der Tür und klopfe an. Wenn jemand meine Stimme hört und die Tür öffnet, so werde ich zu ihm hineingehen und das Mahl mit ihm essen und er mit mir." (Offenbarung 3,20)

33.3. Prophetien über Jesu Tod

Die Bibel liefert viele Prophetien über den Tod Jesu. Einige sind sehr lebhaft, detailliert und verstörend. Wir werden uns Seinen prophezeiten Tod durch Kreuzigung ansehen.

33.3.1. Jesus würde gekreuzigt werden

Wir können viele Dinge aus den Prophetien über Jesu Kreuzigung lernen. Das Faszinierende daran ist, dass die erste bekannte Kreuzigung von Herodot, einem antiken griechischen Historiker, im Jahr 522 v. Chr. erwähnt wurde und sie von den Persern durchgeführt wurde.[239] Alle Prophetien wurden lange bevor die Römer an der Macht waren und lange bevor diese Art des Todes erfunden worden war, geschrieben. Die gelieferten Details sind also verblüffend.

Hier sind einige Details, die wir erfahren: Jesus wird unter zwei Verbrechern gekreuzigt werden, Er würde schwer geschlagen werden, Jesus würde keine gebrochenen Knochen haben, Jesus würde durchbohrt werden, die Wachen würden das Los über Seine Kleidung werfen, Jesus würde wie Wasser ausgeschüttet werden, Sein Herz würde geschmolzen sein, Er würde verspottet werden und Sein Körper würde im Grab eines reichen Mannes beigesetzt werden. Vor allem wird uns gesagt, dass Jesus für unsere Sünden sterben würde.

Prophetie

Diese Prophetie wurde von König David im 10. Jahrhundert v. Chr. geschrieben, etwa 1.000 Jahre bevor Jesus geboren wurde. Diese Prophetie betraf den Messias, von dem wir wissen, dass er Jesus ist.

> „Mein Gott, mein Gott, warum hast du mich verlassen? … Ich aber bin ein Wurm und kein Mensch, ein Spott der Leute und verachtet vom Volk. Alle, die mich sehen, spotten über mich; sie sperren das Maul auf und schütteln den Kopf: ‚Er vertraue auf Jahwe; der soll ihn retten! Er soll ihn befreien, da er ja Gefallen an ihm hat.‘ … Viele Stiere haben mich umringt, starke Stiere von Baschan haben mich umstellt. Sie haben ihr Maul gegen mich aufgesperrt wie ein reißender und brüllender Löwe. Ich bin ausgeschüttet wie Wasser, und alle meine Gebeine sind aus den Fugen gekommen; mein Herz ist geworden wie Wachs, geschmolzen in meinem Inneren. Meine Kraft ist vertrocknet wie eine Scherbe, und meine Zunge klebt an meinem Gaumen; in den Staub des Todes hast du mich gelegt. Denn Hunde haben mich umringt, eine Schar von Übeltätern hat mich umstellt; sie haben meine Hände und meine Füße durchbohrt. Ich kann alle meine Knochen zählen; sie schauen her und sehen mich [schadenfroh] an. Sie teilen meine Kleider unter sich, und über mein Gewand werfen sie das Los.“ (Psalm 22,1.6-8.12-18)

Die Prophetie besagt, dass Er verspottet und beleidigt werden würde, und sie sagt uns sogar, was die Menschen sagen würden. Sie würden Seinen Glauben an Gott verspotten und sagen, Gott solle Ihn retten. Es gibt einen Vers über Löwen, die Beute reißen. Ich möchte, dass du dir die Bilder dazu vorstellst. Ein Löwe mit riesigen Pranken und unglaublich scharfen Krallen. Ein Schlag, und das Fleisch wird aufgerissen, Blut strömt heraus und Haut hängt herab. Alle Seine Knochen sind aus den Fugen. Ich stelle mir Gliedmaßen vor, die über das natürliche Maß hinaus gedehnt sind. Er kann alle Seine Knochen zählen, sie sind also nicht gebrochen. Sie teilen Seine Kleider durch das Werfen des Loses. Das ist wie Würfeln oder eine Münze werfen; es geschah durch Zufall.

Der Prophet Jesaja schrieb diese Worte über den Tod des Messias im 8. Jahrhundert v. Chr., 800 Jahre bevor Jesus geboren wurde. Dass Sein „Aussehen mehr als das irgendeines Mannes entstellt war", bedeutet, dass Er bis zur Unkenntlichkeit geschlagen werden würde.

> „Siehe, mein Knecht wird weise handeln; er wird erhoben und erhöht werden und sehr hoch sein. Wie sich viele über dich entsetzt haben – so entstellt war sein Aussehen, mehr als das irgendeines Mannes, und seine Gestalt mehr als die der Menschenkinder." (Jesaja 52,13-14)

In dieser Schriftstelle erfahren wir, warum dieser schreckliche Tod geschehen muss. Diese von Jesaja geschriebene Prophetie beschreibt den Messias. Dass Er „wegen unserer Übertretungen durchbohrt" wurde, bedeutet, dass Er für unsere Sünden sterben würde. Lass uns lesen.

> „Wer hat unserer Verkündigung geglaubt? Und an wem ist der Arm Jahwes offenbart worden? Denn er wuchs auf vor ihm wie ein zarter Sprössling und wie ein Wurzelspross aus dürrem Erdreich. Er hatte keine Gestalt und keine Pracht; und als wir ihn sahen, da hatte er kein Aussehen, das uns gefallen hätte. Er war verachtet und von den Menschen verlassen, ein Mann der Schmerzen und mit Krankheit vertraut; und wie einer, vor dem man das Angesicht verbirgt, so verachtet war er, und wir achteten ihn nicht. Fürwahr, er hat unsere Krankheit getragen und unsere Schmerzen auf sich geladen; wir aber hielten ihn für von Gott geschlagen, getroffen und gebeugt. Doch er wurde um unserer Übertretungen willen durchbohrt, wegen unserer Missetaten zerschlagen; die Strafe lag auf ihm, damit wir Frieden hätten, und durch seine Wunden sind wir geheilt. Wir alle gingen in die Irre wie Schafe, jeder wandte sich auf seinen eigenen Weg; aber Jahwe warf die Missetat von uns allen auf ihn. Er wurde misshandelt, aber er beugte sich und tat seinen Mund nicht auf, wie ein Lamm, das zur Schlachtbank geführt wird, und wie ein Schaf, das vor seinen Scherern verstummt; und er tat seinen Mund nicht auf. Er wurde aus der Drangsal und aus dem Gericht weggeführt; wer aus seinem Geschlecht bedachte es, dass er aus dem Land der Lebendigen weggerissen wurde wegen der Übertretung meines Volkes, die ihn getroffen hatte? Und man bestimmte sein Grab bei Gottlosen, aber bei einem Reichen war er in seinem Tod, obwohl er keine Gewalttat begangen hatte und kein Betrug in seinem Mund gewesen war. Doch Jahwe gefiel es, ihn zu zerschlagen; er ließ ihn leiden. Wenn er seine Seele als Sühnopfer gegeben hat, so wird er Nachkommen sehen; er wird seine Tage verlängern, und das Wohlgefallen Jahwes wird in seiner Hand gedeihen. Nach der Mühsal seiner Seele wird er das Licht sehen und gesättigt werden. Durch seine Erkenntnis wird mein gerechter Knecht viele rechtfertigen; und er wird ihre Missetaten tragen. Darum

will ich ihm einen Anteil unter den Großen geben, und er wird die Beute mit den Starken teilen, weil er seine Seele dem Tod preisgegeben hat und sich unter die Übeltäter zählen ließ; er aber hat die Sünde vieler getragen und für die Übeltäter Fürbitte eingelegt." (Jesaja 53,1-12)

In dieser Prophetie wird uns das Bild eines Lammes gegeben, das zur Schlachtbank geführt wird. Verbinde das mit der früheren Prophetie über die Löwen, die Beute reißen, und stelle dir einen Löwen vor, der ein Lamm angreift. Das ist der Horror, den diese Propheten beschreiben. Jesaja sagt uns auch, dass sein Grab bei den Gottlosen sein würde und er unter die Übeltäter gezählt würde, was bedeutet, dass er unter Kriminellen sterben würde. Er würde bei einem Reichen in seinem Tod sein. Das ist ein Hinweis darauf, im Grab eines reichen Mannes zu sein.

Lass uns nun sehen, wie Jesus starb.

Erfüllung

Dieser Bericht wurde von Lukas geschrieben, einem der Nachfolger Jesu. Hier sehen wir, dass Jesus geschlagen, verspottet, mit Verbrechern gekreuzigt wurde und dass die Wachen das Los über Seine Kleidung warfen.

> „Und die Männer, die Jesus gefangen hielten, verspotteten und schlugen ihn. … Und als sie an den Ort kamen, der ‚Schädelstätte' genannt wird, kreuzigten sie ihn dort samt den Übeltätern, den einen zur Rechten, den anderen zur Linken. Jesus aber sprach: ‚Vater, vergib ihnen, denn sie wissen nicht, was sie tun!' Und sie teilten seine Kleider und warfen das Los darüber. Und das Volk stand da und sah zu. Auch die Obersten spotteten mit ihnen und sprachen: ‚Andere hat er gerettet; er rette nun sich selbst, wenn dieser der Christus ist, der Auserwählte Gottes!' Aber auch die Soldaten verspotteten ihn, indem sie herzugetreten und ihm Essig reichten und sprachen: ‚Bist du der König der Juden, so rette dich selbst!' Es war aber auch eine Aufschrift über ihm in griechischen, lateinischen und hebräischen Buchstaben: ‚DIESER IST DER KÖNIG DER JUDEN'." (Lukas 22,63;23,33-38)

Dieser Bericht wurde von Jesu Jünger Markus geschrieben. Er erzählt auch davon, dass Jesus mit Verbrechern gekreuzigt wurde, und zitiert die Prophetie, die dadurch erfüllt wurde. Er spricht über den Spott, dem Jesus standhielt, und wir erfahren, dass sie Ihn wegen Seines Glaubens verspotteten und Jesus verhöhnten, Er solle Sich selbst retten. „Und mit ihm kreuzigten sie zwei" bezieht sich darauf, dass Jesus mit zwei anderen gekreuzigt wurde.

„Und mit ihm kreuzigten sie zwei Räuber, einen zu seiner Rechten und einen zu seiner Linken. Da wurde die Schrift erfüllt, die sagt: ,Und er wurde unter die Gesetzlosen gerechnet.' Und die Vorübergehenden lästerten ihn, schüttelten den Kopf und sprachen: ,Ha! Der du den Tempel abbrichst und in drei Tagen aufbaust, rette dich selbst und steig vom Kreuz herab!' Gleicherweise spotteten auch die Hohepriester untereinander samt den Schriftgelehrten und sprachen: ,Andere hat er gerettet, sich selbst kann er nicht retten! Der Christus, der König von Israel, steige nun vom Kreuz herab, damit wir sehen und glauben!' Auch die, welche mit ihm gekreuzigt waren, schmähten ihn. Und als die sechste Stunde kam, entstand eine Finsternis über das ganze Land bis zur neunten Stunde. Und um die neunte Stunde rief Jesus mit lauter Stimme: ,Eloi, Eloi, lama sabachthani?', was übersetzt heißt: ,Mein Gott, mein Gott, warum hast du mich verlassen?' " (Markus 15,27-34)

Markus' Bericht endete mit einem Zitat von Jesus, als Er am Kreuz war. Er sagte: „Mein Gott, mein Gott, warum hast du mich verlassen?" Es ist genau dieselbe Phrase, die König David 1.000 Jahre zuvor prophezeit hatte. Jesus fühlte Sich von Gott verlassen, weil Gott in diesem Moment die Sünden aller auf Ihn legte. Jede Sünde von jedem einzelnen Menschen, der jemals gelebt hatte oder jemals leben würde. In diesem Moment war Jesus von Gott getrennt.

Lass uns fortfahren, indem wir untersuchen, was Johannes, Jesu Jünger, an jenem Tag beschrieb. Wir erfahren, dass Jesus nicht nur geschlagen, sondern gegeißelt wurde. Die römische Geißelung beinhaltete eine Lederpeitsche, die viele Lederstreifen hatte. Am Ende jedes Lederstreifens befand sich Metall oder kleine Knochenstücke. Erinnere dich, dass die Prophetie davon sprach, dass der Tod des Messias wie Löwen sei, die Beute reißen. Ich denke, die Propheten malten ein recht lebhaftes, blutiges Bild für uns. So wurde Jesus bis zur Unkenntlichkeit geschlagen. Sein Fleisch wurde buchstäblich abgerissen, bevor Er an das Kreuz genagelt wurde.

„Daraufhin nahm Pilatus Jesus und ließ ihn geißeln. Und die Soldaten flochten eine Krone aus Dornen und setzten sie ihm auf das Haupt und legten ihm ein Purpurgewand um; und sie traten zu ihm und sprachen: ,Sei gegrüßt, König der Juden!' und gaben ihm Backenstreiche. … Da lieferte er ihn ihnen aus, damit er gekreuzigt werde. Sie nahmen aber Jesus und führten ihn weg. Und er trug sein Kreuz und ging hinaus nach der sogenannten Schädelstätte, die auf Hebräisch Golgatha heißt, wo sie ihn kreuzigten und mit ihm zwei andere zu beiden Seiten, Jesus aber in der Mitte. Pilatus aber schrieb auch eine Aufschrift und setzte sie auf das Kreuz; und es stand geschrieben: ,JESUS VON NAZARETH, DER KÖNIG DER JUDEN.' … Die Soldaten nun, als sie Jesus gekreuzigt hatten, nahmen seine Kleider und machten vier Teile, für jeden Soldaten einen Teil, und auch das Untergewand. … Da sprachen sie untereinander: ,Lasst es uns nicht

> zerschneiden, sondern darum losen, wem es gehören soll!' – damit die Schrift
> erfüllt würde, die spricht: ‚Sie haben meine Kleider unter sich geteilt, und über
> mein Gewand haben sie das Los geworfen.' … Danach, da Jesus wusste, dass
> alles schon vollbracht war, sprach er, damit die Schrift erfüllt würde: ‚Mich
> dürstet!' Es stand nun ein Gefäß voll Essig da; sie aber füllten einen Schwamm
> mit Essig, legten ihn um einen Isop[stängel] und hielten ihn ihm an den Mund.
> Als nun Jesus den Essig genommen hatte, sprach er: ‚Es ist vollbracht!' Und er
> neigte das Haupt und übergab den Geist." (Johannes 19,1-3.16-19.23-24.28-30)

Johannes fährt fort, indem er uns erzählt, dass die Römer es eilig hatten, dass die gekreuzigten Männer starben, weil der Sabbat nahte; also brachen sie ihnen die Beine, um den Sterbeprozess zu beschleunigen. Wir erfahren jedoch, dass sie Jesu Beine nicht brachen, weil Er bereits tot war. Jesus erlitt also keine gebrochenen Knochen am Kreuz, genau wie die Prophetie es vorausgesagt hatte.

> „Weil es Rüsttag war, baten die Juden Pilatus, damit die Körper nicht am Sabbat
> am Kreuz blieben (denn jener Sabbat war ein großer Tag), dass ihnen die Beine
> gebrochen und sie abgenommen würden. Da kamen die Soldaten und brachen
> dem ersten die Beine, auch dem anderen, der mit ihm gekreuzigt worden war; als
> sie aber zu Jesus kamen und sahen, dass er schon gestorben war, brachen sie ihm
> die Beine nicht. Sondern einer der Soldaten durchbohrte seine Seite mit einem
> Speer, und sogleich floss Blut und Wasser heraus. Und der das gesehen hat, der
> hat es bezeugt, und sein Zeugnis ist wahr; und er weiß, dass er die Wahrheit sagt,
> damit auch ihr glaubt. Denn dies ist geschehen, damit die Schrift erfüllt würde:
> ‚Kein Bein soll ihm gebrochen werden.' Und wiederum sagt eine andere Schrift:
> ‚Sie werden auf den blicken, den sie durchbohrt haben.'" (Johannes 19,31-37)

Wir haben in diesem Bericht auch erfahren, dass Jesus nicht nur an Händen und Füßen durchbohrt wurde, als sie Ihn an das Kreuz nagelten. Sie durchbohrten auch Seine Seite. Wir sehen, dass Blut und Wasser herauskamen. Ein Speer, der in deine Seite gestoßen wird, würde mit ziemlicher Sicherheit das Herz durchbohren. Die Beschreibung hier passt perfekt zu dem, was König David beschrieb: Sein Herz war geschmolzen, und Er wurde wie Wasser ausgeschüttet.

Zuletzt erzählt uns Johannes, dass Jesus im Grab von Josef von Arimathäa beigesetzt wurde. Josef war ein reicher Mann. Er war auch ein hohes Ratsmitglied des Sanhedrins, der religiösen Führer, die Jesu Kreuzigung gewollt hatten (Lukas 23,50-51, Markus 15,43).

> „Danach bat Josef von Arimathäa, der ein Jünger Jesu war, aber heimlich, aus Furcht
> vor den Juden, den Pilatus, dass er den Leib Jesu abnehmen dürfe. Und Pilatus
> erlaubte es. Da kam er und nahm den Leib Jesu ab. Es kam aber auch Nikodemus,

der vormals bei Nacht zu Jesus gekommen war, und brachte eine Mischung von Myrrhe und Aloe, etwa 33 kg. Sie nahmen nun den Leib Jesu und wickelten ihn in Leinwandbinden samt den wohlriechenden Ölen, wie es bei den Juden Sitte ist, zu begraben. Es war aber an dem Ort, wo er gekreuzigt worden war, ein Garten, und im Garten ein neues Grab, in das noch nie jemand gelegt worden war. Dorthin legten sie Jesus wegen des Rüsttags der Juden, weil das Grab nahe war." (Johannes 19,38-42)

Wenn man die Prophetien über den Tod liest, den Jesus erleiden würde, und dann über Jesu Kreuzigung und alle Details, die sie umgeben, liest, ist es offensichtlich, dass sie von demselben Ereignis sprechen. Ich bin sicher, dir sind auch Details aufgefallen, die über Jesu Tod prophezeit wurden und wirklich geschehen sind, die ich nicht spezifisch hervorgehoben habe. Wie ist es möglich, dass die Propheten, die dieses Ereignis vorhersagten, dies mit solch grauenhaften Details über eine Folter tun konnten, die noch gar nicht erfunden war?

33.3.2. Jesus würde für deine Sünden sterben

Ich möchte mich nun auf eine Schriftstelle konzentrieren, die uns sagt, warum Jesus sterben musste.

Prophetie

Als der Prophet Jesaja vorhersagte, wie der Messias sterben würde, sagte er uns auch, warum Er sterben würde. Er sagte uns, dass Jesus für unsere Übertretungen, für unsere Sünden sterben würde.

„Fürwahr, er hat unsere Krankheit getragen und unsere Schmerzen auf sich geladen; wir aber hielten ihn für von Gott geschlagen, getroffen und gebeugt. Doch er wurde um unserer Übertretungen willen durchbohrt, wegen unserer Sünden zerschlagen; die Strafe lag auf ihm, damit wir Frieden hätten, und durch seine Striemen sind wir geheilt. Wir alle gingen in die Irre wie Schafe, jeder wandte sich auf seinen eigenen Weg; aber Jahwe warf die Schuld von uns allen auf ihn. … Wenn er sein Leben als Sühnopfer gegeben hat, so wird er Nachkommen sehen. … Durch seine Erkenntnis wird mein gerechter Knecht viele gerecht machen; und er wird ihre Sünden tragen. … Er hat die Sünde vieler getragen und für die Übertreter Fürbitte eingelegt." (Jesaja 53,4-6.10-12 Neue Lebende Übersetzung)

Erfüllung

Hier haben wir einen Bericht von Petrus. Er war einer der Jünger Jesu. Er erklärt uns, dass Jesus unsere Sünden an Seinem eigenen Leib an jenem Kreuz getragen hat. Jesus tat das, damit wir vor Gott als gerecht gelten können. Jesus heilte uns von unserem Sündenproblem.

> „Denn dazu seid ihr berufen, weil auch Christus für uns gelitten und euch ein Vorbild hinterlassen hat, damit ihr seinen Fußstapfen nachfolgt. ‚Er hat keine Sünde getan, und es ist auch kein Betrug in seinem Mund gefunden worden‘; als er geschmäht wurde, schmähte er nicht wieder; als er litt, drohte er nicht, sondern übergab es dem, der gerecht richtet; er hat unsere Sünden selbst an seinem Leib an dem Holz getragen, damit wir, den Sünden gestorben, der Gerechtigkeit leben möchten; durch seine Wunden seid ihr heil geworden." (1. Petrus 2,21-24)

Die Römer erfanden die Kreuzigung als eine Form der Folter. Sie wollten den Tod hinauszögern, damit das Opfer so viel wie möglich leiden würde. Beim Lesen des Berichts über Jesu Kreuzigung hast du erfahren, dass Jesus bis zur Unkenntlichkeit gegeißelt wurde und wahrscheinlich aufgrund des massiven Blutverlusts kaum noch am Leben war, als Er an das Kreuz genagelt wurde. Dann wurde Er beleidigt und verspottet. Gott legte all deine spezifischen Sünden auf Jesus. Denke an all die Sünden, die du im Laufe deines Lebens begangen hast. Gott sagte uns, dass die Strafe für Sünde der Tod ist. Jesus starb den Tod, den du verdienst. Jesus starb für dich. Jesus ist Gott im Fleisch. Er hätte direkt vom Kreuz herabsteigen und jenen Spöttern zeigen können, dass Er wirklich der war, für den Er Sich ausgab. Aber Er tat es nicht, weil Er eine Aufgabe zu erfüllen hatte. Er war auf einer Mission, um dich zu retten. Seine Liebe zu dir zählte mehr als der Schmerz und das Leid, das Er ertrug. Jesus ist derjenige, der in diesen Versen spricht.

> „Denn ich bin aus dem Himmel herabgekommen, nicht damit ich meinen Willen tue, sondern den Willen dessen, der mich gesandt hat. Das ist aber der Wille des Vaters, der mich gesandt hat, dass ich von allem, was er mir gegeben hat, nichts verliere, sondern dass ich es auferwecke am letzten Tag. Das ist aber der Wille dessen, der mich gesandt hat, dass jeder, der den Sohn sieht und an ihn glaubt, ewiges Leben habe; und ich werde ihn auferwecken am letzten Tag." (Johannes 6,38-40)

Was musst du tun, um gerettet zu werden? Jesus beantwortete das: Glaube an die Person, die Gott gesandt hat. Glaube an Jesus.

> „Da sprachen sie zu ihm: ‚Was sollen wir tun, damit wir die Werke Gottes wirken?‘ Jesus antwortete und sprach zu ihnen: ‚Das ist das Werk Gottes, dass ihr an den glaubt, den er gesandt hat.‘ " (Johannes 6,28-29)

33.4. Prophetien über Jesu Auferstehung

Inzwischen solltest du wissen, dass Jesus nicht tot blieb, nachdem Er gekreuzigt worden war. Sogar dies wurde im Voraus vorhergesagt. Wir werden einige Prophetien darüber untersuchen, was mit Jesus nach Seinem Tod geschehen würde. Stadt wir diese dem gegenüberstellen, was tatsächlich geschah.

33.4.1. Jesus würde von den Toten auferstehen

Die erste Schriftstelle, die wir betrachten werden, ist die Vorhersage, dass Jesus von den Toten auferstehen würde.

Prophetie

Diese beiden Prophetien wurden von König David im 10. Jahrhundert v. Chr. geschrieben. Sie sprechen beide über Jesus, der der „Heilige" ist. „Scheol" ist ein Hinweis auf den Ort, an dem die Toten leben, ebenso wie „in die Grube hinabfahren" und „Verwesung". Dieser alttestamentliche Prophet erwartete, dass der Messias den Tod besiegen würde. „Du hast meine Seele aus dem Scheol heraufgeführt" bedeutet, dass die Seele zuerst dorthin hinuntergehen musste.

> „Ich habe Jahwe allezeit vor Augen. … Denn du wirst meine Seele nicht dem Scheol überlassen und wirst nicht zulassen, dass dein Heiliger die Verwesung sieht." (Psalm 16,8.10)

> „Jahwe, du hast meine Seele aus dem Scheol heraufgeführt; du hast mich am Leben erhalten, dass ich nicht in die Grube hinabfuhr." (Psalm 30,3)

Johannes, ein Jünger Jesu, zeichnet eine weitere Prophetie für uns bezüglich Jesu Auferstehung auf. Johannes zitiert Jesu Worte. Beachte, dass Jesus sagt, Er selbst werde Seinen eigenen Leib auferwecken. Sag mir, wer hat die Macht, Sich selbst von den Toten aufzuerwecken? Würde eine gewöhnliche Person so etwas sagen und lehren und andere ermutigen, so etwas zu glauben?

> „Jesus antwortete und sprach zu ihnen: ‚Brecht diesen Tempel ab, und in drei Tagen werde ich ihn aufrichten.' Da sprachen die Juden: ‚In sechsundvierzig Jahren ist dieser Tempel erbaut worden, und du willst ihn in drei Tagen

aufrichten?' Er aber sprach von dem Tempel seines Leibes. Als er nun aus den Toten auferstanden war, dachten seine Jünger daran, dass er dies zu ihnen gesagt hatte, und sie glaubten der Schrift und dem Wort, das Jesus gesprochen hatte." (Johannes 2,19-22)

Erfüllung

Hier haben wir mehrere Augenzeugen des auferstandenen Jesus, die uns einen Bericht über das Geschehene geben. Matthäus und Markus waren beide Jünger Jesu. Als die Frauen dem leeren Grab begegneten und der Engel ihnen sagte, dass Jesus nicht tot sei, gingen sie sofort weg und erzählten es Jesu Jüngern. Beide hätten den Bericht aus erster Hand von den Frauen gehört und dann das leere Grab gesehen.

„Nach dem Sabbat aber, als der erste Tag der Woche anbrach, kamen Maria Magdalena und die andere Maria, um das Grab zu besehen. Und siehe, da geschah ein großes Erdbeben; denn ein Engel des Herrn stieg aus dem Himmel herab, trat herzu, wälzte den Stein von der Tür ab und setzte sich darauf. Sein Aussehen war wie der Blitz und sein Gewand weiß wie Schnee. Aus Furcht vor ihm aber bebten die Wächter und wurden wie Tote. Der Engel aber antwortete und sprach zu den Frauen: ‚Fürchtet euch nicht! Ich weiß wohl, dass ihr Jesus sucht, den Gekreuzigten. Er ist nicht hier; denn er ist auferstanden, wie er gesagt hat.‘ " (Matthäus 28,1-6)

„Und als der Sabbat vergangen war, kauften Maria Magdalena und Maria, die Mutter des Jakobus, und Salome wohlriechende Öle, um hinzugehen und ihn zu salben. Und sehr früh am ersten Tag der Woche kamen sie zum Grab, als die Sonne aufging. Und sie sprachen untereinander: ‚Wer wälzt uns den Stein von der Tür des Grabes?‘ – denn er war sehr groß. Und als sie aufblickten, sahen sie, dass der Stein weggewälzt war. Und sie gingen in das Grab hinein und sahen einen jungen Mann zur Rechten sitzen, bekleidet mit einem weißen Gewand; und sie erschraken sehr. Er aber sprach zu ihnen: ‚Erschreckt nicht! Ihr sucht Jesus, den Nazarener, den Gekreuzigten. Er ist auferstanden, er ist nicht hier.‘ " (Markus 16,1-6)

Dieser Bericht wurde von Lukas verfasst und handelt vom Apostel Paulus. Paulus sah und sprach mit dem auferstandenen Jesus, als er auf dem Weg nach Damaskus war. Paulus sagt uns, dass Jesus auferweckt wurde, dass Seine Seele nicht an dem Ort blieb, an den die Toten gehen, nämlich im „Hades", und Sein Körper nicht verfiel. Wenn er sagte, dass König David dies vorhergesehen und davon gesprochen habe, bezieht er sich auf die Psalmen, die wir gerade gelesen haben und die genau diese Dinge prophezeiten.

„Ihr Männer und Brüder, es sei mir erlaubt, frei zu euch zu reden von dem
Patriarchen David: Er ist gestorben und begraben worden, und sein Grab ist unter
uns bis zu diesem Tag. Da er nun ein Prophet war und wusste, dass Gott ihm mit
einem Eid geschworen hatte, dass er aus der Frucht seiner Lenden, dem Fleisch
nach, den Christus erwecken werde, damit er auf seinem Thron sitze, hat er
vorausschauend von der Auferstehung des Christus geredet, dass seine Seele nicht
im Hades verlassen wurde und sein Fleisch die Verwesung nicht sah. Diesen Jesus
hat Gott auferweckt, wofür wir alle Zeugen sind." (Apostelgeschichte 2,29-32)

Paulus erklärt weiter, dass dies die Frohe Botschaft ist: dass Jesus
Christus für deine Sünden gestorben ist. Er war ein Zeuge davon. Er erzählt
uns auch, dass er, zusammen mit hunderten anderen, Jesus nach Seiner
Auferstehung sah.

„Ich verkündige euch aber, Brüder, das Evangelium, das ich euch verkündigt habe,
das ihr auch angenommen habt, in dem ihr auch steht, durch das ihr auch gerettet
werdet, wenn ihr an dem Wort festhaltet, das ich euch verkündigt habe – es sei denn,
dass ihr vergeblich geglaubt hättet. Denn ich habe euch zuallererst das überliefert,
was ich auch empfangen habe: dass Christus für unsere Sünden gestorben ist nach
den Schriften; und dass er begraben worden ist, und dass er auferstanden ist am
dritten Tag nach den Schriften; und dass er dem Kephas erschienen ist, danach den
Zwölfen. Danach ist er mehr als fünfhundert Brüdern auf einmal erschienen, von
denen die meisten noch bis jetzt leben, einige aber auch entschlafen sind. Danach
erschien er dem Jakobus, danach allen Aposteln. Zuletzt von allen erschien er auch
mir, gleichsam einer unzeitigen Geburt." (1. Korinther 15,1-8)

Johannes erzählt uns, dass Thomas, ebenfalls einer der Jünger Jesu, Mühe
hatte zu glauben, dass Jesus von den Toten auferstanden war. Er hatte den
auferstandenen Jesus nicht wie die anderen Jünger gesehen. Er hatte nur ihren
Bericht über das Geschehene gehört. Er wollte es selbst sehen.

„Thomas aber, einer der Zwölfe, der Zwilling genannt wird, war nicht bei ihnen, als
Jesus kam. Da sagten die anderen Jünger zu ihm: ‚Wir haben den Herrn gesehen!‘
Er aber sprach zu ihnen: ‚Wenn ich nicht in seinen Händen das Mal der Nägel sehe
und meinen Finger in das Mal der Nägel lege und meine Hand in seine Seite lege,
so werde ich niemals glauben.‘ Und nach acht Tagen waren seine Jünger wiederum
drinnen, und Thomas war bei ihnen. Jesus kommt, als die Türen verschlossen waren,
und trat in die Mitte und sprach: ‚Friede sei mit euch!‘ Dann spricht er zu Thomas:
‚Reiche deinen Finger her und sieh meine Hände; und reiche deine Hand her und
lege sie in meine Seite; und sei nicht ungläubig, sondern gläubig!‘ Thomas
antwortete und sprach zu ihm: ‚Mein Herr und mein Gott!‘ Jesus spricht zu ihm:
‚Weil du mich gesehen hast, Thomas, hast du geglaubt. Glückselig sind, die nicht

sehen und doch glauben!' " (Johannes 20,24-29)

Ich liebe es, dass Jesus ein paar Tage später erschien und Thomas sagte, er solle jede der Stellen berühren, an denen Er für unsere Sünden durchbohrt und verwundet worden war. Bist du wie Thomas, zweifelst du immer noch und weigerst dich zu glauben? Ich hoffe, dass die Prophetien und Erfüllungen, die du gelesen hast, dir geholfen haben, zu sehen und zu glauben.

33.4.2. Jesus würde den Heiligen Geist senden

Nachdem Jesus Sich selbst von den Toten auferweckt hatte, versprach Er allen Jüngern und Seinen Nachfolgern, dass Er ihnen einen Helfer senden würde. Lass uns die nächste Prophetie über Jesu Auferstehung und diesen Helfer, der als der Heilige Geist bekannt ist, bewerten.

Prophetie

Diese Prophetie wurde von Matthäus aufgezeichnet. Er zitiert Johannes den Täufer, der prophezeite, dass Jesus mit dem Heiligen Geist taufen würde.

> „Ich zwar taufe euch mit Wasser zur Buße; der aber nach mir kommt, ist stärker als ich, dessen Sandalen zu tragen ich nicht würdig bin; der wird euch mit dem Heiligen Geist taufen." (Matthäus 3,11)

Diese Prophetie wurde von Johannes aufgezeichnet. Es ist ein direktes Zitat von Jesus, in dem Er den Jüngern sagt, dass Gott ihnen den Geist der Wahrheit geben wird, der in ihnen wohnen wird.

> „Und ich will den Vater bitten, und er wird euch einen anderen Ratgeber geben, damit er bei euch bleibe in Ewigkeit: den Geist der Wahrheit, den die Welt nicht empfangen kann, denn sie sieht ihn nicht und kennt ihn nicht. Ihr aber kennt ihn, denn er bleibt bei euch und wird in euch sein." (Johannes 14,16-17)

Matthäus, Johannes der Täufer und Johannes waren alle Augenzeugen und Nachfolger Jesu.

Erfüllung

Hier ist, was geschah. Lukas liefert uns einen Bericht. Er befragte Augenzeugen und Beteiligte, die an Pfingsten den Heiligen Geist empfingen. Wir sehen, dass alle Jünger an einem Ort sind und plötzlich mit dem Heiligen Geist erfüllt werden.

> „Und als der Tag der Pfingsten erfüllt war, waren sie alle einmütig an einem Ort. Und plötzlich geschah aus dem Himmel ein Brausen wie von einem daherfahrenden gewaltigen Wind und erfüllte das ganze Haus, wo sie saßen. Und es erschienen ihnen Zungen wie von Feuer, die sich verteilten; und auf jeden von ihnen setzte sich eine. Und sie wurden alle erfüllt mit dem Heiligen Geist und fingen an, in anderen Sprachen zu reden, wie der Geist ihnen gab auszusprechen.“ (Apostelgeschichte 2,1-4)

Gott bot ein spektakuläres Schauspiel, als Er den Nachfolgern Jesu, die an jenem Ort versammelt waren, den Heiligen Geist gab. Während Er heute sicherlich dasselbe für dich tun könnte, werde ich dir sagen, dass es nicht das ist, was die meisten Menschen erleben, wenn sie den Heiligen Geist empfangen. Um den Heiligen Geist zu erhalten, musst du nur glauben, was ich dir über Jesus erzählt habe. Dass Jesus für deine Sünden gestorben und aus dem Grab auferstanden ist. Sag Jesus, dass es dir leidtut, ein Sünder zu sein, und bitte Jesus, in dein Leben zu kommen und dir den Heiligen Geist als Helfer zu geben. Die meisten Menschen, die ihren Glauben in Jesus gesetzt haben, fühlen, dass eine große Last von ihnen genommen wurde. Sie fühlen sich irgendwie leichter und verspüren ein Gefühl des Friedens, das nicht erklärt werden kann. Das liegt daran, dass sie von der Knechtschaft von Sünde und Tod befreit worden sind.

Du empfängst den Heiligen Geist nicht, indem du Gottes Regeln befolgst, sondern indem du glaubst, was du über Jesus gehört hast.

> „Dies eine will ich von euch erfahren: Habt ihr den Geist durch Gesetzeswerke empfangen oder durch die Verkündigung vom Glauben? Seid ihr so unverständig? Im Geist habt ihr angefangen und wollt nun im Fleisch vollenden?“ (Galater 3,2 Neue Lebende Übersetzung)

> „In ihm seid auch ihr, nachdem ihr das Wort der Wahrheit, das Evangelium eurer Rettung, gehört habt – in ihm habt auch ihr, als ihr gläubig wurdet, das Siegel des Heiligen Geistes empfangen, der verheißen worden war.“ (Epheser 1,13 Neue Lebende Übersetzung)

Wenn der Heilige Geist Jesu in dir lebt, dann bist du nicht länger ein Sklave der Sünde oder des Todes.

> „So gibt es nun keine Verdammnis für die, welche in Christus Jesus sind, die nicht gemäß dem Fleisch wandeln, sondern gemäß dem Geist. Denn das Gesetz des Geistes des Lebens in Christus Jesus hat mich frei gemacht von dem Gesetz der Sünde und des Todes." (Römer 8,1-2)

33.4.3. Jesus würde zur Rechten Gottes sitzen

Die Bibel sagt uns, was mit Jesus geschehen würde, nachdem Er von den Toten auferstanden war. Sie sagt, dass Er in den Himmel zurückkehren würde, um bei Gott dem Vater zu sein und zur Rechten Gottes zu sitzen. Die letzte Prophetie, die wir uns ansehen werden, betrifft Jesus, der den Tod besiegt und im Himmel mit Gott regiert.

Prophetie

Diese Prophetie wurde von König David im 10. Jahrhundert v. Chr. geschrieben. David zeichnet ein prophetisches Gespräch zwischen Gott und Jesus auf. Gott bittet Jesus, zu Seiner Rechten zu sitzen. Uns wird auch ein zeitlicher Kontext gegeben. Jesus wird dort sitzen, bis Seine Feinde der Schemel für Seine Füße sind.

> „Jahwe sprach zu meinem Herrn: ‚Setze dich zu meiner Rechten, bis ich deine Feinde zum Schemel für deine Füße mache!' " (Psalm 110,1)

Erfüllung

In diesem Bericht über das Geschehene erzählt uns Markus, ein Jünger Jesu, der Zeuge dieses Ereignisses war, dass Jesus in den Himmel auffuhr und Sich zur Rechten Gottes setzte. Markus hätte dies tatsächlich geschehen sehen. Ich kann mir nur vorstellen, wie fantastisch das für ihn gewesen sein muss.

> „Der Herr nun wurde, nachdem er mit ihnen geredet hatte, aufgenommen in den Himmel und setzte sich zur Rechten Gottes." (Markus 16,19)

In diesem Bericht des Jüngers Petrus erzählt er uns ebenfalls, dass Jesus zur Rechten Gottes in den Himmel aufgefahren ist. Dann bestätigt er, dass die

Prophetie, die König David sprach, erfüllt worden ist.

> „Diesen Jesus hat Gott auferweckt, wofür wir alle Zeugen sind. Da er nun durch die Rechte Gottes erhöht worden ist und die Verheißung des Heiligen Geistes vom Vater empfangen hat, hat er dies ausgegossen, was ihr jetzt seht und hört. Denn nicht David ist in die Himmel aufgefahren, sondern er sagt selbst: ‚Der Herr sprach zu meinem Herrn: Setze dich zu meiner Rechten, bis ich deine Feinde zum Schemel deiner Füße mache!‘ So soll nun das ganze Haus Israel mit Gewissheit wissen, dass Gott ihn sowohl zum Herrn als auch zum Christus gemacht hat, diesen Jesus, den ihr gekreuzigt habt.“ (Apostelgeschichte 2,32-36)

Dies sollte dir großen Trost bringen. Jesus ist im Himmel zur Rechten Gottes. Er wartet darauf, dass die Zeit der Großen Drangsal zu Ende geht. Zu dieser Zeit wird Er wiederkommen, und alle Seine Feinde werden zu Seinem Schemel gemacht werden. Gott hat uns so viele Versprechen gegeben. Erfüllte biblische Prophetien zeigen uns, dass Gott immer Seine Versprechen hält. Gottes Wort ist eine Garantie. Jesus wird zurückkehren. Wirst du bereit sein?

Lukas zeichnet ein Gespräch auf, das Jesus mit einigen Seiner Nachfolger hatte. Dies fand nach Jesu Auferstehung statt. Es fasst das, was wir über Jesus gelernt haben, recht gut zusammen.

> „ ‚Dies sind die Worte, die ich zu euch sagte, als ich noch bei euch war: Es muss alles erfüllt werden, was im Gesetz des Mose, in den Propheten und in den Psalmen von mir geschrieben steht.‘ Dann öffnete er ihnen das Verständnis, damit sie die Schriften verstanden. Und er sprach zu ihnen: ‚So steht es geschrieben, und so musste der Christus leiden und am dritten Tag aus den Toten auferstehen, und in seinem Namen soll Buße und Vergebung der Sünden verkündigt werden unter allen Völkern, angefangen bei Jerusalem. Ihr aber seid Zeugen davon.‘ “ (Lukas 24,44-48)

Du hast gelernt, dass Gott viele Dinge über Jesus vorausgesagt hat und dass Jesus jedes einzelne erfüllt hat. Du hast gelernt, dass Gott in den Prophetien, die Er gab, spezifisch war, damit du Jesus nicht verpasst. Du bist nun ein Zeuge dieser Dinge, genau wie jene Nachfolger Jesu es waren. Und nun, da du von Jesus weißt, was wirst du mit Ihm tun? Das ist die einzige Frage, die im Leben zählt. Es ist die Entscheidung, die eine ewige Konsequenz hat. Jesus ist derjenige, der in diesen Versen spricht.

> „Und er rief die Volksmenge samt seinen Jüngern zu sich und sprach zu ihnen: ‚Wer mir nachkommen will, der verleugne sich selbst und nehme sein Kreuz auf

sich und folge mir nach! Denn wer sein Leben retten will, der wird es verlieren;
wer aber sein Leben verliert um meinetwillen und um des Evangeliums willen,
der wird es retten.' " (Markus 8,34-35)

Es läuft alles auf Leben oder Tod hinaus. Tausche dein gegenwärtiges
Leben ein und erhalte das ewige Leben. Oder behalte dein gegenwärtiges Leben
und erhalte den ewigen Tod. Das ist richtig. Du gibst dein gegenwärtiges,
vermasseltes, kaputtes, niedergeschlagenes, zurückgelassenes Leben an
Jesus, und Er wird dir im Gegenzug ein herrliches, ewiges Leben im Himmel
geben. Ein Leben, das für einen König oder eine Königin angemessen ist. Das
ist ein Angebot, das niemand ablehnen sollte.

„Da antwortete Petrus und sprach zu ihm: ‚Siehe, wir haben alles verlassen und
sind dir nachgefolgt; was wird uns dafür zuteil?' Jesus aber sprach zu ihnen:
‚Wahrlich, ich sage euch: Ihr, die ihr mir nachgefolgt seid, werdet in der
Wiedergeburt, wenn der Sohn des Menschen auf dem Thron seiner Herrlichkeit
sitzen wird, auch auf zwölf Thronen sitzen und die zwölf Stämme Israels richten.
Und jeder, der Häuser oder Brüder oder Schwestern oder Vater oder Mutter oder
Frau oder Kinder oder Äcker verlassen hat um meines Namens willen, der wird
es hundertfältig empfangen und das ewige Leben erben.' " (Matthäus 19,27-29)

Kapitel 34 – Wahrscheinlichkeit der erfüllten Prophetien

Ich weiß, dass einige von euch denken, dass diese erfüllten Prophetien dem Zufall zugeschrieben werden können. Ihr denkt, es sei wahrscheinlich, dass viele Männer die Prophetien hätten erfüllen können, die Jesus erfüllte, oder dass mehrere Nationen die Prophetien hätten erfüllen können, die Israel erfüllte. Lass uns die statistische Wahrscheinlichkeit untersuchen und sehen, ob diese Dinge wirklich bloße Zufälle sein könnten.

Zuerst brauchst du eine kurze Einführung in die Wahrscheinlichkeit. Die Wahrscheinlichkeit eines Ereignisses entspricht der Anzahl der Möglichkeiten, wie das Ereignis eintreten kann, geteilt durch die Gesamtzahl der möglichen Ergebnisse. Die resultierende Zahl wird immer zwischen 1 und 0 liegen. 1 bedeutet, dass das Ereignis sicher eintreten wird, und 0 bedeutet, dass sein Eintreten unmöglich ist.

Wahrscheinlichkeit = Anzahl der Möglichkeiten, wie ein Ereignis eintreten kann / Anzahl der Ergebnisse.

Nehmen wir an, du hast eine Tüte mit Süßigkeiten. Sie enthält 10 Süßigkeiten, von denen 4 blau, 3 rot, 2 gelb und 1 grün sind. Die Wahrscheinlichkeit, dass du in die Tüte greifst und eine blaue Süßigkeit herausziehst, liegt bei 4/10 oder 0,4. Während die Wahrscheinlichkeit, eine grüne Süßigkeit zu bekommen, bei 1/10 oder 0,1 liegt.

Wahrscheinlichkeit, eine blaue Süßigkeit zu ziehen = Anzahl der blauen Süßigkeiten / Gesamtzahl der Süßigkeiten.

Das andere Konzept, das du verstehen musst, ist die Verbundwahrscheinlichkeit von unabhängigen Ereignissen. Unabhängige Ereignisse sind Ereignisse, die nicht miteinander verwandt oder voneinander abhängig sind. Wie das Ziehen einer Süßigkeit aus einer Tüte und das Würfeln mit einem Würfel. Das sind unabhängige Ereignisse. Um die Wahrscheinlichkeit zu berechnen, dass beide Ereignisse eintreten, multiplizierst du einfach die Wahrscheinlichkeiten jedes Ereignisses miteinander.

Verbundwahrscheinlichkeit unabhängiger Ereignisse = Wahrscheinlichkeit von Ereignis 1 x Wahrscheinlichkeit von Ereignis 2.

Nehmen wir an, du willst wissen, wie hoch die Wahrscheinlichkeit ist, eine rote Süßigkeit zu ziehen, sie zurückzulegen und dann eine gelbe Süßigkeit zu ziehen. Zuerst ermitteln wir die Wahrscheinlichkeit, jede Farbe zu ziehen. Die Wahrscheinlichkeit, eine rote Süßigkeit zu ziehen, liegt bei 3/10 oder 0,3 und die Wahrscheinlichkeit, eine gelbe Süßigkeit zu ziehen, bei 2/10 oder 0,2. Dann multiplizieren wir sie miteinander: (3/10) x (2/10) = 6/100 oder 0,06.

Nun, da du ein grundlegendes Verständnis von Wahrscheinlichkeit hast, lass uns dies auf die biblische Prophetie anwenden. Ein Universitätsprofessor für Mathematik und Astronomie, Peter W. Stoner, schrieb ein Buch mit dem Titel Die Wissenschaft Spricht, in dem er die Wahrscheinlichkeit analysierte, dass ein einziger Mann die Prophetien erfüllt, die Jesus erfüllte. Seine Analyse wurde von Mitgliedern der American Scientific Affiliation begutachtet, und sie stellten fest, dass die von ihm präsentierten mathematischen Wahrscheinlichkeiten „vollkommen fundiert" waren und in korrekter Weise angewendet wurden.[240]

Stoner betrachtete 8 Prophetien, die Jesus erfüllte, und berechnete die Wahrscheinlichkeit, dass irgendein Mann jede einzelne davon erfüllt. Hier sind die Prophetien, die er betrachtete, und die Wahrscheinlichkeit, die er und seine Studenten für jede berechneten.

1. Wahrscheinlichkeit, dass 1 Mann in Bethlehem geboren wird (Micha 5,2) = 1 Mann von 280.000 oder $2,8 \times 10^5$.

2. Wahrscheinlichkeit, dass 1 Mann einen Boten hat, der seinen Weg bereitet (Maleachi 3,1) = 1 Mann von 1.000 oder 1×10^3.

3. Wahrscheinlichkeit, dass 1 Mann als Herrscher auf dem Fohlen einer Eselin in Jerusalem einzieht (Sacharja 9,9) = 1 Mann von 100 oder 1×10^2.

4. Wahrscheinlichkeit, dass 1 Mann von seinem Freund verraten wird und der Verrat dazu führt, dass der Mann an seinen Händen verwundet wird (Sacharja 13,6) = 1 Mann von 1.000 oder 1×10^3.

5. Wahrscheinlichkeit, dass 1 Mann, der verraten wurde, für 30 Silberstücke verraten wird (Sacharja 11,12) = 1 Mann von 1.000 oder 1×10^3.

6. Wahrscheinlichkeit, dass 1 Mann, nachdem er Bestechungsgeld für den Verrat an seinem Freund erhalten hatte, das Bestechungsgeld zurückgab, es abgelehnt wurde, er es dann in einem Haus Gottes auf den Boden warf und es

dann verwendet wurde, um einen Acker von einem Töpfer zu kaufen (Sacharja 11,13) = 1 Mann von 100.000 oder 1 x 10^5.

7. Wahrscheinlichkeit, dass 1 Mann, nachdem er die vorherigen Prophetien erfüllt hat, und wenn sein Leben vor Gericht steht, unterdrückt und bedrängt wird und sich nicht selbst verteidigt (Jesaja 53,7) = 1 Mann von 1.000 oder 1 x 10^3.

8. Wahrscheinlichkeit, dass 1 Mann gekreuzigt wird, der von der Zeit an lebte, als diese Prophetie von König David geschrieben wurde, bis heute (Psalm 22,16) = 1 Mann von 10.000 oder 1 x 10^4.

Um die Wahrscheinlichkeit zu bestimmen, dass 1 Mann alle 8 dieser Prophetien erfüllt, multiplizierte er die Wahrscheinlichkeiten jeder Prophetie miteinander.

$(2,8 \times 10^5) \times (1 \times 10^3) \times (1 \times 10^2) \times (1 \times 10^3) \times (1 \times 10^3) \times (1 \times 10^5) \times (1 \times 10^3) \times (1 \times 10^4) = 2,8 \times 10^{28}$.

Er vereinfachte die Zahl auf 1 x 10^{28}, was 1 Mann von 10.000.000.000.000.000.000.000.000.000 entspricht. Das ist die Wahrscheinlichkeit, dass 1 Mann im Laufe der Geschichte alle 8 Prophetien erfüllt. Um die Berechnung zu verbessern, müssen die Personen, die vor dem Schreiben dieser Prophetien geboren wurden, ausgeschlossen werden. Also teilte Stoner die Wahrscheinlichkeit durch die Anzahl der Menschen, die seit der Zeit gelebt haben, als die Prophetien geschrieben wurden. Er legte 88 Milliarden Menschen zugrunde.

Stoners endgültige Wahrscheinlichkeit, dass 1 Mann, der seit der Zeit gelebt hat, als diese Prophetien geschrieben wurden, alle 8 Prophetien erfüllte, ist 1 x 10^{17} oder 1 Mann von 100.000.000.000.000.000. Das ist 1 Mann von 100 Billiarden. Lass uns diese Zahl ins Verhältnis setzen. Derzeit leben fast 8 Milliarden Menschen auf dem Planeten. Wir müssten die aktuelle Bevölkerung mit 12,5 Millionen multiplizieren, um diesen einen Mann zu finden. Im Laufe der Geschichte haben schätzungsweise etwa 108 Milliarden Menschen gelebt. Wir müssten die gesamte Weltbevölkerung aller Zeiten mit fast 1 Million multiplizieren, um diesen einen Mann zu finden.

100.000.000.000.000.000 = 1 Mann erfüllt die 8 Prophetien.
108.000.000.000 = Menschen, die jemals gelebt haben.
8.000.000.000 = Menschen, die heute leben.

Hier ist, wie Stoner diese Wahrscheinlichkeit verdeutlichte. Stell dir vor, du hast 1×10^{17} Silberdollar und markierst einen davon. Dann verteilst du sie alle zufällig auf der Fläche des Staates Texas. Diese Münzen würden Texas ca. 60 cm tief bedecken. Nun verbinde dir die Augen und reise irgendwohin in Texas, wo du willst, und nimm einen Silberdollar in die Hand. Die Chance, dass du den markierten Silberdollar erwischt hast, beträgt 1×10^{17}, dieselbe Chance, dass ein Mann, der von der Zeit König Davids bis zur Gegenwart lebte, alle 8 dieser Prophetien erfüllt hat.

Bisher haben wir nur 8 Prophetien betrachtet. Wir wissen, dass Jesus hunderte von Prophetien erfüllt hat. Lass uns visualisieren, was passiert, wenn wir uns ansehen, wie 1 Mann 48 Prophetien erfüllt. Stoner berechnete diese Wahrscheinlichkeit mit 1×10^{157}. Diese Zahl hat 157 Nullen, es ist also eine extrem geringe Chance, dass 1 Mann sie alle erfüllt hat. Es ist eine Wahrscheinlichkeit, die sich 0 nähert. Hierfür musst du dir ein Elektron vorstellen, das kleinste Objekt, das wir kennen. Du markierst eines dieser Elektronen, wie du es mit dem Silberdollar getan hast, verbindest dir die Augen und versuchst, das richtige zu finden. Physiker sagen uns, dass es nur 10^{80} Elektronen im gesamten Universum gibt! Du würdest unser gesamtes Universum absuchen und dennoch niemals dieses Elektron finden. Das ist der Fall bei 1 Mann, der nur 48 der Prophetien über Jesus erfüllt.

Bedenke nun, dass es über 300 Prophetien in der Bibel über das erste Kommen Jesu gibt. Jesus hat jede einzelne von ihnen erfüllt. Selbst wenn man für jede Prophetie eine lächerlich konservative Wahrscheinlichkeit ansetzen würde, dass 1 von 10 Männern sie erfüllen könnte, läge die Wahrscheinlichkeit, dass dieser eine Mann alle 300 erfüllt, bei 1×10^{300}. Du müsstest durch ein Universum suchen, das fast viermal so groß ist wie unseres, bevor du eine Chance hättest, das eine markierte Elektron zu finden!

Wie Stoner es ausdrückte: „Es ist der Beweis für die Inspiration der Bibel durch Gott – ein so eindeutiger Beweis, dass das Universum nicht groß genug ist, um die Beweise zu fassen."[241]

Es ist völlig unvorstellbar, dass diese Prophetien von Jesus als bloßer Zufall oder Glückssache erfüllt wurden. Der Einzige, der ein solches Kunststück inszenieren konnte, ist Gott. Die Bibel ist das Wort Gottes. Gott ist wirklich in menschlicher Gestalt als Jesus Christus auf die Erde gekommen und für deine Sünden gestorben.

Wenn du jemand bist, der Logik, Wissenschaft und Fakten bevorzugt, die greifbar belegt werden können, sollte dir dieser Beweis enormes Vertrauen geben. Mir hat er es gewiss gegeben. Gott kann alles tun. Er hat dafür gesorgt, dass die Bibel genau die Worte enthält, die sie enthalten musste. Er sagte den Propheten und Jüngern, die sie schrieben, was sie sagen sollten. Es ist schließlich Gottes Brief an dich.

Nur Gott kann dir die Zukunft mit Genauigkeit voraussagen. In diesem Vers bezieht sich „Ich" auf Gott.

> „Nur ich kann euch die Zukunft verkünden, bevor sie überhaupt eintritt. Alles, was ich plane, wird geschehen, denn ich tue alles, was ich will." (Jesaja 46,10 Neue Lebende Übersetzung)

Jesus sagte uns in diesen Versen, dass alle Schriften auf Ihn hinweisen.

> „Ich aber habe ein größeres Zeugnis als das des Johannes: meine Lehren und meine Wunder. Der Vater hat mir diese Werke zu vollenden gegeben, und sie beweisen, dass er mich gesandt hat. Und der Vater, der mich gesandt hat, hat selbst über mich Zeugnis abgelegt. … Ihr erforscht die Schriften, weil ihr meint, in ihnen das ewige Leben zu haben; und sie sind es, die von mir Zeugnis ablegen!" (Johannes 5,36-37.39 Neue Lebende Übersetzung)

Jesus sagte auch in diesem Vers, dass alles, was in der Bibel geschrieben steht, erfüllt werden würde.

> „Denn wahrlich, ich sage euch: Bis der Himmel und die Erde vergehen, wird nicht ein Jota noch ein einziges Strichlein vom Gesetz vergehen, bis alles geschehen ist." (Matthäus 5,18)

Die Bibel enthält so viele Prophetien und Details über Jesus, den Messias, weil Gott nicht wollte, dass du Sein Kommen verpasst oder Ihn mit jemand anderem verwechselst. Gott möchte sicherstellen, dass du weißt, dass Jesus derjenige ist, den Er gesandt hat, um dich zu retten.

„Jeder Mensch, der Christus als den Sohn Gottes ablehnt, lehnt eine Tatsache ab, die vielleicht absoluter bewiesen ist als jede andere Tatsache auf der Welt." Peter W. Stoner[242]

Teil 7
Ich habe Angst,
bin traurig, verlegen

Es ist wohl um meine Seele

Von Horatio Spafford. Veröffentlicht im Jahr 1876.[243]

Wenn Friede wie ein Strom meinen Weg begleitet,
wenn Sorgen wie Meereswogen rollen;
was auch mein Los sei, Du hast mich gelehrt zu sagen:
Es ist wohl, es ist wohl um meine Seele.

(Refrain:) Es ist wohl (es ist wohl),
um meine Seele (um meine Seele),
Es ist wohl, es ist wohl um meine Seele.

Ob Satan mich auch beutelt, ob Prüfungen auch kommen,
lass diese gesegnete Gewissheit walten,
dass Christus meinen hilflosen Zustand angesehen
und Sein eigenes Blut für meine Seele vergossen hat. (Refrain)

Meine Sünde, oh die Glückseligkeit dieses herrlichen Gedankens!
Meine Sünde, nicht nur zum Teil, sondern die ganze,
ist an Sein Kreuz genagelt, und ich trage sie nicht mehr,
Preise den Herrn, preise den Herrn, o meine Seele! (Refrain)

Für mich sei es Christus, sei es Christus, von nun an zu leben:
Wenn der Jordan über mir rollen sollte,
wird kein Schmerz mein sein, denn im Tod wie im Leben
wirst Du Deinen Frieden meiner Seele zuflüstern. (Refrain)

Und Herr, eile den Tag herbei, wenn der Glaube zum Schauen wird,
die Wolken wie eine Buchrolle zurückgerollt werden;
die Posaune wird erschallen, und der Herr wird herabsteigen,
ebenso ist es wohl um meine Seele. (Refrain)

Kapitel 35 – Die Angst überwinden

Ich kann mir nur vorstellen, welches Ausmaß an Angst du gerade erleben musst. Ich weiß, dass Menschen, die dir am Herzen liegen, verschwunden sind, weil sie entrückt wurden. Ich weiß auch, dass Menschen, die dir wichtig sind, infolge von Vorfällen starben, die sich ereigneten, als die Entrückung stattfand. Vorfälle wie Fahrzeugunfälle, Flugzeugabstürze, Unruhen und Plünderungen. Ich bin sicher, dass du Angst vor der Zukunft hast, davor, wie du Geld verdienen wirst, was du essen wirst, wo du wohnen wirst und sogar, ob du dies überleben wirst.

Das Wichtige für dich zu wissen ist, dass Gott alles weiß, was du durchmachst. Erinnere dich immer daran, dass Er dich liebt.

> Wie kostbar ist Deine liebende Güte, Gott! Die Menschenkinder nehmen Zuflucht unter dem Schatten Deiner Flügel. (Psalm 36,7)

> Wer nicht liebt, kennt Gott nicht, denn Gott ist Liebe. Darin wurde Gottes Liebe in uns offenbart, dass Gott Seinen eingeborenen Sohn in die Welt gesandt hat, damit wir durch Ihn leben. Darin besteht die Liebe: nicht, dass wir Gott geliebt haben, sondern dass Er uns geliebt und Seinen Sohn als Sühnopfer für unsere Sünden gesandt hat. (1. Johannes 4,8-10)

Wenn du deine Errettung in die nageldurchbohrten Hände von Jesus gelegt hast, dann bist du ein Kind Gottes. Deine ewige Zukunft ist garantiert, und nichts kann sie wegnehmen oder ihr auch nur schaden. Vergiss nicht, wer du bist. Suche Gott, und Er wird ein Zufluchtsort für dich sein.

Die Bibel sagt uns, dass die Angst besiegt wird, sobald wir Gottes Liebe zu uns verstehen. Siehst du, Gott ist vollkommene Liebe. In diesen Versen lernen wir, dass es in der vollkommenen Liebe keine Furcht gibt. „Die Liebe ist vollkommen geworden" ist ein Hinweis darauf, dass Gott in dir lebt. Gott lebt in dir, sobald du deinen Glauben in Jesus setzt.

> Darin ist die Liebe unter uns vollkommen geworden, dass wir Freimütigkeit haben am Tag des Gerichts; denn wie Er ist, so sind auch wir in dieser Welt. Furcht ist nicht in der Liebe, sondern die vollkommene Liebe treibt die Furcht aus, denn die Furcht hat Strafe. Wer sich aber fürchtet, ist nicht vollkommen geworden in der Liebe. (1. Johannes 4,17-18)

Dein Vater im Himmel, der größer ist als alles auf der Erde oder sogar im

Universum, hält dich in Seiner rechten Hand. Jesus ist derjenige, der uns dies gesagt hat. Was könnte dir möglicherweise schaden? In diesen Versen ist Jesus derjenige, der spricht.

> Meine Schafe hören Meine Stimme, und Ich kenne sie, und sie folgen Mir. Ich gebe ihnen ewiges Leben. Sie werden niemals umkommen, und niemand wird sie aus Meiner Hand reißen. Mein Vater, der sie Mir gegeben hat, ist größer als alle. Niemand ist in der Lage, sie aus der Hand Meines Vaters zu reißen. Ich und der Vater sind eins. (Johannes 10,27-30)

Wie auch immer deine Vorstellung von Gott ist, Er ist größer. Er ist größer als jeder falsche Gott, einschließlich Satan. „Der, der in euch ist" ist ein Hinweis darauf, dass der Heilige Geist in den Gläubigen lebt.

> Denn ich weiß, dass Jahwe groß ist, dass unser Herr über allen Göttern steht. (Psalm 135,5)

> Ihr seid aus Gott, Kindlein, und habt sie überwunden; denn größer ist Er, der in euch ist, als der, der in der Welt ist. (1. Johannes 4,4)

Das ist derjenige, der dich beschützt, wenn du mit dem Heiligen Geist von Jesus versiegelt bist. Wer kann möglicherweise gegen dich sein? Niemand und nichts!

> Wenn Gott für uns ist, wer kann gegen uns sein? (Römer 8,31)

Lass uns zwei Emotionen betrachten, die an der Wurzel der Angst liegen. Die erste ist Schmerz. Körperlicher Schmerz und emotionaler Schmerz, der durch Verlust erfahren wird. Jesus erlitt immensen körperlichen Schmerz für dich, als Er für deine Sünden geschlagen und gekreuzigt wurde. Er wusste, was mit Ihm geschehen würde. Er betete zu Gott und bat Ihn, diese Last von Ihm zu nehmen. Aber es gab keinen anderen Weg für dich, um gerettet zu werden, also akzeptierte Jesus bereitwillig und gerne Sein Schicksal. Jedes Mal, wenn wir Schmerz erfahren, sollte es uns daran erinnern, dass Jesus es auch tat. Es ist etwas, das wir mit Jesus gemeinsam haben. Dein Schmerz sollte dich näher zu Jesus bringen. Er versteht deinen körperlichen Schmerz vollkommen.

In diesen Versen lernen wir, dass Jesus Leiden erfahren hat und uns helfen kann, wenn wir es ebenfalls tun. Der „Sohn" ist Jesus.

> Da Gottes Kinder Menschenwesen sind – aus Fleisch und Blut geschaffen – wurde auch der Sohn Fleisch und Blut. Denn nur als menschliches Wesen konnte Er sterben, und nur durch das Sterben konnte Er die Macht des Teufels brechen, der die Macht über den Tod hatte. Nur auf diesem Weg konnte Er alle befreien, die ihr Leben lang Sklaven der Todesfurcht waren. … Da Er selbst durch Leiden und Prüfungen gegangen ist, ist Er in der Lage, uns zu helfen, wenn wir geprüft werden. (Hebräer 2,14-15.18 Neue Lebende Übersetzung)

Jesus ist immer bei dir, durch das Ganze hindurch. So wirst du in der Lage sein, auszuharren. Weil Er das Kreuz für dich erduldete und Er als Gläubiger in dir lebt. Der Apostel Paulus beschrieb dieses göttliche Ausharren in diesen Versen.

> Wir werden von allen Seiten von Bedrängnissen bedrängt, aber wir werden nicht zerdrückt. Wir sind ratlos, aber nicht am Verzweifeln. Wir werden gejagt, aber niemals von Gott verlassen. Wir werden niedergeschlagen, aber wir werden nicht vernichtet. Durch Leiden nehmen unsere Körper weiterhin am Tod von Jesus teil, damit das Leben von Jesus auch in unseren Körpern gesehen werden kann. (2. Korinther 4,8-10 Neue Lebende Übersetzung)

Jesus versteht auch deinen emotionalen Schmerz. Er weiß, wie es ist, jemanden zu verlieren, der Ihm am Herzen liegt. Als Sein Freund Lazarus starb, weinte Jesus. Er weinte, obwohl Er wusste, dass Er ihn von den Toten auferwecken und ihn wiedersehen würde. Jesus weinte auch über die Stadt Jerusalem, als Er auf einem Esel hineinritt, nur wenige Tage bevor Er gekreuzigt wurde. Dann erinnere dich daran, dass Jesus wegen des Kreuzes so emotional erschüttert war, dass Er Bluttropfen schwitzte, bevor Er verhaftet wurde. Jesus ist mit deinem Schmerz vertraut.

Jesus lebte das Leben vollständig als Mensch und erlebte jedes Gefühl und jede Versuchung, die wir auch erleben. Er versteht es.

> Da wir nun einen großen Hohepriester haben, der die Himmel durchschritten hat, Jesus, den Sohn Gottes, lasst uns an unserem Bekenntnis festhalten. Denn wir haben keinen Hohepriester, der nicht mitfühlen könnte mit unseren Schwachheiten, sondern einen, der in allem so versucht worden ist wie wir, doch ohne Sünde. (Hebräer 4,14-15)

Wenn du dich entschieden hast, dein Vertrauen in Jesus zu setzen, und du nun Angst davor hast, was mit dir geschehen könnte, sagt Petrus, dass du dich freuen sollst. Ich weiß, das klingt wirklich verrückt. Aber es liegt daran, dass

Gott verherrlicht wird, wenn du leidest, weil du an Jesus glaubst. Du hast Schätze und Belohnungen, die im Himmel auf dich warten, weil du ausgeharrt hast. Und denk daran, wie viele andere Menschen durch dein Zeugnis gerettet werden könnten. Freue dich in der Tat.

> Geliebte, lasst euch durch die feurige Prüfung, die unter euch zu eurer Erprobung geschieht, nicht befremden, als widerfahre euch etwas Seltsames. Sondern in dem Maße, wie ihr Anteil habt an den Leiden Christi, freut euch, damit ihr euch auch bei der Offenbarung Seiner Herrlichkeit mit Frohlocken freuen könnt. Wenn ihr geschmäht werdet für den Namen Christi, seid ihr glückselig; denn der Geist der Herrlichkeit und Gottes ruht auf euch. Bei ihnen wird Er gelästert, aber bei euch wird Er verherrlicht. … Wenn aber jemand als Christ leidet, so schäme er sich nicht, sondern er verherrliche Gott in dieser Angelegenheit. (1. Petrus 4,12-14.16)

Schmerz erfüllt einen Zweck, den Gott für dich hat. Er möchte, dass du eine enge Beziehung zu Jesus hast, und er wird dich zu Ihm ziehen. Der Schmerz, den du in deinem irdischen Körper erlebst, ist nur vorübergehend. Wenn du ein Gläubiger bist, wirst du eines Tages einen herrlichen, neuen Körper bekommen, der frei von Schmerz sein wird. Wenn dein physischer Körper keinen Schmerz oder keine Einschränkungen hätte, würdest du dich nicht auf deinen neuen, ewigen, unsterblichen Körper freuen.

In diesen Versen sehen wir, dass es im Himmel keinen Tod, kein Weinen und keinen Schmerz mehr gibt.

> Ich hörte eine laute Stimme aus dem Himmel sagen: „Siehe, Gottes Wohnung ist bei den Menschen, und Er wird bei ihnen wohnen, und sie werden Sein Volk sein, und Gott selbst wird bei ihnen sein als ihr Gott. Er wird jede Träne von ihren Augen abwischen. Der Tod wird nicht mehr sein; noch wird Trauer noch Geschrei noch Schmerz mehr sein. Denn das Erste ist vergangen." (Offenbarung 21,3-4)

Wenn du ein Gläubiger bist, bist du bereits ein Bürger des Himmels, was bedeutet, dass du einen Körper bekommen wirst, der des Himmels würdig ist. Einen, der unsterblich ist und wie der verherrlichte Körper von Jesus. In diesen Versen bezieht sich „unser Bürgerrecht" auf die Gläubigen.

> Denn unser Bürgerrecht ist im Himmel, von woher wir auch einen Erretter erwarten, den Herrn Jesus Christus, der unseren Leib der Niedrigkeit umgestalten wird, damit er gleichförmig werde Seinem Leib der Herrlichkeit, nach der Kraft, mit der Er sich auch alle Dinge unterwerfen kann. (Philipper 3,20-21)

Je mehr du dich nach ewigen Dingen wie Gott, Jesus, dem Himmel und deinem neuen Körper sehnst, desto gerechter und reiner wirst du. Desto mehr wirst du Jesus und Seine Liebe zu den Menschen um dich herum ausstrahlen. Der Jünger Jesu, Johannes, beschreibt das in diesen Versen.

> Geliebte, jetzt sind wir Kinder Gottes. Es ist noch nicht geoffenbart, was wir sein werden; wir wissen aber, dass wir Ihm gleich sein werden, wenn Er geoffenbart wird; denn wir werden Ihn sehen, wie Er ist. Jeder, der diese Hoffnung auf Ihn gesetzt hat, reinigt sich selbst, so wie auch Er rein ist. (1. Johannes 3,2-3)

Der Apostel Paulus sagt uns, dass wir uns auf die „Dinge, die oben sind", konzentrieren sollen, auf das Himmlische, und nicht auf irdische Dinge.

> Wenn ihr nun mit Christus auferweckt worden seid, so sucht das, was oben ist, wo Christus ist, sitzend zur Rechten Gottes. Trachtet nach dem, was oben ist, nicht nach dem, was auf der Erde ist. Denn ihr seid gestorben, und euer Leben ist verborgen mit Christus in Gott. … Tötet daher eure Glieder, die auf der Erde sind: sexuelle Unmoral, Unreinheit, leidenschaftliche Begierde, böse Lust und die Habgier, die Götzendienst ist. Um dieser Dinge willen kommt der Zorn Gottes über die Kinder des Ungehorsams. … Zieht den neuen Menschen an, der erneuert wird zur Erkenntnis nach dem Bild Seines Schöpfers. (Kolosser 3,1-3.5-6.10)

Der andere Zweck des Schmerzes ist es, uns zu demütigen und Gottes Kraft und Herrlichkeit durch unsere Schwachheit hindurchscheinen zu lassen. Der Apostel Paulus schrieb über den körperlichen Schmerz, den er erlebte, und nannte ihn einen Dorn im Fleisch. Er bat Gott, seinen Schmerz wegzunehmen, und Gott sagte liebevoll Nein. Siehst du, Paulus' Dorn half ihm, demütig zu bleiben und sich auf Gott zu verlassen. Gottes Stärke und Kraft schien durch Paulus' schwaches Fleisch. Wenn Paulus diesen Schmerz nicht gehabt hätte, wäre er stolz geworden und hätte auf sich selbst vertraut. Dein Schmerz bewahrt dich davor zu sündigen und dich von Gott abzuwenden.

> Und damit ich mich wegen der außerordentlichen Größe der Offenbarungen nicht überhebe, wurde mir ein Dorn im Fleisch gegeben: ein Engel Satans, damit er mich mit Fäusten schlage, damit ich mich nicht überhebe. Deswegen habe ich den Herrn dreimal angefleht, dass er von mir weichen möge. Und Er hat zu mir gesagt: „Meine Gnade genügt dir, denn Meine Kraft wird in der Schwachheit vollkommen." Darum will ich mich am liebsten meiner Schwachheiten rühmen, damit die Kraft Christi bei mir wohne. Darum habe ich Wohlgefallen an Schwachheiten, an Misshandlungen, an Nöten, an Verfolgungen, an Ängsten um Christi willen. Denn wenn ich schwach bin, dann bin ich stark. (2. Korinther 12,7-10)

Nun lass uns die zweite Emotion betrachten, die an der Wurzel der Angst liegt: den Tod. Der Tod ist nur etwas, das man fürchten muss, wenn man noch keine Beziehung zu Jesus hat. Wenn du zu Jesus gebetet hast, weil du glaubst, dass Er für deine Sünden gestorben ist, und du um Vergebung gebeten hast, dann hast du nichts zu befürchten. Für dich ist der Tod nur eine Tür zum „Glücklich bis ans Ende". Weißt du, was im Augenblick nach deinem Tod passiert? Die Bibel sagt uns, dass wir im Paradies sein werden, welches der Himmel ist. Dort lebt Jesus. Ich bin sicher, das Erste, was Er tun wird, wenn Er dich sieht, ist, dich ganz fest zu umarmen. Was gibt es daran zu fürchten?

Hier ist Jesu Versprechen des Paradieses an den Verbrecher am Kreuz neben Ihm, als dieser sein Vertrauen in Jesus setzte.

> Einer der gehängten Übeltäter aber lästerte Ihn und sprach: „Wenn Du der Christus bist, so rette Dich selbst und uns!" Aber der andere antwortete, tadelte ihn und sprach: „Fürchtest du nicht einmal Gott, da du doch in dem gleichen Gericht bist? Und wir zwar zu Recht, denn wir empfangen den verdienten Lohn für unsere Taten; dieser aber hat nichts Unrechtes getan." Und er sprach zu Jesus: „Herr, gedenke an mich, wenn Du in Dein Reich kommst!" Und Jesus sprach zu ihm: „Wahrlich, Ich sage dir: Heute wirst du mit Mir im Paradies sein." (Lukas 23,39-43)

Es gibt nichts am Tod zu fürchten, weil es weitaus besser ist, bei Jesus zu sein. Paulus teilt diese Wahrheit in diesen Versen. Das „irdische Haus unseres Zeltes" ist ein Hinweis auf deinen Körper.

> Denn wir wissen: Wenn das irdische Haus unseres Zeltes abgebrochen wird, so haben wir einen Bau von Gott, ein Haus, nicht mit Händen gemacht, das ewig ist, im Himmel. … Denn wir, die wir in diesem Zelt sind, seufzen und sind beschwert, weil wir nicht entkleidet, sondern überkleidet werden möchten, damit das Sterbliche verschlungen werde vom Leben. … Wir sind aber getrost und haben vielmehr Lust, aus dem Leib auszuwandern und daheim zu sein bei dem Herrn. (2. Korinther 5,1.4.8)

Hab keine Angst vor dem Sterben. Als Jesus starb, befreite Er dich von dieser Angst. Das liegt daran, dass du zuversichtlich sein kannst, wohin du gehst, wenn du stirbst. Wenn du dein Vertrauen in Jesus gesetzt hast, wirst du bei Ihm im Himmel sein. In diesen Versen lernen wir, dass Jesus, „der Sohn", die Macht des Todes gebrochen hat.

> Da Gottes Kinder Menschenwesen sind – aus Fleisch und Blut geschaffen – wurde auch der Sohn Fleisch und Blut. Denn nur als menschliches Wesen konnte Er

> sterben, und nur durch das Sterben konnte Er die Macht des Teufels brechen, der die Macht über den Tod hatte. Nur auf diesem Weg konnte Er alle befreien, die ihr Leben lang Sklaven der Todesfurcht waren. … Da Er selbst durch Leiden und Prüfungen gegangen ist, ist Er in der Lage, uns zu helfen, wenn wir geprüft werden. (Hebräer 2,14-15.18 Neue Lebende Übersetzung)

Wenn du Angst hast und dir Sorgen machst, was mit den Menschen passiert ist, die während der Entrückung verschwunden sind, tröste dich mit dem Wissen, dass sie bei Jesus im Himmel sind. Jesus tröstet uns mit dieser Wahrheit in diesen Versen.

> Euer Herz erschrecke nicht! Glaubt an Gott und glaubt an Mich! In Meines Vaters Haus sind viele Wohnungen. Wenn es nicht so wäre, hätte Ich es euch gesagt. Ich gehe hin, um euch eine Stätte zu bereiten. Und wenn Ich hingehe und euch eine Stätte bereite, so komme Ich wieder und werde euch zu Mir nehmen, damit auch ihr seid, wo Ich bin. (Johannes 14,1-3)

Die Bibel ist voll von Menschen, die Angst erlebten und überwanden. Lass uns einige von ihnen gemeinsam anschauen: Josua, Gideon, Esther und Jesu Jünger.

Josua führte die Israeliten nach dem Tod von Mose aus der Wildnis in das verheißene Land. Durch das ganze Buch Josua zieht sich das Thema „Hab keine Angst". Den Israeliten wurde gesagt, sie sollten das verheißene Land erobern und alle gottlosen, bösen Bewohner töten. Sie hatten viel Grund zur Angst, denn einige dieser Menschen waren Riesen. Du kennst vielleicht die Geschichte von David und dem Riesen Goliat. Josua hatte es mit Riesen zu tun, noch bevor David es tat. In diesen Versen geben die Männer, die Mose ausgesandt hatte, um das verheißene Land auszukundschaften, ihm einen Bericht über die Riesen, „die Nephilim, die Söhne Enaks".

> Dies sind die Namen der Männer, die Mose aussandte, um das Land auszukundschaften. Mose nannte Hoschea, den Sohn Nuns, Josua. … Sie erzählten es ihm und sprachen: „Wir sind in das Land gekommen, in das du uns gesandt hast. Sicherlich fließt es von Milch und Honig, und dies ist seine Frucht. … Aber die Männer, die mit ihm hinaufgegangen waren, sprachen: „Wir vermögen nicht gegen das Volk hinaufzuziehen, denn sie sind stärker als wir." Und sie brachten das Land, das sie erkundet hatten, bei den Kindern Israels in Verruf und sprachen: „Das Land, durch das wir gegangen sind, um es zu erkunden, ist ein Land, das seine Bewohner frisst; und alles Volk, das wir darin gesehen haben, sind Leute von hohem Wuchs. Wir sahen dort auch die Nephilim, die Söhne Enaks, die von den Nephilim

abstammen. Wir waren in unseren Augen wie Heuschrecken, und so waren wir auch in ihren Augen.""" (4. Mose 13,16.27.31-33)

Du erinnerst dich an die Nephilim, die Nachkommen gefallener Engel, die wir in einem früheren Kapitel besprochen haben. Sie waren dort im verheißenen Land, und Josua musste gegen sie kämpfen. In diesem Vers ist „Gottessöhne" ein Hinweis auf gefallene Engel.

> In jenen Tagen und auch noch danach lebten die riesigen Nephilim auf der Erde; denn wann immer die Gottessöhne mit Frauen verkehrten, brachten diese Kinder zur Welt, welche die Helden und berühmten Krieger der Vorzeit wurden. (1. Mose 6,4 Neue Lebende Übersetzung)

Josua wurde von Gott ständig gesagt, er solle keine Angst haben. Der einzige Grund dafür ist, dass Gott mit ihm war. Gott war derjenige, der den Kampf führte, nicht Josua oder die Israeliten. Da Gott alles tun kann, hatten sie wirklich nichts zu befürchten. Mit dir ist es jetzt genauso. Wenn du ein Gläubiger bist, denke daran, dass Gottes Heiliger Geist in dir lebt. Die Kraft Gottes lebt in dir. Hab keine Angst! In diesen Versen spricht Mose zu Josua und den anderen Israeliten.

> Höre, Israel! Du wirst heute über den Jordan gehen, um hineinzuziehen und Nationen zu vertreiben, die größer und mächtiger sind als du, Städte, groß und bis an den Himmel befestigt, ein Volk, groß und hochgewachsen, die Söhne der Anakim, die du kennst und von denen du sagen gehört hast: „Wer kann vor den Söhnen Enaks bestehen?" So wisse denn heute, dass Jahwe, dein Gott, derjenige ist, der vor dir hergeht als ein verzehrendes Feuer. Er wird sie vernichten, und Er wird sie vor dir demütigen. So sollst du sie vertreiben und sie schnell umkommen lassen, wie Jahwe es dir gesagt hat. (5. Mose 9,1-3)

In diesen Versen sehen wir, wie Gott Josua befiehlt: „Sei stark und mutig". Da es ein Befehl ist, kannst du es ebenso tun. Gott hat dir die Kraft dazu gegeben.

> Nach dem Tod von Mose, dem Knecht Jahwes, geschah es, dass Jahwe zu Josua sprach, dem Sohn Nuns, dem Diener von Mose: „Mein Knecht Mose ist gestorben. So mache dich nun auf und ziehe über diesen Jordan, du und dieses ganze Volk, in das Land, das Ich ihnen gebe, den Kindern Israel. … Niemand wird vor dir bestehen können alle Tage deines Lebens. Wie Ich mit Mose war, so werde Ich mit dir sein. Ich werde dich nicht verlassen noch dich im Stich lassen. … Habe Ich dir nicht geboten: Sei stark und mutig? Fürchte dich nicht und erschrick nicht; denn Jahwe,

> dein Gott, ist mit dir überall, wo du hingehst." (Josua 1,1-2.5.9)

Du kannst mehr über Josua lesen und darüber, wie er ständig Angst überwand, indem du 4. Mose 13-14 und 26-27, 5. Mose 1-3 und 31-34 sowie das gesamte Buch Josua liest.

Gideon ist ein weiterer Held aus dem Alten Testament, genau wie Josua. Eines Tages kam ein Engel zu Gideon und sagte ihm, er sei ein tapferer Held und er werde mutig die falschen Götter und die Götzenanbetung aus dem Land entfernen. Aber Gideon war alles andere als mächtig oder mutig. Gideon versteckte sich, als der Engel zu ihm kam. Warum also sagte der Engel, er sei mutig, obwohl er es nicht war? Weil der Engel wusste, dass Gideon in Wirklichkeit mutig war. Gideon wusste es nur noch nicht. Der Engel wusste es, weil Gideon die Kraft Gottes auf seiner Seite hatte. Genau wie Gideon einen Boten hatte, der ihm sagte, dass er wahrhaft mutig sei, so hast auch du einen. Wenn du Jesus als deinen Erretter angenommen hast, bin ich dein Bote, der dir sagt, dass du ein gewaltiger Krieger bist. Erinnere dich, wer dein Vater ist: Gott der Allmächtige. Erinnere dich, wer Jesus ist: der Befehlshaber von Gottes Heer. Rate mal, wer in Gottes Heer ist? Gläubige sind es! Genau wie Gideon bist du in der Tat ein mächtiger Mann oder eine mächtige Frau Gottes!

> Da kam der Engel Jahwes und setzte sich unter die Eiche, die bei Ophra war und Joasch, dem Abiesriter, gehörte. Sein Sohn Gideon drosch gerade Weizen in der Kelter, um ihn vor den Midianitern in Sicherheit zu bringen. Da erschien ihm der Engel Jahwes und sprach zu ihm: „Jahwe ist mit dir, du tapferer Held!" Gideon aber sprach zu ihm: „Ach, mein Herr, wenn Jahwe mit uns ist, warum ist uns denn das alles widerfahren? Und wo sind alle Seine Wunder, von denen uns unsere Väter erzählten, indem sie sprachen: ‚Hat Jahwe uns nicht aus Ägypten heraufgeführt?' Nun aber hat Jahwe uns verlassen und uns in die Hand der Midianiter gegeben." Da wandte sich Jahwe ihm zu und sprach: „Gehe hin in dieser deiner Kraft und rette Israel aus der Hand der Midianiter! Habe Ich dich nicht gesandt?" Er aber sprach zu Ihm: „Ach, Herr, womit soll ich Israel retten? Siehe, meine Sippe ist die geringste in Manasse, und ich bin der Jüngste im Haus meines Vaters." Jahwe sprach zu ihm: „Ich will mit dir sein, und du wirst die Midianiter schlagen wie einen einzigen Mann." (Richter 6,11-16)

Gott sagte Gideon dasselbe, was Er Josua gesagt hatte: „Ich will mit dir sein", wo immer du auch hingehst. In der untenstehenden Schriftstelle sehen wir eine Menge Leute, die Gewaltiges taten, weil sie Glauben hatten. Durch ihre Schwachheiten wurden sie von Gott stark gemacht. Gottes Stärke konnte durch sie hindurchfließen.

> Und was soll ich noch sagen? Die Zeit würde mir fehlen, wenn ich erzählen wollte von Gideon, Barak, Simson, Jephthah, David, Samuel und den Propheten, die durch Glauben Königreiche bezwangen, Gerechtigkeit wirkten, Verheißungen erlangten, den Rachen der Löwen verstopften, die Kraft des Feuers löschten, der Schärfe des Schwertes entgingen, aus Schwachheit stark gemacht wurden, mächtig wurden im Krieg und fremde Heere in die Flucht schlugen. (Hebräer 11,32-34)

Hier ist die Schriftstelle darüber, dass Jesus der Befehlshaber von Gottes Heer ist. Jesus ist der „Mann", dem Josua vor der Schlacht bei Jericho begegnete. Beachte, dass Jesus demonstrierte, dass Er Gott im Fleisch war, denn der Boden, auf dem Er stand, war heilig.

> Als Josua bei Jericho war, hob er seine Augen auf und sah umher; und siehe, ein Mann stand vor ihm und hatte ein bloßes Schwert in seiner Hand. Und Josua ging zu ihm und sprach zu ihm: „Gehörst du zu uns oder zu unseren Feinden?" Er sprach: „Nein, sondern Ich bin gekommen als der Befehlshaber von Jahwes Heer." Da fiel Josua auf sein Angesicht zur Erde, betete an und sprach zu ihm: „Was sagt mein Herr Seinem Knecht?" Und der Fürst über das Heer Jahwes sprach zu Josua: „Zieh deine Schuhe aus von deinen Füßen; denn der Ort, auf dem du stehst, ist heilig!" Und Josua tat so. (Josua 5,13-15)

Diese Schriftstelle beschreibt Jesu Heer. Es sind all die Menschen, die im Himmel sind und mit Jesus bei Seiner Wiederkunft zurückkehren. Das sind alle, die entrückt wurden, oder Gläubige, die bei der Entrückung auferweckt wurden. Und es sind auch all die Menschen, die ihr Vertrauen in Jesus setzen und nach der Entrückung als Märtyrer sterben. Das „Lamm" ist Jesus, Seine „Frau" und „die Heere" sind die Gläubigen.

> „Lasst uns fröhlich sein und frohlocken und Ihm die Ehre geben! Denn die Hochzeit des Lammes ist gekommen, und Seine Frau hat sich bereitgemacht." Und es wurde ihr gegeben, sich in feine Leinwand zu kleiden, glänzend und rein; denn die feine Leinwand ist die Gerechtigkeit der Heiligen. … Und ich sah den Himmel geöffnet, und siehe, ein weißes Pferd, und der darauf saß, heißt Treu und Wahrhaftig, und Er richtet und führt Krieg in Gerechtigkeit. … Und die Heere im Himmel folgten Ihm nach auf weißen Pferden, bekleidet mit weißer und reiner feiner Leinwand. … Und Er trägt an Seinem Gewand und an Seinem Oberschenkel einen Namen geschrieben: „KÖNIG DER KÖNIGE UND HERR DER HERREN". (Offenbarung 19,7-8.11.14.16)

Du kannst mehr über Gideon lesen und darüber, wie er ein tapferer Held wurde, indem du Richter 6-8 liest.

Nun lass uns Esther anschauen. Esther war eine Israelitin, die von König Xerxes zu seiner Königin gewählt wurde. Du fragst dich vielleicht, was eine Königin zu befürchten hat. In Esthers Fall plante ein böser Mann am Hof des Königs, alle Israeliten, ihr Volk, zu töten. Als sie von diesem bösen Plan erfuhr, musste sie vor den König treten und ihn um Gnade für ihr Volk anflehen. Das Problem war, dass es niemandem erlaubt war, vor den König zu treten. Man musste gerufen werden, um mit dem König zu sprechen. Wenn man vor den König trat und dieser einen abwies, wurde man zum Tode verurteilt. Ja, das galt sogar für seine Frau, die Königin. Sie fürchtete den Tod genauso wie du.

> Da ging Hatach hinaus zu Mordechai auf den Platz der Stadt, der vor dem Tor des Königs lag. Und Mordechai berichtete ihm alles, was ihm widerfahren war, und nannte ihm die genaue Summe Geldes, die Haman versprochen hatte, in die Schatzkammern des Königs zu zahlen für die Vernichtung der Juden. Er gab ihm auch eine Abschrift des schriftlichen Erlasses, der in Susa erlassen worden war, um sie zu vernichten, damit er sie Esther zeige und es ihr erkläre und sie anweise, zum König hineinzugehen, ihn um Gnade anzuflehen und vor ihm Fürbitte für ihr Volk einzulegen. Und Hatach kam und berichtete Esther die Worte Mordechais. Da sprach Esther zu Hatach und gab ihm eine Botschaft an Mordechai auf: „Alle Knechte des Königs und das Volk in den Provinzen des Königs wissen: Wer auch immer, ob Mann oder Frau, ungerufen zum König in den inneren Vorhof hineingeht, für den gibt es nur ein Gesetz: Er muss sterben; es sei denn, der König streckt ihm das goldene Zepter entgegen, damit er am Leben bleibe. Ich aber bin nun seit dreißig Tagen nicht gerufen worden, zum König hineinzugehen." (Esther 4,6-11)

Esther musste ihre Angst überwinden und ihr Leben für ihr Volk riskieren. Sie konnte überwinden aufgrund ihres Glaubens an Gott. Sie glaubte, dass sie von Gott „für eine Zeit wie diese" in die Position der Königin gebracht worden war, um zu helfen, ihr Volk zu retten, um zu helfen, Gottes Volk zu retten.

> Sie berichteten Mordechai die Worte Esthers. Da ließ Mordechai Esther antworten: „Bilde dir nicht ein, dass du im Haus des Königs als Einzige von allen Juden entkommen wirst. Denn wenn du zu dieser Zeit schweigst, so wird den Juden von einem anderen Ort her Hilfe und Errettung erstehen; du aber und das Haus deines Vaters, ihr werdet umkommen. Und wer weiß, ob du nicht gerade für eine Zeit wie diese zum Königtum gelangt bist?" (Esther 4,12-14)

Bevor sie vor den König trat, fastete und betete sie um Gottes Kraft und Weisheit, ebenso wie ihre israelitischen Mitbürger. Wenn du die Kraft Gottes brauchst, um deine Angst zu überwinden, tu das, was Esther tat. Erinnere dich daran, dass du immer noch zu einem Zweck auf der Erde bist, und bete zu Gott um Seine Kraft zu überwinden.

> Da ließ Esther Mordechai antworten: „Geh hin, versammle alle Juden, die sich in Susa befinden, und fastet für mich, und esst und trinkt nichts während dreier Tage, weder bei Nacht noch bei Tag. Auch ich und meine Dienerinnen wollen ebenso fasten. Und dann will ich zum König hineingehen, obwohl es gegen das Gesetz ist; komme ich um, so komme ich um." Da ging Mordechai hin und tat alles so, wie Esther es ihm geboten hatte. (Esther 4,15-17)

Esther schöpfte Kraft von Gott, als sie vor den König trat. Der König gewährte ihr die Erlaubnis zu sprechen.

> Und am dritten Tag geschah es, dass Esther ihre königlichen Kleider anzog und sich in den inneren Vorhof des Hauses des Königs stellte, gegenüber dem Haus des Königs. Der König aber saß auf seinem königlichen Thron im königlichen Haus, gegenüber dem Eingang des Hauses. Und es geschah, als der König die Königin Esther im Vorhof stehen sah, fand sie Gnade vor seinen Augen; und der König streckte Esther das goldene Zepter entgegen, das in seiner Hand war. Da trat Esther herzu und rührte die Spitze des Zepters an. (Esther 5,1-2)

Der böse Plan, alle jüdischen Menschen zu töten, wurde vereitelt. Alles nur, weil Esther ihre Angst besiegte.

> Und die Juden nahmen als Brauch an, was sie zu tun begonnen hatten und was Mordechai ihnen geschrieben hatte. Denn Haman, der Sohn Hammedatas, der Agagiter, der Feind aller Juden, hatte gegen die Juden geplant, sie zu vernichten, und hatte das „Pur", das ist das Los, geworfen, um sie zu verzehren und sie zu vernichten. Als es aber vor den König kam, befahl dieser durch Briefe, dass sein böser Plan, den er gegen die Juden erdacht hatte, auf seinen eigenen Kopf zurückfalle, und dass man ihn und seine Söhne an den Galgen hänge. (Esther 9,23-25)

Genau wie Esther hat Gott jeden von uns zu einem Zweck geschaffen. Du wurdest aus einem Grund zurückgelassen. Du hast noch Zeit, Jesus kennenzulernen und dein Vertrauen in Ihn zu setzen. Wenn du ein Gläubiger geworden bist, dann hast du noch Zeit, die gute Botschaft mit jemandem zu teilen, der dir am Herzen liegt. Der Apostel Paulus sagt uns in diesen Versen, dass wir vorherbestimmt sind.

> In Ihm haben wir auch ein Erbteil erlangt, die wir vorherbestimmt sind nach dem Vorsatz Dessen, der alles nach dem Rat Seines Willens wirkt, damit wir zum Lob Seiner Herrlichkeit dienen, die wir zuvor auf Christus gehofft haben. (Epheser 1,11-12 Neue König Jakobus Version)

> Denn wir sind Sein Werk, erschaffen in Christus Jesus zu guten Werken, die Gott zuvor bereitet hat, damit wir in ihnen wandeln sollen. (Epheser 2,10)

Gott wird dich nicht von diesem Planeten nehmen, bis du deinen Zweck erfüllt hast. In diesem Vers bedeutet „entschlief", dass er starb.

> Denn nachdem David in seiner Generation dem Willen Gottes gedient hatte, entschlief er, wurde zu seinen Vätern versammelt und sah die Verwesung. (Apostelgeschichte 13,36 Neue Internationale Version)

Bis zu jenem Tag wisse, dass Gott mit dir ist und immerfort ein gutes Werk in dir tut. Wenn du dein Vertrauen in Jesus gesetzt hast, macht Er dich jeden Tag Jesus ähnlicher und ähnlicher. In dieser Schriftstelle ist „der, welcher ein gutes Werk angefangen hat" Gott.

> Ich bin eben dessen guter Zuversicht, dass der, welcher ein gutes Werk in euch angefangen hat, es auch vollenden wird bis auf den Tag Jesu Christi. (Philipper 1,6)

Du kannst mehr über Esther lesen und darüber, wie sie aufstand, um Gottes Plan für sie zu erfüllen, indem du das Buch Esther in der Bibel liest.

Zuletzt lass uns Jesu Jünger anschauen. Es gibt ein merkwürdiges Ereignis, das sich mit Jesus und Seinen Jüngern zutrug, während sie alle in einem Boot auf dem See Genezareth waren. Sie segelten mitten in der Nacht über den See, als ein schrecklicher Sturm über sie hereinbrach. Das Boot wurde von Wasserwogen und heulendem Wind überwältigt. Die Jünger hatten schreckliche Angst und dachten, sie würden alle sterben. In diesen Versen bezieht sich „Er stieg in das Boot" auf Jesus.

> Und als Er in das Boot stieg, folgten Ihm Seine Jünger nach. Und siehe, es erhob sich ein großer Sturm auf dem See, sodass das Boot von den Wellen bedeckt wurde; Er aber schlief. Da traten Seine Jünger zu Ihm, weckten Ihn auf und sprachen: „Herr, rette uns! Wir kommen um!" Da sprach Er zu ihnen: „Was seid ihr so furchtsam, ihr Kleingläubigen?" Dann stand Er auf und bedrohte den Wind

und den See, und es entstand eine große Stille. Die Menschen aber verwunderten sich und sprachen: „Was für einer ist dieser, dass Ihm auch Wind und See gehorsam sind?" (Matthäus 8,23-27)

Was tat Jesus, während die Jünger alle in Panik gerieten und ausrasteten? Er schlief auf dem Boot. Ja, Er schlief friedlich trotz all dem Regen, Wind, Lärm und der Panik. Es ist interessant, dass Jesus dabei schlafen konnte. Noch kurioser ist, was Jesus zu Seinen Jüngern sagte, als sie Ihn aufweckten. Er fragte, warum sie Angst hatten, und tadelte sie dann wegen ihres geringen Glaubens. Jesus tadelte dann den Sturm, und er verschwand. Warum fragte Jesus sie, warum sie Angst hatten? Ich denke, es wäre ziemlich offensichtlich gewesen. Jesus fragte, weil Er nicht dasselbe sah, was Seine Jünger sahen. Siehst du, die Jünger schauten nur auf ihre vorübergehenden physischen Körper und Umstände. Jesus schaute auf die ewige, himmlische Perspektive, in der nichts sie bedrohen konnte. Wenn die Angst dich überwältigt, ist die Perspektive entscheidend. Behalte eine himmlische Perspektive und erinnere dich daran, dass es für ein Kind Gottes nichts zu befürchten gibt.

In diesem Vers sagt Jesus Seinen Jüngern erneut, dass sie Kleingläubige waren, als sie Angst hatten.

„Ihr Kleingläubigen", sagte Jesus. „Warum habt ihr gezweifelt?" (Matthäus 14,31 Neue Lebende Übersetzung)

Wir lernen, dass Glaube mit Vertrauen zu tun hat. Die Jünger zweifelten an Jesus. Und in diesem Vers sehen wir Jesus weiter erklären. Um die Angst zu besiegen, musst du glauben.

Jesus aber, als Er das Wort hörte, das da geredet wurde, sprach sogleich zu dem Obersten der Synagoge: „Fürchte dich nicht, glaube nur!" (Markus 5,36)

Hier ist ein fantastisches Beispiel für Glauben. Ein römischer Hauptmann kam zu Jesus, weil sein Diener gequält wurde und im Sterben lag. Als Jesus sagte, Er werde kommen, um ihn zu heilen, hielt der Hauptmann Ihn zurück und sagte, das sei nicht nötig, Er solle nur das Wort sprechen. Er hatte Glauben, dass Jesus tun würde, was Er sagte. Dass Jesus nicht physisch dort sein musste, wo sein Diener war, um ihn zu heilen. Jesus wunderte sich sogar darüber, wie viel Glauben er hatte. Dies ist die Art von Glauben, die du brauchst, um Angst zu überwinden.

> Als Er aber nach Kapernaum hineinging, trat ein Hauptmann zu Ihm, bat Ihn und sprach: „Herr, mein Diener liegt gelähmt im Haus und wird schrecklich gequält." Jesus sprach zu ihm: „Ich will kommen und ihn heilen." Der Hauptmann antwortete und sprach: „Herr, ich bin nicht würdig, dass Du unter mein Dach gehst, sondern sprich nur ein Wort, so wird mein Diener gesund werden. Denn auch ich bin ein Mensch, der unter Befehlsgewalt steht, und habe Soldaten unter mir; und ich sage zu diesem: ‚Geh hin!', und er geht; und zu jenem: ‚Komm her!', und er kommt; und zu meinem Knecht: ‚Tu dies!', und er tut es." Als Jesus das hörte, wunderte Er sich und sprach zu denen, die nachfolgten: „Wahrlich, Ich sage euch: Einen so großen Glauben habe Ich selbst in Israel nicht gefunden!" Und Jesus sprach zu dem Hauptmann: „Geh hin, dir geschehe, wie du geglaubt hast!" Und sein Diener wurde in jener Stunde gesund. (Matthäus 8,5-10.13)

Lass deinen Glauben wachsen, indem du Gott näherkommst. Lies deine Bibel, bete und bete Gott an. Dein Glaube ist dein Schutz und deine Verteidigung gegen Angst und das Böse.

> Und nun, so wie ihr Christus Jesus als euren Herrn angenommen habt, müsst ihr Ihm weiterhin folgen. Lasst eure Wurzeln in Ihn hineinwachsen und lasst euer Leben auf Ihn bauen. Dann wird euer Glaube stark werden in der Wahrheit, die ihr gelehrt wurdet, und ihr werdet überfließen vor Dankbarkeit. (Kolosser 2,6-7 Neue Lebende Übersetzung)

Falls du noch nicht zu Jesus gekommen bist, tu das heute! Die Errettung ist das, was dich vor dem Griff des Feindes bewahrt. Sie ist auch dein Helm in der Waffenrüstung Gottes, wie diese Schriftstelle beschreibt. Er schützt deine Gedanken vor den Lügen, Täuschungen und Angsttaktiken Satans.

> Wir aber, die wir dem Tag angehören, wollen nüchtern sein, angetan mit dem Panzer des Glaubens und der Liebe und als Helm mit der Hoffnung der Errettung. (1. Thessalonicher 5,8)

Du kannst mehr über Jesu Jünger lesen und darüber, wie sich ihre Perspektive änderte, indem du das Neue Testament in der Bibel liest. Beginne mit den Evangelien-Büchern Matthäus, Markus, Lukas und Johannes. Lies dann das Neue Testament weiter, um zu sehen, wie sie die Angst besiegten und in Jesu Fußstapfen folgten, indem sie das Evangelium teilten.

Jeder empfindet Angst und Schmerz und erlebt Herausforderungen und Schwierigkeiten im Leben. Gott, dein Vater im Himmel, weiß alles, was du durchmachst. Erinnere dich vor allem daran, wie sehr Er dich liebt. Erinnere dich daran, dass Er dich in Seiner rechten Hand hält, wenn du ein Gläubiger bist. Gott hat dir keinen Geist der Furcht gegeben. Der Geist in dir ist der Geist der Kraft.

> Denn Gott hat uns nicht einen Geist der Furcht gegeben, sondern der Kraft und der Liebe und der Besonnenheit. (2. Timotheus 1,7)

Sage Gott, wovor du Angst hast, welche Hilfe du brauchst, und wirf alle deine Lasten auf Ihn. In diesen Versen ist Jesus derjenige, der spricht.

> Bittet, so wird euch gegeben; sucht, so werdet ihr finden; klopft an, so wird euch aufgetan. Denn jeder, der bittet, empfängt; und wer sucht, der findet; und wer anklopft, dem wird aufgetan. (Matthäus 7,7-8)

Er wartet und wird dir gerne deine Lasten abnehmen.

> Wirf dein Anliegen auf Jahwe, und Er wird dich versorgen; Er wird den Gerechten niemals wanken lassen. (Psalm 55,22)

Suche Gott mit deinem ganzen Herzen und deiner ganzen Kraft, und Er wird alles bereitstellen, was du brauchst. Du brauchst wegen nichts furchtsam oder besorgt zu sein. In diesen Versen spricht Jesus zu Seinen Jüngern darüber, wie wertvoll sie für Ihn sind und dass sie deshalb keinen Grund haben, sich zu sorgen oder ängstlich zu sein.

> „So geht es dem, der für sich selbst Schätze sammelt und nicht reich ist für Gott." Er sprach aber zu Seinen Jüngern: „Darum sage Ich euch: Sorgt euch nicht um euer Leben, was ihr essen sollt, noch um euren Leib, was ihr anziehen sollt. … Betrachtet die Raben: Sie säen nicht und ernten nicht, sie haben weder Vorratskammer noch Scheune, und Gott nährt sie doch. Wie viel wertvoller seid ihr als die Vögel! Wer aber von euch kann durch Sorgen seiner Körpergröße auch nur eine Elle hinzufügen? Wenn ihr nun nicht einmal das Geringste vermögt, warum sorgt ihr euch um das Übrige? Betrachtet die Lilien, wie sie wachsen: Sie arbeiten nicht und spinnen nicht; Ich sage euch aber, dass auch Salomo in all seiner Herrlichkeit nicht gekleidet war wie eine von ihnen. Wenn nun Gott das Gras auf dem Feld, das heute steht und morgen in den Ofen geworfen wird, so kleidet, wie viel mehr euch, ihr Kleingläubigen? … Denn nach all diesen Dingen trachten die Nationen der Welt; aber euer Vater weiß, dass ihr diese Dinge benötigt. Trachtet vielmehr nach dem Reich Gottes, so wird euch dies alles hinzugefügt werden. Fürchte dich nicht, du kleine Herde; denn es hat eurem Vater wohlgefallen, euch das Reich zu geben." (Lukas 12,21-22.24-28.30-32)

Wenn du auf Gott vertraust und deine Lasten mit Ihm teilst, wirst du im Gegenzug etwas wirklich Wunderbares erhalten: Gottes Frieden. Ich habe ihn aus erster Hand erfahren, und er übersteigt wirklich alles Verstehen. Jesus beschreibt den Frieden, den Er gibt, in diesem Vers.

> Frieden lasse Ich euch zurück, Meinen Frieden gebe Ich euch; nicht gebe Ich euch, wie die Welt gibt. Euer Herz erschrecke nicht und verzage nicht. (Johannes 14,27)

Der Apostel Paulus führt diese Wahrheit weiter aus und offenbart zudem, dass Gottes Friede unsere Herzen und Gedanken bewahrt. Lass Gottes Frieden deine Sorgen und deine Ängste beruhigen.

> Sorgt euch um nichts, sondern in allem lasst durch Gebet und Flehen mit Danksagung eure Anliegen vor Gott kundwerden. Und der Friede Gottes, der allen Verstand übersteigt, wird eure Herzen und eure Gedanken bewahren in Christus Jesus. (Philipper 4,6-7)

Kapitel 36 – Die Trauer überwinden

Ich weiß, dass du voller Trauer über das bist, was geschehen ist. Ich weiß, dass du um Menschen trauerst, die du kanntest und die verschwunden sind und entrückt wurden, und um Menschen, die dir wichtig waren und die in dem mit der Entrückung verbundenen Chaos auf der Erde starben. Ich weiß auch, dass du trauerst, weil du zurückgelassen wurdest. Du fühlst dich vielleicht ganz allein, so als wärst du auf hoher See verloren gegangen. Vielleicht hast du deine Hoffnung und deinen Lebenswillen verloren. Wisse, dass Gott dir gerade jetzt nahe ist.

> Die Gerechten schreien, und Jahwe hört und errettet sie aus all ihren Nöten. Jahwe ist nahe denen, die ein gebrochenes Herz haben, und Er rettet die, die einen zerschlagenen Geist haben. (Psalm 34,17-18)

Was die Menschen betrifft, die während der Entrückung verschwunden sind, so kannst du erleichtert sein, weil sie jetzt mit Jesus in herrlichen, neuen Leibern zusammen sind. Der Apostel Paulus erklärt uns das in diesen Versen. „Fleisch und Blut" ist ein Hinweis auf deinen derzeitigen physischen Körper. „Schlafen" bezieht sich auf den Tod.

> Das aber sage ich, Brüder, dass Fleisch und Blut das Reich Gottes nicht erben können; auch erbt das Verwesliche nicht die Unvergänglichkeit. Siehe, ich sage euch ein Geheimnis: Wir werden nicht alle entschlafen, wir werden aber alle verwandelt werden, in einem Augenblick, in einem Nu, bei der letzten Posaune. Denn die Posaune wird erschallen, und die Toten werden unverweslich auferweckt werden, und wir werden verwandelt werden. Denn dieses Verwesliche muss Unvergänglichkeit anziehen, und dieses Sterbliche muss Unsterblichkeit anziehen. Wenn aber dieses Verwesliche Unvergänglichkeit angezogen haben wird und dieses Sterbliche Unsterblichkeit angezogen haben wird, dann wird das Wort erfüllt werden, das geschrieben steht: „Der Tod ist verschlungen in Sieg." (1. Korinther 15,50-54)

Wenn du dein Vertrauen in Jesus Christus gesetzt hast, dann wirst du sie wiedersehen. Das ist ein Versprechen von unserem allmächtigen, allwissenden Gott, denn dein ewiges Zuhause ist ebenfalls bei Jesus.

Obwohl ich keine Trauer erlebt habe, wie du sie gerade durchmachst, kenne ich jemanden, dem es so erging. Sein Name ist Hiob. Von allen Menschen in der Bibel ist Hiob jemand, mit dem du dich identifizieren kannst.

Lass uns anschauen, was mit Hiob geschah und wie er in der Lage war, seine immense Trauer zu überwinden.

Die Bibel sagt uns, dass Hiob ein gerechter Mann war, voller Rechtschaffenheit und treu gegenüber Gott. Er war zudem reich gesegnet mit zehn Kindern, Land und viel Viehbestand. Er war sogar der reichste Mann in seiner Stadt. Eines Tages änderte sich das alles aufgrund eines Gesprächs über Hiob, das im Himmel stattfand. Gott sprach mit Satan und fragte ihn, was er getan habe. Satan sagte, er habe alle auf der Erde beobachtet. Gott fragte Satan daraufhin, ob ihm Sein Knecht Hiob aufgefallen sei und wie treu dieser sei. Satan hatte Hiob in der Tat beobachtet und sagte Gott, der einzige Grund, warum Hiob so treu sei, wäre, dass Gott ihn beschütze und ihn in allem, was er tue, gedeihen lasse. Wenn Gott ihm all das nähme, dann würde Hiob Gott verfluchen. Also erlaubte Gott Satan, Hiob zu prüfen, indem er Hiob alles antun durfte, was er wollte, außer ihm körperlich zu schaden. In diesen Versen bezieht sich „Gottessöhne" auf Engel.

> Es geschah aber eines Tages, als die Gottessöhne kamen, um sich vor Jahwe zu stellen, dass auch Satan unter ihnen kam. Jahwe sprach zu Satan: „Wo kommst du her?" Da antwortete Satan Jahwe und sprach: „Vom Durchstreifen der Erde und vom Umherwandeln auf ihr." Jahwe sprach zu Satan: „Hast du achtgehabt auf Meinen Knecht Hiob? Denn es ist seinesgleichen niemand auf Erden, ein untadeliger und rechtschaffener Mann, der Gott fürchtet und das Böse meidet." Da antwortete Satan Jahwe und sprach: „Fürchtet Hiob Gott umsonst? Hast Du nicht einen Schutzwall um ihn und um sein Haus und um alles, was er hat, ringsumher gezogen? Das Werk seiner Hände hast Du gesegnet, und sein Besitz hat sich im Land ausgebreitet. Aber strecke doch einmal Deine Hand aus und taste alles an, was er hat; wahrlich, er wird Dir ins Angesicht absagen." (Hiob 1,6-11)

Satan tobte sich aus. Im Laufe eines einzigen Tages brach Hiobs Leben zusammen. Ein Bote nach dem anderen kam und überbrachte Hiob schreckliche Nachrichten. Zuerst wurden Hiobs Tiere gestohlen und seine Landarbeiter getötet. Dann vernichtete Feuer vom Himmel seine Schafe und die Hirten. Dann stahlen Räuber all seine Kamele und töteten seine Diener. Und am schlimmsten von allem: Alle seine Kinder starben, als das Haus, in dem sie sich befanden, in einem Wirbelsturm einstürzte. Hiob verlor an jenem Tag alles, was er im Leben schätzte. Nachdem er all diese am Boden zerstörenden Nachrichten gehört hatte, zerriss Hiob vor Trauer sein Gewand. Ich bin sicher, du kannst sehen, warum du und Hiob viel gemeinsam habt. Ich weiß, dass dein Leben ebenfalls an einem Tag zusammengebrochen ist. In diesen Versen sind „seine Söhne und seine Töchter" die Söhne und Töchter von Hiob.

> Es geschah aber eines Tages, als seine Söhne und seine Töchter im Haus ihres erstgeborenen Bruders aßen und Wein tranken, da kam ein Bote zu Hiob und sprach: „Die Rinder pflügten, und die Eselinnen weideten neben ihnen, da fielen die Sabäer ein und nahmen sie weg; auch die Knechte haben sie mit der Schärfe des Schwertes erschlagen, und ich allein bin entkommen, um es dir zu berichten." Während dieser noch redete, kam ein anderer und sprach: „Feuer Gottes ist vom Himmel gefallen und hat die Schafe und die Knechte verbrannt und sie verzehrt, und ich allein bin entkommen, um es dir zu berichten." Während dieser noch redete, kam ein anderer und sprach: „Die Chaldäer bildeten drei Abteilungen und fielen über die Kamele her und nahmen sie weg; auch die Knechte haben sie mit der Schärfe des Schwertes erschlagen, und ich allein bin entkommen, um es dir zu berichten." Während dieser noch redete, kam ein weiterer und sprach: „Deine Söhne und deine Töchter aßen und tranken Wein im Haus ihres erstgeborenen Bruders; und siehe, da kam ein großer Wind von der Wüste her und stieß an die vier Ecken des Hauses, da stürzte es auf die jungen Leute, und sie starben; und ich allein bin entkommen, um es dir zu berichten." Da stand Hiob auf und zerriss sein Gewand und schor sein Haupt und fiel auf die Erde und betete an. (Hiob 1,13-20)

Ist dir das allerletzte Wort in all diesen Versen aufgefallen, die wir gerade über Hiob gelesen haben? „Anbetete". Angesichts dieser überwältigenden Trauer weigerte sich Hiob, Gott die Schuld zu geben. Tatsächlich tat er das Gegenteil. Er betete Gott an. Das bedeutet, dass er Gott Ehre und Ehrfurcht erwies. Ich bin sicher, seine Anbetung beinhaltete das Gebet zu Gott und das Gespräch mit Ihm darüber, was geschehen war und wie er sich fühlte.

> In diesem allen sündigte Hiob nicht und legte Gott nichts Törichtes zur Last. (Hiob 1,22)

Hiob erkannte, dass Gott ihm gegeben hatte, was er besaß, und dass Gott es weggenommen hatte. Gott und Satan hatten ein weiteres Gespräch über Hiob, und wir erfahren von Gott, dass Hiob seine Rechtschaffenheit bewahrte, Gott achtete und dem Bösen fernblieb, obwohl all diese schrecklichen Dinge mit ihm geschehen waren.

> Jahwe sprach zu Satan: „Hast du achtgehabt auf Meinen Knecht Hiob? Denn es ist seinesgleichen niemand auf Erden, ein untadeliger und rechtschaffener Mann, der Gott fürchtet und das Böse meidet. Er hält noch fest an seiner

> Rechtschaffenheit, obwohl du Mich gegen ihn aufgereizt hast, ihn ohne Ursache zu verderben." (Hiob 2,3)

Das ist genau das, was du ebenfalls tun solltest. Aber ich weiß, dass das im Moment eine bittere Pille ist, die man schlucken muss, denn ich weiß, dass du in deiner Trauer auch sehr wütend und verbittert bist. Ich weiß, dass du wütend auf Gott bist, weil Er dir das angetan hat, weil Er dich durch die Schwierigkeiten gehen lässt, mit denen du konfrontiert bist, und weil Er dich den Schmerz spüren lässt, den du fühlst. Ich weiß es, weil Hiob genau wie du ebenfalls wütend wurde. Lass uns sehen, was als Nächstes geschah.

In jenem zweiten Gespräch zwischen Gott und Satan im Himmel fragte Gott Satan, ob er bemerkt habe, dass Hiob seine Treue bewahrt habe, obwohl er alles verloren habe. Natürlich hatte Satan das bemerkt. Satan sagte Gott, der einzige Grund dafür sei, dass Hiob noch seine Gesundheit habe. Andernfalls würde Hiob Gott verfluchen. Also erlaubte Gott Satan, Hiobs Gesundheit anzugreifen.

> Satan antwortete Jahwe und sprach: „Haut für Haut! Ja, alles, was ein Mann hat, gibt er für sein Leben. Aber strecke doch einmal Deine Hand aus und taste sein Gebein und sein Fleisch an; wahrlich, er wird Dir ins Angesicht absagen." Jahwe sprach zu Satan: „Siehe, er ist in deiner Hand; nur schone sein Leben." Da ging Satan aus von dem Angesicht Jahwes und schlug Hiob mit bösen Geschwüren von seiner Fußsohle bis zu seinem Scheitel. Und er nahm eine Scherbe, um sich damit zu schaben, und er saß mitten in der Asche. (Hiob 2,4-8)

Hiob leidet nun zusätzlich zu seiner Trauer über den Verlust seiner Kinder und seines Besitzes unter immensen körperlichen Schmerzen. Das Erste, was wir sehen, ist, dass Hiobs Freunde kommen, um ihn zu trösten. Sie sahen, dass sein Leiden zu groß für Worte war, also saßen sie sieben Tage lang einfach an seiner Seite.

> Als aber die drei Freunde Hiobs von all dem Unglück hörten, das über ihn gekommen war, kamen sie, ein jeder aus seinem Ort: Elifas der Temaniter, Bildad der Schuchiter und Zofar der Naamatiter; denn sie waren übereingekommen, hinzugehen, um Mitleid mit ihm zu haben und ihn zu trösten. Und als sie ihre Augen von ferne aufhoben und ihn nicht erkannten, erhoben sie ihre Stimme und weinten; und ein jeder zerriss sein Gewand, und sie warfen Staub auf ihr Haupt gen Himmel. Und sie saßen mit ihm auf der Erde sieben Tage und sieben Nächte lang; und niemand redete ein Wort mit ihm, denn sie sahen, dass sein Schmerz sehr groß war. (Hiob 2,11-13)

Hiob erlaubte seinen Freunden, ihn durch ihre Anwesenheit zu trösten. Ich empfehle dir, dasselbe zu tun. Isoliere dich nicht und trauere nicht allein. Es gibt andere Menschen unter euch, die genau wissen, was du gerade erlebst. Wenn ihr nicht wisst, was ihr einander sagen sollt, ist das okay. Findet Trost in der Gegenwart des anderen und wisst, dass ihr nicht allein seid.

Hiobs erste Reaktion auf diese zusätzliche Trauer war die weitere Erkenntnis, dass er das Gute von Gott annahm, also müsse er auch das Schlechte annehmen. In diesen Versen ist „seine Frau" Hiobs Frau, und sie spricht zu Hiob.

> Da sprach seine Frau zu ihm: „Hältst du noch fest an deiner Rechtschaffenheit? Fluche Gott und stirb!" Er aber sprach zu ihr: „Du redest, wie eine der törichten Frauen redet. Haben wir das Gute von Gott empfangen und sollten das Böse nicht auch annehmen?" In diesem allen sündigte Hiob nicht mit seinen Lippen. (Hiob 2,9-10)

Doch dann verwandelte sich seine Trauer in eine Depression, und diese verbiss sich in Hiob. Hiob wünschte sich, er wäre nie geboren worden. Er war so verzweifelt, dass er nicht essen und nicht sprechen konnte. Er konnte nur stöhnen. Er hatte keinen Frieden und keine Ruhe. Das, was er am meisten gefürchtet hatte, war über ihn gekommen.

> Danach tat Hiob seinen Mund auf und verfluchte seinen Tag. Und Hiob hob an und sprach: … „Denn mein Seufzen kommt vor meinem Essen, und mein Stöhnen ergießt sich wie Wasser. Denn was ich gefürchtet habe, ist über mich gekommen, und wovor mir graute, das hat mich getroffen. Ich hatte keine Ruhe, keine Rast, keinen Frieden, und doch kam der Aufruhr." (Hiob 3,1-2.24-26)

Hiob lebte in Angst und war voller Kummer. Hiob ist derjenige, der in diesen Versen spricht.

> Ich lebe jetzt in Angst. Meine Ehre ist im Wind verweht, und mein Wohlstand ist wie eine Wolke verschwunden. Und jetzt schwindet mein Leben dahin. Depression sucht meine Tage heim. (Hiob 30,15-16 Neue Lebende Übersetzung)

Hiobs nächste Reaktion war, Gott sein Herz auszuschütten. Er teilte seine Lasten mit Gott. Hiob ist derjenige, der in den untenstehenden Versen spricht. Er sagte Gott, wie schwer sein Elend wog: mehr als der Sand des Meeres. Wow!

> Da antwortete Hiob und sprach: „O dass man mein Elend doch wöge und all mein Unglück auf die Waagschale legte! Denn jetzt wäre es schwerer als der Sand der

Meere; darum sind meine Worte unbedacht gewesen." (Hiob 6,1-3)

> O Gott, denke daran, dass mein Leben nur ein Hauch ist, und ich werde nie wieder Glück empfinden. … Ich kann nicht aufhören zu sprechen. Ich muss meine Qual ausdrücken. Meine bittere Seele muss klagen. (Hiob 7,7.11 Neue Lebende Übersetzung)

Du musst das Gleiche tun. Mehr als alles andere musst du mit Gott sprechen. Er weiß, dass du trauerst, wütend, verbittert und verängstigt bist. Gott wird deine Lasten und deinen Kummer annehmen.

> So demütigt euch nun unter die gewaltige Hand Gottes, damit Er euch erhöhe zu Seiner Zeit, indem ihr alle eure Sorge auf Ihn werft; denn Er sorgt für euch. (1. Petrus 5,6-7)

> Du hältst all meinen Kummer fest. Du hast alle meine Tränen in Deinem Gefäß gesammelt. Du hast jede einzelne in Deinem Buch aufgezeichnet. (Psalm 56,8 Neue Lebende Übersetzung)

Im Gegenzug wird Gott dir Seinen Frieden geben. Jesus beschreibt den Frieden, den Er uns gibt, in diesen Versen.

> So habt auch ihr nun Traurigkeit; aber Ich werde euch wiedersehen, und euer Herz wird sich freuen, und niemand wird eure Freude von euch nehmen. … Dies habe Ich zu euch geredet, damit ihr in Mir Frieden habt. In der Welt habt ihr Bedrängnis; aber seid getrost, Ich habe die Welt überwunden. (Johannes 16,22.33)

Ich möchte dich vor der Wut warnen, die du empfindest. Lass sie nicht zu Bitterkeit werden, wie Hiob es tat. In seinem Elend begann Hiob, Gottes Wahrheit zu leugnen. Hiob sagte Gott, dass Er seine Hoffnung zerstört habe, dass Gott ihn hasse und dass Gott nicht auf das Stöhnen und die Hilfeschreie der Menschen höre. Hiob begann, gottlose Menschen zu beneiden, weil es ihnen gut ging und ihm nicht. Er war besorgt, dass die Gottlosen nicht für das gerichtet würden, was sie getan hatten. Hiob glaubte, dass Gott ihm sein Recht genommen und seine Seele verbittert habe. Siehst du, Hiobs Wut verwandelte sich in Rebellion gegen Gott. In diesen untenstehenden Schriftstellen ist Hiob derjenige, der spricht.

> Wisst doch, dass Gott mich gebeugt und mich mit Seinem Netz umgarnt hat! Siehe, ich schreie über Unrecht und werde nicht gehört; ich rufe um Hilfe, aber da ist kein

Recht. Er hat meinen Weg vermauert, dass ich nicht hinüberkann, und hat Finsternis auf meine Pfade gelegt. Er hat mich meiner Ehre beraubt und die Krone von meinem Haupt genommen. Er hat mich ringsumher abgebrochen, und ich bin dahin; Er hat meine Hoffnung wie einen Baum ausgerissen. (Hiob 19,6-10)

Meine Seele ist meines Lebens überdrüssig; ich will meiner Klage freien Lauf lassen, ich will reden in der Bitterkeit meiner Seele. „Ich will zu Gott sagen: Verdamme mich nicht! Lass mich wissen, warum Du mit mir streitest! Ist es gut für Dich, dass Du bedrückst, dass Du das Werk Deiner Hände verwirfst und über den Plan der Gottlosen lächelst? … Obwohl Du weißt, dass ich nicht gottlos bin; aber niemand kann aus Deiner Hand erretten. … Und doch hast Du dies in Deinem Herzen verborgen; ich weiß, dass dies bei Dir feststand: Wenn ich sündige, so achtest Du auf mich; Du lässt mich nicht los von meiner Missetat. … Warum hast Du mich denn aus dem Mutterleib kommen lassen? O dass ich doch verschmachtet wäre, so hätte mich kein Auge gesehen! So wäre ich, als ob ich nie gewesen wäre; vom Mutterleib weg wäre ich ins Grab getragen worden. Sind meine Tage nicht wenige? Höre auf! Lass ab von mir, damit ich ein wenig Trost finde, bevor ich hingehe und nicht wiederkehre, in das Land der Finsternis und des Todesschattens." (Hiob 10,1-3.7.13-14.18-21)

Hiob stritt mit Gott, verurteilte Gott und belehrte Gott. Er dachte, Gott sei nicht fair, dass er ungerecht behandelt werde, weil er nichts Unrechtes getan habe. Hiob sprach auch gegen Gott über Dinge, die er nicht verstand. Wir kennen nicht alle Gründe, warum Gott zulässt, dass uns bestimmte Dinge widerfahren, deshalb sollten wir keine Schlussfolgerungen ziehen, wie Hiob es versuchte. Wir können nur auf das vertrauen, was wir wissen, und das ist, dass Gott jeden von uns liebt, egal was passiert, und dass Gott unser Bestes im Sinn hat. Sein Ziel ist es, deine Seele zu retten. Oft erfordert das Trauer, damit du dich Ihm um Hilfe zuwendest.

Die Bibel sagt uns, dass der Teufel Wut benutzt, um in unserem Leben einen Fuß fassen zu können, eine Stellung, von der aus er weiter vordringen kann.

Und „sündigt nicht, indem ihr euch von eurer Wut beherrschen lasst." Lasst die Sonne nicht über eurer Wut untergehen, denn Wut gibt dem Teufel einen Fuß in die Tür. (Epheser 4,26-27 Neue Lebende Übersetzung)

Seid nüchtern und wachsam! Euer Widersacher, der Teufel, geht umher wie ein brüllender Löwe und sucht, wen er verschlinge. Dem widersteht, fest im Glauben, da ihr wisst, dass die gleichen Leiden sich an eurer Bruderschaft in der Welt erfüllen. (1. Petrus 5,8-9)

Die Bibel sagt uns auch, wie wir das bekämpfen können. Es geschieht dadurch, dass du deine Wut loslässt. Wenn du wütend auf Gott bist, tauche in Gottes Wort ein und erkenne Seine Wahrheiten. Während seiner Trauer schätzte Hiob Gottes Worte. Nimm dir dann Zeit für das Gebet mit Gott. Schütte Gott dein Herz aus und sei dann still und ruhig und höre auf Seine Antwort. In diesen Versen bezieht sich „Mein" auf Gott.

> Mein Sohn, wenn du Meine Worte annimmst und Meine Gebote bei dir bewahrst, sodass du der Weisheit dein Ohr leihst und dein Herz der Einsicht zuwendest; ja, wenn du nach Verstand rufst und deine Stimme zur Einsicht erhebst; wenn du sie suchst wie Silber und nach ihr forschst wie nach Schätzen: dann wirst du die Furcht Jahwes verstehen und die Erkenntnis Gottes finden. (Sprüche 2,1-5)

> Ich freue mich über Dein Wort wie einer, der einen großen Schatz findet. (Psalm 119,162 Neue Lebende Übersetzung)

Hiob schätzte Gottes Wort mehr als Nahrung, als er geplagt und von Verzweiflung erfüllt war. Er konnte physisch nichts essen, weil er so betrübt war, aber er konnte Gottes Wort verzehren. Hiob ist derjenige, der hier spricht.

> Vom Gebot Seiner Lippen bin ich nicht gewichen; ich habe die Worte Seines Mundes mehr bewahrt als meine notwendige Speise. (Hiob 23,12)

Hiob dachte, Gott sollte andere Menschen bestrafen und nicht ihn, weil er nie gesündigt habe. Gott antwortete auf Hiobs Bitten, zu verstehen, welche Sünde er begangen habe. Gott sagte Hiob, dass er unvernünftige Worte sprach, dass er mit Gott stritt und dass er Gott kritisierte. Hiobs Sünde war Stolz. Hiob dachte, er wisse es besser als Gott. Das muss hart für Hiob gewesen sein, das zu hören.

> Da antwortete Jahwe dem Hiob aus dem Wirbelsturm: „Wer ist es, der den Ratschluss verdunkelt mit Worten ohne Erkenntnis? Gürte doch deine Lenden wie ein Mann! Ich will dich fragen, und du antworte Mir! Wo warst du, als Ich den Grund der Erde legte? Sage es an, wenn du so klug bist! ... Sind dir die Tore des Todes offenbart worden, oder hast du die Tore des Todesschattens gesehen? ... Du weißt es ja; denn du wurdest damals geboren, und die Zahl deiner Tage ist groß!" (Hiob 38,1-4.17.21)

> Weiter antwortete Jahwe dem Hiob: „Will der Tadler mit dem Allmächtigen

rechten? Wer Gott zurechtweist, der antworte darauf!" (Hiob 40,1-2)

Aus Hiobs Reaktion auf Gottes Antwort lässt sich viel lernen.

Da antwortete Hiob Jahwe und sprach: „Siehe, ich bin zu gering; was soll ich Dir antworten? Ich will meine Hand auf meinen Mund legen. Ich habe einmal geredet und will nicht mehr antworten, ja zweimal, ich will es nicht mehr tun." (Hiob 40,3-5)

Da antwortete Hiob Jahwe und sprach: „Ich erkenne, dass Du alles vermagst und dass kein Vorhaben für Dich unausführbar ist. Du fragtest: ‚Wer ist es, der den Ratschluss verhüllt mit Worten ohne Erkenntnis?' So habe ich denn geredet, was ich nicht verstand, Dinge, die mir zu wunderbar waren und die ich nicht begriff. Du sprachst: ‚Höre doch, Ich will reden; Ich will dich fragen, und du antworte Mir!' Vom Hörensagen hatte ich von Dir gehört, aber nun hat mein Auge Dich gesehen. Darum verabscheue ich mich selbst und tue Buße in Staub und Asche." (Hiob 42,1-6)

Hiob sagte Gott, dass er nichts sei, dass er zu viel gesagt habe und nichts mehr zu sagen habe. Hiob demütigte sich und erinnerte sich daran, wer Gott ist, wie groß Gott ist und dass Gott seine absolute Ehrfurcht verdiente. Dann erkannte Hiob, dass er viel geredet, aber nicht zugehört hatte. Erinnere dich in deiner Gebetszeit mit Gott daran, dass du mit dem Schöpfer des gesamten Universums sprichst. Manchmal ist das Beste, was man tun kann, zu Seinen Füßen zu sitzen und einfach zuzuhören.

Gott verdient unsere Anbetung, ungeachtet unserer Umstände.

Ich will Dich erheben, mein Gott, Du König, und Deinen Namen loben immer und ewiglich. Jeden Tag will ich Dich loben und Deinen Namen preisen immer und ewiglich. Groß ist Jahwe und sehr zu loben, und Seine Größe ist unerforschlich. (Psalm 145,1-3)

Hier sehen wir Maria, eine von Jesu Nachfolgerinnen, wie sie zu Jesu Füßen sitzt und auf Sein Wort hört. Sei wie Maria und höre zu.

Es geschah aber, als sie ihres Weges zogen, dass Er in ein gewisses Dorf kam; und eine Frau namens Martha nahm Ihn auf in ihr Haus. Und diese hatte eine Schwester, welche Maria hieß; die setzte sich zu Jesu Füßen und hörte Seiner Rede zu. (Lukas 10,38-39)

Das ist nicht das Einzige, was Hiob tat. Er nahm auch alles zurück, was er zu Gott gesagt hatte. Hiob tat Buße. Achte darauf, dass du dich in all den

Gesprächen, die du mit Gott darüber führst, was du durchmachst, daran erinnerst, dass du ein Sünder bist, der Vergebung braucht.

> Da antwortete Hiob dem HERRN: … „Ich nehme alles zurück, was ich gesagt habe, und ich sitze in Staub und Asche, um meine Buße zu zeigen." (Hiob 42,1.6 Neue Lebende Übersetzung)

Gott wird dir deine Wut, deine Bitterkeit und dein stolzes Denken vergeben, genau wie Er es bei Hiob tat. In diesen Versen ist Gott derjenige, der „treu und gerecht ist, um zu vergeben".

> Alle Bitterkeit und Grimm und Zorn und Geschrei und Lästerung sei fern von euch samt aller Bosheit. Seid aber gegeneinander gütig, mitleidig und vergebt einander, so wie auch Gott in Christus euch vergeben hat. (Epheser 4,31-32)

> Wenn wir unsere Sünden bekennen, so ist Er treu und gerecht, dass Er uns die Sünden vergibt und uns reinigt von aller Ungerechtigkeit. (1. Johannes 1,9)

Zuletzt betete Hiob für seine Freunde, obwohl sie ihm einen schlechten Rat über Gott gegeben hatten. Das ist ebenfalls wichtig. Hiob war sowohl auf seine Freunde als auch auf Gott wütend. Indem er für seine Freunde betete, ließ er diese Wut los. In diesen Versen ist Gott derjenige, der spricht.

> „So nehmt nun sieben Stiere und sieben Widder und geht zu Meinem Knecht Hiob und opfert ein Brandopfer für euch; und Mein Knecht Hiob soll für euch bitten. Denn ihn will Ich ansehen, dass Ich nicht an euch tue nach eurer Torheit; denn ihr habt nicht recht von Mir geredet wie Mein Knecht Hiob." Da gingen Elifas der Temaniter, Bildad der Schuchiter und Zofar der Naamatiter hin und taten, wie Jahwe ihnen geboten hatte; und Jahwe sah Hiob an. Und Jahwe wandte das Geschick Hiobs, als er für seine Freunde bat. Und Jahwe gab Hiob das Doppelte von allem, was er gehabt hatte. (Hiob 42,8-10)

Lass all die Wut los, die du wegen all der Trauer hegst, die du erlebst. Vergib dir selbst, dass du zurückgelassen wurdest. Vergib jedem, auf den du wegen der Umstände, in denen du dich befindest, wütend bist. Bete für die Menschen, auf die du wütend bist und denen du die Schuld an deiner Trauer gibst.

> Sündigt nicht, indem ihr euch von eurer Wut beherrschen lasst. Denkt über Nacht darüber nach und bleibt still. (Psalm 4,4 Neue Lebende Übersetzung)

Bekennt einander eure Übertretungen und betet füreinander, damit ihr geheilt werdet! Das inständige Gebet eines Gerechten vermag viel. (Jakobus 5,16)

Erinnere dich an diese Kernwahrheit über Gott: Er liebt dich. Einer von Hiobs Freunden wies Hiob darauf hin, dass Gott Leiden benutzt, um Menschen zu retten. Auf diese Weise muss Gott die Aufmerksamkeit mancher Menschen gewinnen. Ich hoffe, dass Gott nach all der Not, die du erlebt hast, jetzt deine Aufmerksamkeit hat. Wisse, dass Seine Absicht ist, dich zu retten. In diesem Vers bezieht sich „Er rettet" auf Gott.

Aber durch ihr Leiden rettet Er die Leidenden. Denn Er gewinnt ihre Aufmerksamkeit durch Bedrängnis. (Hiob 36,15 Neue Lebende Übersetzung)

Tief im Inneren wusste Hiob das auch. In seiner Trauer sagte er seinen Freunden, dass Gottes Prüfung ihn wie Gold läutern würde. Hiob ist derjenige, der in dieser Schriftstelle spricht.

Aber Er kennt den Weg, den ich gehe. Wenn Er mich prüft, werde ich wie Gold hervorgehen. Mein Fuß hat an Seinen Tritten festgehalten; ich habe Seinen Weg bewahrt und bin nicht abgewichen. Vom Gebot Seiner Lippen bin ich nicht gewichen; ich habe die Worte Seines Mundes mehr bewahrt als meine notwendige Speise. (Hiob 23,10-12)

Gold. Gottes Wort sagt uns viele Male, dass wir alle wie Gold geläutert werden. In diesen Versen bezieht sich „Ich" auf Gott.

Denn Du, Gott, hast uns geprüft; Du hast uns geläutert, wie man Silber läutert. (Psalm 66,10)

Siehe, Ich habe dich geläutert, aber nicht wie Silber; Ich habe dich geprüft im Schmelzofen des Elends. (Jesaja 48,10)

Und Ich will den dritten Teil durchs Feuer führen und sie läutern, wie man Silber läutert, und sie prüfen, wie man Gold prüft. Sie werden Meinen Namen anrufen, und Ich will ihnen antworten; Ich will sagen: „Das ist Mein Volk!"; und sie werden sagen: „Jahwe ist mein Gott!" (Sacharja 13,9)

Darüber freut ihr euch sehr, die ihr jetzt eine kleine Zeit, wenn es sein muss, traurig seid in mancherlei Anfechtungen, damit die Bewährung eures Glaubens, der viel kostbarer ist als das vergängliche Gold, das doch durchs Feuer geprüft wird, Lob, Ehre und Herrlichkeit zur Folge habe bei der Offenbarung Jesu Christi. (1. Petrus 1,6-7)

Lass dich davon trösten, dass Gott alle Dinge zu deinem Besten wirkt. Am Ende wurde Hiob mit doppelt so viel Wohlstand gesegnet wie zuvor, und er bekam weitere zehn Kinder. Wenn du dein Vertrauen in Jesus gesetzt hast, dann werden deine Trauer und deine Sorgen vergehen. Gott wird dich wiederherstellen, genau wie Er Hiob wiederhergestellt hat. Gott hat für uns immer die Ewigkeit im Blick. Gott hatte die Ewigkeit im Blick, als Er Satan erlaubte, Hiob zu plagen und all seinen Schmerz und sein Leiden zu verursachen. Gott wusste, dass Hiobs Schmerz Gott verherrlichen würde. Dass Hiob ein Vorbild an Gerechtigkeit für seine Freunde und für uns alle sein würde, die wir über ihn lesen. Vielleicht wollte Gott Hiob sogar die Gelegenheit geben, Schätze im Himmel zu sammeln und eine Krone zu verdienen.

> Wir wissen aber, dass denen, die Gott lieben, alle Dinge zum Besten dienen, denen, die nach Seinem Vorsatz berufen sind. (Römer 8,28)

> Und Jahwe wandte das Geschick Hiobs, als er für seine Freunde bat. Und Jahwe gab Hiob das Doppelte von allem, was er gehabt hatte. … So segnete Jahwe das spätere Ende Hiobs mehr als seinen Anfang, sodass er vierzehntausend Schafe, sechstausend Kamele, tausend Joch Rinder und tausend Eselinnen bekam. Er bekam auch sieben Söhne und drei Töchter. … Danach lebte Hiob noch einhundertvierzig Jahre und sah seine Kinder und Kindeskinder bis in das vierte Glied. (Hiob 42,10.12-13.16)

Auch wenn du gerade viel Trauer erlebst, wisse, dass diese schwierige Zeit eine Zeit der Prüfung ist, die dazu dienen soll, deinen Glauben an Gott wachsen zu lassen und Standhaftigkeit zu bewirken.

> Meine Brüder, achtet es für lauter Freude, wenn ihr in mancherlei Anfechtungen fallt, da ihr wisst, dass die Bewährung eures Glaubens Standhaftigkeit bewirkt. Die Standhaftigkeit aber soll ein vollkommenes Werk haben, damit ihr vollkommen und ganz seid und an nichts Mangel habt. (Jakobus 1,2-4)

Setze dein Vertrauen in Jesus, und Er wird dich direkt aus der Grube der Verzweiflung herausheben, in der du dich befindest. Er ist voller Barmherzigkeit und liebender Güte.

> Ich harrte geduldig auf Jahwe; da neigte Er sich zu mir und hörte mein Schreien. Er zog mich aus der Grauensgrube, aus dem schlammigen Kot, und stellte meine Füße auf einen Fels; Er machte meine Schritte fest. (Psalm 40,1-2)

Denn der Herr verstößt nicht ewig; sondern wenn Er betrübt hat, so erbarmt Er sich nach der Fülle Seiner Gnade. (Klagelieder 3,31-32)

Kapitel 37 – Scham überwinden

Ich weiß, dass viele von euch, die dies lesen, sich verlegen fühlen und voller Scham sind, weil sie zurückgelassen wurden. Vielleicht liegt es daran, dass du Familie und Freunde hattest, die dich vor der Entrückung gewarnt haben, und du hast nicht zugehört. Es könnte daran liegen, dass du in die Kirche gegangen bist, zu Gott gebetet und gute Dinge für andere Menschen getan hast. Du dachtest, du wärst ein Christ. Oder vielleicht liegt es daran, dass du über die Christen und ihren Glauben an Jesus und ihr Vertrauen auf Ihn gespottet hast und du dich stattdessen auf deine Bildung, Erziehung und Selbstständigkeit verlassen hast. Aber jetzt denkst du anders und hast Schuldgefühle und Scham wegen deiner vergangenen Gedanken und Taten.

Auch Adam und Eva empfanden Scham. In dem Moment, nachdem sie von der verbotenen Frucht gegessen hatten und ihre Augen geöffnet wurden, empfanden sie Scham. In diesem Vers bezieht sich „sie" auf Adam und Eva.

> In diesem Augenblick wurden ihnen die Augen geöffnet, und plötzlich schämten sie sich wegen ihrer Nacktheit. Deshalb nähten sie Feigenblätter zusammen, um sich zu bedecken. (1. Mose 3,7 Neue Lebende Übersetzung)

Warum empfanden sie Scham? Es war, weil sie wussten, dass sie gesündigt hatten. Der Prophet Daniel spricht in diesen Versen über diese Art von Scham.

> Herr, Du bist im Recht; aber wie Du siehst, sind unsere Gesichter mit Scham bedeckt. Dies gilt für uns alle, einschließlich der Leute von Juda und Jerusalem und ganz Israel, die nah und fern verstreut sind, wohin auch immer Du uns wegen unserer Untreue Dir gegenüber getrieben hast. O HERR, wir und unsere Könige, Fürsten und Vorfahren sind mit Scham bedeckt, weil wir gegen Dich gesündigt haben. (Daniel 9,7-8 Neue Lebende Übersetzung)

Sie wussten, dass sie gesündigt hatten, weil sie Gott ungehorsam waren. Sie hatten nur eine einzige Regel zu befolgen, und sie taten es nicht. Wir wissen, wann wir sündigen, weil der Heilige Geist in der Welt ist und die Menschen der Sünde überführt. Jesus sagte uns dies in diesen Versen. Der „Ratgeber" und „Geist der Wahrheit" ist der Heilige Geist.

> Dennoch sage Ich euch die Wahrheit: Es ist zu eurem Vorteil, dass Ich gehe, denn wenn Ich nicht gehe, wird der Ratgeber nicht zu euch kommen. Wenn Ich aber

gehe, Werde Ich Ihn zu euch senden. Wenn Er gekommen ist, wird Er die Welt überführen in Bezug auf Sünde, Gerechtigkeit und Gericht; in Bezug auf Sünde, weil sie nicht an Mich glauben. … Wenn Er jedoch, der Geist der Wahrheit, gekommen ist, wird Er euch in alle Wahrheit leiten; denn Er wird nicht aus Sich Selbst heraus reden, sondern was Er hört, das wird Er reden. (Johannes 16,7-9.13)

Ich verstehe, was du fühlst. Ich wurde nicht so erzogen, dass ich Gott oder Jesus kannte. Ich begegnete Jesus erst, als ich fast 30 Jahre alt war. Nachdem ich gläubig geworden war und alles darüber gelernt hatte, was Jesus für mich getan hatte, fing ich an, mich für mein früheres Verhalten und dafür, dass ich Ihn nicht früher gesucht hatte, zu schämen. Es gibt auch einen Mann, der einen großen Teil des Neuen Testaments geschrieben hat und der dasselbe fühlte wie wir. Ich möchte dir von dem Apostel Paulus erzählen, wie er dazu kam, Jesus kennenzulernen, und wie er mit diesen Gefühlen von Schuld und Scham umging.

Bevor Paulus Jesus kennenlernte, trug er seinen jüdischen Namen, Saulus von Tarsus. In der Bibel werden wir mit Saulus bekannt gemacht, als einer der Jünger Jesu, Stephanus, gesteinigt wird, weil er über Jesus gepredigt hat. Saulus war Zeuge der Tötung und war mit ihr einverstanden. In diesen Versen ist Stephanus derjenige, der spricht.

„Ihr Halsstarrigen und Unbeschnittenen an Herz und Ohren, ihr widerstrebt allezeit dem Heiligen Geist! Wie eure Väter, so tut auch ihr." … Als sie dies hörten, traf es sie ins Herz, und sie knirschten mit den Zähnen über ihn. … Sie schrien aber mit lauter Stimme und hielten sich die Ohren zu, dann stürmten sie einmütig auf ihn los. Sie stießen ihn zur Stadt hinaus und steinigten ihn. Die Zeugen legten ihre Kleider zu den Füßen eines jungen Mannes namens Saulus nieder. Sie steinigten Stephanus, während er rief und sagte: „Herr Jesus, nimm meinen Geist auf!" … Saulus aber war mit seinem Tod einverstanden. An jenem Tag erhob sich eine große Verfolgung gegen die Gemeinde, die in Jerusalem war. Sie wurden alle in die Gebiete von Judäa und Samarien zerstreut, ausgenommen die Apostel. … Saulus aber verwüstete die Gemeinde, drang in jedes Haus ein und schleppte sowohl Männer als auch Frauen fort ins Gefängnis. (Apostelgeschichte 7,51.54.57-59;8,1.3)

Wir erfahren auch, dass an jenem Tag eine intensive Verfolgung gegen die Gläubigen an Jesus begann. Saulus war der Anführer dieser Verfolgung. Er zog überallhin, um die Nachfolger Jesu zu vernichten. Er zerrte Männer und Frauen aus ihren Häusern und schickte sie ins Gefängnis. Er war begierig darauf, die Nachfolger Jesu zu töten. Er tat all diese schrecklichen Dinge unter der Autorität der jüdischen Religionsführer.

> Saulus aber, der immer noch Drohung und Mord gegen die Jünger des Herrn schnaubte, ging zum Hohepriester und erbat sich von ihm Briefe an die Synagogen von Damaskus, damit er, falls er dort Anhänger des Weges fände, ob Männer oder Frauen, sie gebunden nach Jerusalem bringen könne. (Apostelgeschichte 9,1-2)

Du siehst, Saulus war ein Terrorist, der die Nachfolger Jesu verfolgte. Aber das änderte sich eines Tages in einem einzigen Augenblick. Saulus war auf dem Weg nach Damaskus, um Gläubige zu verfolgen, als er plötzlich von einem hellen Licht umgeben wurde. Eine Stimme sprach zu ihm und fragte ihn, warum er Ihn verfolge. Saulus fragte, wer da spreche. Die Stimme antwortete: „Ich bin Jesus, den du verfolgst." Nachdem Saulus Jesus gesehen hatte, war er blind und konnte nichts sehen. In diesen Versen ist Saulus der Reisende.

> Als er aber reiste, geschah es, dass er sich Damaskus näherte, und plötzlich umstrahlte ihn ein Licht vom Himmel. Er fiel auf die Erde und hörte eine Stimme, die zu ihm sagte: „Saul, Saul, warum verfolgst du Mich?" Er sagte: „Wer bist Du, Herr?" Der Herr sagte: „Ich bin Jesus, den du verfolgst. Aber steh auf und geh in die Stadt; dort wird man dir sagen, was du tun sollst." Die Männer, die mit ihm reisten, standen sprachlos da; sie hörten zwar die Stimme, sahen aber niemanden. Saulus erhob sich von der Erde, und als er seine Augen öffnete, sah er niemanden. Sie leiteten ihn bei der Hand und brachten ihn nach Damaskus. (Apostelgeschichte 9,3-8)

Wie du dir vorstellen kannst, war Saulus verängstigt und voller Ehrfurcht. In einem einzigen Moment änderte sich alles für ihn. In diesem Augenblick erfuhr er, dass alles, was er über Jesus geglaubt hatte, falsch war. Er erfuhr, dass die Menschen, die er verfolgte, recht hatten. Sie verkündeten die Wahrheit über Gott. Hier ist ein weiterer Bericht über Saulus' Begegnung mit Jesus. Er liefert einige zusätzliche Details. In diesen Versen steht „ich sagte" für Saulus.

> Ich sagte: „Wer bist Du, Herr?" Er sprach: „Ich bin Jesus, den du verfolgst. Aber steh auf und stelle dich auf deine Füße; denn dazu bin Ich dir erschienen: um dich zum Diener und Zeugen zu bestimmen, sowohl für das, was du gesehen hast, als auch für das, was Ich dir noch offenbaren werde; indem Ich dich errette von dem Volk und von den Heiden, zu denen Ich dich jetzt sende, um ihnen die Augen zu öffnen, damit sie sich bekehren von der Finsternis zum Licht und von der Macht Satans zu Gott, damit sie Vergebung der Sünden empfangen und ein Erbteil unter denen, die durch den Glauben an Mich geheiligt sind." (Apostelgeschichte 26,15-18)

Ich weiß, dass du dich genauso fühlst wie Saulus an jenem Tag. Auch für dich hat sich in einem Moment alles geändert. Dein Leben änderte sich in dem Moment, als alle Nachfolger Jesu in der Entrückung verschwanden.

Lass uns sehen, wie Saulus auf diese neue Erkenntnis über Jesus und die Wahrheit reagierte. „Er war ohne Augenlicht" bezieht sich auf Saulus.

> Er war drei Tage lang ohne Augenlicht und aß nicht und trank nicht. In Damaskus aber war ein gewisser Jünger namens Hananias. Zu diesem sprach der Herr in einer Vision: „Hananias!" Er sagte: „Hier bin ich, Herr." Der Herr sprach zu ihm: „Steh auf und geh in die Straße, die ,Die Gerade' genannt wird, und frage im Haus des Judas nach einem Mann namens Saulus von Tarsus. Denn siehe, er betet, und er hat in einer Vision einen Mann namens Hananias kommen sehen, der ihm die Hände auflegte, damit er wieder sehend werde." Hananias aber antwortete: „Herr, ich habe von vielen über diesen Mann gehört, wie viel Böses er Deinen Heiligen in Jerusalem angetan hat. Und hier hat er Vollmacht von den Hohepriestern, alle festzunehmen, die Deinen Namen anrufen." Aber der Herr sprach zu ihm: „Geh hin, denn dieser ist Mir ein auserwähltes Gefäß, um Meinen Namen vor die Nationen und Könige und vor die Kinder Israels zu tragen. Denn Ich werde ihm zeigen, wie viel er um Meines Namens willen leiden muss." (Apostelgeschichte 9,9-16)

Das Erste, was Saulus tat, war zu Gott zu beten und zu fasten. Er tat dies drei Tage lang, während er darauf wartete, dass einer der Nachfolger Jesu zu ihm kam. Während seiner Gebetszeit mit Gott erfuhr er, dass Gott ihn als Werkzeug ausgewählt hatte, um Seine Botschaft zu verbreiten. Als Werkzeug beabsichtigte Gott, ihn zu benutzen, um Seinen Zweck zu erreichen. Gott wollte, dass er die Frohe Botschaft über Jesus verbreitete.

Was glaubst du, was Saulus antwortete, als Gott ihn dazu ausersehen hatte, das Evangelium über Jesus zu predigen? In diesen Versen spricht Saulus.

> Ich sagte: „Herr, sie wissen selbst, dass ich die, welche an Dich glaubten, ins Gefängnis werfen und in den Synagogen schlagen ließ. Und als das Blut Deines Zeugen Stephanus vergossen wurde, stand ich auch dabei, war mit seinem Tod einverstanden und hütete die Kleider derer, die ihn töteten." Und Er sprach zu mir: „Geh hin, denn Ich will dich weit weg zu den Heiden senden." (Apostelgeschichte 22,19-21)

> Denn ich bin der geringste der Apostel, der ich nicht wert bin, ein Apostel genannt zu werden, weil ich die Gemeinde Gottes verfolgt habe. (1. Korinther 15,9)

Wir erfahren, dass Saulus wusste, dass er es nicht wert war. Er war voller

Scham über sein früheres Verhalten. Er verfolgte die Nachfolger Jesu und tötete sogar einige von ihnen. Er sagte, jeder in allen Synagogen wusste, dass er die Nachfolger Jesu geschlagen und eingesperrt hatte und dass er der Tötung Seines Jüngers Stephanus zugestimmt hatte. Saulus erzählte Gott, was er getan hatte. Wir wissen, dass er sein Herz über die Sünden ausgeschüttet haben muss, die er gegen Jesus begangen hatte. Gott sagte Saulus, dass Er wollte, dass er weit weg ginge, wo er nicht bekannt war, und den Heiden von Jesus erzählte. Die Heiden sind nichtjüdische Menschen. Saulus spricht in diesen Versen über Gottes Gnade an ihm.

> Ich danke Christus Jesus, unserem Herrn, der mir Kraft für Seine Arbeit gegeben hat. Er hielt mich für vertrauenswürdig und berief mich, Ihm zu dienen, obwohl ich früher den Namen Christi gelästert habe. In meinem Übermut verfolgte ich Sein Volk. Aber Gott hatte Erbarmen mit mir, weil ich es aus Unwissenheit und Unglauben tat. Oh, wie großzügig und gnädig war unser Herr! Er erfüllte mich mit dem Glauben und der Liebe, die von Christus Jesus kommen. Dies ist ein wahres Wort, das jeder akzeptieren sollte: „Christus Jesus kam in die Welt, um Sünder zu retten" – und ich bin der schlimmste von allen. Aber Gott hatte Erbarmen mit mir, damit Christus Jesus mich als ein Paradebeispiel für Seine große Geduld mit selbst den schlimmsten Sündern benutzen konnte. Dann werden andere erkennen, dass auch sie an Ihn glauben und das ewige Leben empfangen können. (1. Timotheus 1,12-16 Neue Lebende Übersetzung)

Vielleicht denkst du, dass du es so sehr vermasselt hast, indem du zurückgelassen wurdest, und dass es keine Möglichkeit gibt, dich selbst zu erlösen. Du hast recht, du kannst dich nicht selbst erlösen, aber Gott kann es. Gott hat dich bereits erlöst. Jesus ist für dich gestorben. Wenn Gott einem Terroristen und Mörder wie Saulus von Tarsus vergeben und ihn gebrauchen kann, dann wird Er auch dir vergeben und dich gebrauchen. Du musst tun, was Saulus nach seinem Moment der Erkenntnis tat. Bete zu Gott, bekenne deine Scham und Verlegenheit darüber, zurückgelassen worden zu sein, sowie das Unrecht, das du gegen Gott begangen hast, und höre dann darauf, was Gott zu dir sagt.

> Ich habe Dir meine Sünde bekannt. Ich habe meine Ungerechtigkeit nicht verborgen. Ich sagte: Ich will dem HERRN meine Übertretungen bekennen; und Du hast die Ungerechtigkeit meiner Sünde vergeben. (Psalm 32,5)

Saulus sagt uns, dass Gott selbst den schlimmsten Sündern vergibt. Er führt eine lange Liste von Sünden auf und sagt dann das Wichtigste: Aber „ihr seid geheiligt worden", „ihr seid reingewaschen worden". Sobald du dein Vertrauen auf Jesus setzt, ist dieser böse Sünder der, der du früher warst. Das ist nicht mehr der, der du heute bist.

> Oder wisst ihr nicht, dass die Ungerechten das Reich Gottes nicht erben werden? Lasst euch nicht täuschen. Weder sexuell Unmoralische noch Götzendiener noch Ehebrecher noch männliche Prostituierte noch Homosexuelle noch Diebe noch Habsüchtige noch Trunkenbolde noch Lästerer noch Räuber werden das Reich Gottes erben. Und solche sind einige von euch gewesen; aber ihr seid reingewaschen worden. Aber ihr seid geheiligt worden. Aber ihr seid gerechtfertigt worden im Namen des Herrn Jesus und im Geist unseres Gottes. (1. Korinther 6,9-11)

Gott sandte einen Seiner Nachfolger, Hananias, zu Saulus. Hananias legte Saulus die Hände auf und betete mit ihm, damit er Gottes Heiligen Geist empfange. Nachdem Saulus mit Hananias gebetet hatte, verschwand seine Blindheit. Er konnte wieder sehen.

> Hananias ging hin und trat in das Haus ein. Er legte ihm die Hände auf und sagte: „Bruder Saul, der Herr hat mich gesandt – Jesus, der dir auf dem Weg erschienen ist, auf dem du gekommen bist –, damit du wieder sehend und mit dem Heiligen Geist erfüllt werdest." Und sogleich fiel es wie Schuppen von seinen Augen, und er wurde wieder sehend. Er stand auf und ließ sich taufen. (Apostelgeschichte 9,17-18)

Dies ist wichtig, denn Saulus' Augenlicht war mehr als nur das physische Sehvermögen. Seine gesamte Perspektive hatte sich geändert. Als er Jesus und Seine Nachfolger verfolgte, war er geistlich blind für Gottes Wahrheit, dass Jesus der Weg zum Himmel ist. Jetzt konnte er wirklich sehen. Wenn du dein Vertrauen in die rettende Gnade Jesu gesetzt hast, bist auch du nicht mehr blind. Genau wie Saulus wurde dir ein neues Sehvermögen geschenkt, und du kannst das Licht sehen.

Jesus heilte einen Blinden, der später aus der Synagoge geworfen wurde, weil er glaubte, dass Gott ihn geheilt hatte. Jesus offenbart ihm, dass Er in die Welt gekommen ist, damit die Blinden sehend werden. In diesen Versen spricht der ehemals blinde Mann mit den jüdischen Religionsführern, bevor er mit Jesus spricht.

> Er antwortete daher: „Ob Er ein Sünder ist, weiß ich nicht. Eines weiß ich: dass ich blind war und jetzt sehe." Da sagten sie wieder zu ihm: „Was hat Er mit dir

gemacht? Wie hat Er deine Augen geöffnet?" ... „Wenn Dieser nicht von Gott wäre, könnte Er nichts tun." ... Jesus hörte, dass sie ihn hinausgestoßen hatten, und als Er ihn fand, sagte Er zu ihm: „Glaubst du an den Sohn Gottes?" Er antwortete: „Wer ist Er, Herr, damit ich an Ihn glaube?" Jesus sagte zu ihm: „Du hast Ihn gesehen, und Er ist es, der mit dir spricht." Er sagte: „Herr, ich glaube!", und er betete Ihn an. Jesus sagte: „Ich bin zum Gericht in diese Welt gekommen, damit die, welche nicht sehen, sehend werden, und die, welche sehen, blind werden." (Johannes 9,25-26.33.35-39)

Jesus kam, um die Augen deines Herzens zu erleuchten. Genau das geschah mit Saulus. Er sah Jesus und sein Herz veränderte sich. Saulus erklärt uns diese Wahrheit in diesen Versen.

Dass der Gott unseres Herrn Jesus Christus, der Vater der Herrlichkeit, euch den Geist der Weisheit und der Offenbarung gebe in der Erkenntnis Seiner Selbst, indem Er die Augen eures Herzens erleuchtet, damit ihr wisst, was die Hoffnung Seiner Berufung ist, was der Reichtum der Herrlichkeit Seines Erbes in den Heiligen ist und was die überragende Größe Seiner Macht an uns ist, die wir glauben. (Epheser 1,17-19)

Das Nächste, was Saulus tat, nachdem er an Jesus geglaubt und den Heiligen Geist empfangen hatte, war, sich taufen zu lassen. „Er" bezieht sich in diesem Vers auf Saulus.

Und sogleich fiel es wie Schuppen von seinen Augen, und er wurde wieder sehend. Er stand auf und ließ sich taufen. (Apostelgeschichte 9,18)

Dies demonstrierte seinen neu gefundenen Glauben an Jesus. Getauft zu werden, wird deine Seele nicht retten. Erinnere dich daran, dass der Glaube an Jesu Tod für deine Sünden und Seine anschließende Auferstehung das ist, was dich rettet. Die Taufe zeigt, dass du deine Sünden bereut hast und dich Jesus als deinem Retter zugewandt hast. Jesu Jünger Markus sagt uns in diesem Vers, was der Zweck der Taufe ist.

Dieser Bote war Johannes der Täufer. Er war in der Wildnis und predigte, dass die Menschen sich taufen lassen sollten, um zu zeigen, dass sie von ihren Sünden umgekehrt waren und sich Gott zugewandt hatten, um Vergebung zu erhalten. (Markus 1,4 Neue Lebende Übersetzung)

Jesus möchte, dass du dich taufen lässt, nachdem du dein Vertrauen in

Ihn gesetzt hast. Es ist dein erster Akt des Gehorsams, und er zeigt, dass du jetzt Gott gehörst. Wenn du Jesus zu deinem Retter gemacht hast, dann mache dies zu deinem nächsten Schritt. Lass das Wasser über dich fließen, die Scham, die du fühlst, wegnehmen und deine Seele erfrischen.

> Jesus trat herzu und sprach zu ihnen: „Mir ist alle Macht gegeben im Himmel und auf Erden. Geht nun hin und macht zu Jüngern alle Völker, indem ihr sie tauft auf den Namen des Vaters und des Sohnes und des Heiligen Geistes." (Matthäus 28,18-19)

Wenn du zurückgelassen wurdest, mag es für dich schwierig sein, jemanden zu finden, der dich tauft. Halte dich nicht damit auf, einen bestimmten Prediger oder ein Taufbecken in einer Kirche zu finden. Jeder andere gläubige Mitmensch in Jesus kann dich taufen, denn alle Gläubigen sind ein Königreich von Priestern, und eine Badewanne oder eine Dusche wird völlig ausreichen. In diesen Versen ist der Hinweis unten „Er uns zu einem Königreich, zu Priestern gemacht hat" eine Bezugnahme auf die Gläubigen.

> Gnade sei mit euch und Friede von Dem, der ist und der war und der kommt; und von den sieben Geistern, die vor Seinem Thron sind; und von Jesus Christus, dem treuen Zeugen, dem Erstgeborenen aus den Toten und dem Fürsten über die Könige der Erde. Ihm, der uns liebt und uns von unseren Sünden gewaschen hat durch Sein Blut – und Er hat uns zu einem Königreich gemacht, zu Priestern für Seinen Gott und Vater –, Ihm sei die Herrlichkeit und die Macht von Ewigkeit zu Ewigkeit. (Offenbarung 1,4-6)

Hier ist ein Beispiel für eine Taufe in der Bibel, um dir ein Bild davon zu geben, wie man es macht. Wichtig ist zu wissen, dass du „von ganzem Herzen glauben" musst, dass „Jesus Christus der Sohn Gottes ist".

> Ein Mann aus Äthiopien, ein Kämmerer von großer Autorität unter Kandake, der Königin der Äthiopier, der über ihren ganzen Schatz gesetzt war und nach Jerusalem gekommen war, um anzubeten, kehrte zurück. Und auf seinem Wagen sitzend, las er den Propheten Jesaja. … Da lief Philippus hinzu und hörte ihn den Propheten Jesaja lesen und sprach: „Verstehst du auch, was du liest?" … Die Stelle der Schrift, die er las, war diese: „Er wurde wie ein Schaf zur Schlachtung geführt; und wie ein Lamm vor seinem Scherer stumm ist, so tat Er Seinen Mund nicht auf. In Seiner Erniedrigung wurde Sein Gericht aufgehoben. Wer aber wird Sein Geschlecht beschreiben? Denn Sein Leben wird von der Erde weggenommen." Da antwortete der Kämmerer dem Philippus und sprach: „Ich bitte dich, von wem sagt der Prophet dies? Von sich selbst oder von einem anderen?" Da tat Philippus seinen Mund auf

und fing bei dieser Schriftstelle an und verkündigte ihm das Evangelium von Jesus. Als sie aber auf dem Weg weiterzogen, kamen sie an ein Wasser. Und der Kämmerer sprach: „Siehe, [hier ist] Wasser. Was hindert mich, getauft zu werden?" Da sprach Philippus: „Wenn du von ganzem Herzen glaubst, so ist es zulässig." Und er antwortete und sprach: „Ich glaube, dass Jesus Christus der Sohn Gottes ist." Da befahl er, den Wagen anzuhalten. Und sie stiegen beide in das Wasser hinab, Philippus und der Kämmerer, und er taufte ihn. (Apostelgeschichte 8,27-28.30.32-38 Neue König Jakobus Version)

In diesen Versen über die Taufe erfahren wir von Jesu Jünger Petrus, dass die Menschen getauft wurden, nachdem sie den Heiligen Geist empfangen hatten. Sie taten es, nachdem sie ihren Glauben in Jesus gesetzt hatten.

„Er hat uns geboten, dem Volk zu predigen und zu bezeugen, dass Er der von Gott bestimmte Richter der Lebenden und der Toten ist. Von Diesem zeugen alle Propheten, dass jeder, der an Ihn glaubt, durch Seinen Namen Vergebung der Sünden empfängt." Während Petrus noch diese Worte redete, fiel der Heilige Geist auf alle, die das Wort hörten. ... Da antwortete Petrus: „Kann jemand das Wasser verwehren, dass diese nicht getauft werden, die den Heiligen Geist empfangen haben gleichwie wir?" Und er befahl, dass sie getauft würden im Namen des Herrn Jesus Christus. (Apostelgeschichte 10,42-44.46-48)

Es ist wichtig zu bekennen, was du über Jesus glaubst, wenn du getauft wirst. Du kannst dasselbe sagen, was du gesagt hast, als du gebetet hast, um Jesus anzunehmen. Schlage in Kapitel 11 nach, falls du Hilfe brauchst. Sage etwas wie dies:

Wenn du mit deinem Mund bekennst, dass Jesus der Herr ist, und in deinem Herzen glaubst, dass Gott Ihn aus den Toten auferweckt hat, wirst du gerettet werden. (Römer 10,9)

Nachdem Saulus getauft worden war, fing er sofort an, seinen neu gefundenen Glauben an Jesus mit anderen zu teilen. Saulus hatte den besten Schatz und das beste Geschenk von Gott entdeckt. Er wollte, dass andere es auch entdeckten. In diesen Versen ist Saulus derjenige, der „Christus verkündigte".

Und sogleich verkündigte er in den Synagogen Christus, dass Dieser der Sohn Gottes ist. Alle aber, die es hörten, erstaunten und sagten: „Ist das nicht der, welcher in Jerusalem gegen die wütete, die diesen Namen anrufen? Und ist er nicht deshalb hierhergekommen, um sie gebunden vor die Hohepriester zu führen?" Saulus aber erstarkte noch mehr und brachte die Juden, die in Damaskus wohnten, in Verwirrung, indem er bewies, dass Dieser der Christus ist. (Apostelgeschichte 9,20-22)

Einige Zeit später entschied sich Saulus, bei seinem römischen Namen, Paulus, genannt zu werden. Ich denke, das spiegelt auch seine neue Identität als Nachfolger des Weges Jesu wider.

> Saulus aber, der auch Paulus heißt, erfüllt mit dem Heiligen Geist. (Apostelgeschichte 13,9)

Ich denke, Paulus ist vielen von euch, die zurückgelassen wurden und sich schämen, sehr ähnlich. Paulus hatte Selbstvertrauen aufgrund seiner Bildung und Erziehung. Er war ein Pharisäer, einer der jüdischen Religionsführer, die strengen Gehorsam gegenüber den jüdischen Gesetzen pflegten. Er befolgte dieses Gesetz ohne Fehl. Er war ein selbsternannter guter Mensch. Sobald er die Wahrheit über Jesus erfuhr, erkannte er, dass das, was er einst als wertvoll erachtete, nun nur noch Müll war. Er hörte auf, auf seine eigene Gerechtigkeit zu zählen, und wurde durch den Glauben an Jesus gerecht. So fasste Paulus das zusammen.

> Wir verlassen uns auf das, was Christus Jesus für uns getan hat. Wir setzen kein Vertrauen in menschliche Anstrengung, obwohl ich Grund für Vertrauen in meine eigene Anstrengung hätte, wenn das irgendjemand könnte. In der Tat, wenn andere Grund zu Vertrauen in ihre eigenen Anstrengungen haben, habe ich noch mehr! Ich wurde beschnitten, als ich acht Tage alt war. Ich bin ein reinrassiger Bürger Israels und ein Mitglied des Stammes Benjamin – ein echter Hebräer, wenn es jemals einen gab! Ich war ein Mitglied der Pharisäer, die den strengsten Gehorsam gegenüber dem jüdischen Gesetz fordern. Ich war so eifrig, dass ich die Gemeinde grausam verfolgte. Und was die Gerechtigkeit betrifft, so befolgte ich das Gesetz ohne Fehl. Ich dachte einst, diese Dinge seien wertvoll, aber jetzt betrachte ich sie als wertlos wegen dem, was Christus getan hat. Ja, alles andere ist wertlos im Vergleich zu dem unendlichen Wert, Christus Jesus, meinen Herrn, zu kennen. Um Seinetwillen habe ich alles andere weggeworfen und betrachte es als Müll, damit ich Christus gewinnen und eins mit Ihm werden kann. Ich zähle nicht mehr auf meine eigene Gerechtigkeit durch das Befolgen des Gesetzes; vielmehr werde ich gerecht durch den Glauben an Christus. Denn Gottes Weg, uns mit Sich Selbst ins Reine zu bringen, hängt vom Glauben ab. (Philipper 3,3-9 Neue Lebende Übersetzung)

Paulus entschied sich dann, seine Vergangenheit zu vergessen und auf die Zukunft zu blicken. Er suhlte sich nicht in Scham. Paulus ist derjenige, der in diesen Versen spricht.

> Ich meine nicht, dass ich diese Dinge bereits erreicht hätte oder dass ich schon die Vollkommenheit erlangt hätte. Aber ich jage ihr nach, um jene Vollkommenheit zu ergreifen, für die Christus Jesus mich zuerst ergriffen hat. Nein, liebe Brüder und Schwestern, ich habe es noch nicht erreicht, aber ich konzentriere mich auf dieses eine: Ich vergesse die Vergangenheit und schaue auf das, was vor mir liegt; ich jage dem Ziel nach, um das Ende des Rennens zu erreichen und den himmlischen Preis zu empfangen, zu dem Gott uns durch Christus Jesus beruft. (Philipper 3,12-14 Neue Lebende Übersetzung)

Er hielt sich nicht mit den schrecklichen Dingen auf, die er in der Vergangenheit getan hatte. Er wusste, dass Gott ihm vergeben hatte. Er wusste, dass Gott einen Plan für ihn hatte. Gott würde ihn für das Gute gebrauchen. Wenn du von neuem geboren bist, weil du glaubst, dass Jesus für deine Sünden gestorben ist, dann bist du ein neuer Mensch, genau wie Paulus. Vergiss dein altes Ich und die sündigen Dinge, die du getan hast. Hier ist, wie Paulus das beschreibt.

> Ihr aber habt Christus nicht so kennengelernt, wenn ihr Ihn wirklich gehört habt und in Ihm gelehrt worden seid, wie es der Wahrheit in Jesus entspricht: dass ihr, was den früheren Lebenswandel betrifft, den alten Menschen ablegt, der sich infolge der betrügerischen Lüste zugrunde richtet, dass ihr aber erneuert werdet im Geist eurer Gesinnung und den neuen Menschen anzieht, der nach Gottes Bild geschaffen ist in Gerechtigkeit und Heiligkeit der Wahrheit. (Epheser 4,20-24)

Zieh deinen neuen Menschen an und laufe das Rennen weiter, das Gott für dich geplant hat. Das ist es, was Paulus tat. Er lief mit Ausdauer und blickte auf Jesus.

> Lasst uns jede Last ablegen und die Sünde, die uns so leicht umstrickt, und lasst uns mit Ausdauer das Rennen laufen, das vor uns liegt, indem wir auf Jesus blicken, den Anfänger und Vollender des Glaubens, der für die Freude, die vor Ihm lag, das Kreuz erduldete, die Schande gering achtete und Sich zur Rechten des Throns Gottes gesetzt hat. Denn betrachtet Den, der einen solchen Widerspruch von Sündern gegen Sich Selbst erduldet hat, damit ihr nicht müde werdet und in euren Seelen ermattet. (Hebräer 12,1-3)

Wenn du Jesus Christus deine Sünden bekannt und Ihn gebeten hast, dir zu vergeben, weil du weißt, dass Er für deine Sünden gestorben ist, dann brauchst du nicht länger mit Scham und Schuld belastet zu sein. Deine Sünden sind unendlich weit von dir weggeworfen worden. Gott erinnert Sich nicht mehr an sie. Du brauchst dich also auch nicht mehr an sie zu erinnern.

Jesus kommt wieder auf die Erde, um Sein Reich auf Erden zu errichten. Freue dich auf diesen wunderbaren Tag. Jesu Jünger Johannes sagt uns in diesen Versen, dass diese Hoffnung dich reinigen wird.

> Geliebte, wir sind jetzt Kinder Gottes. Es ist noch nicht offenbar geworden, was wir sein werden; wir wissen aber, dass wir Ihm gleich sein werden, wenn Er offenbar wird; denn wir werden Ihn sehen, wie Er ist. Jeder, der diese Hoffnung auf Ihn setzt, reinigt sich selbst, gleichwie auch Er rein ist. (1. Johannes 3,2-3)

In dieser Schriftstelle spricht der Prophet Jesaja über den Messias, Jesus, wenn er sagt: „Der Geist Jahwes ruht auf mir." Jesus ist derjenige, der gesalbt wurde, um „den Demütigen die frohe Botschaft zu verkünden". Diese Schriftstelle sagt uns, dass Gläubige an Jesus keine Scham haben, sondern stattdessen frohlocken werden.

> Der Geist des Herrn, Jahwes, ruht auf mir, denn Jahwe hat mich gesalbt, um den Demütigen die frohe Botschaft zu verkünden. Er hat mich gesandt, die zu heilen, die ein gebrochenes Herz haben, den Gefangenen Freiheit auszurufen und den Gebundenen die Freilassung ... Ihr aber werdet Priester Jahwes genannt werden. Man wird euch die Diener unseres Gottes nennen. Ihr werdet den Reichtum der Nationen genießen. Ihr werdet euch ihrer Herrlichkeit rühmen. Anstelle eurer Scham werdet ihr das Doppelte haben. Anstelle der Unehre werden sie frohlocken über ihr Teil. ... Ewige Freude wird ihnen zuteilwerden. (Jesaja 61,1.6-7)

Wenn du dein Vertrauen in Jesus gesetzt hast, baue deine Beziehung zu Ihm einfach weiter aus. Er hat deine Scham durch Mut ersetzt.

> Und nun, liebe Kinder, bleibt in der Gemeinschaft mit Christus, damit ihr, wenn Er wiederkommt, voller Zuversicht seid und nicht beschämt vor Ihm zurückweichen müsst. (1. Johannes 2,28 Neue Lebende Übersetzung)

Teil 8
Deinen Glauben aufbauen

Sei du meine Vision

Von Eleanor Hull. Veröffentlicht im Jahr 1912.[244]

Sei Du meine Vision, o Herr meines Herzens;
Alles andere bedeute mir nichts, außer dass Du bist.
Du mein bester Gedanke, bei Tag oder Nacht,
Wachend oder schlafend, Deine Gegenwart mein Licht.

Sei Du meine Weisheit und Du mein wahres Wort;
Ich immer mit Dir und Du mit mir, Herr;
Du mein großer Vater, ich Dein wahrer Sohn;
Du in mir wohnend und ich mit Dir eins.

Sei Du mein Kampfesschild, Schwert für den Streit;
Sei Du meine Würde, Du mein Entzücken;
Du Zuflucht meiner Seele, Du mein hoher Turm:
Erhebe mich himmelwärts, o Kraft meiner Kraft.

Reichtum achte ich nicht, noch des Menschen leeres Lob,
Du mein Erbe, jetzt und allezeit:
Du und Du allein, an erster Stelle in meinem Herzen,
Hoher König des Himmels, mein Schatz bist Du.

Hoher König des Himmels, mein Sieg ist gewonnen,
Möge ich des Himmels Freuden erreichen, o helle Sonne des Himmels!
Herz meines eigenen Herzens, was auch geschehen mag,
Sei weiterhin meine Vision, o Herrscher über alles.

Kapitel 38 – Wie du deiner Seele Gutes tust

Es ist wichtig, eine enge Beziehung zu Jesus zu haben. Du wirst weiterhin lernen und geistlich wachsen. Du wirst sündiges, destruktives Verhalten überwinden. Du wirst dich vor Versuchung bewahren. Du wirst ein Vorbild und ein Licht für andere sein. Du wirst in der Lage sein, andere zu ermutigen. Du wirst in der Lage sein, deinen Glauben zu verteidigen. Du wirst Freude und Frieden gewinnen. Und du wirst anfangen zu lieben, wie Jesus liebt. Lass uns ein paar Wege anschauen, wie du Jesus näherkommen und deine Seele nähren kannst.

König David schrieb diesen Psalm über Gott. Er hatte Erfahrung mit Gott und wusste, dass Er gut ist.

> O schmeckt und seht, dass Jahwe gut ist. (Psalm 34,8)

In diesen Versen sagt uns Jesus, dass Er das Brot des Lebens ist. Sein Wort ist gut für deine Seele.

> Jesus sagte zu ihnen: „Ich bin das Brot des Lebens. Wer zu Mir kommt, wird nicht hungern, und wer an Mich glaubt, wird niemals dürsten. … Ich bin das Brot des Lebens. Eure Väter haben das Manna in der Wüste gegessen und sind gestorben. Dies ist das Brot, das aus dem Himmel herabkommt, damit jeder davon esse und nicht sterbe. Ich bin das lebendige Brot, das aus dem Himmel herabgekommen ist. Wenn jemand von diesem Brot isst, wird er ewig leben. Ja, das Brot, das Ich für das Leben der Welt geben werde, ist Mein Fleisch." (Johannes 6,35.48-51)

38.1. Bibellesen oder die Bibel hören

Nachdem du Jesus in dein Herz aufgenommen hast, ist das Lesen von Gottes Wort das Wichtigste, was du tun kannst. Petrus, einer der Jünger Jesu, veranschaulicht das in diesem Vers.

> Wie neugeborene Babys verlangt nach der reinen Milch des Wortes, damit ihr durch sie wachst. (1. Petrus 2,2)

Es ist wichtig, die Bibel zu lesen, weil du so Glauben erlangst und deinen Glauben wachsen lässt.

> So kommt der Glaube aus dem Hören, und das Hören durch das Wort Gottes. (Römer 10,17)

In der Bibel wird Jesus als das Wort Gottes bezeichnet. Du kannst das Wort Gottes nicht kennen, wenn du es nicht liest. Du kannst die Bibel auch hören und Gott durch Seine Worte zu dir sprechen lassen. Die gängigsten Bibel-Apps haben Audiofunktionen. Du kannst meine Website, rapture911.com, für eine Liste von Ressourcen besuchen.

Lass uns sehen, was die Bibel über das Wort Gottes sagt. In dieser Schriftstelle bezieht sich der Apostel Paulus auf Jesus als den König der Könige.

> Bis zur Erscheinung unseres Herrn Jesus Christus, welche Er zu Seiner Zeit zeigen wird, Er, der der gesegnete und alleinige Herrscher ist, der König der Könige und Herr der Herren. Er allein hat Unsterblichkeit und wohnt in einem unzugänglichen Licht, das kein Mensch gesehen hat noch sehen kann; Ihm sei Ehre und ewige Macht. Amen. (1. Timotheus 6,14-16)

Wir sehen Jesus, den König der Könige, am Ende der Drangsalszeit. Der Himmel wird geöffnet, und siehe, ein weißes Pferd, und der darauf saß, wird Treu und Wahrhaftig genannt. Er kommt hervor, trägt viele Kronen und ein Gewand, das mit Blut besprengt ist. Dies geschieht kurz bevor Er den Antichristen besiegt. In diesen Versen sehen wir, dass Jesus noch einen anderen Namen hat: das Wort Gottes. Jesus ist also das Wort Gottes.

> Ich sah den Himmel geöffnet, und siehe, ein weißes Pferd, und der darauf saß, wird Treu und Wahrhaftig genannt. In Gerechtigkeit richtet Er und führt Krieg. Seine Augen sind eine Feuerflamme, und auf Seinem Haupt sind viele Kronen. … Er ist bekleidet mit einem Gewand, das mit Blut besprengt ist. Sein Name heißt „Das Wort Gottes". … Er trägt auf Seinem Gewand und auf Seiner Hüfte einen Namen geschrieben: „KÖNIG DER KÖNIGE UND HERR DER HERREN". (Offenbarung 19,11-13.16)

Aber das wussten wir bereits, nicht wahr? Jesu Jünger Johannes sagte uns dies, als er uns Jesus vorstellte. In diesem Vers ist Jesus der „einziggeborene Sohn des Vaters".

> Im Anfang war das Wort, und das Wort war bei Gott, und das Wort war Gott. Er war im Anfang bei Gott. Alle Dinge sind durch Ihn gemacht. Ohne Ihn wurde nichts gemacht, was gemacht ist. In Ihm war das Leben, und das Leben war das Licht der Menschen. … Das Wort wurde Fleisch und wohnte unter uns. Wir sahen Seine Herrlichkeit, eine Herrlichkeit als des einen und einzigen Sohnes des Vaters, voller Gnade und Wahrheit. (Johannes 1,1-4.14)

Woher weißt du, welche Version von Gottes Wort du lesen oder hören solltest? Es gibt viele Versionen und Übersetzungen der Bibel. Wähle eine der Hauptübersetzungen, die weit verbreitet ist. Die Übersetzungen, die du in den gängigen Bibel-Apps findest, sind alle gut. Das ist meistens eine Frage des persönlichen Geschmacks. Die Hauptübersetzungen unterscheiden sich nicht in der Bedeutung. Es ist nur der Schreibstil. Ich lese gerne verschiedene Versionen. Ich finde, es hilft mir, die Schriften besser zu verstehen. Zu meinen Favoriten gehören: Neue König Jakobus Version, Neue Lebende Übersetzung, Neue Internationale Version und die Weltenglische Bibel. Es gibt auch Übersetzungen, die gemeinfrei und kostenlos sind, zum Beispiel die König Jakobus Version und die Weltenglische Bibel.

Wenn du neu in der Bibel bist und nicht weißt, wie du sie lesen sollst, schlage in Kapitel 27 in diesem Buch nach. Was den Anfang betrifft, so ist mein persönlicher Favorit das Evangelium nach Johannes. Ich denke, es ist wichtig für dich, zuerst das Evangelium zu lesen und mit Jesus bekannt zu werden. Danach liegt es an dir und daran, wohin Gott dich führt. Du könntest die anderen Evangelien von Matthäus, Markus und Lukas lesen. Du könntest auch ganz am Anfang in 1. Mose beginnen. Viele Bibeln und Bibel-Apps haben Lesepläne. Du kannst auch meine Website, rapture911.com, für einen Leseplan besuchen. Es gibt keine falsche Art, die Bibel zu lesen. Lies sie einfach.

> Gesegnet ist, wer liest, und diejenigen, welche die Worte der Prophezeiung hören und das bewahren, was darin geschrieben steht; denn die Zeit ist nahe. (Offenbarung 1,3)

38.2. Zu Gott beten

In jeder Beziehung ist es wichtig, mit der anderen Person zu kommunizieren. Mit Jesus funktioniert das genauso. Gebet ist einfach das Reden und Zeitverbringen mit Gott. Verbringe jeden Tag etwas Zeit in der Stille, um mit Gott zu sprechen, und bete dann über den Tag verteilt, wenn die Notwendigkeit entsteht oder dir danach ist.

Wir sind angewiesen, ohne Unterlass zu beten und unsere Bitten vor Gott kundzutun. Das ist es, was der Apostel Paulus tat.

> Freut euch allezeit. Betet ohne Unterlass. Seid in allem dankbar, denn das ist der Wille Gottes in Christus Jesus für euch. (1. Thessalonicher 5,16-18)

Beten kann manchmal schwer sein. Oft wissen wir nicht, was wir zu Gott sagen oder Ihn überhaupt fragen sollen. Zum Glück fragten die Jünger Jesus, wie man betet, und Er gab ihnen ein Beispiel. In diesen Versen ist Jesus der „Herr".

> Als Er an einem bestimmten Ort aufgehört hatte zu beten, sagte einer Seiner Jünger zu Ihm: „Herr, lehre uns beten, wie auch Johannes seine Jünger lehrte." Er sagte zu ihnen: „Wenn ihr betet, so sprecht: ‚Unser Vater im Himmel, geheiligt werde Dein Name. Dein Reich komme. Dein Wille geschehe auf Erden wie im Himmel. Gib uns Tag für Tag unser tägliches Brot. Und vergib uns unsere Sünden, denn auch wir selbst vergeben jedem, der uns etwas schuldig ist. Und führe uns nicht in Versuchung, sondern erlöse uns von dem Bösen.'" (Lukas 11,1-4)

Obwohl du diese Schriftstelle zu Jesus beten könntest, wäre das nicht sehr persönlich und es würde ziemlich schnell langweilig werden. Wir können also Jesu Beispiel in Dinge unterteilen, über die Er mit Gott sprach. Dann können wir unser eigenes Gebet aufbauen. Es sind mehrere Themen in Seinem Gebet enthalten. Lobpreis, zu sehen an „Vater im Himmel" und „geheiligt werde Dein Name". Fürbitte oder das Beten für andere, beschrieben als „Reich komme" und „Dein Wille geschehe auf Erden". Bitte oder das Beten für die eigenen Bedürfnisse, was das „tägliche Brot" ist. Schließlich das Bekenntnis: „vergib uns unsere Sünden". Wir werden uns jedes Einzelne genauer ansehen, um dich in deinen Gebeten zu leiten.

Lobpreis ist ein gutes Thema für die Gebetszeit. Das ist der Moment, in dem du anerkennst, dass Gott zu ehren ist und deiner Anbetung und Bewunderung würdig ist. Denke an all die wunderbaren Dinge, die Gott jeden Tag in deinem Leben getan hat und tut. Preise Ihn für diese Dinge. Es gibt viele Schriftstellen in der Bibel, die Gott preisen. Du könntest diese Gott einfach während deiner Gebetszeit vorlesen und mit Ihm darüber sprechen oder darüber, wie du dich dabei fühlst.

> Preist Jah! Preise Jahwe, meine Seele. Solange ich lebe, will ich Jahwe preisen. Ich will meinem Gott Loblieder singen, solange ich existiere. (Psalm 146,1-2)

Hier ist ein Beispiel für eine Schriftstelle, die Gott preise. Das Buch der Psalmen ist ein großartiger Ort, um nach Lobpreisversen zu suchen.

> Jahwe, Du hast mich erforscht und Du kennst mich. Du weißt um mein Sitzen und mein Aufstehen. Du verstehst meine Gedanken von fern. … Du umschließt mich

> von hinten und von vorn. Du hast Deine Hand auf mich gelegt. Diese Erkenntnis ist mir zu wunderbar. Sie ist hoch. Ich kann sie nicht erreichen. … Denn Du hast mein Innerstes gebildet. Du hast mich im Schoß meiner Mutter zusammengefügt. Ich danke Dir dafür, dass ich erstaunlich und wunderbar gemacht bin. Deine Werke sind wunderbar. Das weiß meine Seele sehr wohl. … Deine Augen sahen meinen Körper. In Deinem Buch waren sie alle geschrieben, die Tage, die für mich bestimmt waren, als noch keiner von ihnen war. Wie kostbar sind mir Deine Gedanken, Gott! Wie gewaltig ist ihre Summe! (Psalm 139,1-2.5-6.13-14.16-17)

Das Gebet sollte auch Zeit beinhalten, um für andere Fürbitte einzulegen. Dabei bittest du Gott, etwas im Leben eines anderen zu tun. Es bedeutet auch, dass du mit Gottes Willen übereinstimmst, den Er dir in der Bibel offenbart hat, wie zum Beispiel dafür zu beten, dass das Reich Jesu kommt. Du kannst für Dinge wie Heilung, Führung, Versorgung beten oder darum, dass Gott Türen öffnet, damit jemand das Evangelium hört. Der Apostel Paulus sagt uns, dass es besonders wichtig ist, für andere Gläubige zu beten.

> Und betet allezeit im Geist mit allerlei Gebeten und Flehen. Seid dazu wachsam und bleibt beharrlich im Gebet für alle Gläubigen des Herrn. (Epheser 6,18 Neue Internationale Version)

Dies ist eine Schriftstelle, die du verwenden kannst, um für Heilung zu beten.

> Ist jemand unter euch krank? Er rufe die Ältesten der Gemeinde zu sich, und sie sollen über ihm beten und ihn mit Öl salben im Namen des Herrn, und das Gebet des Glaubens wird den Kranken heilen, und der Herr wird ihn aufrichten. Wenn er Sünden begangen hat, wird ihm vergeben werden. (Jakobus 5,14-15)

Wenn du für andere betest, ist das nicht nur kraftvoll und wirksam, es sorgt auch für Heilung deiner Seele.

> Bekennt einander eure Verfehlungen und betet füreinander, damit ihr geheilt werdet. Das eindringliche Gebet eines Gerechten ist kraftvoll und wirksam. (Jakobus 5,16)

Das Gebet kann auch eine Zeit sein, um Gott zu bitten. Das ist der Moment, in dem du Gott bittest, etwas für dich zu tun. Behalte jedoch im Hinterkopf, dass Gott kein Flaschengeist ist. Nur weil du um etwas bittest, heißt das nicht, dass du es auch bekommst. Gott kann Gebete mit Ja, Nein oder Warte beantworten. Gottes Versorgung für uns steht immer im Einklang mit Gottes Willen für uns. Je enger deine Beziehung zu Jesus ist, desto ausgerichteter wirst du sein, und desto mehr werden deine Gebete Gottes Willen widerspiegeln. Erinnere dich daran, dass du ein Kind Gottes bist, wenn du deinen Glauben in Jesus gesetzt hast. Er hat dein Bestes im Sinn, und Er wird immer für dich sorgen.

In diesen Versen spricht Jesus zu Seinen Jüngern. Er teilt ein Gleichnis mit ihnen, das zeigt, dass wir immer beten müssen und niemals aufhören dürfen, Gott zu bitten.

> Er sagte ihnen aber auch ein Gleichnis darüber, dass sie allezeit beten und nicht nachlassen sollten, und sprach: „Es war ein Richter in einer Stadt, der Gott nicht fürchtete und sich vor keinem Menschen scheute. Es war aber eine Witwe in jener Stadt; die kam oft zu ihm und sprach: ‚Schaffe mir Recht gegen meinen Widersacher!‘ Und er wollte eine Zeit lang nicht; danach aber sprach er bei sich selbst: ‚Obwohl ich Gott nicht fürchte und mich vor keinem Menschen scheue, so will ich doch dieser Witwe, weil sie mir Mühe macht, Recht schaffen, damit sie mich nicht zuletzt durch ihr ständiges Kommen völlig zermürbe.‘“ Der Herr sprach: „Hört, was der ungerechte Richter sagt! Sollte Gott nicht Seinen Auserwählten Recht schaffen, die Tag und Nacht zu Ihm rufen, auch wenn Er Geduld mit ihnen hat? Ich sage euch: Er wird ihnen schnell Recht schaffen.“ (Lukas 18,1-8)

Manchmal haben wir nicht, was wir brauchen oder wollen, weil wir nicht einmal daran gedacht haben, darum zu bitten. Ein andermal liegt es daran, dass wir mit schlechten Motiven zu Gott gekommen sind, wie zum Beispiel dem Verlangen nach eigener Ehre anstatt nach Gottes Ehre.

> Ihr seid begehrlich und habt es nicht. Ihr mordet und neidet und könnt es nicht erlangen. Ihr streitet und führt Krieg. Ihr habt es nicht, weil ihr nicht bittet. Ihr bittet und empfängt es nicht, weil ihr in böser Absicht bittet, um es in euren Lüsten zu verzehren. (Jakobus 4,2-3)

Eine enge Beziehung zu Gott zu haben, wird dir helfen, um die richtigen Dinge zu bitten. In dieser Schriftstelle bedeutet „bleibt in Mir“, in Jesus zu wohnen.

> Wenn ihr in Mir bleibt und Meine Worte in euch bleiben, werdet ihr bitten, was ihr wollt, und es wird euch zuteilwerden. (Johannes 15,7)

Wie auch immer Gott sich entscheidet, deine Gebete zu beantworten, und was auch immer mit dir geschieht: Wisse, dass Gott die besten Gedanken für dich hat. Er wird dir eine Zukunft und Hoffnung geben.

> „Denn Ich weiß, was für Gedanken Ich über euch habe", spricht Jahwe, „Gedanken des Friedens und nicht des Unheils, um euch eine Zukunft und Hoffnung zu geben. Ihr werdet Mich anrufen und hingehen und zu Mir beten, und Ich will euch erhören. Ihr werdet Mich suchen und finden, wenn ihr von ganzem Herzen nach Mir fragen werdet." (Jeremia 29,11-13)

Denk daran, dass Jesus alles weiß, Er weiß also, was du brauchst, noch bevor du Ihn bittest. Jesus ist derjenige, der in diesen Versen spricht.

> Und wenn ihr betet, sollt ihr nicht unnütze Wiederholungen machen wie die Heiden; denn sie meinen, sie werden erhört, wenn sie viele Worte machen. Darum sollt ihr ihnen nicht gleichen; denn euer Vater weiß, was ihr benötigt, ehe ihr Ihn bittet. (Matthäus 6,7-8)

Hier ist ein Beispiel für ein herzliches Gebet, in dem eine Frau ihre Bitte vor Gott brachte. Wir sehen auch, dass Gott, „Jahwe", gewährte, worum sie bat, weil es Seinem Willen entsprach.

> Sie war in bitterem Seelenschmerz und betete zu Jahwe und weinte sehr. Und sie legte ein Gelübde ab und sprach: „Jahwe der Heerscharen, wenn Du das Elend Deiner Magd ansehen und an mich gedenken und Deine Magd nicht vergessen wirst, sondern Deiner Magd einen Sohn gibst, so will ich ihn Jahwe geben sein Leben lang, und kein Schermesser soll auf sein Haupt kommen." … Sie sprach: „O mein Herr, so wahr deine Seele lebt, mein Herr, ich bin die Frau, die hier bei dir stand, um zu Jahwe zu beten. Um diesen Knaben habe ich gebetet; nun hat Jahwe mir meine Bitte gewährt, die ich von Ihm erbeten habe. Darum habe auch ich ihn Jahwe überlassen. Solange er lebt, soll er Jahwe gehören." (1. Samuel 1,10-11.26-28)

Gebet sollte auch eine Zeit sein, um zu bekennen, was auf deinem Herzen liegt, was dich belastet und welche Sünden dich niederdrücken. Sage Gott, was dich beunruhigt, worüber du dir Sorgen machst, wovor du Angst hast und welches sündige Ding du gesagt oder getan hast. Erinnere dich daran, dass Gott bereits alles weiß, was du getan hast, und Er liebt dich bedingungslos. Nichts, was du getan hast, liegt außerhalb der rettenden Gnade Jesu, dessen Liebe und Barmherzigkeit keine Grenzen kennen; sie sind unendlich, so wie Er es ist. Gott wird dir vergeben. Tatsächlich hat Er dir bereits vergeben, wenn du deinen Glauben in Jesus gesetzt hast. In diesem Vers ist Gott „Er".

> Wenn wir unsere Sünden bekennen, ist Er treu und gerecht, dass Er uns die Sünden vergibt und uns reinigt von aller Ungerechtigkeit. (1. Johannes 1,9)

Indem du bekennst, nachdem du gerettet wurdest, hältst du dein Herz rein und tauschst deine Last gegen Gottes Frieden ein. Wenn du aufhörst zu bekennen und dein Herz vor Gott auszuschütten, riskierst du, dein Herz gegenüber Gott zu verhärten, und du gibst Satan die Möglichkeit, dich auf einen dunklen Pfad zu führen. Der Apostel Paulus sagt uns in diesen Versen, dass das Ausschütten unseres Herzens vor Gott auch unsere Ängstlichkeit lindert, weil Gott uns Seinen Frieden gibt, wenn wir uns entlasten.

> Sorgt euch um nichts, sondern in allem lasst durch Gebet und Flehen mit Danksagung eure Bitten vor Gott kundwerden. Und der Friede Gottes, der allen Verstand übersteigt, wird eure Herzen und eure Gedanken bewahren in Christus Jesus. (Philipper 4,6-7)

Nun gibt es noch ein weiteres wichtiges Thema, das du ins Gebet einschließen solltest. Es sollte eine Zeit der Dankbarkeit und Erkenntlichkeit sein. Es ist ein bisschen anders als Lobpreis. Sage Gott, wie dankbar du für den Segen in deinem Leben bist, dass Jesus für dich gestorben ist und dass Er für dich sorgt. Teile alles mit, was auf deinem Herzen liegt.

> Sagt allezeit Gott, dem Vater, Dank für alles im Namen unseres Herrn Jesus Christus. (Epheser 5,20)

Manchmal wirst du feststellen, dass deine Gebete sehr vage sind. Ein andermal bist du vielleicht wirklich wütend und beschwerst dich einfach bei Gott. Und oft kommst du vielleicht mit völlig egoistischen Motiven zu Gott. In Zeiten wie diesen finde ich es hilfreich, ein Kapitel oder einen Vers in der Bibel zu lesen und dann mit Gott über diesen spezifischen Vers zu sprechen. Du kannst sogar versuchen, deinen Namen in eine bestimmte Schriftstelle einzusetzen, um eine zusätzliche Selbstreflexion zu erhalten, über die du mit Gott sprechen kannst.

Nehmen wir an, du hast Gott in einer Angelegenheit um Führung gebeten und hast das Gefühl, dass du nicht wirklich gut mit Ihm kommunizierst. Hier ist eine Schriftstelle über Weisheit, die du in deinem Gebet verwenden könntest.

> Wer ist weise und verständig unter euch? Er zeige durch seinen guten Lebenswandel, dass seine Taten in Sanftmut der Weisheit getan sind. Wenn ihr aber bitteren Neid und Eigennutz in eurem Herzen habt, so rühmt euch nicht und lügt nicht gegen die Wahrheit. Das ist nicht die Weisheit, die von oben kommt, sondern eine irdische, fleischliche und dämonische. Denn wo Neid und Eigennutz ist, da ist Unordnung und jede böse Tat. Die Weisheit von oben aber ist zuerst rein, dann friedfertig, gütig, bereitwillig, voller Barmherzigkeit und guter Früchte, unparteiisch und ohne Heuchelei. (Jakobus 3,13-17)

Du könntest also so etwas beten: „Gott, bitte hilf mir, meinen guten Lebenswandel zu zeigen, dass meine Taten in Sanftmut der Weisheit getan sind. Aber wenn ich bitteren Neid und Eigennutz in meinem Herzen habe, nimm es bitte weg. Lass mich nicht prahlen oder gegen die Wahrheit lügen. Ich erkenne an, dass diese Art von Weisheit nicht vom Himmel ist, dass sie dämonisch ist. Hilf mir, mich von dieser Art von Weisheit abzuwenden. Stattdessen begehre ich die Weisheit, die von Dir kommt. Weisheit, die rein, friedfertig, gütig, bereitwillig, voller Barmherzigkeit und guter Dinge ist, unparteiisch und ohne Heuchelei."

Ich ermutige dich, in deinen Gebeten konkret und kühn zu sein. Gott kann buchstäblich alles tun. Nichts ist für Ihn unmöglich. In diesen Versen ist Gott „Er".

> Dem aber, der weit über alles hinaus zu tun vermag, was wir bitten oder uns vorstellen, entsprechend der Kraft, die in uns wirkt, Ihm sei die Ehre in der Gemeinde und in Christus Jesus auf alle Generationen von Ewigkeit zu Ewigkeit. Amen. (Epheser 3,20-21)

38.3. Die Bibel studieren

Das Lesen der Bibel ist ein wichtiges Fundament deines Wandels mit Gott. Doch wenn du die Bibel nur liest oder hörst, werden dein Glaube und dein Wandel mit Gott begrenzt sein. Du musst die Bibel studieren, wirklich verstehen, was sie bedeutet, und das Gelernte auf dein Leben und deine Umstände anwenden. Das wird dir helfen, Gott näherzukommen. Jeder kann die Bibel studieren. Wenn du deinen Glauben in Jesus gesetzt hast, bedeutet das, dass du den Heiligen Geist in dir wohnen hast. Der Heilige Geist wird dir helfen, Gottes Wort zu studieren und es auf dein Leben anzuwenden. Bete zu Gott und bitte Ihn, dir auf dieser Reise zu helfen. In diesen Versen lernen wir, dass Gottes Heiliger Geist ein Lehrer ist. Der „Vater" ist Gott und „Mein" bezieht sich auf Jesus.

> Aber der Ratgeber, der Heilige Geist, den der Vater in Meinem Namen senden wird, Er wird euch alles lehren und euch an alles erinnern, was Ich euch gesagt habe. (Johannes 14,26)

In diesem Vers ist die Salbung der Heilige Geist, den du von Jesus empfangen hast, als du deinen Glauben in Ihn gesetzt hast.

> Und die Salbung, die ihr von Ihm empfangen habt, bleibt in euch, und ihr habt es nicht nötig, dass euch jemand lehrt; sondern so, wie Seine Salbung euch über alles lehrt, so ist es wahr und keine Lüge; und wie sie euch gelehrt hat, so werdet ihr in Ihm bleiben. (1. Johannes 2,27)

Wenn du Gott um Einsicht und Verständnis anrufst, dann wirst du es finden. Denn Gott gibt Weisheit. In diesen Versen bezieht sich „meine" auf Gott.

> Mein Sohn, wenn du meine Worte annimmst und meine Gebote bei dir bewahrst, indem du der Weisheit dein Ohr leihst und dein Herz dem Verständnis zuwendest – ja, wenn du nach Einsicht rufst und deine Stimme nach Verständnis erhebst, wenn du sie suchst wie Silber und nach ihr forschst wie nach verborgenen Schätzen, dann wirst du die Furcht des HERRN verstehen und die Erkenntnis Gottes finden. Denn der HERR gibt Weisheit; aus Seinem Mund kommen Erkenntnis und Verständnis. (Sprüche 2,1-6 Neue Internationale Version)

Ein weiterer Grund, warum es wichtig ist, die Bibel zu studieren, ist, dass du wissen musst, wie du das, was du hörst und liest, am Wort Gottes prüfst. Als jemand, der zurückgelassen wurde, ist dies für dich von größter Bedeutung, weil Täuschung im Überfluss vorhanden ist. Gottes Wort ist die Wahrheit, an der du alles prüfen solltest. In diesem Vers sind die Leute, die in Beröa lebten, diejenigen, die täglich in der „Schrift forschten".

> Diese aber waren edler als die in Thessalonich; sie nahmen das Wort mit aller Bereitwilligkeit auf und forschten täglich in der Schrift, ob es sich so verhalte. (Apostelgeschichte 17,11)

Während deiner Studienzeit wirst du über die Schriftstelle, die du liest, meditieren wollen. Das Wort meditieren bedeutet nachdenken, abwägen oder reflektieren. Verwechsle dies nicht mit New-Age-Praktiken. Das ist nicht das, wovon die untenstehende Schriftstelle spricht.

> Sondern seine Lust hat am Gesetz Jahwes und über Sein Gesetz nachdenkt Tag und Nacht. Er wird sein wie ein Baum, gepflanzt an den Wasserbächen, der seine Frucht bringt zu seiner Zeit und dessen Blatt nicht verwelkt; und alles, was er tut, wird gelingen. (Psalm 1,2-3)

Du solltest auch danach streben, Verse auswendig zu lernen, damit du Gottes Wort in deinem Herzen bewahren kannst. Dies wird dir täglich helfen, weil du in der Lage sein wirst, dich an Gottes Wort zu erinnern, wenn Situationen entstehen, und du wirst daraus Kraft und Frieden schöpfen. Bewahre Gottes Wort, „Dein Wort" in den untenstehenden Versen, in deinem Herzen wie einen Schatz.

> Ich habe Dein Wort in meinem Herzen geborgen, damit ich nicht gegen Dich sündige. (Psalm 119,11)

> Dein Wort ist eine Leuchte für meinen Fuß und ein Licht für meinen Pfad. (Psalm 119,105)

> Deine Worte wurden gefunden, und ich habe sie gegessen; Deine Worte waren mir zur Freude und zum Frohlocken meines Herzens; denn ich bin nach Deinem Namen genannt, Jahwe, Gott der Heerscharen. (Jeremia 15,16)

Es gibt viele Ressourcen, die dir helfen, die Bibel zu studieren. Die meisten gedruckten Bibeln enthalten eine Konkordanz. Das ist das Register, das Themen in der Bibel auflistet. Benutze dieses Register, um dir beim Studium eines bestimmten Themas zu helfen. Nehmen wir an, du möchtest das Geben besser verstehen. Schlage Wörter wie Geben und Zehnter nach und lies die angegebenen Schriftstellen. Wenn du eine Bibel-App benutzt, suche stattdessen einfach nach diesen Schlagwörtern.

Ich nutze auch gerne Andachtsbücher, um die Bibel zu studieren. Diese geben dir eine Schriftstelle zum Lesen für den Tag und bieten einen Kommentar sowie praktische Wege an, sie anzuwenden.

Eine weitere gute Ressource ist ein Bibelkommentar. Die meisten der beliebten Bibel-Apps enthalten mehrere Kommentare. Wenn du auf eine bestimmte Schriftstelle klickst, solltest du zu den Kommentaren darüber gelangen können. Dies sind Erklärungen der Schriftstelle durch bekannte Pastoren und Bibelgelehrte. Ich finde diese sehr hilfreich, um den Kontext eines Verses zu verstehen. Ein Kommentar ist großartig, um die Bibel Buch für Buch, Kapitel für Kapitel, Vers für Vers, thematisch oder mit einem Andachtsbuch zu studieren.

Du könntest dir auch Predigten und Lehren von angesehenen Bibellehrern ansehen oder anhören. Und natürlich gibt es viele Bibelstudienbücher. Denke daran, dass das Buch nicht ausdrücklich sagen muss, dass es ein Bibelstudium ist, damit du es als solches verwenden kannst. Ich habe Bücher über alle möglichen Themen und Personen in der Bibel gelesen und eine Menge gelernt.

Du musst nicht all diese verschiedenen Arten von Bibelstudien auf einmal machen. Wechsle einfach von Zeit zu Zeit ab, um dir beim Wachsen zu helfen. Schau auf meiner Website, rapture911.com, nach Bibelstudien-Ressourcen wie den von mir erwähnten. Ich ermutige dich auch, die Bibel mit anderen zu studieren. Überlege dir, einen Freund zu fragen, ob er mit dir studiert.

Hier sind einige hilfreiche Studientipps für den Anfang. Du kannst eine Schriftstelle lesen und dann alle Fakten aufschreiben, die du gerade gelesen hast. Schreibe zu jedem Fakt die Lektion auf, die du daraus lernen kannst, und wie du sie auf dein Leben anwenden wirst. Hier ist ein anderer Ansatz: Nachdem du eine Schriftstelle gelesen hast, gehe einige Grundfragen durch, indem du Wer, Was, Wann, Wo, Warum und Wie benutzt. Diese einfachen Übungen werden dir helfen, das Gelesene besser zu verstehen.

Lass uns gemeinsam ein Beispiel durchgehen. Hier ist ein Gleichnis, eine Geschichte mit einem zu lernenden Prinzip, das Jesus lehrte. In diesen Versen ist Jesus derjenige, der spricht.

> Er redete vieles zu ihnen in Gleichnissen und sprach: „Siehe, ein Sämann ging aus, um zu säen. Und als er säte, fiel einiges an den Weg, und die Vögel kamen und fraßen es auf. Anderes aber fiel auf steinigen Boden, wo es nicht viel Erde hatte; und es ging sogleich auf, weil es keine tiefe Erde hatte. Als aber die Sonne aufgegangen war, wurde es verbrannt; und weil es keine Wurzel hatte, verdorrte es. Anderes aber fiel unter die Dornen; und die Dornen wuchsen auf und erstickten es. Anderes aber fiel auf das gute Erdreich und brachte Frucht, einiges hundertfältig, einiges sechzigfältig, einiges dreißigfältig. … So hört nun ihr das Gleichnis vom Sämann: Wenn jemand das Wort vom Reich hört und es nicht versteht, so kommt der Böse und reißt weg, was in sein Herz gesät war; das ist der, bei dem es an den Weg gesät war. Bei dem aber auf steinigen Boden gesät war, das ist der, welcher das Wort hört und es sogleich mit Freuden aufnimmt; er hat aber keine Wurzel in sich selbst, sondern hält nur eine Zeit lang stand; wenn aber Bedrängnis oder Verfolgung entsteht um des Wortes willen, so nimmt er sogleich Anstoß. Bei dem aber unter die Dornen gesät war, das ist der, welcher das Wort hört, aber die Sorge dieser Weltzeit und der Betrug des Reichtums ersticken das Wort, und es wird unfruchtbar. Bei dem aber auf das gute Erdreich gesät war, das ist der, welcher das Wort hört und versteht, der dann auch Frucht bringt und wirkt, der eine hundertfältig, der andere sechzigfältig, der dritte dreißigfältig.“ (Matthäus 13,3-8.18-23)

Nummer 1

Fakt: In diesem Gleichnis sind die Samen des Sämanns wie das Wort Gottes, und der Boden repräsentiert, wie jemand auf dieses Wort reagiert.

Lektion: Überlege, welche Art von Boden du persönlich bist, wenn Gottes Wort gesät wird. Wie reagierst du auf Gottes Wort? Ist dein Boden wie der Wegrand, der steinige Boden, der Boden mit Dornen oder der gute Boden?

Anwendung: Mein Boden ist wie der Boden, der Dornen hervorbringt. Ich lasse manchmal zu, dass die Sorgen dieser Welt Gottes Wort ersticken, weil ich mir keine Zeit nehme, in meiner Bibel zu lesen. Diese Woche werde ich mich bemühen, Gott Vorrang zu geben.

Nummer 2

Fakt: Samen, der an den Weg fiel, ist wie jemand, der Gottes Wort hört und es nicht versteht.

Lektion: Wenn du die Bibel liest, verstehst du sie? Wenn nicht, dann stelle zuerst sicher, dass du eine richtige Beziehung zu Gott hast. Wenn du Jesus als deinen persönlichen Retter angenommen hast, bedeutet das, dass der Heilige Geist in dir wohnt und dir helfen wird, Gottes Wort zu lernen und zu verstehen. Bete dann, bevor du anfängst, in der Bibel zu lesen, und bitte Gott, dir zu helfen, sie zu verstehen. Wenn du noch nicht bereit bist, diesen Schritt zu tun, wird das Bibellesen schwer für dich sein, wegen jenes Schleiers, den ich in Kapitel 27 besprochen habe. Wenn du vor dem Bibellesen betest, bitte Gott, dir zu helfen, ein weiches Herz zu haben, das bereit ist zu lernen. Gott wird treu sein. Er möchte, dass jeder Ihn kennt. Die andere Sache, die du tun kannst, ist sicherzustellen, dass du Ressourcen hast, die dir helfen zu lernen, was du gerade liest. Beginne vielleicht mit einem Kommentar. Lies ein Kapitel in der Bibel und lies dann den Kommentar, um dir zu helfen, das Gelesene zu verstehen.

Anwendung: Wenn ich diese Woche Gottes Wort lese, werde ich auch einen Kommentar dazu lesen und sehen, ob er mir hilft, das Gelesene besser zu verstehen.

Nummer 3

Fakt: Samen, der auf steinigen Boden fiel, ist wie jemand, der Gottes Wort hört und es schnell mit Freude aufnimmt, aber damit kämpft, wenn schwierige Zeiten kommen.

Lektion: Vielleicht hast du Jesus angenommen und dann direkt danach in einer Woche die ganze Bibel gelesen. Dann hast du all deinen Freunden erzählt, dass du von neuem geboren und so glücklich bist. Aber dann hat einer deiner Freunde dich verspottet und möchte nicht mehr dein Freund sein. Jetzt fragst du dich, ob du die richtige Entscheidung getroffen hast. Du hast nicht erwartet, dass so etwas passieren würde. Im Gleichnis heißt es, dass diese Person keine Wurzel hat. Wir haben alle schon Bäume gesehen, die in einem Sturm umgeweht wurden, weil sie keine tiefen Wurzeln hatten. Hier ist es dasselbe. Du bist wie der Baum, der im Sturm umgeweht wurde. Überlege, ob du dir wirklich Zeit gegeben hast, Gottes Wort zu begreifen und es in deine Seele dringen zu lassen. Du solltest in der Lage sein, jemandem deinen Glauben zu erklären und seine schwierigen Fragen zu beantworten.

<u>Anwendung</u>: Diese Woche werde ich mich auf die Stürme im Leben vorbereiten, die gegen mich aufkommen werden, weil ich ein Gläubiger an Jesus bin. Ich werde üben zu erklären, warum ich an Jesus glaube, und ich werde drei schwierige Fragen aufschreiben und die Antworten darauf in der Bibel finden, damit ich meinen Glauben verteidigen kann.

Nummer 4

<u>Fakt</u>: Samen, der unter die Dornen fiel, ist wie jemand, der Gottes Wort hört, aber weiterhin wie die Welt lebt, wie jemand, der Gott nicht kennt oder nicht glaubt.

<u>Lektion</u>: Wenn du die Bibel liest, wendest du das Gelernte auf dein Leben an? Wirst du der Sünde überführt? Hast du den Wunsch, ein besserer Mensch zu sein, mehr wie Jesus zu sein? Sobald du ein Gläubiger wirst, solltest du sichtbare Beweise in deinem Leben sehen, dass du tatsächlich eine neue Schöpfung bist. Du bist schließlich von neuem geboren worden. Es könnte viele Dinge geben, die dich an deinem Potenzial hindern. Verbringe etwas Zeit damit, kritisch darüber nachzudenken. Die Wurzel dessen ist, dass du etwas in deinem Leben über Gott gestellt hast. Es könnte sein, dass du dich unter Gläubigen auf die eine Weise verhältst und mit allen anderen auf eine andere Weise. Vielleicht benutzt du eine unsaubere Sprache, wenn du mit bestimmten Freunden zusammen bist, oder du hast eine geheime Pornosammlung. Vielleicht hängst du mit Leuten ab, die keine Gläubigen sind und die einen schlechten Einfluss auf dich haben. Das passiert, wenn uns unser Leben hier auf Erden wichtiger ist als die Beziehung, die wir zu Gott haben und die wir in der Ewigkeit weiterhin mit Gott haben werden. Erinnere

dich daran, dass Gottes Wort sagt, dass wir zuerst Ihn suchen sollen, und Er wird für alles andere sorgen (Matthäus 6,33).

Anwendung: Diese Woche werde ich eine Sünde identifizieren, die ich immer noch begehe, und ich werde sie vor Gott bekennen. Ich werde Gott bitten, mir zu helfen, sie zu überwinden und kein Verlangen mehr danach zu haben, durch die Kraft des Heiligen Geistes, der in mir wohnt.

Nummer 5

Fakt: Samen, der auf guten Boden fiel, ist wie jemand, der Gottes Wort hört, es versteht und Frucht bringt.

Lektion: Du liest also jeden Tag in der Bibel, betest und betest Gott an, und du hast gute Wurzeln, weil du die wichtigsten Grundlagen deines Glaubens an Gott verstehst. Frage dich, ob du ein Leben führst, das fruchtbar ist. Lebst du dein Leben so, dass die Menschen wissen, dass du ein Gläubiger bist? Galater Kapitel 5, Verse 16-26 sagt uns, welche Art von Frucht hervorgebracht wird, wenn wir den Heiligen Geist haben. Liebe, Friede und Selbstbeherrschung sind Beispiele dafür. Im Gegensatz dazu sagt es uns auch, was die Werke des sündigen Fleisches sind: Götzendienst, Unzucht und Neid sind Beispiele. Schau dir Galater Kapitel 5 und die Liste der geistlichen Frucht an und sieh nach, welche du verbessern könntest.

Anwendung: Diese Woche werde ich mich bemühen, in allen Situationen Selbstbeherrschung zu haben. Ich werde nicht zulassen, dass mein Temperament mit mir durchgeht, weder bei der Arbeit noch zu Hause oder wenn ich mit dem Auto fahre. Ich werde andere so behandeln, wie ich selbst behandelt werden möchte (Lukas 6,31).

Da hast du es. So kannst du die Bibel studieren und besser vorbereitet und ausgerüstet sein, um in dieser Welt zu leben.

38.4. Zeit mit anderen Gläubigen verbringen

Dies wird in der Bibel als Gemeinschaft bezeichnet. Es ist wichtig, andere Menschen in deinem Leben zu haben, die dieselben Grundüberzeugungen teilen wie du. Das sind Menschen, mit denen du über das sprechen kannst, was du durchmachst und was du in der Bibel lernst. Menschen, mit denen du beten und von denen du lernen kannst. Menschen, die du ermutigen kannst.

Es gibt keine richtige oder falsche Art, dies zu tun. Es kann so einfach sein wie das Teilen einer Mahlzeit, das gemeinsame Bibellesen oder das gemeinsame Gebet.

Der Jünger Lukas sagte, die Gläubigen teilten Mahlzeiten, nahmen gemeinsam am Abendmahl teil, beteten zusammen und studierten gemeinsam Gottes Wort.

> Alle Gläubigen widmeten sich der Lehre der Apostel und der Gemeinschaft und dem Brechen des Brotes (einschließlich des Abendmahls des Herrn) und dem Gebet. (Apostelgeschichte 2,42 Neue Lebende Übersetzung)

Er sagte auch, dass sie einander ermutigten und sich gegenseitig zu guten Werken und zur Liebe anspornten. In diesen Versen bezieht sich „der Tag" auf das zweite Kommen Jesu.

> Lasst uns aufeinander achtgeben, um uns gegenseitig zur Liebe und zu guten Werken anzuspornen, indem wir unser eigenes Zusammenkommen nicht verlassen, wie es bei einigen Sitte ist, sondern einander ermahnen, und das umso mehr, je mehr ihr den Tag herannahen seht. (Hebräer 10,24-25)

Hier sagt uns Paulus, dass die Gläubigen einander durch Singen ermutigten, eine Art der Anbetung Gottes. Christliche Lieder und Gospellieder können sehr kraftvoll sein, weil sie dir helfen, Gottes Wahrheit auswendig zu lernen, sie werden deine Stimmung und Einstellung verändern und sie werden dich an himmlische Dinge denken lassen.

> Lasst das Wort Christi reichlich in euch wohnen; in aller Weisheit lehrt und ermahnt einander mit Psalmen, Lobliedern und geistlichen Liedern, singt mit Gnade in eurem Herzen dem Herrn. (Kolosser 3,16)

Sogar das Zusammenkommen, um Gottes Wort laut zu lesen, ist kraftvoll und nützlich. In diesen Versen versammelte sich das ganze Volk, und Esra las ihnen Gottes Wort vor. Dies geschah, nachdem die Israeliten aus der babylonischen Gefangenschaft befreit worden waren und sie zurück in Jerusalem waren. Im letzten Vers erfahren wir, dass das Volk weinte, als Esra es vorlas.

> Das ganze Volk versammelte sich wie ein Mann auf dem freien Platz vor dem Wassertor; und sie sagten zu Esra, dem Schriftgelehrten, er solle das Buch des

> Gesetzes von Mose herbeibringen, das Jahwe Israel geboten hatte. … Er las daraus vor dem freien Platz vor dem Wassertor vom frühen Morgen bis zum Mittag in Gegenwart der Männer und Frauen und derer, die es verstehen konnten. Die Ohren des ganzen Volkes waren auf das Buch des Gesetzes gerichtet. … Dann pries Esra Jahwe, den großen Gott. Das ganze Volk antwortete: „Amen, Amen", und hob dabei die Hände auf. Sie beugten ihre Köpfe und beteten Jahwe an mit ihren Gesichtern zur Erde. … Sie lasen im Buch, im Gesetz Gottes, deutlich vor und gaben den Sinn an, sodass man das Gelesene verstand. … Denn das ganze Volk weinte, als sie die Worte des Gesetzes hörten. (Nehemia 8,1.3.6.8-9)

Du wirst vielleicht auch feststellen, dass deine Freunde und Verwandten, die noch ungläubig sind, Schwierigkeiten mit den Veränderungen haben werden, die bei dir und in deinem Leben geschehen, während du in deinem Glauben und deiner Beziehung zu Jesus wächst. Eine Gruppe von Gläubigen als Freunde zu haben, wird dir dabei helfen.

Die Gemeinschaft mit anderen Gläubigen wird für dich als jemand, der zurückgelassen wurde, keine leichte Aufgabe sein. Ich weiß, dass die Kirchen leer sein werden, also wirst du nicht wissen, wo du nach Menschen suchen sollst, die deinen neu gefundenen Glauben teilen. Du wirst mutig sein müssen. Beginne bei deinen Freunden, Nachbarn und Arbeitskollegen. Sprich mit ihnen über deinen Glauben. Teile mit, was du über Jesus gelernt hast. Bitte Gott, ihre Herzen für das zu öffnen, was du zu sagen hast. Oder geh online und finde ein soziales Netzwerk mit gleichgesinnten Gläubigen. Bitte Gott, dir einen Freund zu geben, mit dem du dich über Sein Wort austauschen kannst.

38.5. Sei achtsam mit dem, was du konsumierst

Wir alle kennen das Sprichwort: „Du bist, was du isst." Nun, dasselbe Prinzip lässt sich auf deine Seele anwenden. Deine Seele ist ein Spiegelbild dessen, womit du sie fütterst. Sei achtsam mit dem, was du konsumierst, zum Beispiel was du hörst, was du liest und was du siehst. All diese Dinge haben einen Einfluss auf dich, deine Überzeugungen und deine Einstellung. Fülle deinen Geist mit Dingen, die vorteilhaft für dich sind. Betreibe etwas Selbstreflexion und identifiziere jene Dinge in deinem Leben, die etwas Positives und Heilsames gebrauchen könnten. Wenn du die Bibel liest, wird Gott dir diese Bereiche ebenfalls offenbaren. Versuche, christliche Musik, Gospellieder, klassische oder instrumentale Musik zu hören. Hör auf, sündhafte, unangemessene Sendungen und Filme anzusehen. Hör auf, Erotik zu lesen, und schränke deine Zeit in den sozialen Medien ein, wenn sie destruktive Gedanken verursacht.

In diesen Versen ist Jesus derjenige, der spricht. Er sagt, dein Auge ist das Licht für deinen ganzen Körper. Sei achtsam mit dem, was du dir ansiehst.

> Die Leuchte des Leibes ist das Auge. Wenn nun dein Auge lauter ist, so ist dein ganzer Leib voller Licht; wenn es aber böse ist, so ist auch dein Leib voller Finsternis. Schau also darauf, dass das Licht in dir nicht Finsternis ist. (Lukas 11,34-35)

Denke daran, dass einige Dinge nicht gut für dich sind. Ja, als Gläubiger hat Jesus dir all deine Sünden vergeben. Das schließt deine vergangenen, gegenwärtigen und zukünftigen Sünden ein. Aber das bedeutet nicht, dass du einfach weiter sündigen solltest. Das nützt weder dir noch anderen. Der Apostel Paulus erinnert dich in diesem Vers daran, dass du leicht ein Sklave der Sünde werden kannst.

> Du sagst: „Ich darf alles tun" – aber nicht alles ist gut für dich. Aber obwohl „ich alles tun darf", darf ich mich von nichts versklaven lassen. (1. Korinther 6,12 Neue Lebende Übersetzung)

Und ehrlich gesagt ist es respektlos gegenüber Jesus, weiterhin ein sündiges Leben zu führen. Er ist für deine Sünden gestorben. Bitte Gott, in dir ein Verlangen nach reinen Dingen zu wecken und dein Herz durch ein reines zu ersetzen.

> Entsündige mich mit Ysop, so werde ich rein sein. Wasche mich, so werde ich weißer sein als Schnee. … Verbirg Dein Angesicht vor meinen Sünden und tilge alle meine Missetaten. Erschaffe mir, o Gott, ein reines Herz. Erneuere in mir einen rechten Geist. (Psalm 51,7.9-10)

Vielleicht fällt es dir schwer, deine Sünde in Bezug auf das, was du konsumierst, zu erkennen oder zu sehen, wo du dich verbessern könntest. Lies Gottes Wort. Es wird deine Gedanken und Motive offenbaren. Du könntest damit beginnen, Verse über ein paar deiner Sinne wie Sehen und Hören zu lesen. Benutze eine Konkordanz oder eine Bibel-App, um nach Wörtern wie Auge, sehen, blind, Ohr, taub und hören zu suchen. Lass dich vom Heiligen Geist leiten.

> Denn das Wort Gottes ist lebendig und wirksam und schärfer als jedes zweischneidige Schwert und dringt durch, bis es Seele und Geist scheidet, sowohl Gelenke als auch Mark, und ist ein Richter der Gedanken und Gesinnungen des Herzens. (Hebräer 4,12)

Wenn du ein Gläubiger bist, denke daran, dass Jesus jetzt in dir lebt. Er geht überallhin mit, wo du hingehst, und tut alles, was du tust. Behandle dich selbst wie den heiligen Tempel, der du bist. Betrübe den Heiligen Geist Jesu nicht durch die Art und Weise, wie du dein Leben lebst. Erinnere dich daran, dass Er jenen schrecklichen Tod durch Kreuzigung für deine Sünden gestorben ist. Zeige Ihm, wie dankbar du dafür bist und wie sehr du Ihn liebst, indem du dein Leben so führst, dass es Ihn widerspiegelt.

Kapitel 39 – Fragen und Antworten zum Glauben

In diesem Abschnitt werden wir einigen Fragen nachgehen, die du wahrscheinlich über Gott und den Glauben hast.

39.1. Warum hat ein liebender Gott das getan?

Viele von euch werden denken, dass ein liebender Gott nichts tun würde, was Schmerz und Leid verursacht, und so lehnt ihr die Wahrheit ab, dass Gott die Gläubigen entrückt hat. Lass uns anschauen, warum Gott, der die Definition von Liebe ist, Schmerz und Leid zulässt.

Wir sind in Kapitel 9 auf die Gründe eingegangen, warum Gott die Menschen entrückt hat, die verschwunden sind. Um es hier zusammenzufassen: Es geschah, um diejenigen zu schützen, die an Jesus glaubten, um diejenigen zu züchtigen, die zurückgelassen wurden, und um letztlich Menschen zu Ihm zu ziehen.

Niemand wird gerne gezüchtigt. Es ist schmerzhaft. Der Zweck ist jedoch Korrektur und Belehrung. Gottes Züchtigung ist gut für uns. Sie ist zu unserem Besten gedacht. Der Apostel Paulus erzählt uns in diesen Versen von Gottes Disziplinierung und „Züchtigung".

> Denn unsere irdischen Väter züchtigten uns für einige Jahre so, wie sie es am besten wussten. Aber Gottes Züchtigung ist immer gut für uns, damit wir an Seiner Heiligkeit teilhaben können. Keine Züchtigung macht Freude, während sie geschieht – sie ist schmerzhaft! Aber danach wird es eine friedvolle Ernte eines gerechten Lebens für diejenigen geben, die auf diese Weise geschult wurden. So fasst neuen Mut mit euren müden Händen und stärkt eure schwachen Knie. Markiert einen geraden Pfad für eure Füße, damit diejenigen, die schwach und lahm sind, nicht fallen, sondern stark werden. (Hebräer 12,10-13 Neue Lebende Übersetzung)

> Ihr habt die Ermahnung vergessen, die mit euch als mit Kindern redet: „Mein Sohn, nimm die Züchtigung des Herrn nicht leicht, und ermatte nicht, wenn du von Ihm zurechtgewiesen wirst; denn wen der Herr liebt, den züchtigt Er, und Er schlägt jeden Sohn, den Er aufnimmt." Es ist zur Züchtigung, dass ihr ausharrt. Gott geht mit euch wie mit Kindern um; denn welcher Sohn ist da, den der Vater nicht züchtigt? (Hebräer 12,5-7)

Schmerz und Leid ziehen Menschen zu Demjenigen, der allein Trost und Sicherheit bieten kann. Das ist Gott. Gott möchte nicht sehen, dass jemand verurteilt und wegen seiner Sünden in die Hölle geschickt wird.

> Wenn wir aber gerichtet werden, so werden wir vom Herrn gezüchtigt, damit wir
> nicht mit der Welt verdammt werden. (1. Korinther 11,32)

Zeiten der Not offenbaren das Herz eines Menschen. Menschen, die darüber nachdenken, was ihnen widerfährt, ziehen in Betracht, wie ihr Verhalten zu ihren Umständen beigetragen hat, und empfinden Reue darüber, wie sie sich verhalten haben. Sie werden Jesus dort finden, der ihnen vergibt. Auf der anderen Seite werden Menschen, denen es nicht leidtut, wie sie sich verhalten haben, und die bitter über die Umstände sind, in denen sie sich befinden, sich weiter von Gott entfernen, weil ihr Herz verhärten wird. Der Apostel Paulus ist derjenige, der in diesen Versen spricht.

> Denn wenn ich euch auch durch den Brief betrübt habe, so bereue ich es nicht, wenn
> ich es auch bereut hatte. Denn ich sehe, dass jener Brief euch betrübt hat, wenn auch
> nur für eine Weile. Jetzt freue ich mich – nicht darüber, dass ihr betrübt wurdet,
> sondern dass ihr zur Buße betrübt wurdet. Denn ihr seid in gottgewollter Weise
> betrübt worden, damit ihr durch uns in keiner Weise Schaden erlittet. Denn die
> gottgewollte Betrübnis bewirkt eine Buße zur Errettung, die man nicht bereuen
> muss. Die Betrübnis der Welt aber bewirkt den Tod. Denn siehe, eben dies, dass ihr
> in gottgewollter Weise betrübt worden seid, was für einen Eifer hat es in euch
> gewirkt! Ja, was für eine Verteidigung, was für eine Entrüstung, was für eine Furcht,
> was für ein Verlangen, was für einen Eifer und was für eine Bestrafung! In allem
> habt ihr bewiesen, dass ihr in der Sache rein seid. (2. Korinther 7,8-11)

Jeremia, einer der Propheten Gottes aus der Zeit des Alten Testaments, ist nur allzu vertraut damit, in schwierigen Zeiten zu leben. Er war der Prophet, der sein Volk vor der babylonischen Invasion warnte. Er knew what was coming. Als Nebukadnezar tatsächlich kam und die Stadt Jerusalem zerstörte, war Jeremia mittendrin. Jeremia ist derjenige, der in diesen Versen spricht.

> Ich bin der Mann, der Elend gesehen hat durch die Rute Seines Zorns. …
> Sicherlich wendet Er Seine Hand den ganzen Tag immer wieder gegen mich. …
> Gedenke an mein Elend und meine Heimatlosigkeit, an den Wermut und die
> Bitterkeit. … Dies nehme ich mir zu Herzen; darum habe ich Hoffnung. Es ist der
> Gnade Jahwes zu verdanken, dass wir nicht gänzlich vernichtet sind, weil Seine
> Barmherzigkeit nicht aufhört. … Denn der Herr wird nicht ewig verstoßen. Denn
> wenn Er auch Betrübnis bewirkt, so erbarmt Er Sich doch nach der Fülle Seiner
> Gnade. Denn nicht von Herzen plagt oder betrübt Er die Menschenkinder. …
> Warum beklagt sich ein lebender Mensch, ein Mann über die Strafe für seine
> Sünden? Lasst uns unsere Wege erforschen und prüfen und uns wieder zu Jahwe

bekehren. Lasst uns unser Herz samt den Händen zu Gott im Himmel erheben. Wir haben übertreten und sind rebellisch gewesen. Du hast nicht vergeben. … Ich rief Deinen Namen an, Jahwe, aus der tiefsten Grube. Du hast meine Stimme gehört: „Verbirg Dein Ohr nicht vor meinem Seufzen und meinem Schreien." Du nahtest Dich am Tag, als ich Dich anrief. Du sagtest: „Fürchte dich nicht." (Klagelieder 3,1.3.19.21-22.31-33.39-42.55-57)

Jeremia sagte uns, dass es Gottes Liebe zu verdanken ist, dass wir nicht völlig von Seinem Zorn verzehrt werden. Warum sollten wir uns beschweren, wenn wir Ärger mit Gott bekommen, wenn wir gegen Ihn sündigen? Wir sollen uns selbst prüfen und uns Gott zuwenden. Einer der Gründe, warum Gott die Gläubigen entrückt hat und Seinen Zorn sendet, ist, dass Gott den Menschen, die gegen Ihn sündigen, noch nicht vergeben hat. Sie haben keine rettende Beziehung zu Jesus. Gott braucht es, dass Sünder zu Ihm kommen. Siehst du nicht, dass dies geschah, weil Gott möchte, dass deine Seele gerettet wird? Wie kann das keine liebevolle Tat sein?

> Der Herr säumt nicht mit der Verheißung, wie es einige für ein Säumen halten; sondern Er ist geduldig mit uns, da Er nicht will, dass jemand verloren gehe, sondern dass alle zur Buße kommen. (2. Petrus 3,9)

Denke daran, dass Gott sowohl vollkommen liebend als auch gerecht ist. Er liebt jeden einzelnen Menschen, den Er je erschaffen hat. Er möchte das Beste für jeden Menschen. Unser irdisches Selbst verlangt nach Gerechtigkeit, wenn uns jemand Unrecht tut. Wir tun Gott jeden einzelnen Tag Unrecht, weil wir Sünder sind. Er ist gerecht, wenn Er gottloses und sündiges Verhalten züchtigt und bestraft. Erkenne Seine Liebe zu dir in diesem dunklen Sturm und lass dich retten.

> Gottes Liebe ist in unsere Herzen ausgegossen durch den Heiligen Geist, der uns gegeben wurde. … Gott aber beweist Seine Liebe zu uns dadurch, dass Christus für uns gestorben ist, als wir noch Sünder waren. Vielmehr nun, da wir jetzt durch Sein Blut gerechtfertigt sind, werden wir durch Ihn vor dem Zorn Gottes gerettet werden. (Römer 5,5.8-9)

39.2. Warum hat Gott die Sünde zugelassen?

Erstens, weil wir einen freien Willen haben. Wir wurden mit der Fähigkeit erschaffen, uns dafür zu entscheiden, Gott zu gehorchen oder nicht. Gott gab

Adam und Eva eine Regel: Esst nicht vom Baum der Erkenntnis des Guten und Bösen. Adam entschied sich, Gott ungehorsam zu sein, als er von jenem Baum aß. In diesen Versen ist „der Mensch" Adam.

> Jahwe Gott gebot dem Menschen und sprach: „Von jedem Baum des Gartens darfst du nach Belieben essen; aber vom Baum der Erkenntnis des Guten und Bösen, von ihm sollst du nicht essen; denn an dem Tag, an dem du davon isst, wirst du gewisslich sterben." (1. Mose 2,16-17)

Gott ist nicht derjenige, der Adam dazu versucht oder überredet hat, von dem Baum zu essen. Tatsächlich hat das niemand getan. Er hat sich schlichtweg dazu entschieden. Eva ist diejenige, die versucht wurde, und sie entschied sich dann dazu, Satans Lügen mehr zu glauben als Gottes Wahrheit, und aß die verbotene Frucht. Sie trafen beide eine Entscheidung zu sündigen. Jakobus, der Halbbruder und ein Jünger Jesu, erklärt die Versuchung in diesen Versen.

> Niemand sage, wenn er versucht wird: „Ich werde von Gott versucht"; denn Gott kann nicht vom Bösen versucht werden, und Er Selbst versucht niemanden. Sondern ein jeder wird versucht, wenn er von seiner eigenen Lust fortgezogen und entlockt wird. Danach, wenn die Lust empfangen hat, gebiert sie die Sünde. Die Sünde aber, wenn sie vollendet ist, gebiert den Tod. Irrt euch nicht, meine geliebten Brüder. Jede gute Gabe und jedes vollkommene Geschenk kommt von oben herab, von dem Vater der Lichter, bei dem keine Veränderung ist noch ein Schatten infolge von Wechsel. Nach Seinem Willen hat Er uns gezeugt durch das Wort der Wahrheit, damit wir gleichsam eine Erstlingsfrucht Seiner Geschöpfe seien. (Jakobus 1,13-18)

Mit diesem freien Willen, den wir haben, können wir das Leben oder den Tod wählen. Wenn wir uns entscheiden, Gott zu lieben und Ihm zu gehorchen, erhalten wir das Leben. Mose, das „ich" in diesen Versen, beschreibt die Wahl, die wir haben.

> Ich rufe heute den Himmel und die Erde als Zeugen gegen euch an, dass ich euch Leben und Tod, Segen und Fluch vorgelegt habe. So wähle nun das Leben, damit du lebst, du und deine Nachkommen, indem du Jahwe, deinen Gott, liebst, Seiner Stimme gehorchst und Ihm anhängst; denn Er ist dein Leben. (5. Mose 30,19-20)

Oder wenn wir denken, es sei böse, Gott zu dienen, können wir uns stattdessen entscheiden, falschen Göttern zu folgen. Josua ist derjenige, der in diesem Vers spricht.

> Wenn es euch aber böse scheint, Jahwe zu dienen, so erwählt euch heute, wem ihr dienen wollt: ob den Göttern, denen eure Väter jenseits des Stroms gedient haben, oder den Göttern der Amoriter, in deren Land ihr wohnt; ich aber und mein Haus, wir wollen Jahwe dienen. (Josua 24,15)

Zweitens wissen wir, dass Gott zulässt, dass wir zur Sünde versucht werden. Er erlaubte Satan, Eva mit der Frucht am Baum der Erkenntnis des Guten und Bösen zu versuchen. Gott lässt dies zu, weil Versuchung unseren Glauben prüft. Es bringt Reife und Vertrauen hervor, wenn wir ihr widerstehen und wenn wir nicht sündigen. Gott lässt die Sünde zu, damit unser Glaube wachsen kann. Gott lässt die Sünde zu, damit wir sie überwinden können und im Himmel belohnt werden. Jakobus erklärt uns das in diesen Versen.

> Die Prüfung eures Glaubens bewirkt Ausharren. Das Ausharren aber soll ein vollkommenes Werk haben, damit ihr vollkommen und vollständig seid und es euch an nichts mangle. … Selig ist ein Mensch, der die Versuchung erduldet; denn nachdem er bewährt ist, wird er die Krone des Lebens empfangen, welche der Herr denen verheißen hat, die Ihn lieben. (Jakobus 1,3-4.12)

Schließlich ermöglicht die Sünde es Gott, uns genau zu zeigen, wie sehr Er uns liebt. Ohne Sünde hätte Jesus Sein Leben nicht für dich geopfert. Es hätte keine Notwendigkeit bestanden. Gott hat Seine Liebe zu dir bewiesen, indem Er dir Jesus gab. Wie hättest du sonst gewusst, dass Gott dich liebt? Wir haben bereits gelernt, dass für jemanden zu sterben der ultimative Liebesbeweis für ihn ist. Damit einhergehend: Wie sollte Gott wissen, dass du Ihn liebst, wenn es keine Sünde gäbe? Indem du dich entscheidest, an Jesus zu glauben, und dich entscheidest, die Sünde zu überwinden, zeigst du Gott, wie sehr du Ihn liebst. In diesen Versen ist Gottes „einziggeborener Sohn" Jesus.

> Denn so sehr hat Gott die Welt geliebt, dass Er Seinen einziggeborenen Sohn gab, damit jeder, der an Ihn glaubt, nicht verloren gehe, sondern ewiges Leben habe. Denn Gott hat Seinen Sohn nicht in die Welt gesandt, damit Er die Welt richte, sondern damit die Welt durch Ihn gerettet werde. (Johannes 3,16-17)

Die Sünde ermöglichte es Gott, Seine Liebe, Barmherzigkeit und Seine Gnade zu zeigen. Der Apostel Paulus erklärt uns das in diesen Versen.

> Gott aber, der reich ist an Barmherzigkeit, hat um Seiner großen Liebe willen, mit der Er uns geliebt hat, auch uns, die wir tot waren durch unsere Übertretungen, mit Christus lebendig gemacht – aus Gnade seid ihr gerettet – und hat uns

> mitauferweckt und mitversetzt in die himmlischen Regionen in Christus Jesus,
> damit Er in den kommenden Zeitaltern den überragenden Reichtum Seiner Gnade
> in Güte an uns erweise in Christus Jesus; denn aus Gnade seid ihr gerettet durch
> Glauben, und das nicht aus euch; Gottes Gabe ist es, nicht aus Werken, damit
> niemand sich rühme. (Epheser 2,4-9)

Gott lässt die Sünde zu, weil Er uns liebt, und sie offenbart Seine Liebe zu uns. Wir sind schließlich Sein Meisterwerk.

> Denn wir sind Gottes Meisterwerk. Er hat uns in Christus Jesus neu erschaffen,
> damit wir die guten Dinge tun können, die Er vor langer Zeit für uns geplant hat.
> (Epheser 2,10 Neue Lebende Übersetzung)

39.3. Warum hat Gott Menschen erschaffen, die in der Hölle landen würden?

Da Gott den Anfang und das Ende kennt, mögen sich viele von euch fragen, warum Er Menschen erschaffen hat, die in der Hölle landen würden. Gott musste uns nicht erschaffen, um irgendein Bedürfnis von Ihm zu erfüllen. Er ist in jeder Hinsicht vollkommen. Er hat uns erschaffen, weil Er es wollte. Wir bereiten Ihm große Freude. Obwohl wir Sünder sind und gegen Ihn rebellieren, liebt Er jeden von uns dennoch bedingungslos. Denke daran, dass Er die Definition vollkommener Liebe ist. Er bietet eine bedingungslose Liebe ohne Grenzen.

Gott erschuf uns nach Seinem Bild, um Herrschaft über die Erde zu haben und um Gemeinschaft mit Ihm zu haben.

> Gott sprach: „Lasst uns Menschen machen nach Unserem Bild, Uns ähnlich." …
> So schuf Gott den Menschen nach Seinem Bild. Nach dem Bild Gottes schuf Er
> ihn; als Mann und Frau schuf Er sie. Und Gott segnete sie. Gott sprach zu ihnen:
> „Seid fruchtbar und mehrt euch, füllt die Erde und macht sie euch untertan.
> Herrscht über die Fische im Meer, über die Vögel des Himmels und über jedes
> Lebewesen, das sich auf der Erde regt." Und Gott sprach: „Siehe, Ich habe euch
> jedes samenbringende Kraut gegeben, das auf der gesamten Erdoberfläche ist, und
> jeden Baum, an dem samenbringende Frucht ist. Es soll euch zur Nahrung dienen.
> Und jedem Tier der Erde und jedem Vogel des Himmels und allem, was sich auf
> der Erde regt, in dem Leben ist, habe ich jedes grüne Kraut zur Nahrung gegeben";
> und es geschah so. Und Gott sah alles an, was Er gemacht hatte, und siehe, es war
> sehr gut. (1. Mose 1,26-31)

Gottes Plan ist, dass wir alles erben. Wir werden Sein Sohn oder Seine

Tochter sein. Jesu Jünger Johannes beschreibt in diesen Versen das Erbe, das Gott all Seinen Gläubigen geben wird.

> Und ich sah einen neuen Himmel und eine neue Erde; denn der erste Himmel und die erste Erde waren vergangen, und das Meer ist nicht mehr. ... Und ich hörte eine laute Stimme aus dem Himmel sagen: „Siehe, die Hütte Gottes ist bei den Menschen, und Er wird bei ihnen wohnen, und sie werden Seine Völker sein. Gott Selbst wird bei ihnen sein und ihr Gott sein. Und Gott wird jede Träne von ihren Augen abwischen; und der Tod wird nicht mehr sein, noch Leid, noch Geschrei. Es wird kein Schmerz mehr sein, denn das Frühere ist vergangen. ... Wer überwindet, wird alles erben, und Ich werde sein Gott sein, und er wird Mein Sohn sein.“ (Offenbarung 21,1.3-4.7 Neue König Jakobus Version)

Dein ewiges Ziel ist deine Entscheidung. Wir alle sündigen, und wir alle brauchen Vergebung für diese Sünde, um in Ewigkeit bei Gott zu wohnen. Deshalb hat Gott Jesus gesandt, um für uns zu sterben. Er möchte nicht, dass irgendjemand in die Hölle geht. Erinnere dich daran, dass Er die Hölle für die gefallenen Engel erschaffen hat, nicht für uns. Aber dort landen Menschen, die nicht mit Gott leben wollen.

> Gott aber beweist Seine Liebe zu uns dadurch, dass Christus für uns gestorben ist, als wir noch Sünder waren. (Römer 5,8)

> Der Herr säumt nicht mit der Verheißung, wie es einige für ein Säumen halten; sondern Er ist geduldig mit uns, da Er nicht will, dass jemand verloren gehe, sondern dass alle zur Buße kommen. (2. Petrus 3,9)

Menschen, die Kinder haben, wissen, dass diese Kinder nicht perfekt sein werden. Eltern wissen, dass sie selbst als Kind Mist gebaut haben, und sie wissen, dass ihr eigenes Kind ebenfalls Fehler machen und in Schwierigkeiten geraten wird. Dennoch entscheiden sich Eltern dafür, Kinder zu bekommen. Warum? Weil sie die Freude wollen, die Kinder bringen. Eltern lehren ihre Kinder, was richtig und falsch ist, und hoffen, dass sie die richtigen Entscheidungen treffen werden, wenn sie erwachsen sind. Genauso ist es mit uns und Gott. Wir haben eine Wahl.

> Erziehe ein Kind dem Weg entsprechend, den es gehen soll, so wird es auch im Alter nicht davon weichen. (Sprüche 22,6)

König Salomo sagt uns, dass Kinder eine Belohnung sind. Sie sind Erben.

Dies gilt für Menschen ebenso wie für Gott. Wir sind Gottes Belohnung und Seine Erben. Er möchte einen Köcher voll von Kindern. Setze dein Vertrauen in Jesus und werde ein Erbe all der Verheißungen Gottes.

> Siehe, Kinder sind ein Erbe Jahwes. Die Frucht des Leibes ist Sein Lohn. Wie Pfeile in der Hand eines Starken, so sind die Söhne der Jugend. Glücklich ist der Mann, der seinen Köcher voll von ihnen hat. (Psalm 127,3-5)

39.4. Kann ich meine Errettung verlieren?

Wenn du dein Vertrauen in Jesus Christus gesetzt hast, weil du weißt, dass Er für deine Sünden gestorben ist, dann nein, du kannst deine Errettung nicht verlieren. Du kannst dir deinen Weg in den Himmel nicht verdienen. Das Gegenteil davon ist ebenfalls wahr: Du kannst nicht aus dem Himmel entfernt werden. Deine Errettung ist nicht davon abhängig, was du tust oder nicht tust. Sie ist ein Geschenk von Gott. Als du dich entschiedest zu glauben und Gottes Geschenk annahmst, sicherte das deine ewige Zukunft ein für alle Mal.

Es spielt keine Rolle, was du getan hast, seit du dein Vertrauen in Jesus gesetzt hast. Jesus ist für alle deine Sünden gestorben. Das schließt auch deine zukünftigen Sünden ein. Du bist nun mit dem Heiligen Geist versiegelt. In dieser Schriftstelle ist „in Ihm" ein Bezug auf Jesus.

> In Ihm seid auch ihr, nachdem ihr das Wort der Wahrheit gehört habt, das Evangelium eurer Errettung – in Ihm habt ihr auch, als ihr gläubig werdet, das Siegel des verheißenen Heiligen Geistes empfangen, welcher das Unterpfand unseres Erbes ist bis zur Erlösung des Eigentums Gottes, zum Lob Seiner Herrlichkeit. (Epheser 1,13-14)

Gottes Wort sagt uns, dass nichts dich aus den Händen Gottes entfernen kann. Nicht einmal die Macht der Hölle, Satan selbst. Der Apostel Paulus sagt uns das in diesen Versen. „Engel", „Mächte" und „Gewalten" beziehen sich alle auf Satan und die anderen gefallenen Engel, die ihm folgen.

> Denn ich bin gewiss, dass weder Tod noch Leben, weder Engel noch Mächte, weder Gegenwärtiges noch Zukünftiges, noch Gewalten, weder Höhe noch Tiefe, noch irgendein anderes Geschöpf uns scheiden kann von der Liebe Gottes, die in Christus Jesus ist, unserem Herrn. (Römer 8,38-39)

In diesen Versen ist Jesus derjenige, der spricht. Er hält dich, Sein Schaf, sicher in Seiner Hand. Wer könnte dich wohl aus der Hand reißen, die größer und stärker ist als alle anderen Hände? Niemand.

> Meine Schafe hören Meine Stimme, und Ich kenne sie, und sie folgen Mir. Ich gebe ihnen ewiges Leben. Sie werden niemals verloren gehen, und niemand wird sie aus Meiner Hand reißen. Mein Vater, der sie Mir gegeben hat, ist größer als alle. Niemand kann sie aus der Hand Meines Vaters reißen. Ich und der Vater sind eins. (Johannes 10,27-30)

Du kannst auch deiner Errettung gewiss sein, weil Gott Seine Meinung nicht ändert. Er hat dich gerettet. Er wird dich niemals verlassen oder im Stich lassen.

> Gott ist nicht ein Mensch, dass Er lüge, noch ein Menschensohn, dass Er etwas bereue. Sollte Er etwas sagen und es nicht tun? Oder sollte Er etwas reden und es nicht halten? (4. Mose 23,19)

Gott hat das, was Er über deine Errettung gesagt hat, mit einem Eid bestätigt. Gott versprach, dich von deinen Sünden zu retten, dir einen Retter zu senden. Gott schwor dann auf dieses Versprechen bei Seinem eigenen Namen, da Er nicht lügen kann. Dann löste Gott dieses Versprechen ein, indem Er Jesus sandte, um dich zu retten. Wie der Apostel Paulus unten sagt, sollte dies ein Anker für deine Seele sein. Du stehst fest und sicher.

> Menschen schwören bei einem, der größer ist als sie selbst, und der Eid dient zur Bekräftigung und macht jedem Streit ein Ende. Weil Gott den Erben der Verheißung die Unwandelbarkeit Seines Ratschlusses noch deutlicher beweisen wollte, hat Er Sich mit einem Eid verbürgt. Gott tat dies, damit wir durch zwei unwandelbare Dinge, bei denen es unmöglich ist, dass Gott lügt, eine starke Ermutigung haben, die wir unsere Zuflucht dazu genommen haben, die dargebotene Hoffnung festzuhalten. Diese Hoffnung haben wir als einen Anker der Seele, der sicher und fest ist. Sie reicht bis in das Innere des Heiligtums hinter den Vorhang, wohin Jesus als Vorläufer für uns eingegangen ist. (Hebräer 6,16-20 Neue Internationale Version)

39.5. Sollte ich Suizid begehen, um dem Kommenden zu entkommen?

Nein! Gott liebt dich. Er hat dich aus einem Grund erschaffen. Dein

Leben hat einen ganz besonderen Zweck. Lass dir von niemandem etwas anderes einreden, auch nicht von dir selbst.

Ich werde Schriftstellen teilen, die dir helfen sollen, diese Gefühle zu überwinden, aber ich ermutige dich, dich an jemanden zu wenden, der darauf spezialisiert ist. Vereinbare einen Termin bei deinem Arzt oder rufe bei einer Suizid-Präventions-Hotline an oder chatte mit jemandem dort: suicidepreventionlifeline.org, 1-800-273-8255.[245] Für deine Gefühle musst du dich nicht schämen. Bitte hol dir die entsprechende medizinische Hilfe, die du brauchst.

Ich glaube, ein Grund, warum du dich so fühlst, ist ein dämonischer geistlicher Angriff gegen dich durch Satan, deinen Feind. Er hasst dich, weil Gott dich liebt. Wenn du dein Vertrauen in Jesus gesetzt hast, dann bist du eine Bedrohung für ihn, weil du die Wahrheit kennst und sie anderen erzählen kannst. Er möchte nicht, dass du das tust. Wenn er dich vom Schlachtfeld entfernen kann, erringt er einen kleinen Sieg.

Satan hat jedoch noch etwas weit Finstereres im Sinn. Falls du dein Vertrauen in Jesus noch nicht gesetzt hast, geschieht dieser geistliche Angriff, weil Satan nicht möchte, dass du es tust. Er möchte nicht, dass du erkennst, wie sehr Gott dich liebt. Er möchte nicht sehen, dass du die Ewigkeit im Himmel verbringst. Er wurde aus dem Himmel rausgeworfen. Er ist eifersüchtig auf dich und die Beziehung, die du zu Gott haben könntest. Er möchte, dass du stattdessen ihn anbetest und dasselbe ewige Schicksal erleidest wie er: die Ewigkeit in der Hölle.

Lass Satan diesen geistlichen Krieg um deine Seele nicht gewinnen!

Setze dein Vertrauen in Jesus, falls du es noch nicht getan hast, und sei durch Gottes Heiligen Geist geschützt. Jesu Jünger Petrus sagt uns, dass Satan, „der Teufel", wie ein Löwe ist, der jemanden sucht, den er verschlingen kann.

> Demütigt euch nun unter die gewaltige Hand Gottes, damit Er euch erhöhe zu Seiner Zeit, indem ihr alle eure Sorge auf Ihn werft; denn Er sorgt für euch. Seid nüchtern und wachsam. Euer Widersacher, der Teufel, geht umher wie ein brüllender Löwe und sucht, wen er verschlingen kann. Widersteht ihm, fest im Glauben, da ihr wisst, dass dieselben Leiden sich an euren Brüdern erfüllen, die in der Welt sind. Der Gott aller Gnade aber, der euch zu Seiner ewigen Herrlichkeit in Christus Jesus berufen hat, nachdem ihr eine kleine Zeit gelitten habt, Er Selbst wird euch zurichten, stärken, kräftigen und gründen. (1. Petrus 5,7-10)

Jene Schriftstelle hat uns gesagt, dass wir unsere Sorgen auf Gott werfen sollen. Dass wir erkennen sollen, dass unser Feind immer nach einem Weg sucht, uns zu vernichten. Ein Weg, wie Satan das versucht, ist durch unsere Gedanken. Wenn er beeinflussen und kontrollieren kann, was wir denken, bedeutet das, dass wir darauf hören werden, wie er uns sagt, was wir tun sollen. Deshalb ist es so wichtig, deine Gedanken und Sorgen auf Gott zu werfen. Er wird deine Angst wegwischen und dir im Gegenzug Seinen Frieden geben. Tu das genau jetzt! Sage Gott, wie du dich fühlst und warum. Entlaste dein Herz und deinen Geist.

> Die Gerechten schreien, und Jahwe hört es und rettet sie aus all ihrer Not. Jahwe ist nahe denen, die ein gebrochenes Herz haben, und hilft denen, die einen zerschlagenen Geist haben. Der Gerechte muss viel leiden, aber aus alledem rettet ihn Jahwe. (Psalm 34,17-19)

> Wirf dein Anliegen auf den HERRN, und Er wird dich versorgen. Er wird niemals zulassen, dass der Gerechte wankt. (Psalm 55,22 Neue Lebende Übersetzung)

Gott wird dir nahekommen. Er kommt denen nahe, die ein gebrochenes Herz haben. Hab Hoffnung. Er wird dich von deinem Elend befreien.

> „Denn Ich weiß, was für Gedanken Ich über euch habe", spricht Jahwe, „Gedanken des Friedens und nicht des Unheils, um euch eine Zukunft und Hoffnung zu geben." (Jeremia 29,11)

Sei ermutigt, dass Gott immer bei dir ist. Wenn du ein Gläubiger bist, hast du die Kraft Gottes in dir wohnen. Gott wird dich stärken. In diesen Versen ist Gott das „Ich".

> Dich, den Ich von den Enden der Erde ergriffen und aus ihren Winkeln gerufen habe und zu dem Ich sprach: „Du bist Mein Knecht, Ich habe dich erwählt und dich nicht verworfen." Fürchte dich nicht, denn Ich bin mit dir. Sei nicht bestürzt, denn Ich bin dein Gott. Ich werde dich stärken. Ja, Ich werde dir helfen. Ja, Ich werde dich stützen mit der rechten Hand Meiner Gerechtigkeit. (Jesaja 41,9-10)

Lies jeden Tag deine Bibel, Gottes Wort, und bete jeden Tag. Dies wird deinen Glauben aufbauen und es wird dir die Ausdauer geben, die du brauchst, um dein Leben zu leben. Du musst dich vorwärtsdrängen, wie der Apostel Paulus uns sagt. Er konzentrierte sich auf das, was vor ihm lag, und vergaß seine Vergangenheit.

> Nein, liebe Brüder und Schwestern, ich habe es noch nicht erreicht, aber ich konzentriere mich auf dieses eine: Ich vergesse die Vergangenheit und schaue auf das, was vor mir liegt; ich jage dem Ziel nach, um das Ende des Rennens zu erreichen und den himmlischen Preis zu empfangen, zu dem Gott uns durch Christus Jesus beruft. (Philipper 3,13-14 Neue Lebende Übersetzung)

Paulus' Fokus lag auf dem Himmel und Gottes Verheißungen, die dort auf ihn warteten. Er wusste, dass seine Ausdauer nicht vergeblich sein würde und dass eine Krone auf ihn wartete. Wenn du ein Gläubiger bist, hast auch du Schätze im Himmel, die auf dich warten. Lass Satan sie nicht stehlen. Paulus beschreibt den himmlischen Preis, der wartet, in diesen Versen.

> Ich habe den guten Kampf gekämpft. Ich habe den Lauf vollendet. Ich habe den Glauben bewahrt. Von nun an liegt für mich die Krone der Gerechtigkeit bereit, welche mir der Herr, der gerechte Richter, an jenem Tag geben wird; nicht aber mir allein, sondern auch allen, die Seine Erscheinung lieb gewonnen haben. (2. Timotheus 4,7-8)

Nun wird das Setzen deines Vertrauens in Jesus dich nicht vor den Härten des Lebens bewahren. Du musst dich als einen Soldaten in der Armee Jesu betrachten. Führe ein Leben, das Jesus gefällt und in Seinem Dienst steht. Erinnere dich daran, dass du dich in einem geistlichen Kampf befindest. Paulus sagt uns, dass er alles für Jesus erduldete, weil er wollte, dass jeder hört, wie er gerettet werden kann. In diesen Versen sind die Gläubigen die „Auserwählte".

> Du nun erdulde die Härten als ein guter Soldat Christi Jesu. Kein Soldat im Dienst verstrickt sich in die Angelegenheiten des Lebens, damit er dem gefalle, der ihn als Soldaten angeworben hat. ... Ich leide Härte bis hin zu Fesseln wie ein Übeltäter. Aber das Wort Gottes ist nicht gefesselt. Darum erdulde ich alles um der Auserwählten willen, damit auch sie die Errettung erlangen, die in Christus Jesus ist mit ewiger Herrlichkeit. Das Wort ist gewiss: „Denn wenn wir mitgestorben sind, so werden wir auch mitleben. Wenn wir ausharren, so werden wir auch mitherrschen." (2. Timotheus 2,3-4.9-12)

Ich hoffe, du hast dein Vertrauen in Jesus gesetzt. Wenn ja, bist du ein Kind Gottes, und nichts kann deinem ewigen Selbst schaden. Nichts! Gott kann alles tun. Wenn du zurückgelassen wurdest und es Gottes Wille ist, dass du am Leben bist, wenn Jesus zurückkehrt, damit du in deinem jetzigen Körper in Sein tausendjähriges Reich eingehen kannst, dann wird Gott das geschehen lassen. Gott könnte dich vor all den Dingen schützen, vor denen du dich während der Drangsalszeit fürchtest. Was für ein glorreicher Tag das sein wird!

> Nun alle Ehre Gott, der durch Seine gewaltige Kraft, die in uns wirkt, unendlich viel mehr tun kann, als wir erbitten oder uns vorstellen können. (Epheser 3,20 Neue Lebende Übersetzung)

Hab Glauben und verliere nicht die Hoffnung. Da Gott alles tun kann, bedeutet das, dass du durch die Kraft Jesu in dir alles tun kannst. Du kannst überwinden, weil Jesus überwunden hat. Der Apostel Paulus ist derjenige, der in diesen Versen spricht.

> Nicht dass ich wegen Mangels spreche, denn ich habe gelernt, worin auch immer ich bin, darin zufrieden zu sein. Ich weiß sowohl erniedrigt zu sein, als ich auch weiß, Überfluss zu haben. In jedem und in allem bin ich eingeweiht, sowohl satt zu sein als auch zu hungern, sowohl Überfluss zu haben als auch Mangel zu leiden. Ich kann alles durch Christus, der mich stärkt. … Mein Gott aber wird jedem eurer Bedürfnisse abhelfen nach Seinem Reichtum in Herrlichkeit in Christus Jesus. (Philipper 4,11-13.19)

39.6. Kann ich beten, um die Toten zu retten?

Ich weiß, dass einige von euch von falschen Religionen und falschen Lehrern gehört haben mögen, dass man für Menschen beten und sie retten kann, die bereits gestorben sind. Nein. Das ist nicht wahr. Du hast nicht die Macht, jemanden zu retten, nicht einmal dich selbst. Du kannst dich auch nicht in den Himmel beten oder dir den Weg dorthin verdienen. Du kannst auch nicht einen anderen Menschen in den Himmel beten oder dessen Weg dorthin verdienen. Jesus Christus ist der Einzige mit der Macht zu retten. Deshalb wird Er der Retter genannt. Jesus hat dir den Weg in den Himmel verdient. Er ist für deine Sünden gestorben. Jeder Mensch muss eine persönliche Entscheidung über Jesus treffen, bevor er stirbt. Wenn du dich entscheidest zu akzeptieren, dass Jesus deinen Weg in den Himmel bezahlt hat, dann kommst du hinein.

Der Apostel Paulus sagt uns in diesen Versen, dass wir ein Mal sterben und dann gerichtet werden.

> Und wie es den Menschen bestimmt ist, einmal zu sterben, danach aber das
> Gericht, so ist auch Christus, nachdem Er einmal dargebracht worden ist, um die
> Sünden vieler zu tragen, ein zweites Mal erscheinen, ohne Sünde, denen, die auf
> Ihn warten zur Errettung. (Hebräer 9,27-28)

Jesus erzählte eine Geschichte, um diese Wahrheit zu veranschaulichen. In diesen Versen sehen wir einen reichen Mann sterben. Er hatte keine Beziehung zu Jesus. Er ist in Qualen und möchte Trost, weil er nicht im Himmel ist. Er ruft zu Abraham, der im Himmel ist.

> Es war aber ein gewisser reicher Mann, und er kleidete sich in Purpur und feine
> Leinwand und lebte alle Tage herrlich und in Freuden. Ein gewisser Bettler aber,
> mit Namen Lazarus, war an sein Tor gelegt worden, voll von Geschwüren.... ...
> Es geschah aber, dass der Bettler starb und von den Engeln in Abrahams Schoß
> getragen wurde. Es starb aber auch der Reiche und wurde begraben. Und im
> Hades schlug er seine Augen auf, als er in Qualen war, und sah Abraham von
> ferne und Lazarus in seinem Schoß. Und er rief und sprach: „Vater Abraham,
> erbarme dich meiner und sende Lazarus, dass er die Spitze seines Fingers ins
> Wasser tauche und meine Zunge kühle! Denn ich leide Pein in dieser Flamme."
> Abraham aber sprach: „Sohn, gedenke daran, dass du dein Gutes empfangen hast
> in deinem Leben, und Lazarus gleichermaßen das Böse. Nun aber wird er hier
> getröstet, du aber leidest Pein. Und zu alledem ist zwischen uns und euch eine
> große Kluft befestigt, damit die, welche von hier zu euch hinübergehen wollen,
> es nicht können, und damit auch die von dort nicht zu uns herüberkommen
> können." Er sprach: „Ich bitte dich nun, Vater, dass du ihn in das Haus meines
> Vaters sendest; denn ich habe fünf Brüder, dass er ihnen alles ernstlich bezeuge,
> damit nicht auch sie an diesen Ort der Qual kommen." Abraham aber sprach zu
> ihm: „Sie haben Mose und die Propheten. Mögen sie auf diese hören." Er aber
> sprach: „Nein, Vater Abraham, sondern wenn einer von den Toten zu ihnen geht,
> so werden sie Buße tun." Er sprach zu ihm: „Wenn sie auf Mose und die Propheten
> nicht hören, so werden sie sich auch nicht überzeugen lassen, wenn einer aus den
> Toten aufersteht." (Lukas 16,19-20.22-31)

Der reiche Mann kann nicht zu Abraham gelangen, weil eine große Trennung sie scheidet. Der reiche Mann wusste, dass er die falsche Wahl getroffen hatte, als er am Leben war. Was begehrte der reiche Mann in seiner Qual? Er bat Abraham nicht darum, für ihn zu beten oder jemanden auf Erden, der noch am Leben war, für ihn beten zu lassen. Nein, das liegt daran, dass Abraham ihm sagte, dass es kein Hinübergehen zwischen Himmel und Hölle gibt, wenn man erst einmal tot ist. Der reiche Mann wusste, dass er verdammt war, und so verlagerte er den Fokus auf die Menschen, die ihm wichtig waren und die noch am Leben waren.

Das ist derjenige, auf den auch du dich konzentrieren musst. Die Toten haben ihr ewiges Ziel bereits besiegelt. Du kannst das nicht ändern. Die persönliche Entscheidung, die du über Jesus triffst, während du auf Erden lebst, wird dich für alle Ewigkeit beeinflussen. Konzentriere dich darauf, diejenigen zu erreichen, die noch am Leben sind, mit der Botschaft von Gottes Wahrheit, dass Jesus gestorben ist, um sie zu retten.

39.7. Welches Verhalten ist sündhaft?

Alles, was im Gegensatz zu Gott steht, ist sündhaft. Alles, was nicht vollkommen und heilig ist, ist sündhaft. Die Bibel ist voll von Beispielen dessen, was man nicht tun sollte. Eine zentrale Wahrheit, die du verstehen musst, ist, dass du niemals vollkommen sein wirst, solange du noch hier auf Erden in deinem jetzigen Körper bist. Du kannst und solltest jedoch sicherlich danach streben, ein gottgefälliges und moralisches Leben zu führen. Du willst nicht weiter sündigen und ein Leben führen, das Jesus im Grunde ins Gesicht spuckt. Aber wisse, dass du immer noch Fehler machen und gelegentlich sündigen wirst, und das ist okay, weil Gott dir bereits vergeben hat.

Diese Schriftstellen listen einige Verhaltensweisen auf, die nach der Lehre des Apostels Paulus gemieden werden sollten. Du kannst sehen, dass Gott besonders um sexuelle Reinheit besorgt ist, sowohl in der Tat als auch im Gedanken. Das Wort Heiligung, das du in diesen Versen sehen wirst, bedeutet, von Sünde gereinigt zu werden.

> Offenbar sind aber die Werke des Fleisches, welche sind: Ehebruch, sexuelle Unmoral, Unreinheit, Zügellosigkeit, Götzendienst, Zauberei, Feindschaft, Streit, Eifersucht, Zornesausbrüche, Selbstsucht, Zwietracht, Spaltungen, Neid, Mord, Trunkenheit, Gelage und dergleichen; von denen ich euch im Voraus sage, wie ich es auch schon vorhergesagt habe, dass die, welche solches tun, das Reich Gottes nicht erben werden. (Galater 5,19-21)

> Flieht die sexuelle Unmoral! „Jede Sünde, die ein Mensch begeht, ist außerhalb des Leibes"; wer aber sexuelle Unmoral begeht, sündigt gegen den eigenen Leib. Oder wisst ihr nicht, dass euer Leib ein Tempel des Heiligen Geistes ist, der in euch wohnt, den ihr von Gott habt? Ihr gehört nicht euch selbst, denn ihr seid um einen Preis erkauft worden. Darum verherrlicht Gott in eurem Leib und in eurem Geist, welche Gottes sind. (1. Korinther 6,18-20)

> Denn dies ist der Wille Gottes: eure Heiligung, dass ihr euch von der sexuellen Unmoral fernhaltet, dass jeder von euch seinen eigenen Leib in Heiligung und Ehre zu beherrschen wisse, nicht in leidenschaftlicher Lust… … Denn Gott hat uns nicht zur Unreinheit berufen, sondern in Heiligung. (1. Thessalonicher 4,3-5.7)

> Weder sexuell Unmoralische noch Götzendiener noch Ehebrecher noch männliche Prostituierte noch Homosexuelle noch Diebe noch Habsüchtige noch Trunkenbolde noch Lästerer noch Räuber werden das Reich Gottes erben. Und solche sind einige von euch gewesen; aber ihr seid reingewaschen worden. Aber ihr seid geheiligt worden. Aber ihr seid gerechtfertigt worden im Namen des Herrn Jesus und im Geist unseres Gottes. (1. Korinther 6,9-11)

Jesus ist derjenige, der in diesen Versen spricht, und Er sagt uns, dass auch das Nachdenken über Dinge, über die wir nicht nachdenken sollten, Sünde ist.

> Ihr habt gehört, dass gesagt wurde: „Du sollst nicht ehebrechen"; Ich aber sage euch, dass jeder, der eine Frau ansieht, um sie zu begehren, schon Ehebruch mit ihr begangen hat in seinem Herzen. (Matthäus 5,27-28)

Gott möchte auch nicht sehen, dass du in die Irre geführt wirst und sündigst, indem du ein Idol anbetest. Alles, was du über Gott gestellt hast, ist ein Idol. Den Antichristen, Satan, Aliens, dich selbst, deinen Job, deine Familie, deinen Besitz, einen Dämon oder einen falschen Gott anzubeten – das alles sind Idole.

> Darum, meine Geliebten, flieht vor dem Götzendienst. (1. Korinther 10,14)

> Und die übrigen Menschen, die nicht getötet wurden durch diese Plagen, taten nicht Buße über die Werke ihrer Hände, dass sie nicht mehr die Dämonen anbeteten und die Götzen aus Gold, Silber, Erz, Stein und Holz, die weder sehen noch hören noch gehen können. (Offenbarung 9,20)

Ein solches Idol, das Gott erwähnt, ist die Liebe zum Geld. Satan wird deine Liebe zum Geld benutzen, um dich von Gott wegzuziehen und in alle möglichen anderen Sünden zu verstricken.

> Diejenigen aber, die reich werden wollen, fallen in Versuchung und Fallstricke und in viele törichte und schädliche Lüste, welche die Menschen in Verderben und Untergang stürzen. Denn die Geldgier ist eine Wurzel alles Bösen. Etliche, die danach getrachtet haben, sind vom Glauben abgeirrt und haben sich selbst mit vielen Schmerzen durchbohrt. (1. Timotheus 6,9-10)

39.8. Wie kann ich ein heiliges Leben führen?

Sobald du dein Vertrauen in Jesus gesetzt hast, bist du berufen, ein heiliges Leben zu führen, das Gott verherrlicht. Erinnere dich daran, dass der Heilige Geist in dir wohnt und Er heilig ist. Du möchtest den Heiligen Geist nicht betrüben, indem du weiterhin in Sünde eintauchst. „Ein heiliges Leben führen" bedeutet, ein Leben zu führen, das vom weltlichen System oder dem weltlichen Weg abgesondert ist. Ein Leben, das sich von denen unterscheidet, die nicht glauben. In diesen Versen bezieht sich „Er, der euch berufen hat" auf Jesus.

> Darum umgürtet die Lenden eures Verstandes. Seid nüchtern und setzt eure Hoffnung ganz auf die Gnade, die euch dargeboten wird bei der Offenbarung Jesu Christi – als Kinder des Gehorsams passt euch nicht euren früheren Lüsten an, die ihr in eurer Unwissenheit hattet, sondern wie Er, der euch berufen hat, heilig ist, seid auch ihr heilig in eurem ganzen Wandel; denn es steht geschrieben: „Ihr sollt heilig sein, denn Ich bin heilig." (1. Petrus 1,13-16)

Bete nicht die Welt an oder die Dinge in der Welt. Dinge wie Besitz, Geld, Beziehungen und Errungenschaften. Jesu Jünger Johannes sagt uns, dass wir stattdessen Gott lieben sollen.

> Habt nicht lieb die Welt noch was in der Welt ist. Wenn jemand die Welt lieb hat, so ist die Liebe des Vaters nicht in ihm. Denn alles, was in der Welt ist, die Lust des Fleisches, die Lust der Augen und der Hochmut des Lebens, ist nicht vom Vater, sondern von der Welt. Und die Welt vergeht mit ihrer Lust; wer aber den Willen Gottes tut, der bleibt in Ewigkeit. (1. Johannes 2,15-17)

Denke stattdessen an die himmlischen Dinge droben. Erinnere dich daran, dass du eine neue Schöpfung bist, wenn du dein Vertrauen in Jesus gesetzt hast. Lege also deine neue Natur an: ein Herz voll Erbarmen, Vergebung und Liebe. Der Apostel Paulus sagt uns in diesen Versen, wie man das macht.

> Sinnt auf das, was droben ist, nicht auf das, was auf Erden ist. Denn ihr seid gestorben, und euer Leben ist verborgen mit Christus in Gott. ... Tötet nun eure Glieder, die auf Erden sind: sexuelle Unmoral, Unreinheit, Leidenschaft, böse Lust und die Habsucht, die Götzendienst ist. ... In diesen seid auch ihr einst gewandelt, als ihr darin lebtet; nun aber legt auch ihr das alles ab: Zorn, Grimm, Bosheit, Lästerung, schändliches Reden aus eurem Mund. Lügt einander nicht an,

> da ihr den alten Menschen mit seinen Werken ausgezogen und den neuen Menschen angezogen habt, der erneuert wird zur Erkenntnis nach dem Ebenbild Seines Schöpfers.... ... So zieht nun an als Gottes Auserwählte, Heilige und Geliebte, herzliches Erbarmen, Gütigkeit, Demut, Sanftmut, Langmut; ertragt einander und vergebt einander, wenn einer gegen den anderen eine Klage hat; wie auch Christus euch vergeben hat, so tut auch ihr. Über dies alles aber zieht die Liebe an, die das Band der Vollkommenheit ist. (Kolosser 3,2-3.5.7-10.12-14)

Deine alte Natur gierte nach sündigen Dingen und wird Krieg gegen deine neue Natur führen. Du wirst also der Versuchung widerstehen müssen. Wenn du den Versuchungen des Teufels widerstehst, wird er von dir fliehen. Gott wird nicht zulassen, dass du über dein Vermögen versucht wirst, und Er bietet immer einen Ausweg aus der Versuchung.

> Unterwerft euch nun Gott. Widersteht dem Teufel, so flieht er von euch. (Jakobus 4,7)

> Keine Versuchung hat euch ergriffen als nur eine menschliche. Gott aber ist treu, der nicht zulassen wird, dass ihr über euer Vermögen versucht werdet, sondern Er wird mit der Versuchung auch den Ausweg schaffen, sodass ihr sie ertragen könnt. (1. Korinther 10,13)

Sünde umfasst jedoch mehr als dein physisches Verhalten. Sie schließt auch dein Gedankenleben ein. Das ist oft der Anfang der Sünde. Du denkst über etwas nach, über das du nicht nachdenken solltest, und entscheidest dich dann, danach zu handeln. Du musst deine Gedanken gefangen nehmen. Deshalb ist es so wichtig, an himmlische Dinge zu denken und deine Augen und deinen Geist mit göttlichen Dingen zu füllen.

> Wir zerstören Argumente und jeden Hochmut, der sich gegen die Erkenntnis Gottes erhebt, und wir nehmen jeden Gedanken gefangen, um ihn Christus gehorsam zu machen. (2. Korinther 10,5 Neue Internationale Version)

Halte deine Augen auf Jesus gerichtet und lass dich vom Heiligen Geist in allem, was du tust, leiten. Paulus sagt uns in diesen Versen, was hervorgebracht wird, wenn wir den „Geist", also den Heiligen Geist, in uns wohnen haben.

> Ich sage aber: Wandelt im Geist, so werdet ihr die Lust des Fleisches nicht vollbringen. ... Die Frucht des Geistes aber ist Liebe, Freude, Friede, Geduld, Freundlichkeit, Güte, Treue, Sanftmut, Selbstbeherrschung. Gegen solche Dinge gibt es kein Gesetz. (Galater 5,16.22-23)

Kenne das Wort Gottes und bewahre es in deinem Herzen, damit du in Zeiten der Not darauf zurückgreifen kannst. In diesem Vers bedeutet „Dein Wort" Gottes Wort und „Dich" bedeutet Gott.

> Ich habe Dein Wort in meinem Herzen geborgen, damit ich nicht gegen Dich sündige. (Psalm 119,11)

Gott hat uns in diesem Vers gesagt, was Er von uns verlangt. Wenn du eine enge Beziehung zu Gott hast, werden all die anderen guten Eigenschaften folgen.

> Er hat dir gezeigt, o Mensch, was gut ist. Was verlangt Jahwe von dir anderes, als Gerechtigkeit zu üben, Barmherzigkeit zu lieben und demütig zu wandeln mit deinem Gott? (Micha 6,8)

Ich denke, Liebe ist die beste Eigenschaft deiner neuen Natur. Übe dich also darin, Liebe gegenüber anderen und dir selbst zu sein. Paulus beschreibt in diesen Versen, was es bedeutet zu lieben.

> Und wenn ich alle meine Habe zur Speisung der Armen austeilte und wenn ich meinen Leib hingäbe, um verbrannt zu werden, aber keine Liebe hätte, so nützte es mir nichts. Die Liebe ist langmütig und gütig. Die Liebe neidet nicht. Die Liebe prahlt nicht, sie ist nicht stolz, sie verhält sich nicht unanständig, sie sucht nicht das Ihre, sie lässt sich nicht erbittern, sie rechnet das Böse nicht zu; sie freut sich nicht über die Ungerechtigkeit, sie freut sich aber mit der Wahrheit; sie erträgt alles, sie glaubt alles, sie hofft alles, sie erduldet alles. Die Liebe hört niemals auf. … Nun aber bleiben Glaube, Hoffnung, Liebe – diese drei. Die Größte aber unter ihnen ist die Liebe. (1. Korinther 13,3-8.13)

39.9. Was bedeutet es, einen anderen zu richten?

Ich weiß, dass die meisten von euch gehört haben, dass man einen anderen Menschen nicht richten sollte. Es ist erstaunlich, dass Menschen, die noch nie die Bibel gelesen haben, den Vers kennen: „Richtet nicht, damit ihr nicht gerichtet werdet." Das Problem ist, dass dies nicht die gesamte Schriftstelle ist; sie wird also aus dem Zusammenhang gerissen und vermittelt nicht die wahre Bedeutung dessen, was wir lernen sollen. Lasst es uns selbst lesen und sehen, was dort steht. Jesus ist derjenige, der in diesen Versen spricht.

> Richtet nicht, damit ihr nicht gerichtet werdet. Denn mit was für einem Urteil ihr richtet, werdet ihr gerichtet werden; und mit was für einem Maß ihr messt, wird euch gemessen werden. Was siehst du aber den Splitter im Auge deines Bruders und bemerkst den Balken in deinem eigenen Auge nicht? Oder wie willst du zu deinem Bruder sagen: „Halt still, ich will den Splitter aus deinem Auge ziehen", und siehe, ein Balken ist in deinem Auge? Du Heuchler! Zieh zuerst den Balken aus deinem eigenen Auge, und dann kannst du klar sehen, um den Splitter aus dem Auge deines Bruders zu ziehen. (Matthäus 7,1-5)

Wir lernen also nun, dass es okay ist, auf die Sünde einer anderen Person hinzuweisen, was der „Splitter im Auge deines Bruders" ist. Zuvor musst du dich selbst sorgfältig prüfen und sicherstellen, dass du nicht unter der gleichen Sünde leidest, was der „Balken in deinem eigenen Auge" ist.

In diesen Versen lernen wir, dass noch etwas mehr dazugehört. Wir müssen auch liebevoll und geduldig sein, wenn wir jemandem bei seiner Sünde helfen. „Zurechtweisen" bedeutet, mit gütiger Absicht zu korrigieren.

> Verkündige das Wort; sei bereit zu gelegener und ungelegener Zeit; weise zurecht, tadle, ermahne mit aller Geduld und Lehre. Denn es wird eine Zeit kommen, da sie die gesunde Lehre nicht ertragen werden, sondern sich nach ihren eigenen Lüsten Lehrer aufhäufen werden, weil sie kitzlige Ohren haben. (2. Timotheus 4,2-3)

> Seid aber gegeneinander gütig, mitleidig und vergebt einander, so wie auch Gott in Christus euch vergeben hat. (Epheser 4,32)

Wenn jemand gegen dich gesündigt hat und du möchtest, dass die Person es weiß, dann konfrontiere sie zuerst unter vier Augen mit ihrer Sünde. Wenn das nicht funktioniert, sie nicht um Verzeihung bittet, nicht glaubt, gesündigt zu haben, und stattdessen einfach nur wütend auf dich wird, dann nimm eine weitere Person mit, die Zeuge der Sünde ist, um sie erneut zu konfrontieren. Diese Verse veranschaulichen diesen guten Rat, und er stammt direkt von Jesus, der hier spricht.

> Wenn dein Bruder gegen dich sündigt, so geh hin und weise ihn zurecht zwischen dir und ihm allein. Wenn er auf dich hört, so hast du deinen Bruder gewonnen. Wenn er aber nicht hört, so nimm noch einen oder zwei mit dir, damit aus dem Mund von zwei oder drei Zeugen jede Sache bestätigt werde. Wenn er sich weigert, auf sie zu hören, so sage es der Gemeinde. Wenn er sich weigert, auch auf die Gemeinde zu hören, so sei er dir wie ein Heide oder ein Zöllner. (Matthäus 18,15-17)

Hier ist eine wichtige Wahrheit: Es ist okay, einem Mitmenschen zu helfen, seine Sünde zu überwinden. Tatsächlich ist das der einzige Weg, wie Menschen jemals gerettet werden. Satan hat diese Wahrheit verdreht und die Bedeutung des Richtens verwirrt, weil er nicht möchte, dass irgendjemand gerettet wird. Jesu Jünger Jakobus erklärt uns das in diesen Versen.

> Brüder, wenn jemand unter euch von der Wahrheit abirrt und ihn jemand bekehrt, so soll er wissen: Wer einen Sünder von seinem Irrweg bekehrt, der wird eine Seele vom Tod retten und eine Menge Sünden bedecken. (Jakobus 5,19-20)

39.10. Sollte ich der Weltregierung gehorchen?

Ja und nein. Es kommt darauf an, was von dir verlangt wird. Gott hat uns gesagt, dass Er Führungspersonen in ihre Position bringt. Das gilt für alle Anführer, ob du sie nun als gut oder schlecht ansiehst. Alle Anführer, jeder einzelne von ihnen, erhält seine Autorität von Gott. Das bedeutet, dass sogar der Antichrist seine Autorität von Gott erhält.

Der Prophet Daniel sagte uns, dass Gott Könige absetzt und Könige einsetzt.

> Daniel antwortete: „Gepriesen sei der Name Gottes von Ewigkeit zu Ewigkeit; denn Weisheit und Macht sind Sein. ... Er setzt Könige ab und setzt Könige ein." (Daniel 2,20-21)

Hier berichtet uns der Apostel Paulus von dieser Wahrheit von Gott. Gott ist derjenige, der jemandem Autorität verleiht. Wir lernen, dass Gott Anführer aus vielen Gründen einsetzt: Sie sind Diener Gottes, sie sind zu unserem Besten da, sie sind ein Rächer des Zorns gegen das Böse. Wir sollen ihnen gehorchen, damit wir Gottes Zorn nicht erfahren und auch um unseres eigenen Gewissens willen.

> Jedermann ordne sich den obrigkeitlichen Gewalten unter; denn es gibt keine Obrigkeit außer von Gott, und die bestehenden sind von Gott verordnet. Wer sich also gegen die Obrigkeit auflehnt, der widerstrebt der Ordnung Gottes; die aber widerstreben, werden sich selbst das Urteil zuziehen. Denn die Herrscher sind kein Schrecken für das gute Werk, sondern für das böse. Willst du dich nun vor der Obrigkeit nicht fürchten? So tue das Gute, und du wirst Lob von ihr empfangen; denn sie ist Gottes Dienerin zu deinem Besten. Wenn du aber das Böse tust, so fürchte dich; denn sie trägt das Schwert nicht umsonst; sie ist nämlich Gottes Dienerin, eine Rächerin zum Zorn an dem, der das Böse tut.

> Darum ist es notwendig, sich unterzuordnen, nicht allein um des Zorns willen,
> sondern auch um des Gewissens willen. Deshalb zahlt ihr ja auch Steuern; denn
> sie sind Gottes Diener, die eben dazu beständig tätig sind. So gebt nun jedem, was
> ihr schuldig seid: die Steuer, dem die Steuer gebührt; den Zoll, dem der Zoll
> gebührt; die Furcht, dem die Furcht gebührt; die Ehre, dem die Ehre gebührt.
> (Römer 13,1-7)

Wir sollen obrigkeitliche Gewalten ehren und respektieren, weil Gott derjenige ist, der hinter den Kulissen lenkt, was sie tun. Du solltest dich Regierungsführern, Vorgesetzten am Arbeitsplatz, Schulleitern und jeder anderen Art von Anführern unterordnen. Wenn du dich ihnen unterordnest, unterordnest du dich Gott. Mach ihnen ihre Aufgabe nicht schwerer, indem du ungehorsam bist.

> Gehorcht euren Leitern und ordnet euch ihnen unter; denn sie wachen über eure
> Seelen, als solche, die Rechenschaft abgeben müssen, damit sie dies mit Freude
> tun und nicht mit Seufzen; denn das wäre nicht nützlich für euch. (Hebräer 13,17)

Da Anführer auch sündige Menschen sind, bedeutet das, dass es Zeiten geben wird, in denen sie sich entscheiden, gegen Gott zu rebellieren und dich auffordern, dasselbe zu tun. Dies ist der Moment, in dem du ihnen ungehorsam sein musst. Du musst Gott mehr gehorchen als jedem anderen. In diesen Versen sehen wir, wie Petrus und die Apostel dies erklären. „Das Blut dieses Mannes" ist ein Bezug auf die Kreuzigung Jesu.

> Der Hohepriester fragte sie und sprach: „Haben wir euch nicht streng geboten, in
> diesem Namen nicht zu lehren? Und siehe, ihr habt Jerusalem mit eurer Lehre
> erfüllt und wollt das Blut dieses Mannes auf uns bringen." Aber Petrus und die
> Apostel antworteten: „Man muss Gott mehr gehorchen als den Menschen."
> (Apostelgeschichte 5,27-29)

Nun habe ich dich verwirrt, weil ich sagte, Gott lenke ihre Schritte, und doch rebellieren einige gegen Gott. Wie funktioniert das also? Selbst wenn die Anführer gegen Ihn rebellieren, benutzt Gott das zu unserem Besten. Das ist einer der Wege, wie Gott uns züchtigt – durch schlechte Anführer. Erinnere dich daran, dass Israel mehrmals in Gefangenschaft geführt wurde. Sie wurden schrecklichen Herrschern unterworfen, die sie versklavten. Gott hatte die Kontrolle darüber. Er sandte jene Herrscher, um die israelitischen Städte zu stürzen, weil das Volk sich von Ihm abgewandt und gesündigt hatte. Jene bösen Herrscher brachten die Israeliten dazu, sich an Gott zu erinnern, zu erkennen, dass sie gesündigt hatten, und Ihn um Hilfe anzurufen. Nachdem sich das Volk wieder Gott zugewandt hatte, wurde der böse Herrscher von Gott bestraft.

Genauso funktioniert es mit dem Antichristen. Er ist ein böser Herrscher, der von Satan besessen ist. Er rebelliert also gegen Gott. Der Zorn, den er entfesselt, wird viele Menschen zu Gott führen. Der Zorn wird auch die gottlosen Menschen bestrafen, die niemals beabsichtigen, ihr Vertrauen in Jesus zu setzen – jene Menschen, die nichts mit Gott zu tun haben wollen. Am Ende, wenn die Drangsalszeit vorbei ist, wird Gott mit dem Antichristen und Satan abrechnen. Bis dahin wird Er sie benutzen, um Seinen Willen zu erfüllen.

Es wird Zeiten geben, in denen du dem Antichristen oder seiner Regierung oder auch anderen Anführern in deinem Leben nicht gehorchen solltest. Wenn sie von dir verlangen, etwas zu unterstützen oder an etwas teilzunehmen, von dem du weißt, dass es gegen Gottes Wort verstößt, dann tu es nicht. Nimm zum Beispiel nicht das Malzeichen des Antichristen an. Du weißt, dass Gottes Wort sagt, man solle es nicht tun, da es dein ewiges Schicksal besiegeln wird, weil du dich für Satan statt für Gott entscheiden wirst. Also tu das nicht. Wird der Preis für den Gehorsam gegenüber Gott hoch sein? Ganz sicher. Das weißt du jedoch bereits. Der Antichrist wird viele Menschen töten, die ihr Vertrauen in Jesus setzen. Erinnere dich daran, dass Jesus Gott gegenüber gehorsam war bis in Seinen eigenen Tod. Wenn Er in dir lebt, wird Er dir helfen, dasselbe zu tun.

Daniel, der Prophet des Alten Testaments, war ein großartiges Beispiel dafür, Gott über alles andere hinaus zu gehorchen. Lass uns sehen, was mit Daniel geschah. In diesen Versen ist „Darius" der König von Babylon.

> Es gefiel Darius, über das Königreich einhundertzwanzig lokale Gouverneure einzusetzen … und über sie drei Präsidenten, von denen Daniel einer war…. Dann wurde dieser Daniel vor den Präsidenten und den lokalen Gouverneuren ausgezeichnet, weil ein außergewöhnlicher Geist in ihm war; und der König dachte daran, ihn über das ganze Reich zu setzen. Da suchten die Präsidenten und die lokalen Gouverneure einen Anlass gegen Daniel in Bezug auf das Königreich zu finden; aber sie konnten keinen Anlass oder Fehler finden, weil er treu war. Es wurde kein Irrtum oder Fehler an ihm gefunden. Da sagten diese Männer: „Wir werden gegen diesen Daniel keinen Anlass finden, es sei denn, wir finden ihn gegen ihn in Bezug auf das Gesetz seines Gottes." … Alle Präsidenten des Königreichs,

die Stellvertreter und die lokalen Gouverneure, die Ratgeber und die Statthalter haben sich miteinander beraten, eine königliche Satzung aufzustellen und ein strenges Dekret zu erlassen, dass jeder, der innerhalb von dreißig Tagen eine Bitte an irgendeinen Gott oder Menschen richtet, außer an dich, o König, in die Löwengrube geworfen werden soll. ... Deshalb unterschrieb König Darius das Schreiben und das Dekret. Als Daniel nun erfuhr, dass das Schreiben unterschrieben war, ging er in sein Haus (seine Fenster in seinem Obergemach waren nach Jerusalem hin offen) und er kniete dreimal am Tag auf seine Knie nieder, betete und dankte vor seinem Gott, so wie er es zuvor getan hatte. ... Dann antworteten sie und sagten vor dem König: „Jener Daniel, der einer der Kinder der Gefangenschaft Judas ist, nimmt keine Rücksicht auf dich, o König, noch auf das Dekret, das du unterschrieben hast, sondern richtet dreimal am Tag seine Bitte an Gott." ... Da befahl der König, und man brachte Daniel herbei und warf ihn in die Löwengrube. Der König sprach zu Daniel und sagte: „Dein Gott, dem du unaufhörlich dienst, Er wird dich retten." ... Dann stand der König sehr früh am Morgen auf und ging eilends zur Löwengrube. Als er sich der Grube bei Daniel näherte, rief er mit kummervoller Stimme. Der König sprach zu Daniel und sagte: „Daniel, Knecht des lebendigen Gottes, war dein Gott, dem du unaufhörlich dienst, imstande, dich von den Löwen zu retten?" Da sagte Daniel zum König: „O König, lebe ewiglich! Mein Gott hat Seinen Engel gesandt und den Löwen den Rachen verschlossen, und sie haben mir kein Leid zugefügt; weil vor Ihm Unschuld an mir gefunden wurde; und auch vor dir, o König, habe ich nichts Böses getan." Da war der König überaus froh und befahl, dass man Daniel aus der Grube heraufhole. So wurde Daniel aus der Grube heraufgeholt, und man fand keinerlei Verletzung an ihm, weil er seinem Gott vertraut hatte. (Daniel 6,2-4.7.9-10.13.16.19-23)

Ein Gesetz wurde erlassen, das den Menschen vorschrieb, dass sie nur den König anbeten dürften. Daniel weigerte sich, den König anzubeten. Er betete Gott an, so wie er es immer getan hatte. Er tat es auch so, dass jeder ihn dabei sehen konnte, mit offenen Fenstern. Die Strafe dafür, den König nicht anzubeten, war der Tod durch Löwen. Da Daniel Gott gegenüber gehorsam war und einen so großen Glauben hatte, erfahren wir, dass Gott ihn aus jener Qual rettete, indem Er den Löwen die Mäuler verschloss. Beachte, dass Gott Daniel nicht aus der Qual herausnahm, sondern Er war währenddessen mit ihm. Daniel war in der Lage, seinen Glauben für alle sichtbar zu bezeugen.

Es kann gut sein, dass Gott beabsichtigt, etwas ebenso Wunderbares für dich zu tun, weil du Ihm gehorsam bist und einen starken Glauben hast.

39.11. Wie schütze ich mich vor dem Bösen?

Der Apostel Paulus gab uns ein wirklich großartiges Bild und Werkzeug zum Schutz gegen das Böse. Es wird die „Waffenrüstung Gottes" genannt. Er sagt, wir müssen mit einer Rüstung geschützt sein und ein Schwert haben. Aber dies ist keine gewöhnliche Rüstung aus Kettenhemd mit einem Schwert aus Stahl. Diese Rüstung schützt gegen das Böse und das Schwert des Geistes offenbart die Wahrheit.

> Zieht die ganze Waffenrüstung Gottes an, damit ihr gegen die listigen Anschläge des Teufels bestehen könnt. Denn unser Kampf ist nicht gegen Fleisch und Blut, sondern gegen die Fürstentümer, gegen die Mächte, gegen die Weltbeherrscher der Finsternis dieser Weltzeit, und gegen die geistlichen Mächte der Bosheit in den himmlischen Regionen. Deshalb ergreift die ganze Waffenrüstung Gottes, damit ihr an dem bösen Tag Widerstand leisten und, nachdem ihr alles vollbracht habt, standhalten könnt. So steht nun fest, indem ihr eure Lenden umgürtet habt mit der Wahrheit, und angetan seid mit dem Panzer der Gerechtigkeit, und an den Füßen beschuht seid mit der Bereitschaft für das Evangelium des Friedens; vor allem aber ergreift den Schild des Glaubens, mit dem ihr alle feurigen Pfeile des Bösen auslöschen könnt. Und nehmt den Helm des Heils und das Schwert des Geistes, welches das Wort Gottes ist; indem ihr zu jeder Zeit betet im Geist mit allem Gebet und Flehen, und dazu wacht mit allem Anhalten und Flehen für alle Heiligen: auch für mich, damit mir das Wort gegeben werde, wenn ich meinen Mund auftue, um mit Freimütigkeit das Geheimnis des Evangeliums kundzumachen, für das ich ein Botschafter in Ketten bin; damit ich darin freimütig rede, wie ich reden soll. (Epheser 6,11-20)

Das Erste, was Paulus uns sagt, nachdem er diese Waffenrüstung erwähnt hat, ist, dass wir wissen müssen, wer der Feind ist. Der Feind ist nicht „Fleisch und Blut". Das bedeutet, es sind keine Menschen. Der Feind ist Satan und seine „geistlichen Mächte der Bosheit". Du kannst Satan nicht mit menschlichen Mitteln bekämpfen. Du brauchst göttlichen Schutz und eine göttliche Waffe in diesem geistlichen Krieg.

Schauen wir uns die Elemente dieser Rüstung an. Der „Gürtel der Wahrheit" ist Gottes Wort. Du musst deine Bibel kennen. Bewahre sie in deinem Herzen auf und trage sie nah bei dir, bereit, sie wie ein Werkzeug zu benutzen, das du aus einem Gürtel ziehen würdest. Der „Panzer der Gerechtigkeit" bedeutet, dass du dein Vertrauen in Jesus setzt. Er ist derjenige, der dich gerecht macht. Die „Füße beschuht" mit dem Evangelium zu haben bedeutet, dass du in der Lage bist, deinen Glauben sowohl in Worten als auch in Taten zu beweisen. Der „Schild des Glaubens" bedeutet, dass du alle Verheißungen Gottes kennst und anrufst, wenn Satans Angriff gegen dich kommt. Fürchte dich nicht. Hab Hoffnung. Dein „Helm des Heils" bedeutet, dass du vollkommen zuversichtlich bist, dass du durch deinen Glauben an Jesus gerettet worden bist. Du bist mit dem Heiligen Geist versiegelt.

Das „Schwert des Geistes" ist deine Waffe. Es ist das Wort Gottes. Als Satan gegen Jesus kam, um Ihn in der Wildnis zu versuchen, bekämpfte Jesus Satans Lügen mit der Heiligen Schrift. Es liegt Kraft im Wort Gottes. Benutze es.

> Denn das Wort Gottes ist lebendig und wirksam und schärfer als jedes zweischneidige Schwert und dringt durch, bis es Seele und Geist scheidet, sowohl Gelenke als auch Mark, und ist ein Richter der Gedanken und Gesinnungen des Herzens. (Hebräer 4,12)

Nachdem du deine Waffenrüstung angelegt hast, musst du zu jeder Zeit beten. Du musst Gott nahe sein, um Kraft aus Ihm zu ziehen. Du kommst Gott nahe, indem du mit Gott sprichst und Sein Wort liest.

> Freut euch allezeit. Betet ohne Unterlass. Seid in allem dankbar, denn das ist der Wille Gottes in Christus Jesus für euch. (1. Thessalonicher 5,16-18)

> Wer unter dem Schirm des Höchsten sitzt, der bleibt unter dem Schatten des Allmächtigen. Ich sage zu Jahwe: „Meine Zuflucht und meine Burg, mein Gott, auf den ich vertraue." Denn Er wird dich retten aus der Schlinge des Vogelstellers und vor der verderblichen Pest. Er wird dich mit Seinen Fittichen decken, und unter Seinen Flügeln wirst du Zuflucht finden. Seine Treue ist Schirm und Schild. … Denn du hast Jahwe zu deiner Zuflucht gemacht und den Höchsten zu deiner Wohnung. Es wird dir kein Übel begegnen, noch wird eine Plage deiner Wohnung nahen. Denn Er wird Seinen Engeln für dich befehlen, dich zu behüten auf all deinen Wegen. (Psalm 91,1-4.9-11)

Nun bist du bereit, standhaft zu bleiben, wenn das Böse gegen dich kommt.

> Gott aber ist es, der uns zusammen mit euch für Christus festigt. Er hat uns beauftragt und uns als Sein Eigentum gekennzeichnet, indem Er den Heiligen Geist in unsere Herzen gegeben hat als erste Rate, die alles garantiert, was Er uns versprochen hat. (2. Korinther 1,21-22)

Teil 9
Wie geht es weiter?

Freue dich, Welt
Von Isaac Watts. Veröffentlicht im Jahr 1719.[246]

Freue dich, Welt; der Herr ist gekommen!
Die Erde empfange ihren König!
Jedes Herz bereite Ihm Raum,
Und Himmel und Natur singen.

Freue dich, Erde; der Retter regiert!
Lasst die Menschen ihre Lieder anstimmen;
Während Felder und Fluten, Felsen, Hügel und Ebenen
Die klingende Freude wiederholen.

Lass Sünden und Sorgen nicht mehr wachsen,
Noch Dornen den Boden befallen;
Er kommt, um Seine Segnungen fließen zu lassen,
So weit der Fluch reicht.

Er regiert die Welt mit Wahrheit und Gnade,
Und lässt die Nationen erkennen
Die Herrlichkeiten Seiner Gerechtigkeit,
Und die Wunder Seiner Liebe.

Kapitel 40 – Ich bin ein Gläubiger, wie geht es für mich weiter?

Als jemand, der nach der Entrückung zurückgelassen wurde, fragst du dich sicher, was jetzt passiert? Was solltest du in den kommenden Jahren erwarten? Wie kannst du vorbereitet sein?

Zuerst einmal: Wenn du erkannt hast, wer Jesus Christus ist, und du glaubst, dass Er für deine Sünden gestorben ist, dann hast du absolut keinen Grund zur Sorge. Deine Seele ist gerettet. Du kannst dir dessen zu 100 % sicher sein. Diese Schriftstellen, geschrieben vom Apostel Paulus, bekräftigen diese Wahrheit.

> Nun verkündige ich euch, Brüder, das Evangelium, das ich euch gepredigt habe, das ihr auch angenommen habt, in dem ihr auch steht, durch das ihr auch gerettet werdet, wenn ihr an dem Wort festhaltet, das ich euch gepredigt habe – es sei denn, ihr hättet vergeblich geglaubt. Denn ich habe euch zuallererst das überliefert, was ich auch empfangen habe: dass Christus für unsere Sünden gestorben ist gemäß der Schrift, dass er begraben wurde, dass er am dritten Tag auferweckt wurde gemäß der Schrift. (1. Korinther 15,1-4)

> Wenn du mit deinem Mund bekennst, dass Jesus der Herr ist, und in deinem Herzen glaubst, dass Gott Ihn von den Toten auferweckt hat, wirst du gerettet werden. ... Denn: „Jeder, der den Namen des Herrn anrufen wird, wird gerettet werden." (Römer 10,9.13)

Als ein Gläubiger wird dir eines von zwei Dingen passieren. Entweder wirst du die Ereignisse der Drangsal durchleben oder du wirst als ein Drangsalheiliger sterben. Es wird keine weitere Entrückung stattfinden.

40.1. Wenn du die Drangsal durchlebst

Die Ereignisse der Drangsal dauern sieben Jahre an, und die Bibel sagt uns, dass nur sehr wenige Menschen die Schrecken überleben werden. Wenn du einer der Glücklichen bist, die überleben, dann kannst du dich darauf freuen, Jesus bei Seiner Wiederkunft zu sehen. Er wird am Ende des Siebenjahreszeitraums physisch auf die Erde, auf den Ölberg in Israel, zurückkehren. Er wird für 1.000 Jahre physisch auf der Erde regieren. Du wirst Teil von Jesu Königreich auf Erden sein.

Das ist es, was du am Ende der Drangsalszeit sehen wirst. Der Himmel wird sich öffnen und Jesus wird auf einem weißen Pferd herauskommen. Er wird Kronen auf Seinem Haupt haben und ein Gewand, das mit Blut bespritzt ist. Er wird gegen den Antichristen vorgehen, welcher das „Tier" ist, und gegen seine Armeen, die sich versammelt haben.

> Ich sah den Himmel geöffnet, und siehe, ein weißes Pferd, und der darauf saß, heißt Treu und Wahrhaftig. In Gerechtigkeit richtet Er und führt Er Krieg. Seine Augen sind eine Feuerflamme, und auf Seinem Haupt sind viele Kronen. Er trägt Namen geschrieben und einen Namen geschrieben, den niemand kennt als Er Selbst. Er ist bekleidet mit einem Gewand, das mit Blut bespritzt ist. Sein Name heißt „Das Wort Gottes". ... Er trägt auf Seinem Gewand und an Seiner Hüfte einen Namen geschrieben: „KÖNIG DER KÖNIGE UND HERR DER HERREN". ... Ich sah das Tier und die Könige der Erde und ihre Armeen versammelt, um Krieg zu führen gegen den, der auf dem Pferd saß, und gegen Sein Heer. (Offenbarung 19,11-13.16.19)

Dann wird Jesus, der „Menschensohn", diejenigen trennen, die noch am Leben sind. Die Gläubigen, die „Schafe", werden von den Ungläubigen, den „Böcken", getrennt werden. Nur die Gläubigen dürfen mit Ihm in Seinem Königreich leben.

> Wenn aber der Menschensohn kommen wird in Seiner Herrlichkeit, und alle heiligen Engel mit Ihm, dann wird Er auf dem Thron Seiner Herrlichkeit sitzen. Vor Ihm werden alle Nationen versammelt werden, und Er wird sie voneinander scheiden, wie ein Hirte die Schafe von den Böcken scheidet. Er wird die Schafe zu Seiner Rechten stellen, die Böcke aber zur Linken. Dann wird der König zu denen zu Seiner Rechten sagen: „Kommt her, Gesegnete Meines Vaters, erbt das Königreich, das euch bereitet ist von Anbeginn der Welt." (Matthäus 25,31-34)

Als ein Gläubiger wirst du Jesus sagen hören: „Kommt her, Gesegnete Meines Vaters, erbt das Königreich, das euch bereitet ist von Anbeginn der Welt."

40.2. Wenn du als Drangsalheiliger stirbst

Wenn du während der Drangsalszeit stirbst, dann wahrscheinlich deshalb, weil du als Märtyrer für deinen Glauben an Jesus stirbst. Es wartet jedoch eine große Belohnung im Himmel auf dich. Als ein Drangsalheiliger hast du das Privileg, zu den Füßen Jesu anzubeten. Dies erinnert mich an eine Begegnung, die Jesus mit Maria und Martha während Seines Dienstes auf der Erde hatte. Jesus war in ihrem Haus und sprach zu einer Gruppe von Menschen. Maria saß zu Jesu Füßen und hörte aufmerksam zu (Lukas 10,39). Ich bin sicher, sie war voller Ehrfurcht. Du wirst ebenfalls voller Ehrfurcht sein. In dieser Schriftstelle ist die „große Drangsal" die Drangsalszeit.

> Nach diesem sah ich, und siehe, eine große Schar, die niemand zählen konnte, aus jeder Nation und aus allen Stämmen, Völkern und Sprachen; sie standen vor dem Thron und vor dem Lamm, bekleidet mit weißen Gewändern und mit Palmzweigen in ihren Armen. Sie riefen mit lauter Stimme und sagten: „Das Heil ist bei unserem Gott, der auf dem Thron sitzt, und bei dem Lamm!" Alle Engel standen rings um den Thron, die Ältesten und die vier lebendigen Wesen; und sie fielen vor Seinem Thron auf ihr Angesicht und beteten Gott an und sagten: „Amen! Lobpreis, Herrlichkeit, Weisheit, Danksagung, Ehre, Macht und Kraft sei unserem Gott von Ewigkeit zu Ewigkeit! Amen." Einer der Ältesten antwortete und sagte zu mir: „Diese, die mit den weißen Gewändern bekleidet sind, wer sind sie, und woher sind sie gekommen?" Ich sagte zu ihm: „Mein Herr, du weißt es." Er sagte zu mir: „Diese sind es, die aus der großen Drangsal gekommen sind. Sie haben ihre Gewänder gewaschen und sie weiß gemacht im Blut des Lammes. Darum sind sie vor dem Thron Gottes; sie dienen Ihm Tag und Nacht in Seinem Tempel. Er, der auf dem Thron sitzt, wird Sein Zelt über ihnen aufschlagen. Sie werden nicht mehr hungern und nicht mehr dürsten. Auch die Sonne wird nicht auf sie brennen, noch irgendeine Hitze; denn das Lamm, das in der Mitte des Throns ist, wird sie weiden und sie zu Quellen lebendigen Wassers führen. Und Gott wird jede Träne von ihren Augen abwischen." (Offenbarung 7,9-17)

Du wirst nie wieder dürsten, hungern oder von der Sonne verbrannt werden. Jesus, das „Lamm", wird für dich sorgen. Gott wird jede einzelne deiner Tränen abwischen.

Du wirst auch bei der Wiederkunft Jesu dabei sein, aber du wirst eine himmlische Perspektive auf dieses Ereignis haben. Du wirst in der Armee sein, die Jesus auf weißen Pferden folgt, gekleidet in feines Leinen. In dieser Schriftstelle ist Jesus derjenige, der „Treu und Wahrhaftig" genannt wird.

> Ich sah den Himmel geöffnet, und siehe, ein weißes Pferd, und der darauf saß, heißt Treu und Wahrhaftig. In Gerechtigkeit richtet Er und führt Er Krieg. ... Die Heere im Himmel folgten Ihm auf weißen Pferden, bekleidet mit weißem, reinem, feinem Leinen. (Offenbarung 19,11.14)

Wenn Jesus dann auf die Erde zurückkehrt, erhältst du deinen auferstandenen, ewigen, herrlichen Leib! Nachdem du auferstanden bist, wirst du für die nächsten 1.000 Jahre mit Jesus auf der Erde regieren.

> Und ich sah die Seelen derer, die enthauptet worden waren, weil sie Zeugnis für Jesus abgelegt und das Wort Gottes verkündet hatten. Sie hatten das Tier oder seine Statue nicht angebetet und sein Malzeichen nicht auf ihrer Stirn oder ihrer Hand angenommen. Sie wurden alle wieder lebendig und sie regierten mit Christus tausend Jahre lang. Dies ist die erste Auferstehung. (Die übrigen Toten wurden nicht wieder lebendig, bis die tausend Jahre vergangen waren.) Glückselig und heilig sind die, die an der ersten Auferstehung teilhaben. Über sie hat der zweite Tod keine Macht, sondern sie werden Priester Gottes und Christi sein und mit Ihm tausend Jahre lang regieren. (Offenbarung 20,4-6 Neue Lebende Übersetzung)

Hab keine Angst. Als ein Gläubiger erwarten dich wundervolle Dinge im Himmel. Diese Verse sagen uns, dass diese Dinge einen neuen Leib, ewiges Leben und das Bürgerrecht im Himmel beinhalten.

> Denn unser Bürgerrecht ist im Himmel, von woher wir auch einen Retter erwarten, den Herrn Jesus Christus, der unseren Leib der Niedrigkeit umgestalten wird, damit er gleichförmig werde dem Leib Seiner Herrlichkeit, gemäß der Wirkung, mit der Er auch in der Lage ist, sich alle Dinge zu unterwerfen. (Philipper 3,20-21)

> Wer an den Sohn glaubt, hat ewiges Leben. (Johannes 3,36)

40.3. Gibt es eine weitere Entrückung für mich?

Schauen wir uns nun an, was einige über eine weitere Entrückung lehren. Die Entrückung der Menschen, die ihr Vertrauen in Jesus setzten, war ein einmaliges Ereignis. Es gibt Menschen, welche die Schrift anders interpretieren und etwas anderes lehren. Lassen wir dieses Missverständnis also ausräumen.

Manche sagen, es werde eine Entrückung geben, die in der Mitte der Drangsal stattfindet. Sie glauben, dass Gottes Zorn eigentlich nur die letzte Hälfte der Drangsalszeit ist. Dann gibt es einige in einem ähnlichen Lager, die sagen, dass eine Entrückung vor dem Zorn stattfinden wird, und sie denken, dass dies zwischen dem 6. und 7. Siegelgericht der Drangsalszeit geschieht. Diese Lehren haben ein paar Probleme.

Erstens sagt die Bibel ausdrücklich, dass die Gläubigen nicht für Gottes Zorn bestimmt sind. Wir haben das in Kapitel 9 behandelt. Wenn du einer der Zurückgelassenen bist, dann weißt du bereits und bist dir wohl bewusst, dass Gottes Zorn tatsächlich schon begonnen hat. Ich weiß, dass die Entrückung die Welt in einen wirtschaftlichen Aufruhr von epischen Proportionen gestürzt hat, wie ihn die Welt noch nie zuvor erlebt hat. Und wenn die Entrückung bereits stattgefunden hat und du zurückgelassen wurdest, bedeutet das, dass Gott den Zeitpunkt Seines Zorns soeben eindeutig bestätigt hat, weil Er die Gläubigen entfernt hat, bevor dieser begann. In diesem Vers unten bezieht sich „uns" auf Gläubige.

> Denn Gott hat uns nicht zum Zorn bestimmt, sondern zum Erlangen der Errettung durch unseren Herrn Jesus Christus. (1. Thessalonicher 5,9)

Gläubige, „mich" in diesem Vers, werden vor Gottes Zorn verborgen und in Sicherheit gehalten. Sie werden heimlich in Gottes „Hütte" und „Zelt" bewahrt. Das ist Gottes Haus.

> Denn am Tag des Unheils wird Er mich heimlich in Seiner Hütte bergen. Im Verborgenen Seines Zeltes wird Er mich verstecken. Er wird mich auf einen Felsen heben. (Psalm 27,5)

Das andere Problem mit den Lehren der Mitt-Drangsal- und Vor-Zorn-Entrückung ist, dass die Bibel klar feststellt, dass die Drangsalszeit sieben Jahre dauert. Die letzte Hälfte der Drangsal wird in der Bibel als die große Drangsal beschrieben, weil sie besonders intensiv sein wird. Erinnere dich daran, dass der Beginn der zweiten Hälfte der Zeitpunkt ist, an dem der Antichrist sich selbst zu Gott erklärt.

In dieser Schriftstelle bezieht sich „er wird einen Bund schließen" auf den Antichristen. Es ist für „eine Woche", was sieben Jahre bedeutet. Es sagt uns auch, dass „in der Mitte der Woche", also nach dreieinhalb Jahren der sieben Jahre, der Antichrist die Schlachtopfer im Tempel aufhören lässt und einen Gräuel begeht.

> Sieh siebzig Wochen sind über dein Volk und über deine heilige Stadt verhängt, um der Übertretung ein Ende zu machen, und die Sünden zu versiegeln, und die Missetat zu sühnen, und ewige Gerechtigkeit herbeizuführen, und Vision und Prophetie zu versiegeln, und das Allerheiligste zu salben. So wisse nun und verstehe: Vom Erlass des Befehls zur Wiederherstellung und zum Aufbau Jerusalems bis zu einem Gesalbten, einem Fürsten, sind es sieben Wochen und zweiundsechzig Wochen. Es wird wieder aufgebaut werden mit Plätzen und Gräben, und zwar in drangvoller Zeit. Und nach den zweiundsechzig Wochen wird ein Gesalbter ausgerottet werden und wird nichts haben. Und das Volk eines kommenden Fürsten wird die Stadt und das Heiligtum zerstören. Ihr Ende wird durch eine Flut sein, und Krieg wird sein bis zum Ende. Verwüstungen sind

> beschlossen. Er wird mit vielen einen festen Bund schließen für eine Woche. In der Mitte der Woche wird er Schlachtopfer und Speisopfer aufhören lassen. Auf dem Flügel der Gräuel wird einer kommen, der Verwüstung anrichtet; und zwar bis zum festen Ende, und das Beschlossene wird über den Verwüster ausgegossen werden. (Daniel 9,24-27)

Jesus führt die obige Prophezeiung weiter aus und sagt uns in diesen Versen, dass es großes Leid geben wird, wenn der Antichrist den Gräuel im Tempel begeht.

> Wenn ihr nun das Gräuelbild der Verwüstung, von dem durch den Propheten Daniel geredet wurde, an heiliger Stätte stehen seht ... denn dann wird große Not sein, wie sie von Anfang der Welt bis jetzt nicht gewesen ist und auch nicht wieder sein wird. Und wenn jene Tage nicht verkürzt würden, so würde kein Fleisch gerettet werden. Aber um der Auserwählten willen werden jene Tage verkürzt werden. (Matthäus 24,15.21-22)

Nun hat Jesus oben eine entscheidende Aussage gemacht: „um der Auserwählten willen werden jene Tage verkürzt werden." Er hat nicht gesagt: Ich werde die Gläubigen noch einmal holen. Nein. Er sagte, Er habe die Zeit zum Wohle Seiner Gläubigen verkürzt. Es sind dreieinhalb Jahre, in denen du das große Leid ertragen musst.

Es gibt auch einige Leute, die lehren, dass es am Ende der Drangsalszeit eine Entrückung geben wird. Das macht logisch wirklich keinen Sinn. Die Bibel malt ein glorreiches Bild davon, was am Ende der Drangsalszeit geschieht. Es ist die Wiederkunft Jesu. Er kehrt jedoch nicht allein zurück. Alle entrückten Gläubigen sind bei Ihm, wenn Er zurückkehrt. Damit diese Lehre einer zusätzlichen Entrückung funktionieren könnte, müsstest du entrückt werden und sofort eine Kehrtwende machen und mit Jesus zur Erde zurückkehren. Das Problem mit dieser Kehrtwende ist, dass sie nicht die notwendige Zeit für Ereignisse bietet, die jene Personen betreffen, die entrückt wurden. Erinnere dich an Kapitel 10, in dem wir besprochen haben, was die entrückten Menschen im Himmel tun. Die Bibel sagt uns, dass die entrückten Gläubigen sowohl an der Hochzeitsfeier mit Jesus als auch am Richterstuhl Christi teilnehmen, wo sie himmlische Belohnungen erhalten. Offensichtlich gäbe es in der Lehre der Entrückungs-Kehrtwende keine Zeit für diese wundervollen Feierlichkeiten.

Diese Verse illustrieren die Hochzeit, an der die Gläubigen teilnehmen, die bei der Entrückung entrückt oder auferweckt wurden. Jesus ist das

„Lamm" und die Gläubigen sind „Seine Frau". Die Hochzeit findet statt, bevor Jesus zurückkehrt, um den Antichristen, das „Tier", zu besiegen.

> „Lasst uns fröhlich sein und frohlocken und Ihm die Ehre geben. Denn die Hochzeit des Lammes ist gekommen, und Seine Frau hat sich bereitgemacht." Und es wurde ihr gegeben, sich in glänzendes, reines, feines Leinen zu kleiden; denn das feine Leinen sind die gerechten Taten der Heiligen. ... Ich sah den Himmel geöffnet, und siehe, ein weißes Pferd, und der darauf saß, heißt Treu und Wahrhaftig. In Gerechtigkeit richtet Er und führt Er Krieg. ... Die Heere im Himmel folgten Ihm auf weißen Pferden, bekleidet mit weißem, reinem, feinem Leinen. ... Ich sah das Tier und die Könige der Erde und ihre Armeen versammelt, um Krieg zu führen gegen den, der auf dem Pferd saß, und gegen Sein Heer. (Offenbarung 19,7-8.11.14.19)

Diese Verse beschreiben den Richterstuhl Christi. Die Menschen, die im Himmel sind und während der Entrückung entrückt oder auferweckt wurden, nehmen daran teil. Sie werden nach den Dingen gerichtet, die sie auf Erden getan haben, ob gut oder schlecht, und entsprechend belohnt.

> Der uns aber eben hierzu bereitet hat, ist Gott, der uns auch das Unterpfand des Geistes gegeben hat. ... Wir sind aber getrost und haben vielmehr Lust, aus dem Leib auszuwandern und daheim zu sein bei dem Herrn. Darum setzen wir auch unsere Ehre darein, ob wir einheimisch oder ausheimisch sind, Ihm wohlzugefallen. Denn wir müssen alle vor dem Richterstuhl Christi offenbar werden, damit jeder das empfange, was er durch den Leib getan hat, nach dem, was er getan hat, es sei gut oder böse. (2. Korinther 5,5.8-10)

Das ist jedoch nicht das einzige Problem mit der Lehre der Nach-Drangsal-Entrückung. Wenn Jesus bei Seiner Wiederkunft zurückkehrt, sagt uns die Bibel, dass Er die Schafe von den Böcken scheidet. Schafe sind die Gläubigen an Jesus und Böcke die Ungläubigen. Wenn alle Gläubigen Augenblicke vor Jesu Wiederkunft entrückt würden, bedeutete dies, dass es keine Schafe gäbe, die Er scheiden könnte. Erinnere dich daran, dass die Gläubigen, welche die Drangsalszeit überstehen, sich auf das tausendjährige Reich freuen können. Wie uns diese Schriftstelle sagt, sind die Schafe diejenigen, die mit Jesus, dem „Menschensohn", auf der Erde leben und Sein Reich bevölkern dürfen.

> Wenn aber der Menschensohn kommen wird in Seiner Herrlichkeit, und alle heiligen Engel mit Ihm, dann wird Er auf dem Thron Seiner Herrlichkeit sitzen.

> Vor Ihm werden alle Nationen versammelt werden, und Er wird sie voneinander scheiden, wie ein Hirte die Schafe von den Böcken scheidet. Er wird die Schafe zu Seiner Rechten stellen, die Böcke aber zur Linken. Dann wird der König zu denen zu Seiner Rechten sagen: „Kommt her, Gesegnete Meines Vaters, erbt das Königreich, das euch bereitet ist von Anbeginn der Welt.“ (Matthäus 25,31-34)

Wenn du zurückgelassen wurdest, gibt es <u>nicht</u> noch eine Entrückung, die dich vor all dem bewahren wird, was noch auf die Erde zukommt. Unabhängig davon, was mit deinem physischen Leib während der Drangsalszeit passiert, wisse, dass du als jemand, der an die rettende Gnade von Jesus Christus glaubt, eine wundervolle Zukunft vor dir hast. Lass dir durch diese Verse Trost spenden.

> „Euer Herz erschrecke nicht. Glaubt an Gott. Glaubt auch an Mich.“ … Jesus sagte zu ihm: „Ich bin der Weg und die Wahrheit und das Leben. Niemand kommt zum Vater als nur durch Mich.“ (Johannes 14,1.6)

> „Denn Ich weiß wohl, was Ich für Gedanken über euch habe“, spricht Jahwe, „Gedanken des Friedens und nicht des Leides, dass Ich euch gebe Hoffnung und Zukunft. Ihr werdet Mich anrufen und werdet hingehen und Mich bitten, und Ich will euch erhören. Ihr werdet Mich suchen und finden, wenn ihr von ganzem Herzen nach Mir fragen werdet.“ (Jeremia 29,11-13)

Kapitel 41 – Ich glaube nicht, wie geht es für mich weiter?

Wenn du dein Herz gegen Gott verhärtet hast und nicht glaubst, dass Er dich liebt, und du nicht glaubst, dass Er Jesus gesandt hat, um für deine Sünden zu sterben, dann erwartet dich nichts Gutes. Das lässt sich nicht beschönigen. Du wirst Jesus begegnen, aber Er wird dein Richter anstatt dein Erretter sein. Dein Ziel ist nicht der Himmel, sondern die Hölle, der Feuersee, den Gott für die gottlosen, gefallenen Engel erschaffen hat. Es ist nicht der Ort zum Feiern, als den Hollywood es darstellt.

Weil dein Herz hart ist, deuten diese Verse darauf hin, dass du Zorn für dich selbst aufhäufst.

> „Entsprechend deiner Härte und deinem unbußfertigen Herzen häufst du dir selbst Zorn auf für den Tag des Zorns … Gott; der ‚einem jeden vergelten wird nach seinen Werken': … denen aber, die selbstsüchtig sind und der Wahrheit nicht gehorchen, sondern der Ungerechtigkeit folgen, wird Zorn, Entrüstung, Bedrängnis und Angst widerfahren über jede Seele eines Menschen, der Böses tut." (Römer 2,5-6.8-9)

> „Glückselig ist der Mensch, der sich beständig fürchtet; wer aber sein Herz verhärtet, fällt in Unglück." (Sprüche 28,14)

> „Wer an den Sohn glaubt, hat ewiges Leben; wer aber dem Sohn nicht gehorcht, wird das Leben nicht sehen, sondern der Zorn Gottes bleibt auf ihm." (Johannes 3,36)

Du wirst Gott Rechenschaft über dein Leben ablegen müssen. Du wirst niemanden haben, der zu deiner Verteidigung kommt. Stattdessen wirst du den schlimmsten aller Ankläger gegen dich haben: Satan. Erinnere dich daran, dass er dich Tag und Nacht vor Gott verklagt hat. Dein Name wird nicht „im Buch des Lebens geschrieben" stehen, welches das Buch von Jesus ist, weil du deinen Glauben nicht auf Jesus gesetzt hast. In diesen Versen ist Gott der „Richter der Lebenden und der Toten".

> „Sie werden Dem Rechenschaft geben, der bereit ist, die Lebenden und die Toten zu richten." (1. Petrus 4,5)

> „Ich sah die Toten, die Großen und die Kleinen, vor dem Thron stehen, und Bücher wurden geöffnet. Ein anderes Buch wurde geöffnet, welches das Buch des Lebens ist. Die Toten wurden gerichtet nach dem, was in den Büchern geschrieben stand, gemäß ihren Werken. Das Meer gab die Toten heraus, die in ihm waren. Der Tod und der Hades gaben die Toten heraus, die in ihnen waren.

> Sie wurden gerichtet, ein jeder nach seinen Werken. Der Tod und der Hades wurden in den Feuersee geworfen. Dies ist der zweite Tod, der Feuersee. Wenn jemand nicht im Buch des Lebens eingeschrieben gefunden wurde, wurde er in den Feuersee geworfen." (Offenbarung 20,12-15)

Was, wenn du einer der Glücklichen bist, welche die Drangsalszeit auf Erden überleben? Zählt das als verbüßte Zeit, und kommst du jetzt frei? Nein. Selbst wenn du die Drangsalszeit als Sünder überlebst, dem nicht vergeben worden ist, ist dein Schicksal immer noch die Hölle. Die Bibel sagt uns, dass Jesus bei Seiner Wiederkunft unter anderem alle Ungläubigen in den Feuersee wirft.

Dieser Schriftabschnitt zeigt Jesus, den „Sohn des Menschen", bei Seiner Wiederkunft. Er trennt die „Schafe", welche die Gläubigen sind, von den „Böcken", welche die Ungläubigen sind. Alle Böcke werden in den Feuersee geworfen.

> „Wenn aber der Sohn des Menschen in Seiner Herrlichkeit kommt und alle heiligen Engel mit Ihm, dann wird Er auf dem Thron Seiner Herrlichkeit sitzen. Vor Ihm werden alle Völker versammelt werden, und Er wird sie voneinander scheiden, wie ein Hirte die Schafe von den Böcken scheidet. Er wird die Schafe zu Seiner Rechten stellen, die Böcke aber zur Linken. … Dann wird Er auch zu denen zur Linken sagen: ‚Geht weg von mir, ihr Verfluchten, in das ewige Feuer, das dem Teufel und seinen Engeln bereitet ist.'" (Matthäus 25,31-33.41)

Diese Verse sind ein Gleichnis, eine Geschichte mit einer Moral, die Jesus erzählte. Er erklärte Seinen Jüngern danach sogar, was die Geschichte bedeutete. Die „Kinder des Bösen", Satans, werden eingesammelt und mit Feuer verbrannt. Wenn du deinen Glauben nicht auf Jesus, den „Sohn des Menschen", gesetzt hast, dann bist du von Natur aus ein Kind Satans. Dieses Gleichnis stellt dar, was geschieht, wenn Jesus bei Seiner Wiederkunft die Erde erntet.

> „Er legte ihnen ein anderes Gleichnis vor und sprach: ‚Das Himmelreich gleicht einem Menschen, der guten Samen auf seinen Acker säte; während aber die Leute schliefen, kam sein Feind und säte Unkraut zwischen den Weizen und ging davon. Als aber der Halm aufschoss und Frucht brachte, da kam auch das Unkraut zum Vorschein. … „Lasst beides miteinander wachsen bis zur Ernte; und zur Zeit der Ernte werde ich den Schnittern sagen: Sammelt zuerst das Unkraut und bindet es in Bündel, um es zu verbrennen; den Weizen aber sammelt in meine Scheune." ‘
> " … Dann entließ Jesus die Volksmenge und ging in das Haus. Seine Jünger

kamen zu Ihm und sprachen: „Erkläre uns das Gleichnis vom Unkraut auf dem Acker." Er antwortete ihnen: „Der den guten Samen sät, ist der Sohn des Menschen; der Acker ist die Welt; der gute Same sind die Kinder des Königreichs; das Unkraut aber sind die Kinder des Bösen. Der Feind, der es säte, ist der Teufel; die Ernte ist das Ende des Zeitalters; die Schnitter sind Engel. Wie nun das Unkraut gesammelt und mit Feuer verbrannt wird, so wird es am Ende dieses Zeitalters sein. Der Sohn des Menschen wird Seine Engel aussenden, und sie werden aus Seinem Reich alle Ärgernisse sammeln und die, welche die Gesetzlosigkeit tun, und werden sie in den Feuerofen werfen. Dort wird Heulen und Zähneknirschen sein." (Matthäus 13,24-26.30.36-42)

Ich kann mir nicht vorstellen, wie unmöglich schwierig es sein wird, die Ereignisse der Drangsalszeit zu überleben. Lass dein Durchhaltevermögen nicht umsonst sein, indem du die Ewigkeit in der Hölle verbringst. Triff eine bessere Wahl.

Wie Gottes Heiliger Geist in diesen Versen sagt: „Verhärtet eure Herzen nicht" in heutiger Rebellion. Antworte stattdessen auf Gottes Ruf.

„Darum, wie der Heilige Geist spricht: ‚Heute, wenn ihr Seine Stimme hört, verhärtet eure Herzen nicht, wie in der Erbitterung, am Tag der Versuchung in der Wüste, wo eure Väter mich versuchten und prüften und meine Werke sahen, vierzig Jahre lang. Darum zürnte ich jenem Geschlecht und sprach: Sie irren immerdar in ihrem Herzen; aber sie haben meine Wege nicht erkannt. So schwor ich in meinem Zorn: Sie sollen nicht in meine Ruhe eingehen.' Seht zu, Brüder, dass nicht etwa in jemandem von euch ein böses, ungläubiges Herz sei, das abfällt von dem lebendigen Gott; sondern ermahnt einander Tag für Tag, solange es ‚heute' heißt, damit nicht jemand von euch verhärtet werde durch den Betrug der Sünde. Denn wir sind Teilhaber von Christus geworden, wenn wir die anfängliche Zuversicht bis zum Ende fest behalten." (Hebräer 3,7-14)

In diesem Schriftabschnitt erfahren wir, dass uns von Gott eine Wahl gestellt wird. Eine Wahl zwischen Leben und Tod. Lass Jesus dich lieben, indem du annimmst, was Er getan hat, um dich von deinen Sünden zu erretten. Wähle das Leben.

„Siehe, ich habe dir heute das Leben und das Gute vorgelegt, den Tod und das Böse. Denn ich gebiete dir heute, Jahwe, deinen Gott, zu lieben, in Seinen Wegen zu wandeln und Seine Gebote, Seine Satzungen und Seine Rechtsbestimmungen zu halten, damit du lebst und dich mehrst und Jahwe, dein Gott, dich segne .... Wenn sich aber dein Herz abwendet und du nicht hörst, sondern dich verführen lässt und andere Götter anbetest und ihnen dienst, so erkläre ich euch heute, dass ihr gewiss umkommen werdet. Ihr werdet eure Tage nicht verlängern .... Ich rufe heute

Himmel und Erde als Zeugen gegen euch an: Ich habe euch Leben und Tod, Segen und Fluch vorgelegt. So wähle das Leben, damit du lebst." (5. Mose 30,15-19)

Kapitel 42 – Zeitlinie der Ereignisse

Es gibt viele Ereignisse, welche die Bibel beschreibt, die nach der Entrückung, während der Drangsalszeit und nach der Wiederkunft von Jesus stattfinden. Wir werden uns einige Schlüsselereignisse ansehen, damit du auf das vorbereitet bist, was vor dir liegt.

42.1. Der Antichrist wird ein weltweiter Führer

Nach der Entrückung ist das Erste, wonach du Ausschau halten solltest, der Aufstieg eines weltweiten Führers. Die Heilige Schrift bezieht sich auf diese Person als den Antichristen, weil er das Gegenteil von Christus sein wird und Ihm sowie allen göttlichen Dingen feindlich gegenübersteht. Diese Person wird als politischer Führer auf der Bildfläche erscheinen und die Fähigkeit besitzen, alle Menschen auf der Erde zu vereinen. Einer der Wege, wie ihm das gelingen wird, ist die Religion. Er wird auch als ein religiöser Führer angesehen werden, der alle Glaubensrichtungen zusammenbringt. Er wird ein Meister der Finanzen und der Wirtschaft sein und Lösungen für die Probleme haben, die den Planeten infolge der Entrückung plagen. Seine Hauptbotschaft wird eine des Friedens und der Sicherheit sein. Wie ich in Teil 4 dieses Buches erwähnt habe, wird er sehr beliebt sein, und du wirst den Wunsch verspüren, ihm zuzuhören und ihm zu folgen.

Dieser Vers sagt uns, dass der Antichrist, „der Herrscher", ein politischer Führer sein wird und einen Vertrag mit Gottes Volk, Israel, für sieben Jahre schließen wird.

> „Der Herrscher wird mit dem Volk einen Vertrag für die Dauer einer Siebenheit schließen, aber nach der Hälfte dieser Zeit wird er den Schlachtopfern und Speisopfern ein Ende setzen. Und als Höhepunkt all seiner schrecklichen Taten wird er ein Gräuelbild aufstellen, das Verwüstung anrichtet, bis das über diesen Verwüster verhängte Schicksal schließlich über ihn ausgegossen wird." (Daniel 9,27 Neue Lebende Übersetzung)

Der Antichrist, der das „erste Tier" in dieser Schriftstelle ist, wird ein religiöser Führer sein. Der Falsche Prophet, der „ein anderes Tier" ist, wird bewirken, dass jeder auf Erden den Antichristen anbetet.

> „Ich sah ein anderes Tier aus der Erde heraufsteigen. Es hatte zwei Hörner wie

> ein Lamm, und es redete wie ein Drache. Es übt die ganze Macht des ersten Tieres vor dessen Augen aus. Es bewirkt, dass die Erde und die darauf wohnen, das erste Tier anbeten, dessen tödliche Wunde geheilt wurde." (Offenbarung 13,11-12)

Der Antichrist, „er" und „Tier" in diesen Versen, wird ein wirtschaftlicher Führer sein, weil jeder sein Malzeichen haben muss, um kaufen oder verkaufen zu können.

> „Er bewirkt, dass sie allesamt, die Kleinen und die Großen, die Reichen und die Armen, die Freien und die Sklaven, sich ein Malzeichen an ihre rechte Hand oder an ihre Stirn geben lassen; und dass niemand kaufen oder verkaufen kann, als nur der, welcher das Malzeichen hat, das ist der Name des Tieres oder die Zahl seines Namens." (Offenbarung 13,16-17)

Die Entrückung der Nachfolger Jesu ist das, was dem Antichristen den Aufstieg ermöglicht hat. Der Zurückhaltende, der ihn zurückhielt, ist der Heilige Geist. Der Heilige Geist wohnte in jeder Person, die an Jesus Christus glaubte. Obwohl der Heilige Geist weggenommen wurde, ist Er immer noch in der Welt am Werk und überführt Menschen ihrer Sünde, damit sie Gott kennenlernen.

In diesen Versen beziehen sich der „Mensch der Sünde", der „Sohn des Verderbens" und der „Gesetzlose" alle auf den Antichristen.

> „Nun aber, Brüder, was die Wiederkunft unseres Herrn Jesus Christus und unsere Vereinigung mit Ihm betrifft.... ... Lasst euch von niemandem auf irgendeine Weise täuschen. Denn es wird nicht geschehen, es sei denn, dass zuerst der Abfall kommt und der Mensch der Sünde geoffenbart wird, der Sohn des Verderbens, der sich widersetzt und sich über alles erhebt, was Gott heißt oder was angebetet wird, sodass er sich als Gott in den Tempel Gottes setzt und sich selbst als Gott ausgibt. ... Nun wisst ihr, was ihn zurückhält, damit er zu seiner Zeit geoffenbart wird. Denn das Geheimnis der Gesetzlosigkeit ist schon am Werk. Nur muss der, welcher jetzt zurückhält, erst aus dem Weg geräumt werden. Dann wird der Gesetzlose geoffenbart werden, den der Herr durch den Hauch Seines Mundes töten und durch die Erscheinung Seiner Wiederkunft vernichten wird; ihn, dessen Kommen der Wirksamkeit Satans entspricht, mit aller Macht und mit Zeichen und lügnerischen Wundern." (2. Thessalonicher 2,1.3-4.6-9)

Diese Schriftstelle sagt uns, warum der Heilige Geist entfernt werden musste, bevor der Antichrist, „der Feind", als Führer aufsteigen konnte. Weil die Gläubigen, die mit diesem Heiligen Geist erfüllt waren, sich gegen ihn erhoben hätten.

„Wenn der Feind hereinbricht wie eine Flut, wird der Geist des HERRN ein Banner gegen ihn aufrichten." (Jesaja 59,19 Neue König Jakobus Version)

In diesen Versen, die von Jesus gesprochen wurden, sehen wir, dass der Heilige Geist, welcher der „Ratgeber" und der „Geist der Wahrheit" ist, immer noch in der Welt am Werk ist. Er überführt die Menschen ihrer Sünde, damit sie sich für ihre Errettung Jesus zuwenden.

„Doch Ich sage euch die Wahrheit: Es ist gut für euch, dass Ich hingehe; denn wenn Ich nicht hingehe, wird der Ratgeber nicht zu euch kommen. Wenn Ich aber gehe, Werde Ich Ihn zu euch senden. Wenn Er gekommen ist, wird Er die Welt überführen von Sünde, von Gerechtigkeit und von Gericht; von Sünde, weil sie nicht an Mich glauben; von Gerechtigkeit, weil Ich zu Meinem Vater gehe und ihr Mich nicht mehr seht; von Gericht, weil der Fürst dieser Welt gerichtet ist. … Wenn aber Jener kommt, der Geist der Wahrheit, wird Er euch in die ganze Wahrheit leiten; denn Er wird nicht aus Sich Selbst reden, sondern was Er hören wird, das wird Er reden. Er wird euch verkünden, was kommen wird." (Johannes 16,7-11.13)

Sobald dieser weltweite Führer, „der Herrscher", wieder Ordnung auf den Planeten gebracht hat, wird er daran arbeiten, das zu erreichen, was noch keinem anderen Menschen auf Erden je gelungen ist. Er wird ein Friedensabkommen zwischen Israel und seinen benachbarten feindlichen Ländern vermitteln. In diesem Vers wird Israel als „das Volk" bezeichnet. Dieser Friedensvertrag wird ein Siebenjahresvertrag sein, was „eine Siebenheit" bedeutet. Die Unterzeichnung dieses Vertrages ist das Ereignis, mit dem die Uhr für die Drangsalszeit zu ticken beginnt. Nicht die Entrückung hat die eigentliche Drangsalszeit gestartet. Dieser Friedensvertrag ist es, der sie auslöst.

„Der Herrscher wird mit dem Volk einen Vertrag für die Dauer einer Siebenheit schließen, aber nach der Hälfte dieser Zeit wird er den Schlachtopfern und Speisopfern ein Ende setzen. Und als Höhepunkt all seiner schrecklichen Taten wird er ein Gräuelbild aufstellen, das Verwüstung anrichtet, bis das über diesen Verwüster verhängte Schicksal schließlich über ihn ausgegossen wird." (Daniel 9,27 Neue Lebende Übersetzung)

Von diesem Zeitpunkt an wird es großes Leid und große Drangsal auf dem Planeten geben.

„Denn in jenen Tagen wird die Not größer sein als zu irgendeiner Zeit, seit Gott die Welt erschaffen hat. Und niemals wird sie wieder so groß sein." (Markus 13,19 Neue Lebende Übersetzung)

Die Bibel sagt uns, dass Israel den Vertrag unterzeichnet, um Sicherheit oder „Zuflucht" zu gewinnen. Ich erwarte, dass Israels Feinde ihre Angriffe gegen das Land verstärkt haben werden oder mit einer massiven Invasion drohen. Israel, der „Tod" und das „Scheol", welches die Hölle ist, unterzeichnen den Vertrag. Wir erfahren, dass Israel, „dieses Volk in Jerusalem", weiß, dass der Vertrag auf Lügen basiert, und ihn dennoch unterzeichnet.

> „Darum hört das Wort Jahwes, ihr Spötter, die ihr über dieses Volk in Jerusalem herrscht: ‚Weil ihr gesagt habt: „Wir haben einen Bund mit dem Tod geschlossen und sind mit dem Scheol übereingekommen. Wenn die überflutende Geißel hindurchfährt, wird sie nicht zu uns kommen; denn wir haben die Lüge zu unserer Zuflucht gemacht und uns unter der Falschheit geborgen." ‘ Darum spricht Gott der Herr, Jahwe: ‚Siehe, Ich lege in Zion einen Grundstein, einen bewährten Stein, einen kostbaren Eckstein eines festen Fundaments. Wer glaubt, wird nicht voreilig handeln. Ich werde das Recht zur Richtschnur und die Gerechtigkeit zum Senkblei machen. Der Hagel wird die Zuflucht der Lüge wegfegen, und die Wasser werden den Bergungsort überfluten. Euer Bund mit dem Tod soll annulliert werden, und euer Übereinkommen mit dem Scheol soll keinen Bestand haben. Wenn die überflutende Geißel hindurchfährt, dann werdet ihr von ihr zertreten werden.'" (Jesaja 28,14-18)

Gott wird den Vertrag annullieren, wenn Er zurückkehrt. Dieser Vertrag entfacht Gottes Zorn, weil der Antichrist mit diesem Vertrag Gottes heiliges Land aufteilt. In diesem Vers bezieht sich „Ich" auf Gott und „Mein Land" auf Israel.

> „Ich werde alle Nationen versammeln und sie in das Tal Joschafat hinabführen; und Ich werde dort das Urteil an ihnen vollstrecken wegen Meines Volkes und Meines Erbes Israel, das sie unter die Nationen zerstreut haben. Sie haben Mein Land geteilt." (Joel 3,2)

Gott versprach Seinem auserwählten Volk, den Israeliten, ein spezifisches Land. Diese Schriftstelle sagt uns, dass dieses Land vom Nil bis zum Euphrat reicht (siehe auch 4. Mose 34). Dieses Land schließt die Stadt Jerusalem ein.

> „An jenem Tag schloss Jahwe einen Bund mit Abram und sprach: ‚Deinem Nachkommen habe Ich dieses Land gegeben, vom Fluss Ägyptens bis an den großen Strom, den Fluss Euphrat.'" (1. Mose 15,18)

Es ist eine ganz besondere Stadt für Gott, denn es ist die Stadt, in der Jesus Selbst auf Erden regieren wird. Gott wird in Jerusalem wohnen. Gott erschafft sogar ein Neues Jerusalem, wenn Er den neuen Himmel und die neue Erde erschafft. In diesen Versen bezieht sich „Zion" auf Jerusalem.

> „Wiederum erging das Wort des HERRN der Heerscharen und sprach: ‚So spricht der HERR der Heerscharen: Ich eifere für Zion mit großem Eifer; mit großem Grimm eifere Ich für sie.' So spricht der HERR: ‚Ich werde nach Zion zurückkehren und mitten in Jerusalem wohnen. Jerusalem soll die Stadt der Wahrheit genannt werden, der Berg des HERRN der Heerscharen, der heilige Berg.'" (Sacharja 8,1-3 Neue König Jakobus Version)

> „Ich sah einen neuen Himmel und eine neue Erde; denn der erste Himmel und die erste Erde waren vergangen, und das Meer ist nicht mehr. Ich sah die heilige Stadt, das Neue Jerusalem, von Gott aus dem Himmel herabsteigen, bereitet wie eine für ihren Mann geschmückte Braut. Ich hörte eine laute Stimme aus dem Himmel sagen: ‚Siehe, Gottes Wohnung ist bei den Menschen, und Er wird bei ihnen wohnen, und sie werden Sein Volk sein, und Gott Selbst wird bei ihnen sein als ihr Gott.'" (Offenbarung 21,1-3)

> „Es wird geschehen in den letzten Tagen, dass der Berg des Hauses Jahwes feststehen wird an der Spitze der Berge und über die Hügel erhaben sein wird; und alle Nationen werden zu ihm strömen. Viele Völker werden hingehen und sagen: ‚Kommt, lasst uns hinaufgehen zum Berg Jahwes, zum Haus des Gottes Jakobs; damit Er uns Seine Wege lehre und wir auf Seinen Pfaden wandeln.' Denn von Zion wird das Gesetz ausgehen und Jahwes Wort von Jerusalem. Er wird richten zwischen den Nationen und entscheiden für viele Völker. Sie werden ihre Schwerter zu Pflugscharen umschmieden und ihre Speere zu Winzermessern. Kein Volk wird gegen ein anderes das Schwert erheben, und sie werden den Krieg nicht mehr erlernen." (Jesaja 2,2-4)

Erinnere dich daran, dass ich dir gesagt habe, dass der Antichrist von Satan besessen ist. Satan hasst Gott und will Gottes Pläne zerstören. Indem er Gottes Land aufteilt, schüttelt Satan seine Faust gegen Gott und rebelliert gegen Gottes Plan.

Sorge dich nicht wegen des Vertrages und des Zorns, den Satan entfacht hat. Gottes Wille wird geschehen. Gott hält immer Seine Versprechen. Jesus hat Satan bereits besiegt, als Er an jenem Kreuz starb und den Tod bezwang. Satans Zeit auf Erden hat ein Ablaufdatum, und er weiß es. Diese Verse sagen uns, dass Satans Zeit nach der 1.000-jährigen Herrschaft Jesu auf Erden endet. Satan ist „der Teufel, der sie verführte" und das „Tier" ist der Antichrist.

„Und wenn die tausend Jahre vollendet sind, wird Satan aus seinem Gefängnis losgelassen werden, und er wird ausgehen, um die Nationen zu verführen, die an den vier Ecken der Erde sind, Gog und Magog, um sie zum Krieg zu versammeln; ihre Zahl ist wie der Sand am Meer. Sie zogen herauf auf die Breite der Erde und umzingelten das Lager der Heiligen und die geliebte Stadt. Und es fiel Feuer von Gott aus dem Himmel herab und verzehrte sie. Und der Teufel, der sie verführte, wurde in den Feuer- und Schwefelsee geworfen, wo auch das Tier und der falsche Prophet sind. Sie werden Tag und Nacht gequält werden von Ewigkeit zu Ewigkeit." (Offenbarung 20,7-10)

42.2. Die Drangsalszeit beginnt

Lass uns mehr über diesen Friedensvertrag und die Länge der Drangsalszeit sprechen. Die Drangsalszeit beginnt irgendwann nach der Entrückung und endet mit der Wiederkunft Jesu. Sie beginnt spezifisch mit der Unterzeichnung des Friedensvertrages zwischen Israel und seinen Feinden.

Der alttestamentliche Prophet Daniel schrieb um 539 v. Chr. über den Antichristen und den Friedensvertrag, als Babylon von den Medern erobert wurde. Daniel betete zu Gott und bat Ihn, dem Volk Israel seine Sünden zu vergeben und Seinen Zorn von Jerusalem abzuwenden, als plötzlich der Engel Gabriel erschien, um die Fragen zu beantworten, die er Gott stellte.

Gabriel sagte, der kommende Herrscher, der Antichrist, würde einen Friedensvertrag für „eine Woche" schließen. Das ursprüngliche hebräische Wort, das für Woche verwendet wurde, bedeutet einen Zeitraum von sieben Jahren, also gilt der Friedensvertrag für sieben Jahre. Wir sehen auch in dieser Schriftstelle, dass sie sagt, dass bis zum „völligen Ende" Zorn ausgegossen wird. Die Zeit der Drangsal wird die gesamten sieben Jahre andauern. Während dieser Zeit wird Gott Seinen Zorn mit allerlei Zeichen und Wundern zeigen. Er ist dazu gedacht, die Menschen von der Gottlosigkeit weg und zu Gott hinzuführen. Er ist Gottes letzte Warnung, dass die Zeit abläuft, in der du eine Entscheidung darüber treffen kannst, wo du die Ewigkeit verbringen willst.

„Er wird mit vielen einen festen Bund schließen für eine Woche. In der Mitte der Woche wird er Schlachtopfer und Speisopfer aufhören lassen. Auf dem Flügel der Gräuel wird einer kommen, der Verwüstung anrichtet; und zwar bis zum völligen Ende, und das Festbeschlossene wird über den Verwüster ausgegossen." (Daniel 9,27)

Jesus sprach ebenfalls von der Drangsalszeit. Wir sehen in diesen Versen, dass Er sich sogar auf die von Daniel gegebene Prophezeiung bezog und sie damit bestätigte.

> „Als Er auf dem Ölberg saß, traten Seine Jünger allein zu Ihm und sprachen: ‚Sage uns, wann wird dies geschehen? Und was wird das Zeichen Deiner Wiederkunft und des Endes des Zeitalters sein?‘ … ‚Wenn ihr nun das Gräuelbild der Verwüstung, von dem durch den Propheten Daniel geredet wurde, an heiliger Stätte stehen seht (wer es liest, der achte darauf!), dann fliehe auf die Berge, wer in Judäa ist. … Denn dann wird eine große Drangsal sein, wie sie von Anfang der Welt bis jetzt nicht gewesen ist und auch nie wieder sein wird. Und wenn jene Tage nicht verkürzt würden, so würde kein Fleisch gerettet werden. Aber um der Auserwählten willen werden jene Tage verkürzt werden.‘“ (Matthäus 24,3.15-16.21-22)

Wir haben oben erfahren, dass der Antichrist in der „Mitte der Woche“ bewirkt, dass die Opfer im jüdischen Tempel aufhören, wegen eines Gräuels, das er im Tempel begangen hat. Die „Mitte der Woche“ sind dreieinhalb Jahre. Das „Gräuelbild der Verwüstung“ besteht darin, dass er sich selbst zum Gott erklärt und irgendein gotteslästerliches Objekt in Gottes Tempel aufstellt. Er ruiniert und entweiht den Tempel.

Der Tag des Herrn, „Jahwes“, und die Große Drangsal sind andere Bezeichnungen für diesen Zeitraum. Sie beziehen sich auch spezifisch auf die letzten dreieinhalb Jahre der Drangsalszeit, die von sehr intensivem Zorn Gottes geprägt sein werden. Während der letzten dreieinhalb Jahre sagt Gott in diesen Versen, dass Menschen „seltener als feines Gold“ werden.

> „Siehe, der Tag Jahwes kommt, grausam, mit Grimm und glühendem Zorn; um das Land zur Einöde zu machen und seine Sünder daraus zu vertilgen. … Ich werde am Erdkreis die Bosheit heimsuchen und an den Gottlosen ihre Ungerechtigkeit. Ich will dem Hochmut der Stolzen ein Ende machen und die Arroganz der Tyrannen demütigen. Ich will die Menschen seltener machen als feines Gold, ja, einen Menschen seltener als das reine Gold von Ophir.“ (Jesaja 13,9.11-12)

Die letzten dreieinhalb Jahre werden Wunder im Himmel und auf Erden aufweisen, einschließlich Blut, Feuer und Rauchsäulen. In diesen Versen bezieht sich „Zion“ auf Jerusalem. Ich hoffe, du entscheidest dich dafür, Gott und Seine Herrlichkeit inmitten dieser Zeichen zu sehen und dass du dein „Herz zerreißt“ und dich Gott zuwendest, denn Er wird dir vergeben.

> „Stoßt in das Horn in Zion und schlagt Alarm auf Meinem heiligen Berg! Alle Bewohner des Landes sollen zittern; denn der Tag Jahwes kommt, ja, er ist nahe: Ein Tag der Finsternis und der Dunkelheit, ein Tag der Wolken und des dichten

Nebels. Wie das Morgengrauen, das sich über die Berge ausbreitet, kommt ein großes und starkes Volk; seinesgleichen ist von Ewigkeit her nicht gewesen, und nach ihm wird es keinem mehr geben bis zu den Jahren fernster Generationen. … Jahwe lässt Seine Stimme vor Seinem Heer erschallen; denn Sein Heerlager ist sehr groß; denn Er ist stark, der Sein Wort ausführt; denn der Tag Jahwes ist groß und sehr schrecklich, und wer kann ihn ertragen? ‚Doch auch jetzt noch‘, spricht Jahwe, ‚kehrt um zu Mir mit eurem ganzen Herzen, mit Fasten, mit Weinen und mit Klagen.‘ Zerreißt euer Herz und nicht eure Kleider und kehrt um zu Jahwe, eurem Gott; denn Er ist gnädig und barmherzig, geduldig und von großer Güte, und das Unheil reut Ihn. … Und Ich werde Wunderzeichen geben am Himmel und auf der Erde: Blut, Feuer und Rauchsäulen. Die Sonne wird sich in Finsternis verwandeln und der Mond in Blut, bevor der große und schreckliche Tag Jahwes kommt. Und es soll geschehen: Jeder, der den Namen Jahwes anruft, wird gerettet werden; denn auf dem Berg Zion und in Jerusalem wird Errettung sein, wie Jahwe es gesagt hat, und unter den Übriggebliebenen, die Jahwe berufen wird.“ (Joel 2,1-2.11-13.30-32)

Jesus erwartete von den Menschen, dass sie von Seinem ersten Kommen wussten, also halte Ausschau nach Jesus und kenne den Tag, an dem Er wiederkommen wird. In diesen Versen ist Jesus „Er“ und die Stadt, über die Er weinte, ist Jerusalem. Jesus sagt uns, dass das Volk die „Zeit deiner Heimsuchung“ nicht kannte. Das bedeutet, sie haben nicht erkannt, dass Jesus sie besuchte.

„Und als Er näher kam und die Stadt sah, weinte Er über sie und sprach: ‚Wenn doch auch du an diesem heutigen Tag erkannt hättest, was zu deinem Frieden dient! Nun aber ist es vor deinen Augen verborgen. Denn es werden Tage über dich kommen, da deine Feinde einen Wall gegen dich aufschütten, dich umzingeln und von allen Seiten bedrängen werden; und sie werden dich und deine Kinder in dir zu Boden schmettern und in dir keinen Stein auf dem anderen lassen, weil du die Zeit deiner Heimsuchung nicht erkannt hast.‘“ (Lukas 19,41-44)

Sobald dieser Vertrag unterzeichnet ist, wirst du in der Lage sein, auf den Tag genau auszurechnen, wann Jesus Christus zu Seiner Wiederkunft auf der Erde erscheinen wird. Dies sollte dir große Hoffnung und freudige Erwartung für jenen Tag geben. Jesus wird dreieinhalb Jahre nach dem Stoppen der Tempelopfer auf die Erde zurückkehren. Da der jüdische Kalender 360 Tage pro Jahr verwendet, werden es 1.260 Tage sein.

Diese Schriftstelle unten erwähnt 1.290 Tage. Das liegt daran, dass Jesus zurückkehrt, während der Krieg von Armageddon stattfindet. Es wird einige Zeit dauern, diesen Krieg zu stoppen und dann alle Ungläubigen von denen zu trennen, die noch am Leben sind. Für diejenigen, die gesegnet sind und bis zum 1.335. Tag überleben, beginnt dann die Herrschaft Jesu auf Erden und die Gläubigen schließen sich Ihm in Seinem Reich an.

> „Von der Zeit an, in der das tägliche Brandopfer abgeschafft und das Gräuelbild der Verwüstung aufgestellt wird, werden es 1.290 Tage sein. Wohl dem, der ausharrt und bis zu den 1.335 Tagen gelangt!" (Daniel 12,11-12)

Jeder wird Jesus, den „Sohn des Menschen", auf den Wolken kommen sehen, aber nicht jeder wird froh sein, Ihn zu sehen. Wir sehen in der untenstehenden Schriftstelle, dass viele Menschen Seine Rückkehr betrauern werden. Wenn du Ihn siehst, hoffe ich, dass du nur deshalb trauerst, weil du ein bußfertiges Herz hast und erkennst, was Jesus für dich getan hat. In diesem Fall wird dein Kummer schnell durch Freude ersetzt werden.

> „Später saß Jesus auf dem Ölberg. Seine Jünger kamen allein zu Ihm und sagten: ‚Sage uns, wann wird das alles geschehen? Welches Zeichen wird Deine Rückkehr und das Ende der Welt ankündigen?' … ‚Der Tag kommt, an dem ihr das sehen werdet, wovon der Prophet Daniel sprach – das Gräuelbild, das Verwüstung anrichtet und an heiliger Stätte steht.' (Leser, pass auf!) … ‚Sogleich nach der Bedrängnis jener Tage wird die Sonne verfinstert werden, und der Mond wird seinen Schein nicht geben, und die Sterne werden vom Himmel fallen, und die Kräfte des Himmels werden erschüttert werden. Und dann endlich wird das Zeichen des Sohnes des Menschen am Himmel erscheinen, und es wird ein großes Klagen unter allen Völkern der Erde sein. Und sie werden den Sohn des Menschen auf den Wolken des Himmels kommen sehen mit Macht und großer Herrlichkeit.'" (Matthäus 24,3.15.29-30 Neue Lebende Übersetzung)

42.3. Gott sendet Gerichte

Sobald die Drangsalszeit beginnt, wird Gott viele Gerichte auf die Erde senden. Wenn du mit den Plagen vertraut bist, die Gott über Ägypten sandte, als Pharao die Israeliten nicht ziehen lassen wollte, so sind diese Gerichte ähnlich, aber weitaus folgenreicher und verheerender. Zu den schrecklichen Dingen, die kommen werden, gehören Krieg, Hungersnot, Armut, großer Hagel, weit verbreitetes Feuer, sengende Hitze, zu Blut gewordene Wasserquellen, Geschwüre auf der Haut der Menschen und viel Tod. Tod und Zerstörung sind das Markenzeichen dieser Gerichte. Die Bibel sagt uns, dass Millionen von Menschen umkommen werden.

Das Buch der Offenbarung in der Bibel schildert die Gerichte nach der Entrückung. In diesem Vers sehen wir Hagel und Feuer, nachdem die erste

Posaune erschallt ist. Ein Drittel der Erde verbrennt infolgedessen.

> „Der erste Engel blies seine Posaune, und es entstand Hagel und Feuer, mit Blut vermischt, und es wurde auf die Erde geworfen. Ein Drittel der Erde wurde verbrannt, und ein Drittel der Bäume wurde verbrannt, und alles grüne Gras wurde verbrannt." (Offenbarung 8,7)

In diesem Vers sehen wir, dass alles im Meer stirbt, weil es zu Blut geworden ist.

> „Der zweite Engel goss seine Schale in das Meer aus, und es wurde zu Blut wie von einem Toten. Jedes lebendige Wesen im Meer starb." (Offenbarung 16,3)

Diese Schriftstelle offenbart, dass es schweren Hagel im Gewicht von einem Talent gibt, was ca. 34 kg entspricht.

> „Große Hagelsteine, etwa im Gewicht eines Talents, fielen aus dem Himmel auf die Menschen herab. Die Menschen lästerten Gott wegen der Plage des Hagels, denn diese Plage ist überaus schwer." (Offenbarung 16,21)

In nur zwei Gerichten wird die Hälfte der Weltbevölkerung sterben, die nach der Entrückung übrig geblieben ist. In der ersten Schriftstelle unten kommt ein Viertel der Erde durch das Schwert, durch Hunger, durch Tod und durch die wilden Tiere der Erde um. In der zweiten stirbt ein Drittel der Menschen.

> „Als Er das vierte Siegel öffnete, hörte ich die Stimme des vierten lebendigen Wesens sagen: ‚Komm und sieh!' Und siehe, ein fahles Pferd, und der Name dessen, der darauf saß, war Tod. Das Totenreich folgte ihm nach. Ihm wurde Macht gegeben über ein Viertel der Erde, zu töten mit dem Schwert, mit Hunger, mit Tod und durch die wilden Tiere der Erde." (Offenbarung 6,7-8)

> „Der sechste Engel blies seine Posaune. Ich hörte eine Stimme aus den Hörnern des goldenen Altars, der vor Gott steht, zum sechsten Engel sagen, der die Posaune hatte: ‚Lasse die vier Engel los, die an dem großen Strom Euphrat gebunden sind!' Da wurden die vier Engel losgelassen, die für jene Stunde und jenen Tag und jenen Monat und jenes Jahr bereitgehalten worden waren, um ein Drittel der Menschheit zu töten." (Offenbarung 9,13-15)

Diese Gerichte haben einige Zwecke. Egal was passiert, erinnere dich immer daran, dass Gott dich liebt. Er möchte, dass du mit deinem gottlosen

Verhalten aufhörst und dich Ihm zuwendest, dich der Gerechtigkeit zuwendest. Betrachte diese schrecklichen Dinge als Züchtigung von Gott. Er versucht, deine Aufmerksamkeit zu gewinnen und deinen Lebensweg zu korrigieren. Er gibt dir eine volle Demonstration Seiner Macht, damit du verstehst, dass Er existiert.

Gott tat dies in der Vergangenheit mit Gerichten. Jona wurde gesandt, um Ninive zu sagen, dass Gott sie wegen ihrer Bosheit stürzen würde. Er wurde gesandt, um Gottes Wort zu predigen und die Menschen zur Buße aufzurufen. Das taten sie!

> „Jahwes Wort erging zum zweiten Mal an Jona: ‚Mache dich auf, geh nach Ninive, in die große Stadt, und predige ihr die Botschaft, die Ich dir gebe.‘ … Jona fing an, eine Tagesreise weit in die Stadt hineinzugehen, und er rief und sprach: ‚Noch vierzig Tage, dann wird Ninive untergehen!‘ Die Leute von Ninive glaubten Gott…. Die Nachricht gelangte zum König von Ninive…. Er ließ ausrufen … ‚Weder Mensch noch Tier, weder Rinder noch Schafe sollen irgendetwas essen; sie sollen nicht weiden und kein Wasser trinken; sondern Mensch und Tier sollen sich in Sacktuch hüllen und mit Macht zu Gott rufen. Ja, jeder soll umkehren von seinem bösen Weg und von der Gewalt, die an seinen Händen klebt. Wer weiß, ob Gott nicht umkehrt und es Ihn reut und Er Sich abwendet von Seinem glühenden Zorn, sodass wir nicht untergehen?‘ Gott sah ihre Werke, dass sie umkehrten von ihrem bösen Weg. Da reute Gott das Unheil, das Er ihnen angedroht hatte, und Er tat es nicht.“ (Jona 3,1-2.4-10)

Wir sehen in dieser Schriftstelle, dass Gott möchte, dass die Menschen durch Gerichte von dem Zorn hören, den Er über sie bringen will. Es geschieht, damit sie von ihrem Bösen umkehren, damit Gott ihnen vergeben kann.

> „Im vierten Jahr Jojakims, des Sohnes Josias, des Königs von Juda, erging dieses Wort von Jahwe an Jeremia: ‚Nimm dir eine Buchrolle und schreibe darauf all die Worte, die Ich zu dir geredet habe gegen Israel und gegen Juda und gegen alle Nationen, von dem Tag an, als Ich zu dir redete, von den Tagen Josias an bis zu diesem Tag. Vielleicht wird das Haus Juda all das Unheil hören, das Ich ihnen anzutun gedenke, damit sie umkehren, ein jeder von seinem bösen Weg, damit Ich ihre Ungerechtigkeit und ihre Sünde vergeben kann.‘“ (Jeremia 36,1-3)

Er möchte, dass du weißt, wer der eine wahre Gott ist. Er entlarvt die Lügen und die falsche Macht des Antichristen und Satans. Es gibt Millionen von Menschen wie dich, die versuchen, die Wahrheit über die Entrückung und das Kommende zu verstehen. Ich weiß, dass du dein Herz gegenüber Gott noch nicht verhärtet hast, weil du dieses Buch immer noch liest. Gott weiß das auch. Dies ist deine letzte Warnung von Gott. Die Zeit läuft ab. Nach diesen Ereignissen der Drangsalszeit wird Gott entscheiden, wer im Tausendjährigen Reich mit Jesus weiter auf der Erde leben darf. Nur diejenigen, die ihren Glauben auf Gott und Seinen Sohn Jesus und Seinen Tod für ihre Sünden gesetzt haben, werden in diesem Reich leben.

Leider sagt uns die Bibel, dass die Menschen die Quelle dieser Gerichte erkennen werden, aber die meisten werden sich weigern, Buße zu tun. Diese Menschen werden genau wissen, dass Gott diese schreckliche Zerstörung und den Tod sendet, doch sie rebellieren weiterhin gegen Ihn. Dies sind Menschen, die sich gegenüber Gott festgelegt haben. Siehst du, sie wollen nichts mit Gott zu tun haben. Sie wollen nicht im Himmel bei Gott leben. Sie wollen nicht auf der Erde bei Jesus leben. Sie wollen weiterhin gottlose, böse Dinge tun. Sie wollen wie Satan sein. Wenn du wie Satan leben willst, dann wird Gott dich lassen. Dann wird Er dich genau so behandeln, wie Er Satan behandelt. Satan läuft gerade auf dem Planeten Amok, täuscht dich und hilft dir beim Sündigen. Diese Gerichte sind die Strafe für ihn und seine Nachfolger.

Diese Verse illustrieren, dass die Menschen wissen, dass es Gott ist, weil sie „Den sehen, der auf dem Thron sitzt". Sie wissen, dass es Jesus ist, der das „Lamm" ist, der diese Gerichte auf die Erde sendet, aber sie weigern sich, Buße zu tun.

> „Der Himmel wich weg wie eine Buchrolle, die zusammengerollt wird. Alle Berge und Inseln wurden von ihren Stellen weggerückt. Die Könige der Erde, die Großen, die Obersten, die Reichen, die Gewaltigen und alle Sklaven und Freien verbargen sich in den Höhlen und in den Felsen der Berge. Sie sagten zu den Bergen und zu den Felsen: ‚Fallt auf uns und verbergt uns vor dem Angesicht Dessen, der auf dem Thron sitzt, und vor dem Zorn des Lammes, denn der große Tag Seines Zorns ist gekommen; und wer kann bestehen?'" (Offenbarung 6,14-17)

Obwohl sie wissen, dass es von Gott kommt, tun die Menschen, die nicht durch die Plagen getötet werden, dennoch keine Buße.

> „Die übrigen Menschen, die nicht durch diese Plagen getötet wurden, taten nicht Buße über die Werke ihrer Hände, sodass sie nicht mehr die Dämonen und die Götzen aus Gold, Silber, Erz, Stein und Holz angebetet hätten, die weder sehen

noch hören noch gehen können. Sie taten auch nicht Buße über ihre Morde, noch über ihre Zaubereien, noch über ihre sexuelle Unmoral, noch über ihre Diebstähle." (Offenbarung 9,20-21)

In diesem Vers sehen wir, dass die Menschen, welche die sengende Sonne überleben, keine Buße tun. Stattdessen lästern sie Gott. Sie wissen, dass Gott derjenige ist, der diese Gerichte sendet.

> „Die Menschen wurden von großer Hitze versengt, und die Menschen lästerten den Namen Gottes, der Macht hat über diese Plagen. Sie taten nicht Buße, um Ihm die Ehre zu geben." (Offenbarung 16,9)

Ich hoffe, dass du nicht so auf Gott reagierst, wie diese Menschen es tun. Ich hoffe, dass du dich entscheidest, so auf Gott zu reagieren, wie Hiob es tat, als Unheil über ihn kam. Als Satan kam, um Hiobs Leben zu ruinieren, wurde Hiob zuerst zornig und beneidete die gottlosen Menschen, die alles hatten und nicht bestraft wurden. Aber dann begegnete Hiob der gewaltigen Macht Gottes und erinnerte sich an seine Ehrfurcht vor Gott. Hiob demütigte sich dann vor Gott und tat Buße über seinen Zorn, seine Bitterkeit und seine stolzen Gedanken. Lies Kapitel 36 noch einmal, wenn du musst.

Hier ist Hiobs Antwort an Gott. Er wusste, dass Gott alles tun konnte. Hiob tat es leid und er tat Buße. Dann nahm er all die sündigen Dinge zurück, die er gesagt hatte.

> „Da antwortete Hiob Jahwe: ,Ich erkenne, dass Du alles vermagst und dass kein Vorhaben von Dir verhindert werden kann. Du fragtest: „Wer ist es, der den Rat verdunkelt mit Worten ohne Verstand?" Darum habe ich geredet, was ich nicht verstand, Dinge, die zu wunderbar für mich sind und die ich nicht begriff. … Darum verabscheue ich mich selbst und tue Buße in Staub und Asche.'" (Hiob 42,1-3.6)

> „Ich nehme alles zurück, was ich gesagt habe, und ich sitze in Staub und Asche, um meine Reue zu zeigen." (Hiob 42,6 Neue Lebende Übersetzung)

Es ist nicht zu spät für dich, und es spielt keine Rolle, was du getan hast. Gott wird alles vergeben. Er ist größer als deine Sünde. Gott wird dir vergeben. Schöpfe Trost aus diesen Versen.

> „Daher kann Er auch diejenigen vollkommen erretten, die durch Ihn zu Gott kommen, da Er immerdar lebt, um für sie einzutreten." (Hebräer 7,25)

> „Sucht Jahwe, solange Er Sich finden lässt. Ruft Ihn an, solange Er nahe ist. Der Gottlose verlasse seinen Weg und der Ungerechte seine Gedanken. Er kehre um zu Jahwe, so wird Er Sich seiner erbarmen, und zu unserem Gott, denn Er ist reich an Vergebung." (Jesaja 55,6-7)

42.4. Das Evangelium wird verkündet

Es sind nicht nur schlechte Nachrichten. Durch den Tod, die Zerstörung und die Täuschung werden Millionen von Menschen Jesus kennenlernen und gerettet werden. Während der Drangsalszeit erweckt Gott 144.000 jüdische Männer, um das Evangelium zu predigen. Diese Männer kommen aus den Stämmen Israels. Diese Verse sagen uns auch, dass sie göttlich geschützt, „versiegelt", vor Gottes Zorn sind, damit sie ihre Mission erfüllen können.

> „‚Fügt der Erde keinen Schaden zu, noch dem Meer, noch den Bäumen, bis wir die Knechte unseres Gottes an ihren Stirnen versiegelt haben!' Und ich hörte die Zahl der Versiegelten: 144.000 Versiegelte aus jedem Stamm der Kinder Israels." (Offenbarung 7,3-4)

> „Es wurde ihnen gesagt, dass sie nicht das Gras der Erde schädigen sollten, noch irgendetwas Grünes, noch irgendeinen Baum, sondern nur die Menschen, die das Siegel Gottes nicht an ihren Stirnen haben." (Offenbarung 9,4)

Zusätzlich dazu erscheinen zwei Männer in Jerusalem auf der Bildfläche, die das Evangelium predigen. Diese Verse beziehen sich auf diese zwei Männer als „Zeugen". Sie sind auch in der Lage, viele Wunder zu vollbringen, weil Gott ihnen Seine Macht gegeben hat. Viele Menschen werden durch ihr Zeugnis zum Glauben kommen. „Ich" bezieht sich auf Gott und das „Tier" bezieht sich auf den Antichristen.

> „‚Ich werde Meinen zwei Zeugen Macht geben, und sie werden 1.260 Tage lang prophezeien, mit Sacktuch bekleidet.' ... Wenn jemand ihnen schaden will, geht Feuer aus ihrem Mund hervor und verzehrt ihre Feinde. ... Diese haben Macht, den Himmel zu verschließen, damit es in den Tagen ihrer Weissagung nicht regne. Sie haben Macht über die Gewässer, sie in Blut zu verwandeln und die Erde mit jeder Plage zu schlagen, sooft sie wollen. Wenn sie ihr Zeugnis vollendet haben, wird das Tier, das aus dem Abgrund heraufsteigt, mit ihnen Krieg führen und sie überwinden und sie töten. ... Nach den dreieinhalb Tagen kam der Geist des Lebens von Gott in sie, und sie stellten sich auf ihre Füße. Große Furcht überfiel die, welche sie sahen." (Offenbarung 11,3.5-7.11)

Darüber hinaus gibt es einen Engel, der über die ganze Erde fliegt und die frohe Botschaft verkündet, wie man gerettet werden kann. Gott möchte sicherstellen, dass jede einzelne Person auf dem Planeten weiß, wie man gerettet wird und ewig bei Ihm lebt. Er liebt dich wirklich. Denk nur an all die Menschen, die das Evangelium hören und an Jesus glauben werden!

> „Ich sah einen Engel inmitten des Himmels fliegen, der ein ewiges Evangelium hatte, um es denen zu verkünden, die auf der Erde wohnen, und jeder Nation und jedem Stamm und jeder Sprache und jedem Volk. Er sprach mit lauter Stimme: ‚Fürchtet den Herrn und gebt Ihm die Ehre; denn die Stunde Seines Gerichts ist gekommen. Betet Den an, der den Himmel, die Erde, das Meer und die Wasserquellen gemacht hat!‘“ (Offenbarung 14,6-7)

Millionen von Menschen werden durch die Ereignisse der Drangsalszeit gerettet werden, weil sie das Evangelium hören konnten und weil sie die gewaltige Macht Gottes miterlebt haben und glaubten. Dieser Vers beschreibt diese Drangsalheiligen im Himmel bei Jesus. Sie setzten ihren Glauben auf Jesus, nachdem die Entrückung stattgefunden hatte, starben aber vor der Wiederkunft Jesu. Diese Schriftstelle sagt uns, dass es eine große Menge aus jeder Nation und aus allen Stämmen, Völkern und Sprachen ist, die Drangsalheilige sind.

> „Nach diesem sah ich, und siehe, eine große Menge, die niemand zählen konnte, aus jeder Nation und aus allen Stämmen, Völkern und Sprachen; die standen vor dem Thron und vor dem Lamm, bekleidet mit weißen Gewändern und mit Palmzweigen in ihren Händen. … ‚Dies sind die, welche aus der großen Drangsal kommen. Sie haben ihre Gewänder gewaschen und sie weiß gemacht im Blut des Lammes.‘“ (Offenbarung 7,9.14)

Die Menschen werden während dieser Zeit tatsächlich Gottes Herrlichkeit sehen und glauben. Als Jesus Seinen Freund Lazarus von den Toten auferweckte, entschieden sich viele Menschen, die dieses Wunder sahen, ihren Glauben auf Jesus zu setzen.

> „Jesus sprach: ‚Nehmt den Stein weg!‘ Martha, die Schwester des Verstorbenen, spricht zu Ihm: ‚Herr, er riecht schon, denn er ist bereits vier Tage tot.‘ Jesus spricht zu ihr: ‚Habe Ich dir nicht gesagt: Wenn du glaubst, wirst du die Herrlichkeit Gottes sehen?‘ … Als Er dies gesagt hatte, rief Er mit lauter Stimme: ‚Lazarus, komm heraus!‘ Und der Verstorbene kam heraus, an Händen und Füßen mit Grabtüchern umwickelt, und sein Gesicht war mit einem Schweißtuch

> umhüllt. Jesus spricht zu ihnen: ‚Löst ihn auf und lasst ihn gehen!' Viele nun von
> den Juden, die zu Maria gekommen waren und sahen, was Jesus getan hatte,
> glaubten an Ihn." (Johannes 11,39-40.43-45)

Wenn du deinen Glauben auf Jesus gesetzt hast, schließe dich dem Missionsbefehl an. In diesen Versen erklärt der Apostel Paulus, warum wir unseren Glauben teilen sollten. Hilf anderen, Gott kennenzulernen und Ihn anzurufen, damit sie gerettet werden können.

> „Denn: ‚Jeder, der den Namen des Herrn anrufen wird, soll gerettet werden.' Wie
> sollen sie aber Den anrufen, an den sie nicht geglaubt haben? Wie sollen sie aber
> an Den glauben, von dem sie nicht gehört haben? Wie sollen sie aber hören ohne
> einen Prediger? Und wie sollen sie predigen, wenn sie nicht ausgesandt werden?
> Wie geschrieben steht: ‚Wie lieblich sind die Füße derer, die das Evangelium des
> Friedens verkünden, die gute Botschaft von guten Dingen bringen!' ... So kommt
> der Glaube aus der Verkündigung, die Verkündigung aber durch das Wort
> Gottes." (Römer 10,13-15.17)

42.5. Der Krieg von Armageddon

Viele Menschen denken, Armageddon sei gleichbedeutend mit dem Ende der Welt. Das ist nicht der Fall. In Wirklichkeit bezieht sich dies auf einen Krieg, der vor der Wiederkunft von Jesus beginnt. Dieser Krieg findet überall in Israel statt, und der Ort, an dem sich das Heer des Antichristen versammelt, ist Armageddon. Das Wort selbst bedeutet der Hügel von Megiddo. Die Stadt Megiddo überblickt die Ebene Jesreel in der großen Tiefebene nahe dem Berg Karmel. Dieser Krieg findet hauptsächlich zwischen dem Antichristen und Gottes auserwähltem Volk, Israel, statt. Einige Führer werden jedoch nicht mit dem einverstanden sein, was der Antichrist tut. Sie werden sich gegen ihn erheben und die Stadt zerstören, von der aus er regiert. Diese Stadt wird in der Bibel als Babylon bezeichnet. Das hält ihn jedoch nicht davon ab, Krieg gegen Israel zu führen. Kurz nachdem Jerusalem an den Antichristen fallen ist, wendet er sein Heer gegen Jesus. Der Krieg endet, wenn Jesus bei Seiner Wiederkunft eintrifft und den Feind vernichtet.

Der Krieg wird sich insbesondere um Jerusalem konzentrieren. Der Antichrist wird diesen Krieg beginnen, wenn er den Friedensvertrag mit Israel bricht. Ja, er bricht schließlich den Friedensvertrag, den er selbst vermittelt hat. Das liegt daran, dass es ein falscher Friedensvertrag ist. Seine wahre Motivation wird für alle sichtbar werden. Dies geschieht nach dreieinhalb Jahren in der

Drangsalszeit. Erinnerst du dich an die zwei Zeugen, die in Jerusalem das Evangelium predigen? Der Antichrist tötet sie, während die ganze Welt zuschaut. Ihre Körper werden für mehrere Tage zur Schau gestellt, bevor sie von Gott von den Toten auferweckt werden. Dann betritt der Antichrist den jüdischen Tempel. Dies wird ihr dritter Tempel sein, und er wird während der Drangsalszeit gebaut. Wenn er den Tempel betritt, wird er sich selbst zum Gott erklären und eine Tat begehen, die den Tempel entweiht.

In diesen Versen sehen wir, dass der Antichrist Krieg gegen die zwei Zeugen oder „zwei Propheten" führt. Der Antichrist ist das „Tier" und die „große Stadt" ist Jerusalem. Es geschieht, weil sie das Evangelium predigten, was „ihr Zeugnis" ist, und die Menschen auf der Erde mit ihren Zeichen und Wundern peinigten.

> „Wenn sie ihr Zeugnis vollendet haben, wird das Tier, das aus dem Abgrund heraufsteigt, mit ihnen Krieg führen und sie überwinden und sie töten. Und ihre Leichen werden auf der Straße der großen Stadt liegen, die geistlich Sodom und Ägypten genannt wird, wo auch ihr Herr gekreuzigt wurde. Und Leute aus den Völkern, Stämmen, Sprachen und Nationen werden ihre Leichen dreieinhalb Tage lang sehen und nicht zulassen, dass ihre Leichen in ein Grab gelegt werden. Und die auf der Erde wohnen, werden sich über sie freuen und fröhlich sein. Sie werden einander Geschenke schicken, weil diese zwei Propheten diejenigen peinigten, die auf der Erde wohnen." (Offenbarung 11,7-10)

Zur gleichen Zeit wird der Antichrist den jüdischen Tempel überrennen und bewirken, dass die Opfer aufhören. In diesem Vers ist „er" der Antichrist.

> „Er wird mit vielen einen festen Bund schließen für eine Woche. In der Mitte der Woche wird er Schlachtopfer und Speisopfer aufhören lassen. Auf dem Flügel der Gräuel wird einer kommen, der Verwüstung anrichtet; und zwar bis zum völligen Ende, und das Festbeschlossene wird über den Verwüster ausgegossen." (Daniel 9,27)

Wir sehen in dieser Schriftstelle, dass der Antichrist seinen Zorn gegen Gottes Volk auslässt. Gottes Volk sind die Menschen des „heiligen Bundes". Der Antichrist wird als „der König des Nordens" und „er" bezeichnet. Da er gegen Gottes Volk ist, wird der Antichrist all den Ungläubigen Gunst erweisen. Sobald er den Tempel entweiht hat, erklärt er sich selbst zum Gott.

> „Der König des Nordens wird in sein eigenes Land mit großem Reichtum zurückkehren, aber sein Herz wird gegen den heiligen Bundes gerichtet sein. Er wird gegen ihn vorgehen und dann in sein eigenes Land zurückkehren. Zur

> bestimmten Zeit wird er wieder in den Süden einfallen, aber diesmal wird der
> Ausgang anders sein als zuvor. Schiffe von der Westküste werden sich ihm
> entgegenstellen, und er wird den Mut verlieren. Dann wird er umkehren und
> seinen Zorn gegen den heiligen Bund auslassen. Er wird zurückkehren und denen
> Gunst erweisen, die den heiligen Bund verlassen. Seine Streitkräfte werden sich
> erheben, um die Tempelfestung zu entweihen und das tägliche Opfer
> abzuschaffen. Dann werden sie das Gräuelbild aufstellen, das Verwüstung
> anrichtet. … Der König wird tun, was ihm beliebt. Er wird sich über jeden Gott
> erheben und sich groß machen und unerhörte Dinge gegen den Gott der Götter
> sagen." (Daniel 11,28-31.36 Neue Internationale Version)

Der Antichrist führt dann Krieg gegen das jüdische Volk und zwingt es
zur Flucht. Jesus warnte in der untenstehenden Schriftstelle die Menschen in
Jerusalem, in die Berge zu fliehen, wenn der Antichrist in den Tempel einfällt.
Es ist so dringend, dass sie nicht einmal zuerst in ihr Haus gehen sollten, um
Sachen zu holen, weil es Unterdrückung und harte Grausamkeit seitens des
Antichristen gegen sie geben würde.

> „‚Wenn ihr aber das Gräuelbild der Verwüstung, von dem durch den Propheten
> Daniel geredet wurde, dort stehen seht, wo es nicht stehen darf' (wer es liest, der
> achte darauf!), ‚dann fliehe auf die Berge, wer in Judäa ist; und wer auf dem Dach
> ist, steige nicht hinab und gehe nicht hinein, um etwas aus seinem Haus zu holen.
> Und wer auf dem Feld ist, kehre nicht zurück, um seinen Mantel zu holen. …
> Denn jene Tage werden eine Drangsal sein, wie sie seit Anfang der Schöpfung,
> die Gott geschaffen hat, bis jetzt nicht gewesen ist und auch nie wieder sein
> wird.'" (Markus 13,14-16.19)

Wenn der Antichrist diesen Krieg führt, bringt er alle Nationen gegen
Jerusalem. Diese Verse sagen uns, dass die Stadt geplündert und Frauen
vergewaltigt werden. Von den Einwohnern, die nicht entkamen, wird die Hälfte
gefangen genommen und die andere Hälfte bleibt in den Ruinen zurück.

> „Siehe, ein Tag Jahwes kommt, an dem deine Beute in deiner Mitte verteilt wird.
> Denn Ich werde alle Nationen gegen Jerusalem zum Kampf versammeln; und die
> Stadt wird eingenommen, die Häuser geplündert und die Frauen geschändet
> werden. Die Hälfte der Stadt wird in die Gefangenschaft ziehen, aber der Rest des
> Volkes soll nicht aus der Stadt ausgerottet werden." (Sacharja 14,1-2)

Es ist nicht nur Jerusalem, das durch den Antichristen fällt. Diese Verse
illustrieren, dass „er" in viele Länder einfällt. Der „König des Nordens" ist ein
Hinweis auf den Antichristen. Das „herrliche Land" bezieht sich auf Israel.

„Zur Zeit des Endes wird der König des Südens ihn in einen Kampf verwickeln, und der König des Nordens wird gegen ihn anstürmen mit Streitwagen, Reitern und einer großen Flotte von Schiffen. Er wird in viele Länder einfallen und sie wie eine Flut durchziehen. Er wird auch in das herrliche Land einfallen. Viele Länder werden fallen, aber Edom, Moab und die Anführer der Ammoniter werden seiner Hand entkommen." (Daniel 11,40-41 Neue Internationale Version)

Eine sehr große Zahl von Menschen nimmt in dem Heer des Antichristen an diesem Krieg teil. 200 Millionen! In der Bibel gibt es eine ziemlich seltsame Beschreibung über dieses Heer. Lass sie uns lesen.

„Zum sechsten Engel, der die Posaune hatte, sagend: ‚Lasse die vier Engel los, die an dem großen Strom Euphrat gebunden sind!' Da wurden die vier Engel losgelassen, die für jene Stunde und jenen Tag und jenen Monat und jenes Jahr bereitgehalten worden waren, um ein Drittel der Menschheit zu töten. Und die Zahl der Reiterheere war zwei Myriaden mal Myriaden [200 Millionen]. Ich hörte ihre Zahl. Und so sah ich die Pferde in der Vision und die, welche darauf saßen: Sie hatten feuerrote, hyazinthblaue und schwefelgelbe Panzer; und die Köpfe der Pferde waren wie Löwenköpfe. Und aus ihren Mäulern ging Feuer, Rauch und Schwefel hervor." (Offenbarung 9,14-17)

So wie das Heer beschrieben wird, scheint es ein dämonisches Heer aus gefallenen Engeln zu sein. Schau dir die Pferde an, auf denen sie reiten. Ich habe noch nie ein Pferd mit einem Kopf wie dem eines Löwen gesehen, das Feuer und Schwefel spucken kann. Normale Pferde sehen nicht so aus und tun so etwas nicht. Nein, Feuer speien ist das, was Drachen tun. Und von wem wissen wir, dass er der Drache ist? Das ist Satan.

Zusätzlich zu dem dämonischen Heer sehen wir in dieser Schriftstelle, dass die gefallenen Engel die Könige der ganzen Erde davon überzeugen, sich zur Schlacht bei Armageddon zu versammeln. Erinnere dich, dass das „Tier" der Antichrist ist. Dies sind auch die Verse, in denen wir erfahren, dass sich das Heer an dem Ort versammelt, der Armageddon genannt wird.

„Der sechste Engel goss seine Schale auf den großen Strom Euphrat aus, und sein Wasser vertrocknete, damit den Königen vom Aufgang der Sonne der Weg bereitet würde. Und ich sah aus dem Maul des Drachen und aus dem Maul des Tieres und aus dem Mund des falschen Propheten drei unreine Geister herauskommen, die wie Frösche aussahen. Es sind dämonische Geister, die Zeichen tun und zu den Königen der ganzen Welt ausgehen, um sie zum Kampf am großen Tag Gottes, des Allmächtigen, zu versammeln. … Und sie versammelten die Könige an den Ort, der auf Hebräisch Armageddon heißt." (Offenbarung 16,12-14.16 Neue Internationale Version)

Die Zahl derer, die sich hier zum Krieg versammeln, ist kaum zu fassen. Wir haben das dämonische Heer von 200 Millionen. Dann haben wir auch noch die Heere der Könige aus der ganzen Welt. Es sind also wahrscheinlich eher 400 Millionen, die versammelt sind. Nun lass diese Zahl von Soldaten einen Moment lang auf dich wirken. Im Juli 2019 wurde die Bevölkerung der Vereinigten Staaten auf 329 Millionen geschätzt.[247] Allein dieses Kontingent an dämonischen Soldaten entspricht 60 Prozent der Bevölkerung der Vereinigten Staaten!

Warum sind so viele zum Krieg versammelt? Hast du bemerkt, dass die Dämonen sie alle bei Armageddon versammelt haben? Es ist, weil Jesus kommt! Die Dämonen wissen, wann sie Ihn zu erwarten haben. Ich habe dir gesagt, dass auch du den Tag Seiner Rückkehr kennen kannst. Siehst du, sie haben den Krieg, der gegen Gottes Volk tobte, in einen Krieg gegen Gott Selbst verwandelt.

Bei der Wiederkunft Jesu sehen wir den Antichristen, der das „Tier" ist, die Könige der Erde und ihre Heere versammelt, um Krieg gegen Jesus und Sein Heer von Gläubigen aus dem Himmel zu führen. In dieser Schriftstelle ist Jesus derjenige, der „Treu und Wahrhaftig" genannt wird.

> „Und ich sah den Himmel geöffnet, und siehe, ein weißes Pferd, und Der darauf saß, wird Treu und Wahrhaftig genannt. In Gerechtigkeit richtet und führt Er Krieg. Seine Augen sind eine Feuerflamme, und auf Seinem Haupt sind viele Kronen. … Er ist bekleidet mit einem Gewand, das in Blut getaucht ist. Sein Name heißt ‚Das Wort Gottes'. Und die Heere im Himmel folgten Ihm auf weißen Pferden, bekleidet mit weißer, reiner, feiner Leinwand. … Und ich sah das Tier und die Könige der Erde und ihre Heere versammelt, um Krieg zu führen mit Dem, der auf dem Pferd saß, und mit Seinem Heer." (Offenbarung 19,11-14.19)

42.6. Jesus kehrt zurück

Jesus kommt am Ende der siebenjährigen Drangsalszeit, während des Krieges von Armageddon, auf die Erde zurück. Dies wird als die Wiederkunft Jesu bezeichnet. Wenn Er zurückkommt, geschieht eine ganze Reihe von Dingen. Lass uns ansehen, was passiert.

Jesus wird in einer spektakulären Demonstration von Macht und Herrlichkeit zurückkommen. Die Bibel sagt uns, dass Er auf dieselbe Weise zurückkehrt, wie Er gegangen ist: in den Wolken. Er wird auf den Wolken zum Ölberg in Jerusalem kommen. Wenn Seine Füße die Erde berühren, wird

ein großes Erdbeben den Berg spalten. In dieser Schriftstelle ist Jesus „Er",
der „aufgenommen wurde".

> „Als Er dies gesagt hatte, wurde Er vor ihren Augen emporgehoben, und eine Wolke
> nahm Ihn auf, weg vor ihren Augen. Und als sie unverwandt zum Himmel blickten,
> während Er dahinfuhr, siehe, da standen zwei Männer in weißer Kleidung bei ihnen,
> die auch sagten: ‚Ihr Männer von Galiläa, was steht ihr hier und seht zum Himmel?
> Dieser Jesus, der von euch weg in den Himmel aufgenommen worden ist, wird so
> wiederkommen, wie ihr Ihn habt in den Himmel auffahren sehen.' Da kehrten sie
> nach Jerusalem zurück von dem Berg, welcher Ölberg heißt, der nahe bei Jerusalem
> liegt, einen Sabbatweg entfernt." (Apostelgeschichte 1,9-12)

Der Ölberg ist der Berg direkt östlich von Jerusalem. Wenn Jesus
zurückkehrt, wird es ein Erdbeben geben, das den Berg spaltet. Er wird sich
nach Norden und Süden bewegen und ein großes Tal bilden.

> „Dann wird Jahwe ausziehen und gegen jene Nationen kämpfen, so wie Er am Tag
> der Schlacht gekämpft hat. Seine Füße werden an jenem Tag auf dem Ölberg stehen,
> der vor Jerusalem im Osten liegt; und der Ölberg wird sich in der Mitte spalten, von
> Osten nach Westen, sodass ein sehr großes Tal entsteht. Die eine Hälfte des Berges
> wird nach Norden und die andere Hälfte nach Süden weichen." (Sacharja 14,3-4)

Jesus wird nicht allein sein, wenn Er zurückkehrt. Alle Menschen, die
entrückt wurden und die bei der Entrückung auferstanden sind, sind bei Ihm!
In diesen Versen werden sie als die „Heiligen" und die „Heere im Himmel"
dargestellt.

> „Und es wurde ihr gegeben, dass sie sich in helle, reine, feine Leinwand kleide;
> denn die feine Leinwand sind die gerechten Taten der Heiligen. ... Und die Heere
> im Himmel folgten Ihm auf weißen Pferden, bekleidet mit weißer, reiner, feiner
> Leinwand." (Offenbarung 19,8.14)

Hier ist noch etwas Spektakuläres an Jesu Rückkehr: Jeder wird sie sehen!
Ich werde nicht mutmaßen, wie Gott das anstellen wird, aber es wird episch
sein. Wenn Er auf den Wolken kommt, wird Ihn jedes einzelne Auge sehen.

> „Jesus Christus, der treue Zeuge, der Erstgeborene aus den Toten und der Fürst
> über die Könige der Erde. Ihm, der uns liebt und uns von unseren Sünden
> gewaschen hat durch Sein Blut... ... Siehe, Er kommt mit den Wolken, und jedes
> Auge wird Ihn sehen, auch die, welche Ihn durchstochen haben. Und alle Stämme
> der Erde werden um Ihn wehklagen. Ja, Amen." (Offenbarung 1,5.7)

Wenn Jesus zurückkehrt, befindet sich die Welt im Krieg. Das Erste, was Er tut, ist, den Krieg bei Armageddon zu beenden. Jesus wirft den Antichristen, welcher das „Tier" ist, und den Falschen Propheten in den Feuersee, die Hölle. Dann tötet Jesus alle anderen, die sich in diesem Krieg gegen Ihn versammelt haben. Er tut es durch das Sprechen. Das ist das „Schwert, das aus Seinem Mund hervorging". Wiederum ist Jesus derjenige, der „Treu und Wahrhaftig" und das „Wort Gottes" genannt wird.

> „Und ich sah den Himmel geöffnet, und siehe, ein weißes Pferd, und Der darauf saß, wird Treu und Wahrhaftig genannt. In Gerechtigkeit richtet und führt Er Krieg. Seine Augen sind eine Feuerflamme, und auf Seinem Haupt sind viele Kronen. … Er ist bekleidet mit einem Gewand, das in Blut getaucht ist. Sein Name heißt ‚Das Wort Gottes'. … Und aus Seinem Mund geht ein scharfes, zweischneidiges Schwert hervor, damit Er damit die Nationen schlage. … Er trägt auf Seinem Gewand und auf Seinem Oberschenkel einen Namen geschrieben: ‚KÖNIG DER KÖNIGE UND HERR DER HERREN'. … Und ich sah das Tier und die Könige der Erde und ihre Heere versammelt, um Krieg zu führen mit Dem, der auf dem Pferd saß, und mit Seinem Heer. Und das Tier wurde ergriffen und mit ihm der falsche Prophet.… Diese zwei wurden lebendig in den Feuersee geworfen, der mit Schwefel brennt. Und die Übrigen wurden getötet mit dem Schwert Dessen, der auf dem Pferd saß, das aus Seinem Mund hervorging." (Offenbarung 19,11-13.15-16.19-21)

Nachdem Jesus den Antichristen besiegt hat, bindet Er Satan für 1.000 Jahre. In diesen Versen ist der „Drache" Satan.

> „Und ich sah einen Engel aus dem Himmel herabsteigen, der den Schlüssel des Abgrunds und eine große Kette in seiner Hand hatte. Er ergriff den Drachen, die alte Schlange, welche der Teufel und Satan ist, der den ganzen Erdkreis verführt, und band ihn für tausend Jahre und warf ihn in den Abgrund und schloss ihn ein und versiegelte über ihm, damit er die Nationen nicht mehr verführe, bis die tausend Jahre vollendet wären. Danach muss er für kurze Zeit losgelassen werden." (Offenbarung 20,1-3)

Jesus wird dann die Gläubigen, welche die „Schafe" sind, von den Ungläubigen trennen, welche die „Böcke" sind. Die Gläubigen dürfen in Jesu Reich auf Erden eingehen. Die Ungläubigen werden in das „ewige Feuer", die Hölle, geschickt. In dieser Schriftstelle ist Jesus der „Sohn des Menschen".

> „Wenn aber der Sohn des Menschen in Seiner Herrlichkeit kommt und alle heiligen Engel mit Ihm, dann wird Er auf dem Thron Seiner Herrlichkeit sitzen.

Vor Ihm werden alle Völker versammelt werden, und Er wird sie voneinander scheiden, wie ein Hirte die Schafe von den Böcken scheidet. Er wird die Schafe zu Seiner Rechten stellen, die Böcke aber zur Linken. Dann wird der König zu denen zu Seiner Rechten sagen: ‚Kommt her, ihr Gesegneten Meines Vaters, erbt das Reich, das euch bereitet ist seit Grundlegung der Welt…!‘ … Dann wird Er auch zu denen zur Linken sagen: ‚Geht weg von Mir, ihr Verfluchten, in das ewige Feuer, das dem Teufel und seinen Engeln bereitet ist.‘" (Matthäus 25,31-34.41)

Die großartige Nachricht an Jesu Rückkehr ist, dass jeder, der während der Drangsalszeit seinen Glauben auf Jesus gesetzt hat, nun mit Jesus leben darf. Die Bibel sagt uns, dass Jesus von Jerusalem aus regieren wird. Er wird viele Helfer haben, die mit Ihm regieren. Alle Menschen, die entrückt wurden oder bei der Entrückung auferstanden sind, gehören zu denen, die über die ganze Erde herrschen werden. In dieser Schriftstelle sind sie diejenigen, die auf Thronen sitzen.

„Und ich sah Throne, und sie setzten sich darauf, und das Gericht wurde ihnen übergeben. Und ich sah die Seelen derer, die enthauptet worden waren um des Zeugnisses Jesu und um des Wortes Gottes willen, und die das Tier nicht angebetet hatten, noch sein Bild, und das Malzeichen nicht auf ihre Stirn und auf ihre Hand angenommen hatten. Sie wurden lebendig und regierten mit Christus tausend Jahre. Die Übrigen der Toten wurden nicht wieder lebendig, bis die tausend Jahre vollendet waren. Dies ist die erste Auferstehung. Glückselig und heilig ist, wer Anteil hat an der ersten Auferstehung. Über diese hat der zweite Tod keine Macht, sondern sie werden Priester Gottes und Christi sein und mit Ihm tausend Jahre regieren." (Offenbarung 20,4-6)

Das ist jedoch noch nicht alles. Jesus erweckt auch die Körper aller alttestamentlichen Gläubigen und der Menschen auf, die während der Drangsalszeit gestorben sind. In den obigen Versen beziehen sich die „Seelen derer, die enthauptet worden waren" für Jesus auf die Drangsalheiligen. Auch sie erhalten nun verherrlichte Körper. Die untenstehende Schriftstelle sagt uns, dass Michael, ein Engel, während des Krieges gegen Satan kämpfen wird. Nachdem Jesus Sein Volk gerettet hat, werden viele, „die schlafen", zu „ewigem Leben" erwachen. Dies sind die alttestamentlichen Gläubigen, die nun ebenfalls neue Körper erhalten (siehe auch Psalm 50,1-6).

„Zu jener Zeit wird Michael auftreten, der große Fürst, der für die Kinder deines Volkes einsteht; und es wird eine Zeit der Drangsal sein, wie sie nie gewesen ist, seitdem es eine Nation gibt, bis zu jener Zeit. Zu jener Zeit wird dein Volk gerettet

> werden, ein jeder, der im Buch geschrieben gefunden wird. Und viele von denen,
> die im Staub der Erde schlafen, werden aufwachen, die einen zu ewigem Leben,
> die anderen zur Schande, zu ewiger Abscheu. ... Du aber, Daniel, verschließe
> diese Worte und versiegle das Buch bis zur Zeit des Endes. ... Du aber geh hin
> bis zum Ende; und du wirst ruhen und wirst an deinem Erbteil stehen am Ende
> der Tage." (Daniel 12,1-2.4.13)

Wenn du zurückgelassen wurdest, deinen Glauben auf Jesus gesetzt hast und bei Jesu Wiederkunft am Leben bist, werden diese Menschen mit dir in Jesu Reich auf Erden leben. Du wirst auf der Erde mit Jesus und unter Unsterblichen leben. Wie „cool" und fantastisch ist das!

Schließlich wird Jesus Sein Reich auf Erden errichten und 1.000 Jahre lang regieren. Dieses Reich beginnt nur mit Gläubigen. Erinnere dich daran, dass Jesus nicht der Einzige ist, der bei Seiner Wiederkunft zurückkehrt. Jesus bringt alle mit, die bei Ihm im Himmel waren. Das sind die alttestamentlichen Gläubigen und die Drangsalheiligen. Er bringt auch die Menschen mit, die entrückt wurden, und die Gläubigen, die bei der Entrückung auferstanden sind. Jene nun unsterblichen Gläubigen werden mit Jesus in Seinem irdischen Reich regieren.

Lass die kommende Herrschaft Jesu dir Trost und Frieden bringen. Wenn du deinen Glauben auf Jesus gesetzt hast, ist das, was du gerade auf Erden erlebst, so schlimm, wie das Leben für dich jemals sein wird. Diese Verse sagen uns, dass Jesu Herrschaft eine Zeit beispiellosen Friedens und Wohlstands auf Erden sein wird. „Er" ist ein Hinweis auf Jesus und „sie" bezieht sich auf die Menschen, die im Tausendjährigen Reich leben.

> „Ich werde Mich über Jerusalem freuen und über Mein Volk frohlocken; und man
> wird in ihr nicht mehr die Stimme des Weinens noch die Stimme des Klagens
> hören." (Jesaja 65,19)

> „Er wird richten zwischen den Nationen und entscheiden für viele Völker. Sie
> werden ihre Schwerter zu Pflugscharen umschmieden und ihre Speere zu
> Winzermessern. Kein Volk wird gegen ein anderes das Schert erheben, und sie
> werden den Krieg nicht mehr erlernen." (Jesaja 2,4)

Der Apostel Paulus sagt uns: Wenn Jesus erscheint, wird Gott denen Ruhe verschaffen, die zurückgelassen wurden und wegen ihres Glaubens an Jesus verfolgt werden. Du wirst Ihn an jenem Tag preisen. Du wirst Ihm Ehre bereiten, weil du geglaubt hast.

„Und Gott wird euch, die ihr verfolgt werdet, Ruhe geben, ebenso wie uns, wenn der Herr Jesus vom Himmel her erscheint. Er wird mit Seinen mächtigen Engeln in flammendem Feuer kommen und Gericht halten über die, welche Gott nicht kennen und die sich weigern, dem Evangelium unseres Herrn Jesus zu gehorchen. Sie werden bestraft werden mit ewigem Verderben, auf ewig getrennt von dem Herrn und von Seiner glorreichen Macht. Wenn Er an jenem Tag kommt, wird Er verherrlicht werden von Seinem heiligen Volk – Lobpreis von allen, die glauben. Und das schließt dich ein, denn du hast geglaubt, was wir dir über Ihn gesagt haben. Deshalb beten wir beständig für euch und bitten unseren Gott, euch zu befähigen, ein Leben zu führen, das Seiner Berufung würdig ist. Möge Er euch die Kraft geben, all das Gute zu vollbringen, wozu euer Glaube euch antreibt." (2. Thessalonicher 1,7-11 Neue Lebende Übersetzung)

42.7. Satans letztes Gefecht

Was geschah mit Satan? Er steckte schließlich hinter dieser ganzen Rebellion. Wenn Jesus zurückkehrt, bindet Jesus ihn für 1.000 Jahre fest. Dann, gegen Ende der 1.000-jährigen Herrschaft Jesu auf Erden, wird Satan freigelassen. Das bereitet die Bühne für die letzte große Schlacht auf Erden. Dies ist eine letzte Prüfung für die Menschheit. Die Menschen, die am Ende der tausendjährigen Periode leben, werden entscheiden, wem sie wirklich glauben und auf wen sie ihr Vertrauen gesetzt haben, Jesus oder Satan. In diesen Versen sind die „Heiligen" die Gläubigen, die „geliebte Stadt" ist Jerusalem, Satan ist der „Teufel" und der Antichrist ist das „Tier".

„Und wenn die tausend Jahre vollendet sind, wird Satan aus seinem Gefängnis losgelassen werden, und er wird ausgehen, um die Nationen zu verführen, die an den vier Ecken der Erde sind, Gog und Magog, um sie zum Krieg zu versammeln; ihre Zahl ist wie der Sand am Meer. Sie zogen herauf auf die Breite der Erde und umzingelten das Lager der Heiligen und die geliebte Stadt. Und es fiel Feuer von Gott aus dem Himmel herab und verzehrte sie. Und der Teufel, der sie verführte, wurde in den Feuer- und Schwefelsee geworfen, wo auch das Tier und der falsche Prophet sind. Sie werden Tag und Nacht gequält werden von Ewigkeit zu Ewigkeit." (Offenbarung 20,7-10)

Es ist wirklich traurig, darüber nachzudenken, aber zahlreiche Menschen, die am Ende der tausendjährigen Herrschaft Jesu leben, werden sich dafür entscheiden, sich Satan anzuschließen. Es wird als die Zahl „wie der Sand am Meer" beschrieben. Es ist schwer zu begreifen, wie jemand, der mit Jesus und all den unsterblichen Gläubigen gelebt hat, sich Satan zuwenden kann. Satan wird eine Zeitspanne gegeben, um seine Anhänger zu sammeln, und dann führt er einen Krieg gegen Jesus. Es ist jedoch nicht viel von einem Krieg zu spüren. Du hast gelesen, dass Gott ihn stoppt, bevor irgendein Kampf beginnt, indem Er Feuer vom Himmel regnen lässt. Dann wirft Gott Satan in die Hölle, wo er die Ewigkeit verbringen wird.

42.8. Gottes Gericht vor dem Großen Weißen Thron

Nachdem Jesus Satan besiegt hat, beginnt das Gericht vor dem großen weißen Thron Gottes. Nach der letzten Schlacht geschehen einige Dinge. Jeder, der jemals gelebt hat und noch nicht auferstanden ist, wird zu dieser Zeit auferweckt. Als Nächstes richtet Jesus jede Person, um zu bestimmen, wo sie die Ewigkeit verbringen wird: im Himmel oder in der Hölle. Nun, dieses Gericht ist nur für Ungläubige, für Menschen, die nie ihren Glauben auf Jesus gesetzt haben. Alle Ungläubigen werden vor Gott auf Seinem weißen Thron stehen.

> „Ich sah einen großen weißen Thron und Den, der darauf saß, vor dessen Angesicht die Erde und der Himmel flohen. Es wurde kein Platz mehr für sie gefunden. Ich sah die Toten, die Großen und die Kleinen, vor dem Thron stehen, und Bücher wurden geöffnet. Ein anderes Buch wurde geöffnet, welches das Buch des Lebens ist. Die Toten wurden gerichtet nach dem, was in den Büchern geschrieben stand, gemäß ihren Werken. Das Meer gab die Toten heraus, die in ihm waren. Der Tod und das Totenreich gaben die Toten heraus, die in ihnen waren. Sie wurden gerichtet, ein jeder nach seinen Werken. Der Tod und das Totenreich wurden in den Feuersee geworfen. Dies ist der zweite Tod, der Feuersee. Wenn jemand nicht im Buch des Lebens eingeschrieben gefunden wurde, wurde er in den Feuersee geworfen." (Offenbarung 20,11-15)

Die obige Schriftstelle sagt, dass Gott „die Toten" nach ihren Werken richtet. Diese Menschen sind geistlich tot. Sie wurden nie von Neuem geboren. Sie vertrauten auf sich selbst und ihre eigenen guten Werke für ihre Errettung. Das Problem ist, dass ihre Werke nicht vollkommen sind, und es braucht Vollkommenheit, um im Himmel zu leben, wenn die Sünden nicht vergeben worden sind. In diesen untenstehenden Schriftstellen erfahren wir, dass Gott alles weiß. Jede einzelne Sünde, die du gegen Ihn begangen hast. Alles, von dem du denkst, dass du es im Verborgenen getan hast. Er weiß es.

> „Nichts in der ganzen Schöpfung ist vor Gottes Augen verborgen. Alles ist aufgedeckt und liegt offen vor den Augen Dessen, dem wir Rechenschaft ablegen müssen." (Hebräer 4,13 Neue Internationale Version)

„Denn Gott wird jedes Werk vor das Gericht bringen, samt allem Verborgenen, es sei gut oder böse." (Prediger 12,14)

Erinnere dich daran, dass du entscheiden darfst, wo du die Ewigkeit verbringen willst. Gott zwingt niemanden, mit Ihm zu leben, der das nicht möchte. Gott erschuf die Hölle für die gefallenen, gottlosen Engel, nicht für die Menschheit. Er erschuf all die wunderbaren Dinge für uns: die Himmel, die Erde und alles, was darin ist. Der einzige Weg, wie du diesem Endgericht entkommen kannst, ist, wenn Jesus dein Fürsprecher ist.

„Meine lieben Kinder, ich schreibe euch dies, damit ihr nicht sündigt. Wenn aber jemand sündigt, so haben wir einen Fürsprecher bei dem Vater – Jesus Christus, den Gerechten. Er ist das Sühnopfer für unsere Sünden, und nicht allein für die unseren, sondern auch für die der ganzen Welt." (1. Johannes 2,1-2 Neue Internationale Version)

Siehst du, wir sind alle schuldig. Jeder Einzelne von uns ist ein Sünder, und keiner von uns verdient es, für immer bei Gott zu leben, aber Gott betrachtet Jesu Tod als Bezahlung für unsere Sünden. Wenn du deinen Glauben auf Jesus gesetzt hast und glaubst, dass Er für deine Sünden gestorben ist, bist du vergeben, frei und für nicht schuldig befunden.

„Denn es ist ein Gott und ein Mittler zwischen Gott und den Menschen, der Mensch Christus Jesus, der Sich Selbst als Lösegeld für alle gegeben hat." (1. Timotheus 2,5-6)

„Denn der Lohn der Sünde ist der Tod, aber die freie Gabe Gottes ist das ewige Leben in Christus Jesus, unserem Herrn." (Römer 6,23)

Wenn du dich entscheidest, nicht zu glauben, dass Jesus dein Lösegeld bezahlt hat, dann wirst du als Sünder vor einem vollkommenen und heiligen Gott schuldig dastehen. Satan hat dich Tag und Nacht vor Gott verklagt.

„Der große Drache wurde hinuntergeworfen, die alte Schlange, der Teufel und Satan genannt wird, der Verführer der ganzen Welt. ... Ich hörte eine laute Stimme im Himmel sagen: ,... der Ankläger unserer Brüder ist hinuntergeworfen worden, der sie vor unserem Gott verklagt Tag und Nacht.'" (Offenbarung 12,9-10)

Sünder können nicht in Ewigkeit bei Gott leben, also wird dein Bestimmungsort die Hölle sein. Die allererste Schriftstelle in diesem Kapitel sagt uns, dass jeder, dessen Name nicht im Buch des Lebens geschrieben steht, mit Satan in den „Feuersee" geworfen wird. Dies wird der „zweite Tod" genannt.

Was die Gläubigen betrifft, so stehen ihre Namen im Buch des Lebens. Sie erhalten also Immunität während dieses letzten Gerichts. Wenn Gott sie ansieht, sieht Er Jesus. Sie werden als würdig erachtet, weil Jesus würdig ist. Alle Gläubigen, die ihren Glauben auf Jesus gesetzt haben, dürfen in die Ewigkeit bei Gott im Himmel eingehen. Die Gläubigen waren in der „ersten Auferstehung".

> „Glückselig und heilig ist, wer Anteil hat an der ersten Auferstehung. Über diese hat der zweite Tod keine Macht, sondern sie werden Priester Gottes und Christi sein und mit Ihm tausend Jahre regieren." (Offenbarung 20,6)

Du kannst deinen Namen in Jesu Buch des Lebens eintragen lassen. Du kannst dem letzten großen weißen Throngericht Gottes entkommen. Du kannst ewig bei Gott im Himmel leben. Dies ist es, was du tun musst, um gerettet zu werden: Glaube an Jesus, den Gott gesandt hat!

> „Sie sprachen nun zu Ihm: ‚Was sollen wir tun, damit wir die Werke Gottes wirken?' Jesus antwortete und sprach zu ihnen: ‚Das ist das Werk Gottes, dass ihr an Den glaubt, den Er gesandt hat.'" (Johannes 6,28-29)

42.9. Ein neuer Himmel und eine neue Erde

Dies ist das wirkliche Ende der Welt. Viele Menschen verwechseln dies mit dem Krieg von Armageddon oder der letzten Schlacht mit Satan. Die Wahrheit ist, dass die Welt niemals endet, aber sie wird neu gemacht. Dieser Vers sagt uns, dass Gott einen neuen Himmel und eine neue Erde erschafft.

> „Denn siehe, Ich erschaffe einen neuen Himmel und eine neue Erde; und an das Frühere wird man nicht mehr denken, und es wird niemandem mehr in den Sinn kommen." (Jesaja 65,17)

Gott muss einen neuen Himmel und eine neue Erde erschaffen. Als Adam und Eva sündigten, unterstellte Gott die ganze Schöpfung dem Fluch. Sie neu zu machen, ist der Weg, wie Er den Fluch entfernt. In diesem Vers sehen wir Gott zu Adam sagen, dass der „Erdboden verflucht" ist.

„Und zu Adam sprach Er: ‚Weil du auf die Stimme deiner Frau gehört und von dem Baum gegessen hast, von dem Ich dir geboten habe: Du sollst nicht davon essen, so sei der Erdboden verflucht um deinetwillen.‘“ (1. Mose 3,17)

In diesen Versen sagt uns der Apostel Paulus, dass Gottes ganze Schöpfung seither seufzt und verfällt.

„Denn ich bin überzeugt, dass die Leiden dieser gegenwärtigen Zeit nicht ins Gewicht fallen gegenüber der Herrlichkeit, die an uns geoffenbart werden soll. Denn die Schöpfung wartet mit sehnsüchtigem Verlangen auf die Offenbarung der Kinder Gottes. Die Schöpfung ist nämlich der Vergänglichkeit unterworfen worden, nicht freiwillig, sondern durch Den, der sie unterworfen hat, auf Hoffnung hin, dass auch die Schöpfung selbst befreit werden wird von der Knechtschaft der Vergänglichkeit zur Freiheit der Herrlichkeit der Kinder Gottes. Denn wir wissen, dass die ganze Schöpfung bis jetzt zusammen seufzt und in Geburtswehen liegt. Und nicht nur sie, sondern auch wir selbst, die wir die Erstlingsgabe des Geistes haben, auch wir seufzen in uns selbst und erwarten die Sohnschaft, die Erlösung unseres Leibes.“ (Römer 8,18-23)

Genauso wie Gott dich vom Fluch der Sünde wiederhergestellt hat, wird Gott den Rest Seiner Schöpfung vom Fluch wiederherstellen. Gott gibt den Gläubigen einen neuen ewigen Körper. Gott erschafft eine völlig neue Erde und einen völlig neuen Himmel. Dies geschieht nach der 1.000-jährigen Herrschaft Jesu auf Erden. Gott verbrennt die alte Erde und erschafft eine neue, auf der die Gläubigen in Ewigkeit bei Gott leben dürfen. Die Geschichte hat ein prachtvolles Ende.

Zuerst sehen wir in diesen Versen, dass Gott einen neuen Himmel und eine neue Erde erschafft. Wir erfahren, dass der Tod nicht mehr sein wird. Alles wird ewig leben. Es wird auch keinen Schmerz und kein Weinen mehr geben.

„Ich sah einen neuen Himmel und eine neue Erde; denn der erste Himmel und die erste Erde waren vergangen, und das Meer ist nicht mehr. … Ich hörte eine laute Stimme aus dem Himmel sagen: ‚Siehe, Gottes Wohnung ist bei den Menschen, und Er wird bei ihnen wohnen, und sie werden Sein Volk sein, und Gott Selbst wird bei ihnen sein als ihr Gott. Er wird jede Träne von ihren Augen abwischen. Der Tod wird nicht mehr sein; weder Trauer noch Klage noch Schmerz wird mehr sein. Die ersten Dinge sind vergangen.‘ Und Der auf dem Thron saß, sprach: ‚Siehe, Ich mache alles neu.‘“ (Offenbarung 21,1.3-5)

Dann erschafft Gott eine neue heilige Stadt, das Neue Jerusalem. Dies ist die spektakulärste Stadt. Sie hat Straßen aus Gold und Tore aus Perlen.

> „Ich sah die heilige Stadt, das Neue Jerusalem, von Gott aus dem Himmel herabsteigen, bereitet wie eine für ihren Mann geschmückte Braut. ... Die Grundsteine der Stadtmauer waren mit allerlei Edelsteinen geschmückt. ... Die zwölf Tore waren zwölf Perlen. Jedes einzelne der Tore war aus einer Perle. Die Straße der Stadt war reines Gold, wie transparentes Glas." (Offenbarung 21,2.19.21)

Als Nächstes sehen wir, dass der Baum des Lebens in der heiligen Stadt steht. Der Fluch ist aufgehoben; Tiere fressen einander nicht mehr; Kinder können mit Ottern spielen. Nichts wird auf der ganzen Erde schaden oder zerstören.

> „Auf dieser und auf jener Seite des Stromes war der Baum des Lebens, der zwölfmal Früchte trägt und jeden Monat seine Frucht gibt. Die Blätter des Baumes dienen zur Heilung der Nationen. Und es wird keinen Fluch mehr geben." (Offenbarung 22,2-3)

> „Der Wolf wird beim Lamm wohnen und der Leopard beim Böcklein liegen; das Kalb, der junge Löwe und das Mastvieh werden beieinander sein, und ein kleiner Knabe wird sie führen. Kuh und Bärin werden miteinander weiden. Ihre Jungen werden beieinander liegen. Der Löwe wird Stroh fressen wie das Rind. Der Säugling wird spielen am Loch der Natter, und das entwöhnte Kind wird seine Hand in die Höhle der Viper stecken. Sie werden nichts Böses tun noch Unheil stiften auf Meinem ganzen heiligen Berg; denn die Erde wird voll sein von der Erkenntnis Jahwes." (Jesaja 11,6-9)

In diesem Vers sagt Jesus: Lass dein Herz nicht beunruhigt sein. Er hat die Welt überwunden. Das hat Er in der Tat, und wunderbare Dinge erwarten diejenigen, die ihren Glauben auf Ihn gesetzt haben!

> „Ich habe euch dies gesagt, damit ihr in Mir Frieden habt. In der Welt habt ihr Bedrängnis; aber seid getrost! Ich habe die Welt überwunden." (Johannes 16,33)

Teil 10
Was zu tun ist,
wenn du zurückgelassen wurdest

Wir glauben

Von Marsha Kuhnley. Veröffentlicht im Jahr 2019.
(Zur Melodie von „We Three Kings")

Wir glauben an Jesus, den Christus
Er kommt zurück, der Tag ist fast da
Hör Ihn rufen, Worte, die fesseln
Wir blicken hinauf zum Himmel

(Refrain:) Voll Staunen über Deine Herrlichkeit
Es ist der Beginn unserer Geschichte
Singend, weinend, Lobpreis und Jubel
Wir sind überwältigt vor Freude

Eine besondere Generation sind wir
Genau wie die Weisen aus der Ferne
Wachend, wartend, vorausschauend
Wir folgen Dir wie dem Stern (Refrain)

Während wir auf Dich warten, tun wir dies
Wir bringen Gaben, die Dich ehren
Gebend, wissend, dankend, wachsend
Dir gilt unser Streben (Refrain)

Mehr Menschen zu Gott führen wir
Das ist, was Er von oben will
Bibellesen, Gebet und Lehre
Daran findet Er Gefallen (Refrain)

Wir zeigen Christus unsere Liebe und gehorchen
Wissend, dass wir Ihn eines Tages sagen hören
Herausragend, großartig, lasst uns feiern
Tritt ein in unser Zuhause und bleib (Refrain)

Allen anderen geben wir
Alles, was wir haben, verdanken wir Dir
Einen Groschen geben oder Zeit investieren
Jesus gebührt es (Refrain)

Es kommt mit schnellem Schritt
Der Tag, an dem wir Dich von Angesicht zu Angesicht sehen
Dankbar, erkenntlich, immer treu
Wir sehnen uns nach Deiner Umarmung (Refrain)

Kapitel 43 – Vollständige Checkliste für die Zurückgelassenen

Hier ist eine einfache Checkliste dessen, was du tun musst, wenn du zurückgelassen wurdest. Diese Punkte konzentrieren sich sowohl auf dein geistliches als auch auf dein körperliches Überleben.

1. Triff Eine Entscheidung Für Jesus

Ich hoffe, dass du bei diesem Punkt bereits ein Häkchen gesetzt hast. Nach allem, was du in diesem Buch gelesen und gelernt hast, bist du bestens gerüstet, um eine Entscheidung über deine ewige Zukunft zu treffen. Dies ist wirklich die wichtigste Entscheidung, die du treffen musst. Deshalb steht sie an erster Stelle der Liste. Entscheidest du dich zu glauben, dass Jesus Christus für deine Sünden gestorben ist, um dir ewiges Leben zu schenken?

2. Bete, Um Jesus Anzunehmen

Wenn du dich entschieden hast zu glauben, dann ist ein herzlicher Glückwunsch angebracht! Der Himmel jubelt. Alles, was du tun musst, ist, Gott die Entscheidung mitzuteilen, die du getroffen hast zu glauben. Du kannst etwa so beten.

„Lieber Herr Jesus,

ich weiß, dass ich ein Sünder bin. Bitte vergib mir meine Sünden. Ich glaube, dass Du der Sohn Gottes bist und dass Du für meine Sünden gestorben bist. Ich glaube auch, dass Du aus dem Grab auferstanden bist und mit Gott im Himmel regierst. Ich möchte mich von meinen Sünden abwenden und Dir als Herrn und Retter nachfolgen. Bitte hilf mir, indem Du in mein Herz und mein Leben kommst. Danke, dass Du einen Weg für mich bereitet hast, um für alle Ewigkeit bei Dir im Himmel zu leben. In Jesu Namen, Amen."

3. Besorge Dir Eine Bibel

Damit du eine Beziehung zu Jesus haben kannst, musst du Jesus kennen. Die Bibel ist Jesus. Er ist das Wort Gottes. Er ist auf jeder Seite zu finden. Ich empfehle dir, dir die Bibel in mehreren Formaten zu besorgen. Verlasse dich nicht darauf, eine Bibel-App oder eine Online-Bibel-Website nutzen zu können. Ich bin sicher, dass diese mit der Zeit entfernt werden, wenn die Macht des Antichristen zunimmt und der Hass gegen das Christentum steigt. Besitze digitale Kopien als PDF-, DOC- oder Textdateien, die du in gängigen

Anwendungen öffnen kannst. Habe eine Audioversion, die du dir anhören kannst. Besitze einige physische Exemplare als Taschenbuch. Ich empfehle dir auch, dir mehrere Übersetzungen der Bibel zu besorgen. Das wird dir helfen, die Schrift besser zu lernen. Beginne vielleicht mit der Weltenglischen Bibel, die gemeinfrei und kostenlos ist. Sie ist eher eine Wort-für-Wort-Übersetzung. Links zum Herunterladen in vielen Formaten findest du auf meiner Website, rapture911.com. Dann besorge dir eine Übersetzung wie die Neue Lebende Übersetzung, die wirklich einfach zu lesen und zu verstehen ist.

4. Sammle Bibelressourcen

In Kapitel 38 habe ich erwähnt, wie wichtig es ist, das Wort Gottes zu studieren. Du wirst einige Ressourcen benötigen, um dies effektiv zu tun. Besorge dir einen Bibelkommentar und eine Bibelkonkordanz. Während du dafür Online-Ressourcen und Apps nutzen kannst, solltest du dich nicht darauf verlassen, dass diese für dich verfügbar und zugänglich bleiben. Ich empfehle dir, dir ein Taschenbuch zu besorgen oder die eBook-Versionen herunterzuladen. Matthew Henry schrieb 1706 einen Bibelkommentar, der eine umfassende Auslegung jedes Verses in der Bibel enthält.[248] Es ist eine Standardressource, die heute noch verwendet wird, und sie ist gemeinfrei, sodass du sie nach Belieben lesen und nutzen kannst. Er ist nicht in veraltetem Englisch geschrieben, daher ist er leicht zu lesen. James Strong schrieb 1890 eine Konkordanz, die jedes Wort in der König Jakobus Version der Bibel indexierte.[249] Wenn du also jeden Vers über die Liebe lesen möchtest, würde dir dies alle Verse nennen, die du lesen solltest. Sie ist immer noch die Standardkonkordanz, die heute verwendet wird. Sie ist ebenfalls gemeinfrei und kostenlos zu lesen und zu nutzen. Ich habe Links zum Herunterladen auf meiner Website, rapture911.com.

Decke dich auch mit Büchern zum Bibelstudium ein. Besorge dir diese, solange sie noch verfügbar sind. Lade dir auch Predigten und Lehren von angesehenen Pastoren und Bibellehrern herunter oder kaufe sie. Zeichne auch Lehren auf, lade sie herunter oder kaufe sie, die auf christlichen Fernsehsendern ausgestrahlt werden. Diese werden wahrscheinlich nur für kurze Zeit online verfügbar sein. Gehe zur Website der Wayback Machine unter archive.org/web/, um archivierte Seiten von Websites anzusehen.[250] Lerne, wie man eine Website für die Offline-Ansicht archiviert. Du kannst eine Internetsuche durchführen und Anleitungen sowie Software finden, die dir dabei helfen. Hol dir, was du kannst, solange du kannst.

5. Lege Vorräte Für Deine Seele An

In Kapitel 38 habe ich auch erwähnt, wie wichtig es ist, Informationen und Inhalte zu konsumieren, die gut für dich sind. Stelle sicher, dass du gute Musik zum Anhören hast, die nicht voller sündiger Texte ist. Du möchtest Inhalte, die dir helfen, an die Dinge oben zu denken. Dinge, die himmlisch oder göttlich sind. Ziehe christliche Musik, Gospel, klassische Musik, Instrumentalmusik und Jazz in Betracht. Denke auch darüber nach, dir einige Bücher, Filme und Fernsehsendungen zu besorgen, die ebenfalls gut für deine Seele sind. Denke daran, dass Inhalte mit einer christlichen Botschaft wahrscheinlich nicht lange verfügbar sein werden, also suche jetzt danach.

6. Besorge Dir Ressourcen Für Das Körperliche Überleben

Es wird nicht einfach sein, die Zeit der Drangsal zu überstehen oder auch nur währenddessen zu leben. Du solltest damit rechnen, dass es Zeiten geben wird, in denen du nicht über die Dinge verfügen wirst, die du heute als selbstverständlich ansiehst, wie Elektrizität, fließendes Wasser und Gas zum Heizen und Kochen. Du solltest darauf vorbereitet sein, ohne diese Dinge zu überleben. Ich empfehle dir, dir diese Arten von Büchern zu besorgen: Überlebensgrundlagen, Erste Hilfe und Prepping. Diese Ressourcen werden dir beibringen, was zu tun ist.

7. Packe Einen Notfallrucksack

Du wirst eine Tasche packen wollen, die eine Grundausstattung an Überlebensausrüstung enthält und bereitsteht, wenn ein Notfall eintritt. Dann musst du die Tasche nur noch greifen und mitnehmen, wenn du evakuieren, fliehen oder dein Haus wegen eines Notfalls sehr schnell verlassen musst. Das Überlebensbuch, das du dir besorgst, sollte dir sagen, was du darin aufnehmen solltest. Du kannst auch eine Internetsuche durchführen und alle möglichen Checklisten und Vorschläge finden, was enthalten sein sollte. Die nächsten paar Punkte auf dieser Checkliste werden dir einige Ideen geben, wo du anfangen kannst.

8. Sei In Der Lage, Wasser Zu Filtern

Wasser ist der Schlüssel zu deinem körperlichen Überleben. Ohne es wirst du nicht länger als ein paar Tage überleben. Wenn ein Notfall eintritt, hast du möglicherweise keinen Zugang zu sauberem Trinkwasser. Stelle sicher, dass du eine Möglichkeit hast, Wasser zu filtern. Der Wasserfilter, den du an deinem Spülbecken hast, wird dafür nicht ausreichen. Ich spreche davon, die Fähigkeit zu haben, schlammiges Flusswasser in einen Filter zu geben und sauberes Trinkwasser herauszubekommen. Es gibt alle möglichen Geräte, die du dir besorgen kannst. Bewahre dies zusammen mit einer Wasserflasche in deinem Notfallrucksack auf.

9. Habe Einen Vorübergehenden Unterschlupf

Oft wirst du während eines Notfalls nicht in deinem Zuhause bleiben können. Du solltest etwas haben, das du als vorübergehenden Unterschlupf für dich selbst nutzen kannst. Ein Campingzelt oder sogar einige Planen werden sich als nützlich erweisen. Ziehe auch in Erwägung, dir einen Schlafsack zu besorgen.

10. Lege Einen Lebensmittelvorrat An

Während eines Notfalls wirst du wahrscheinlich nicht die Möglichkeit haben, Essen in deiner Mikrowelle, auf deinem Herd oder in deinem Ofen zu kochen. Du wirst eine netzunabhängige Kochlösung benötigen, wie eine Feuerstelle oder einen Grill. Zusammen damit benötigst du Brennstoff und einen Feueranzünder. Erwäge, einen Vorrat an Lebensmitteln zu haben, die nicht gekocht werden müssen und die du während eines Notfalls verwenden kannst. Das Buch, das ich dir zum Thema Prepping empfohlen habe, wird dir dabei helfen. Habe einige Konserven griffbereit, zusammen mit einem Dosenöffner. Unverarbeitetes und nicht gemahlenes Getreide hält sich lange, wie Haferflocken als gewalzte Haferflocken (nicht Instant), weißer Reis, Nudeln und Popcorn. Bohnen sind eine gute Nährstoffquelle und halten sich ebenfalls lange. Salz, Zucker, Honig und reiner Ahornsirup sind ebenfalls gute Dinge, die man vorrätig haben sollte. Packe diese Artikel in Mylar-Beutel, um sie vor Feuchtigkeit und Insekten zu schützen, und lagere sie in großen 20-Liter-Plastikeimern. Stelle sicher, dass du eine handbetriebene Getreidemühle hast. Andernfalls könntest du, wenn der Strom ausfällt, Getreide mit einem Stein mahlen, wie es unsere fernen Vorfahren taten.

11. Stelle Einen Erste-Hilfe-Kasten Zusammen

Stelle sicher, dass du einen einfachen Erste-Hilfe-Kasten zur Verfügung hast und ihn in deinem Notfallrucksack aufbewahrst. Achte darauf, Dinge einzubeziehen, die spezifisch für deine individuellen Bedürfnisse sind, wie Medikamente, die du benötigst. Denke auch an natürliche Desinfektionsmittel, die du in Zeiten der Not verwenden könntest. Salz, Essig und Aloe sind bei richtiger Anwendung gute natürliche Heilmittel. Das Erste-Hilfe-Buch, das ich dir empfohlen habe, wird dir helfen, einen ordentlichen Kasten zusammenzustellen.

12. Packe Etwas Kleidung In Deinen Notfallrucksack

Stelle sicher, dass du einige grundlegende Kleidungsstücke in deinen Notfallrucksack packst. Vielleicht musst du mitten in der Nacht aufbrechen, wenn du nicht angemessen gekleidet bist. Nimm Dinge mit, die dich vor Sonne, Regen und Kälte schützen.

13. Besorge Dir Überlebenswerkzeuge Und Ausrüstung

Ein gutes Messer ist ein Muss für deinen Notfallrucksack. Du wirst es für alle möglichen Dinge verwenden können. Du solltest auch in Erwägung ziehen, Werkzeuge und Ausrüstung wie eine Minischaufel, ein Mehrzweckwerkzeug, eine Klappsäge, Klebeband, Paracord, einen kleinen Spiegel, eine Pfeife, ein Kurbelradio, einen Kompass, einige Solarleuchten, ein Solarladegerät und eine Maske zur Luftfiltrierung einzupacken. Vergiss nicht Sanitärbedarf wie einen Eimer und einen Müllbeutel. Vielleicht musst du jagen oder fischen, also stelle sicher, dass du die Ausrüstung dafür hast. Schließlich solltest du bedenken, dass du dich möglicherweise vor Tieren oder Menschen schützen musst. Pfefferspray, ein großer Stock oder ein Taser können viel bewirken. Natürlich könntest du eine ausgefeiltere Waffe, wie eine Pistole, mitnehmen, wenn du ausreichend geschult und darauf vorbereitet bist, sie zu benutzen und auch sicher aufzubewahren.

14. Lerne Den Tauschhandel

Du hast in diesem Buch gelernt, dass der Weltherrscher, der Antichrist, ein neues Wirtschafts- und Währungssystem einführen wird. Die Teilnahme an diesem System wird die Gefolgschaft gegenüber dem Antichristen erfordern, von dem du weißt, dass Satan in ihm wohnt. Wenn du dein Vertrauen in Jesus gesetzt hast und in den Himmel kommen willst, dann darfst du an diesem System keinen Anteil haben. Du wirst nicht in der Lage sein, Dinge sehr einfach zu kaufen oder zu verkaufen. Du musst also darauf vorbereitet sein, mit anderen Tauschhandel zu betreiben. Tauschhandel ist einfach der Austausch von etwas, das du hast, gegen etwas, das du brauchst oder willst. Du kannst Waren, eine Fertigkeit, eine Dienstleistung oder Arbeit tauschen. Gott hat dich mit vielen Fähigkeiten und Fertigkeiten besiegnet. Überlege, wie du andere Menschen mit deinen gottgegebenen Fähigkeiten segnen könntest, im Austausch für etwas anderes. Erwäge, einen Handwerksberuf zu erlernen, der nützlich sein könnte, so etwas wie Schreinerei, Nähen oder Landwirtschaft.

15. Schließe Dich Einer Gemeinschaft An

Ich bin sicher, viele von euch denken, dass sie im Notfall problemlos von dem leben könnten, was das Land hergibt. Ihr habt schließlich Apokalypse-Shows und Filme gesehen und gesehen, wie es gemacht wird. Die ehrliche Wahrheit ist, dass dies für die meisten von euch, die dies lesen, eine Fantasie ist. Es erfordert ein hohes Maß an spezialisierten Fähigkeiten, geistiger Schärfe und körperlicher Fitness. Rechne nicht damit, allein überleben zu können. Du wirst eine Gemeinschaft von Menschen brauchen, um die besten Erfolgschancen zu haben. In einer Gemeinschaft wirst du über eine Vielzahl von Fähigkeiten und Wissen verfügen, auf die du zurückgreifen kannst. Zwei Köpfe sind wirklich besser als einer, wenn es um Problemlösungen geht. Der andere Vorteil einer Gemeinschaft ist Schutz. Du weißt bereits, dass in der Menge Sicherheit liegt. Eine Gemeinschaft wird auch die emotionale Unterstützung bieten, die du in dieser Zeit brauchen wirst.

Eine Gemeinschaft bedeutet nicht unbedingt ein Gemeinschaftshaus, in dem alle zusammenleben. Es könnte so einfach sein wie eine echte Beziehung zu allen Nachbarn in deiner Umgebung zu haben. Regelmäßige Nachbarschaftstreffen, Bibelstunden, Tauschhandelsveranstaltungen, Überlebenslektionen usw. abhalten.

16. Sorge Dich Nicht Um Diejenigen, Die Verschwunden Sind

Ich weiß, dass du dir Sorgen um die Menschen machst, die verschwunden sind. Das brauchst du nicht. Die Menschen, die verschwunden sind, haben ihr Vertrauen in Jesus Christus gesetzt. Sie wurden in den Himmel gebracht, wo sie sicher wohnen. Wenn du dein Vertrauen in Jesus gesetzt hast, wirst du sie wiedersehen. Denke daran, dass sie bei Seiner Wiederkunft mit Jesus zusammen sein werden. Wenn du die Zeit der Drangsal nicht überlebst, dann wirst du sie im Himmel sehen.

17. Segne Andere

Nachdem Jesus dich ergriffen hat, wirst du nie mehr derselbe sein. Du wirst dir wünschen, du hättest Ihn früher gekannt. Du wirst anfangen zu sehen, was Er alles für dich getan hat und wie sehr Er dich liebt. Du wirst anfangen, liebevoller und gebender zu werden. Du wirst andere segnen wollen, weil Er dich gesegnet hat. Diese Schriftstellen sagen uns, dass wir, wenn wir anderen helfen und sie segnen, eigentlich Jesus helfen und Ihn segnen. Dies sind Opfer, die Gott gefallen.

> Dann werden Ihm die Gerechten antworten und sagen: „Herr, wann haben wir Dich hungrig gesehen und Dich gespeist, oder durstig und Dir zu trinken gegeben? Wann haben wir Dich als Fremden gesehen und Dich aufgenommen, oder nackt und Dich bekleidet? Wann haben wir Dich krank oder im Gefängnis gesehen und sind zu Dir gekommen?" Der König wird ihnen antworten: „Wahrlich, Ich sage euch: Was ihr einem dieser Meiner geringsten Brüder getan habt, das habt ihr Mir getan." (Matthäus 25,37-40)

> Vergesst aber nicht, Gutes zu tun und zu teilen, denn an solchen Opfern hat Gott Wohlgefallen. (Hebräer 13,16)

18. Rette Ein Leben

Behalte deinen Glauben an Jesus nicht als Geheimnis! Geh und sag es jemandem. Du könntest vielleicht sein Leben retten.

> Brüder, wenn jemand unter euch von der Wahrheit abirrt und ihn jemand bekehrt, so soll er wissen, dass der, der einen Sünder von der Verirrung seines Weges zurückführt, eine Seele vom Tod retten und eine Menge von Sünden bedecken wird. (Jakobus 5,19-20)

19. Lerne Jesus Kennen

Während du darauf wartest, dass Jesus zurückkehrt, lerne Jesus kennen. Wenn du dein Vertrauen in Ihn gesetzt hast, dann wirst du die Ewigkeit mit Ihm verbringen. Ihn kennenzulernen, wird dir in dieser schweren Zeit Trost und Frieden bringen. Es wird auch Jesus erfreuen und dir etwas geben, worauf du wirklich stolz sein kannst.

> Jahwe sagt: „Der Weise rühme sich nicht seiner Weisheit. Der Starke rühme sich nicht seiner Stärke. Der Reiche rühme sich nicht seines Reichtums. Sondern wer sich rühmt, der rühme sich dessen, dass er Einsicht hat und Mich kennt, dass Ich Jahwe bin, der gütige Liebe, Gerechtigkeit und Rechtschaffenheit auf Erden übt; denn an diesen Dingen habe Ich Gefallen", spricht Jahwe. (Jeremia 9,23-24)

Diese Schriftstelle besagt, dass Jesus dir Frieden und Trost bringen wird, wenn du eine Beziehung zu Ihm hast. Lies weiter in der Bibel und bete.

> Sorgt euch um nichts, sondern lasst in allem durch Gebet und Flehen mit Danksagung eure Anliegen vor Gott kundwerden. Und der Friede Gottes, der allen Verstand übersteigt, wird eure Herzen und eure Gedanken in Christus Jesus bewahren. (Philipper 4,6-7)

20. Halte Ausschau Nach Jesu Rückkehr

Egal, was auf der Erde während dieses Kampfes zwischen Gut und Böse passiert, wisse, dass Jesus bereits gewonnen hat. Jesus hat Satan besiegt, als Er am Kreuz starb und von den Toten auferstand. Jesus kommt wieder. Du wirst die Versprechen ernten, die Er dir gegeben hat.

Jesus sagte, dass es den Menschen an Mut fehlen würde wegen der Dinge, die auf der Erde geschehen, aber dass du dein Haupt heben und deine Augen auf Ihn gerichtet halten sollst, weil deine Erlösung bald kommt.

> Es werden Zeichen sein an Sonne, Mond und Sternen; und auf Erden Angst der Völker in Ratlosigkeit wegen des Brüllens des Meeres und der Wellen; Menschen werden ohnmächtig werden vor Furcht und Erwartung der Dinge, die über die Welt kommen: denn die Kräfte der Himmel werden erschüttert werden. Dann werden sie den Menschensohn in einer Wolke kommen sehen mit Kraft und großer Herrlichkeit. Wenn aber diese Dinge anfangen zu geschehen, dann seht auf und erhebt eure Häupter, denn eure Erlösung ist nahe. (Lukas 21,25-28)

Jesus kommt, und Er bringt Belohnungen mit Sich.

> Siehe, Ich komme bald. Mein Lohn ist bei Mir, um jedem Menschen nach seinem Werk zu vergelten. Ich bin das Alpha und das Omega, der Erste und der Letzte, der Anfang und das Ende. … Ich, Jesus, habe Meinen Engel gesandt, um euch diese Dinge für die Gemeinden zu bezeugen. Ich bin die Wurzel und der Nachkomme Davids, der helle Morgenstern. (Offenbarung 22,12-13.16)

Wenn du dein Vertrauen in Jesus gesetzt hast, kannst du das Zurückgelassenwerden überwinden, weil Jesus die Welt überwunden hat.

> Jesus antwortete ihnen … „Ich habe euch diese Dinge gesagt, damit ihr in Mir Frieden habt. In der Welt habt ihr Bedrängnis; aber seid getrost! Ich habe die Welt überwunden." (Johannes 16,31.33)

Abschließende Gedanken

Es war mir eine Freude, dir dabei zu helfen, mehr über Gott und Jesus zu erfahren, über Lügen, denen du vom Feind begegnen wirst, und darüber, was noch kommen wird. Ich bete, dass du erkannt hast, dass du Jesus dein Leben anvertrauen kannst. Er liebt dich so sehr, dass Er für dich gestorben ist. Lass Ihn dich bis in alle Ewigkeit lieben und dich mit all den Verheißungen überhäufen, die Er in Seinem Wort offenbart hat.

Sei als zurückgelassener Gläubiger stark, mutig und kühn in deinem Glauben. Die Kraft von Jesus Christus lebt in dir. Er hat jede Macht des Bösen überwunden, die gegen Ihn stand. Weil Er den Tod überwunden und besiegt hat, wird Er dir die Kraft geben, es Ihm gleichzutun und Seine Bestimmung für dich zu erfüllen.

Wenn ich dich vor der Wiederkunft Jesu nicht im Himmel sehe, weißt du, wo du mich finden kannst. Ich werde auf einem weißen Pferd sitzen und mit Ihm auf den Wolken kommen. Was für ein wunderbarer Tag das sein wird! Wir sehen uns dann.

Danke, dass du diese Reise mit mir unternommen hast. Wenn du deine Unterstützung für meine Arbeit zeigen möchtest, hinterlasse bitte eine Rezension dort, wo du dieses Buch gekauft hast. Es ist kostenlos und es dauert nur eine Minute, einen kurzen Satz zu schreiben, in dem du deine Gedanken über das Buch ausdrückst. Deine Rezension ist sehr wichtig für unabhängige Autoren im Eigenverlag wie mich. Die Algorithmen des Internets und der Online-Buchhandlungen bevorzugen Bücher mit Rezensionen. Sie werden in den Suchergebnissen und an der Spitze der Suchergebnisse häufiger angezeigt als Bücher ohne Rezensionen. Ich benötige sogar eine Mindestanzahl an Rezensionen, bevor ich bestimmte Werbung schalten kann. Deine Rezension wird also dazu beitragen, dass mehr Menschen dieses Buch finden. Das wird mir wiederum helfen, mehr Bücher zu verkaufen, was bedeutet, dass ich weiterhin Bücher für dich schreiben kann. Geh auf rapture911.com/reviews, wenn du einen Link benötigst, über den du eine Rezension hinterlassen kannst.

Danke für deine Unterstützung!

Marsha

Anhang

Mein Zeugnis

Zeugnis von Marsha Kuhnley

Autorin von Notruf 112 – Die Entrückung: Was zu tun ist, wenn du zurückgelassen wurdest

Ich wurde in Albuquerque, New Mexico, geboren und wuchs dort auf. Wie viele von euch, die dieses Buch lesen, bin ich nicht mit dem Wissen über Gott oder Jesus aufgewachsen. Als kleines Kind wurde ich in einem weltlichen Zuhause erzogen. Wir gingen nicht in die Kirche. Wir sprachen nicht über Glauben oder Religion. Ich erinnere mich, dass ich glaubte, dass Gott existierte, aber ich betrachtete Ihn oft als eine Art Puppenspieler. Ganz so, wie ich mit meinen Puppen spielte und alles orchestrierte, was sie taten.

Meine erste denkwürdige Begegnung mit jemand Religiösem hatte ich als Erstklässlerin, als ich damals sechs Jahre alt war. Ein gemeiner Junge in meiner Klasse sagte mir, dass ich in die Hölle kommen würde, weil ich nicht in die Kirche ginge. Ich wusste nicht wirklich, was die Hölle war, aber ich wusste, dass es nichts Gutes war. Nachdem ich meiner Mutter davon erzählt hatte, lernte ich, dass es der Ort ist, an den schlechte Menschen kommen, wenn sie sterben. Ich erinnere mich, dass ich so verwirrt war, weil ich kein schlechter Mensch war und nicht verstand, was Gutsein damit zu tun hatte, in die Kirche zu gehen. Warum also erzählte mir dieser gemeine Junge, dass ich in die Hölle kommen würde?

Als ich etwas älter war, im Alter der Mittelstufe, praktizierten meine Mutter und ihre Freunde New-Age-Spiritualität. Es dauerte nicht lange, bis dies meine gesamte Familie beeinflusste. Ich besuchte Esoterik-Messen, ließ mir Tarotkarten legen, benutzte ein Ouija-Brett mit meinen Freunden, dachte, ich hätte Geistführer, glaubte an frühere Leben und wurde sogar mehrmals hypnotisiert, damit ich einen Blick auf diese früheren Leben werfen konnte. Ich wuchs in einem heidnischen New-Age-Zuhause auf. Ich dachte, ich sei erleuchtet. Dass ich ein besseres Verständnis der geistigen Welt und des Lebens nach dem Tod hätte als die meisten Menschen.

Als ich in der Highschool war, fing ich an, mit meinem Ehemann auszugehen. Er und seine Familie waren Christen. Er tat das, was jeder gute Christ tun würde, und lud seine Freundin mit in die Kirche ein. Dies war das erste Mal, dass mich jemals jemand in die Kirche eingeladen hatte. Ich erinnere mich, dass ich aufgeregt war, weil ich oft neugierig gewesen war, wie es in der Kirche war.

Viele Jahre lang besuchte ich mit meinem Mann die Kirche, aber nur gelegentlich. Das lag daran, dass ich eine wirklich schwere Zeit damit hatte. Während dieser Zeit nahm ich immer noch an New-Age-Aktivitäten teil. Ich hatte Mühe, die Lieder zu verstehen, die sie in der Kirche sangen. Ich erinnere mich an ein Lied im Besonderen mit einer Strophe: „Nichts als das Blut Jesu".[251] Warum sangen sie über Blut? Es war ekelhaft. Ich verstand auch nicht, was der Prediger lehrte. Ich erinnere mich, wie er über den Tod Jesu sprach. Aber ich verstand nicht, warum das wichtig war. Ich verstand auch das Abendmahl nicht. Sie reichten während des Gottesdienstes Cracker und Traubensaft herum und aßen sie dann nach einem Gebet. Mein Mann sagte mir, ich solle nicht daran teilnehmen, weil ich nicht glaubte. Was glauben? Dass Jesus starb? Ich verstand es nicht. Ich fühlte mich wie die einzige Person in der Kirche, die nicht am Abendmahl teilnahm. Ich fühlte mich wie eine Außenseiterin und als würde ich während jedes Gottesdienstes beurteilt werden. Ich passte nicht hinein. Ich verstand nicht, warum diese Christen glaubten, ihr Weg in den Himmel sei der einzige Weg. Ich glaubte ehrlich, dass ich in den Himmel kommen würde, weil ich ein guter Mensch war.

Ich las jetzt auch ein wenig in der Bibel und hatte sogar Schwierigkeiten, sie zu verstehen. Mein Mann versuchte sogar, mir diese Dinge zu erklären. Ich kämpfte nicht deshalb, weil ich unfähig war zu lernen. Ich hatte zu diesem Zeitpunkt das College abgeschlossen und ein paar Abschlüsse erworben. Es war, als stünde ich vor einer unsichtbaren Wand, die mich am Verstehen hinderte, und ich konnte nicht an ihr vorbei. Das ist jener Schleier, von dem ich dir in Kapitel 27 erzählt habe!

Ich erinnere mich an einen Tag während dieser Zeitspanne; ich war im Haus meiner Schwiegermutter und las eine Notiz, die am Badezimmerspiegel meines im Teenageralter befindlichen Schwagers klebte. Es war eine einfache Notiz, auf der in etwa stand: „Bete für die Errettung von:" und dann waren ein paar Namen aufgeführt. Mein Name stand auf seiner Liste! Ich war verblüfft. Ich war schockiert, dass er dafür betete, dass ich gerettet würde. Dieses Mal war es anders als bei dem kleinen Jungen in der ersten Klasse, der mir gesagt hatte, ich käme in die Hölle. Dieses Mal betete jemand für mich. Es erfüllte mich mit Staunen, und ich fühlte mich besonders. Es hatte eine Auswirkung auf mich und ist mir, wie man merkt, seitdem im Gedächtnis geblieben.

Als ich fast 30 Jahre alt war, lud mich meine Schwiegermutter zu einer Bibelstunde für Frauen in der Kirche ein. Dies war das erste Mal, dass ich zu einem Bibelstudium eingeladen worden war. Da ich Schwierigkeiten gehabt hatte, die Bibel allein zu lesen, und mich wirklich fragte, was darin stand, dachte ich, dieser Kurs würde helfen. Also entschied ich mich hinzugehen. Ich arbeitete mich durch Beth Moores Buch und Kurs über Gott Glauben.[252] Ich kann nicht genau sagen, woran es in diesem Kurs lag, aber dies war der Zeitpunkt, an dem sich mein Verständnis langsam zu verbessern begann. Ich lernte viel über Gott, die Bibel und warum wir ihr vertrauen konnten und was einige der Verheißungen Gottes waren. In diesem Kurs begegnete ich Gott zum ersten Mal.

Kurze Zeit nach Abschluss des Bibelstudiums zogen mein Mann und ich nach Los Angeles. Da wir dort niemanden kannten, beschlossen wir, uns eine Kirche zu suchen, die wir besuchen konnten, um Leute kennenzulernen. Wir fragten die einzige Person, die wir zu diesem Zeitpunkt kannten, unseren Immobilienmakler. Es stellte sich heraus, dass er ein Christ war und sein Schwager ein Prediger war, der gerade geholfen hatte, eine neue Kirche in Hollywood zu gründen.

Der Prediger, Tim Chaddick, hatte gerade angefangen, durch das Johannesevangelium in der Bibel zu lehren.[253] Er war nicht wie irgendein Prediger, den ich je zuvor gehört hatte. Er war immens leidenschaftlich bei dem, was er lehrte, und das war ansteckend. Ich wollte aufmerksam sein und lernen, woher seine Leidenschaft kam. Ich lernte, dass ich eine Sünderin war und warum ich einen Retter brauchte, dass Jesus mich liebt, dass Jesus für mich starb und dass ich gerettet werden konnte, indem ich an Jesus glaubte. Endlich verstand ich die Bedeutung des Blutes Jesu. Dies war der Zeitpunkt, an dem ich Jesus begegnete.

Spulen wir ein paar Monate vor. Ich war allein außerhalb der Stadt und zappte durch die Kanäle auf dem Fernseher in meinem Hotelzimmer, um etwas Interessantes zum Anschauen zu finden. Ich stieß auf ein paar Frauen, die auf einem der christlichen Kanäle über die Bibel und Jesus sprachen. Ich hörte eine Weile zu, während sie das Evangelium verkündeten, und dann sagten die Frauen, ich könne Jesus in mein Leben und in mein Herz einladen. Ich wollte das unbedingt, also betete ich direkt mit ihnen mit. Im Alter von 30 Jahren wurde ich eine Gläubige und setzte mein Vertrauen in Jesus. Ich schlief in dieser Nacht mit einem Gefühl des Friedens ein, das ich nicht erklären kann.

Ein paar Monate später hatte ich den starken Wunsch, mich taufen zu lassen. Mein Mann und ich reisten zurück nach Albuquerque, damit ich mich in der Kirche taufen lassen konnte, in der wir geheiratet hatten und in der meine Reise des Glaubens begonnen hatte.

Eines der ersten Dinge, die ich nach meiner Taufe tat, war, all das New-Age-Zeug auszumisten, das ich besaß. Ich erinnerte mich daran, wie ich über die Menschen gelesen hatte, die im Alten Testament die Altäre Baals niedergerissen hatten. Ich wollte dasselbe in meinem Leben tun. Ich wollte nichts mehr mit New-Age-Praktiken oder -Überzeugungen zu tun haben. Ich sammelte Bücher, Tarotkarten, Musik und Bilder und warf alles weg.

Eines der ersten Bücher, die ich las, nachdem ich gläubig geworden war, war Randy Alcorns Buch Der Himmel.[254] Ich hatte zu diesem Zeitpunkt noch nicht die gesamte Bibel gelesen und hatte kein gutes Verständnis vom Himmel. Ich wollte wissen, was die Bibel darüber sagt, jetzt, da ich sicher war, dass ich für immer dort leben würde. Dieses Buch lenkte mein Leben schließlich in eine neue Richtung.

In Randys Buch sagte er, dass manche Menschen nicht sterben würden. Stattdessen würden sie bei einem Ereignis, das er die Entrückung nannte, in den Himmel aufgenommen werden. Ich war völlig fasziniert davon und musste mehr erfahren. Ich las alle möglichen Bücher über die Entrückung, und das führte dazu, dass ich Bücher über biblische Prophetie las.

Bald darauf zogen mein Mann und ich zurück nach Albuquerque und begannen, die Calvary Church zu besuchen, in der Pastor Skip Heitzig lehrt.[255] Er ist wirklich einer der besten Bibellehrer auf dem Planeten. Ich habe in der Zeit, in der ich seine Kirche besuche, eine Menge gelernt. Er half mir, eine Leidenschaft in mir zu wecken, die Bibel zu studieren und all die wunderbaren Dinge, die ich über Jesus gelernt habe, mit euch allen zu teilen.

Und hier stehen wir heute. Ich brenne so sehr für dieses Thema, dass ich jetzt Bücher über die Entrückung und biblische Prophetie schreibe! Jetzt, da ich Jesus kenne, kann ich mir ein Leben ohne Ihn nicht mehr vorstellen. Ich möchte, dass jeder andere auch weiß, wie das ist. Ich weiß, dass Gott die Bücher, die ich schreibe, benutzen wird, um Menschen zu helfen, Jesus zu begegnen.

Oft wünsche ich mir, ich wäre mit dem Wissen über Jesus aufgewachsen, so wie mein Mann es tat. Bevor ich Jesus begegnete, war ich so unglücklich und das Leben war so schwer. Ich fühlte mich oft allein, als ob sich niemand kümmern würde und mein Leben keinen Sinn hätte. So fühle ich mich nicht mehr. Das Leben ist immer noch schwer, aber Jesus ist bei jedem Schritt bei mir. Das gibt mir großen Trost, weil ich nicht allein bin und weiß, dass Er alles, was ich durchmache, vollkommen versteht. Ich habe jetzt jemanden zum Reden, der mich wirklich versteht. Er hat mich schließlich erschaffen! Ich weiß, dass das Aufwachsen mit einer Beziehung zu Jesus mir jenes Gefühl des Friedens gegeben hätte, das ich jetzt habe. Doch ohne meine Vergangenheit hätte ich nicht die Leidenschaft, Menschen zu helfen, die falsche Götter anbeten und Gottes Wort nicht kennen oder Schwierigkeiten haben, es zu kennen – so wie ich es tat –, damit sie Gottes Wahrheit erkennen. Gott lässt in der Tat alles zum Guten zusammenwirken.

Wenn du als Ergebnis des Lesens dieses Buches dein Vertrauen in Jesus gesetzt hast, ist das absolut fantastisch! Gott ist so gut! Ich würde gerne jeden Einzelnen von euch kennenlernen, eure Geschichte hören und euch eine feste Umarmung geben. Wenn wir uns nicht treffen, während wir noch auf der Erde sind, weiß ich, dass wir es im Himmel tun werden.

Bücher von Marsha Kuhnley

Notruf 112 – Die Entrückung: Was zu tun ist, wenn du zurückgelassen wurdest
Notruf 112 – Die Entrückung: 10-Tage-Andacht
Das Licht in dunklen Zeiten sehen: 10-Tage-Andacht

Besuche Marshas Website, um diese Bücher zu finden
rapture911.com

Alle Bücher sind auch als Hörbücher erhältlich.

Hol dir KOSTENLOSE Bücher
rapture911.com/free

Über die Autorin

Marsha Kuhnley ist eine amerikanische Autorin christlicher Sachbücher. Sie hat eine Leidenschaft für biblische Prophetie, Finanzen und Wirtschaft. Sie erwarb ihren Master of Business Administration in Finanzen und ihren Bachelor in Wirtschaftswissenschaften an der University of New Mexico. Vor ihrer Tätigkeit als Autorin genoss sie eine Karriere bei der Intel Corporation. Sie nutzt ihre Ausbildung und ihre Berufserfahrung, um komplexe biblische Informationen aufzugreifen und in leicht verständlichen Konzepten zu präsentieren. Du wirst von über einem Jahrzehnt ihrer Forschung und ihres Studiums der Bibel, der biblischen Prophetie und der Entrückungstheologie profitieren. Sie lebt mit ihrem Ehemann in Albuquerque, New Mexico, wo sie die Calvary Church besuchen.

Besuche Marshas Website, um ihre Bücher zu finden
rapture911.com

Verbinde Dich Mit Marsha
rapture911.com/connect

Kostenlos auf YouTube anhören
youtube.com/@Rapture_911

Endnoten

Teil 1

[1] „Öffne Meine Augen, Damit Ich Sehe", Hymnary.org, https://hymnary.org/text/open_my_eyes_that_i_may_see, aufgerufen am 7. September 2019.

Teil 2

[2] „Heilsgewissheit", Hymnary.org, https://hymnary.org/text/blessed_assurance_jesus_is_mine, abgerufen am 7. September 2019.

Kapitel 7

[3] „Schriftrollen vom Toten Meer", Wikipedia, https://en.wikipedia.org/wiki/Dead_Sea_Scrolls, zugegriffen am 29. Juli 2019.
„Buch Henoch", Wikipedia, https://en.wikipedia.org/wiki/Book_of_Enoch, zugegriffen am 29. Juli 2019.

[4] R.H. Charles, *Das Buch Henoch Oder 1 Henoch: Übersetzt Aus Dem Äthiopischen Text*, (Oxford: Clarendon Press, 1912), xiii-xiv, 13-16, 18, 28-29, 35-37, https://archive.org/details/bookofenochor1en00char/page/n6, zugegriffen am 10. September 2019.

[5] Dr. John Osgood, „Das Datum von Noahs Sintflut", Creation.com, März 1981, https://creation.com/the-date-of-noahs-flood, zugegriffen am 7. September 2019.

[6] „Weltweite Sintflut, weltweite Beweise", Antworten in Genesis, https://answersingenesis.org/the-flood/global/worldwide-flood-evidence/, zugegriffen am 7. September 2019.
„Hoch und trocken liegende Meereskreaturen", Antworten in Genesis, https://answersingenesis.org/fossils/fossil-record/high-dry-sea-creatures/, zugegriffen am 7. September 2019.

[7] „Transkontinentale Gesteinsschichten", Antworten in Genesis, https://answersingenesis.org/geology/rock-layers/transcontinental-rock-layers/, zugegriffen am 7. September 2019.

[8] Tim LaHaye, *Prophetie-Studienbibel*, (AMG Publishers, 2000), 1.

[9] Mitarbeiter der Biblical Archaeology Society, „Wo ist Sodom?", *Biblical Archaeology Society*, 10. Februar 2019, https://www.biblicalarchaeology.org/daily/biblical-sites-places/biblical-archaeology-sites/where-is-sodom/, zugegriffen am 7. September 2019.

[10] „Liste der beliebtesten Websites", Wikipedia, https://en.wikipedia.org/wiki/List_of_most_popular_websites, zugegriffen am 31. Juli 2019.

[11] „Jahresrückblick 2018", *Pornhub-Einblicke*, 11. Dezember 2018, https://www.pornhub.com/insights/2018-year-in-review, zugegriffen am 7. September 2019.

[12] „Demografie der Vereinigten Staaten", Wikipedia, https://en.wikipedia.org/wiki/Demography_of_the_United_States, zugegriffen am 31. Juli 2019.

[13] „Wie Pornografie den Sexhandel befeuert", *Bekämpfe Die Neue Droge*, 23. August 2017, https://fightthenewdrug.org/how-porn-fuels-sex-trafficking/, zugegriffen am 7. September 2019.

[14] „Zwangsarbeit, moderne Sklaverei und Menschenhandel: Fakten und Zahlen", Internationale Arbeitsorganisation, https://www.ilo.org/global/topics/forced-labour/lang--en/index.htm, zugegriffen am 31. Juli 2019.

[15]„Wie der Konsum von Pornografie zu Gewalt führen kann", *Bekämpfe Die Neue Droge*, 23. August 2017, https://fightthenewdrug.org/how-consuming-porn-can-lead-to-violence/, zugegriffen am 7. September 2019.

[16]„Induzierte Abtreibung weltweit: Globale Inzidenz und Trends", Guttmacher Institute, https://www.guttmacher.org/fact-sheet/induced-abortion-worldwide, zugegriffen am 31. Juli 2019.

[17]„Opferzahlen des Zweiten Weltkriegs", Wikipedia, https://en.wikipedia.org/wiki/World_War_II_casualties, zugegriffen am 31. Juli 2019.

[18]Frank Newport, „In den Vereinigten Staaten steigt die Schätzung der LGBT-Bevölkerung auf 4,5 %", *Gallup*, 22. Mai 2018, https://news.gallup.com/poll/234863/estimate-lgbt-population-rises.aspx, zugegriffen am 7. September 2019.

[19]Justin Mccarthy, „Unterstützung für die Homo-Ehe in den Vereinigten Staaten stabil bei 63 %", *Gallup*, 22. Mai 2019, https://news.gallup.com/poll/257705/support-gay-marriage-stable.aspx, zugegriffen am 7. September 2019.

[20]Craig M. Hales, M.D., Margaret D. Carroll, M.S.P.H., Cheryl D. Fryar, M.S.P.H., und Cynthia L. Ogden, Ph.D., *Prävalenz von Adipositas bei Erwachsenen und Jugendlichen: Vereinigte Staaten, 2015–2016*, NCHS-Datenbericht, Nr. 288, (Hyattsville, MD: National Center for Health Statistics, 2017), https://www.cdc.gov/nchs/data/databriefs/db288.pdf, zugegriffen am 7. September 2019.

[21]*Adipositas-Update 2017*, (OECD, 2017), http://www.oecd.org/health/health-systems/Obesity-Update-2017.pdf, zugegriffen am 30. Juli 2019.

[22]„Terrorismus", Unsere Welt in Daten, https://ourworldindata.org/terrorism, zuletzt überarbeitet im Januar 2018. Zugegriffen am 31. Juli 2019.

[23]„Tötungsdelikte", Unsere Welt in Daten, https://ourworldindata.org/homicides, zugegriffen am 31. Juli 2019.

[24]Aparna Vidyasagar, „Was ist CRISPR?", *Live-Wissenschaft*, 21. April 2018, https://www.livescience.com/58790-crispr-explained.html, zugegriffen am 7. September 2019.

[25]Erin Blakemore, „Mensch-Schwein-Hybride im Labor erschaffen – hier sind die Fakten", *National Geographic*, 26. Januar 2017, https://news.nationalgeographic.com/2017/01/human-pig-hybrid-embryo-chimera-organs-health-science/, zugegriffen am 7. September 2019.

[26]Daniel Martin und Simon Caldwell, „150 Mensch-Tier-Hybriden in britischen Laboren gezüchtet: Embryonen wurden in den letzten drei Jahren heimlich produziert", *Daily Mail*, 22. Juli 2011, https://www.dailymail.co.uk/sciencetech/article-2017818/Embryos-involving-genes-animals-mixed-humans-produced-secretively-past-years.html, zugegriffen am 7. September 2019.

[27]Saqib Shah, „Chinesischer Wissenschaftler behauptet, er habe die Gene von Babys mit CRISPR bearbeitet", *Engadget*, 26. November 2018, https://www.engadget.com/2018/11/26/chinese-crispr-edited-babies/, zugegriffen am 7. September 2019.

[28]Rob Stein, „Erste Patienten in den Vereinigten Staaten mit CRISPR behandelt, während Versuche zur Genbearbeitung am Menschen beginnen", *NPR*, 16. April 2019, https://www.npr.org/sections/health-shots/2019/04/16/712402435/first-u-s-patients-treated-with-crispr-as-gene-editing-human-trials-get-underway, zugegriffen am 7. September 2019.

[29]Carly Cassella, „Japan genehmigt bahnbrechendes Experiment, das Mensch-Tier-Hybriden austrägt", *Wissenschaftlicher Alarm*, 30. Juli 2019, https://www.sciencealert.com/japan-just-gave-approval-for-scientists-to-work-on-human-animal-embryo-experiments, zugegriffen am 7. September 2019.

[30]Chris Ciaccia, „Wollmammut-Zellen in schockierender wissenschaftlicher Leistung zum Leben erweckt", *Fox News*, 12. März 2019, https://www.foxnews.com/science/woolly-mammoth-cells-brought-back-to-life-in-shocking-scientific-achievement, zugegriffen am 7. September 2019.

Erin Biba, „Wissenschaftler könnten bald das Wollmammut wieder auferstehen lassen – aber sollten sie?", *Gizmodo*, 11. April 2019, https://gizmodo.com/scientists-could-soon-resurrect-the-woolly-mammoth-but-1833953899, zugegriffen am 7. September 2019.

[31]Heidi Gardner, Ph.D., „Echte X-Men: Wie CRISPR dir in Zukunft Superkräfte verleihen könnte", *Synthego*, 14. September 2018, https://www.synthego.com/blog/could-crispr-make-x-men-a-realistic-possibility, zugegriffen am 7. September 2019.

[32]Amanda Borschel-Dan, „Kolossale antike Strukturen in Gath gefunden, die den Ursprung der Geschichte von Goliat erklären könnten", *Die Zeiten Israels*, 26. Juli 2019, https://www.timesofisrael.com/colossal-ancient-structures-found-at-gath-may-explain-origin-of-story-of-goliath/, zugegriffen am 7. September 2019.

Kapitel 8

[33]Matthew Henry, „Kommentar zur Offenbarung 11 von Matthew Henry", *Bibel Mit Blauen Buchstaben*, Zuletzt aktualisiert am 1. März 1996, https://www.blueletterbible.org/Comm/mhc/Rev/Rev_011.cfm, zugegriffen am 7. September 2019.

[34]C. Smith, „C2000-Serie zur Offenbarung 10-12 von Chuck Smith", *Bibel Mit Blauen Buchstaben*, Zuletzt aktualisiert am 1. Juni 2005, https://www.blueletterbible.org/Comm/smith_chuck/c2000_Rev/Rev_010.cfm, zugegriffen am 7. September 2019.

Teil 3

[35]John Newton und William Cowper, *Olney Hymns: In drei Büchern*, (London, 1779), 53-54, https://www.loc.gov/resource/rbc0001.2006pre79197/, aufgerufen am 7. September 2019.

„Erstaunliche Gnade", Wikipedia, https://en.wikipedia.org/wiki/Amazing_Grace, aufgerufen am 7. September 2019.

„Erstaunliche Gnade! (wie süß der Klang)", Hymnary.org, https://hymnary.org/text/amazing_grace_how_sweet_the_sound, aufgerufen am 7. September 2019.

Kapitel 11

[36]Dr. C. Truman Davis, „Die Kreuzigung von Jesus Christus aus der Sicht eines Arztes", CBN, https://www1.cbn.com/medical-view-of-the-crucifixion-of-jesus-christ, aufgerufen am 7. September 2019.

[37]„Römische Legion", Wikipedia, https://en.wikipedia.org/wiki/Roman_legion, aufgerufen am 7. September 2019.

Kapitel 12

[38]„Apostolisches Glaubensbekenntnis", Wikipedia, https://en.wikipedia.org/wiki/Apostles%27_Creed, aufgerufen am 7. September 2019.

Teil 4

[39]„Die Schlachtenhymne Der Republik", Wikipedia, https://en.wikipedia.org/wiki/Battle_Hymn_of_the_Republic, zugegriffen am 7. September 2019.

„Die Schlachtenhymne Der Republik", Hymnary.org,
https://hymnary.org/text/mine_eyes_have_seen_the_glory, zugegriffen am 7. September
2019.

Kapitel 14

[40]Gary Bates und Lita Cosner, „UFOlogy: Die am schnellsten wachsende ‚wissenschaftliche'
Religion der Welt?", Creation.com, 12. Mai 2011, https://creation.com/ufology-scientific-
religion, zugegriffen am 7. September 2019.

[41]David Wallace-Wells, James D. Walsh, Neel Patel, Clint Rainey, Katie Heaney, Eric
Benson und Tim Urban, „Gründe zu glauben: Wie ernst sollten Sie diese jüngsten Berichte
über UFOs nehmen? Fragen Sie das Pentagon. Oder lesen Sie diese Einführung für SETI-
Interessierte.", *Intelligencer*, 20. März 2018, http://nymag.com/intelligencer/2018/03/13-
reasons-to-believe-aliens-are-real.html, zugegriffen am 7. September 2019.

[42]Billy Crone, https://www.getalifemedia.com/, zugegriffen am 7. September 2019.

[43]„UFOs: Die große Täuschung der letzten Tage", Hol Dir Ein Leben Ministerien,
https://www.getalifemedia.com/video/apologetics/ufo.shtml, zugegriffen am 7. September
2019. Video 10 – Eine komprimierte Studie über UFOs.

[44]„UFOs: Die große Täuschung der letzten Tage", Hol Dir Ein Leben Ministerien,
https://www.getalifemedia.com/video/apologetics/ufo.shtml, zugegriffen am 7. September
2019. Video 10 – Eine komprimierte Studie über UFOs.

[45]The CE4 Research Group, Die CE4-Forschungsgruppe,
http://www.alienresistance.org/ce4.htm, zugegriffen am 7. September 2019.

[46]„Allzeit-Kinoergebnisse: Inländische Bruttoeinnahmen inflationsbereinigt", Box Office
Mojo, https://www.boxofficemojo.com/alltime/adjusted.htm, zugegriffen am 14. August
2019.

[47]„Stürmt Area 51, sie können uns nicht alle aufhalten", Öffentliche Facebook-Veranstaltung,
20. September 2019, https://www.facebook.com/events/extraterrestrial-highway-area-
51/storm-area-51-they-cant-stop-all-of-us/448435052621047/, zugegriffen am 7. August
2019.

[48]„Liste der statistischen Metropolregionen", Wikipedia,
https://en.wikipedia.org/wiki/List_of_metropolitan_statistical_areas#United_States,
zugegriffen am 7. September 2019. Daten der Vereinigten Staaten.

[49]Greg, „Jacques Vallee – Über Boten der Täuschung", *Daily Grail*, 17. Juli 2008,
https://www.dailygrail.com/2008/07/jacques-vallee-on-messengers-of-deception/, zugegriffen
am 7. September 2019.

[50]Gary Bates, „UFOs sind nicht außerirdisch!", Creation.com, 5. Juli 2016,
https://creation.com/ufos-not-extraterrestrial, zugegriffen am 7. September 2019.

[51]Kimberly Hickok, „Chinas Neue Laserkanone Kann Dich Mit Einem Lautlosen,
Karbonisierenden Strahl Zappen", *Live-Wissenschaft*, 2. Juli 2018,
https://www.livescience.com/62973-china-laser-guns.html, zugegriffen am 7. September
2019.

[52]Janey Tracey, „Wissenschaftler Entwickeln Eine „Todesstern"-Laserwaffe, Um Killer-
Asteroiden Zu Verdampfen", *Äußere Orte*, 4. März 2016,
https://www.outerplaces.com/science/item/11450-scientists-develop-a-death-star-laser-
weapon-to-protect-earth-from-asteroids, zugegriffen am 7. September 2019.

[53]David Szondy, „Laserwaffen: Ist Dies Der Anbruch Des Todesstrahls?", *Neuer Atlas*, 21.
März 2018, https://newatlas.com/laser-weapons-future-warfare/52801/, zugegriffen am 7.
September 2019.

[54]Andrew Liptak, „Die US-Luftwaffe Hat Erfolgreich Ein Lasersystem Zum Abschuss Von Raketen Getestet", *Der Rand*, 5. Mai 2019, https://www.theverge.com/2019/5/5/18530089/us-air-force-research-laboratory-shield-laser-weapons-system-test, zugegriffen am 7. September 2019.

[55]Tom O'Connor, „Russlands Militär Verfügt Über Laserwaffen, Die Feinde In Weniger Als Einer Sekunde Ausschalten Können", *Newsweek*, 12. März 2018, https://www.newsweek.com/russia-military-laser-weapons-take-out-enemies-less-second-841091, zugegriffen am 7. September 2019.

[56]Julia Zorthian, „Stephen Hawking Sagt, Die Menschen Haben 100 Jahre Zeit, Um Auf Einen Anderen Planeten Umzuziehen", *Time*, 4. Mai 2017, https://time.com/4767595/stephen-hawking-100-years-new-planet/, zugegriffen am 7. September 2019.

[57]Noah Kulwin, „Jeff Bezos Glaubt, Dass Wir Industriezonen Im Weltraum Errichten Müssen, Um Die Erde Zu Retten", *Vox*, 1. Juni 2016, https://www.vox.com/2016/6/1/11826514/jeff-bezos-space-save-earth, zugegriffen am 7. September 2019.

[58]Genevieve Scarano, „Lernen Sie Die Menschen Kennen, Die Planen, Den Mars Im Jahr 2032 Zu Besiedeln", Geek.com, 31. Dezember 2018, https://www.geek.com/news/meet-the-people-who-plan-to-colonize-mars-in-2032-1767836/, zugegriffen am 7. September 2019.

[59]Donovan Alexander, „Die Besiedlung Des Mondes Könnte Der Schlüssel Zur Rettung Der Erde Sein, Sagt Jeff Bezos", *Interessante Technik*, 9. Juni 2019, https://interestingengineering.com/colonizing-the-moon-could-be-the-key-to-saving-the-earth-says-jeff-bezos, zugegriffen am 7. September 2019.

[60]„Elon Musk Von SpaceX Sagt, Er Könne In Vier Jahren Einen Menschen Auf Den Mars Bringen", *CBS News*, 18. Juli 2019, https://www.cbsnews.com/news/spacex-elon-musk-says-he-can-put-a-man-on-mars-in-four-years/, zugegriffen am 7. September 2019.

[61]Olivia Solon, „Elon Musk: Wir Müssen Den Mars Kolonisieren, Um Unsere Spezies In Einem Dritten Weltkrieg Zu Bewahren", *The Guardian*, 11. März 2018, https://www.theguardian.com/technology/2018/mar/11/elon-musk-colonise-mars-third-world-war, zugegriffen am 7. September 2019.

[62]Sarah Marquart, „Wissenschaftler Haben Gerade Zum Ersten Mal Ein Photon Von Der Erde In Den Orbit Teleportiert", *Futurism*, 10. Juli 2017, https://futurism.com/scientists-just-teleported-a-photon-from-earth-to-orbit-for-the-first-time, zugegriffen am 7. September 2019.

[63]Drew Scherban, „Beamen Sie Mich Hoch, Scotty! Forscher Teleportieren Lichtteilchen Über Sechs Kilometer", *Universität von Calgary*, 20. August 2016, https://www.ucalgary.ca/news/beam-me-scotty-researchers-teleport-particle-light-six-kilometres, zugegriffen am 7. September 2019.

[64]Tyler Durden, „Matrix-ähnliche Realität Wird Mainstream: NBC Fragt ‚Leben Wir In Einem Simulierten Universum'", *Null Absicherung*, 8. Juli 2019, https://www.zerohedge.com/news/2019-07-08/matrix-reality-goes-mainstream-nbc-asks-are-we-living-simulated-universe, zugegriffen am 7. September 2019.

[65]Corey S. Powell, „Elon Musk Sagt, Wir Könnten In Einer Simulation Leben. Hier Ist, Wie Wir Feststellen Könnten, Ob Er Recht Hat", *NBC News*, 2. Oktober 2018, https://www.nbcnews.com/mach/science/what-simulation-hypothesis-why-some-think-life-simulated-reality-ncna913926, zugegriffen am 7. September 2019.

[66]Sean Illing, „Leben Wir In Einer Computersimulation? Ich Weiß Es Nicht. Wahrscheinlich.", *Vox*, 10. April 2019, https://www.vox.com/future-perfect/2019/4/10/18275618/simulation-hypothesis-matrix-rizwan-virk, zugegriffen am 7. September 2019.

[67]Tristan Greene, „Die ‚Simulationshypothese' Eines MIT-Wissenschaftlers Liefert Überzeugende Argumente Für Die Matrix", *Das Nächste Web,* 16. April 2019, https://thenextweb.com/artificial-intelligence/2019/04/16/mit-scientists-simulation-hypothesis-makes-compelling-case-for-the-matrix/, zugegriffen am 7. September 2019.

[68]Nick Statt, „Der Gründer Von Comma.AI, George Hotz, Will Die Menschheit Aus Der KI-Simulation Befreien", *Der Rand,* 9. März 2019, https://www.theverge.com/2019/3/9/18258030/george-hotz-ai-simulation-jailbreaking-reality-sxsw-2019, zugegriffen am 7. September 2019.

[69]Erin Davis und Brandon Griggs, „Die Weltbevölkerung Nähert Sich 8 Milliarden. Das Sind Keine Guten Nachrichten", *CNN,* 11. Juli 2019, https://www.cnn.com/2019/07/11/world/world-population-day-trnd/index.html, zugegriffen am 7. September 2019.

[70]Sean Dennison, „Die Kosten Der Überbevölkerung Auf Der Ganzen Welt", *Yahoo Finanzen,* 9. Juli 2019, https://finance.yahoo.com/news/cost-overpopulation-around-world-090000594.html, zugegriffen am 7. September 2019.

[71]Kate Whiting, „David Attenborough: Der Planet Kann Die Überbevölkerung Nicht Bewältigen", *World Economic Forum,* 9. Oktober 2018, https://www.weforum.org/agenda/2018/10/david-attenborough-warns-planet-cant-cope-with-overpopulation/, zugegriffen am 7. September 2019.

[72]„Sehen Sie Die Erschütternden Auswirkungen, Die Menschen Auf Die Ozeane Der Welt Hatten", *Time,* Januar 2019, https://time.com/collection/davos-2019/5502588/oceans-in-peril/, zugegriffen am 7. September 2019.

[73]Marlene Cimons, „Die Menschen Pfuschen Seit Jahrtausenden Am Klima Herum", *Populärwissenschaft,* 19. September 2018, https://www.popsci.com/farmers-climate-change-history/, zugegriffen am 7. September 2019.

[74]Frida Berrigan, „Die Größten Bedrohungen Der Erde Liegen Bei Den Menschen", *Die Nation,* 2. Oktober 2018, https://www.thenation.com/article/earths-greatest-threats-lie-with-humans/, zugegriffen am 7. September 2019.

[75]Dan Vergano, „Es Sieht Langsam Danach Aus, Als Würde Gott Uns Nicht Vor Der Globalen Erwärmung Retten", *BuzzFeed-Neuigkeiten,* 24. April 2019, https://www.buzzfeednews.com/article/danvergano/pope-didnt-fix-climate-change, zugegriffen am 7. September 2019.

[76]Kim Stanley Robinson, „Leeren Sie Die Hälfte Der Erde Von Ihren Menschen. Es Ist Der Einzige Weg, Um Den Planeten Zu Retten", *The Guardian,* 20. März 2018, https://www.theguardian.com/cities/2018/mar/20/save-the-planet-half-earth-kim-stanley-robinson, zugegriffen am 7. September 2019.

Kapitel 17

[77]„Liste Von Messias-Anwärtern", Wikipedia, https://en.wikipedia.org/wiki/List_of_messiah_claimants, zugegriffen am 7. September 2019. „Liste Von Personen, Von Denen Behauptet Wurde, Sie Seien Jesus", Wikipedia, https://en.wikipedia.org/wiki/List_of_people_claimed_to_be_Jesus, zugegriffen am 7. September 2019.

[78]Calev Ben-Dor, „Ehud Barak: Nationaler Retter Oder Falscher Messias?", *Jüdische Nachrichten,* 14. Juli 2019, https://blogs.timesofisrael.com/ehud-barak-national-savior-or-false-messiah/, zugegriffen am 7. September 2019.

[79]Caleb Parke, „Farrakhan Behauptet, Jesus Zu Sein, In Ansprache Zum ‚Tag Der Retter': ‚Ich Bin Der Messias'", *Fox News,* 4. April 2019, https://www.foxnews.com/us/farrakhan-claims-to-be-jesus-in-saviours-day-address, zugegriffen am 7. September 2019.

[80]Leonardo Blair, „Einige Rabbiner In Israel Glauben, Dass Trump Der Messias Oder Sein Vorläufer Sein Könnte, Sagt Endzeit-Autor", *The Christian Post*, 13. Dezember 2016, https://www.christianpost.com/news/some-rabbis-in-israel-believe-trump-could-be-messiah-or-his-forerunner-end-times-author-says.html, zugegriffen am 7. September 2019.

[81]Cavan Sieczkowski, „Jamie Foxx Nennt Obama „Unseren Herrn Und Retter" Bei Den Soul Train Auszeichnungen, Verursacht Aufruhr Unter Christen (Video)", *HuffPost*, 27. November 2012, https://www.huffpost.com/entry/jamie-foxx-obama-lord-and-savior-furor-soul-train-awards_n_2199439, zugegriffen am 7. September 2019.

[82]Thomas Weber, „Hitler Schuf Eine Fiktive Persona, Um Sich Selbst Als Deutschlands Retter Neu Zu Inszenieren", Smithsonian.com, 10. Januar 2018, https://www.smithsonianmag.com/history/hitler-created-fictional-persona-to-recast-himself-as-germanys-savior-180967790/, zugegriffen am 7. September 2019.

Kapitel 18

[83]Philip Almond, „Trotz Ihrer Unterschiede Beten Juden, Christen Und Muslime Denselben Gott An", *Das Gespräch*, 5. September 2017, https://theconversation.com/in-spite-of-their-differences-jews-christians-and-muslims-worship-the-same-god-83102, zugegriffen am 7. September 2019.

[84]Ken Ham, „Präsident Obamas Rede: Beten Christen Und Muslime Denselben Gott An?", *Antworten in Genesis*, 4. Februar 2016, https://answersingenesis.org/blogs/ken-ham/2016/02/04/president-obama-speech-christians-and-muslims-worship-same-god/, zugegriffen am 7. September 2019.

[85]Michael Snyder, „In New York Umarmte Papst Franziskus Den Chrislam Und Legte Den Grundstein Für Eine Weltreligion", *InfoWars*, 28. September 2015, https://www.infowars.com/in-new-york-pope-francis-embraced-chrislam-and-laid-a-foundation-for-a-one-world-religion/, zugegriffen am 7. September 2019.

[86]Cheryl K. Chumley, „Vatikan Schreibt Geschichte: Papst Erlaubt Islamische Gebete Und Koran-Lesungen", *The Washington Times*, 9. Juni 2014, https://www.washingtontimes.com/news/2014/jun/9/vatican-makes-history-pope-allows-islamic-prayers-/, zugegriffen am 7. September 2019.

[87]Tyler Durden, „Snyder: ‚Eine Weltreligion' Bahnt Sich An, Während Der Papst Und Der Oberste Imam Des Islams Einen Historischen Pakt Unterzeichnen", *Null Absicherung*, 7. Februar 2019, https://www.zerohedge.com/news/2019-02-07/snyder-one-world-religion-looms-pope-islams-top-imam-sign-historic-covenant, zugegriffen am 7. September 2019.

Kapitel 20

[88]Klint Finley und Gregory Barber, „Der WIRED-Leitfaden Zur Blockchain", *Wired*, 9. Juli 2019, https://www.wired.com/story/guide-blockchain/, zugegriffen am 7. September 2019.

[89]Olga Kharif, „Walmart Versucht, Ein Patent Für Die Verwendung Digitaler Kryptowährungen Zu Erhalten", *Bloomberg*, 2. August 2019, https://www.bloomberg.com/news/articles/2019-08-02/walmart-seeks-to-patent-a-way-for-using-digital-cryptocurrency, zugegriffen am 7. September 2019.

[90]Anna Baydakova, „Mastercard Baut Ein Team Auf, Um Krypto- Und Wallet-Projekte Zu Entwickeln", *Coindesk*, 5. August 2019, https://www.coindesk.com/mastercard-is-building-a-team-to-develop-crypto-wallet-projects, zugegriffen am 7. September 2019.

[91]Sue Halpern, „Facebooks Kühner Vorstoß Für Eine Globale Kryptowährung", *The New Yorker*, 30. Juli 2019, https://www.newyorker.com/tech/annals-of-technology/facebooks-audacious-pitch-for-a-global-cryptocurrency, zugegriffen am 7. September 2019.

[92]John Waggoner, „Wie Facebooks Libra Die Kryptowährungslandschaft Verändern Wird", *Kiplinger*, 1. August 2019, https://www.kiplinger.com/article/investing/T038-C000-S002-facebook-libra-cryptocurrency.html, zugegriffen am 7. September 2019.

[93]Noelle Acheson, „Bitcoin Wird Keine Globale Reservewährung Sein. Aber Es Öffnet Die Büchse Der Pandora", *Coindesk*, 3. August 2019, https://www.coindesk.com/bitcoin-wont-be-a-global-reserve-currency-but-its-opening-the-box, zugegriffen am 7. September 2019.

[94]„Statistiken", Facebook.com, https://newsroom.fb.com/company-info/, zugegriffen am 7. September 2019.

[95]„Über Uns", Walmart.com, https://corporate.walmart.com/our-story, zugegriffen am 7. September 2019.

[96]Rachel Metz, „Elon Musk Hofft, Dir Einen Computerchip Ins Gehirn Zu Pflanzen. Wer Will Einen?", *CNN*, 21. Juli 2019, https://www.cnn.com/2019/07/20/tech/elon-musk-neuralink-brain-chip-experts/index.html, zugegriffen am 7. September 2019.

[97]„Mikrochip-Implantate In Der Haut Könnten Bargeld Ersetzen (Video)", *Yahoo Finanzen*, 15. Juli 2019, https://finance.yahoo.com/video/microchip-implants-skin-could-replace-205810991.html, zugegriffen am 7. September 2019.

[98]Steve Warren und Benjamin Gill, „Elon Musk Will Dein Gehirn Chippen: Geht Es Beim Biohacking Um Bequemlichkeit Oder Um Einen Übergang Zum Malzeichen Des Tieres?", *CBN News*, 17. Juli 2019, https://www1.cbn.com/cbnnews/2019/july/biohacking-technological-convenience-or-shift-to-revelations-mark-of-the-beast, zugegriffen am 7. September 2019.

[99]Haley Weiss, „Warum Du Dir Wahrscheinlich Eines Tages Einen Mikrochip Implantieren Lassen Wirst", *The Atlantic*, 21. September 2018, https://www.theatlantic.com/technology/archive/2018/09/how-i-learned-to-stop-worrying-and-love-the-microchip/570946/, zugegriffen am 7. September 2019.

[100]Sean Wolfe, „Mehrere Unternehmen Im Vereinigten Königreich Diskutieren Über Die Implantierung Von Mikrochips In Die Hände Ihrer Mitarbeiter", *Business Insider*, 12. November 2018, https://www.businessinsider.com/biohax-uk-businesses-microchip-implants-employees-2018-11, zugegriffen am 7. September 2019.

[101]Bailey Reutzel, „Ich Habe Das Malzeichen Des Tieres Erhalten – Und Es Wird Meine Bitcoins Verwalten", *Coindesk*, 15. März 2019, https://www.coindesk.com/i-got-the-mark-of-the-beast-and-itll-hold-my-bitcoin, zugegriffen am 7. September 2019.

[102]Maddy Savage, „Tausende Schweden Lassen Sich Mikrochips Unter Die Haut Einsetzen", *NPR*, 22. Oktober 2018, https://www.npr.org/2018/10/22/658808705/thousands-of-swedes-are-inserting-microchips-under-their-skin, zugegriffen am 7. September 2019.

[103]Skip Heitzig, *Das Buch Der Offenbarung Verstehen*, (Harvest House Publishers, 2011), Kapitel 13.

Kapitel 22

[104]Priests For Equality, *Die Inklusive Bibel: Die Erste Egalitäre Übersetzung*, (Sheed and Ward, 2009), https://www.amazon.com/Inclusive-Bible-First-Egalitarian-Translation-ebook/dp/B004GEATEI, zugegriffen am 7. September 2019.

[105]Queen James, *Die Königin Jakobus Bibel*, (Queen James, 2012), https://www.amazon.com/Queen-James-Bible-God/dp/0615724531, zugegriffen am 7. September 2019.

[106]Victor Roland Gold, Thomas L. Hoyt Jr., Sharon H. Ringe, Susan Brooks Thistlewaite, Burton H. Throckmorton Jr., Barbara A. Withers, *Das Neue Testament Und Die Psalmen:*

Eine Inklusive Version, (Oxford University Press, 1995), https://www.amazon.com/New-Testament-Psalms-Inclusive-Version/dp/0195284186, zugegriffen am 7. September 2019.

[107]Mitarbeiter Von Frauen in der Welt, „Neue ‚Bibel Der Frauen' Ersetzt ‚Patriarchalische' Bibelübersetzungen Durch Feministische Interpretationen", *Frauen In Der Welt*, 27. November 2018, https://womenintheworld.com/2018/11/27/new-womens-bible-replaces-patriarchal-biblical-translations-that-are-compatible-with-feminist-values/, zugegriffen am 7. September 2019.

[108]Caleb Parke, „Rugby-Chef Deutet An, Dass Das Zitieren Der Bibel Hassrede Ist", *Fox News*, 9. Juli 2019, https://www.foxnews.com/world/bible-christian-rugby-israel-folau-fire, zugegriffen am 7. September 2019.

[109]Keith Mascord, „Die Bibel Ist Das Wahre Vorurteil Im Christlichen Widerstand Gegen Die Ehe Für Alle", *The Guardian*, 22. März 2016, https://www.theguardian.com/commentisfree/2016/mar/22/the-bible-is-the-true-prejudice-in-christian-opposition-to-marriage-equality, zugegriffen am 7. September 2019.

[110]Erin Blakemore, „Warum Thomas Jefferson Die Bibel Ohne Jesu Wunder Und Auferstehung Umschrieb", History.com, 1. August 2019, https://www.history.com/news/thomas-jefferson-bible-religious-beliefs, zugegriffen am 7. September 2019.

[111]Becky Little, „Entdeckung Zeigt, Dass Frühe Christen Die Bibel Nicht Immer Wörtlich Nahmen", History.com, 21. August 2018, https://www.history.com/news/discovery-shows-early-christians-didnt-always-take-the-bible-literally, zugegriffen am 7. September 2019.

[112]Stoyan Zaimov, „Jüdische Gruppen Fordern, Dass Bibelverlage Dem Neuen Testament „Antisemitische" Warnhinweise Hinzufügen", *The Christian Post*, 26. November 2018, https://www.christianpost.com/news/require-bible-publishers-to-add-anti-semitic-warnings-to-new-testament-jewish-groups-say.html, zugegriffen am 7. September 2019.

[113]Michael Brown, „Wird Amazon Als Nächstes Die Bibel Verbieten?", *The Christian Post*, 5. Juli 2019, https://www.christianpost.com/voice/will-amazon-ban-the-bible-next.html, zugegriffen am 7. September 2019.

[114]Leah MarieAnne Klett, „Pinterest Verbietet Pro-Life-Gruppe Live Action Und Blockiert Sie Als Porno-Seite; Auch Bibelverse Verboten", *The Christian Post*, 11. Juni 2019, https://www.christianpost.com/news/pinterest-bans-live-action-blocks-porn-site-bible-verses-banned.html, zugegriffen am 7. September 2019.

[115]Piao Junying, „Das Verbot Von Bibeln Und Religiösen Texten Intensiviert Sich", *Bitterer Winter*, 26. Januar 2019, https://bitterwinter.org/the-ban-on-bibles-and-religious-texts-intensifies/, zugegriffen am 7. September 2019.

[116]Ian Johnson, „China Verbietet Online-Bibelverkäufe Während Es Die Religiöse Kontrolle Verschärft", *The New York Times*, 5. April 2018, https://www.nytimes.com/2018/04/05/world/asia/china-bans-bible-sales.html, zugegriffen am 7. September 2019.

[117]Martin M. Barillas, „Googles „Kampf Mit Der Bibel": YouTube Demonetarisiert 1.600 Videos Eines Christlichen Autors", *Life Site News*, 21. März 2019, https://www.lifesitenews.com/news/googles-battle-with-the-bible-youtube-demonetizes-christian-authors-1600-videos, zugegriffen am 7. September 2019.

Kapitel 23

[118]Ellie Gardey, „Neu Geweihter Homosexueller Bischof Erklärt, Dass Gott Eine Frau Ist", *Daily Caller*, 28. Juni 2019, https://dailycaller.com/2019/06/28/gay-priest-god-woman/, zugegriffen am 7. September 2019.

[119]Stefan Kyriazis, „Alles, Was Du Über Jesu Tod Weißt, Ist Falsch – Er Wurde Nicht Einmal Gekreuzigt", *Äußern*, 11. November 2016, https://www.express.co.uk/entertainment/books/730997/Jesus-Christ-crucifixion-Bible-story-wrong-Julian-Doyle-book, zugegriffen am 7. September 2019.

[120]Tom Barnes, „Low-Budget-Dokumentation Von Amazon Prime Löst Explosionsartiges Interesse An Der Theorie Aus, Dass Jesus Ein Griechischer Mann Namens Apollonius War", *Unabhängig*, 12. Februar 2019, https://www.independent.co.uk/news/world/jesus-greek-jewish-apollonius-bible-fake-conspiracy-debunked-amazon-prime-a8775276.html, zugegriffen am 7. September 2019.

[121]Philip Perry, „Eine Wachsende Zahl Von Gelehrten Stellt Die Historische Existenz Jesu In Frage", *Big Think*, 20. Dezember 2016, https://bigthink.com/philip-perry/a-growing-number-of-scholars-are-questioning-the-existence-of-jesus, zugegriffen am 7. September 2019.

[122]Paul Oestreicher, „War Jesus Homosexuell? Wahrscheinlich", *The Guardian*, 20. April 2012, https://www.theguardian.com/commentisfree/belief/2012/apr/20/was-jesus-gay-probably, zugegriffen am 7. September 2019.

[123]Johnny Vatican, „Jesus Christus War Laut Einem Experten Für Unidentifizierte Flugobjekte Ein ‚Außerirdischer' ", *Medizinische Tageszeitung*, 23. April 2019, https://www.medicaldaily.com/jesus-christ-was-alien-according-ufo-expert-433282, zugegriffen am 7. September 2019.

[124]Tom Warren, „Microsoft Hat Ein Wildes Hologramm, Das HoloLens-Keynotes Ins Japanische Übersetzt", *Der Rand*, 17. Juli 2019, https://www.theverge.com/2019/7/17/20697976/microsoft-hololens-hologram-keynote-japanese-translation-microsoft-inspire, zugegriffen am 7. September 2019.

[125]Brigit Katz, „Ein Deutscher Zirkus Verwendet Atemberaubende Hologramme Anstelle Von Lebenden Tierdarstellern", Smithsonian.com, 7. Juni 2019, https://www.smithsonianmag.com/smart-news/german-circus-uses-stunning-holograms-instead-live-animal-performers-180972376/, zugegriffen am 7. September 2019.

[126]Daniel Bukszpan, „Whitney Houston Starb 2012, Aber Ihr Hologramm Geht Nächstes Jahr Auf Tournee", *USA Today*, 14. Juli 2019, https://www.usatoday.com/story/entertainment/music/2019/07/14/whitney-houston-base-hologram-tour-kick-off-2020/1728540001/, zugegriffen am 7. September 2019.

[127]Naia Carlos, „Wissenschaftler Pflanzen Mit Laser-Hologrammen Halluzinationen In Mäusegehirne Ein", *Tech Times*, 19. Juli 2019, https://www.techtimes.com/articles/244631/20190719/scientists-plant-hallucinations-in-mouse-brains-with-laser-holograms.htm, zugegriffen am 7. September 2019.

[128]Paola Chavez, „Der Hoffnungsträger Für 2020, Andrew Yang, Enthüllt Plan, Ein Dreidimensionales Hologramm Zu Nutzen, Um An ‚Zwei Oder Drei Orten' Gleichzeitig Wahlkampf Zu Machen", *CNN*, 12. April 2019, https://www.cnn.com/2019/04/12/politics/andrew-yang-3d-hologram/index.html, zugegriffen am 7. September 2019.

Kapitel 24

[129]Steve Ertelt und Micaiah Bilger, „9 Staaten Erlauben Nun Die Tötung Von Babys Bis Zur Geburt, Nachdem Illinois Alle Abtreibungen Legalisiert Hat", CatholicCitizens.org, 16. Juni 2019, https://catholiccitizens.org/news/87451/9-states-now-allow-killing-babies-up-to-birth-after-illinois-legalized-all-abortions/, zugegriffen am 7. September 2019.

[130]Kate Smith, „Senat Lehnt „Born-Alive"-Gesetzentwurf Ab, Während Abtreibungsgegner Die Debatte Über „Spätabtreibungen" Neu Entfachen", *CBS News*, 27. Februar 2019, https://www.cbsnews.com/news/born-alive-act-senate-rejects-born-alive-bill-anti-abortion-

advocates-reignite-late-term-abortion-debate-2019-02-27/, zugegriffen am 7. September 2019.

[131]Michael Gryboski, „Massachusetts Wird Zum 16. Staat, Der Konversionstherapien Für Homosexuelle Jugendliche Verbietet; Klage Erwartet", *The Christian Post*, 9. April 2019, https://www.christianpost.com/news/massachusetts-becomes-16th-state-to-ban-conversion-therapy-for-gay-youth-lawsuit-expected.html, zugegriffen am 7. September 2019.

[132]James Wesolek, „Demokraten In Texas Versuchen, Das Christentum Durch Sogenannte Antidiskriminierungsgesetze Zu Verbieten", *The Federalist*, 28. Januar 2019, https://thefederalist.com/2019/01/28/texas-democrats-seek-ban-christianity-using-called-anti-discrimination-laws/, zugegriffen am 7. September 2019.

[133]David Krayden, „Kanadas Öffentlich-Rechtlicher Rundfunk Strahlt Seine Dokumentation Aus, Die Kinder In Drag Feiert", *Daily Caller*, 26. Juli 2019, https://dailycaller.com/2019/07/26/cbc-documentary-celebrating-children-drag/, zugegriffen am 7. September 2019.

[134]Mike Adams, „Whole Foods Sponsert Drag-Queen-Vorlesestunde, Um Kinder Mit Perversion, Pädophilie Und Transgenderismus Zu Indoktrinieren", *Natürliche Nachrichten*, 19. Juli 2019, https://www.naturalnews.com/2019-07-19-whole-foods-sponsors-drag-queen-story-hour-indoctrinate-children.html, zugegriffen am 7. September 2019.

[135]Stephen Mattson, „Weißer Christlicher Nationalismus – Nicht Säkularismus – Zerstört Amerika", *Reisende*, 4. Februar 2019, https://sojo.net/articles/white-christian-nationalism-not-secularism-destroying-america, zugegriffen am 7. September 2019.

[136]„Der Fall Epstein Ist Kein Einzelfall. Kindersexhandel Ist In Den Vereinigten Staaten „Allgegenwärtig"", *PBS*, 9. Juli 2019, https://www.pbs.org/newshour/show/the-epstein-case-is-not-an-outlier-child-sex-trafficking-is-pervasive-in-the-u-s, zugegriffen am 7. September 2019.

[137]Larissa Christensen, Nadine McKillop und Susan Rayment-McHugh, „Die Verhaftung Von Jeffrey Epstein Ist Nur Die Spitze Des Eisbergs: Menschenhandel Ist Das Weltweit Am Schnellsten Wachsende Verbrechen", *Das Gespräch*, 12. Juli 2019, http://theconversation.com/jeffrey-epsteins-arrest-is-the-tip-of-the-iceberg-human-trafficking-is-the-worlds-fastest-growing-crime-120225, zugegriffen am 7. September 2019.

[138]Christopher Brito, „1,1 Milliarden US-Dollar An Kokain, Getarnt Als Sojabohnen, Von Deutschen Behörden Beschlagnahmt", *CBS News*, 2. August 2019, https://www.cbsnews.com/news/germany-cocaine-bust-hamburg-drug-uruguay-montevideo/, zugegriffen am 7. September 2019.

[139]„US-Beamte In Philadelphia Beschlagnahmten 16 Tonnen Kokain Im Wert Von Mehr Als 1 Milliarde US-Dollar", *Business Insider*, 18. Juni 2019, https://www.businessinsider.com/over-16-tons-of-cocaine-intercepted-at-philadelphia-port-2019-6, zugegriffen am 7. September 2019.

[140]Jason Silverstein, „In Diesem Jahr Gab Es Mehr Massenerschießungen Als Tage", *CBS News*, 1. September 2019, https://www.cbsnews.com/news/mass-shootings-2019-more-mass-shootings-than-days-so-far-this-year/, zugegriffen am 7. September 2019.

[141]Josie Green, „29 Länder, In Denen Die Gleichgeschlechtliche Ehe Offiziell Legal Ist", *USA Today*, 13. Juni 2019, https://www.usatoday.com/story/money/2019/06/13/countries-where-same-sex-marriage-is-officially-legal/39514623/, zugegriffen am 7. September 2019.

[142]Kate Linthicum, „Extreme Gewalttaten In Mexiko Nehmen Zu: 27 In Einem Stripclub Zu Tode Verbrannt", *Los Angeles Times*, 28. August 2019, https://www.latimes.com/world-nation/story/2019-08-28/mexico-bar-attack-killings, zugegriffen am 7. September 2019.

[143]Micaiah Bilger, „ABC Droht Damit, Die Geschäftsbeziehungen In Georgia Einzustellen, Wenn Das Neue Abtreibungsverbot In Kraft Tritt", LifeNews.com, 5. August 2019,

https://www.lifenews.com/2019/08/05/abc-threatens-to-stop-filming-in-georgia-if-new-abortion-ban-goes-into-effect/, zugegriffen am 7. September 2019.

[144]Michael Gryboski, „Jack Phillips Sieht Sich Einer Dritten Klage Wegen Der Weigerung Gegenüber, Einen Kuchen Für Eine Geschlechtsumwandlung Herzustellen", *The Christian Post*, 10. Juni 2019, https://www.christianpost.com/news/jack-phillips-faces-third-lawsuit-over-refusal-make-lgbt-gender-transition-cake.html, zugegriffen am 7. September 2019.

[145]Martin M. Barillas, „Christlicher Arzt Verklagt Britische Regierung, Nachdem Er Entlassen Wurde, Weil Er Sich Weigerte, Transgender-Pronomen Zu Verwenden", *Life Site News*, 9. Juli 2019, https://www.lifesitenews.com/news/christian-doctor-sues-uk-govt-after-he-was-fired-for-refusing-to-use-transgender-pronouns, zugegriffen am 7. September 2019.

[146]WND Staff, „Student Wegen Zitierens Der Bibel Von Der Universität Verwiesen", *WND*, 4. Juli 2019, https://www.wnd.com/2019/07/student-expelled-from-university-for-quoting-bible/, zugegriffen am 7. September 2019.

[147]Samuel Smith, „YouTube Blockiert Anzeige Mit Schlüsselwort „Christlich" Und Bezeichnet Sie Als „Inakzeptablen Inhalt"", *The Christian Post*, 26. Juli 2019, https://www.christianpost.com/news/youtube-blocks-ad-christian-keyword-labels-it-unacceptable-content.html, zugegriffen am 7. September 2019.

[148]Aris Folley, „Facebook Sperrte Den Evangelisten Franklin Graham Vorübergehend Von Der Seite Aus", *The Hill*, 29. Dezember 2018, https://thehill.com/policy/technology/423205-facebook-temporarily-banned-evangelist-franklin-graham-from-site, zugegriffen am 7. September 2019.

[149]Scott Slayton, „Twitter Verbietet Pro-Life-Organisation Das Schalten Von Pro-Life-Anzeigen", *Christian Headlines*, 4. Juni 2019, https://www.christianheadlines.com/contributors/scott-slayton/twitter-bans-pro-life-organization-from-showing-pro-life-ads.html, zugegriffen am 7. September 2019.

[150]Lucia I. Suarez Sang, „Entlassener Australischer Rugbyspieler Israel Folau Verklagt Verband Und Behauptet, Vertrag Sei Wegen Christlicher Überzeugungen Rechtswidrig Beendet Worden", *Fox News*, 1. August 2019, https://www.foxnews.com/sports/israel-folau-sues-australia-rugby-contract-ended-christian-beliefs, zugegriffen am 7. September 2019.

[151]Helen Weathers, „„Wenn Es Bedeutet, Dass Ich Ein Fanatiker Bin, Weil Ich Für Meine Überzeugungen Einstehe, Betrachte Ich Es Als Ehre': Christlicher Arzt, Der Sich Weigerte, Einen ,Ca. 1,80 m Großen Bärtigen Mann' Als Gnädige Frau Zu Bezeichnen, Erklärt, Warum Er Entschlossen Ist, Einen Meilenstein-Rechtsprozess Zu Führen", *Daily Mail*, 16. Juli 2019, https://www.dailymail.co.uk/news/article-7254483/Christian-doctor-refused-call-6ft-bearded-man-madam-tells-determined-fight-legal-case.html, zugegriffen am 7. September 2019.

[152]Bernard Marr, „Chinesischer Sozialkredit-Punktestand: Utopische Big-Data-Glückseligkeit Oder Black Mirror Auf Steroiden?", *Forbes*, 21. Januar 2019, https://www.forbes.com/sites/bernardmarr/2019/01/21/chinese-social-credit-score-utopian-big-data-bliss-or-black-mirror-on-steroids/, zugegriffen am 7. September 2019.
Alexandra Ma, „China Hat Begonnen, Bürger Mit Einem Gruseligen ,Sozialkredit'-System Zu Bewerten – Hier Ist, Was Man Falsch Machen Kann, Und Die Peinlichen, Erniedrigenden Arten, Wie Sie Einen Bestrafen Können", *Business Insider*, 29. Oktober 2018, https://www.businessinsider.com/china-social-credit-system-punishments-and-rewards-explained-2018-4, zugegriffen am 7. September 2019.

[153]Daniel Cooper, „Experten Drängen Die Europäische Union, KI-Gestützte Sozialkredit-Ranking-Systeme Zu Verbieten", *Engadget*, 27. Juni 2019, https://www.engadget.com/2019/06/27/eu-ai-report/, zugegriffen am 7. September 2019.

[154]Michael Grothaus, „Line Wurde Mit Seinem Sozialkredit-Bewertungssystem Für Japanische Nutzer Geradezu Orwellsch", *Fast Company*, 27. Juni 2019,

https://www.fastcompany.com/90370203/line-just-went-orwellian-on-japanese-users-with-its-social-credit-scoring-system, zugegriffen am 7. September 2019.

[155]Tyler Grant, „Der Westen Könnte Dem Chinesischen System Der ‚Sozialkredit-Bewertung' Näher Sein, Als Du Denkest", *The Hill*, 7. Mai 2018, https://thehill.com/opinion/technology/386524-the-west-could-be-closer-to-chinas-system-of-social-credit-scoring-than, zugegriffen am 7. September 2019.

[156]Tyler Grant, „Warum Die Neuen ‚Reputations-Bewertungen' Von Facebook Ein Freiheitskiller Sein Könnten", *Das Nationale Interesse*, 25. August 2018, https://nationalinterest.org/blog/buzz/why-facebook%E2%80%99s-new-%E2%80%98reputation-scores%E2%80%99-could-be-freedom-killer-29752, zugegriffen am 7. September 2019.

[157]Brooke Crothers, „Baut Das Silicon Valley Ein Sozialkreditsystem Nach Chinesischem Vorbild?", *Fox News*, 29. August 2019, https://www.foxnews.com/tech/silicon-valley-chinese-style-social-credit-system.amp, zugegriffen am 7. September 2019.

Kapitel 5

[158]„Jesus bezahlte alles", Hymnary.org, https://hymnary.org/text/i_hear_the_savior_say_thy_strength_indee, aufgerufen am 7. September 2019.

J.J. Little and Co., *Hymnen Und Melodien*, (New York, NY: J.J. Little and Co., 1882), 840, https://books.google.com/books?id=Y1AXAAAAYAAJ&dq, aufgerufen am 7. September 2019.

Kapitel 26

[159]„Bibelübersetzungen:", JewishEncyclopedia.com, http://www.jewishencyclopedia.com/articles/3269-bible-translations, aufgerufen am 7. September 2019.

[160]„Was sind die Daten der Kirchenkonzilien?", CARM: Christliches Apologetik- und Forschungsministerium, https://carm.org/what-are-the-dates-of-the-church-councils, aufgerufen am 7. September 2019.

„Drittes Konzil von Karthago (397 n. Chr.)", Bibel-Forschung: Internetressourcen für Studenten der Heiligen Schrift, http://www.bible-researcher.com/carthage.html, aufgerufen am 7. September 2019.

[161]Tim LaHaye, *Prophetie-Studienbibel*, (AMG Publishers, 2000).

„In welcher Sprache wurde die Bibel zuerst geschrieben?", Biblica, https://www.biblica.com/resources/bible-faqs/in-what-language-was-the-bible-first-written/, aufgerufen am 7. September 2019.

[162]David Malick, „Eine Einführung in das Buch Josua", Bible.org, 10. Juni 2004, https://bible.org/article/introduction-book-joshua, aufgerufen am 7. September 2019.

[163]David Malick, „Eine Einführung in das Buch der Richter", Bible.org, 10. Juni 2004, https://bible.org/article/introduction-book-judges, aufgerufen am 7. September 2019.

[164]David Malick, „Eine Einführung in das Buch Rut", Bible.org, 10. Juni 2004, https://bible.org/article/introduction-book-ruth, aufgerufen am 7. September 2019.

[165]David Malick, „Eine Einführung in das Buch 1. Samuel", Bible.org, 10. Juni 2004, https://bible.org/article/introduction-book-first-samuel, aufgerufen am 7. September 2019.

[166]David Malick, „Eine Einführung in das Buch 2. Samuel", Bible.org, 17. Juni 2004, https://bible.org/article/introduction-book-second-samuel, aufgerufen am 7. September 2019.

[167]David Malick, „Eine Einführung in das Buch 1. und 2. Könige", Bible.org, 30. Juni 2004, https://bible.org/article/introduction-books-first-and-second-kings, aufgerufen am 7. September 2019.

[168]David Malick, „Eine Einführung in das Buch 1. und 2. Könige", Bible.org, 30. Juni 2004, https://bible.org/article/introduction-books-first-and-second-kings, aufgerufen am 7. September 2019.

[169]David Malick, „Eine Einführung in 1. und 2. Chronik", Bible.org, 14. Juni 2004, https://bible.org/article/introduction-first-and-second-chronicles, aufgerufen am 7. September 2019.

[170]David Malick, „Eine Einführung in 1. und 2. Chronik", Bible.org, 14. Juni 2004, https://bible.org/article/introduction-first-and-second-chronicles, aufgerufen am 7. September 2019.

[171]David Malick, „Eine Einführung in das Buch Esther", Bible.org, 14. Juni 2004, https://bible.org/article/introduction-book-esther, aufgerufen am 7. September 2019.

[172]David Malick, „Eine Einführung in das Buch Hiob", Bible.org, 14. Juni 2004, https://bible.org/article/introduction-book-job, aufgerufen am 7. September 2019.

[173]David Malick, „Eine Einführung in das Hohelied", Bible.org, 14. Juni 2004, https://bible.org/article/introduction-song-songs, aufgerufen am 7. September 2019.

[174]David Malick, „Eine Einführung in Jesaja", Bible.org, 14. Juni 2004, https://bible.org/article/introduction-isaiah, aufgerufen am 7. September 2019.

[175]David Malick, „Eine Einführung in das Buch Jeremia", Bible.org, 14. Juni 2004, https://bible.org/article/introduction-book-jeremiah, aufgerufen am 7. September 2019.

[176]David Malick, „Eine Einführung in das Buch Hesekiel", Bible.org, 14. Juni 2004, https://bible.org/article/introduction-book-ezekiel, aufgerufen am 7. September 2019.

[177]David Malick, „Eine Einführung in das Buch Daniel", Bible.org, 14. Juni 2004, https://bible.org/article/introduction-book-daniel, aufgerufen am 7. September 2019.

[178]David Malick, „Eine Einführung in das Buch Hosea", Bible.org, 14. Juni 2004, https://bible.org/article/introduction-book-hosea, aufgerufen am 7. September 2019.

[179]David Malick, „Eine Einführung in das Buch Joel", Bible.org, 14. Juni 2004, https://bible.org/article/introduction-book-joel, aufgerufen am 7. September 2019.

[180]David Malick, „Eine Einführung in das Buch Amos", Bible.org, 14. Juni 2004, https://bible.org/article/introduction-book-amos, aufgerufen am 7. September 2019.

[181]David Malick, „Eine Einführung in das Buch Obadja", Bible.org, 14. Juni 2004, https://bible.org/article/introduction-book-obadiah, aufgerufen am 7. September 2019.

[182]David Malick, „Eine Einführung in das Buch Jona", Bible.org, 14. Juni 2004, https://bible.org/article/introduction-book-jonah, aufgerufen am 7. September 2019.

[183]David Malick, „Eine Einführung in das Buch Micha", Bible.org, 14. Juni 2004, https://bible.org/article/introduction-book-micah, aufgerufen am 7. September 2019.

[184]David Malick, „Eine Einführung in das Buch Nahum", Bible.org, 14. Juni 2004, https://bible.org/article/introduction-book-nahum, aufgerufen am 7. September 2019.

[185]David Malick, „Eine Einführung in das Buch Habakuk", Bible.org, 15. Juni 2004, https://bible.org/article/introduction-book-habakkuk, aufgerufen am 7. September 2019.

[186]David Malick, „Eine Einführung in das Buch Zephanja", Bible.org, 15. Juni 2004, https://bible.org/article/introduction-book-zephaniah, aufgerufen am 7. September 2019.

[187]David Malick, „Eine Einführung in das Buch Sacharja", Bible.org, 15. Juni 2004, https://bible.org/article/introduction-book-zechariah, aufgerufen am 7. September 2019.

[188]David Malick, „Eine Einführung in das Buch der Hebräer", Bible.org, 17. Juni 2004, https://bible.org/article/introduction-book-hebrews, aufgerufen am 7. September 2019.

[189]„Ist die Bibel als historisches Dokument vertrauenswürdig?", CARM: Christliches Apologetik- und Forschungsministerium, https://carm.org/is-the-bible-trustworthy-as-a-historical-document, aufgerufen am 7. September 2019.

[190]„Ist die Bibel als historisches Dokument vertrauenswürdig?", CARM: Christliches Apologetik- und Forschungsministerium, https://carm.org/is-the-bible-trustworthy-as-a-historical-document, aufgerufen am 7. September 2019.

[191]„Wurde das Alte Testament verfälscht?", CARM: Christliches Apologetik- und Forschungsministerium, https://carm.org/old-testament-corrupted, aufgerufen am 7. September 2019.

[192]„Die Totenmeer-Rollen", Das Israel Museum, Jerusalem, https://www.imj.org.il/en/wings/shrine-book/dead-sea-scrolls, aufgerufen am 7. September 2019.

[193]„Eine kurze Einführung in den Kanon und die antiken Versionen der Heiligen Schrift", Bibel-Forschung: Internetressourcen für Studenten der Heiligen Schrift, http://www.bible-researcher.com/canon1.html, aufgerufen am 7. September 2019.

Kapitel 27

[194]„Eine kurze Geschichte der Bibelübersetzungen", CARM: Christliches Apologetik- und Forschungsministerium, https://carm.org/a-brief-history-of-bible-translations, aufgerufen am 7. September 2019.

Kapitel 28

[195]„Pharisäer", JewishEncyclopedia.com, http://www.jewishencyclopedia.com/articles/12087-pharisees, aufgerufen am 7. September 2019.

„Sadduzäer", JewishEncyclopedia.com, http://www.jewishencyclopedia.com/articles/12989-sadducees, aufgerufen am 7. September 2019.

Kapitel 29

[196]„Jesu Dienst", BibleTimelines.com, https://www.bibletimelines.com/timelines/jesus-ministry, aktualisiert am 2. Mai 2019. Aufgerufen am 7. September 2019. Jesus wurde 4 v. Chr. geboren und Sein Dienst begann im Herbst 27 n. Chr.

Teil 6

[197]„Meine Hoffnung gründet sich auf nichts Geringeres", Hymnary.org, https://hymnary.org/text/my_hope_is_built_on_nothing_less, aufgerufen am 7. September 2019.

Kapitel 31

[198]J. Barton Payne, *Enzyklopädie der biblischen Prophetie*, (Grand Rapids, MI: Baker Book House, 1973), 681.

[199]Tim LaHaye, *Prophetie-Studienbibel*, (AMG Publishers, 2000), 1415-1443.

[200]Tim LaHaye, *Prophetie-Studienbibel*, (AMG Publishers, 2000). Die Berechnung wurde anhand der auf den Seiten 1415-1443 aufgeführten Prophetien über das erste und zweite Kommen Jesu ermittelt. Die Anzahl der prophetischen Verse in Bezug auf Jesus wurde zusammengefasst und durch die Gesamtzahl der prophetischen Verse in der Bibel geteilt. Die

Anzahl der prophetischen Verse in der Bibel stammt von J. Barton Payne, Enzyklopädie der biblischen Prophetie, (Grand Rapids, MI: Baker Book House, 1973), 681.

[201] J. Barton Payne, *Enzyklopädie der biblischen Prophetie*, (Grand Rapids, MI: Baker Book House, 1973). Die Berechnungen wurden unter Verwendung der Israel-Vorhersagen auf Seite 737 im Querverweis mit der Zusammenfassung A auf den Seiten 631-659 ermittelt. Die Anzahl der prophetischen Verse in Bezug auf Israel wurde zusammengefasst und durch die Gesamtzahl der prophetischen Verse in der Bibel geteilt.

Kapitel 32

[202] Tim LaHaye, *Prophetie-Studienbibel*, (AMG Publishers, 2000), 1.

[203] Tim LaHaye, *Prophetie-Studienbibel*, (AMG Publishers, 2000), 65.

[204] Tim LaHaye, *Prophetie-Studienbibel*, (AMG Publishers, 2000), 65.

[205] Tim LaHaye, *Prophetie-Studienbibel*, (AMG Publishers, 2000), 65.

[206] Tim LaHaye, *Prophetie-Studienbibel*, (AMG Publishers, 2000), 244.

[207] Windlebry, „Die ägyptischen Inschriften über Israel", *Bibel-Archäologie-Bericht* (Blog), 8. März 2019, https://biblearchaeologyreport.com/2019/03/08/three-egyptian-inscriptions-about-israel/, aufgerufen am 7. September 2019.

[208] Tim LaHaye, *Prophetie-Studienbibel*, (AMG Publishers, 2000), 782.

[209] Tim LaHaye, *Prophetie-Studienbibel*, (AMG Publishers, 2000), 512.

[210] Tim LaHaye, *Prophetie-Studienbibel*, (AMG Publishers, 2000), 512.

[211] Bryant C. Wood PhD, „Nebo-Sarsekim in babylonischer Tafel gefunden", *Zeitgenössische Themen* (Blog), *Mitarbeiter Für Bibelforschung*, 28. April 2008, https://biblearchaeology.org/research/contemporary-issues/3520-nebosarsekim-found-in-babylonian-tablet, aufgerufen am 7. September 2019.

[212] „Kyrus", JewishEncyclopedia.com, http://jewishencyclopedia.com/articles/4828-cyrus, aufgerufen am 7. September 2019.

[213] Bryant C. Wood PhD, „Die andauernde Saga des Kyrus-Zylinders: Die international berühmte Grande Dame der antiken Texte", *Geteiltes Königreich* (Blog), *Mitarbeiter Für Bibelforschung*, 18. August 2010, https://biblearchaeology.org/research/divided-kingdom/2877-the-ongoing-saga-of-the-cyrus-cylinder-the-internationallyfamous-grande-dame-of-ancient-texts, aufgerufen am 7. September 2019.

[214] „Darius I.", JewishEncyclopedia.com, http://jewishencyclopedia.com/articles/4902-darius-i, aufgerufen am 7. September 2019.

[215] „Artaxerxes I.", JewishEncyclopedia.com, http://jewishencyclopedia.com/articles/1827-artaxerxes-i, aufgerufen am 7. September 2019.

[216] „Herodes der Große", Wikipedia, https://en.wikipedia.org/wiki/Herod_the_Great, aufgerufen am 7. September 2019.

[217] „Archäologische Überreste des Jerusalemer Tempels", Wikipedia, https://en.wikipedia.org/wiki/Archaeological_remnants_of_the_Jerusalem_Temple, aufgerufen am 7. September 2019.

[218] Carl Rasmussen, „Warnung an die Heiden aus den Tagen Jesu – Inschriften", *HolyLandPhoto's Blog*, 17. Dezember 2018, https://holylandphotos.wordpress.com/2018/12/17/warning-to-gentiles-from-the-days-of-jesus-inscriptions/, aufgerufen am 7. September 2019.

[219] Doron Sielman, „Israelische und amerikanische Würdenträger enthüllen Pilgerweg", *Die Zeiten Israels*, 30. Juni 2019, https://blogs.timesofisrael.com/israeli-and-american-dignitaries-unveil-pilgrimage-road/, aufgerufen am 7. September 2019.

[220] „Josephus", Wikipedia, https://en.wikipedia.org/wiki/Josephus, aufgerufen am 7. September 2019.
„Der Jüdische Krieg", Wikipedia, https://en.wikipedia.org/wiki/The_Jewish_War, aufgerufen am 7. September 2019.
[221] „Titusbogen", Wikipedia, https://en.wikipedia.org/wiki/Arch_of_Titus, aufgerufen am 7. September 2019.
[222] „Titus", Wikipedia, https://en.wikipedia.org/wiki/Titus, aufgerufen am 7. September 2019.
[223] „Jüdische Geschichte", Wikipedia, https://en.wikipedia.org/wiki/Jewish_history, aufgerufen am 7. September 2019.
[224] Tim LaHaye, *Studienbibel zur Prophetie*, (AMG Publishers, 2000), 829.
[225] „Geschichte des Antisemitismus", Wikipedia, https://en.wikipedia.org/wiki/History_of_antisemitism, aufgerufen am 7. September 2019.
[226] „Der Holocaust", Wikipedia, https://en.m.wikipedia.org/wiki/The_Holocaust, aufgerufen am 7. September 2019.
[227] „Jüdische Diaspora", Wikipedia, https://en.wikipedia.org/wiki/Jewish_diaspora, aufgerufen am 7. September 2019.
[228] „Demografie Israels", Wikipedia, https://en.wikipedia.org/wiki/Demographics_of_Israel, aufgerufen am 7. September 2019.
[229] „Völkerbundsmandat für Palästina", Wikipedia, https://en.wikipedia.org/wiki/Mandate_for_Palestine, aufgerufen am 7. September 2019.
[230] „Gründung Israels, 1948", Büro des Historikers, https://history.state.gov/milestones/1945-1952/creation-israel, aufgerufen am 7. September 2019.
[231] „Israelische Unabhängigkeitserklärung", Wikipedia, https://en.wikipedia.org/wiki/Israeli_Declaration_of_Independence, aufgerufen am 7. September 2019.
[232] „Ostjerusalem", Wikipedia, https://en.wikipedia.org/wiki/East_Jerusalem, aufgerufen am 7. September 2019.
[233] „Sechstagekrieg", Wikipedia, https://en.wikipedia.org/wiki/Six-Day_War, aufgerufen am 7. September 2019.
[234] „Geschichte Israels", Wikipedia, https://en.wikipedia.org/wiki/History_of_Israel, aufgerufen am 7. September 2019.
[235] „Demografie Israels", Wikipedia, https://en.wikipedia.org/wiki/Demographics_of_Israel, aufgerufen am 7. September 2019.

Kapitel 33

[236] „Herodes der Große", Wikipedia, https://en.wikipedia.org/wiki/Herod_the_Great, zugegriffen am 7. September 2019.
[237] „Die Volkszählung des Quintilius Varus", Mitarbeiter für biblisches Wissen, http://askelm.com/star/star014.htm, zugegriffen am 7. September 2019.
[238] „Herodes der Große", Wikipedia, https://en.wikipedia.org/wiki/Herod_the_Great, zugegriffen am 7. September 2019.
[239] „Kreuzigung", Wikipedia, https://en.wikipedia.org/wiki/Crucifixion, zugegriffen am 7. September 2019.

Kapitel 34

[240] Peter W. Stoner, *Die Wissenschaft Spricht: Wissenschaftlicher Beweis für die Genauigkeit der Prophetie und der Bibel*, Online-Ausgabe, (Chicago, IL: Moody Bible Institute of

Chicago, 1976), Kapitel 3, http://www.sciencespeaks.net/, zugegriffen am 7. September 2019.

[241]Peter W. Stoner, *Die Wissenschaft Spricht: Wissenschaftlicher Beweis für die Genauigkeit der Prophetie und der Bibel*, Online-Ausgabe, (Chicago, IL: Moody Bible Institute of Chicago, 1976), Kapitel 3, http://www.sciencespeaks.net/, zugegriffen am 9. September 2019.

[242]Peter W. Stoner, *Die Wissenschaft Spricht: Wissenschaftlicher Beweis für die Genauigkeit der Prophetie und der Bibel*, Online-Ausgabe, (Chicago, IL: Moody Bible Institute of Chicago, 1976), Kapitel 3, http://www.sciencespeaks.net/, zugegriffen am 7. September 2019.

Teil 7

[243]„Horatio Spafford", Wikipedia, https://en.wikipedia.org/wiki/Horatio_Spafford, aufgerufen am 7. September 2019.
„Es Ist Wohl Um Meine Seele", Wikipedia,
https://en.wikipedia.org/wiki/It_Is_Well_with_My_Soul, aufgerufen am 7. September 2019.
„Wenn Friede Wie Ein Strom", Hymnary.org,
https://hymnary.org/text/when_peace_like_a_river_attendeth_my_way, aufgerufen am 7. September 2019.

Teil 8

[244]„Sei Du Meine Vision", Wikipedia, https://en.wikipedia.org/wiki/Be_Thou_My_Vision, abgerufen am 7. September 2019.
„Sei Du Meine Vision", Hymnary.org,
https://hymnary.org/text/be_thou_my_vision_o_lord_of_my_heart, abgerufen am 7. September 2019.

Kapitel 39

[245]Nationale Suizid-Präventions-Hotline, https://suicidepreventionlifeline.org/, abgerufen am 7. September 2019.

Teil 9

[246]„Freue Dich, Welt", Wikipedia, https://en.wikipedia.org/wiki/Joy_to_the_World, abgerufen am 7. September 2019.
„Freue Dich, Welt! Der Herr Ist Gekommen!", Hymnary.org,
https://hymnary.org/text/joy_to_the_world_the_lord_is_come, abgerufen am 7. September 2019.

Kapitel 42

[247]„Bevölkerungsuhr Der Vereinigten Staaten Und Der Welt", Statistikbehörde Der Vereinigten Staaten (Census Bureau), https://www.census.gov/popclock/, abgerufen am 19. Juli 2019.

Teil 10

Kapitel 43

[248]Matthew Henry, *Matthew Henrys Bibelkommentar Zum Ganzen Werk*, (o.O.: 1706-1720), https://www.blueletterbible.org/commentaries/mhc/, aufgerufen am 10. September 2019.

[249] James Strong, *Die Erschöpfende Konkordanz Der Bibel*, (New York, NY: Eaton and Mains, 1890), https://archive.org/stream/exhaustiveconcor1890stro#page/n11/mode/2up, aufgerufen am 10. September 2019.

[250] Internetarchiv Wayback Machine, archive.org/web/, aufgerufen am 10. September 2019.

Anhang

Mein Zeugnis

[251] „Nichts Als Das Blut Jesu", Hymnary.org, https://hymnary.org/text/what_can_wash_away_my_sin, aufgerufen am 7. September 2019.

[252] Beth Moore, *Gott Glauben: Eine Frische Explosion Des Glaubens Erleben – Arbeitsbuch Zum Bibelstudium*, (Nashville, TN: LifeWay Press, 2006).

[253] Tim Chaddick, http://timchaddick.com/, aufgerufen am 9. September 2019. „Predigten", Wirklichkeit Los Angeles, https://realityla.com/category/resources/sermons, aufgerufen am 9. September 2019, referenzierte Lehren durch das Johannesevangelium sind Predigten vom 4. Juni 2006 bis zum 18. November 2007.

[254] Randy C. Alcorn, *Der Himmel*, (Carol Stream, IL: Tyndale House Publishers, 2004).

[255] Skip Heitzig, https://connectwithskip.com, aufgerufen am 9. September 2019.